CRIMEIA

Orlando Figes

CRIMEIA

Tradução de
ALEXANDRE MARTINS

6ª edição

EDITORA RECORD
RIO DE JANEIRO • SÃO PAULO
2025

CIP-BRASIL. CATALOGAÇÃO NA FONTE
SINDICATO NACIONAL DOS EDITORES DE LIVROS, RJ

Figes, Orlando, 1959

F481c Crimeia / Orlando Figes; tradução de Alexandre Martins. – 6. ed. – Rio de Janeiro:
6. ed. Record, 2025.
       il.

Tradução de: Crimea: The Last Crusade
Inclui índice
ISBN 978-85-01-09736-1

1. Guerra da Crimeia, 1853-1856. 2. Rússia – História. I. Título.

CDD: 947.0841
14-17083   CDU: 94(47)'1853/1856'

Título original em inglês:
Crimea: The Last Crusade

Copyright © Orlando Figes, 2010

Tradução dos mapas: Catharina Pinheiro

Todos os direitos reservados. Proibida a reprodução, armazenamento ou transmissão de partes deste livro, através de quaisquer meios, sem prévia autorização por escrito.

Texto revisado segundo o Acordo Ortográfico da Língua Portuguesa de 1990.

Direitos exclusivos de publicação em língua portuguesa para o Brasil
adquiridos pela
EDITORA RECORD LTDA.
Rua Argentina, 171 – 20921-380 – Rio de Janeiro, RJ – Tel.: (21) 2585-2000,
que se reserva a propriedade literária desta tradução.

Impresso no Brasil

ISBN 978-85-01-09736-1

Seja um leitor preferencial Record.
Cadastre-se em www.record.com.br e receba informações
sobre nossos lançamentos e nossas promoções.

Atendimento e venda direta ao leitor:
sac@record.com.br

Para Seren

Sumário

Observação sobre datas e nomes próprios	9
Agradecimentos	11
Introdução	13
Mapas	19
1. Guerras religiosas	27
2. Questões orientais	49
3. A ameaça russa	85
4. O fim da paz na Europa	125
5. Guerra de mentira	155
6. O primeiro sangue para os turcos	189
7. Alma	223
8. Sebastopol no outono	253
9. Os generais janeiro e fevereiro	301
10. Bucha de canhão	345
11. A queda de Sebastopol	393
12. Paris e a Nova Ordem	431
Epílogo: A Guerra da Crimeia em mito e memória	483
Notas	509
Bibliografia selecionada	547
Índice	555

Observação sobre datas e nomes próprios

DATAS

De 1700 até 1918 a Rússia seguiu o calendário juliano, que tinha uma defasagem de treze dias em relação ao calendário gregoriano usado na Europa Ocidental. Para evitar confusões, todas as datas neste livro seguem o calendário gregoriano.

NOMES PRÓPRIOS

Nomes russos neste livro são grafados segundo o sistema padrão de transliteração, mas grafias comuns em português de nomes bem conhecidos foram mantidas.

Agradecimentos

A pesquisa para este livro foi feita ao longo de muitos anos, e um grande número de pessoas merece agradecimento.

Nos primeiros estágios de pesquisa, Helen Rappaport me ajudou a compilar uma bibliografia de trabalho a partir da potencialmente interminável lista de livros, memórias publicadas, diários e cartas de participantes da Guerra da Crimeia. Ela também me deu conselhos inestimáveis sobre a história social da guerra, partilhando informações de sua própria pesquisa para *No Place for Ladies: The Untold History of Women in the Crimean War*.

No National Army Museum, em Londres, sou grato a Alastair Massie, cujas próprias obras, *The National Army Museum Book of the Crimean War: The Untold Stories* e *A Most Desperate Undertaking: The British Army in the Crimea, 1854-56*, foram uma inspiração para a minha. Sou grato pela permissão de Sua Majestade a Rainha Elizabeth II de usar o material dos Royal Archives, e grato a Sophie Gordon por seu conselho sobre as fotografias da Royal Collection de Windsor. No Basbanlik Osmanlik Archive, em Istambul, tive a ajuda de Murat Siviloglu e Melek Maksudogly, e no Arquivo do Museu de História Militar do Estado Russo em Moscou, a de Luisa Khabibulina.

Várias pessoas comentaram todo o original, ou partes dele — Norman Stone, Sean Brady, Douglas Austin, Tony Margrave, Mike Hinton, Miles Taylor, Dominic Lieven e Mark Mazover —, e sou grato a todas. Douglas Austin e Tony Margrave, em particular, foram uma mina de informações sobre vários aspectos militares. Minha gratidão também a Mara Kozelsky por permitir que lesse o original de seu livro sobre a Crimeia, à época inconcluso, a Metin Kuynt e Onur Önal pela ajuda em questões turcas, a Edmund Herzig sobre questões armênias, a Lucy Riall por conselhos sobre a Itália, a Joanna Bourke por suas ideias sobre psicologia militar, a Antony Beavor por sua ajuda com os hussardos, a Ross Belson por informações históricas sobre a renúncia de Sidney Herbert, a Keith Smith por sua generosa doação da extraordinária fotografia "Old Scutari and Modern Üsküdar", de James Robertson, e a Hugh Small, cujo livro *The Crimean War: Queen Victoria's War with the Russian Tsars* fez com que eu mudasse de ideia sobre muitas coisas.

Como sempre, tenho uma dívida para com minha família, minha esposa, Stephanie, e nossas filhas, Lydia e Alice, que na verdade nunca acreditaram que eu estava escrevendo um livro de guerra, mas ainda assim aceitaram meu interesse; o apoio maravilhoso de minha agente Deborah Rogers e sua equipe soberba na Rogers, Coleridge e White, especialmente Ruth McIntosh, que me ajuda com minhas devoluções de imposto de consumo, e a Melanie Jackson em Nova York; a Elizabeth Stratford pelo copidesque; a Alan Gililand pelos mapas excelentes; e acima de tudo a meus dois grandes editores, Simon Winder na Penguin e Sara Bershtel na Metropolitan.

Introdução

Na igreja da paróquia de Witchampton, em Dorset, há um memorial em homenagem a cinco soldados daquela pacífica cidadezinha que combateram e morreram na Guerra da Crimeia. Diz a inscrição:

> MORTOS A SERVIÇO DE SEU PAÍS.
> SEUS CORPOS ESTÃO NA CRIMEIA.
> QUE SUAS ALMAS DESCANSEM EM PAZ. MDCCCLIV

No cemitério comunal de Héricourt, no sudeste da França, há uma lápide com os nomes dos nove homens da região que morreram na Crimeia:

> ILS SONT MORTS POUR LA PATRIE.
> AMIS, NOUS NOUS REVERONS UN JOUR

Na base do memorial, alguém colocou duas balas de canhão, uma com o nome do Bastião "Malakoff" (Malakhov), capturado pelos franceses durante o cerco de Sebastopol, a base naval russa na Crimeia, a outra com o nome "Sebastopol". Milhares de soldados britânicos e franceses repousam em túmulos sem identificação e há muito abandonados na Crimeia.

Na própria Sebastopol há centenas de memoriais, muitos deles no cemitério militar (*bratskoe kladbische*), um dos três enormes campos-santos criados pelos russos durante o cerco, onde repousam chocantes 127.583 homens mortos na defesa da cidade. Os oficiais têm túmulos individuais com seus nomes e regimentos, mas os soldados comuns estão enterrados em covas coletivas com cinquenta ou cem homens. Entre os russos há soldados vindos de Sérvia, Bulgária ou Grécia, seus correligionários da igreja oriental, em resposta à convocação feita pelo tsar aos ortodoxos para que defendessem sua fé.

Uma pequena placa, quase invisível, na grama alta onde quinze marinheiros estão enterrados, celebra seu "sacrifício heroico durante a defesa de Sebastopol em 1854-5":

ELES MORRERAM PELA PÁTRIA, PELO TSAR E POR DEUS

Em outros pontos de Sebastopol há "chamas eternas" e monumentos aos soldados desconhecidos e não contados que morreram lutando pela cidade. Estima-se que um quarto de milhão de soldados, marinheiros e civis russos está enterrado em covas coletivas nos três cemitérios militares de Sebastopol.[1]

Duas guerras mundiais obscureceram a gigantesca escala e o enorme custo em vidas humanas da Guerra da Crimeia. Hoje ela nos parece uma guerra relativamente menor; está quase esquecida, como as placas e lápides naqueles cemitérios. Mesmo nos países que tomaram parte nela (Rússia, Grã-Bretanha, França, Piemonte-Sardenha, na Itália, e império otomano, incluindo aqueles territórios que posteriormente seriam Romênia e Bulgária), não há muitas pessoas hoje que possam dizer sobre o que foi a Guerra da Crimeia. Mas para nossos ancestrais, antes da Primeira Guerra Mundial, a Crimeia foi o maior conflito do século XIX, a guerra mais importante de suas vidas, assim como as guerras mundiais do século XX são os marcos históricos dominantes de nossas vidas.

As baixas foram imensas — pelo menos três quartos de milhão de soldados mortos em batalhas ou por doenças, dois terços deles, russos. Os franceses perderam em torno de 100 mil homens, os britânicos uma pequena parcela desse número, cerca de 20 mil, porque enviaram muito menos soldados (98 mil soldados e marinheiros britânicos se envolveram na Crimeia, em comparação com 310 mil franceses). Mas ainda assim, para uma pequena comunidade agrícola como Writchampton, a perda de cinco homens capazes foi sentida como um golpe violento. Nas paróquias de Whitegate, Aghada e Farsid, no condado de Cork, Irlanda, onde o exército britânico recrutou em peso, quase um terço da população masculina morreu na Guerra da Crimeia.[2]

Ninguém contou as baixas civis: vítimas dos bombardeios; pessoas morrendo de fome em cidades sitiadas; populações devastadas por doenças transmitidas pelos exércitos, comunidades inteiras varridas nos massacres e nas campanhas organizadas de limpeza étnica que acompanharam a luta no Cáucaso, nos Bálcãs e na Crimeia. Essa foi a primeira "guerra total", uma versão do século XIX das guerras de nossa própria época, envolvendo civis e crises humanitárias.

Também foi o primeiro exemplo de uma guerra verdadeiramente moderna — travada com novas tecnologias industriais, rifles modernos, navios a vapor e ferrovias, novas formas de logística e comunicação como o telégrafo, importantes inovações na medicina militar e repórteres e fotógrafos de guerra diretamente no local. No entanto, foi a última guerra travada segundo os velhos códigos de cavalaria, "parlamentários" e tréguas para retirar mortos e feridos dos campos da morte. As primeiras batalhas na Crimeia, no rio Alma e em Balaclava, onde aconteceu a famosa Carga da Brigada Ligeira, não foram muito diferentes do tipo de luta travada nas guerras napoleônicas. Mas o cerco de Sebastopol, a fase mais longa e crucial da Guerra da Crimeia, foi um precursor da guerra de trincheiras industrializada de 1914-18. Durante os onze meses e meio do cerco, 120 quilômetros de trincheiras foram cavados por russos, britânicos e franceses; 150 milhões de tiros e 5 milhões de bombas e obuses de diferentes calibres foram trocados entre os dois lados.[3]

O nome Guerra da Crimeia não reflete sua escala global e o enorme significado para Europa, Rússia e aquela região do mundo — se estendendo dos Bálcãs a Jerusalém, de Constantinopla ao Cáucaso — que acabou conhecida como "Questão Oriental", o grande problema internacional criado pela desintegração do império otomano. Talvez fosse melhor adotar o nome russo para a Guerra da Crimeia, a "Guerra Oriental" (*Vostochnaia voina*), que ao menos tem o mérito de relacioná-la à Questão Oriental, ou mesmo "Guerra Turco-Russa", seu nome em muitas fontes turcas, que a coloca no contexto histórico mais amplo de séculos de conflitos entre russos e otomanos, embora isso omita o fator crucial da intervenção ocidental na guerra.

A guerra começou em 1853 entre forças otomanas e russas nos principados de Moldávia e Valáquia, no Danúbio, território da atual Romênia, se espalhou para o Cáucaso, onde turcos e britânicos encorajaram e apoiaram a luta das tribos muçulmanas contra a Rússia, e de lá para outras regiões do mar Negro. Em 1854, com a intervenção de britânicos e franceses do lado da Turquia, e os austríacos ameaçando se unir a essa aliança antirrussa, o tsar retirou suas forças dos principados, e a luta se passou para a Crimeia. Mas houve vários outros teatros de guerra em 1854-5: no mar Báltico, onde a Marinha Real britânica planejava atacar São Petersburgo, a capital russa; no mar Branco, onde ela bombardeou o mosteiro de Solovetski em julho de 1854; e mesmo no litoral da Sibéria, no Pacífico.

A escala global da luta teve correspondência na diversidade de povos envolvidos. Os leitores encontrarão aqui um quadro amplo habitado menos do que poderiam esperar (ou temer) por tipos militares e mais por reis e rainhas, príncipes, cortesãos, diplomatas, líderes religiosos, revolucionários poloneses e húngaros, médicos, enfermeiras, jornalistas, artistas e fotógrafos, autores de panfletos e escritores, nenhum deles mais importante para a história do ponto de vista russo do que Leon Tolstoi, que serviu como oficial em três diferentes frentes da Guerra da Crimeia (Cáucaso, Danúbio e Crimeia). Acima de tudo, pelas próprias palavras deles em cartas e memórias, o leitor encontrará aqui o ponto de vista dos oficiais e soldados comuns em serviço, do "Tommy" britânico aos zuavos franco-argelinos e os soldados servos russos.

Há muitos livros em inglês sobre a Guerra da Crimeia. Mas este é o primeiro em qualquer idioma a se valer amplamente de fontes russas, francesas e otomanas, além das britânicas, para lançar luz sobre os fatores geopolíticos, culturais e religiosos que moldaram o envolvimento de cada grande potência no conflito. Por causa dessa dedicação ao contexto histórico, os leitores ansiosos para o início da luta precisarão ter paciência nos primeiros capítulos (ou mesmo pulá-los). O que eu espero que brote destas páginas é uma nova avaliação da importância da guerra como um momento de mudança na história da Europa, da Rússia e do Oriente Médio, cujas consequências ainda são sentidas hoje. Não há espaço aqui para a disseminada visão britânica de que foi uma guerra "sem sentido" e "desnecessária" — uma ideia que remonta ao desapontamento militar com a campanha mal administrada e seus magros resultados à época — que desde então teve um impacto tão pernicioso na literatura histórica. Há muito negligenciada e frequentemente ridicularizada pelos acadêmicos, a Guerra da Crimeia foi deixada principalmente nas mãos dos historiadores militares britânicos, muitos deles amadores entusiasmados, que constantemente recontaram as mesmas histórias (a Carga da Brigada Ligeira, a incompetência dos comandantes ingleses, Florence Nightingale), com muito pouca discussão real das origens religiosas da guerra, da política complexa da Questão Oriental, as relações entre cristãos e muçulmanos na região do mar Negro ou da influência da russofobia europeia, sem as quais é difícil compreender o verdadeiro significado do conflito.

A Guerra da Crimeia foi um divisor de águas crucial. Ela rompeu a aliança conservadora entre Rússia e Áustria que havia sustentado a ordem existente no continente europeu, permitindo o surgimento de nações-Estado na Itália, na Romênia e na Alemanha. Deixou os russos com um profundo ressentimento do Ocidente, uma sensação de traição pelos outros Estados cristãos terem se aliado aos turcos, e com ambições frustradas nos Bálcãs que continuariam a desestabilizar as relações entre as potências nos anos 1870 e produzir as crises que levaram à eclosão da Primeira Guerra Mundial. Foi o primeiro grande conflito europeu a envolver os turcos, se descontarmos sua breve participação na Revolução Francesa e nas guerras napoleônicas. Abriu o mundo muçulmano do império otomano aos exércitos e tecnologias ocidentais, acelerando sua integração à economia capitalista global, e deflagrou uma reação islâmica contra o Ocidente que dura até hoje.

Cada potência entrou na Guerra da Crimeia por seus próprios motivos. Nacionalismo e rivalidades imperiais se combinaram com interesses religiosos. Para os turcos, era uma questão de lutar por seu império que desmoronava na Europa, defender sua soberania imperial contra as alegações da Rússia de representar os cristãos ortodoxos do império otomano, e de deter a ameaça de uma revolução islâmica e nacionalista na capital turca. Os britânicos alegaram ter ido à guerra para defender os turcos da agressão russa, mas na verdade estavam mais preocupados em desferir um golpe no império russo, que eles temiam como rival na Ásia, e em usar a guerra para fortalecer seus próprios interesses religiosos e de livre-comércio no império otomano. Para o imperador da França, Napoleão III, a guerra era uma oportunidade de devolver a França a uma posição de respeito e influência no exterior, se não à glória do reinado de seu tio, e talvez de redesenhar o mapa da Europa como uma família de nações-Estado liberais ao estilo imaginado por Napoleão I — embora a influência dos católicos sobre seu regime fraco também o tivesse impelido para a guerra contra os russos por princípios religiosos. Para britânicos e franceses, essa era uma cruzada pela defesa da liberdade e da civilização europeia contra a ameaça bárbara e despótica da Rússia, cujo expansionismo agressivo representava uma ameaça real, não apenas ao Ocidente, mas a toda a cristandade.

Quanto ao tsar Nicolau I, o homem mais responsável pela Guerra da Crimeia, ele foi movido em parte por orgulho e arrogância demasiados, resultado de ter sido tsar por 27 anos, em parte por sua noção de como uma grande potência como a Rússia deveria se comportar em relação a seus vizinhos mais fracos, e em parte por um erro de cálculo grosseiro sobre como as outras potências iriam reagir a seus atos; mas acima de tudo ele acreditava estar travando uma guerra religiosa, uma cruzada, para cumprir a missão da Rússia de defender os cristãos do império otomano. O tsar jurou conquistar todo o mundo de acordo com o que acreditava ser sua missão sagrada de estender o império dos ortodoxos até Constantinopla e Jerusalém.

Os historiadores tenderam a negar os motivos religiosos da guerra. Poucos dedicam mais de um parágrafo ou dois à disputa na Terra Santa — uma rivalidade entre católicos, ou latinos (apoiados pela França) e os gregos (sustentados pela Rússia) sobre quem deveria ter o controle da Igreja do Santo Sepulcro, em Jerusalém, e da Igreja da Natividade, em Belém —, embora esse fosse o ponto inicial (e, para o tsar, causa suficiente) da Guerra da Crimeia. Até as guerras religiosas de nossa própria época parecia implausível que uma pequena divergência sobre algumas chaves de um fabriqueiro pudesse envolver as grandes potências em uma grande guerra. Em algumas histórias, a disputa na Terra Santa é usada para exemplificar a natureza absurda dessa guerra "tola" e "desnecessária". Em, outras, surge como não mais que a espoleta da verdadeira causa da guerra: a luta das potências europeias por influência no império otomano. Guerras são causadas por rivalidades imperiais, argumenta-se nessas histórias, por disputa por mercados ou pela influência do nacionalismo interno. Embora tudo isso seja verdade, subestima-se a importância da religião no século XIX (se as guerras dos Bálcãs dos anos 1990 e o surgimento do islã militante nos ensinaram algo, certamente foi que a religião desempenha um papel vital para alimentar guerras). Todas as potências usaram a religião como vantagem estratégica na Questão Oriental, política e fé estavam intimamente ligadas nessa rivalidade imperial, e todo país, nenhum mais que a Rússia, foi à guerra na crença de que Deus estava do seu lado.

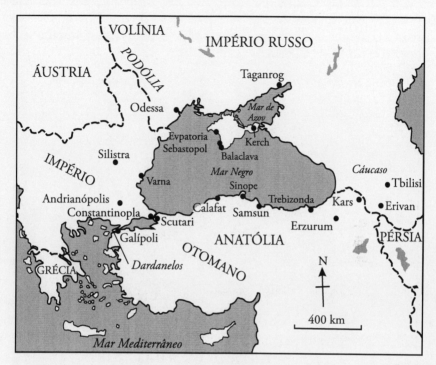

A zona de conflito da Questão Oriental

A zona de conflito do Danúbio

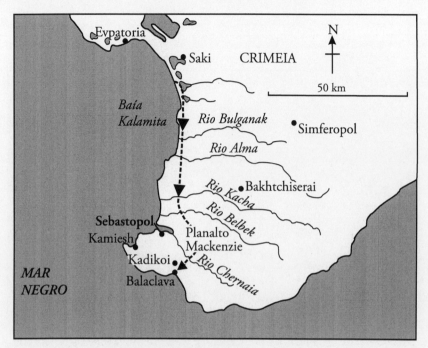

O avanço do Aliados em direção a Sebastopol

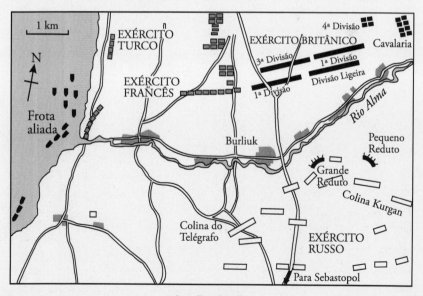

A batalha do Alma

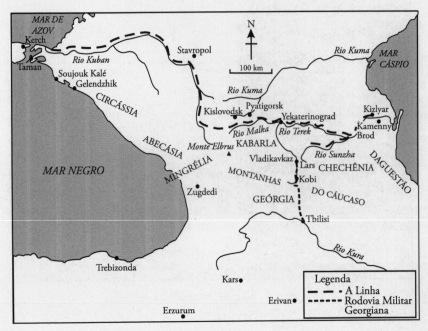

O Cáucaso

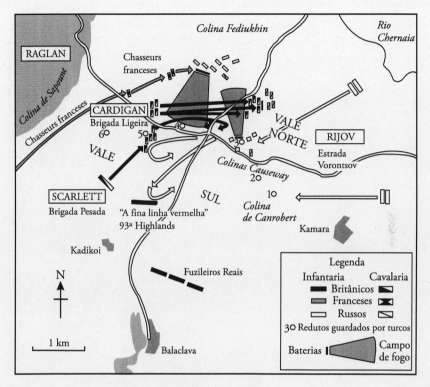

A batalha de Balaclava

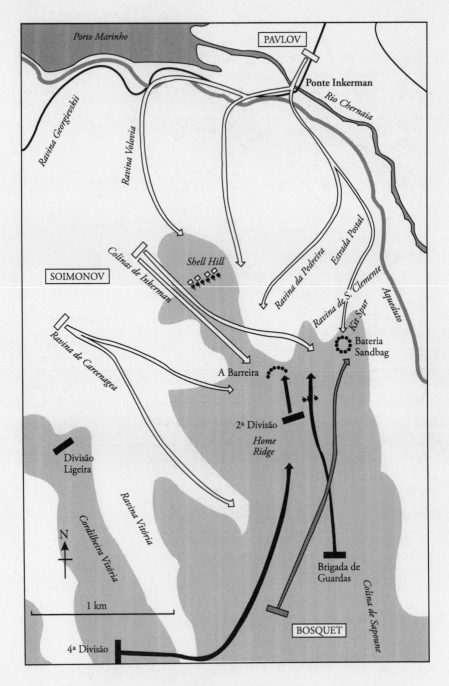

A batalha de Inkerman

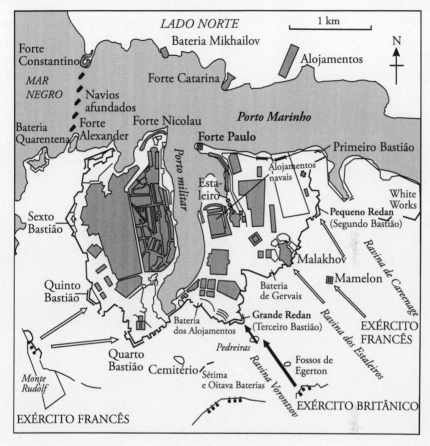

O cerco de Sebastopol

1
Guerras religiosas

Havia semanas que os peregrinos estavam chegando a Jerusalém para a festa da Páscoa. Vinham de todos os cantos da Europa Oriental e do Oriente Médio, de Egito, Síria, Armênia, Anatólia, península grega, mas principalmente da Rússia, viajando por mar até o porto de Jaffa, onde alugavam camelos ou jumentos. Na Sexta-feira Santa, em 10 de abril de 1846, havia 20 mil peregrinos em Jerusalém. Eles alugavam qualquer abrigo que encontrassem ou dormiam em grupos de parentes sob as estrelas. Para pagar a longa viagem, quase todos haviam levado alguma mercadoria, um crucifixo artesanal ou ornamento, rosários de contas ou bordados, que vendiam para turistas europeus nos santuários sagrados. A praça diante da Igreja do Santo Sepulcro, destino de sua peregrinação, era um mercado agitado, com barracas coloridas de frutas e verduras disputando espaço com os artigos dos peregrinos e as peles de cabras e bois de cheiro forte deixadas ao sol pelos curtumes atrás da igreja. Mendigos também faziam ponto ali. Eles coagiam os estrangeiros a dar esmolas ameaçando tocá-los com suas mãos leprosas. Turistas ricos tinham de ser protegidos pelos seus guias turcos, que agrediam os pedintes com varas pesadas para abrir caminho até as portas da igreja.

Em 1846, a Páscoa caiu na mesma data pelos calendários latino e grego ortodoxo, então os santuários estavam muito mais lotados que de hábito, e o clima era muito tenso. As duas comunidades religiosas havia muito discutiam sobre quem deveria ter precedência em seus rituais da Sexta-feira Santa no altar do Calvário, dentro da Igreja do Santo Sepulcro, o ponto onde a cruz de Jesus supostamente teria sido cravada na rocha. Nos anos anteriores, a rivalidade entre os latinos e os gregos chegara a tal ponto que Mehmet Pasha, o governador otomano de Jerusalém, havia sido obrigado a colocar soldados dentro e fora da igreja para manter a ordem. Mas nem mesmo isso impedira a eclosão de brigas.

Naquela Sexta-feira Santa, os padres latinos chegaram com sua toalha de altar de linho branco e descobriram que os gregos haviam chegado antes com sua toalha de seda bordada. Os católicos exigiram ver o firmão dos gregos, seu decreto do sultão em Constantinopla, dando a eles o direito de colocar a toalha de seda no altar primeiro. Os gregos exigiram ver o firmão dos latinos os autorizando a retirá-lo. Começou uma briga entre os sacerdotes, à qual logo se juntaram monges e peregrinos dos dois lados. Logo toda a igreja era um campo de batalha. Os grupos rivais de fiéis lutaram não apenas com os punhos, mas com crucifixos, candelabros, cálices, lâmpadas e incensários, e até mesmo pedaços de madeira que arrancaram dos santuários. A luta continuou com facas e pistolas levadas para dentro do Santo Sepulcro por fiéis dos dois lados. Quando a igreja foi evacuada pelos guardas de Pasha, havia mais de quarenta mortos no chão.[1]

"Vejam aqui o que é feito em nome da religião!", escreveu a comentarista social inglesa Harriet Martineau, que viajou para as terras santas da Palestina e Síria em 1846.

> Esta Jerusalém é o lugar mais sagrado do mundo, a não ser Meca para os maometanos: e para cristãos e judeus é o lugar mais sagrado do mundo. O que eles estão fazendo neste santuário de seu Pai comum, como todos declaram ser? Aqui estão os maometanos ansiosos para matar qualquer judeu ou cristão que entre na mesquita de Omar. Há os cristãos gregos e latinos odiando uns aos outros, e prontos para matar qualquer judeu ou maometano que entre na Igreja do Santo Sepulcro. E há os judeus, atacando seus inimigos na linguagem vingativa de seus antigos profetas.[2]

A rivalidade entre as igrejas cristãs era intensificada pelo aumento acelerado do número de peregrinos na Palestina no século XIX. Ferrovias e navios a vapor tornaram possível a viagem em massa, abrindo a região a excursões de católicos de França e Itália, e às classes médias devotas da Europa e da América. As várias Igrejas disputavam influência. Elas criaram missões para dar apoio aos seus peregrinos, disputavam compras de terras, financiavam bispados e mosteiros, e estabeleceram escolas para converter os ortodoxos árabes (principalmente sírios e libaneses), a maior, porém menos educada, comunidade cristã na Terra Santa.

"Nos dois últimos anos foi enviado um número considerável de presentes a Jerusalém para decorar a Igreja do Santo Sepulcro pelos governos russo, francês, napolitano e sardo", relatou William Young, o cônsul britânico na Palestina e na Síria, a lorde Palmerston, das Relações Exteriores, em 1839.

> Há muitos sintomas de crescentes ciúmes e inimizade entre as igrejas. As pequenas divergências que sempre existiram entre as congregações latina, grega e armênia eram de pouca monta desde que suas diferenças fossem resolvidas de tempos em tempos com uma delas dando às autoridades turcas um suborno maior que o das outras. Mas esse tempo passou, pois agora esses países não são mais imunes ao interesse europeu nas questões da igreja.[3]

Entre 1842 e 1847 houve muita atividade em Jerusalém: os anglicanos estabeleceram um bispado; os austríacos instalaram uma editora franciscana; os franceses abriram um consulado em Jerusalém e destinaram mais dinheiro a escolas e igrejas para os católicos; o papa Pio IX restabeleceu um patriarca latino residente, o primeiro desde as cruzadas do século XII; o patriarca grego retornou de Constantinopla para reforçar seu controle dos ortodoxos; e os russos estabeleceram uma missão eclesiástica, que levou à criação de um complexo russo com albergue, hospital, capela e mercado para dar apoio ao grande e crescente número de peregrinos russos.

Nas primeiras décadas do século XIX, a Igreja ortodoxa russa enviou mais peregrinos a Jerusalém que qualquer outro ramo da fé cristã. Todos os anos, até 15 mil peregrinos russos chegavam a Jerusalém para a festa da Páscoa, alguns até mesmo fazendo a longa viagem a pé através da Rússia e do Cáucaso, por Anatólia e Síria. Para os russos, os santuários da Palestina eram alvo de devoção intensa e apaixonada: peregrinar até eles era a maior expressão possível de sua fé.

De certa forma, os russos viam a Terra Santa como uma extensão de sua pátria espiritual. A ideia de "Santa Rússia" não era confinada por fronteiras territoriais; era um império ortodoxo com santuários por todas as terras do cristianismo oriental, tendo o Santo Sepulcro como sua mãe igreja. "A Palestina", escreveu um teólogo russo na década de 1840, "é nossa terra natal, na qual não nos vemos como estrangeiros."[4] Séculos de peregrinação haviam criado a base para essa alegação, estabelecendo uma ligação entre a Igreja russa e os Lugares Sagrados (relacionados à vida de Cristo em Belém, Jerusalém e Nazaré) que muitos russos consideravam mais importante — a base de uma autoridade espiritual superior — que a soberania temporal e política dos otomanos na Palestina.

Nada como esse ardor era encontrado entre os católicos e protestantes, para os quais os Lugares Sagrados eram alvo de interesse histórico e sentimento romântico, mais que de devoção religiosa. O escritor-viajante e historiador Alexander Kinglake achava que "a coisa mais parecida com um peregrino que a Igreja latina tinha a oferecer costumava ser um simples turista francês com um diário, uma teoria e o projeto de escrever um livro". Os turistas europeus sentiam repulsa pela paixão intensa dos peregrinos ortodoxos, cujos estranhos rituais eles consideravam "bárbaros" e "superstições degradantes". Martineau se recusou a ir ao Santo Sepulcro ver a lavagem dos pés dos peregrinos da Sexta-feira Santa. "Não consegui testemunhar palhaçadas feitas em nome da cristandade, comparadas com as quais o fetichismo mais inferior nas margens de um rio africano seria inofensivo", escreveu. Pela mesma razão, não foi à cerimônia do Fogo Sagrado do Sábado de Aleluia, quando milhares de fiéis ortodoxos se apertavam no Santo Sepulcro para acender suas tochas nas chamas milagrosas que surgiam do túmulo de Cristo. Grupos rivais de ortodoxos — gregos, búlgaros, moldavos, sérvios e russos — se empurravam para acender suas velas primeiro; brigas começavam; e algumas vezes fiéis eram esmagados até a morte ou sufocavam com a fumaça. O barão Curzon, que testemunhou uma cena assim em 1834, descreveu a cerimônia como uma "cena de desordem e profanação" na qual os peregrinos "quase em estado de nudez, dançavam com gestos frenéticos, berrando e gritando como se estivessem possuídos".[5]

Não surpreende que um unitarista como Martineau ou um anglicano como Curzon fossem tão hostis a tais rituais: demonstrações de emoções religiosas haviam sido eliminadas da Igreja protestante muito antes. Como muitos turistas na Terra Santa, eles sentiam ter menos em comum com os peregrinos ortodoxos, cujo comportamento selvagem mal parecia cristão, do que com os muçulmanos relativamente seculares, cujas rígidas reserva e dignidade tinham mais afinidade com suas próprias formas privadas de prece silenciosa. Posturas como as deles iriam influenciar a definição das políticas ocidentais em relação à Rússia nas disputas diplomáticas sobre a Terra Santa, que acabariam levando à Guerra da Crimeia.

Ignorantes e indiferentes à importância da Terra Santa para a identidade espiritual da Rússia, analistas europeus viam ali apenas uma crescente ameaça russa aos interesses das igrejas ocidentais. No começo dos anos 1840, Young, então cônsul britânico, enviou relatos regulares às Relações Exteriores sobre o aumento constante de "agentes russos" em Jerusalém — tendo como objetivo, em sua visão, preparar uma "conquista russa da Terra Santa" por intermédio do patrocínio à peregrinação e compras de terras para igrejas e mosteiros ortodoxos. Aquela certamente era uma época em que a missão eclesiástica russa estava exercendo influência sobre as comunidades grega, armênia e árabe ortodoxa pelo financiamento a igrejas, escolas e albergues na Palestina e na Síria (um ativismo que enfrentava a resistência do ministério das Relações Exteriores em São Petersburgo, que corretamente temia que tais atividades antagonizassem as potências ocidentais). Os relatos de Young sobre os planos de conquista da Rússia se tornaram cada vez mais histéricos. "Os peregrinos da Rússia foram ouvidos falando abertamente sobre estar chegando o momento em que este país estará sob governo russo", escreveu ele a Palmerston em 1840. "Durante a Páscoa os russos poderiam em uma noite armar 10 mil peregrinos dentro das muralhas de Jerusalém. Os conventos da cidade são espaçosos e, por uma pequena quantia, poderiam ser convertidos em fortalezas." O temor britânico com esse "plano russo" apressou iniciativas anglicanas, acabando por levar à fundação da primeira igreja anglicana em Jerusalém, em 1845.[6]

Mas eram os franceses os mais alarmados com a crescente presença russa na Terra Santa. Segundo os católicos franceses, a França tinha uma longa ligação histórica com a Palestina, que remontava às Cruzadas. Na opinião dos católicos franceses, isso dava à França, a "primeira nação católica" da Europa, uma missão especial de proteger a fé na Terra Santa, a despeito do claro declínio da peregrinação latina nos anos anteriores. "Temos uma herança a conservar lá, um interesse a defender", declarou a imprensa católica provincial. "Séculos se passarão antes que os russos derramem uma fração do sangue que os franceses verteram nas cruzadas pelos lugares sagrados. Os russos não participaram das Cruzadas. (...) O primado da França entre os países católicos é tão bem estabelecido no Oriente que os turcos chamam a Europa cristã de Franquistão, o país dos franceses."[7]

Para se contrapor à crescente presença russa e consolidar seu papel de principal protetor dos católicos da Palestina, os franceses abriram um consulado em Jerusalém em 1843 (uma multidão muçulmana ultrajada, hostil à influência das potências ocidentais, logo arrancou a bandeira tricolor ímpia de seu mastro). O cônsul francês começou a comparecer às cerimônias latinas no Santo Sepulcro e na Igreja da Natividade em Belém vestindo uniforme completo e com uma grande comitiva de funcionários. Na missa da meia-noite de Natal, em Belém, ele foi acompanhado por uma grande força de infantaria fornecida por Mehmet Pasha, mas paga pela França.[8]

Brigas entre latinos e ortodoxos eram tão comuns na Igreja da Natividade quanto eram no Santo Sepulcro. Durante anos eles haviam discutido sobre os monges latinos terem uma chave da igreja principal (da qual os gregos eram guardiães), para que pudessem passar por ela e chegar à Capela da Manjedoura, que pertencia aos católicos; sobre terem uma chave da Gruta da Natividade, uma antiga caverna abaixo da igreja considerada o lugar onde Cristo havia nascido, e sobre serem autorizados a colocar no piso de mármore da Gruta, na suposta localização da natividade, uma estrela de prata adornada com as armas da França e com a inscrição em latim "Aqui Jesus Cristo nasceu da Virgem Maria". A estrela havia sido colocada lá pelos franceses no século XVIII, mas sempre havia sido considerada um "selo de conquista" pelos gregos. Em 1847, a estrela de prata foi roubada; as ferramentas usadas para arrancá-la do piso de mármore foram abandonadas no local. Os latinos imediatamente acusaram os gregos do crime. Pouco antes, os gregos haviam construído um muro para impedir os padres latinos de ter acesso à Gruta, e isso levara a uma grande briga entre padres latinos e gregos. Após a remoção da estrela de prata, os franceses fizeram um protesto diplomático à Porta, o governo otomano em Constantinopla, citando um tratado de 1740 havia muito ignorado que, segundo eles, assegurava aos católicos o acesso à Gruta para a manutenção da estrela de prata. Mas os gregos tinham alegações opostas baseadas em tradição e concessões feitas pela Porta.[9] Esse pequeno conflito sobre uma chave de igreja de fato foi o começo de uma crise diplomática sobre o controle dos lugares sagrados que teria profundas consequências.

Juntamente com as chaves da igreja de Belém, os franceses reivindicavam para os católicos o direito de consertar o teto do Santo Sepulcro, também com base no tratado de 1740. O teto precisava de cuidados imediatos. A maior parte do chumbo de um dos lados havia sido retirada (com os gregos e os latinos acusando a outra parte de ter feito isso). Chuva passava pelo telhado, e pássaros voavam livremente dentro da igreja. Pela lei turca, o dono do teto de uma casa era o dono daquela casa. Portanto, o direito de fazer as reformas era disputado ferozmente por latinos e gregos com base em que aos olhos dos turcos isso os estabeleceria como os protetores legítimos do Santo Sepulcro. Em oposição aos franceses, a Rússia sustentava as alegações dos ortodoxos apelando para o tratado de Kuchuk Kainarji, de 1774, assinado pelos turcos após sua derrota para a Rússia na guerra de 1768-74. Segundo os russos, o Tratado de Kuchuk Kainarji dera a eles o direito de representar os interesses dos ortodoxos no império otomano. Isso era uma grande distorção da verdade. A linguagem do tratado era ambígua e facilmente distorcida por traduções para vários idiomas (os russos assinaram o tratado em russo e italiano, os turcos, em turco e italiano, e depois ele foi traduzido pelos russos para o francês com objetivos diplomáticos).[10] Mas a pressão russa sobre a Porta garantiu que os latinos não iriam sair vitoriosos. Os turcos contemporizaram e evitaram a questão com acenos conciliadores para os dois lados.

O conflito se aprofundou em maio de 1851, quando Luis-Napoleão nomeou seu amigo íntimo, o marquês Charles de La Valette, como embaixador na capital turca. Dois anos e meio após sua eleição como presidente da França, Napoleão ainda lutava para consolidar seu poder sobre a Assembleia Nacional. Para fortalecer sua posição, ele fizera uma série de concessões à população católica: em 1849, tropas francesas haviam devolvido o papa à Roma após ele ter sido expulso do Vaticano por multidões revolucionárias; e a Lei Falloux de 1850 abrira caminho para o aumento do número de escolas católicas. A nomeação de La Vallete era outra grande concessão ao clero. O marquês era um católico devoto, um membro importante do disfarçado "partido clerical" que era amplamente visto como secretamente puxando as cordas da política externa da França. A influência dessa facção clerical era particularmente forte nas políticas francesas em relação aos lugares sagrados, defendendo uma postura firme contra a ameaça ortodoxa. La Valette foi muito além de sua autoridade ao assumir o posto de embaixador. A caminho de Constantinopla, ele fizera uma escala não programada em Roma para convencer o papa a apoiar as reivindicações francesas em favor dos católicos na Terra Santa. Instalado em Constantinopla, ele adotou a postura de usar uma linguagem agressiva em suas relações com a Porta — uma tática, explicou, para "fazer o sultão e seus ministros recuar e capitular" aos interesses franceses. A imprensa católica se uniu em apoio a La Valette, especialmente o influente *Journal des débats*, cujo editor era um amigo íntimo. La Valette, por sua vez, alimentou a imprensa com citações que inflamaram a situação e enfureceram o tsar, Nicolau I.[11]

Em agosto de 1851, os franceses criaram uma comissão mista com os turcos para debater a questão dos direitos religiosos. A comissão se arrastou sem conclusões enquanto os turcos pesavam cuidadosamente as reivindicações divergentes de gregos e latinos. Antes que seu trabalho fosse concluído, La Valette proclamou que o direito latino estava "claramente estabelecido", significando que não havia necessidade de prosseguir com as negociações. Ele falou sobre a França ter "justificativa para recorrer a medidas extremas" para apoiar o direito latino, e se vangloriou de "suas forças navais superiores no Mediterrâneo" como forma de fazer valer os interesses franceses.

Não é certo se La Valette tinha a aprovação de Napoleão para uma ameaça de guerra tão explícita. Napoleão não era especialmente interessado em religião. Ignorava os detalhes da disputa na Terra Santa, e era basicamente defensivo no Oriente Médio. Mas é possível, e talvez até mesmo provável, que Napoleão tenha ficado contente por La Valette provocar uma crise com a Rússia. Ele estava ansioso para explorar qualquer coisa que se colocasse entre as três potências (Grã-Bretanha, Rússia e Áustria) que haviam isolado a França do Concerto da Europa e a submetido aos "tratados vergonhosos" do acordo de 1815, após a derrota de seu tio Napoleão Bonaparte. Luis-Napoleão tinha uma base razoável para esperar que um novo sistema de alianças emergisse da disputa na Terra Santa: a Áustria era um país católico, e poderia ser persuadida a se aliar à França contra a Rússia ortodoxa, enquanto a Grã-Bretanha tinha seus próprios interesses imperiais a defender contra os russos no Oriente Próximo. O que quer que estivesse por trás, o premeditado ato de agressão de La Valette enfureceu o tsar, que alertou o sultão de que qualquer reconhecimento das reivindicações latinas violaria tratados existentes entre a Porta e a Rússia, o forçando a romper laços diplomáticos com os otomanos. Essa súbita mudança de acontecimentos alertou a Grã-Bretanha, que antes estimulara a França a buscar uma solução, mas que tinha então de se preparar para a possibilidade de guerra.[12]

A guerra na verdade não começaria antes de dois anos, mas, quando começou, a conflagração que provocou foi alimentada pelas paixões religiosas que estavam se acumulando ao longo dos séculos.

Mais que qualquer outra potência, o império russo tinha a religião em seu cerne. O sistema tsarista organizava seus súditos segundo seu status confessional; ele compreendia suas fronteiras e seus compromissos internacionais quase exclusivamente em termos de fé.

Na ideologia fundadora do Estado tsarista, que ganhou nova força por intermédio do nacionalismo russo no século XIX, Moscou era a última capital remanescente da ortodoxia, a "Terceira Roma", depois da queda de Constantinopla, centro de Bizâncio, perante os turcos em 1453. Segundo essa ideologia, era parte da missão divina da Rússia no mundo libertar os ortodoxos do Império Islâmico dos otomanos e restaurar Constantinopla como sede da cristandade oriental. O império russo foi concebido como uma cruzada ortodoxa. Desde a derrota dos canatos mongóis de Kazan e Astracã no século XVI até a conquista da Crimeia, do Cáucaso e da Sibéria nos séculos XVIII e XIX, a identidade imperial russa foi praticamente definida pelo conflito entre cristãos assentados e tártaros nômades nas estepes da Eurásia. Essa fronteira religiosa sempre foi mais importante que qualquer fronteira étnica na definição da consciência nacional russa: o russo era ortodoxo, e o estrangeiro era de uma fé distinta.

A religião estava no cerne das guerras da Rússia contra os turcos, que no final do século XIX tinham 10 milhões de súditos ortodoxos (gregos, búlgaros, albaneses, moldavos, valáquios e sérvios) em seus territórios europeus, e algo em torno de outros 3 a 4 milhões de cristãos (armênios, georgianos e um pequeno número de abcázios) no Cáucaso e na Anatólia.[13]

Nas fronteiras norte do império otomano uma linha defensiva de fortalezas se estendia de Belgrado, nos Bálcãs, até Kars, no Cáucaso. Essa era a linha ao longo da qual todas as guerras entre Turquia e Rússia haviam sido travadas desde a segunda metade do século XVII (em 1686-99, 1710-11, 1735-9, 1768-74, 1787-92, 1806-12 e 1828-9). A Guerra da Crimeia e a posterior guerra russo-turca de 1877-8 não foram exceções à regra. As terras de fronteira defendidas por essas fortalezas eram campos de batalha religiosa, a linha de fratura entre ortodoxia e islamismo.

Duas regiões em particular eram vitais nas guerras russo-turcas: o delta do Danúbio (abrangendo os principados de Moldávia e Valáquia) e o litoral norte do mar Negro (incluindo a península da Crimeia). Elas se tornariam os dois principais teatros de operações da Guerra da Crimeia.

Com seus rios largos e pântanos pestilentos, o delta do Danúbio era uma zona de amortecimento crucial, protegendo Constantinopla de um ataque por terra pelos russos. Víveres do Danúbio eram essenciais para as fortalezas turcas, assim como para qualquer exército russo atacando a capital otomana, de modo que a fidelidade da população camponesa era um fator vital nessas guerras. Os russos apelavam à religião ortodoxa dos camponeses em uma tentativa de trazê-los para seu lado em uma guerra de libertação do governo muçulmano, enquanto os turcos adotavam políticas de terra arrasada. Fome e doença repetidamente derrotavam os russos avançando enquanto marchavam para as terras do Danúbio cujas colheitas haviam sido destruídas pelos turcos em retirada. Assim, qualquer ataque à capital turca dependeria de os russos criarem uma rota marítima — pelo mar Negro — para levar suprimentos para as tropas atacantes.

Mas o litoral norte do mar Negro e a Crimeia também eram usados pelos otomanos como uma zona de amortecimento contra a Rússia. Em vez de colonizar a região, os otomanos se valiam de seus vassalos ali, as tribos tártaras de língua turca do canato da Crimeia para proteger as fronteiras do islã contra invasores cristãos. Governado pela dinastia Giray, descendente direta do próprio Gêngis Kahn, o canato da Crimeia era o último posto avançado sobrevivente da Horda de Ouro. Do século XV até o século XVIII, seu exército de cavaleiros controlara as estepes do sul entre a Rússia e o litoral do mar Negro. Atacando a Moscóvia, os tártaros garantiam um suprimento regular de escravos eslavos para venda nos mercados de sexo e para as galés a remo de Constantinopla. Os tsares da Rússia e os reis da Polônia pagavam tributo ao cã para manter seus homens afastados.[14]

A partir do século XVII, quando se apossou da Ucrânia, a Rússia começou uma luta de um século para tomar essas zonas de amortecimento do controle otomano. Os portos de águas quentes do mar Negro, tão fundamentais para o desenvolvimento do comércio e do poderio naval russos, eram os alvos estratégicos nessa guerra, mas os interesses religiosos nunca ficaram muito para trás. Assim, após a derrota dos otomanos para a Rússia e seus aliados em 1699, Pedro, o Grande, exigiu dos turcos uma garantia dos direitos gregos ao Santo Sepulcro e livre acesso à Terra Santa para todos os russos. A luta pelos principados do Danúbio (Moldávia e Valáquia) também foi em parte uma guerra religiosa. No conflito russo-turco de 1710-11, Pedro ordenou que tropas russas cruzassem o rio Pruth e invadissem os principados na esperança de provocar um levante de sua população cristã contra os turcos. O levante não aconteceu. Mas a ideia de que a Rússia podia apelar a seus correligionários no império otomano para abalar os turcos permaneceu no centro da política tsarista pelos duzentos anos seguintes.

A política foi formalizada no reinado de Catarina, a Grande (1762-96). Após a vitória decisiva sobre os otomanos na guerra de 1768-74, durante a qual haviam reocupado os principados, os russos exigiram relativamente pouco dos turcos em termos de território antes de se retirar dos principados. O Tratado de Kuchuk Kainarji resultante deu a eles apenas um pequeno trecho do litoral do mar Negro entre os rios Dnieper e Bug (incluindo o porto de Kherson), a região de Kabarla, no Cáucaso, e os portos de Kerch e Enikale, na Crimeia, onde o mar de Azov se une ao mar Negro, embora o tratado tenha obrigado os otomanos a abrir mão da soberania sobre o canato da Crimeia e dar independência aos tártaros. O tratado também deu aos russos livre passagem por Dardanelos, o apertado estreito turco ligando o mar Negro ao Mediterrâneo. Mas se os russos não obtiveram muito território, obtiveram direitos substanciais de interferir nos assuntos otomanos para a proteção dos ortodoxos. Kuchuk Kainarji devolveu os principados ao seu status anterior sob soberania otomana, mas os russos assumiram o direito de proteger a população ortodoxa. O tratado também concedeu à Rússia permissão de construir uma igreja ortodoxa em Constantinopla — um direito que os russos consideraram significar um direito mais amplo de representar os súditos ortodoxos do sultão. Ele permitiu que mercadores cristãos do império otomano (gregos, armênios, moldavos e valáquios) velejassem por águas turcas sob bandeira russa, uma concessão importante que permitiu aos russos promover seus interesses comerciais e religiosos ao mesmo tempo. Essas reivindicações religiosas tiveram algumas ramificações pragmáticas interessantes. Como os russos não podiam anexar os principados do Danúbio sem provocar a oposição das grandes potências, buscaram, em vez disso, conseguir da Porta concessões que transformariam os principados em regiões semiautônomas sob influência russa. Esperavam que com o tempo lealdades religiosas partilhadas levassem a alianças com os moldavos e valáquios que enfraquecessem a autoridade otomana e garantissem o domínio russo do sudeste da Europa caso o império otomano entrasse em colapso.

Estimulada pela vitória sobre os turcos, Catarina também seguiu uma política de cooperação com os gregos, cujos interesses religiosos ela alegava que a Rússia tinha por tratado o direito e a obrigação de proteger. Catarina enviou agentes militares à Grécia, treinou oficiais gregos em suas academias militares, convidou comerciantes e marinheiros gregos a se instalar nas novas cidades do litoral do mar Negro e estimulou os gregos em sua crença de que a Rússia apoiaria seu movimento de libertação nacional dos turcos. Mais que qualquer outro governante russo, Catarina se identificou com a causa grega. Sob a crescente influência de seu mais alto comandante militar, o estadista e favorito da corte príncipe Grigori Potemkin, Catarina sonhou até mesmo em recriar o velho império bizantino sobre as ruínas do otomano. O filósofo francês Voltaire, com quem a imperatriz se correspondia, se dirigia a ela como *"votre majesté impériale de l'église grecque"*, enquanto o barão Friedrich Grimm, seu correspondente alemão preferido, se referia a ela como *"l'Impératrice des grecs"*. Catarina concebia esse império helênico como um vasto império ortodoxo protegido pela Rússia, cuja língua eslava havia sido um dia a *lingua franca* do império bizantino, segundo (equivocadamente) o primeiro grande historiador da Rússia, Vasili Tatichtchev. A imperatriz deu o nome de Constantino — em homenagem ao primeiro e ao último imperador de Bizâncio — ao segundo neto. Para celebrar seu nascimento em 1779, ela cunhara moedas de prata especiais com a imagem da grande basílica de Santa Sofia (Hagia Sophia), em Constantinopla, cruelmente convertida em uma mesquita desde a conquista otomana. Em vez de um minarete a moeda mostrava uma cruz ortodoxa na cúpula da antiga basílica bizantina. Para educar seu neto a se tornar o governante desse império oriental ressuscitado, a imperatriz russa trouxe babás de Naxos para ensinar grego, um idioma que ele falava com grande facilidade quando adulto.[15]

Nunca foi claro o quão séria ela era quanto a esse "projeto grego". Na forma como foi concebido pelo conde Bezborodko, seu secretário particular e virtual ministro das Relações Exteriores, em 1780, o projeto envolvia nada menos que a expulsão dos turcos da Europa, a divisão dos seus territórios balcânicos entre Rússia e Áustria e o "restabelecimento do antigo império grego" com Constantinopla como sua capital. Catarina discutiu o projeto com o imperador austríaco José II em 1781. Em uma troca de cartas ao longo do ano seguinte eles concordaram em que era desejável. Mas continua a ser incerto se pretendiam colocar o plano em prática. Alguns historiadores concluíram que o projeto grego não passava de uma peça de iconografia neoclássica, ou um teatro político, como as "aldeias Potemkin", que não desempenhou qualquer papel real na política externa da Rússia. Mas mesmo que não tenha havido nenhum plano concreto para ação imediata, pelo menos parece bastante claro que o projeto integrava os objetivos gerais de Catarina para o império russo como uma potência do mar Negro ligada por intermédio de comércio e religião com o mundo ortodoxo do Mediterrâneo oriental, incluindo Jerusalém. Nas palavras do poeta favorito de Catarina, Gavril Derjavin, que também era um dos maiores estadistas russos de seu reinado, o objetivo do projeto grego era:

> Avançar por intermédio de uma Cruzada,
> Purificar o rio Jordão,
> Libertar o Santo Sepulcro,
> Devolver Atenas aos atenienses,
> Constantinopla — a Constantino
> E restabelecer a Terra Santa de Jafé.*
> "Ode à captura de Izmail"

Certamente foi mais do que teatro político quando Catarina e José, acompanhados de uma grande comitiva internacional, excursionaram pelos portos do mar Negro. A imperatriz visitou os canteiros de obras de novas cidades e bases militares russas, passando sob arcos erguidos por Potemkin em sua homenagem e gravados com as palavras "A estrada para Bizâncio".[16] Sua viagem foi uma declaração de intenções.

---

* Segundo crônicas medievais russas, as terras de Jafé foram ocupadas pelos rus' e outras tribos depois do Dilúvio no Gênesis.

Catarina acreditava que a Rússia tinha de se voltar para o Sul caso quisesse ser uma grande potência. Não era suficiente exportar peles e madeira pelos portos do Báltico como nos dias da Moscóvia medieval. Para competir com as potências europeias, ela precisava desenvolver postos comerciais para a produção agrícola de suas terras férteis do Sul e estabelecer uma presença naval nos portos de águas quentes do mar Negro de onde seus navios pudessem ter acesso ao Mediterrâneo. Por causa da estranha geografia da Rússia, o mar Negro era crucial não apenas para a defesa militar do império russo em sua fronteira sul com o mundo muçulmano, mas também para sua viabilidade como potência no continente europeu. Sem o mar Negro a Rússia não tinha acesso à Europa por mar, a não ser pelo Báltico, que podia ser facilmente bloqueado pelas outras potências do norte no caso de um conflito europeu (como de fato seria pelos britânicos durante a guerra da Crimeia).

O plano de desenvolver a Rússia como uma potência do Sul começara verdadeiramente em 1776, quando Catarina colocou Potemkin no comando da Nova Rússia (*Novorossiia*), os territórios esparsamente povoados recém-conquistados aos otomanos no litoral norte do Mar Negro, e ordenou que ele colonizasse a região. Ela concedeu enormes extensões de terra à sua nobreza e convidou colonos europeus (alemães, poloneses, italianos, gregos, búlgaros e sérvios) a se assentar nas estepes como agricultores. Novas cidades foram criadas ali — Ekaterinoslav, Kherson, Nikolaev e Odessa —, muitas construídas segundo o estilo rococó francês e italiano. Potemkin supervisionou pessoalmente a construção de Ekaterinoslav (significando "Glória de Catarina") como uma fantasia greco-romana para simbolizar a herança clássica que ele e os defensores do projeto grego concebiam para a Rússia. Ele sonhou com estruturas neoclássicas grandiosas, a maioria das quais nunca foi construída, como lojas "erguidas em semicírculo como o propileu, ou portão de Atenas", um palácio do governo ao "estilo grego e romano", tribunais na forma de "antigas basílicas" e uma catedral, "uma espécie de imitação de São Paulo além das muralhas de Roma", como explicou em carta a Catarina. Eram, como disse, "um sinal da transformação desta terra, pelos seus cuidados, de uma estepe nua em um amplo jardim, e do ambiente selvagem dos animais para um lar recebendo pessoas de todas as terras".[17]

Odessa era a joia da coroa sul da Rússia. Sua beleza arquitetônica deveu muito ao duque de Richelieu, um refugiado da Revolução Francesa que durante muitos anos foi governador da cidade. Mas sua importância como porto era obra dos gregos, encorajados por Catarina a se instalar na cidade. Graças à liberdade de movimento concedida aos navios russos pelo Tratado de Kuchuk Kainarji, Odessa logo se tornou importante no comércio do mar Negro e do Mediterrâneo, em grande medida suplantando o domínio dos franceses.

A incorporação da Crimeia pela Rússia seguiu um rumo diferente. Como parte do Tratado de Kuchuk Kainarji, o canato da Crimeia se tornara independente dos otomanos, embora o sultão continuasse a ser uma autoridade religiosa nominal em sua posição de califa. Apesar de terem assinado o tratado, os otomanos haviam relutado em aceitar a independência da Crimeia, temendo que logo fosse engolida pelos russos, como o resto do litoral do mar Negro. Eles permaneceram com a poderosa fortaleza de Otchakov, na embocadura do rio Dnieper, de onde poderiam atacar os russos caso interviessem na península. Mas tinham pouca defesa contra a política russa de infiltração política e religiosa.

Três anos após a assinatura do tratado, Sagin Giray foi eleito cã. Educado em Veneza e semiocidentalizado, ele era o candidato preferido da Rússia (como chefe da delegação da Crimeia em São Petersburgo ele havia impressionado Catarina com sua "personalidade doce" e bela aparência). Sagin era apoiado pela considerável população cristã da Crimeia (comerciantes gregos, georgianos e armênios) e por muitos dos nômades nogai da estepe continental, que sempre haviam sido ferozmente independentes do canato otomano e deviam fidelidade a Sagin como comandante da Horda Nogai. Mas Sagin era inaceitável para os otomanos, que enviaram uma frota com seu próprio cã para substituí-lo e encorajaram os tártaros da Crimeia a se erguer contra Sagin como um "infiel". Sagin fugiu, mas logo retornou para levar a cabo um massacre dos tártaros rebeldes que chocou até mesmo os russos. Em resposta, e estimulados pelos otomanos, os tártaros deram início a uma guerra religiosa de vingança contra os cristãos da Crimeia, levando a Rússia a organizar um êxodo apressado (30 mil cristãos foram transferidos para Taganrog, Mariupol e outras cidades do litoral do mar Negro, onde a maioria se tornou sem-teto).

A partida dos cristãos abalou seriamente a economia da Crimeia. Sagin se tornou ainda mais dependente dos russos, que começaram a pressioná-lo a aceitar a anexação. Ansioso para garantir a Crimeia antes que o resto da Europa pudesse reagir, Potemkin se preparou para uma guerra rápida contra os turcos, ao mesmo tempo comprando a abdicação de Sagin em troca de uma pensão magnífica. Com o cã removido para São Petersburgo, os tártaros foram convencidos a se submeter à Catarina. Por toda a Crimeia foram encenadas cerimônias nas quais os tártaros se reuniam com seus mulás para jurar sobre o Corão fidelidade à imperatriz ortodoxa a mil quilômetros de distância. Potemkin estava determinado a que a anexação pelo menos parecesse ser a vontade do povo.

A anexação da Crimeia pela Rússia em 1783 foi uma grande humilhação para os turcos. Era o primeiro território muçulmano a ser perdido pelo império otomano para os cristãos. O grão-vizir da Porta aceitou com relutância. Mas outros políticos na corte do sultão viram a perda da Crimeia como um perigo mortal para o império otomano, argumentando que os russos a usariam como base militar contra Constantinopla e o controle otomano dos Bálcãs, e pressionaram por uma guerra aos russos. Mas era irreal os turcos combaterem os russos sozinhos, e as esperanças turcas de intervenção ocidental não eram grandes: a Áustria se alinhara à Rússia antecipando uma futura divisão russo-austríaca do império otomano; a França estava exausta demais por seu envolvimento na guerra de independência dos Estados Unidos para enviar uma frota ao mar Negro; e os britânicos, profundamente feridos por suas perdas na América, eram essencialmente indiferentes (se "a França pretende ficar quieta em relação aos turcos, por que deveríamos nos envolver? Não é hora de começar um novo conflito", observou lorde Grantham, secretário do Exterior).[18]

A paciência otomana se esgotou quatro anos depois, em 1787, pouco após o desfile provocador de Catarina por suas cidades litorâneas recém-conquistadas no mar Negro, que aconteceu no momento em que os turcos enfrentavam novas perdas para os russos no Cáucaso.* Com esperanças de uma aliança prussiana, o partido pró-guerra na Porta prevaleceu, e os otomanos declararam guerra à Rússia, que então recebeu o apoio da aliada Áustria com sua própria declaração de guerra à Turquia. Inicialmente, os otomanos tiveram

---

* Os russos estavam paulatinamente estendendo seu sistema de fortalezas ao longo do rio Terek (a "Linha do Cáucaso") e usando seu protetorado recém-conseguido sobre o reino ortodoxo georgiano de Kartli-Kacheti para construir uma base de operações contra os otomanos, ocupando Tbilisi e assentando as fundações para a Rodovia Militar Georgiana ligando a Rússia ao sul do Cáucaso.

sucesso. Na frente do Danúbio, eles empurraram as forças austríacas de volta para Banat. Mas a ajuda militar prussiana nunca chegou, e após um longo cerco os turcos perderam para os russos sua fortaleza estratégica de Otchakov, seguida por Belgrado e os principados do Danúbio para uma contraofensiva austríaca, antes que os russos tomassem os fortes turcos no estuário do Danúbio. Os turcos foram obrigados a pedir a paz. Pelo tratado de Iași, de 1792, eles recuperaram o controle nominal dos principados do Danúbio, mas cederam a área de Otchakov à Rússia, assim fazendo do rio Dniester a nova fronteira russo-turca. Eles também declararam seu reconhecimento formal da anexação russa da Crimeia. Mas na verdade nunca aceitaram essa perda, e esperaram a hora da vingança.

Na guerra religiosa da Rússia contra seus vizinhos muçulmanos, as culturas islâmicas da região do mar Negro eram consideradas particularmente perigosas. Os governantes russos temiam um eixo islâmico, uma ampla coalizão de povos muçulmanos sob a liderança turca ameaçando a fronteira sul da Rússia, onde a população muçulmana aumentava rapidamente, em parte como resultado das taxas de fecundidade e em parte por conversões de tribos nômades ao islamismo. Foi para consolidar o controle imperial nessas fronteiras desabitadas que os russos deram início a uma nova parte de sua estratégia nas primeiras décadas do século XIX: extirpar populações muçulmanas e encorajar colonos cristãos a ocupar as terras recém-conquistadas.

A Bessarábia foi conquistada pelos russos durante a guerra contra a Turquia em 1806-12. Foi formalmente cedida pelos turcos à Rússia pelo Tratado de Bucareste de 1812, que também colocou os principados do Danúbio sob soberania conjunta da Rússia e do império otomano. Os novos governantes tsaristas da Bessarábia expulsaram a população muçulmana, mandando milhares de fazendeiros tártaros para a Rússia como prisioneiros de guerra. Repovoaram as planícies férteis da Bessarábia com moldavos, valáquios, búlgaros, rutenos e gregos atraídos para a região por isenções de impostos, dispensa de serviço militar e empréstimos do governo russo para artesãos habilidosos. Pressionadas a ocupar a região, que colocara a Rússia a poucos quilômetros do Danúbio, as autoridades tsaristas locais chegaram mesmo a fechar os olhos a servos ucranianos e russos fugidos, que chegaram à Bessarábia em número crescente após 1812. Houve um grande programa de construção de igrejas, enquanto a criação de uma eparquia em Kishnev incorporou os líderes da igreja local à Igreja ortodoxa russa (em oposição à grega).[19]

A conquista russa do Cáucaso também foi parte dessa cruzada. Em grande medida ela foi concebida como uma guerra religiosa contra as tribos muçulmanas da montanha, os chechenos, inguches, circassianos e daguestaneses, e pela cristianização do Cáucaso. As tribos muçulmanas eram majoritariamente sunitas, ferozmente independentes de controle político por qualquer poder secular, mas alinhadas religiosamente ao sultão otomano em sua posição de "califa supremo da lei islâmica". Sob o comando do general Alexander Ermolov, nomeado governador da Geórgia em 1816, os russos moveram uma selvagem guerra de terror, atacando aldeias, queimando casas, destruindo plantações e derrubando as florestas, em uma tentativa inútil de subjugar as tribos da montanha. A campanha assassina produziu um movimento de resistência tribal que logo assumiu seu próprio cunho religioso.

A principal influência religiosa, conhecida como muridismo, veio da seita Naqshbandiya (sufi), que começou a florescer no Daguestão nos anos 1810 e se espalhou de lá para a Chechênia, onde pregadores organizaram a resistência como um *jihad* (guerra santa) liderado pelo imã Ghazi Muhammad, em defesa da *sharia* e da pureza da fé islâmica. O muridismo foi uma mistura poderosa de guerra santa e social contra os russos infiéis e os príncipes que os apoiavam. Produziu uma nova unidade entre as tribos das montanhas, antes divididas por rixas familiares e vinganças, permitindo que o imã implantasse impostos e serviço militar universal. O governo do imã era levado a cabo pelos discípulos religiosos, que funcionavam como funcionários e juízes nas aldeias rebeldes.

Quanto mais a resistência aumentava, mais o caráter religioso da invasão russa se intensificava. A cristianização do Cáucaso se tornou um dos objetivos principais, com os russos rejeitando qualquer acordo com a liderança muçulmana do movimento rebelde. "Uma reaproximação completa entre nós só pode ser esperada quando a cruz estiver fincada nas montanhas e nos vales, e quando igrejas do Cristo Salvador tiverem substituído as mesquitas", declarou um documento oficial russo. "Até então, a força das armas é o verdadeiro bastião de nosso governo no Cáucaso." Os russos destruíram mesquitas e impuseram restrições a práticas muçulmanas — com a maior revolta sendo provocada pela proibição de peregrinação a Meca e Medina. Em muitas regiões a destruição de assentamentos muçulmanos esteve ligada a uma política russa do que hoje seria conhecido como "limpeza étnica", o deslocamento forçado de tribos da montanha e a transferência de suas terras para colonos cristãos. Em Kuban e no norte do Cáucaso tribos muçulmanas foram substituídas por colonos eslavos, principalmente camponeses russos ou ucranianos e cossacos. Em áreas do sul do Cáucaso, georgianos e armênios cristãos se juntaram à invasão russa e ficaram com uma parcela do espólio. Durante a conquista do canato de Ganja (Elizavetopol), por exemplo, georgianos se juntaram ao exército invasor russo como auxiliares; depois foram estimulados pelos russos a se mudar para o território ocupado e tomar terras abandonadas pelos muçulmanos após uma campanha de perseguição religiosa que os encorajara a partir. A província de Erivan, que corresponde aproximadamente à Armênia moderna, tinha uma população em grande medida turca-muçulmana até a guerra russo-turca de 1828-9, durante a qual os russos expulsaram cerca de 26 mil muçulmanos da área. Ao longo da década seguinte eles transferiram para lá quase o dobro desse número de armênios.[20]

Mas foi na Crimeia que o cunho religioso das conquistas russas no sul ficou mais claro. A Crimeia tinha uma longa e complexa história religiosa. Para os russos era um lugar sagrado. Segundo suas crônicas, foi em Quersoneso, a antiga cidade colonial grega no litoral sudoeste da Crimeia, na periferia da Sebastopol moderna, que Vladimir, o Grande Príncipe de Kiev, foi batizado em 988, dessa forma levando o cristianismo para a Rus' de Kiev. Mas também ela era lar de citas, romanos, gregos, godos, genoveses, judeus, armênios, mongóis e tártaros. Localizada em uma profunda linha de fratura histórica separando a cristandade do mundo muçulmano dos otomanos e das tribos de língua turca, a Crimeia esteve continuamente em conflito, cenário de muitas guerras. Santuários e construções religiosas na Crimeia se tornaram eles mesmos campos de batalha da fé, com cada nova onda de ocupação os considerando seus. Na cidade litorânea de Sudak, por exemplo, há uma igreja de São Mateus. Ela foi originalmente construída como mesquita, mas posteriormente destruída e reconstruída pelos gregos como uma igreja ortodoxa. Posteriormente foi convertida em igreja católica pelos genoveses, e depois voltou a ser mesquita com os otomanos. Continuou como mesquita até a anexação russa, quando foi reconvertida em igreja ortodoxa.[21]

A anexação russa da Crimeia havia criado 300 mil novos súditos imperiais, quase todos eles tártaros e nogais muçulmanos. Os russos tentaram cooptar os notáveis locais (beis e mirzás) para a administração se oferecendo para convertê-los ao cristianismo e dar a eles status de nobreza. Mas o convite foi ignorado. O poder desses notáveis nunca derivara do funcionalismo público, mas da propriedade da terra e de política baseada em clãs: desde que pudessem manter suas terras, a maioria preferiu guardar sua posição na comunidade em vez de servir a seus novos mestres imperiais. A maioria tinha laços de parentesco, comerciais ou religiosos com o império otomano. Muitos emigraram para lá após a tomada pelos russos.

A política russa para com os camponeses tártaros foi mais brutal. A servidão era desconhecida na Crimeia, diferentemente do que acontecia na maior parte da Rússia. A liberdade dos camponeses tártaros foi reconhecida pelo novo governo imperial, que fez deles camponeses do Estado (uma categoria legal distinta dos servos). Mas a continuada fidelidade dos tártaros ao califa otomano, a quem apelavam em suas preces de sexta-feira, era uma provocação constante aos russos. Dava a eles motivo para duvidar da sinceridade do juramento de fidelidade ao tsar de seus novos súditos. Ao longo de todas as suas muitas guerras contra os otomanos no século XIX os russos continuaram aterrorizados com revoltas tártaras na Crimeia. Eles acusaram líderes muçulmanos de rezar por uma vitória turca e camponeses tártaros de sonhar com sua libertação pelos turcos, a despeito do fato de que, em sua maioria, até a Guerra da Crimeia, a população muçulmana permaneceu leal ao tsar.

Convencidos da perfídia dos tártaros, os russos fizeram o possível para levar seus novos súditos a partir. O primeiro êxodo em massa dos tártaros da Crimeia para a Turquia aconteceu durante a guerra russo-turca de 1787-92. A maior parte foi a fuga em pânico de camponeses com medo de retaliações dos russos. Mas os tártaros também foram encorajados a partir por uma série de outras medidas russas, incluindo confisco de terras, impostos punitivos, trabalhos forçados e intimidação física por esquadrões de cossacos. Em 1800, quase um terço da população tártara da Crimeia, cerca de 100 mil pessoas, emigrara para o império otomano, com outros 10 mil partindo na esteira da guerra russo-turca de 1806-12. Eles foram substituídos por colonos russos e outros cristãos orientais: gregos, armênios, búlgaros, muitos deles refugiados do império otomano que queriam a proteção de um Estado cristão. O êxodo dos tártaros da Crimeia foi o começo de uma longa história de substituição demográfica e conflito étnico entre as esferas otomana e ortodoxa que iria durar até as crises balcânicas do final do século XX.[22]

A cristianização da Crimeia também aconteceu em grandes projetos de igrejas, palácios e cidades neoclássicas que iriam erradicar todos os traços muçulmanos do ambiente físico. Catarina concebeu a Crimeia como o paraíso sul da Rússia, um jardim das delícias onde os frutos de seu governo cristão iluminado poderiam ser desfrutados e exibidos ao mundo além do mar Negro. Ela gostava de chamar a península por seu nome grego, Tauride, em vez de Crimeia (*Krym*), seu nome tártaro: achava que isso ligava a Rússia à civilização helenista de Bizâncio. Ela deu enormes extensões de terras para que nobres russos criassem propriedades magníficas ao longo da costa sul montanhosa, um litoral para rivalizar em beleza com Amalfi; seus prédios clássicos, jardins mediterrâneos e vinhedos deveriam levar uma nova civilização cristã para aquela terra antes ímpia.

O planejamento urbano reforçou esse domínio russo da Crimeia: antigas cidades tártaras como Bakhchiserai, capital do antigo canato, foram rebaixadas ou abandonadas inteiramente. Cidades de etnia mista, como Theodosia ou Simferopol, capital administrativa russa, foram gradualmente reformadas pelo Estado imperial, com o centro da cidade transferido do antigo bairro tártaro para novas áreas onde igrejas e prédios públicos russos foram erguidos; e novas cidades como Sebastopol, a base naval russa, foram construídas inteiramente no estilo neoclássico.[23]

A construção de igrejas na colônia recém-conquistada foi relativamente lenta, e as mesquitas continuaram a dominar a paisagem em muitas cidades e aldeias. Mas no começo do século XIX foi dada uma grande atenção à descoberta de antigos restos arqueológicos cristãos, ruínas bizantinas, igrejas em cavernas e mosteiros de ascetas. Tudo parte de um esforço deliberado para apresentar a Crimeia como um local cristão sagrado, um Monte Atos russo, local de peregrinação para aqueles que desejavam entrar em contato com o berço do cristianismo eslavo.[24]

O local sagrado mais importante era, claro, as ruínas de Quersoneso, escavadas pela administração imperial em 1827, onde posteriormente foi erguida uma igreja de São Vladimir para marcar o ponto em que o Grande Príncipe havia convertido a Rus' de Kiev ao cristianismo. Foi uma daquelas ironias simbólicas da história que esse santuário ficasse a poucos metros do lugar em que as forças francesas desembarcaram e montaram acampamento durante a Guerra da Crimeia.

2
Questões orientais

O sultão seguia em um cavalo branco à frente da procissão, seguido por sua comitiva de ministros e funcionários a pé. Ao som de uma salva de artilharia, eles saíram pelo principal Portão Imperial do palácio Topkapi para o calor de meio-dia de um dia de julho em Constantinopla, a capital turca. Era sexta-feira, 13 de julho de 1849, primeiro dia do mês sagrado muçulmano do Ramadã. O sultão Abdülmecid estava indo reinaugurar a grande mesquita de Hagia Sophia. Ela passara os dois anos anteriores fechada para reformas urgentes, tendo o prédio desenvolvido problemas crônicos após muitas décadas de negligência. Cavalgando em meio à multidão reunida na praça do lado norte da antiga basílica ortodoxa, onde sua mãe, seus filhos e seu harém esperavam por ele em carruagens douradas, o sultão chegou à entrada da mesquita, onde foi recebido por seus funcionários religiosos e, em uma violação da tradição islâmica que explicitamente excluía não muçulmanos de cerimônias sagradas do tipo, por dois arquitetos suíços, Gaspare e Giuseppe Fossati, que haviam supervisionado o trabalho de restauração.

Os Fossati conduziram Abdülmecid por uma série de câmaras privadas até o camarote do sultão no salão principal de oração que eles haviam reconstruído e redecorado em um estilo neobizantino por ordem do sultão, cuja insígnia estava fixada acima da porta de entrada. Quando os dignitários haviam se reunido no salão, os ritos de consagração foram realizados pelo xeque ül-Islam, líder religioso supremo do império otomano, que foi (equivocadamente) equiparado ao papa por visitantes europeus.[1]

Foi uma ocasião extraordinária — o sultão-califa e líderes religiosos do maior império muçulmano do mundo consagrando uma de suas mesquitas mais sagradas em câmaras reconstruídas por arquitetos ocidentais no estilo da catedral bizantina original que dera origem a ela depois da conquista de Constantinopla pelos turcos. Após 1453, os otomanos haviam baixado os sinos, substituído a cruz por quatro minaretes, removido altar e iconóstase, e ao longo dos dois séculos seguintes emassado os mosaicos bizantinos da basílica ortodoxa. Os mosaicos haviam permanecido escondidos até os irmãos Fossati os descobrirem por acaso enquanto restauravam a cantaria e o emboço em 1848. Tendo limpado uma parte dos mosaicos na nave norte, eles os mostraram ao sultão, que ficou tão impressionado com as cores brilhantes que ordenou que todos fossem libertados de sob a camada de massa. As origens cristãs ocultas da mesquita haviam sido reveladas.

Percebendo o significado de sua descoberta, os irmãos Fossati fizeram desenhos e aquarelas dos mosaicos bizantinos, que deram de presente ao tsar, na esperança de receber uma subvenção para publicar o trabalho. Os arquitetos haviam trabalhado antes em São Petersburgo, e o irmão mais velho, Gaspare, fora a Constantinopla para construir a Embaixada russa, um palácio neoclássico concluído em 1845, tendo a ajuda de Giuseppe. Era uma época em que muitos arquitetos europeus estavam construindo prédios na capital turca, muitos deles embaixadas estrangeiras, uma época em que o jovem sultão dava apoio a uma série de reformas liberais ocidentalizantes e abria seu império à influência da Europa em busca de modernização econômica. Entre 1845 e 1847, os Fossati foram empregados pelo sultão para erguer um enorme complexo de três andares para a Universidade de Constantinopla. Construído inteiramente no estilo neoclássico ocidental e localizado de forma desajeitada entre as mesquitas Hagia Sophia e Sultan Ahmet, o complexo foi destruído por um incêndio em 1936.[2]

O tsar da Rússia, Nicolau I, ficaria excitado com a descoberta daqueles mosaicos bizantinos. A igreja de Hagia Sophia era um elemento central na vida religiosa da Rússia tsarista — uma civilização organizada com base no mito da sucessão ortodoxa do império bizantino. Hagia Sophia era a mãe da Igreja russa, o elo histórico entre a Rússia e o mundo ortodoxo do Mediterrâneo oriental e a Terra Santa. Segundo a *Crônica Inicial*, primeira história registrada da Rus' de Kiev, compilada por monges no século XI, os russos haviam sido inspirados a se converter ao cristianismo pela beleza visual da igreja. Enviados a vários países em busca da Verdadeira Fé, os emissários do

Grande Príncipe Vladimir declararam sobre Hagia Sophia: "Não sabíamos se estávamos no céu ou na terra. Pois na terra não há tal esplendor ou tal beleza, e não sabemos como descrever. Sabemos apenas que Deus vive ali entre eles, e sua cerimônia é mais bela que as cerimônias de outros países. Pois não conseguimos esquecer aquela beleza."[3] Recuperar a igreja se tornou um objetivo persistente e fundamental de nacionalistas e líderes religiosos russos por todo o século XIX. Eles sonhavam com a conquista de Constantinopla e sua ressurreição como a capital russa ("Tsargrad") de um império ortodoxo que se estendesse da Sibéria à Terra Santa. Nas palavras do principal missionário do tsar, o arquimandrita Uspenski, que liderara a missão eclesiástica a Jerusalém em 1847, "Por toda a eternidade a Rússia foi destinada a iluminar a Ásia e unir os eslavos. Haverá uma união de todas as raças eslavas com Armênia, Síria, Arábia e Etiópia, e elas louvarão a Deus em Santa Sophia".[4]

O tsar recusou o pedido dos Fossati de uma bolsa para publicar as plantas e os desenhos da grande igreja bizantina e seus mosaicos. Embora Nicolau tivesse demonstrado grande interesse pelo trabalho, aquele não era o momento de um governante russo se envolver na restauração de uma mesquita tão fundamental para as reivindicações religiosas e políticas do império otomano sobre os antigos territórios de Bizâncio. Mas no cerne do conflito que acabou levando à Guerra da Crimeia estava a própria reivindicação russa de liderar e proteger os cristãos do império otomano, uma exigência que se centrava em sua aspiração de recuperar Hagia Sophia como a Mãe Igreja e Constantinopla como a capital de um vasto império ortodoxo, ligando Moscou a Jerusalém.

Os estudos dos Fossati só seriam publicados um século mais tarde, embora alguns desenhos dos mosaicos bizantinos feitos pelo arqueólogo alemão Wilhelm Salzenberg tenham sido encomendados pelo rei prussiano Guilherme IV, cunhado de Nicolau I, e publicados em Berlim em 1854.[5] Foi apenas por intermédio desses desenhos que o mundo do século XIX tomaria conhecimento dos tesouros cristãos ocultos da mesquita Hagia Sophia. Por ordem do sultão, os painéis de mosaicos figurativos foram novamente cobertos com massa e pintados, de acordo com os costumes religiosos muçulmanos que proíbem a representação da figura humana. Mas os Fossati puderam deixar expostos os mosaicos bizantinos puramente decorativos, e até mesmo pintaram decorações combinando com os padrões de mosaicos sobreviventes nos painéis caiados que cobriam as figuras humanas.

A sorte dos mosaicos bizantinos ilustra claramente as complexas reivindicações interligadas e rivais das culturas muçulmana e cristã no império otomano. No começo do século XIX, Constantinopla era a capital de um extenso império multinacional que ia dos Bálcãs ao Golfo Pérsico, de Aden à Argélia, habitado por cerca de 35 milhões de pessoas. Os muçulmanos eram maioria absoluta, correspondendo a cerca de 60% da população, virtualmente todos eles na Turquia asiática, no Norte da África e na península arábica; mas os turcos eram minoria, talvez 10 milhões, concentrados principalmente na Anatólia. Nos territórios europeus do sultão, que haviam sido em grande medida conquistados de Bizâncio, a maioria dos súditos era de cristãos ortodoxos.[6]

Desde sua origem no século XIV, a dinastia Osman que governava o império extraía sua legitimidade do ideal de uma guerra santa contínua para estender as fronteiras do Islã. Mas os otomanos eram pragmáticos, não religiosos fundamentalistas, e em suas terras cristãs, as mais ricas e populosas do império, temperavam sua animosidade ideológica para com os infiéis com uma abordagem prática, para explorá-las a interesse do império. Cobravam impostos extras dos não muçulmanos, os desprezavam como "animais" inferiores (*rayah*) e os tratavam desigualmente de muitas formas humilhantes (em Damasco, por exemplo, os cristãos eram proibidos de montar em animais de qualquer tipo).[7] Mas permitiam que mantivessem sua religião, em geral não os perseguiam nem tentavam convertê-los, e por intermédio do sistema de segregação religiosa conhecido como *millet*, que dava poder aos líderes da igreja em suas "nações" ou *millets* distintas baseadas em fé, até mesmo permitiam aos não muçulmanos algum grau de autonomia.

O sistema de *millet* havia sido desenvolvido como um meio de a dinastia Osman usar as elites religiosas como intermediárias nos territórios recém-conquistados. Desde que se submetessem à autoridade otomana, líderes eclesiásticos podiam exercer um controle limitado de educação, ordem pública e justiça, recolhimento de impostos, caridade e questões da Igreja, condicionados à aprovação dos funcionários muçulmanos do sultão (mesmo para questões como, por exemplo, o conserto de um teto de igreja). Nesse sentido, o sistema de *millet* servia não apenas para reforçar a hierarquia étnica e religiosa do império otomano — com muçulmanos no alto e todas as outras *millets* (ortodoxos, gregorianos armênios, católicos e judeus) abaixo — que estimulava o preconceito muçulmano contra cristãos e judeus; também estimulava essas minorias a expressar suas queixas e a organizar sua luta contra o governo muçulmano por intermédio de suas Igrejas nacionais, o que era uma grande fonte de instabilidade no império.

Isso era mais evidente entre os ortodoxos, a maior *millet* cristã, com 10 milhões de súditos do sultão. O patriarca de Constantinopla era a maior autoridade ortodoxa no império otomano. Ele falava pelos outros patriarcas ortodoxos de Antioquia, Jerusalém e Alexandria. Em um grande leque de questões seculares ele era o verdadeiro governante dos "gregos" (significando todos aqueles que seguiam o rito ortodoxo, incluindo eslavos, albaneses, moldavos e valáquios), e representava seus interesses contra muçulmanos e católicos. O patriarcado era controlado pelos fanariotas, uma poderosa casta de famílias mercadoras gregas (e romenas e albanesas helenizadas) originalmente do bairro de Phanar, de Constantinopla (de onde retiraram seu nome). Desde o começo do século XVIII, os fanariotas forneceram ao governo otomano a maioria de seus dragomanos (funcionários diplomáticos no exterior e intérpretes), compraram muitos outros altos postos, assumiram o controle da Igreja ortodoxa na Moldávia e na Valáquia, onde eram os principais governadores provinciais (hospodares), e usavam seu domínio do patriarcado para promover seus ideais imperiais gregos. Os fanariotas se viam como herdeiros do império bizantino, e sonhavam em recriá-lo com ajuda russa. Mas eram hostis à influência da Igreja russa, que fortalecera o clero búlgaro como um rival eslavo ao controle grego do patriarcado, e temiam as ambições da própria Rússia na Europa otomana.

Durante o primeiro quarto do século XIX as outras Igrejas nacionais (búlgara e sérvia) gradualmente assumiram igual importância para o patriarcado de Constantinopla dominado pelos gregos. O domínio grego das questões ortodoxas, incluindo educação e tribunais, era inaceitável para muitos eslavos, que cada vez mais se voltavam para suas próprias igrejas em busca de identidade nacional e liderança contra os turcos. O nacionalismo era uma força poderosa entre os diferentes grupos de cristãos dos Bálcãs — sérvios, montenegrinos, búlgaros, moldavos, valáquios e gregos —, que se uniram com base em idioma, cultura e religião para se livrar do controle otomano. Os sérvios foram os primeiros a conseguir a liberdade, por intermédio de levantes patrocinados pelos russos entre 1804 e 1817, que levaram ao reconhecimento pelos turcos da autonomia sérvia e, depois, à criação de um principado da Sérvia com sua própria constituição e um parlamento comandado pela dinastia Obrenovic. Mas a fraqueza do império otomano era tal que seu colapso no resto dos Bálcãs parecia apenas uma questão de tempo.

Muito antes de o tsar descrever o império otomano como o "homem doente da Europa", às vésperas da Guerra da Crimeia, a ideia de que ele estava prestes a desmoronar se tornara comum. "A Turquia não se sustenta, está se desfazendo", disse o príncipe da Sérvia ao cônsul britânico em Belgrado, 1838; "a revolta de suas províncias sem governo irá destruí-la".[8]

Esse desgoverno tinha raízes na incapacidade do império de se adaptar ao mundo moderno. O domínio do clero muçulmano (o mufti e o ulemá) funcionava como um grande impedimento à reforma. "Não mexa nas coisas estabelecidas, não pegue nada emprestado dos infiéis, pois a lei proíbe", era o lema da Instituição Muçulmana, que garantia que as leis do sultão se adequassem ao Corão. Ideias e tecnologias ocidentais penetravam muito lentamente nas regiões islâmicas do império: o comércio era dominado pelos não muçulmanos (cristãos e judeus); não houve uma imprensa turca até os anos 1720; e até 1853 havia cinco vezes mais rapazes estudando direito islâmico tradicional e teologia em Constantinopla que havia nas escolas modernas da cidade com currículo secular.[9]

A estagnação da economia andava de mãos juntas com a proliferação de uma burocracia corrupta. A compra de cargos para o lucrativo negócio de coleta de impostos era quase universal nas províncias. Paxás e governantes militares poderosos comandavam regiões inteiras como feudos pessoais, arrancando para si o maior volume de impostos possível. Desde que repassassem uma parcela do faturamento à Porta e remunerassem seus próprios financiadores, ninguém questionava ou se importava muito com a violência arbitrária que empregavam. A parte do leão dos impostos do império era extraída dos não muçulmanos, que não tinham proteção legal ou meios de apelar aos tribunais muçulmanos, onde o testemunho de um cristão não tinha valor. Estima-se que no começo do século XIX o fazendeiro e comerciante cristão médio no império otomano pagava metade de sua renda em impostos.[10]

Mas o segredo da decadência do império otomano era seu atraso militar. No começo do século XIX, a Turquia tinha um grande exército, responsável por até 70% dos gastos do Tesouro, mas ele era tecnicamente inferior aos modernos exércitos de conscritos da Europa. Carecia de administração centralizada, estruturas de comando e academias militares, era mal treinado e ainda dependia da utilização de mercenários, irregulares e forças tribais da periferia do império. Era essencial uma reforma militar, algo reconhecido por sultões reformistas e seus ministros, particularmente depois das repetidas derrotas para a Rússia, seguidas pela perda do Egito para Napoleão. Mas criar um exército de conscritos moderno era impossível sem uma transformação fundamental do império para centralizar o controle das províncias e superar os interesses ocultos dos 40 mil janízaros, a infantaria particular assalariada do sultão, que representava as antiquadas traduções do *establishment* militar e resistia a qualquer reforma.[11]

Selim III (1789-1807) foi o primeiro sultão a reconhecer a necessidade de ocidentalizar o exército e a marinha otomanos. Suas reformas militares foram guiadas pelos franceses, a maior influência estrangeira sobre os otomanos nas últimas décadas do século XVIII, principalmente porque seus inimigos (Áustria e Rússia) também eram os inimigos do império otomano. O conceito de ocidentalização de Selim era similar à ocidentalização das instituições russas conduzida por Pedro, o Grande no começo do século XVIII, e os turcos tinham consciência desse paralelo. Envolvia pouco mais que pegar emprestadas novas tecnologias e práticas com estrangeiros, e certamente não a adoção de princípios culturais ocidentais que pudessem desafiar a posição dominante do Islã no império. Os turcos haviam convidado os franceses como consultores em parte porque imaginavam ser a menos religiosa das nações europeias e, portanto, a que menos provavelmente ameaçaria o Islã — uma impressão criada pelas políticas anticlericais dos jacobinos.

As reformas de Selim foram derrotadas pelos janízaros e o clero muçulmano, que se opunham a qualquer mudança. Mas foram continuadas por Mahmud II (1808-39), que ergueu as academias militares criadas por Selim para abalar o domínio do exército pelos janízaros, promovendo oficiais por mérito. Ele realizou reformas no uniforme militar, introduziu equipamento ocidental e aboliu os feudos dos janízaros em um esforço para criar um exército centralizado ao estilo ocidental ao qual os guardas pessoais do sultão seriam finalmente incorporados. Quando os janízaros se rebelaram contra as reformas em 1826, foram esmagados, com milhares sendo mortos pelo novo exército do sultão, e depois extintos por decreto.

À medida que o império do sultão enfraquecia a ponto de parecer ameaçado de colapso iminente, as grandes potências intervinham cada vez mais em seus assuntos — ostensivamente para proteger as minorias cristãs, mas na realidade para promover suas próprias ambições na área. As embaixadas europeias não se limitavam mais a ter relações com a administração otomana, como havia sido antes, passando a lidar diretamente com a política do império, apoiando nacionalidades, grupos religiosos, partidos políticos e facções, e até mesmo interferindo na nomeação pelo sultão de ministros para fortalecer seus próprios interesses imperiais. Para favorecer o comércio de seus países elas estabeleceram ligações diretas com mercadores e financistas e criaram consulados em grandes cidades comerciais. Também começaram a emitir passaportes para súditos otomanos. Em meados do século XIX, até 1 milhão de habitantes do império do sultão usavam a proteção de legações europeias para fugir da jurisdição e dos impostos das autoridades turcas. A Rússia era a mais atuante nessa área, desenvolvendo seu comércio no mar Negro pela concessão de passaportes para um grande número de gregos do sultão e permitindo a eles navegar sob a bandeira russa.[12]

Para as comunidades ortodoxas do império otomano, a Rússia era sua protetora contra os turcos. Tropas russas haviam ajudado os sérvios a conseguir autonomia. Haviam colocado a Moldávia e a Valáquia sob proteção russa e libertado os moldavos do governo turco na Bessarábia. Mas a participação dos russos no movimento grego de independência mostrou a que ponto eles estavam dispostos a ir em seu apoio aos correligionários para assumir o controle dos territórios europeus da Turquia.

A revolução grega na verdade começou na Rússia. Em seus estágios iniciais, ela foi liderada por políticos russos nascidos na Grécia que nunca sequer haviam estado na Grécia continental (uma "expressão geográfica", se é que existiu), mas que sonhavam em unir todos os gregos por intermédio de uma série de levantes contra os turcos, que planejaram ter início nos principados do Danúbio. Em 1814, uma Sociedade de Amigos (*Philiki Etaireia*) foi criada por nacionalistas e estudantes gregos em Odessa, com filiais sendo abertas pouco depois em todas as grandes regiões habitadas por gregos — Moldávia, Valáquia, Ilhas Jônicas, Constantinopla, Peloponeso —, bem como em outras cidades russas onde a presença grega era forte. Foi a sociedade que organizou o levante grego na Moldávia em 1821 — um levante liderado por Alexander

Ypsilantis, alto oficial da cavalaria russa e filho de uma destacada família de fanariotas da Moldávia que fugira para São Petersburgo com a eclosão da guerra russo-turca de 1806. Ypsilantis tinha laços fortes com a corte russa, onde era apoiado pela imperatriz Maria Fedorovna (viúva de Paulo I) desde os 15 anos de idade. O tsar Alexandre I o nomeara ajudante de ordens em 1816.

Havia um poderoso lobby grego nos círculos governamentais de São Petersburgo. O Ministério das Relações Exteriores tinha vários diplomatas nascidos na Grécia e ativistas da causa grega. Nenhum deles era mais importante que Alexandru Sturdza, da Moldávia, um fanariota pelo lado materno que se tornou o primeiro governador russo da Bessarábia, ou Ioannis Kapodistrias, um nobre de Corfu nomeado ministro das Relações Exteriores da Rússia, juntamente com Karl Nesselrode, em 1815. O Ginásio Grego de São Petersburgo formava jovens gregos para carreiras militar e diplomática desde os anos 1770, e muitos dos formados ali haviam combatido no exército russo contra os turcos na guerra de 1806-12 (assim como milhares de voluntários gregos do império otomano, que fugiram para a Rússia ao final da guerra). Na época em que Ypsilantis planejava seu levante na Moldávia, havia uma grande legião de combatentes gregos experientes formados na Rússia com os quais podia contar.

O plano era começar o levante na Moldávia e depois seguir para a Valáquia. Os insurgentes combinariam seus ataques com a milícia *pandur* (guerrilha) liderada pelo revolucionário valáquio Tudor Vladimirescu, outro veterano do exército do tsar na guerra russo-turca de 1806-12, cujos seguidores camponeses na prática se opunham mais aos governantes e donos de terras fanariotas que aos distantes otomanos. Eles não tinham guarnições turcas, mas os hospodares locais podiam manter pequenos exércitos, que Upsilantis esperava que se juntassem ao levante assim que seu exército de voluntários gregos da Rússia cruzasse o rio Pruth. Ypsilantis esperava que a revolta provocasse uma intervenção russa para defender os gregos assim que os turcos tomassem medidas repressivas. Ele apareceu de uniforme na capital moldava de Iași e anunciou aos boiardos locais que tinha "o apoio de uma grande potência". Certamente havia muito apoio nos círculos de elite de São Petersburgo, onde o sentimento filo-helênico era poderoso, bem como entre líderes militares e da Igreja. Os consulados russos nos principados haviam mesmo se tornado centros de recrutamento para a revolta. Mas nem Kapodistrias nem o tsar tinham conhecimento dos preparativos para o levante, e os dois homens o atacaram assim que teve início. Por mais que eles simpatizassem com a causa grega, a Rússia era fundadora da Sacra Aliança, a união conservadora formada com austríacos e prussianos em 1815 cuja razão de ser era combater movimentos revolucionários e nacionalistas no continente europeu.

Sem o apoio russo, o levante grego nos principados logo foi esmagado por 30 mil soldados turcos. O exército camponês da Valáquia se retirou para as montanhas, e Ypsilantis fugiu para a Transilvânia, onde foi preso pelas autoridades austríacas. Os turcos ocuparam Moldávia e Valáquia e levaram a cabo represálias contra a população cristã dali. Soldados turcos saquearam igrejas, assassinaram padres, homens, mulheres e crianças e mutilaram seus corpos, cortando narizes, orelhas e cabeças, enquanto os oficiais observavam. Milhares de civis aterrorizados fugiram para a vizinha Bessarábia, dando às autoridades russas um enorme problema de refugiados. A violência chegou até mesmo a Constantinopla, onde o patriarca e vários bispos foram enforcados em público por um grupo de janízaros no Domingo de Páscoa de 1821.

Com a notícia das atrocidades se espalhando e aumentando ainda mais a simpatia russa pela causa grega, o tsar se sentiu cada vez mais obrigado a intervir, a despeito de seu compromisso com os princípios da Santa Aliança. Na visão de Alexandre, os atos dos turcos haviam ido bem além da legítima defesa da soberania turca; eles estavam em uma guerra religiosa contra os gregos, cujos direitos religiosos os russos tinham a obrigação de proteger segundo sua interpretação do Tratado de Kuchok Kainarji. O tsar deu um ultimato exigindo que os turcos deixassem os principados, devolvessem as igrejas danificadas e reconhecessem os direitos da Rússia, pelo tratado, de proteger os súditos ortodoxos do sultão. Era a primeira vez que uma das potências falava em defesa dos gregos. Os turcos responderam tomando navios russos, confiscando seus grãos e prendendo os marinheiros em Constantinopla.

A Rússia rompeu relações diplomáticas. Muitos dos conselheiros do tsar defenderam a guerra. A revolta grega se espalhara para o centro da Grécia, Peloponeso, Macedônia e Creta. Eles temiam que, a não ser que os russos interferissem, essas regiões fossem reprimidas com atrocidades similares às cometidas nos principados. Em 1822, tropas otomanas esmagaram brutalmente um levante grego na ilha de Quios, enforcando 20 mil ilhéus e deportando como escravos quase toda a população sobrevivente de 70 mil gregos. A Europa ficou ultrajada com o massacre, cujos horrores foram retratados pelo pintor francês Eugène Delacroix em sua grande obra-prima *O massacre de Quios* (1824). No Ministério das Relações Exteriores russo, Kapodistrias e Sturdza defenderam a intervenção militar por justificativa religiosa. Em um ensaio dos argumentos que seriam usados em 1853 para a invasão dos principados pela Rússia, eles justificaram que a defesa dos cristãos contra a violência muçulmana devia superar qualquer consideração sobre a soberania do império otomano. Apoiar revoltas, digamos, em Espanha ou Áustria, sustentaram, seria trair os princípios da Sacra Aliança, pois esses dois países eram governados por legítimos soberanos cristãos, mas nenhum poder muçulmano podia ser reconhecido como legal ou legítimo, de modo que os mesmos princípios não se aplicavam ao levante grego contra os otomanos. A retórica do dever da Santa Rússia para com seus correligionários também foi empregada por Pozzo di Borgo, embaixador do tsar na França, embora ele estivesse mais interessado em promover as ambições estratégicas da Rússia, pedindo uma guerra para expulsar os turcos da Europa e criar um novo império bizantino sob a proteção russa.

Tais ideias eram em geral partilhadas por altos funcionários, oficiais do exército e intelectuais, que no começo dos anos 1820 estavam cada vez mais unidos pelo nacionalismo russo e em certos momentos por um compromisso quase messiânico com a causa ortodoxa. Falava-se em "cruzar o Danúbio e libertar os gregos das crueldades do governo muçulmano". Um líder do exército do Sul conclamou à guerra contra os turcos para unir os cristãos balcânicos em um "Reino grego". O lobby pela guerra também tinha defensores na corte, onde os princípios legitimistas da Sacra Aliança eram reconhecidos de forma mais rígida. A mais entusiasmada era a baronesa Von Krüdener, uma mística religiosa que encorajou o tsar Alexandre a acreditar em seu papel messiânico e defendeu uma cruzada ortodoxa para expulsar os muçulmanos da Europa e erguer a cruz em Constantinopla e Jerusalém. Ela foi afastada da corte e recebeu do tsar a ordem de deixar São Petersburgo.[13]

Alexandre estava comprometido demais com o Concerto da Europa para considerar seriamente a ideia de uma intervenção russa unilateral para libertar os gregos. Ele defendia com firmeza o Sistema de Congresso criado em Viena, pelo qual as grandes potências haviam concordado em solucionar grandes crises por intermédio de negociação internacional, e tinha noção de que provavelmente haveria oposição a qualquer ação na crise grega. Em outubro de 1821, uma política europeia de mediação internacional para a Grécia já havia sido coordenada pelo príncipe Metternich, ministro das Relações Exteriores da Áustria e principal regente do Concerto da Europa, juntamente com o secretário do Exterior britânico, lorde Castlereagh. Então, quando o tsar apelou a eles por apoio contra a Turquia, em fevereiro de 1822, decidiu-se convocar um congresso internacional para solucionar a crise.

Alexandre pedira a criação de um grande Estado grego autônomo sob a proteção da Rússia, em grande medida como a Moldávia e a Valáquia. Contudo, a Grã-Bretanha temia que isso fosse um meio para a Rússia promover seus próprios interesses e interferir nos assuntos otomanos a pretexto de proteger correligionários. A Áustria igualmente temia que uma revolta grega bem-sucedida deflagrasse levantes em regiões da Europa central sob seu controle. Como Alexandre valorizava a aliança austríaca acima de tudo, não deu assistência aos gregos, ao mesmo tempo que continuava a pedir uma ação europeia coletiva para ajudá-los. Nenhuma das potências quis apoiar os gregos. Mas em 1825 aconteceram duas coisas que fizeram com que mudassem de ideia: primeiramente, o sultão convocou Mehmet Ali, seu poderoso vassalo no Egito, para esmagar os gregos, o que os egípcios fizeram com novas atrocidades, produzindo uma onda crescente de simpatia pelos gregos e apelos mais sonoros por intervenção na Europa; e depois, Alexandre morreu.

O novo tsar — o homem que mais que qualquer outro foi responsável pela Guerra da Crimeia — tinha 29 anos de idade quando sucedeu seu irmão no trono russo. Alto e imponente, com uma grande cabeça calva, suíças compridas e bigode de oficial, Nicolau I era em todos os sentidos um "homem militar". Desde jovem ele desenvolvera um interesse obsessivo em assuntos militares, aprendendo os nomes de todos os generais do irmão, desenhando uniformes e assistindo excitado a paradas e manobras militares. Não tendo realizado seu sonho infantil de lutar na guerra contra Napoleão, ele se preparou para a vida de soldado. Recebeu em 1817 seu primeiro posto, inspetor-geral de engenheiros, do qual extraiu um interesse duradouro por engenharia militar e artilharia (os elementos mais fortes das forças armadas russas durante a Guerra da Crimeia). Ele adorava as rotinas e as disciplinas da vida militar: apelavam a seu caráter rígido e pedante, bem como a seus gostos espartanos (durante toda a vida ele insistiu em dormir em um catre militar). Cortês e encantador para com aqueles em seu círculo íntimo, Nicolau era frio e rígido com os outros. Ao envelhecer se tornou cada vez mais irritadiço e impaciente, com tendência a comportamento grosseiro e acessos de fúria, à medida que sucumbia à doença mental hereditária que perturbara Alexandre e o outro irmão mais velho de Nicolau, o grão-duque Constantino, que renunciou ao trono em 1825.[14]

Mais que Alexandre, Nicolau colocou a defesa da ortodoxia no centro de sua política externa. Durante todo seu reinado ele foi governado por uma convicção absoluta em sua missão divina de salvar a Europa ortodoxa das heresias ocidentais do liberalismo, do racionalismo e da revolução. Em seus últimos anos esse impulso o levou a sonhos fantásticos de uma guerra religiosa contra os turcos para libertar os cristãos balcânicos e uni-los à Rússia em um império ortodoxo cujos centros espirituais seriam Constantinopla e Jerusalém. Anna Tiutcheva, que integrou sua corte a partir de 1853, descreveu Nicolau como "o Dom Quixote dos autocratas — terrível em seu cavalheirismo e seu poder de subordinar tudo a sua luta fútil contra a História".[15]

Nicolau tinha uma ligação pessoal com a Terra Santa por intermédio do Mosteiro Nova Jerusalém, perto de Moscou. Fundado pelo patriarca Nikon nos anos 1650, o mosteiro era situado em um local escolhido por sua semelhança simbólica com a Terra Santa (com o rio Istra simbolizando o Jordão). O conjunto de igrejas do mosteiro era disposto em um arranjo topográfico sagrado para representar os Lugares Sagrados de Jerusalém. Nikon também levou monges estrangeiros, para que o mosteiro representasse a ortodoxia multinacional ligando Moscou a Jerusalém. Nicolau visitara o mosteiro em 1818 — ano do nascimento de seu primeiro filho, o herdeiro do trono (uma coincidência que para ele era um sinal da divina providência). Após o mosteiro ter sido parcialmente destruído por um incêndio, Nicolau ordenou que seu elemento central, a Igreja da Ressurreição, fosse reconstruído como uma réplica da Igreja do Santo Sepulcro de Jerusalém, chegando mesmo a enviar seu próprio artista em uma peregrinação para desenhar o original, de modo a que pudesse ser reconstruído em solo russo.[16]

Nenhuma das ambições religiosas de Nicolau era evidente em 1825. Houve uma evolução gradual em seus pontos de vista a partir dos primeiros anos de seu reinado, quando sustentou os princípios legitimistas da Santa Aliança, até o período final antes da Guerra da Crimeia, quando fez da defesa da ortodoxia o objetivo básico de sua política externa agressiva nos Bálcãs e na Terra Santa. Mas desde o início havia sinais claros de que estava determinado a defender seus correligionários e assumir uma postura dura contra a Turquia, começando pela luta pela Grécia.

Nicolau restabeleceu relações com Kapodistrias, cujo apoio ativo à causa grega o forçara a se demitir do Ministério das Relações Exteriores e partir da Rússia para o exílio em 1822. Ele ameaçou ir à guerra contra os turcos a não ser que eles evacuassem os principados do Danúbio, e aceitou planos de seus conselheiros militares de ocupar a Moldávia e a Valáquia em apoio à causa grega. O tsar era orientado pessoalmente pelo ministro das Relações Exteriores, Karl Nesselrode, que perdera a paciência com o Concerto da Europa e se juntara ao grupo belicista, não por amor aos rebeldes gregos, mas por se dar conta de que uma guerra contra os turcos atenderia aos objetivos russos no Oriente Próximo. No mínimo, raciocinou Nesselrode, a ameaça de intervenção russa obrigará os britânicos a se juntar à Rússia nos esforços para solucionar a Questão Grega, no mínimo para impedir o tsar de exercitar uma influência esmagadora na região.[17]

Em 1826, o duque de Wellington, comandante das forças aliadas contra Napoleão, e que naquele momento era um alto estadista do governo britânico, viajou a São Petersburgo para negociar um acordo anglo-russo (que depois teve a adesão da França no Tratado de Londres de 1827) para fazer a mediação entre gregos e turcos. A Grã-Bretanha, a Rússia e a França concordavam em pedir o estabelecimento de uma província grega autônoma sob soberania otomana. Quando o sultão recusou a proposta, as três potências enviaram uma força naval combinada, sob o comando do feroz almirante britânico filo-helênico Edward Codrington, com instruções para impor uma solução por meios pacíficos caso possível, e "pelo canhão como último recurso". Codrington não era conhecido por sua diplomacia, e em outubro de 1827 destruiu todas as frotas turcas e egípcias na batalha de Navarino. Enfurecido com esse ato, o sultão recusou qualquer mediação, declarou um *jihad* e rejeitou o ultimato russo de retirar suas tropas dos principados do Danúbio. Seu desafio agradou à Rússia.

Nicolau havia muito suspeitava de que os britânicos não estavam dispostos a ir à guerra pela causa grega. Ele pensara em ocupar os principados para submeter os turcos, mas temia que isso encorajasse os britânicos a denunciar o Tratado de Londres. Mas a rejeição de seu ultimato pelo sultão dera a ele uma desculpa legítima para declarar guerra à Turquia sem britânicos ou franceses. A Rússia lutaria sozinha para garantir um "governo nacional na Grécia", escreveu Nesselrode a Kapodistrias em janeiro de 1828. O tsar enviou dinheiro e armas para o governo revolucionário de Kapodistrias, e recebeu dele a garantia de que a Rússia teria "influência exclusiva" na Grécia.[18]

Em abril de 1828, uma força de ataque russa de 65 mil combatentes e cossacos cruzou o Danúbio e atacou em três direções, contra Vidin, Silistra e Varna, a caminho de Constantinopla. Nicolau insistiu em participar da campanha: era sua primeira experiência de guerra. Os russos avançaram rapidamente (a terra estava cheia de forragem para os cavalos), mas depois ficaram atolados na luta na periferia de Varna, onde sucumbiram às condições pestilentas do delta do Danúbio e sofreram severas baixas. Metade dos soldados russos morreu de doença em 1828-9. Os reforços também adoeceram logo. Entre maio de 1828 e fevereiro de 1829, impressionantes 210 mil soldados receberam tratamento em hospitais militares — o dobro da tropa de toda a campanha.[19] Essas enormes baixas não eram incomuns no exército do tsar, onde havia pouca preocupação com o bem-estar dos soldados servos.

Retomando a ofensiva na primavera de 1829, os russos capturaram as fortalezas turcas de Silistra, seguidas pela cidade de Edirne (Adrianópolis), a pequena distância de Constantinopla, onde os canhões da frota russa próxima podiam ser ouvidos. A essa altura os russos poderiam ter facilmente tomado a capital turca e derrubado o sultão. Sua frota controlava o mar Negro e o Egeu, eles podiam receber reforços de voluntários gregos ou búlgaros, e as forças turcas estavam desbaratadas. No Cáucaso, onde os russos tinham avançado simultaneamente, haviam capturado as fortalezas turcas de Kars e Erzurum, abrindo caminho para um ataque aos territórios turcos na Anatólia. O colapso do império otomano parecia tão iminente que o rei francês Carlos X sugeriu dividir seus territórios entre as grandes potências.[20]

Também Nicolau estava convencido de que o colapso do império otomano estava próximo. Estava preparado para acelerar o fim e libertar os cristãos dos Bálcãs, desde que conseguisse colocar do seu lado as outras potências, ou pelo menos a Áustria (seu maior aliado com interesses nos Bálcãs). Enquanto seus soldados avançavam na direção da capital turca, Nicolau informou ao embaixador austríaco em São Petersburgo que o império otomano estava "prestes a cair", e sugeriu que seria do interesse da Áustria se juntar à Rússia na divisão de seus territórios de modo a "deter aqueles que poderiam preencher o vácuo". Mas os austríacos não confiavam na Rússia, e em vez disso preferiram preservar o Concerto da Europa. Sem seu apoio, Nicolau não desferiu o golpe fatal no império otomano em 1829. Ele temeu uma guerra europeia à Rússia caso seu ataque à Turquia levasse as outras a se unir em sua defesa, e temeu ainda mais que o colapso do império otomano resultasse em uma corrida frenética das potências europeias para tomar territórios turcos. De qualquer modo a Rússia perderia. Por isso Nicolau concordou com o ponto de vista de seu ministro das Relações Exteriores, frio e calculista: seria do interesse da Rússia manter o império otomano vivo, mas enfraquecido, de modo a que sua dependência da Rússia para sobreviver permitisse a promoção dos interesses russos nos Bálcãs e na região do mar Negro. Uma Turquia doente era mais útil à Rússia do que uma Turquia morta.[21]

Consequentemente, o Tratado de Adrianópolis foi surpreendentemente generoso para com os turcos derrotados. Imposto pelos russos em setembro de 1829, o tratado estabelecia a virtual autonomia de Moldávia e Valáquia sob a proteção da Rússia. Dava aos russos algumas ilhas na embocadura do Danúbio, dois fortes na Geórgia e o reconhecimento do sultão de sua posse do resto da Geórgia, bem como dos canatos caucasianos de Erivan e Nakhichevan, que eles haviam tomado aos persas em 1828, mas comparado com o que os russos poderiam ter arrancado dos turcos derrotados, esses foram ganhos relativamente menores. As duas cláusulas mais importantes do tratado garantiam concessões da Porta que eram desejadas por todos os signatários do Tratado de Londres: reconhecimento turco da autonomia grega e a abertura do estreito a todos os navios mercantes.

Mas as potências ocidentais não confiaram nessa aparente moderação russa. O silêncio do tratado sobre movimentação de barcos de guerra pelo estreito as levou a concluir que a Rússia deveria ter obtido alguma cláusula secreta ou concessão verbal dos turcos, permitindo a eles controle exclusivo dessa passagem crucial entre o mar Negro e o Mediterrâneo. O temor que o Ocidente sentia da Rússia estava aumentando desde a eclosão da revolta grega, e o tratado alimentara a russofobia. Os britânicos estavam especialmente alarmados. Wellington, à época primeiro-ministro, achava que o tratado transformara o império otomano em um protetorado russo — um resultado pior que sua divisão (que pelo menos teria sido feita por um acordo de potências). Lorde Heytesbury, o embaixador britânico em São Petersburgo, declarou (sem qualquer ironia intencional) que o sultão logo se tornaria tão "submisso às ordens do tsar quanto qualquer dos príncipes da Índia à da Companhia [das Índias Orientais]".[22] Os britânicos podiam ter suplantado inteiramente o império mongol na Índia, mas estavam determinados a impedir os russos de fazer o mesmo com os otomanos, se apresentando como os defensores honestos do *status quo* no Oriente Próximo.

Temendo a percebida ameaça russa, os britânicos começaram a definir uma política para a Questão Oriental. De modo a impedir a Rússia de ter a iniciativa na Grécia, eles deram seu apoio à independência do novo Estado grego, em oposição à mera autonomia sob soberania turca (que eles temiam a tornaria dependente da Rússia). Os temores britânicos não eram infundados. Estimulado pela intervenção russa, Kapodistrias havia conclamado o tsar a expulsar os turcos da Europa e criar uma Grécia ampliada, uma confederação de Estados balcânicos sob proteção russa, segundo o modelo certa vez proposto por Catarina, a Grande. Contudo, a posição do tsar foi muito enfraquecida com o assassinato de Kapodistrias em 1831, seguido pela decadência de seu partido pró-russo e a ascensão de novos partidos liberais gregos alinhados com o Ocidente. Essas mudanças moderaram as expectativas russas e abriram caminho para um acordo internacional na Convenção de Londres em 1832: o Estado grego moderno foi estabelecido com a garantia das grandes potências e com o soberano escolhido pela Grã-Bretanha, o jovem Otão da Baviera, como seu primeiro rei.

A política do "vizinho fraco" dominou a postura da Rússia para com a Questão Oriental entre 1829 e a Guerra da Crimeia. Ela não era partilhada por todos: havia aqueles no exército do tsar e no ministério das Relações Exteriores que defendiam uma política mais agressiva e expansionista nos Bálcãs e no Cáucaso. Mas ela era suficientemente flexível para satisfazer as ambições dos nacionalistas russos, bem como as preocupações daqueles que queriam evitar uma guerra europeia. O segredo para a política do "vizinho fraco" era usar a religião — sustentada por uma ameaça militar constante — para aumentar a influência russa nos territórios cristãos do sultão.

Para implantar o Tratado de Adrianópolis, os russos ocuparam Moldávia e Valáquia. Durante os cinco anos de ocupação, de 1829 e 1834, eles criaram uma constituição (*Règlement organique*) e reformaram a administração dos principados segundo princípios relativamente liberais (muito mais do que qualquer coisa permitida na Rússia na época) para abalar os vestígios remanescentes de controle otomano. Os russos tentaram reduzir o fardo dos camponeses e conquistar sua simpatia por intermédio de concessões econômicas; colocaram as igrejas sob influência russa; recrutaram milícias locais e melhoraram a infraestrutura da região como uma base militar para futuras operações contra a Turquia. Por um momento os russos até mesmo pensaram em transformar a ocupação em anexação permanente, embora tenham finalmente se retirado em 1834, deixando para trás uma força russa significativa para controlar as estradas militares, o que também servia para lembrar aos príncipes nativos que assumiram o governo que eles comandavam os principados por misericórdia de São Petersburgo. Os príncipes colocados no poder (Michael Sturdza na Moldávia e Alexander Ghica na Valáquia) haviam sido escolhidos pelos russos por seus laços com a corte tsarista. Eram atentamente vigiados pelos consulados russos, que com frequência interferiam nas assembleias boiardas e na política dos príncipes para defender os interesses da Rússia. Segundo lorde Ponsonby, embaixador britânico em Constantinopla, Sturdza e Ghica eram "súditos russos disfarçados de hospodares". Eram "meramente governadores nominais (...) servindo apenas como executores de medidas determinadas a eles pelo governo russo".[23]

O desejo de manter o império otomano fraco e dependente algumas vezes demandava ação *em benefício* dos turcos, como aconteceu em 1833, quando Mehmet Ali desafiou o poder do sultão. Tendo ajudado o sultão a combater os rebeldes gregos, Mehmet Ali exigiu o título hereditário de Egito e Síria. Quando o sultão recusou, o filho de Mehmet Ali, Ibrahim Pasha, marchou com suas tropas para Palestina, Líbano e Síria. Seu exército poderoso, que havia sido treinado pelos franceses e organizado segundo princípios ocidentais, derrotou facilmente as forças otomanas. Constantinopla estava à mercê dos egípcios. Mehmet Ali havia modernizado a economia egípcia, a integrando ao mercado mundial como fornecedora de algodão cru para as tecelagens da Grã-Bretanha, e até mesmo construindo fábricas, principalmente para suprir seu grande exército. De muitas formas a invasão da Síria havia sido motivada por uma necessidade de ampliar sua base agrícola à medida que as exportações egípcias eram pressionadas por concorrentes na economia globalizada. Mas Mehmet também representou um poderoso renascimento religioso entre muçulmanos tradicionalistas e uma alternativa à liderança religiosa mais conciliadora do sultão. Ele chamava seu exército de *Cihaduye* — os *jihadistas*. Segundo observadores contemporâneos, caso tivesse tomado a capital turca Mehmet teria estabelecido um "novo império muçulmano" hostil à crescente intervenção das potências cristãs no Oriente Médio.[24]

O sultão apelou aos britânicos e aos franceses, que não demonstraram grande interesse em ajudá-lo, então, desesperado, ele se voltou para o tsar, que imediatamente enviou uma frota de sete navios com 40 mil homens para defender a capital turca contra os egípcios. Os russos consideravam Mehmet Ali um lacaio dos franceses que representava um perigo considerável aos interesses russos no Oriente Próximo. Desde 1830, os franceses estavam envolvidos na conquista da Argélia otomana. Eles tinham o único exército da região capaz de conter as ambições russas. Ademais, os russos haviam ficado perturbados com relatórios de seus agentes de que Mehmet Ali prometera "ressuscitar a antiga grandeza do povo muçulmano" e se vingar da Rússia pela humilhação sofrida pelos turcos em 1828-9. Temiam que o líder egípcio quisesse nada menos que "a conquista de toda a Ásia Menor" e o estabelecimento de um novo Império Islâmico suplantando os otomanos. Em vez de um vizinho fraco, os russos enfrentariam uma poderosa ameaça islâmica na sua fronteira sul com fortes laços religiosos com as tribos muçulmanas do Cáucaso.[25]

Alarmados com a intervenção russa, britânicos e franceses deslocaram suas frotas para a baía de Besika, pouco além de Dardanelos, e em maio de 1833 negociaram um acordo conhecido como Convenção de Kütahya entre Mehmet Ali e os turcos, pelo qual o líder egípcio concordava em retirar suas forças da Anatólia em troca dos territórios de Creta e Hijaz (no oeste da Arábia). Ibrahim foi nomeado governador perpétuo da Síria, mas Mehmet Ali teve negada sua principal exigência de um reino hereditário para si no Egito, o deixando frustrado e ansioso para reiniciar sua guerra aos turcos assim que surgisse outra oportunidade. Os britânicos reforçaram sua frota no Levante e a colocaram em alerta para atender ao sultão caso Mehmet Ali o ameaçasse novamente. Sua entrada em cena foi suficiente para forçar os russos a recuar, mas apenas depois que, em reconhecimento ao papel da Rússia em ajudar o império otomano, eles haviam conseguido arrancar do sultão grandes novas concessões por intermédio do Tratado de Unkiar-Skelessi, assinado em julho de 1833. O tratado basicamente reafirmava os ganhos russos de 1829, mas incluía um artigo secreto garantindo a proteção militar da Rússia à Turquia em troca de uma promessa turca de fechar os estreitos a belonaves estrangeiras quando exigido pela Rússia. O efeito da cláusula secreta era manter afastada a Marinha Britânica e dar aos russos o controle do mar Negro; porém, ainda mais importante no que dizia respeito aos russos, dava a eles um exclusivo direito legal de interferir nos assuntos otomanos.[26]

Os britânicos e os franceses logo descobriram sobre a cláusula secreta após ter sido vazada por funcionários turcos. A imprensa ocidental ficou ultrajada, imediatamente suspeitando de que os russos haviam conseguido não apenas o direito de fechar os estreitos a outras potências, mas também o direito de mantê-los abertos às suas próprias belonaves — caso em que seriam capazes de desembarcar uma grande força no Bósforo e tomar Constantinopla em um ataque rápido antes que qualquer frota ocidental tivesse tempo de intervir (a frota do mar Negro em Sebastopol estava a apenas quatro dias de viagem da capital turca). De fato, a cláusula secreta não esclarecia esse ponto. Os russos alegaram que com a cláusula polêmica eles só tinham querido um meio de defesa contra a possibilidade de um ataque por França ou Grã-Bretanha, as maiores potências navais do Mediterrâneo, cujas frotas do contrário poderiam navegar através dos estreitos e destruir as bases russas em Sebastopol e Odessa antes que sua entrada no mar Negro fosse descoberta em São Petersburgo. Os estreitos eram "as chaves da casa da Rússia". Se fossem incapazes de fechá-los, os russos seriam vulneráveis a um ataque em sua fronteira mais fraca — o litoral do mar Negro e o Cáucaso —, como de fato foram quando a Turquia e as potências ocidentais atacaram durante a Guerra da Crimeia.

Tais argumentos não foram levados a sério no Ocidente, onde o público informado cada vez mais desconfiava das boas intenções da Rússia. Naquele momento, quase todas as ações russas no continente eram interpretadas como fazendo parte de um plano reacionário e agressivo de expansão imperial. "Não pode haver nenhuma dúvida razoável de que o governo russo está objetivamente envolvido em colocar em prática aqueles esquemas de crescimento rumo ao Sul que desde o reinado de Catarina foram uma característica destacada da política russa", escreveu Palmerston ao lorde John Ponsonby em dezembro de 1833.

> O gabinete de São Petersburgo, sempre que sua política externa é denunciada, se entrega grandemente às menos confiáveis declarações de desinteresse; e protesta dizendo que, satisfeito com os extensos limites do império, não deseja aumentar território e renunciou a todos aqueles planos de ampliação que foram imputados à Rússia (...)
> Mas a despeito dessas declarações, tem sido observado que os avanços da Rússia prosseguem em todos os lados, com uma marcha constante e um objetivo bem dirigido, e que quase toda negociação de grande importância em que nos últimos anos a Rússia se envolveu de um modo ou de outro conduziu a uma alteração de sua influência ou de seu território.
> De fato, os recentes acontecimentos no Levante, por uma infeliz combinação de circunstâncias, permitiram a ela dar um enorme passo rumo à realização de seus desígnios em relação à Turquia, e se torna objeto de grande importância para os interesses da Grã-Bretanha considerar como a Rússia pode ser impedida de aumentar ainda mais sua vantagem e descobrir se é possível privá-la da vantagem que já obteve.

O estadista francês François Guizot sustentou que o tratado de 1833 transformara o mar Negro em um "lago russo" protegido pela Turquia, o "Estado vassalo" do tsar, "sem nada impedindo a Rússia de cruzar os estreitos e lançar seus navios e soldados no Mediterrâneo". O encarregado de negócios em São Petersburgo apresentou um protesto ao governo russo alertando que se o tratado levasse a Rússia a interferir nos "negócios internos do império otomano, o governo francês se consideraria inteiramente livre para adotar a conduta que as circunstâncias determinassem". Palmerston autorizou Ponsonby a convocar a frota britânica no Mediterrâneo para defender Constantinopla caso sentisse que era ameaçada pela Rússia.[27]

Os acontecimentos de 1833 foram um momento da virada para a política britânica em relação à Rússia e à Turquia. Até então a principal preocupação da Grã-Bretanha no império otomano havia sido preservar o *status quo*, principalmente por temor de que sua dissolução afetasse o equilíbrio de poder na Europa e possivelmente levasse a uma guerra europeia, e não por qualquer compromisso verdadeiro com a soberania do sultão (o apoio à Grécia não demonstrara muito isso). Mas assim que os britânicos despertaram para o perigo de o império otomano ser tomado pelos egípcios à frente de um poderoso renascimento muçulmano ou, ainda pior, que ele pudesse se tornar um protetorado russo, passaram a ter um interesse ativo na Turquia. Interferiram cada vez mais nos assuntos otomanos, encorajando reformas econômicas e políticas com as quais os britânicos esperavam restaurar a saúde do império otomano e ampliar sua influência.

Os interesses britânicos eram principalmente comerciais. O império otomano era um mercado crescente para a exportação de manufaturados britânicos, e uma fonte valiosa de matérias-primas. Como potência industrial dominante no mundo, a Grã-Bretanha em geral fazia força para abrir mercados globais ao livre-comércio; como potência naval dominante, estava preparada para usar sua frota para obrigar governos estrangeiros a abrir seus mercados. Esse era um tipo de "império informal", um "imperialismo de livre mercado" no qual o poder militar e a influência política da Grã-Bretanha aumentavam sua hegemonia comercial e bloqueavam a independência de governos estrangeiros sem os controles diretos da administração imperial.

Em nenhum outro lugar isso era mais evidente que no império otomano. Ponsonby se esforçou para destacar os dividendos econômicos da maior influência britânica em Constantinopla. O embaixador escreveu a Palmerston em 1834: "A proteção dada a nossos interesses políticos abrirá fontes de prosperidade comercial que talvez fosse difícil esperar de nossa relação com qualquer outro país da Terra." Nessa época havia um grande e poderoso conjunto de comerciantes britânicos com grandes interesses na Turquia pressionando o governo a intervir. O ponto de vista deles era expresso em periódicos influentes como *Blackwood's* e *Edinburgh Review*, ambos dependentes de seu patrocínio; e isso tinha eco nos argumentos dos turcófilos, como David Urquhart, líder de uma missão comercial secreta à Turquia em 1833, que via um enorme potencial para o comércio britânico no desenvolvimento da economia otomana. Urquhart escreveu em 1835: "O progresso da Turquia, se não perturbado por acontecimentos políticos, poderá criar, em poucos anos, o maior mercado do mundo para as manufaturas britânicas."[28]

Em 1838, por intermédio de uma série de ameaças militares e promessas, a Grã-Bretanha impôs à Porta uma Convenção Tarifária que efetivamente transformou o império otomano em uma zona virtual de livre-comércio. Privada da receita das tarifas, a Porta teve seriamente prejudicada sua capacidade de proteger as indústrias nascentes. A partir desse momento, a exportação de bens manufaturados britânicos para a Turquia aumentou enormemente. Em 1850, o aumento já era de onze vezes, fazendo dela um dos mais valiosos mercados de exportação da Grã-Bretanha (superado apenas pelas cidades da Liga Hanseática e pela Holanda). Após a revogação das Leis Protecionistas do Milho em 1848, as importações britânicas de cereais da Turquia, principalmente de Moldávia e Valáquia, também aumentaram. O advento dos vapores oceânicos, de barcos fluviais a vapor e de ferrovias pela primeira vez transformou o Danúbio em uma movimentada via comercial. O comércio no rio era dominado por navios mercantes britânicos exportando grãos para a Europa Ocidental e importando manufaturados da Grã-Bretanha. Os britânicos concorriam diretamente com comerciantes de Odessa, Taganrog e outros portos do mar Negro, de onde os grãos das regiões produtoras da Rússia em Ucrânia e sul da Rússia eram exportados para o Ocidente. O mercado de exportação de cereais se tornou cada vez mais importante para a Rússia à medida que o valor do comércio de madeira diminuiu na era do vapor. No final do século XIX os portos do mar Negro processavam um terço de todas as exportações russas. Os russos tentaram dar a seus mercadores uma vantagem em relação aos concorrentes britânicos pelo controle do delta do Danúbio após 1829, sujeitando barcos estrangeiros a demorados controles de quarentena e até mesmo permitindo o assoreamento do Danúbio para que ele deixasse de ser navegável.

No lado leste do mar Negro, os interesses comerciais da Grã-Bretanha eram cada vez mais ligados ao porto de Trebizonda, no nordeste da Turquia, de onde mercadores gregos e armênios importavam grandes quantidades de bens manufaturados britânicos para venda no interior da Ásia. O valor crescente desse comércio para a Grã-Bretanha, observou Karl Marx no *New York Tribune*, "pode ser visto na Bolsa de Manchester, onde compradores gregos de pele escura aumentam em número e importância, e onde dialetos gregos e eslavos do Sul são ouvidos juntamente com alemão e inglês". Até os anos 1840, os russos tinham um quase monopólio do comércio de bens manufaturados nessa região da Ásia. Têxteis, cordas e produtos de linha russos dominavam os bazares de Bayburt, Bagdá e Basra. Mas navios a vapor e ferrovias tornaram possível abrir uma rota mais curta para a Índia — ou pelo Mediterrâneo até Cairo e de lá de Suez ao mar Vermelho, ou via mar Negro até Trebizonda e o rio Eufrates para o Golfo Pérsico (veleiros não lidavam bem com os ventos fortes e as monções do Golfo de Suez ou com as águas estreitas do Eufrates). Os britânicos preferiam a rota pelo Eufrates, principalmente porque passava por territórios controlados pelo sultão (em vez de por Mehmet Ali); o desenvolvimento da rota era considerado uma forma de aumentar a influência britânica e compensar o poder crescente da Rússia nessa parte do império otomano. Em 1834, os britânicos receberam da Porta a permissão para que o general Francis Chesney pesquisasse a rota do Eufrates. O levantamento foi um fracasso, e o interesse britânico na rota diminuiu. Mas planos para uma ferrovia do vale do Eufrates levando do Mediterrâneo ao Golfo Pérsico via Aleppo e Bagdá foram revividos nos anos 1850, quando o governo britânico estava buscando uma forma de aumentar sua presença em uma região em que havia identificado uma crescente ameaça russa à Índia (a ferrovia nunca foi construída pelos britânicos por falta de garantias financeiras, mas a ferrovia de Bagdá construída pelos alemães a partir de 1903 seguiu basicamente o mesmo roteiro).

O perigo que a Rússia representava para a Índia era a *bête noire* dos russófobos britânicos. Para alguns, isso se tornaria a meta subjacente à Guerra da Crimeia: deter uma potência que pretendia não apenas a conquista da Turquia, mas o domínio de toda a Ásia Menor até Afeganistão e Índia. Em sua imaginação alarmada não havia limites aos desígnios da Rússia, o império de maior crescimento do mundo.

Na verdade nunca houve qualquer perigo real de os russos alcançarem a Índia nos anos anteriores à Guerra da Crimeia. Ela era longe demais, e seria difícil marchar com um exército até lá — embora o imperador russo Paulo I tivesse certa vez acalentado um projeto impetuoso de enviar uma força combinada francesa e russa para lá. A ideia havia sido retomada por Napoleão em suas conversas com o tsar Alexandre em 1807. "Quanto mais irreal é a expedição, mais ela pode ser usada para aterrorizar os ingleses", explicou Napoleão. O governo britânico sempre soube que tal expedição não era factível. Um oficial de informações britânico refletiu que qualquer invasão da Índia pela Rússia "seria pouco mais que enviar uma caravana". Mas embora poucos nos círculos oficiais britânicos pensassem que a Rússia era uma verdadeira ameaça à Índia, isso não impediu a imprensa britânica russofóbica de provocar esse medo, enfatizando o perigo potencial representado pela conquista do Cáucaso pela Rússia e suas "atividades enganosas" na Pérsia e no Afeganistão.[29]

A teoria surgiu pela primeira vez em 1828 em um livreto, *On the Designs of Russia*, escrito pelo coronel George de Lacy Evans (general na época em que assumiu o comando da 2ª Divisão de Infantaria do exército britânico durante a Guerra da Crimeia). Especulando sobre o resultado da guerra russo-turca, de Lacy Evans conjurou um pesadelo fantasioso de agressão e expansão russa que levava à conquista de toda a Ásia Menor e ao colapso do comércio britânico com a Índia. A lógica de De Lacy — de que o rápido crescimento do império russo desde o começo do século XVIII provava a lei férrea de que a expansão russa devia continuar até ser detida — reapareceu em um segundo livreto que ele publicou em 1829, *On the Practicality of an Invasion of British India*, no qual alegava, sem qualquer evidência das reais intenções da Rússia, que uma força russa podia ser reunida na fronteira noroeste da Índia. O livreto foi muito lido nos círculos oficiais. Wellington o considerou um alerta e disse ao lorde Ellenborough, presidente do Departamento de Controle para a Índia, que estava "pronto a assumir a questão na Europa se os russos fossem na direção da Índia com objetivo de evidente hostilidade". Depois de 1833, com o domínio do império otomano pela Rússia aparentemente garantido, esses temores ganharam a força de uma profecia autorrealizável. Em 1834 o tenente Arthur Connolly (que cunhou o termo "o Grande Jogo" para descrever a rivalidade anglo-russa na Ásia Menor) publicou um diário de viagem que foi sucesso de vendas, *Journey to the North of India*, no qual dizia que os russos podiam atacar a fronteira noroeste caso tivessem o apoio de persas e afegãos.[30]

Os russos de fato haviam aumentado paulatinamente sua presença na Ásia Menor, de acordo com sua política de manter os vizinhos fracos. Agentes russos aconselhavam a Pérsia sobre política externa e organizavam apoio para o exército do xá. Em 1837, quando os persas tomaram a cidade afegã de Herat, muitos políticos britânicos não tiveram dúvida de que isso era parte da preparação da Rússia para uma invasão da Índia. Um ex-embaixador britânico em Teerã escreveu: "Herat nas mãos da Pérsia nunca poderá ser considerada de outra forma que não um *point d'appui* avançado para os russos rumo à Índia." A imprensa russofóbica criticou a inatividade dos governos britânicos que não haviam percebido as atividades "solertes" e "nefandas" dos russos na Pérsia. O *Herald* alertou: "Durante anos nos esforçamos para fazer com que compreendessem que os desígnios ambiciosos da Rússia iam além de Turquia, Circássia e Pérsia, chegando às nossas possessões no leste da Índia, que a Rússia não perdeu de vista desde que Catarina ameaçou marchar com seus exércitos naquela direção e unir os príncipes indianos nativos ao redor do estandarte do grão-mogol." O *Standard* pediu mais que uma vigilância atenta contra a Rússia: "É de pouca utilidade *vigiar* a Rússia se nossos cuidado e esforço se encerram com esse exercício de vigilância. Temos *vigiado* a Rússia há oito anos, e nesse tempo ela adiantou suas conquistas e seus postos militares 2 mil milhas na direção da Índia."[31]

O ponto de vista de que a Rússia, por sua própria natureza, era uma ameaça à Índia se tornou disseminado entre as classes britânicas que liam jornais. Isso foi expresso pelo autor anônimo de um livreto de 1838 muito lido, intitulado *India, Great Britain, and Russia*, em uma passagem que lembra a teoria do dominó da Guerra Fria:

> As agressões sem paralelo da Rússia em todas as direções devem destruir qualquer confiança em seus protestos de paz, e satisfazer qualquer pensador razoável em que o único limite às suas conquistas estará na imposição de um limite ao seu poder. No Oeste a Polônia foi reduzida ao estado de uma província vassala. No Sul, o soberano otomano foi privado de parte de suas possessões, e mantém o restante sujeito à conveniência de seu conquistador. O mar Negro não pode ser navegado sem a permissão dos moscovitas. A bandeira da Inglaterra, que costumava tremular orgulhosa acima de todas as águas do mundo, é insultada, e o empreendimento comercial de seus mercadores é abalado e derrotado. No Leste, a Rússia está sistematicamente indo na mesma direção: a Circássia será esmagada; a Pérsia transformada primeiramente em uma província aliada, depois dependente e finalmente parte integral do império russo. Além da Pérsia está o Afeganistão, um país preparado por muitas circunstâncias para servir de passagem para o invasor. Cruzado o Indo, como resistir ao voo da águia russa para o coração da Índia britânica? É nessa direção que os olhos da Rússia estão voltados. Que a Inglaterra veja isso.[32]

Para se contrapor à ameaça russa percebida os britânicos tentaram criar Estados que funcionassem como amortecedores na Ásia Menor e no Cáucaso. Em 1838, eles ocuparam o Afeganistão. Oficialmente o objetivo era reinstalar no trono afegão o recém-deposto emir Shah Shuja, mas depois que isso havia sido conseguido, em 1839, eles mantiveram sua ocupação para apoiar o governo marionete — no final uma forma de se encaminhar para um governo britânico — até serem forçados a se retirar por rebeliões tribais e reveses militares desastrosos em 1842. Os britânicos também ampliaram sua presença diplomática em Teerã, tentando afastar os persas dos russos por intermédio de uma aliança defensiva e promessas de ajuda ao exército. Sob pressão britânica, os persas deixaram Herat e assinaram um novo tratado comercial com a Grã-Bretanha em 1841. Os britânicos cogitaram até mesmo ocupar Bagdá, acreditando que isso seria bem recebido pelos árabes como uma libertação dos turcos, ou pelo menos que qualquer resistência fosse minada pela divisão entre sunitas e xiitas, que nas palavras de Henry Rawlinson, cônsul-geral britânico em Bagdá, "sempre podiam ser jogados uns contra os outros". Um oficial do exército da Companhia das Índias Orientais e orientalista renomado, o primeiro a decifrar as antigas inscrições cuneiformes persas de Behistun, Rawlinson era uma das pessoas mais importantes defendendo uma política britânica ativa para deter a expansão da Rússia para Ásia Central, Pérsia e Afeganistão. Ele acreditava que a Grã-Bretanha deveria criar um império mesopotâmico sob proteção europeia para servir de amortecedor contra a presença crescente da Rússia no Cáucaso e impedir a conquista pela Rússia dos vales do Tigre e do Eufrates no caminho para a Índia. Ele chegou até a defender o envio de um exército indiano para atacar os russos em Geórgia, Erivan e Nakhichevan, territórios que os britânicos nunca haviam reconhecido como russos, como os turcos haviam feito pelo Tratado de Adrianópolis.[33]

Rawlinson também foi importante para levar ajuda britânica às tribos muçulmanas do Cáucaso, cuja guerra contra os russos ganhara força com a liderança carismática do imã Shamil após 1834. Shamil parecia invencível para seus seguidores: um senhor da guerra enviado por Deus. Corriam histórias sobre sua bravura lendária, suas famosas vitórias sobre os russos e suas fugas milagrosas de captura e derrota certas. Ter um líder assim deu nova confiança às tribos muçulmanas, as unindo em torno do apelo do imã por um *jihad* contra a ocupação russa de suas terras. A força do exército de Shamil derivava de seus fortes laços com as aldeias das montanhas: isso permitia a eles realizar as operações ao estilo guerrilha que tanto confundiam os russos. Com o apoio da população local o exército de Shamil era onipresente e praticamente invisível.

Aldeões podiam se tornar soldados, e soldados, aldeões a qualquer momento. O povo da montanha eram os ouvidos e olhos do exército — serviam como batedores e espiões — e os russos eram vulneráveis a emboscadas em toda parte. Os combatentes de Shamil literalmente corriam em círculo ao redor do exército do tsar, lançando ataques de surpresa a tropas, fortes e linhas de suprimento russos expostos antes de desaparecer nas montanhas ou se fundir aos homens das tribos nas aldeias. Eles raramente lutavam contra os russos em campo aberto, onde sabiam que corriam o risco de derrota pelo número e a artilharia superiores. Era difícil lidar com essas táticas, especialmente já que nenhum dos comandantes russos havia se deparado com algo como eles antes, e por muito tempo eles simplesmente se valeram de um número crescente de soldados em um esforço infrutífero de derrotar Shamil em sua base principal na Chechênia. No final dos anos 1830 a forma de luta de Shamil se tornara tão eficaz que ele começara a parecer tão invencível para os russos quanto era para as tribos muçulmanas. Como lamentou um general do tsar, o comando de Shamil adquirira um "caráter religioso-militar, o mesmo pelo qual nos primórdios do Islã a espada de Maomé abalou três quartos do Universo".[34]

Mas foi na Turquia que os britânicos buscaram criar seu principal amortecedor contra a Rússia. Eles não demoraram a se dar conta de que ao ignorar o pedido de ajuda do sultão contra a invasão egípcia, haviam perdido uma oportunidade de ouro de garantir sua posição como potência estrangeira dominante no império otomano. Palmerston disse que havia sido "o maior erro de cálculo no campo das relações exteriores cometido por um gabinete britânico". Tendo perdido aquela oportunidade, eles redobraram seus esforços para influenciar a Porta e impor uma série de reformas para resolver os problemas de sua população cristã que haviam dado à Rússia motivo para intervir em benefício dela.

Os britânicos acreditavam em reforma política e achavam que com o apoio de suas canhoneiras podiam exportar seus princípios liberais para todo o planeta. Em sua visão, a reforma do império otomano era a única solução real para a Questão Oriental, que estava enraizada na decadência do reino do sultão: cure o "homem doente" e o problema do Oriente desaparecerá. Mas os motivos britânicos para promover reformas liberais não eram apenas garantir a independência do império otomano contra a Rússia: eram também aumentar a influência da Grã-Bretanha na Turquia: tornar os turcos dependentes dos britânicos para conselhos políticos e empréstimos financeiros, e colocá-los sob a proteção das forças armadas britânicas; "civilizar" os turcos sob a tutela britânica, ensinando a eles as virtudes dos princípios liberais, da tolerância religiosa e das práticas administrativas britânicos (mas não chegando a parlamentos e constituições, para o que os turcos eram considerados carentes das necessárias qualidades "europeias"); promover os interesses britânicos no livre-comércio (o que devia soar esplêndido, mas provavelmente era danoso ao império otomano); e garantir a rota para a Índia (onde as políticas de livre-comércio da Grã-Bretanha, claro, não eram seguidas).

Os britânicos foram encorajados em sua missão reformadora pelos sinais externos de ocidentalização que haviam percebido na cultura turca durante os últimos anos do reinado de Mahmud. Embora as reformas militares do sultão tivessem obtido sucesso limitado, tinha havido mudanças nos trajes e nos costumes das elites otomanas na capital turca: túnica e fez haviam substituído mantos e turbantes; barbas haviam sido raspadas; e as mulheres haviam sido integradas à sociedade. Essas mudanças estéticas se refletiam no surgimento de um novo tipo de funcionário ou cavalheiro turco, o turco europeu, que falava idiomas estrangeiros, tinha hábitos, modos e vícios ocidentais, ao mesmo tempo em que de outras formas permanecia mergulhado na tradicional cultura islâmica.

Viajantes à Turquia ficavam impressionados com as manifestações de progresso que observavam nos modos turcos, e seus escritos transformaram a postura britânica. A mais vendida e influente dessas publicações foi sem dúvida *The City of the Sultan; and Domestic Manners of the Turks in 1836*, de Julia Pardoe, que teve mais de 30 mil exemplares vendidos em quatro edições entre 1837 e o começo da Guerra da Crimeia. Pardoe decidira corrigir o que considerava preconceitos de relatos anteriores de viajantes pelo império otomano. Superficialmente a Turquia parecia corresponder a todos os estereótipos europeus — exótica, indolente, sensual, supersticiosa, obscurantista e fanática religiosa —, mas a um exame mais profundo revelava ter "qualidades nobres" que faziam dela um terreno fértil para reformas liberais. "Quem entre aqueles que veem sem preconceito o estado moral da Turquia pode deixar de se impressionar com a falta de crimes capitais, o contentamento e mesmo o orgulho das classes inferiores e a falta de toda presunção e vaidade entre os mais elevados?" O único obstáculo à "civilização da Turquia", argumentou Pardoe, era a política da Rússia de impedir todo avanço rumo ao conhecimento entre um povo que ela já havia "sufocado e que ansiava por subjugar".[35]

Nos anos 1840, essas ideias eram comuns em muitos diários de viagem e livretos políticos escritos por turcófilos. Em *Three Years in Constantinople; or, Domestic Manners of the Turks in 1844*, Charles White encorajou a ideia de a Grã-Bretanha se dedicar a "civilizar os turcos", citando exemplos de melhoramentos em seus hábitos e comportamento, como adoção de trajes ocidentais, o declínio do fanatismo religioso e uma fome crescente de educação entre as "classes médias e baixas". Entre essas duas classes

> a ascendência do bem sobre o mal é inquestionável. Em nenhuma cidade os laços sociais e morais são observados com maior tenacidade que entre eles. Em nenhuma cidade é possível encontrar exemplos mais numerosos de probidade, abnegação e valor. Em nenhuma cidade o volume de crimes contra propriedade e pessoa é mais limitado: um resultado que deve ser atribuído a honestidade inerente, não a medidas preventivas.[36]

Era intimamente relacionada a tais ideias uma simpatia romântica pelo islamismo como uma força basicamente benigna e progressista (e preferível à ortodoxia profundamente supersticiosa e apenas semicristã dos russos) que dominava muitos turcófilos britânicos. Urquhart, por exemplo, via o papel do islamismo em grande medida como os próprios turcos deviam ver, como uma força tolerante e moderada que mantinha a paz entre as seitas cristãs em guerra no império otomano:

> Qual viajante não observou o fanatismo, a antipatia de todas essas seitas — sua hostilidade umas com as outras? Quem traçou sua compostura à *tolerância* do islamismo? O islamismo, calmo, absorvido, sem espírito dogmático ou visões de proselitismo, atualmente impõe sobre as outras crenças a reserva e o silêncio que o caracterizam. Mas seja esse moderador removido e as humildes profissões hoje confinadas ao santuário serão proclamadas no tribunal e no acampamento militar; poder político e inimizade política se combinarão com domínio religioso e animosidade religiosa; o império seria mergulhado em sangue até um braço nervoso — o braço da Rússia — surgir para restaurar a harmonia pelo despotismo.[37]

Algumas dessas ideias eram partilhadas por lorde Stratford de Redcliffe (1786-1880), conhecido como Stratford Canning até sua elevação em 1852, que foi nada menos que cinco vezes embaixador britânico em Constantinopla, dirigindo diretamente o programa de reformas do jovem sultão Abdülmecid e seu principal ministro reformista, Mustafa Reshid Pasha, depois de 1839. Primo em primeiro grau de George Canning, que havia sido secretário do Exterior e por um breve tempo primeiro-ministro antes de morrer em 1827, Stratford Canning era um tipo dominador e impaciente — talvez consequência de nunca ter precisado esperar por promoções (tinha apenas 24 anos, recém-saído de Eton e Cambridge, quando assumiu seu primeiro posto como ministro plenipotenciário em Constantinopla). É uma ironia que na época de sua primeira nomeação como embaixador junto à Porta, em 1824, Stratford desgostasse tão profundamente da Turquia — o país que ele disse ter a missão de salvar "dele mesmo". Em cartas ao primo George, ele escreveu sobre um "desejo secreto" de expulsar os turcos da Europa "de mala e cuia", e confessou que "tinha vontade de amaldiçoar o equilíbrio da Europa por proteger esses turcos horrendos". Mas a russofobia de Stratford superava em muito seu desgosto pelos turcos (em 1832, o tsar, sabendo disso, deu o passo extraordinário de se recusar a recebê-lo como embaixador em São Petersburgo). A crescente dominação da Turquia pela Rússia persuadiu Stratford de que apenas a reforma liberal podia salvar o império otomano.

Diferentemente de Urquhart e os turcófilos, Stratford Canning tinha conhecimento limitado da Turquia. Ele não falava turco. Não viajara amplamente pelo país, tendo passado praticamente todo o tempo no isolamento da Embaixada britânica em Pera ou em sua residência de verão em Therapia. Stratford não tinha fé na modernização das antigas instituições turcas, nem simpatia por ou compreensão do islamismo. Em sua visão, a única esperança para a Turquia era receber uma grande injeção de civilização europeia — e civilização cristã — para resgatá-la do obscurantismo religioso e colocá-la no caminho do conhecimento racional. Também ele foi encorajado pelos sinais de ocidentalização dos trajes e nos modos turcos que observou em seu segundo período como embaixador, em 1832. Eles o convenceram de que, se os turcos não podiam ser aperfeiçoados, pelo menos podiam ser melhorados. "Os turcos passaram por uma metamorfose completa desde que estive aqui pela última vez, pelo menos quanto aos trajes", escreveu ele a Palmerston.

Hoje eles estão a meio caminho de turbantes para chapéus, de anáguas para calças. O quão essas mudanças se estendem abaixo da superfície não me cabe dizer. Não conheço nenhum substituto concebível além de civilização no sentido de cristandade. Poderá o sultão chegar a ela? Tenho minhas dúvidas. De qualquer forma será um processo árduo e lento, se não impraticável.[38]

Durante o quarto de século seguinte, em várias oportunidades Stratford falou ao sultão e orientou seus ministros reformistas sobre como liberalizar a Turquia ao estilo inglês.

Mustafa Reshid (1800-58) era um exemplo perfeito do turco europeu que Stratford Canning esperava ver emergindo da linha de frente da reforma otomana. "Por nascimento e educação, um cavalheiro, por natureza de disposição gentil e liberal, Reshid teve mais para conquistar minha simpatia que qualquer outro de sua raça e classe", escreveu Stratford Canning em suas memórias. Um homem baixo e corpulento com traços animados emoldurados por uma barba negra, Reshid havia sido embaixador da Porta em Londres e Paris, onde se destacava nos teatros e salões franceses, antes de se tornar ministro das Relações Exteriores em 1837. Falava bem francês e inglês. Como muitos reformistas turcos do século XIX, Reshid tinha ligações com os maçons europeus. Foi aceito em uma loja de Londres na década de 1830. Flertar com a maçonaria era uma forma de turcos voltados para o Ocidente como Reshid abraçar ideias seculares sem abrir mão de sua fé e de sua identidade muçulmanas ou se expor à acusação de apostasia do islamismo (um crime punido com pena de morte até 1844). Inspirado pelo Ocidente, Reshid queria transformar o império otomano em uma monarquia moderna na qual o sultão reinaria, mas não governaria, o poder do clero seria limitado e uma nova casta de burocratas iluminados cuidaria dos negócios do Estado imperial.[39]

Em 1839, o novo sultão de dezesseis anos de idade, Abdülmecid, assinou um decreto, o Hatt-i Sharif de Gülhane (Nobre Decreto da Câmara Rosa), anunciando uma série de reformas, a primeira de uma série, as reformas tanzimat, que cobririam todo o período do seu reinado (1839-61), finalmente levando à criação do primeiro parlamento otomano em 1876. O decreto foi obra de Reshid Pasha, que o rascunhara em sua residência de Londres na Bryanston Square, e mostrara primeiramente a Stratford Canning para aprovação pessoal em seu segundo breve período como embaixador na Grã-Bretanha em

1838. Os valores ingleses da Carta Magna eram evidentes em sua redação. O Hatt-i Sharif prometia a todos no império do sultão segurança de vida, honra, propriedade, independentemente de sua crença; insistia no governo da lei, na tolerância religiosa, modernização das instituições do império e em um sistema justo e racional de impostos centralizados e serviço militar. Em essência, o decreto supunha que o bem comum seria atingido dando garantias de liberdade pessoal aos elementos mais dinâmicos do império, as *millets* não muçulmanas, cujo tratamento injusto pela maioria muçulmana criara instabilidade.[40]

É controverso o quanto do decreto foi motivado por um desejo de conseguir apoio britânico para o império otomano em um momento de crise. Certamente havia um elemento de fachada inglesa na linguagem liberal do Hatt-i Sharif, cuja redação final também devia muito a Ponsonby, o embaixador britânico. Mas isso não significa que o Hatt-i Sharif fosse insincero, concedido como uma jogada tática para garantir o apoio britânico. No cerne do decreto havia uma crença genuína na necessidade de modernizar o império otomano. Reshid e seus seguidores estavam convencidos de que para resgatar o império eles precisavam criar um novo conceito secular de unidade imperial (*otomanismo*) baseado na igualdade de todos os súditos do sultão, independentemente de sua crença. Foi uma marca da seriedade com que os reformistas assumiram a tarefa, bem como um sinal de sua preocupação em pacificar a potencial oposição dos conservadores, que as concessões do Hatt-i Sharif fossem apresentadas em termos de defesa das tradições islâmicas e dos preceitos do "glorioso Corão". De fato, o sultão e muitos de seus ministros reformistas de maior destaque, incluindo Mustafa Reshid e Mehmet Hüsrev, o grão-vizir em 1839-41, tinham fortes laços com os capítulos Naqshbandi (*tekkes*), onde era dada uma forte ênfase aos ensinamentos da lei islâmica. Em muitos sentidos, as reformas tanzimat foram uma tentativa de criar um Estado islâmico mais centralizado, porém mais tolerante.[41]

Mas o governo otomano pouco fez para colocar em pratica essas declarações grandiosas. Sua promessa de melhorar as condições da população cristã foi o principal empecilho, incitando a oposição do clero muçulmano tradicional e dos conservadores. Só houve pequenas melhorias. A pena de morte por apostasia foi revogada pelo sultão em 1844, embora um pequeno número de muçulmanos convertidos ao cristianismo (e cristãos convertidos ao islamismo) ainda tivesse sido executado por autoridade de governantes locais. A blasfêmia continuou a ser punida com sentença de morte. Cristãos foram aceitos em algumas das academias militares e podiam ser convocados, mas como eles dificilmente seriam promovidos aos postos mais altos, a maioria preferia pagar um imposto especial para ser dispensado do serviço militar. A partir do final da década de 1940, os cristãos puderam integrar os conselhos provinciais que acompanhavam o trabalho dos governadores. Também começaram a participar de corpos de jurados ao lado de muçulmanos nos tribunais comerciais onde os princípios jurídicos ocidentais eram aplicados com liberalidade. Mas fora isso não houve grandes mudanças. O comércio de escravos continuou, a maior parte dele envolvendo a captura de meninos e meninas cristãos do Cáucaso para venda em Constantinopla. Os turcos continuaram a considerar os cristãos inferiores, e a achar que os privilégios muçulmanos não deviam ser revogados. As regras e práticas informais da administração, se não as leis escritas, continuaram a garantir que os cristãos fossem tratados como cidadãos de segunda classe, embora estivessem rapidamente se tornando o grupo econômico dominante do império otomano, o que se transformou em uma crescente fonte de tensão e inveja — especialmente quando eles sonegavam impostos adquirindo passaportes e proteção estrangeiros.

Retornando a Constantinopla para seu terceiro período como embaixador em 1842, Stratford Canning ficou cada vez mais desanimado com as perspectivas de reforma. O sultão era jovem demais, e Reshid fraco demais, para enfrentarem os conservadores, que gradualmente prevaleceram sobre os reformistas no conselho (divã) da Porta. A agenda da reforma era cada vez mais obstruída por rivalidades pessoais, particularmente entre Reshid e Mehmet Ali Pasha,* um dos reformistas protegidos de Reshid, que fora embaixador em Londres de 1841 a 1844 e ministro das Relações Exteriores de 1846 a 1852, quando substituiu Reshid como grão-vizir. A inveja que Reshid sentia de Mehmet Ali era tal que no começo da década de 1850 ele chegou a se juntar à oposição muçulmana à concessão de direitos iguais aos súditos cristãos do sultão na esperança de deter seu rival. As reformas também eram prejudicadas por dificuldades práticas. O governo otomano em Constantinopla estava distante demais e era fraco demais para impor leis a uma sociedade sem ferrovias, correios, telégrafos ou jornais.

---

* Não confundir com Mehmet Ali, o governante egípcio.

Mas o principal obstáculo era a oposição das elites tradicionais — os líderes religiosos das *millets* — que se sentiam acossados pelas reformas tanzimat. Todas as *millets* protestaram, especialmente os gregos, e houve uma espécie de golpe secularista no armênio; mas as reformas tinham a oposição principalmente dos líderes islâmicos e das elites. Aquela era uma sociedade em que os interesses dos paxás locais e do clero muçulmano estavam fortemente ligados à preservação do tradicional sistema de *millet*, com todas as desvantagens legais e civis para os cristãos. Quanto mais a Porta tentava se tornar uma instituição de centralização e reforma, mais esses líderes fomentavam queixas locais e o sentimento muçulmano reacionário contra um Estado que atacavam como sendo "infiel" por sua crescente dependência dos estrangeiros. Incitados pelo clero, muçulmanos fizeram manifestações contra as reformas em muitas cidades; houve casos de violência contra cristãos; igrejas foram destruídas; e houve até mesmo a ameaça de incendiar o bairro latino de Constantinopla.

Para Stratford Canning, que não era amigo do Islã, essa reação gerava um dilema moral: a Grã-Bretanha podia continuar a apoiar um governo muçulmano que não impedia a perseguição de seus cidadãos cristãos? Em fevereiro de 1850 ele entrou em desespero após tomar conhecimento de "massacres atrozes" da população cristã da Rumélia (em uma região que depois se tornou parte da Bulgária). Escreveu em termos melancólicos a Palmerston, secretário do Exterior, explicando que "o grande jogo de melhoria está totalmente suspenso no momento".

> O maior problema deste país é a religião dominante (...) Embora totalmente esgotado como um princípio de força nacional e poder renascido, o espírito do islamismo, assim pervertido, vive na supremacia da raça conquistadora e nos preconceitos gerados por um longo domínio tirânico. Pode não ser demais dizer que o progresso do império na direção de um firme restabelecimento de sua prosperidade e sua independência será medido pelo grau de sua emancipação dessa fonte de injustiça e fraqueza.

Palmerston concordou em que a perseguição aos cristãos não apenas estimulava, como até mesmo justificava a política colocada em prática pelos russos. Em seu ponto de vista, isso dava à Grã-Bretanha pouca escolha que não retirar o apoio ao governo otomano. Escrevendo a Reshid no mês de novembro seguinte, ele previu que o império otomano estava "condenado a cair pela timidez, a fraqueza e a falta de decisão de seu soberano e seus ministros, e é evidente que antes teremos de pensar em qual outro arranjo pode ser instalado em seu lugar".[42]

Enquanto isso, a interferência britânica na política turca produzira uma reação muçulmana à interferência ocidental nos assuntos otomanos. No começo da década de 1850, Stratford Canning se tornara muito mais que um embaixador ou conselheiro da Porta. O "Grande Elchi", ou Grande Embaixador, como era conhecido em Constantinopla, tinha uma influência direta nas políticas do governo turco. De fato, em um momento em que não havia linhas de telégrafo entre Londres e a capital turca, e vários meses podiam se passar antes que chegassem instruções de Whitehall, ele tinha considerável liberdade de ação sobre a política britânica no império otomano. Sua presença era uma fonte de profundo ressentimento entre os ministros do sultão, que viviam aterrorizados com uma visita pessoal do embaixador ditatorial. Notáveis locais e o clero muçulmano igualmente se ressentiam de seus esforços em prol dos cristãos, e consideravam sua influência sobre o governo uma perda de soberania turca. Essa hostilidade à intervenção estrangeira nos assuntos otomanos — por Grã-Bretanha, França ou Rússia — iria desempenhar um papel importante na política turca às vésperas da Guerra da Crimeia.

3
A ameaça russa

O vapor holandês atracou na doca de Woolwich tarde da noite de 1º de junho de 1844. Seus únicos passageiros eram o "conde Orlov" — pseudônimo do tsar Nicolau — e sua comitiva de cortesãos viajando incógnitos desde São Petersburgo. Desde que a Rússia esmagara de forma brutal a insurreição polonesa em 1831, Nicolau vivia com medo de ser assassinado por nacionalistas poloneses que se opunham ao governo russo em sua pátria, então era seu costume viajar disfarçado. Londres tinha uma grande comunidade de poloneses exilados, e houvera preocupações com a segurança do tsar desde o momento em que a viagem havia sido discutida com o governo britânico em janeiro. Para aumentar sua segurança pessoal Nicolau não revelara a ninguém seus planos de viagem. Tendo parado rapidamente em Berlim, o tsar disparou através do continente, sem que ninguém na Grã-Bretanha soubesse de sua chegada iminente até ele ter subido a bordo do vapor em Hamburgo em 30 de maio, menos de dois dias antes de atracar em Woolwich.

Nem mesmo o barão Brunov, embaixador russo em Londres, recebera detalhes precisos do itinerário do tsar. Sem saber quando seu vapor chegaria, Brunov passara todo o sábado na doca de Woolwich. Finalmente, às 10 horas da noite, o vapor atracou. O tsar desembarcou — quase irreconhecível em uma capa cinza que usara durante a campanha turca de 1828 — e seguiu apressado com Brunov para a Embaixada russa em Ashburnham House, Westminster. A despeito do adiantado da hora, ele enviou um bilhete ao príncipe consorte pedindo uma reunião com a rainha o mais rapidamente que fosse de sua conveniência. Acostumado a convocar seus ministros a qualquer hora do dia e da noite, não ocorrera a ele que poderia ser rude acordar o príncipe Alberto de madrugada.[1]

Aquela não era a primeira viagem do tsar a Londres. Ele tinha boas lembranças de sua visita anterior, em 1816, quando, com vinte anos de idade e ainda grão-duque, fizera grande sucesso com a metade feminina da aristocracia inglesa. Lady Charlotte Campbell, uma formosa e bela dama de honra da princesa de Gales, declarara sobre ele: "Que criatura amigável! Ele é diabolicamente belo! Será o homem mais belo da Europa." Naquela viagem Nicolau ficara com a impressão de ter aliados na monarquia e na aristocracia inglesas. Como governante despótico do maior Estado do mundo, Nicolau tinha pouca noção dos limites de uma monarquia constitucional. Ele supunha que poderia ir à Grã-Bretanha e decidir questões de política externa diretamente com a rainha e seus principais ministros. Em seu primeiro encontro ele disse a Vitória ser "uma coisa excelente ver diretamente com os próprios olhos, já que nem sempre se deve confiar apenas nos diplomatas". Tais reuniões criavam "uma sensação de amizade e interesse" entre soberanos, e mais podia ser conseguido "em uma única conversa para explicar os sentimentos, pontos de vista e motivos do que em uma série de mensagens e cartas". O tsar acreditava poder fazer um "acordo de cavalheiros" com a Grã-Bretanha sobre como lidar com o império otomano no caso de sua derrocada.[2]

Aquela não era a primeira tentativa de Nicolau de conseguir o apoio de outra potência em seus planos de partilha do império otomano. Em 1829, ele sugerira aos austríacos uma divisão entre os dois dos territórios europeus para impedir o caos que temia fosse se seguir ao colapso, mas eles o deixaram na mão para preservar o Concerto da Europa. Depois, no outono de 1843, ele mais uma vez abordou os austríacos, ressuscitando a ideia de um império grego apoiado por Rússia, Áustria e Prússia (a Tríplice Aliança de 1815) para impedir que britânicos e franceses dividissem entre eles o espólio do império otomano que desmoronava. Insistindo que a Rússia não queria se expandir para os Bálcãs, Nicolau sugerira que os austríacos ficassem com todas as terras turcas entre o Danúbio e o Adriático e que Constantinopla se tornasse uma cidade livre sob guarda austríaca. Mas nada do que disse conseguiu eliminar a profunda desconfiança que Viena tinha das ambições da Rússia. O embaixador austríaco em São Petersburgo acreditava que o tsar estava tentando armar uma situação em que a Rússia pudesse usar a desculpa de defender a Turquia para interferir em seus assuntos e impor seus próprios planos de partição pela força. O que o tsar realmente queria, sustentou o embaixador, não era um império grego apoiado pelas três potências, mas um "Estado ligado à Rússia por interesses, princípios e religião, e governado por um príncipe russo. (...) A Rússia nunca consegue perder de vista esse objetivo. É uma condição necessária para que seu destino seja cumprido (...). A Grécia atual seria engolida pelo novo Estado".[3] Profundamente desconfiados, os austríacos não quiseram se envolver nos planos de partição do tsar sem a concordância de britânicos e franceses. Então Nicolau estava indo a Londres com a esperança de convencer a Grã-Bretanha de seu ponto de vista.

Considerando-se isso, não havia muito que sugerisse que Nicolau poderia forjar uma nova aliança com a Grã-Bretanha. Os britânicos estavam comprometidos com seus planos de reforma liberal para salvar o império otomano, e consideravam as ambições russas uma grande ameaça. Mas o tsar foi encorajado pela reaproximação diplomática entre Rússia e Grã-Bretanha nos anos anteriores, motivada pela preocupação partilhada com o crescente envolvimento da França no Oriente Médio.

Em 1839, os franceses haviam apoiado uma segunda insurreição do governante egípcio Mehmet Ali contra o governo do sultão na Síria. Com apoio francês, os egípcios derrotaram o exército otomano, renovando os temores de que iriam marchar sobre a capital turca, como haviam feito seis anos antes. O jovem sultão Abdülmecid parecia fraco demais para resistir às renovadas exigências de Mehmet Ali de uma dinastia hereditária no Egito e na Síria, especialmente após a marinha otomana ter desertado para o lado dos egípcios em Alexandria e a Porta ser mais uma vez obrigada a pedir ajuda externa. Em 1833, os russos haviam interferido sozinhos para resgatar o império otomano, mas nessa segunda crise eles quiseram trabalhar com a Grã-Bretanha para restaurar o governo do sultão — sendo seu objetivo se colocar entre os britânicos e os franceses.

Assim como os russos, os britânicos estavam alarmados com o crescente envolvimento francês no Egito. Era onde Napoleão havia ameaçado derrubar o império britânico em 1798. A França investira pesado no crescente plantio de algodão e na economia industrial do Egito durante a década de 1830. Enviara conselheiros para ajudar a treinar o exército e a marinha egípcios. Com o apoio francês, os egípcios não eram apenas uma grande ameaça ao governo turco. À frente de um poderoso movimento de renascimento islâmico contra a interferência das nações cristãs no império otomano, Mehmet Ali também era uma inspiração para os rebeldes muçulmanos que se opunham ao governo tsarista no Cáucaso.

Consequentemente, Rússia e Grã-Bretanha, com Áustria e Prússia, conclamaram Mehmet Ali a se retirar da Síria e aceitar seus termos para um acordo com o sultão. Esses termos, estabelecidos na Convenção de Londres de 1840 e retificados pelas quatro potências com o império otomano, permitiam a Mehmet Ali estabelecer uma dinastia hereditária no Egito. Para garantir a retirada, uma frota britânica seguiu para Alexandria e uma força anglo-austríaca foi enviada à Palestina. Por algum tempo, o líder egípcio resistiu, na expectativa de apoio francês. Houve o temor de uma guerra na Europa quando o governo francês rejeitou os termos de paz propostos pelas quatro potências e prometeu ajudar Ali. Mas no instante final os franceses, não querendo ser arrastados para uma guerra, recuaram e Mehmet Ali se retirou da Síria. Pelos termos de uma posterior Convenção de Londres de 1841, que os franceses assinaram relutantemente, Mehmet Ali foi reconhecido como governante hereditário do Egito em troca de seu reconhecimento da soberania do sultão no resto do império otomano.

A importância da Convenção de 1841 foi além de garantir a rendição de Mehmet Ali. Também havia sido fechado um acordo para fechar os estreitos turcos a todos os navios de guerra com exceção daqueles dos aliados do sultão em época de guerra — uma enorme concessão dos russos, pois isso potencialmente permitia à marinha britânica chegar ao mar Negro, onde poderia atacar suas vulneráveis fronteiras do Sul. Assinando a convenção os russos haviam desistido da posição privilegiada no império otomano e do controle dos estreitos, tudo na esperança de melhorar as relações com a Grã-Bretanha e isolar a França.

Do ponto de vista do tsar, reforçar o poder do sultão era apenas uma medida temporária. Com os franceses enfraquecidos por seu apoio à insurreição e a Rússia tendo chegado ao que Nicolau acreditava ser um novo entendimento com os britânicos no Oriente Médio, ele concluíra que a Convenção de Londres abria a possibilidade de uma aliança mais formal entre Rússia e Grã-Bretanha. A eleição de um governo conservador liderado por sir Robert Peel em 1841 deu ao tsar mais motivo para ter esperança de acordo, pois os conservadores eram menos hostis aos russos do que a administração *whig* anterior do lorde Melbourne (1835-41). O tsar estava convencido de que o governo conservador seria simpático à sua sugestão de que Rússia e Grã-Bretanha assumissem a liderança da Europa e decidissem o futuro do império otomano. Em 1844, confiante em que podia atrair os britânicos para seus planos de partição, o tsar partiu para Londres.

Sua chegada repentina em junho pegou a todos de surpresa. Desde a primavera se falava vagamente em sua visita. Peel recebera bem a ideia em um banquete para a Companhia Russa de Comércio na London Tavern em 2 de março, e três dias depois lorde Aberdeen, o secretário do Exterior, enviara um convite formal por intermédio do barão Brunov, assegurando ao tsar que sua presença iria "dissipar quaisquer preconceitos poloneses" contra a Rússia na Grã-Bretanha. "Um homem tão reservado e nervoso como Aberdeen falar com tanta confiança sobre essa questão é algo significativo", escreveu Brunov a Nesselrode. Quanto à rainha, ela inicialmente relutou em receber o tsar com base em seu antigo conflito com o tio dela, Leopoldo, rei da recém-independente Bélgica, que atraíra muitos exilados poloneses para seu exército nos anos 1830. Determinado a sustentar os princípios legitimistas da Sacra Aliança, Nicolau quisera restaurar as monarquias depostas pelas revoluções francesa e belga de 1830, e só havia sido impedido pela eclosão do levante polonês em Varsóvia em novembro daquele ano. Suas ameaças de intervenção deram a ele a desconfiança dos liberais da Europa Ocidental, que o rotularam de "gendarme da Europa", enquanto os rebeldes poloneses que fugiram para o exterior após a supressão de seu levante haviam conseguido refúgio em Paris, Bruxelas e Londres. Esses eram os desdobramentos que preocupavam a rainha Vitória, mas ela acabou convencida pelo marido, o príncipe Alberto (que também era sobrinho do rei Leopoldo), de que uma visita do tsar ajudaria a melhorar as relações entre as casas reais do continente. Em seu convite ao tsar, Vitória dissera que iria recebê-lo no final de maio ou início de junho, mas não havia sido definida uma data. Em meados de maio ainda não era claro se Nicolau iria. No final, a rainha soube de sua chegada algumas horas antes do vapor atracar em Woolwich. Sua equipe entrou em pânico, inclusive porque eles esperavam uma visita do rei da Saxônia no mesmo dia, e preparativos apressados para receber o tsar teriam de ser improvisados.[4]

A visita inesperada do tsar foi um dos muitos sinais de uma crescente precipitação em seu comportamento. Após dezoito anos no trono ele começara a perder aquelas qualidades que haviam caracterizado seus primeiros anos:

cautela, conservadorismo e discrição. Cada vez mais afetado pela doença mental hereditária que tomara conta de Alexandre em seus últimos anos, Nicolau se tornara impaciente e impetuoso, e inclinado a um comportamento impulsivo, como partir apressado para Londres para impor sua vontade aos britânicos. Sua natureza errática foi percebida pelo príncipe Alberto e a rainha, que escreveu a seu tio Leopoldo: "Alberto pensa que ele é um homem inclinado a se entregar demais a impulsos e sentimentos que com frequência fazem com que aja da forma errada."[5]

No dia de sua chegada a rainha recebeu o tsar no palácio de Buckingham. Houve uma reunião com os duques de Cambridge, Wellington e Gloucester, seguida por uma excursão pelas elegantes ruas do West End de Londres. O tsar inspecionou o trabalho de construção das Casas do Parlamento, que na época estavam sendo reerguidas depois do incêndio de 1834, e visitou o recém-concluído Regent's Park. À noite a comitiva real viajou de trem para Windsor, onde permaneceu os cinco dias seguintes. O tsar chocou os empregados com seus hábitos espartanos. A primeira coisa que seus valetes fizeram ao serem levados a seu quarto no castelo de Windsor foi mandar vir do estábulo um pouco de palha para encher o saco de couro que servia de colchão para o catre de campanha no qual o tsar sempre dormia.[6]

Como a rainha estava em estágio adiantado de gravidez e os Saxe-Coburg guardavam luto pelo pai do príncipe Alberto, não foi organizado um baile real em homenagem ao tsar. Mas houve muitas outras diversões: caçadas, revista de tropas, excursões às corridas em Ascot (onde a Copa de Ouro foi rebatizada de Salva do Imperador em homenagem ao tsar*), uma noite com a rainha na ópera e um banquete cintilante em que mais de sessenta convidados provaram 53 diferentes pratos apresentados no Grande Serviço, provavelmente a melhor coleção de louças decoradas em prata do mundo. Nas duas últimas noites houve grandes jantares com os convidados do sexo masculino vestindo uniformes militares, de acordo com os desejos do tsar, que se sentia desconfortável *en frac* e admitira à rainha ficar constrangido quando não usava uniforme.[7]

Como exercício de relações públicas, a visita do tsar foi um grande sucesso. As mulheres da sociedade ficaram fascinadas e encantadas com sua boa

---

* O nome voltou a ser Copa de Ouro após o início da Guerra da Crimeia.

aparência e seus modos. "Ele ainda é um grande devoto da beleza feminina, e dedicou a maior atenção às suas antigas chamas inglesas", notou o barão Stockmar. A rainha também foi calorosa com ele. Gostou de seu comportamento "digno e gracioso", sua gentileza para com crianças e sua sinceridade, embora o tivesse achado um tanto triste. "Ele dá a Alberto e a mim a impressão de um homem que não é feliz, e sobre quem o fardo de seu enorme poder e posição repousa pesada e dolorosamente", escreveu ela a Leopoldo em 4 de junho. "Raramente sorri, e quando o faz sua expressão não é feliz." Uma semana depois, ao final da viagem, ela escreveu novamente ao tio com uma avaliação penetrante do caráter do tsar:

> Há muito nele que não consigo deixar de gostar, e acho que seu caráter deve ser compreendido e avaliado pelo que é. Ele é rígido e severo — com sólidos princípios de *dever* que *nada* na terra fará com que altere; muito *inteligente* eu *não* o considero, e sua mente é incivilizada; sua educação foi negligenciada; preocupações políticas e militares são as únicas coisas pelas quais se interessa bastante; às artes e a todas as ocupações mais leves ele é insensível, mas é sincero, estou certa, *sincero* mesmo em seus atos mais despóticos, por uma noção de que esta *é* a *única* forma de governar.

Lorde Melbourne, um dos *whigs* mais antirrussos, se deu muito bem com Nicolau em um desjejum em Chiswick House, centro do *establishment whig*. Mesmo Palmerston, o antigo porta-voz *whig* em política externa, que era conhecido por sua postura dura em relação à Rússia, achou importante transmitir ao tsar uma "impressão favorável da Inglaterra": "Ele é muito poderoso e pode agir em nosso benefício ou nos causar mal, dependendo de ser simpático ou hostil a nós".[8]

Durante sua estada na Inglaterra o tsar teve algumas discussões políticas com a rainha e o príncipe Alberto, com Peel e Aberdeen. Os britânicos ficaram surpresos com a franqueza de seus pontos de vista. A rainha achou mesmo que ele era "franco demais, pois fala tão abertamente diante das pessoas o que não deveria, e se contém com dificuldade", como escreveu a Leopoldo. O tsar chegara à conclusão de que sinceridade era a única forma de superar a desconfiança e o preconceito britânicos contra a Rússia. Ele disse a Peel e Aberdeen: "Sei que sou considerado um ator, mas não sou; sou totalmente sincero; digo o que penso, e o que prometo, cumpro".[9]

Sobre a questão da Bélgica, o tsar declarou que gostaria de melhorar suas relações com Leopoldo, mas "enquanto houver oficiais poloneses a serviço do rei isso é totalmente impossível". Trocando ideias com Aberdeen, "não como um imperador com um ministro, mas como dois cavalheiros", ele explicou seu raciocínio, transmitindo seu ressentimento para com o comportamento dúbio do Ocidente para com a Rússia:

> Os poloneses estavam e continuam a estar rebelados contra meu governo. Seria aceitável um cavalheiro colocar a seu serviço pessoas culpadas de rebelião contra seu amigo? Leopoldo colocou esses rebeldes sob sua proteção. O que vocês diriam caso eu me tornasse patrono de [o líder independentista irlandês Daniel] O'Connell e pensasse em fazer dele meu ministro?

No que dizia respeito à França, Nicolau queria que a Grã-Bretanha se juntasse à Rússia em uma política de contenção. Apelando à desconfiança que sentiam dos franceses depois das guerras napoleônicas, ele disse a Peel e Aberdeen que a França "nunca deveria ser autorizada a criar desordem novamente e marchar seus exércitos além de suas fronteiras". Ele esperava que com seus interesses comuns contra a França, a Grã-Bretanha e a Rússia pudessem se tornar aliadas. Disse com sentimento: "Por intermédio de nossa relação amistosa espero eliminar os preconceitos entre nossos países. Pois eu valorizo intensamente a opinião dos ingleses. Quanto ao que os franceses dizem de mim, não me importo. Cuspo nisso."[10]

Nicolau apelou particularmente ao temor que a Grã-Bretanha sentia da França no Oriente Médio — principal tema de suas conversas com Peel e Aberdeen. "A Turquia é um homem moribundo", disse a eles.

> Podemos nos esforçar para mantê-lo vivo, mas não teremos sucesso. Ele irá morrer, deve morrer. Esse será um momento crítico. Eu prevejo que terei de colocar meus exércitos em movimento, e a Áustria terá de fazer o mesmo. Nessa crise temo apenas a França. O que ela deseja? Espero que se movimente em muitos pontos: no Egito, no Mediterrâneo e no oriente. Lembram da expedição francesa a Ancona [em 1832]? Por que eles não poderiam fazer o mesmo em Creta ou Esmirna? E se eles o fizerem, os ingleses não irão mobilizar sua frota? E assim, nesses territórios haveria exércitos russos e austríacos, e todos os navios da frota inglesa. Um grande confronto se tornaria inevitável.

O tsar argumentou que chegara o momento de as potências europeias, lideradas por Rússia e Grã-Bretanha, se adiantar e realizar uma partição dos territórios turcos de modo a evitar uma luta caótica por sua divisão, possivelmente envolvendo revoluções nacionais e uma guerra continental quando o império do sultão finalmente desmoronasse. Ele transmitiu a Peel e Aberdeen sua firme convicção de que o império otomano logo iria desmanchar e que Rússia e Grã-Bretanha deveriam agir juntas para se planejar para essa eventualidade, no mínimo para impedir os franceses de tomar o Egito e o Mediterrâneo oriental, uma grande preocupação dos britânicos na época. Como Nicolau disse a Peel:

> Não reivindico uma polegada de solo turco, mas também não permitirei que qualquer outro, especialmente os franceses, tenham uma polegada dele. (...) Não podemos determinar agora o que faremos com a Turquia quando estiver morta. Tal determinação apenas apressaria sua morte. Portanto, devo fazer tudo a meu alcance para manter o *status quo*. Mas devemos ter diante de nós de modo honesto e razoável a possibilidade e a inevitabilidade de seu colapso. Devemos deliberar de forma razoável e nos esforçar para chegar a uma compreensão sincera e honesta do assunto.[11]

Peel e Aberdeen estavam prontos para concordar com a necessidade de planejar antecipadamente a possível partição do império otomano, mas apenas quando a necessidade surgisse, e eles ainda não viam assim. Um memorando secreto com as conclusões das conversas foi elaborado por Brunov e aceito (embora não assinado) por Nicolau e Aberdeen.

O tsar deixou a Inglaterra com a firme convicção de que as conversas que tivera com Peel e Aberdeen eram definições políticas e que podia contar com uma parceria com a Grã-Bretanha com o objetivo de conceber um plano coordenado para a partição do império otomano quando isso se tornasse necessário para salvaguardar os interesses das duas potências. Não era uma suposição absurda, considerando que ele tinha um memorando secreto confirmando seus esforços em Londres. Mas na verdade foi um erro fatal de Nicolau pensar que havia feito um "acordo de cavalheiros" com o governo britânico em relação à Questão Oriental. Os britânicos consideraram as conversas como não sendo mais que uma troca de opiniões sobre questões que preocupavam as duas potências, não como alguma espécie de compromisso no sentido formal. Convencido de que tudo o que importava era o ponto de vista da rainha e de seus principais ministros, Nicolau não conseguiu compreender a influência do Parlamento, dos partidos de oposição, da opinião pública e da imprensa na política externa do governo britânico. Essa incompreensão iria desempenhar um papel crucial nos erros diplomáticos cometidos por Nicolau às vésperas da Guerra da Crimeia.

A visita do tsar a Londres não fez nada para eliminar a desconfiança britânica em relação à Rússia que aumentava há décadas. A despeito do fato de que a ameaça russa aos interesses britânicos era mínima, e as relações comerciais e diplomáticas entre os dois países não fossem de modo algum ruins nos anos anteriores à Guerra da Crimeia, a russofobia (ainda mais que a francofobia) era provavelmente o elemento mais importante na postura da Grã-Bretanha em relação ao mundo exterior. Por toda a Europa as posturas em relação à Rússia eram determinadas principalmente por medo e fantasias, e nesse sentido a Grã-Bretanha não era exceção à regra. A rápida expansão territorial do império russo no século XVIII e a demonstração de seu poderio militar contra Napoleão haviam deixado uma profunda impressão na mente europeia. No começo do século XIX havia um frenesi de publicações europeias — livretos, diários de viagem e tratados políticos — sobre "a ameaça russa" ao continente. Elas tinham tanto a ver com a imaginação de um "outro" asiático ameaçando as liberdades e a civilização da Europa quanto com qualquer ameaça real ou percebida. O estereótipo da Rússia que emergia desses escritos fantasiosos era o de uma potência selvagem, agressiva e expansionista por natureza, mas também suficientemente ardilosa e enganosa para conspirar com "forças ocultas" contra o Ocidente e infiltrar as sociedades.*

A base documental para essa "ameaça russa" era o chamado "Testamento de Pedro, o Grande", amplamente citado por escritores, políticos, diplomatas e militares russofóbicos como uma evidência *prima facie* das ambições da Rússia de dominar o mundo. As metas de Pedro para a Rússia neste documento eram megalomaníacas: se expandir para os mares Báltico e Negro, se aliar

---

* Há uma óbvia comparação com a visão ocidental da Rússia durante a Guerra Fria. A russofobia da Guerra Fria era em parte determinada pelas posturas do século XIX.

aos austríacos para expulsar os turcos da Europa, "conquistar o Levante" e controlar o comércio com as Índias, semear a cizânia e a confusão na Europa e se tornar senhora do continente europeu.

O "Testamento" era uma falsificação. Foi criado em algum momento do século XVIII por vários poloneses, húngaros e ucranianos ligados à França e aos otomanos, e teve várias versões antes que a final acabasse nos arquivos do ministério das Relações Exteriores francês durante os anos 1760. Por razões de política externa, os franceses estavam dispostos a acreditar na autenticidade do "Testamento": seus principais aliados na Europa Oriental (Suécia, Polônia e Turquia) haviam sido enfraquecidos pela Rússia. A crença em que o "Testamento" refletia os objetivos da Rússia foi a base para a política externa da França durante os séculos XVIII e XIX.[12]

Napoleão I foi particularmente influenciado pelo "Testamento". Seus principais conselheiros de política externa citavam livremente suas ideias e sua fraseologia, alegando, nas palavras de Charles Maurice de Talleyrand, o ministro das Relações Exteriores do Diretório e do Consulado (1795-1804) que "todo o sistema [do império russo] seguido constantemente desde Pedro I (...) tende a esmagar a Europa novamente sob uma avalanche de bárbaros". Tais ideias foram expressas ainda mais explicitamente por Alexandre d'Hauterive, figura influente no Ministério das Relações Exteriores que tinha a confiança de Bonaparte:

> A Rússia em tempo de guerra busca conquistar seus vizinhos; em tempo de paz, busca manter não apenas seus vizinhos, mas todos os países do mundo, em uma confusão de desconfiança, agitação e discórdia (...) Tudo o que essa potência usurpou na Europa e na Ásia é bem sabido. Ela tenta destruir o império otomano; tenta destruir o império alemão. A Rússia não se moverá diretamente para sua meta (...) irá disfarçadamente minar as bases [do império otomano]; irá fomentar intrigas; irá promover rebelião nas províncias (...) Assim fazendo, não deixará de professar os sentimentos mais benevolentes para com a Sublime Porta; irá constantemente se dizer a amiga, a protetora do império otomano. A Rússia similarmente atacará (...) a casa da Áustria (...). Então, não haverá mais a corte de Viena [sic]; então nós, as nações ocidentais, teremos perdido uma das barreiras mais capazes de nos defender das incursões da Rússia.[13]

O "Testamento" foi publicado pelos franceses em 1812, o ano de sua invasão da Rússia, e a partir de então foi amplamente reproduzido e citado por toda a Europa como evidência conclusiva da política externa expansionista da Rússia. Foi republicado às vésperas de todas as guerras envolvendo a Rússia no continente europeu — em 1854, 1878, 1914 e 1941 — e citado durante a Guerra Fria para explicar as intenções agressivas da União Soviética. Quando da invasão soviética do Afeganistão em 1979 ele foi citado no *Christian Science Monitor*, na revista *Time* e na Câmara dos Comuns britânica como explicação para as origens dos objetivos de Moscou.[14]

Em nenhum lugar sua influência foi mais evidente do que na Grã-Bretanha, onde medos fantásticos da ameaça russa — e não apenas à Índia — eram presença constante na imprensa. "Uma convicção muito geral há muito é sustentada pelos russos, de que estão destinados a ser os governantes do mundo, e essa ideia foi mais de uma vez apresentada em publicações na língua russa", declarou o *Morning Chronicle* em 1817. Mesmo periódicos sérios sucumbiram à ideia de que a derrota de Napoleão pela Rússia a colocara em rota para dominar o mundo. Revisando os acontecimentos de anos anteriores, o *Edinburgh Review* disse em 1817 que "teria sido muito menos extravagante prever a entrada de um exército russo em Déli, ou mesmo Calcutá, do que sua entrada em Paris".[15] Os medos britânicos eram sustentados pelas opiniões amadoras e as impressões de viajantes à Rússia e ao Oriente, um gênero literário que experimentou uma explosão no começo do século XIX. Esses livros de viagem não apenas dominavam a percepção popular da Rússia, mas também forneciam uma boa dose do conhecimento prático com base em que Whitehall moldava sua política para o país.

Um dos primeiros e mais polêmicos desses diários de viagem foi *A Sketch of the Military and Political Power of Russia in the Year 1817*, de sir Robert Wilson, um veterano das guerras napoleônicas que servira pouco tempo como funcionário civil do exército russo. Wilson fazia uma série de alegações extravagantes — impossíveis de demonstrar ou rejeitar — que apresentava como fruto de seu conhecimento interno do governo tsarista: que a Rússia estava determinada a expulsar os turcos da Europa, conquistar a Pérsia, avançar sobre a Índia e dominar o mundo. As especulações de Wilson eram tão alucinadas que foram ridicularizadas em certos círculos (o *Times* sugeriu que a Rússia poderia avançar até o Cabo da Boa Esperança, o Polo Sul e a Lua), mas o radicalismo de seus argumentos garantiu atenção para seu livreto, que foi amplamente debatido e resenhado. O *Edinburgh Review* e o *Quarterly Review* — os periódicos mais lidos e respeitados nos círculos governamentais — concordaram em que Wilson superestimara a ameaça imediata da Rússia, mas ainda assim o louvaram por levantar a questão e consideraram que a partir daquele momento o comportamento daquele país merecia "cuidadoso escrutínio de desconfiança".[16] Em outras palavras, a premissa geral das visões radicais de Wilson — de que o expansionismo russo era um perigo para o mundo — devia ser aceita.

A partir desse momento, a ameaça fantasma da Rússia se incorporou ao discurso político da Grã-Bretanha como realidade. A ideia de que a Rússia tinha um plano para dominar o Oriente Próximo e potencialmente conquistar o império britânico começou a surgir regularmente em folhetos, que por sua vez eram posteriormente citados como prova objetiva por propagandistas da russofobia nos anos 1830 e 1840.

O mais influente desses livretos foi *On the Designs of Russia*, já abordado, de autoria do futuro comandante da Guerra da Crimeia George de Lacy Evans, o primeiro a apresentar o perigo representado pelas atividades da Rússia na Ásia Menor. Mas esse livreto também foi notável por outra razão: foi aqui que Evans apresentou o primeiro plano detalhado para o desmembramento do império russo, um programa que seria retomado pelo gabinete durante a Guerra da Crimeia. Ele defendia uma guerra preventiva à Rússia para frustrar suas intenções agressivas. Sugeria atacar a Rússia em Polônia, Finlândia, mar Negro e Cáucaso, onde era mais vulnerável. Seu plano de oito pontos é quase uma planta dos objetivos britânicos ampliados durante a Guerra da Crimeia.

1. Interromper o comércio para a Rússia para que os nobres percam seus lucros e se voltem contra o governo do tsar.
2. Destruir os depósitos navais em Kronstadt, Sebastopol etc.
3. Lançar uma série de "incursões predatórias e com o devido apoio ao longo de suas fronteiras marítimas, especialmente no mar Negro, em cujo litoral, e mesmo atrás de sua linha de postos militares, ela tem uma série de inimigos montanheses insubmissos, armados e indomáveis (...)".
4. Ajudar os persas a retomar o Cáucaso.

5. Enviar um grande corpo de soldados e uma frota para o Golfo da Finlândia "para ameaçar os flancos e a reserva dos exércitos russos de Polônia e Finlândia".
6. Financiar revolucionários para "criar insurreições e uma guerra dos servos".
7. Bombardear São Petersburgo "caso seja praticável".
8. Enviar armas a Polônia e Finlândia "para sua libertação da Rússia".[17]

David Urquhart, o famoso turcófilo, também defendeu uma guerra preventiva contra a Rússia. Nenhum escritor fez mais para preparar o público inglês para a Guerra da Crimeia. Escocês que estudou os clássicos em Oxford, Urquhart se deparou com a Questão Oriental pela primeira vez em 1827 quando, aos 22 anos de idade, integrou um grupo de voluntários lutando pela causa grega. Viajou muito pela Turquia europeia, se encantou com as virtudes dos turcos, aprendeu turco e grego moderno, adotou o vestuário turco e rapidamente ganhou reputação como um tipo de especialista em Turquia por intermédio de seus relatos sobre o país que eram publicados no *Morning Courrier* durante 1831. Valendo-se de uma amizade de família com sir Robert Taylor, secretário particular do rei Guilherme IV, Urquhart se incorporou à missão de Stratford Canning a Constantinopla para negociar um acordo final sobre a fronteira grega em novembro de 1831. Durante esse período lá ele se convenceu da ameaça representada pela intervenção russa na Turquia. Estimulado por seus patronos na corte, escreveu *Turkey and Its Resources* (1833), no qual negava que o império otomano estivesse prestes a entrar em colapso e destacava as oportunidades comerciais à disposição da Grã-Bretanha caso ajudasse a Turquia e a protegesse da agressão russa. O sucesso do livro granjeou a Urquhart a simpatia de lorde Palmerston, o secretário do Exterior do governo de lorde Grey (1830-34), e uma nova nomeação para a capital turca como parte de uma missão secreta para estudar as possibilidades para o comércio britânico nos Bálcãs, na Turquia, na Pérsia, no sul da Rússia e no Afeganistão.

Em Constantinopla, Urquhart se tornou um grande aliado político do embaixador britânico, lorde John Ponsonby, um russófobo ardoroso que era inabalável em sua convicção de que a meta da Rússia era subjugar a Turquia. Ponsonby conclamou o governo britânico a enviar navios de guerra ao mar Negro e ajudar as tribos muçulmanas do Cáucaso em sua luta contra a Rússia (em 1834 ele até mesmo conseguiu de Palmerston uma "ordem discricionária" dando a ele autoridade para convocar navios de guerra britânicos ao mar Negro caso considerasse necessário, mas isso logo foi cancelado pelo duque de Wellington, que não achou boa ideia dar tanto poder de fazer guerra a um russofóbico tão notório). Sob a influência de Ponsonby Urquhart se tornou cada vez mais político em suas atividades. Não parou de escrever, mas começou a agir para tornar mais provável uma guerra à Rússia. Em 1834 ele visitou as tribos circassianas, prometendo apoio britânico à sua guerra contra a ocupação russa, um ato de provocação à Rússia que obrigou Palmerston a chamá-lo de volta a Londres.

Lá, Urquhart reforçou sua campanha por uma intervenção militar britânica na Turquia contra a Rússia. Um livreto que escrevera com Ponsonby, *England, France, Russia and Turkey*, foi publicado em dezembro de 1834. Teve cinco edições em um ano, e recebeu resenhas muito positivas. Estimulado por esse sucesso, em novembro de 1835 Urquhart lançou um periódico, *The Portfolio*, no qual apresentava seus pontos de vista russofóbicos, dos quais o seguinte é típico: "A ignorância do povo russo o afasta de toda comunidade com os sentimentos das outras nações, e o prepara para ver toda denúncia da injustiça de seus governantes como um ataque a ele mesmo, e o governo já anunciou por seus atos uma determinação de não se submeter a influências morais que possam chegar a ele de fora."[18]

Em outra provocação, Urquhart publicou em *The Portfolio* o que seriam cópias de documentos diplomáticos russos retirados do palácio do grão-duque Constantino, governador da Polônia, durante a insurreição de Varsóvia em novembro de 1830 e repassados a Palmerston por emigrantes poloneses. A maioria desses documentos, se não todos, fora inventada por Urquhart, incluindo "um trecho suprimido de discurso" no qual o tsar Nicolau teria declarado que a Rússia não suspenderia suas medidas repressivas até conseguir a completa subjugação da Polônia, e uma "Declaração de Independência" supostamente proclamada por tribos circassianas. Mas o clima de russofobia era tal que eles foram amplamente aceitos pela imprensa britânica como documentos autênticos.[19]

Em 1836, Urquhart retornou a Constantinopla como secretário da embaixada. Sua fama e influência crescentes nos círculos diplomáticos e políticos britânicos haviam obrigado Palmerston a recolocá-lo no governo, embora seu papel na capital turca fosse bastante limitado. Urquhart novamente assumiu a causa circassiana, e tentou provocar um conflito entre Rússia e Grã-Bretanha. Em seu ato mais ousado até então, Urquhart conspirou para enviar uma escuna britânica, a *Vixen*, para a Circássia em deliberada violação do embargo russo a navios estrangeiros na costa oriental do mar Negro imposto como parte do Tratado de Adrianópolis. A *Vixen* pertencia a uma empresa de transporte, George and James Bell, de Glasgow e Londres, que já havia tido conflitos com os russos sobre seus regulamentos de quarentena obstrutivos no Danúbio. Oficialmente a *Vixen* transportava sal, mas na verdade estava com um grande carregamento de armas para os circassianos. Ponsonby em Constantinopla havia sido informado da viagem que o navio pretendia fazer e não fez nada para desencorajar isso; nem respondeu ao questionamento dos Bell sobre se a secretaria do Exterior reconhecia o embargo e se a Grã-Bretanha iria defender seus direitos de navegação, como Urquhart garantiu que iria. Os russos tinham conhecimento dos planos de Urquhart: no verão de 1836 o tsar já se queixara ao embaixador britânico em São Petersburgo após um dos seguidores de Urquhart ter viajado a Circássia e prometido apoio britânico a sua guerra contra a Rússia. A *Vixen* zarpou em outubro. Como Urquhart antecipara, um navio de guerra russo deteve a *Vixen* no litoral caucasiano, em Soujouk Kalé, levando a uma estridente denúncia da ação russa e a pedidos de uma guerra no *The Times* e em outros jornais. Ponsonby conclamou Palmerston a enviar uma frota ao mar Negro. Embora relutasse em reconhecer o embargo russo ou sua reivindicação a Circássia, Palmerston ainda assim não estava pronto para ser empurrado para uma guerra por Urquhart, Ponsonby e a imprensa britânica. Ele admitia que a *Vixen* havia violado regulamentos russos, que a Grã-Bretanha reconhecia, mas apenas no que dizia respeito a Soujouk Kalé, não a todo o litoral caucasiano.

Chamado novamente de Constantinopla, Urquhart foi afastado do serviço exterior e acusado de violação de segredos oficiais por Palmerston em 1837. Urquhart sempre alegou que Palmerston sabia sobre o plano com a *Vixen*. Durante anos ele alimentou um profundo ressentimento contra o secretário do Exterior por supostamente traí-lo. Com a Grã-Bretanha se encaminhando para uma *entente* com a Rússia, Urquhart ficou cada vez mais frustrado e radical em sua russofobia, cobrando uma postura antirrussa ainda mais rígida — sem descartar a guerra — para defender o comércio britânico e seus interesses na Índia. Chegou mesmo a acusar Palmerston de estar a soldo do governo russo, uma acusação repetida por seus apoiadores na imprensa, incluindo *The Times*, uma grande influência sobre a opinião pública de classe média, que se juntou a Urquhart na oposição à política externa pró-Rússia de Palmerston. Em 1839, uma longa série de cartas enviadas ao *The Times* por "Anglicus" — pseudônimo de Henry Parish, um dos acólitos de Urquhart — quase ganhou o status de editoriais, alertando para o perigo de qualquer acordo com um império voltado para o domínio da Europa e da Ásia.

Urquhart continuou com seus ataques à Rússia na Câmara dos Comuns, para a qual foi eleito em 1847 como candidato independente (escolhendo como suas cores o verde e amarelo da Circássia). Nessa época Palmerston era o secretário do Exterior no governo *whig* de lorde John Russell, que assumiu em 1846 após a cisão dos conservadores sobre a revogação de impostos de importação sobre cereais (as Leis do Milho). Urquhart renovou suas acusações a ele. Em 1848, chegou mesmo a liderar uma campanha pelo impedimento de Palmerston por seu fracasso em implantar uma política mais agressiva à Rússia. Em um discurso de cinco horas na Câmara dos Comuns, o principal aliado de Urquhart, o deputado Thomas Anstey, o acusou de uma política externa vergonhosa que colocava em risco a segurança nacional da Grã-Bretanha por não defender a liberdade da Europa contra a agressão russa — particularmente as liberdades constitucionais da Polônia, cuja manutenção havia sido uma condição para a transferência do reino polonês para a proteção do tsar pelas outras potências no Congresso de Viena de 1815. O esmagamento brutal do levante de Varsóvia pela Rússia em 1831 obrigara a Grã-Bretanha a intervir na Polônia em apoio aos rebeldes, mesmo com o risco de uma guerra europeia contra a Rússia, sustentou Anstey. Em sua defesa, Palmerston explicou por que havia sido irreal pegar em armas em benefício dos poloneses enquanto expunha os princípios gerais de intervencionismo liberal que usaria novamente quando a Grã-Bretanha entrou na Guerra da Crimeia:

> Eu sustento que a verdadeira política da Inglaterra — afora questões que a envolvem em seus próprios interesses, políticos ou comerciais — é ser a defensora da justiça e do direito; seguir esse caminho com moderação e prudência, não se tornando o Quixote do mundo, mas colocando o peso de sua sanção moral e seu apoio onde quer que acredite estar a justiça, e onde achar que mal foi feito.[20]

A russofobia de Urquhart podia entrar em choque com a política externa da Grã-Bretanha nos anos 1840, mas tinha considerável sustentação no Parlamento, onde havia um poderoso lobby de políticos que apoiavam seus apelos por uma postura mais firme contra a Rússia, incluindo lorde Stanley e Stratford Canning, que substituíra Ponsonby como embaixador em Constantinopla em 1842. Fora do Parlamento, o apoio de Urquhart ao livre-comércio (principal faceta da reforma dos anos 1840) garantiu a ele muitos seguidores entre empresários das Midlands e do norte, convencidos por seus frequentes discursos públicos de que as tarifas russas eram uma grande causa da depressão econômica da Grã-Bretanha. Ele também tinha o apoio de diplomatas e homens de letras influentes, entre eles Henry Bulwer, sir James Hudson e Thomas Wentworth Beaumont, cofundador do *British and Foreign Review*, que se tornou cada vez mais hostil à Rússia por influência de Urquhart.

À medida que a década transcorria, um clima de crescente russofobia podia ser encontrado mesmo nos círculos intelectuais mais moderados. Periódicos eruditos como *Foreign Quarterly Review*, que antes descartavam os alertas "alarmistas" de uma ameaça russa à liberdade da Europa e aos interesses britânicos no Oriente, sucumbiram ao clima antirrusso. Enquanto isso, entre o público em geral — em igrejas, tavernas, salas de leitura e convenções de reformistas —, a hostilidade à Rússia estava rapidamente se tornando um ponto de referência central em um discurso político sobre liberdade, civilização e progresso que ajudava a moldar a identidade nacional.

Simpatias pela Turquia, temores pela Índia — nada alimentava a russofobia na Grã-Bretanha tão intensamente quanto a causa polonesa. Defendido pelos liberais de toda a Europa como uma luta justa e nobre pela liberdade contra a tirania russa, o levante polonês — e seu esmagamento brutal — fez mais que qualquer outra coisa para envolver os britânicos nos assuntos do continente e exacerbar as tensões que levaram à Guerra da Crimeia.

A história da Polônia não poderia ser mais atormentada. Durante o meio século anterior, a grande antiga comunidade polonesa (o reino da Polônia unido ao grão-ducado da Lituânia) havia sido dividida nada menos que três vezes: duas (em 1772 e 1795) pelas três potências vizinhas (Rússia, Áustria e Prússia), e uma vez (em 1792) por russos e prussianos baseado em que a Polônia havia se tornado uma fortaleza de sentimento revolucionário. Como resultado dessas partilhas o reino polonês perdera mais de dois terços de seu território. Desesperados para recuperar sua independência, os poloneses se voltaram para Napoleão em 1806, apenas para ver seu território ainda mais comido após sua derrota. Em 1815, no Tratado de Viena, as potências europeias estabeleceram o Congresso da Polônia (uma área correspondendo aproximadamente ao Ducado de Varsóvia napoleônico) e o colocaram sob a proteção do tsar com a condição de que ele mantivesse as liberdades constitucionais da Polônia. Mas Alexandre nunca reconheceu plenamente a autonomia política do novo Estado — era uma tarefa formidável combinar a autocracia na Rússia e o constitucionalismo na Polônia —, enquanto o governo repressivo de Nicolau I revoltou ainda mais muitos poloneses. Ao longo da década de 1820 os russos violaram os termos do tratado — restringindo as liberdades de imprensa, instituindo impostos sem o consentimento do parlamento polonês e usando poderes especiais para processar os liberais que se opunham ao governo do tsar. A última gota foi em novembro de 1830, quando o vice-rei da Polônia, o grão-duque Constantino, irmão do tsar, emitiu uma ordem de convocação de soldados poloneses para esmagar revoluções na França e na Bélgica.

O levante começou quando um grupo de oficiais poloneses da Academia Militar Russa de Varsóvia se rebelou contra a ordem do grão-duque. Usando armas da guarnição, os oficiais atacaram o palácio Belvedere, principal palácio do grão-duque, que conseguiu escapar (disfarçado com roupas de mulher). Os rebeldes tomaram o arsenal de Varsóvia e, com o apoio de civis armados, obrigaram as tropas russas a se retirar da capital polonesa. O exército polonês se juntou ao levante. Foi estabelecido um governo provisório, liderado pelo príncipe Adam Czartoryski, e convocado um parlamento nacional. Os radicais que assumiram o controle declararam uma guerra de libertação contra a Rússia e, em uma cerimônia para derrubar o tsar, proclamaram a independência polonesa em janeiro de 1831. Poucos dias depois da proclamação o exército russo cruzou a fronteira polonesa e avançou para a capital. As tropas eram comandadas pelo general Ivan Paskevitch, um veterano das guerras contra os turcos e as tribos das montanhas do Cáucaso, cujas medidas de repressão brutais transformaram seu nome em sinônimo da crueldade russa na memória nacional polonesa. No dia 25 de fevereiro, uma força polonesa de 40 mil homens lutou contra 60 mil russos no Vístula para salvar Varsóvia. Mas reforços russos logo chegaram e gradualmente venceram a resistência polonesa. Eles cercaram a cidade, onde cidadãos famintos começaram a saquear e se revoltar contra o governo provisório. Varsóvia caiu em 7 de setembro após uma luta feroz nas ruas. Em vez de se submeter aos russos, o restante do exército polonês, cerca de 20 mil homens, fugiu para a Prússia, onde foi capturado pelo governo prussiano, outro governante de território polonês anexado e aliado da Rússia; o príncipe Czartoryski conseguiu chegar à Grã-Bretanha, enquanto muitos outros rebeldes fugiram para França e Bélgica, onde foram recepcionados como heróis.

A reação do público britânico foi igualmente simpática. Depois do esmagamento do levante houve manifestações populares, encontros públicos e petições para protestar contra a ação russa e exigir a intervenção da Grã-Bretanha. O apelo à guerra contra a Rússia foi engrossado por muitos setores da imprensa, incluindo *The Times*, que em julho de 1831 perguntou: "Quanto tempo será permitido à Rússia mover guerra impunemente à antiga e nobre nação dos poloneses, aliados da França, amigos da Inglaterra, os naturais e, há séculos, os desafiados e vitoriosos protetores da Europa civilizada contra os bárbaros turcos e moscovitas?". Foram criadas Associações de Amigos da Polônia em Londres, Nottingham, Birmingham, Hull, Leeds, Glasgow e Edimburgo para organizar o apoio à causa polonesa. Deputados radicais (muitos deles irlandeses) pediram ação britânica para defender os "poloneses oprimidos". Grupos reformistas de homens e mulheres trabalhadores (envolvidos na luta pelos direitos democráticos) declararam solidariedade à luta dos poloneses pela liberdade, algumas vezes chegando a se declarar prontos a ir para a guerra em defesa da liberdade em casa e no exterior. O reformista *Northern Liberator* declarou: "A não ser que a nação inglesa se levante veremos o execrável espetáculo de uma frota russa armada até os dentes e abarrotada de soldados ousando navegar pelo Canal Inglês, e provavelmente ancorando em Spithead ou Plymouth Sound!"[21]

A luta pela liberdade na Polônia conquistou a imaginação do público britânico, que a incorporou rapidamente aos ideais que gostavam de imaginar como sendo "britânicos" — particularmente o amor à liberdade e o compromisso de defender os "pequenos" contra "agressores" (princípio pelo qual os britânicos disseram a si mesmos ter ido à guerra em 1854, 1914 e 1939). Em uma época de reformas liberais e novas liberdades para a classe média britânica, emoções poderosas foram despertadas por essa associação com a causa polonesa. Pouco depois da aprovação da Lei de reforma parlamentar em 1832, o editor do *Manchester Times* disse em uma reunião da Associação de Amigos da Polônia que os britânicos e os poloneses estavam travando a mesma batalha pela liberdade:

> Foi nossa própria luta (*ouçam, ouçam*). Estávamos lutando no exterior com base no mesmo princípio pelo qual estávamos lutando contra os compradores de cargos eletivos em casa. A Polônia era apenas um de nossos postos avançados. Todos os sofrimentos da Inglaterra e do continente podem ser rastreados até a primeira divisão da Polônia. Caso aquele povo pudesse ter permanecido livre e sem grilhões, nunca teríamos visto as hordas bárbaras da Rússia assolando toda a Europa; e os calmucos e cossacos do déspota acampados nas ruas e nos jardins de Paris (...). Houve um único marinheiro em nossa marinha, ou um único fuzileiro, que não teria rejubilado de ser enviado para erguer a mão pela causa da liberdade e em auxílio aos infelizes poloneses? (*Aplausos*) Não seria grande a despesa para explodir o castelo de Kronstadt ao redor dos ouvidos do déspota russo. (*Aplausos*) Em um mês (...), nossa marinha poderia ter varrido todos os navios mercantes russos de todos os mares do planeta. (*Aplausos*) Que uma frota seja enviada ao Báltico para fechar os portos russos, e o que o imperador da Rússia seria então? Um calmuco cercado por algumas tribos bárbaras (*Aplausos*), um selvagem, sem mais poder no mar quando oposto a Inglaterra e França, do que o imperador da China teve (*Aplausos*).[22]

A presença do príncipe Czartoryski, "rei não coroado da Polônia", em Londres aumentava a simpatia britânica pela causa polonesa. O fato de que o polonês exilado era um ex-ministro das Relações Exteriores da Rússia dava ainda mais credibilidade a seus alertas sobre a ameaça russa à Europa. Czartoryski ingressara na diplomacia do tsar Alexandre I aos 33 anos de idade, em 1803. Ele achava que a Polônia podia recuperar sua independência e uma boa parte de sua terra estabelecendo relações amigáveis com o tsar. Como membro do Comitê Secreto do tsar, ele certa vez apresentara um longo memorando sobre uma transformação completa do mapa europeu: a Rússia seria protegida da ameaça austríaca e prussiana por um reino da Polônia restaurado e reunificado sob a proteção do tsar; a Turquia europeia se tornaria um reino balcânico dominado pelos gregos com a Rússia controlando Constantinopla e Dardanelos; os eslavos conquistariam sua liberdade dos austríacos sob a proteção da Rússia; Alemanha e Itália se tornariam nações-Estado independentes organizadas como federações da mesma forma que os Estados Unidos; enquanto Grã-Bretanha e Rússia, juntas, manteriam o equilíbrio do continente. O plano era irreal (nenhum tsar consentiria na restauração do antigo reino polonês-lituano).

Depois que as aspirações nacionais da Polônia foram arrasadas com a derrota de Napoleão, Czartoryski se viu exilado na Europa, mas retornou à Polônia a tempo do levante de novembro. Integrou o comitê executivo revolucionário, foi eleito presidente do governo provisório e convocou o parlamento nacional. Após a insurreição ser esmagada, fugiu para Londres, onde ele e outros emigrados poloneses continuaram a lutar contra a Rússia. Czartoryski tentou persuadir o governo britânico a interferir na Polônia e, se necessário, travar uma guerra europeia contra a Rússia. O que estava ao alcance da mão, disse a Palmerston, era uma luta inevitável entre o Ocidente liberal e o Oriente despótico. Ele teve o forte apoio de vários liberais e russófobos influentes, incluindo George de Lacy Evans, Thomas Attwood, Stratford Canning e Robert Cutlar Fergusson, que fizeram discursos na Câmara dos Comuns pedindo uma guerra à Rússia. Palmerston era simpático à causa polonesa e se juntou às condenações aos atos do tsar, mas, considerando a posição de austríacos e prussianos, que dificilmente se oporiam à Rússia, já que também possuíam partes da Polônia, ele não achava "prudente apoiar pela força das armas o ponto de vista adotado pela Inglaterra" e arriscar "envolver a Europa em uma guerra generalizada". A nomeação do antirrusso Stratford Canning como embaixador em São Petersburgo (uma nomeação recusada pelo tsar) era o mais longe que o governo britânico iria para demonstrar sua oposição às ações russas na Polônia. Desiludido com a inação britânica, Czartoryski partiu para Paris no outono de 1832. "Eles não se importam conosco agora", escreveu ele. "Eles cuidam de seus próprios interesses e não farão nada por nós."[23]

Czartoryski a seguir estabeleceu residência no Hôtel Lambert, centro da imigração polonesa em Paris e de muitas formas a sede do governo não oficial da Polônia no exílio. O grupo do Hôtel Lambert manteve vivas as crenças constitucionais e a cultura dos emigrados que se reuniam ali, entre eles o poeta Adam Mickiewicz e o compositor Frédéric Chopin. Czartoryski mantinha relações próximas com diplomatas e políticos britânicos que pediam uma guerra à Rússia. Em especial, desenvolveu uma grande amizade com Stratford Canning, e sem dúvida influenciou seus pontos de vista cada vez mais russofóbicos durante as décadas de 1830 e 1840. O principal agente de Czartoryski em Londres, Wladislaw Zamoyski, um antigo ajudante do grão-duque Constantino que desempenhara um papel de destaque no levante polonês, mantinha boas relações com Ponsonby e o grupo de Urquhart — até mesmo ajudou a financiar a aventura da *Vixen*. Por intermédio de Stratford Canning e Zamoyski, não há dúvida de que Czartoryski exerceu uma grande influência na evolução da postura de Palmerston durante as décadas de 1830 e 1840, quando o futuro líder da Guerra da Crimeia gradualmente mudou de ideia sobre uma aliança europeia contra a Rússia. Czartoryski também cultivou relações próximas com os líderes liberais da Monarquia de Julho, na França, particularmente Adolphe Thiers, o primeiro-ministro de 1836-9, e François Guizot, ministro das Relações Exteriores na década de 1840 e último primeiro-ministro da Monarquia de Julho, de 1847 a 1848. Os dois estadistas franceses sabiam do valor do emigrado polonês como uma ligação amistosa com o governo e a opinião pública britânicos, que na época eram frios em suas relações com a França. Nesse sentido, por intermédio de seus esforços em Londres e Paris, Czartoryski iria desempenhar um papel significativo em produzir a aliança anglo-francesa que iria à guerra contra a Rússia em 1854.

Czartoryski e os exilados poloneses do grupo do Hôtel Lambert também tiveram um papel importante no aumento da russofobia francesa, que ganhou força nas duas décadas anteriores à Guerra da Crimeia. Até 1830, a visão que os franceses tinham da Rússia era relativamente moderada. Um bom número de franceses havia estado na Rússia com Napoleão e retornado com impressões favoráveis do caráter de seu povo para contrabalançar os escritos dos russófobos, como o jornalista e estadista católico François-Marie de Froment, que alertou para os perigos do expansionismo russo em *Observations sur la Russie* (1817), ou o padre e político Dominique-Georges-Frédéric de Pradt, que representou a Rússia como o "inimigo asiático da liberdade na Europa" em seu polêmico sucesso de vendas *Parallèle de la puissance anglaise et russe relativement à l'Europe* (1823).[24] Mas a oposição do tsar à revolução de julho de 1830 o fizera odiado pelos liberais e pela esquerda, enquanto os tradicionais aliados da Rússia, os defensores legitimistas da dinastia Bourbon, tinham fortes pontos de vista católicos, o que os afastava dos russos na questão da Polônia.

A imagem da Polônia como uma nação martirizada foi firmemente estabelecida na imaginação católica francesa por uma série de obras sobre a história e a cultura polonesas nos anos 1830, nenhuma mais influente que o *Livre des pèlerin polonais* (Livro dos peregrinos poloneses), de Mickiewicz, traduzido do polonês com um prefácio do jornalista católico radical Charles Montalembert e publicado com o acréscimo de um "Hino à Polônia", do padre e escritor Felicite de Lamennais.[25] O apoio francês a libertação nacional polonesa foi muito reforçado por solidariedade religiosa, que se estendeu aos católicos rutenos (uniatas) de Bielorrússia e oeste da Ucrânia, territórios antes dominados pela Polônia, onde os católicos foram convertidos à força à Igreja Russa depois de 1831. A perseguição religiosa aos rutenos despertou pouca atenção na França nos anos 1830, mas quando essa perseguição se estendeu ao Congresso da Polônia, no começo da década de 1840, a opinião pública católica ficou ultrajada. Panfletos pediam uma guerra santa para defender os "cinco milhões" de católicos poloneses obrigados pela Rússia a renunciar à sua crença. Encorajados por um manifesto papal — "Sobre a perseguição à religião católica no império russo e na Polônia" — em 1842, a imprensa francesa se juntou à condenação à Rússia. "Como hoje tudo o que resta da Polônia é seu catolicismo, o tsar Nicolau o tomou", declarou o influente *Journal des débats* em editorial em outubro de 1842. "Ele quer destruir a religião católica como o último e mais forte princípio da nacionalidade polonesa, como a última liberdade e o último sinal de independência que esse povo infeliz tem, e como o último obstáculo ao estabelecimento em seu vasto império de uma unidade de lei e moral, de ideias e fé."[26]

A raiva dos franceses com a perseguição do tsar aos católicos se transformou em febre em 1846, quando chegaram relatos do tratamento brutal dispensado às freiras de Minsk. Em 1839, o sínodo de Polotsk, na Bielorrússia, proclamara a dissolução da Igreja Católica Grega, cujo clero pró-latino apoiara ativamente a insurreição polonesa de 1831, e ordenara que todas as suas propriedades fossem transferidas para a Igreja Ortodoxa Russa. O líder do sínodo de Polotsk era um bispo pró-Rússia chamado Semashko, que antes havia sido capelão de um convento de 245 freiras em Minsk. Um de seus primeiros atos ao assumir o episcopado foi ordenar que as freiras se submetessem à Igreja Russa. Segundo os relatos que chegaram à França, quando as freiras se recusaram, Semashko as prendera. Com as mãos e pés colocados a ferros, as freiras foram levadas para Vitebski, onde cinquenta delas foram aprisionadas e obrigadas a fazer trabalho manual pesado com correntes de ferro e sofreram torturas medonhas e espancamentos pelos guardas. Então, na primavera de 1845, quatro das irmãs conseguiram escapar. Uma delas, a abadessa do convento, madre Makrena Mieczyslawska, então com 61 anos de idade, seguiu para a Polônia, onde teve a ajuda do arcebispo de Poznan, sendo a seguir levada por funcionários da Igreja para Paris. Ela contou sua história medonha aos emigrados poloneses do Hôtel Lambert. Makrena depois levou seu relato a Roma, e se encontrou com o papa Gregório XVI pouco antes da visita do tsar ao Vaticano, em dezembro de 1845. Foi dito que Nicolau saiu de sua audiência com o papa coberto de vergonha e confuso, tendo tido sua negação de perseguição aos católicos rutenos refutada por documentos nos quais ele mesmo louvara os "santos feitos" de Semashko.

A história das "freiras martirizadas" de Minsk foi publicada pela primeira vez no jornal francês *Le Correspondent* em maio de 1846 e contada muitas vezes em panfletos populares. Ela rapidamente se espalhou por todo o mundo católico. Diplomatas russos e agentes do governo em Paris tentaram desacreditar a versão de Makrena dos acontecimentos, mas um exame médico feito por autoridades papais confirmou que ela de fato havia sido espancada ao longo de muitos anos. A história teve um grande e duradouro impacto nos católicos franceses e foi um exemplo de como o tsar estava "expandindo a ortodoxia para o Ocidente" e convertendo católicos "pela força das armas".[27] Essa ideia teve uma grande influência sobre a opinião pública francesa na disputa da Terra Santa com a Rússia.*

O medo da perseguição religiosa era acompanhado pelo medo de uma Rússia gargantuesca varrendo a civilização europeia. Um dos colegas de exílio de Czartoryski, o conde Valerian Krasinski, foi o autor de uma série de livretos alertando para os perigos para o Ocidente de um império russo se estendendo dos mares Báltico e Adriático até o oceano Pacífico. Ele escreveu em uma de

---

* Ela também influenciou a opinião pública britânica às vésperas da Guerra da Crimeia. Em maio de 1854, "The True Story of the Nuns of Minsk" foi publicada no periódico de Charles Dickens *Household Words*. A autora do artigo, Florence Nightingale, conhecera Makrena em Roma em 1848 e escrevera um relato de seu sofrimento que depois engavetara. Após a batalha de Sinope, quando os russos destruíram a frota turca no mar Negro, Nightingale recuperou o artigo, que ela acreditava que poderia ajudar a conquistar apoio popular contra a Rússia, e o enviou a Dickens, que o reduziu à versão que apareceu em *Household Words*.

suas obras que mais circularam: "A Rússia é uma potência agressiva, e basta ver as aquisições que ela conseguiu ao longo de um século para estabelecer esse fato além de qualquer controvérsia." Desde a época de Pedro, o Grande, argumentou, a Rússia engolira mais de metade da Suécia, territórios da Polônia equivalentes ao tamanho do império austríaco, terras turcas maiores em tamanho que o reino da Prússia e terras da Pérsia correspondendo ao tamanho da Grã-Bretanha. Desde a primeira divisão da Polônia em 1772, a Rússia avançara sua fronteira 1.370 quilômetros na direção de Viena, Berlim, Dresden, Munique e Paris; 520 quilômetros na direção de Constantinopla; até poucos quilômetros da capital sueca; e tomara a capital polonesa. A única forma de salvaguardar o Ocidente dessa ameaça russa, concluía ele, era por intermédio da restauração de um Estado polonês forte e independente.[28]

A percepção de agressão e ameaça russas era amplificada na França pelo marquês de Custine, cujo divertido diário de viagem *La Russie en 1839* fez mais que qualquer outra publicação para moldar a postura europeia em relação à Rússia no século XIX. Um relato das impressões e reflexões do nobre a partir de uma viagem à Rússia, ele foi lançado em Paris em 1843, reimpresso muitas vezes e rapidamente se tornou um sucesso de vendas internacional. Custine viajara à Rússia com o propósito específico de escrever um livro de viagem popular para fazer seu nome como escritor. Ele havia feito tentativas anteriores com romances, peças e dramas sem grande sucesso, de modo que a literatura de viagem era sua última chance de criar uma reputação.

O marquês era um católico praticante com muitos amigos no grupo do Hôtel Lambert. Por intermédio de um de seus contatos poloneses, que tinha uma meio-irmã na corte russa, ele conseguiu acesso aos mais altos círculos da sociedade de São Petersburgo, tendo até mesmo uma audiência com o tsar — garantindo o interesse do Ocidente em seu livro. As simpatias de Custine pelos poloneses o voltaram contra a Rússia desde o início. Em São Petersburgo e Moscou ele passou muito tempo na companhia de nobres e intelectuais liberais (vários deles convertidos à Igreja Romana) que estavam profundamente desencantados com as políticas reacionárias de Nicolau I. A supressão do levante polonês, que acontecera apenas seis anos após o esmagamento da revolta decembrista na Rússia, fizera com que esses homens perdessem a esperança de seu país seguir o caminho constitucional ocidental. Seu pessimismo sem dúvida deixou uma marca nas impressões soturnas que Custine teve da Rússia contemporânea. Tudo nela encheu o francês de desprezo e terror: o despotismo do tsar; o servilismo dos aristocratas, que não eram eles mesmos mais que escravos; seus modos europeus presunçosos, um fino verniz de civilização para esconder do Ocidente sua barbárie asiática; a falta de liberdade e dignidade pessoais; a afetação e o desprezo pela verdade que pareciam dominar a sociedade. Como muitos viajantes à Rússia antes dele, o marquês ficou chocado com a enorme escala de tudo o que o governo havia construído. A própria São Petersburgo era "um monumento criado para anunciar a chegada da Rússia ao mundo". Ele viu essa grandiosidade como um sinal da ambição da Rússia de tomar e dominar o Ocidente. A Rússia invejava e se ressentia da Europa, "como o escravo se ressentia do seu senhor", argumentou Custine, e nisso estava a ameaça de sua agressão:

> Uma ambição incomum e imensa, uma daquelas ambições que só poderia brotar no seio dos oprimidos, e poderia se alimentar apenas das infelicidades de toda uma nação, fermenta no coração do povo russo. Essa nação, essencialmente agressiva, gananciosa sob a influência da privação, expia antecipadamente, por uma submissão vil, o desígnio de exercer uma tirania sobre outras nações: a glória, as riquezas, que são objeto de suas esperanças, a consolam pela desgraça à qual se submete. Para se purificar do ofensivo e ímpio sacrifício de toda a liberdade pública e pessoal, o escravo, jogado de joelhos, sonha com o domínio do mundo.

A Rússia havia sido colocada na Terra pela providência para "punir a civilização corrupta da Europa por intermédio de uma nova invasão", argumentava Custine. Isso servia como um alerta e uma lição para o Ocidente, e a Europa iria sucumbir a seu barbarismo "se nossas extravagâncias e iniquidades nos fizerem merecedores da punição". Como Custine conclui na famosa última passagem do seu livro:

> Para ter simpatia pela liberdade desfrutada pelos outros países europeus, a pessoa precisa ter estado naquela solidão sem descanso, naquela prisão sem alívio que se chama Rússia. Se um dia seus filhos ficarem descontentes com a França, experimente minha receita: diga a eles para irem à Rússia; é uma viagem útil a todo estrangeiro; quem tiver examinado bem aquele país ficará contente de viver em qualquer outro lugar.[29]

Alguns anos após sua publicação, *La Russie en 1839* teve pelo menos seis edições na França; foi pirateado e republicado em várias outras edições em Bruxelas; traduzido para o alemão, o dinamarquês e o inglês, e resumido em forma de libreto em vários outros idiomas europeus. No total, deve ter vendido centenas de milhares de exemplares, sendo de longe a obra mais popular e influente de um estrangeiro sobre a Rússia às vésperas da Guerra da Crimeia. O segredo do seu sucesso foi articular os medos e preconceitos contra a Rússia que eram disseminados pela Europa naquela época.

Por todo o continente havia profundas ansiedades com relação ao crescimento acelerado e o poder militar da Rússia. A invasão russa da Polônia e dos principados do Danúbio, combinada com a crescente influência da Rússia nos Bálcãs, levava ao medo de uma ameaça eslava à civilização ocidental que *La Russie* expressara. Particularmente nas terras alemãs, onde o livro de Custine foi muito bem recebido, argumentava-se muito na imprensa de panfletos que Nicolau estava planejando se tornar o imperador dos eslavos por toda a Europa, e que a unidade alemã não podia ser obtida sem uma guerra para fazer recuar a influência russa. Tais ideias foram posteriormente alimentadas pelo surgimento de *Russland und die Zivilisation*, um livreto publicado anonimamente em várias edições alemãs no começo da década de 1830 e traduzido para o francês por obra do conde Adam Gurowski em 1840. Uma das primeiras expressões publicadas de uma ideologia pan-eslava, o livreto produziu muita discussão no continente. Gurowski sustentava que a história europeia até aquele momento conhecera apenas duas civilizações, a latina e a alemã, mas que a Providência atribuíra à Rússia a missão divina de dar ao mundo uma terceira civilização, eslava. Sob o domínio alemão as nações eslavas (tchecos, eslovacos, sérvios, eslovenos e assim por diante) estavam todas decadentes. Mas elas seriam unidas e revigoradas sob a liderança russa, e iriam dominar o continente.[30]

Nos anos 1840, os medos ocidentais do pan-eslavismo se concentravam especificamente nos Bálcãs, onde a influência russa parecia estar aumentando. Os austríacos estavam cada vez mais alertas para as intenções da Rússia na Sérvia e nos principados do Danúbio, assim como os britânicos, que abriram consulados em Belgrado, Braila e Iaşi para promover o comércio com a Grã-Bretanha e conter a Rússia. Uma preocupação especial era a interferência da Rússia na política sérvia. Em 1830, a Sérvia passara a se governar sob soberania otomana, com o príncipe Milos, da família Obrenovic, como seu príncipe hereditário. O "Partido Russo" de Belgrado — eslavófilos querendo que a Rússia adotasse uma política externa mais agressiva em apoio aos eslavos dos Bálcãs — rapidamente conseguira apoio entre os notáveis sérvios, o clero, o exército e mesmo entre integrantes da corte do príncipe, insatisfeitos com suas políticas ditatoriais. Os britânicos responderam fortalecendo o regime de Milos segundo o princípio de que um déspota pró-britânico era preferível a uma oligarquia de notáveis sérvios controlada pelos russos, e pressionou o príncipe a fortalecer sua posição por intermédio de reformas constitucionais. Mas a Rússia usou sua influência para ameaçar Milos com uma rebelião e arrancar das autoridades otomanas em 1838 um Estatuto Orgânico como alternativa ao modelo constitucional britânico. O estatuto concedia liberdades civis, mas estabelecia conselheiros nobres perpétuos em vez de assembleias eleitas para moderar o poder do príncipe. Como a maioria dos conselheiros era pró-Rússia, o governo do tsar foi capaz de exercer grande pressão sobre o governo sérvio durante os anos 1840.[31]

Difícil dizer quais os motivos do tsar nos Bálcãs. Ele insistia que se opunha a qualquer movimento pan-eslavo ou nacionalista que desafiasse os soberanos legítimos do continente, otomanos e Milos incluídos. O objetivo de sua intervenção nos Bálcãs foi apenas afastar a possibilidade de revoluções nacionais ali que se espalhassem para as nações eslavas sob seu próprio controle (particularmente os poloneses). Internamente ele condenava abertamente os pan-eslavistas como liberais e revolucionários perigosos. Ele escreveu: "Sob o disfarce de simpatia pelos eslavos oprimidos em outros Estados, eles escondem a ideia rebelde de união com essas tribos, a despeito de sua legítima cidadania em Estados vizinhos e aliados; e esperam que isso aconteça não pela vontade de Deus, mas por tentativas violentas que serão a ruína da própria Rússia."[32] O "Partido Russo" era considerado uma grande ameaça por Nicolau e mantido sob vigilância pela Terceira Seção, a polícia política, durante as décadas de 1830 e 1840. Em 1847, a Irmandade dos Santos Cirilo e Metódio, centro do movimento pan-eslavista em Kiev, foi fechada pela polícia.[33]

Mas o tsar era pragmático em sua fidelidade aos princípios legitimistas. Ele os aplicava aos Estados cristãos, mas não necessariamente aos muçulmanos, se isso envolvia se aliar contra cristãos ortodoxos, como demonstrado por seu apoio ao levante grego contra o império otomano. Com o passar dos anos,

Nicolau deu mais importância à defesa da religião ortodoxa e dos interesses da Rússia — que do seu ponto de vista eram praticamente sinônimos — que ao Concerto da Europa ou aos princípios internacionais da Sacra Aliança. Assim, embora ele partilhasse a ideologia reacionária dos Habsburgo e apoiasse seu império, isso não o impedia de estimular as simpatias nacionalistas de sérvios, romenos e ucranianos dentro do império austríaco, porque eles eram ortodoxos. Sua postura para com os eslavos católicos sob governo Habsburgo (tchecos, eslovenos, eslovacos, croatas e poloneses) era menos encorajadora.

Quanto aos eslavos no império otomano, a relutância inicial de Nicolau em apoiar sua libertação diminuiu gradualmente, à medida que ele se convencia de que o colapso da Turquia europeia era inevitável e iminente, e que a promoção dos interesses da Rússia envolvia construir alianças com as nações eslavas em preparação para sua eventual divisão. A mudança no raciocínio do tsar foi mais uma alteração de estratégia que uma alteração fundamental de sua ideologia: se a Rússia não interviesse nos Bálcãs, as potências ocidentais o fariam, como haviam feito na Grécia, para voltar as nações cristãs contra a Rússia e transformá-las em Estados orientados para o Ocidente. Mas também há evidências de que nos anos 1840 Nicolau começou a sentir certa simpatia pelos sentimentos religiosos e nacionalistas dos eslavófilos e dos pan-eslavistas, cujas ideias místicas de uma Rússia Sagrada como império dos ortodoxos cada vez mais apelavam à sua própria compreensão de sua missão internacional como tsar:

> Moscou, e a cidade de Pedro, e a cidade de Constantino —
> Essas são as capitais sagradas do tsarismo russo (...)
> Mas qual é o seu fim? E onde estão suas fronteiras
> Ao Norte, ao Leste, ao Sul e rumo ao ocaso?
> Serão reveladas pelas deusas de tempos futuros (...)
> Sete mares internos e sete grandes rios!
> Do Nilo ao Neva, do Elba à China —
> Do Volga ao Eufrates, do Ganges ao Danúbio (...)
> Este é o tsarismo russo (...) e não desaparecerá com as eras.
> O Espírito Santo previu e Daniel antecipou isso.
> (Fedor Tiutchev, "Geografia russa", 1849)[34]

O principal ideólogo pan-eslavista era Mikhail Pogodin, professor da Universidade de Moscou e editor fundador do influente periódico *Moskvitianin* (Moscovita). Pogodin tinha acesso à corte e a altos círculos oficiais por intermédio do ministro da Educação, Sergei Uvarov, que o protegeu da polícia e atraiu muitos de seus colegas de ministério para a ideia de Pogodin de que a Rússia deveria apoiar a libertação dos eslavos por princípios religiosos. Na corte, Pogodin tinha o apoio ativo da condessa Antonina Bludova, filha de um estadista imperial de alto posto. Ele também tinha a simpatia do grão-duque Alexandre, herdeiro do trono. Em 1838, Pogodin apresentou suas ideias em um memorando ao tsar. Argumentando que a história evoluía por intermédio de uma sequência de pessoas escolhidas, ele sustentava que o futuro pertencia aos eslavos, se a Rússia assumisse sua missão providencial de criar um império eslavo e o levar ao seu destino. Em 1842, escreveu novamente a ele:

> Eis nosso propósito — russo, eslavo, europeu, cristão! Como russos, temos de capturar Constantinopla para nossa própria segurança. Como eslavos, temos de libertar milhões de nossos parentes mais velhos, irmãos de fé, educadores e benfeitores. Como europeus temos de expulsar os turcos. Como cristãos ortodoxos, temos de proteger a Igreja Oriental e devolver a Santa Sofia sua cruz ecumênica.[35]

Nicolau se manteve oposto a essas ideias oficialmente. Seu ministro das Relações Exteriores, Karl Nesselrode, era inflexível em que dar qualquer sinal de encorajamento aos eslavos dos Bálcãs afastaria os austríacos, mais antigos aliados da Rússia, e arruinaria a *entente* com as potências ocidentais, deixando a Rússia isolada no mundo. Mas a julgar pelas anotações que o tsar fez nas margens dos escritos de Podogin, parece que pelo menos em particular ele simpatizava com suas ideias.

Os medos que o Ocidente tinha da Rússia se intensificaram com sua reação violenta às revoluções de 1848. Na França, onde a onda revolucionária tivera início em fevereiro com a queda da Monarquia de Julho e o estabelecimento da Segunda República, a esquerda estava unida pelo medo de forças russas indo ajudar a direita contrarrevolucionária e restaurando a "ordem" em Paris. Todos esperavam a invasão russa. "Estou aprendendo russo", escreveu o dramaturgo Prosper Mérimée a um amigo na Itália. "Talvez isso me ajude a conversar com os cossacos nas Tulherias." À medida que revoluções democráticas se espalhavam pelas terras alemãs e Habsburgo naquela primavera, parecia a muitos (como Napoleão dissera certa vez) que ou a Europa se tornava republicana ou seria tomada pelos cossacos. As revoluções continentais pareciam destinadas a uma luta de vida ou morte contra a Rússia e o tsar Nicolau, o "gendarme da Europa". Na Alemanha, os deputados recém-eleitos da Assembleia Nacional de Frankfurt, o primeiro parlamento alemão, pediram uma união com a França e a criação de um exército europeu para defender o continente contra uma invasão russa.[36]

Para os alemães e os franceses, a Polônia era a primeira linha de defesa contra a Rússia. Durante a primavera de 1848 houve declarações de apoio e conclamações a uma guerra pela restauração de uma Polônia independente na Assembleia Nacional em Paris. No dia 15 de maio a Assembleia foi invadida por uma multidão de manifestantes furiosos com os boatos (verdadeiros) de que Alphonse de Lamartine, o ministro das Relações Exteriores, havia chegado a um acordo com os russos sobre a Polônia. Sob os gritos de "*Vive la Pologne!*" da multidão, deputados radicais se revezaram declarando seu apoio apaixonado a uma guerra de libertação para restaurar as fronteiras polonesas anteriores à partição e expulsar os russos de solo polonês.[37]

Então, em julho, os russos agiram contra a revolução romena na Moldávia e na Valáquia, o que inflamou ainda mais o Ocidente. A revolução nos principados havia sido antirrussa desde o começo. Liberais e nacionalistas romanos se opunham à administração dominada pelos russos que havia sido instalada pelas tropas tsaristas de partida após a ocupação de Moldávia e Valáquia em 1829-34. A oposição liberal inicialmente foi centrada nas assembleias boiardas cujos direitos políticos haviam sido severamente limitados pelo *Règlement organique* imposto pelos russos antes de devolver os principados à soberania otomana. Os governantes dos principados, por exemplo, não eram mais eleitos pelas assembleias, mas nomeados pelo tsar. Durante a década de 1840, quando líderes moderados como Ion Campineanu estavam no exílio, o movimento nacional ficou nas mãos de uma geração mais jovem de ativistas — muitos deles filhos de boiardos educados em Paris — que se organizaram em sociedades revolucionárias secretas ao estilo dos carbonários e dos jacobinos.

Foi a maior dessas sociedades secretas, a *Fratja*, ou "Irmandade" que entrou em cena na primavera de 1848. Aconteceram manifestações públicas em Bucareste e Iași pedindo a restauração de antigos direitos anulados pelo *Règlement organique*. Comitês revolucionários foram formados. Em Bucareste, enormes manifestações organizadas pela *Fratja* obrigaram o príncipe Gheorghe Bibescu a abdicar em favor de um governo provisório. Foi declarada uma república, e promulgada uma constituição liberal para substituir o *Règlement organique*. O cônsul russo fugiu para a Transilvânia austríaca. A tricolor romena foi levada pelas ruas de Bucareste por multidões em festa, cujos líderes pediam a união dos principados como um Estado nacional independente.

Alarmados com os acontecimentos e temendo que o espírito de rebelião se espalhasse para seus próprios territórios, os russos ocuparam a Moldávia em julho com 14 mil soldados para impedir a instalação de um governo revolucionário como aquele de Bucareste. Também levaram 30 mil soldados da Bessarábia para a fronteira da Valáquia em preparação para um ataque ao governo provisório.

Os revolucionários de Bucareste apelaram à Grã-Bretanha por apoio. O cônsul britânico, Robert Colquhoun, havia ativamente estimulado a oposição nacional à Rússia, não porque a secretaria do Exterior quisesse promover a independência romena, mas porque queria acabar com o domínio da Rússia e restaurar a soberania turca em uma base mais liberal de modo a que os interesses britânicos fossem mais bem atendidos nos principados. O consulado em Bucareste havia sido um dos principais espaços de reunião dos revolucionários. A Grã-Bretanha até mesmo contrabandeara exilados poloneses para organizar um movimento antirrusso unindo poloneses, húngaros, moldavos e valáquios sob a tutela britânica.[38]

Reconhecendo que a única esperança de independência da Valáquia era impedir uma intervenção russa, Colquhoun agira como mediador entre os líderes revolucionários e as autoridades otomanas, com a esperança de assegurar o reconhecimento turco do governo provisório. Ele garantiu ao comissário otomano Suleiman Pasha que o governo em Bucareste continuaria leal ao sultão — um logro calculado — e que seu ódio aos russos seria de valia para a Turquia em qualquer guerra futura contra a Rússia. Suleiman aceitou o raciocínio de Colquhoun e fez um discurso para uma multidão em festa em

Bucareste no qual saudou a "nação romena" e falou sobre a possibilidade da "união entre Moldávia e Valáquia como uma estaca nas entranhas da Rússia".[39]

Isso foi agitar uma bandeira vermelha para o touro russo. Vladimir Titov, o embaixador russo em Constantinopla, exigiu que o sultão suspendesse as negociações com os revolucionários e restaurasse a ordem na Valáquia, do contrário a Rússia iria intervir. Isso foi suficiente para produzir uma meia-volta turca no começo de setembro. Um novo comissário, Fuad Efendi, foi enviado para acabar com a revolta com a ajuda do general russo Alexander Duhamel. Fuad entrou na Valáquia e acampou na periferia de Bucareste com 12 mil soldados turcos, enquanto Duhamel levava os 30 mil soldados que haviam sido mobilizados na Bessarábia. No dia 25 de setembro, eles entraram juntos em Bucareste e derrotaram facilmente o pequeno grupo de rebeldes que os combateu nas ruas. A revolução acabara.

Os russos assumiram o controle da cidade e realizaram uma série de prisões em massa, obrigando milhares de romenos a fugir para o exterior. Cidadãos britânicos também foram presos. Reuniões públicas não foram autorizadas pelo governo pró-russo colocado no poder pelas tropas de ocupação. Escrever sobre temas políticos se tornou crime; até mesmo cartas pessoais eram lidas pela polícia. "Foi estabelecido aqui um sistema de espionagem", relatou Colquhoun. "Nenhuma pessoa pode conversar sobre política, jornais alemães e franceses são proibidos (...). O comissário turco se sente obrigado a proibir todos de falar sobre temas políticos em locais públicos."[40]

Tendo restaurado a ordem nos principados, o tsar exigiu por seus préstimos uma nova convenção com os otomanos para aumentar o controle russo dos territórios. Dessa vez suas condições foram extorsivas: a ocupação militar russa duraria sete anos; as duas potências iriam nomear os governantes dos principados; e tropas russas seriam autorizadas a cruzar a Valáquia para esmagar a revolução húngara em andamento na Transilvânia. Suspeitando de que os russos pretendiam nada menos que a anexação dos principados, Stratford Canning conclamou os turcos a resistir ao tsar. Mas ele não podia prometer uma intervenção britânica no caso de uma guerra entre Turquia e Rússia. Ele conclamou Palmerston a conter a Rússia e demonstrar apoio ao império otomano enviando uma frota — medida que ele considerava essencial para impedir o início de hostilidades. Se Palmerston tivesse seguido seu conselho a Grã-Bretanha poderia ter ido à guerra contra a Rússia seis anos antes da Guerra da Crimeia. Mas, novamente, o secretário do Exterior não estava pronto para agir. A despeito de sua dureza com a Rússia, Palmerston (naquele momento) estava preparado para acreditar nos motivos do tsar nos principados, não achava que ele fosse tentar anexá-los e talvez até mesmo tivesse dado as boas-vindas à restauração da ordem pelos russos nas terras otomanas e de Habsburgo, cada vez mais tumultuadas e caóticas.

Sem o apoio da Grã-Bretanha, o governo turco não tinha opção além de negociar com os russos. Pelo Ato de Balta Liman, assinado em abril de 1849, o tsar conseguiu a maior parte de suas exigências: os governantes dos principados seriam escolhidos por russos e turcos; as assembleias boiardas seriam substituídas inteiramente por conselhos consultivos nomeados e supervisionados pelas duas potências; e a ocupação russa iria durar até 1851. Os artigos do ato de fato implicavam a restauração do controle russo e uma substancial redução da autonomia antes desfrutada pelos principados, mesmo sob as restrições do *Règlement organique*.[41] O tsar concluiu que a partir de então os principados eram áreas de influência russa, que os turcos as detinham apenas por concessão sua e que mesmo após 1851 ele ainda seria capaz de entrar nelas quando quisesse para arrancar mais concessões da Porta.

O sucesso da intervenção russa nos principados do Danúbio influenciou a decisão do tsar de intervir na Hungria em junho de 1849. A revolução húngara começara em março de 1848, quando, inspirada pelos acontecimentos em França e Alemanha, a Dieta húngara, liderada pelo brilhante orador Lajos Kossuth, proclamou a autonomia da Hungria do império Habsburgo e aprovou uma série de reformas, abolindo a servidão e estabelecendo o controle húngaro do orçamento nacional e regimentos húngaros no exército imperial. Diante de uma revolução popular em Viena, o governo austríaco inicialmente aceitou a autonomia húngara, mas assim que a revolução na capital havia sido esmagada as autoridades ordenaram a dissolução da Dieta húngara e declararam guerra à Hungria. Com o apoio das minorias eslovaca, alemã e rutena da Hungria, e por um grande número de voluntários poloneses e italianos que igualmente se opunham ao controle Habsburgo, os húngaros eram rivais para as forças austríacas, e em abril de 1849, após uma série de impasses militares, eles por sua vez declararam uma guerra de independência contra a Áustria. O recém-empossado imperador Francisco José, de dezoito anos de idade, pediu a intervenção do tsar.

Nicolau concordou em agir contra a revolução sem condições. Era basicamente uma questão de solidariedade com a Sacra Aliança — o colapso do império austríaco teria implicações dramáticas para o equilíbrio de poder na Europa —, mas também havia a questão paralela do interesse russo. O tsar não podia se permitir ficar de lado assistindo à proliferação de movimentos revolucionários na Europa central que poderiam levar a um novo levante na Polônia. O exército húngaro tinha muitos exilados poloneses em suas fileiras. Alguns de seus melhores generais eram poloneses, incluindo o general Jozef Bem, um dos principais líderes militares do levante polonês de 1830 e, em 1848-9, comandante das vitoriosas forças húngaras na Transilvânia. A não ser que a revolução húngara fosse derrotada, havia um grande perigo de que ela se espalhasse para a Galícia (um território em grande medida polonês controlado pela Áustria), o que iria reabrir a Questão Polonesa no império russo.

No dia 17 de junho de 1849, tropas russas cruzaram a fronteira húngara para Eslováquia e Transilvânia. Eram comandadas pelo general Paskevitch, líder da campanha punitiva contra os poloneses em 1831. Os russos realizaram uma série de ferozes ações repressivas contra a população, mas sucumbiram em grande número a doenças, especialmente cólera, em uma campanha que durou apenas oito semanas. Grandemente superado em número pelos russos, o exército húngaro em grande parte se rendeu em Vilagos em 13 de agosto. Mas cerca de 5 mil soldados (incluindo oitocentos poloneses) fugiram para o império otomano — principalmente Valáquia, onde algumas forças turcas lutavam contra a ocupação russa em desafio à convenção de Balta Liman.

O tsar defendeu clemência para os líderes húngaros. Ele se opunha às retaliações brutais cometidas pelos austríacos. Mas estava determinado a perseguir os refugiados poloneses, particularmente os generais poloneses do exército húngaro que poderiam se tornar os lideres de outra insurreição pela libertação da Polônia da Rússia. No dia 28 de agosto, os russos exigiram do governo turco a extradição dos poloneses que eram súditos do tsar. Os austríacos exigiram a extradição dos húngaros, incluindo Kossuth, que havia sido recepcionado pelos turcos. A lei internacional determinava a extradição de criminosos, mas os turcos não viam aqueles exilados dessa forma. Eles estavam contentes de ter aqueles soldados antirrussos em seu solo, e deram a eles asilo político, assim como Estados ocidentais liberais haviam feito em certas condições pelos refugiados poloneses em 1831. Encorajados por britânicos e franceses, os turcos se recusaram a se curvar às ameaças de russos e austríacos, que romperam relações com a Porta. Reagindo a pedidos turcos de ajuda militar, em outubro os britânicos enviaram seu esquadrão de Malta para a baía de Besika, junto a Dardanelos, onde depois tiveram a companhia de uma frota francesa. As potências ocidentais estavam à beira de uma guerra com a Rússia.

A essa altura a opinião pública britânica estava de braços dados com os refugiados húngaros. Sua luta heroica contra a poderosa tirania tsarista conquistara a imaginação dos britânicos e mais uma vez inflamara as paixões contra a Rússia. Na imprensa, a revolução húngara era idealizada como uma imagem especular da Revolução Gloriosa de 1688, quando o parlamento britânico derrubara o rei James II e estabelecera uma monarquia constitucional. Kossuth era visto como um "tipo britânico" de revolucionário — um cavalheiro liberal defensor da aristocracia iluminada, um combatente pelos princípios do governo parlamentar e do governo constitucional (dois anos depois ele foi recebido como herói por enormes multidões na Grã-Bretanha quando foi fazer uma série de palestras). Os refugiados húngaros e poloneses eram vistos como românticos combatentes pela liberdade. Karl Marx, que fora para Londres como exilado político em 1849, começou uma campanha contra a Rússia como inimiga da liberdade. Relatos de repressão e atrocidades cometidas por tropas russas na Hungria e nos principados do Danúbio eram recebidos com desgosto, e o público britânico ficou encantado quando Palmerston anunciou que estava enviando navios de guerra a Dardanelos para ajudar os turcos a resistir ao tsar. Era o tipo de política externa robusta — a presteza em intervir em qualquer lugar ao redor do mundo em defesa dos valores liberais britânicos — que a classe média esperava de seu governo, como iria mostrar o caso Don Pacifico.*

A mobilização das frotas britânica e francesa persuadiu Nicolau a chegar a um acordo com as autoridades otomanas na questão dos refugiados. Os turcos

---

* Em 1850, o público britânico aplaudiu a decisão de Palmerston de mandar a Marinha Real bloquear o porto de Atenas em apoio a Don Pacifico, um súdito britânico que pedira indenização ao governo grego após sua casa ter sido incendiada em um tumulto antissemita em Atenas. Don Pacifico estava servindo como cônsul português em Atenas na época do ataque (ele tinha ascendência judia portuguesa), mas nascera em Gibraltar, portanto era súdito britânico. Com base nisso ("Civis Britannicus Sum"), Palmerston defendeu sua decisão de enviar a frota.

se comprometeram a manter os refugiados poloneses longe da fronteira russa — uma concessão em geral de acordo com os princípios de asilo político reconhecidos pelos Estados ocidentais —, e o tsar abandonou a exigência de extradição.

Mas no momento em que o acordo estava sendo fechado chegaram notícias de Constantinopla de que Stratford Canning improvisara uma leitura da Convenção de 1841 para permitir que a frota britânica se deslocasse em busca de abrigo em Dardanelos caso ventos fortes na baía de Besika determinassem isso — exatamente o que de fato foi dito quando seus navios chegaram, no final de outubro. Nicolau ficou furioso. Titov recebeu a ordem de informar à Porta que a Rússia tinha no Bósforo os mesmos direitos que a Grã-Bretanha acabara de reivindicar em Dardanelos — uma réplica brilhante, já que do Bósforo os navios russos poderiam atacar Constantinopla muito antes que a frota britânica pudesse chegar a eles desde o distante Dardanelos. Palmerston recuou, se desculpou com a Rússia e reafirmou o compromisso de seu governo com a convenção. As frotas aliadas foram mandadas embora e a guerra foi evitada — mais uma vez.

Mas antes que chegasse o pedido de desculpas de Palmerston, o tsar censurou o enviado britânico a São Petersburgo. O que ele disse revela muito sobre a disposição do tsar apenas quatro anos antes de ir à guerra contra as potências ocidentais:

> Não compreendo a conduta de lorde Palmerston. Se ele escolhe iniciar uma guerra contra mim, que declare isso livre e lealmente. Será uma grande infelicidade para os dois países, mas estou resignado a isso e pronto para aceitar. Mas ele deve parar de fazer jogos comigo à esquerda e à direita. Tal política não é digna de uma grande potência. Se o império otomano ainda existe, deve isso a mim. Se eu recolher a mão que o protege e sustenta, irá desmoronar em um instante.

No dia 17 de dezembro, o tsar instruiu o almirante Putiatin a fazer planos para um ataque surpresa a Dardanelos no caso de outra crise sobre a presença da Rússia nos principados. Ele queria estar certo de que a frota do mar Negro conseguiria impedir os britânicos de entrar novamente em Dardanelos. Como sinal de sua determinação, ele aprovou a construção dos quatro caros e novos vapores de guerra exigidos pelo plano.[42]

A decisão de Palmerston de recuar do conflito foi um severo golpe em Stratford Canning, que desejava uma ação militar decisiva para impedir o tsar de abalar a soberania turca nos principados. Canning ficou ainda mais determinado a fortalecer a autoridade otomana em Moldávia e Valáquia acelerando o processo de reforma liberal nessas regiões — a despeito de suas dúvidas crescentes sobre o tanzimat em geral — e fortalecendo as forças armadas turcas para reagir à crescente ameaça da Rússia. A importância que ele atribuía aos principados era partilhada cada vez mais por Palmerston, que foi levado pela crise de 1948-9 a apoiar uma defesa mais agressiva dos interesses da Turquia contra a Rússia.

Da próxima vez que o tsar invadisse os principados para forçar a Turquia a se submeter à sua vontade na disputa da Terra Santa, isso levaria à guerra.

4
O fim da paz na Europa

A Grande Exposição foi aberta no Hyde Park em 1º de maio de 1851. Seis milhões de pessoas, um terço da população da Grã-Bretanha na época, passariam pelos gigantescos salões de exposição no Palácio de Cristal especialmente construído, o maior prédio de vidro já erguido, e ficariam maravilhados com as 13 mil peças expostas — manufaturados, objetos de artesanato e vários outros de todo o mundo. Sendo inaugurada após duas décadas de agitações sociais e políticas, a Grande Exposição parecia oferecer a promessa de uma época mais próspera e pacífica baseada nos princípios britânicos de industrialismo e livre-comércio. A maravilha arquitetônica do Palácio de Cristal era ela mesma uma prova da engenhosidade fabril britânica, um espaço adequado para uma exposição cujo objetivo era mostrar que a Grã-Bretanha detinha a liderança em quase todos os setores da indústria. Simbolizava a *Pax Britannica* que os britânicos esperavam oferecer à Europa e ao mundo.

A única possível ameaça à paz parecia vir da França. Por um golpe de Estado em 2 de dezembro de 1851, aniversário da coroação de Napoleão como imperador em 1804, Luis-Napoleão, presidente da Segunda República, suspendeu a constituição e se colocou como ditador. Por um referendo nacional no mês de novembro seguinte, a Segunda República se tornou Segundo Império, e em 2 de dezembro de 1852 Luis-Napoleão se tornou imperador dos franceses, Napoleão III.

O surgimento de um novo imperador francês deixou as grandes potências em alerta. Na Grã-Bretanha, havia medo de um renascimento napoleônico. Deputados exigiram o regresso do Esquadrão de Lisboa para proteger o canal da Mancha contra os franceses. Lorde Raglan, futuro líder das forças britânicas na Guerra da Crimeia, passou o verão de 1852 planejando a defesa de Londres contra um possível ataque da marinha francesa, e essa continuou a ser a maior prioridade do planejamento naval britânico durante todo o ano de 1853. O conde Buol, ministro das Relações Exteriores da Áustria, exigiu uma confirmação das intenções pacíficas de Napoleão. O tsar quis que ele repudiasse de forma humilhante qualquer plano agressivo, e prometeu à Áustria 60 mil soldados caso fosse atacada pela França. Em uma tentativa de tranquilizar todos, Napoleão fez uma declaração em Bordeaux em outubro de 1852: "Pessoas desconfiadas dizem que o império significa guerra, mas quero dizer que o império significa paz."[1]

Na verdade havia razões para desconfiar. Era pouco provável que Napoleão III se contentasse com o acordo existente na Europa, que havia sido firmado para conter a França depois das guerras napoleônicas. Sua verdadeira e ampla popularidade entre os franceses era baseada em que revivia suas lembranças bonapartistas, embora em quase todos os sentidos ele fosse inferior ao tio. De fato, com seu corpo grande e desajeitado, pernas curtas, bigode e cavanhaque, ele parecia mais um banqueiro que um Bonaparte ("extremamente baixo, mas com uma cabeça e um busto que deviam pertencer a um homem muito mais alto", foi como a rainha Vitória o descreveu em seu diário após tê-lo visto pela primeira vez em 1855).[2]

A política externa de Napoleão era determinada em grande medida por sua necessidade de jogar com essa tradição bonapartista. Ele pretendia devolver a França a uma posição de respeito e influência no exterior, se não à glória do reinado de seu tio, revisando o acordo de 1815 e moldando a Europa como uma família de nações-Estado liberais segundo os princípios supostamente concebidos por Napoleão I. Esse era um objetivo que ele achava poder atingir forjando uma aliança com a Grã-Bretanha, tradicional inimigo da França. Seu maior aliado político e ministro do Interior, o duque de Persigny, que passara algum tempo em Londres em 1852, o persuadira de que a Grã-Bretanha já não era dominada pela aristocracia, mas por um novo "poder burguês" que iria dominar o continente. Aliando-se à Grã-Bretanha, a França poderia ser capaz de "desenvolver uma política externa grandiosa e gloriosa e vingar nossas derrotas do passado de forma mais eficaz que por intermédio de qualquer ganho que pudéssemos conseguir travando novamente a batalha de Waterloo".[3]

A Rússia era o único país que os franceses podiam combater para restaurar seu orgulho nacional. A lembrança da retirada de Napoleão de Moscou, que fizera tanto para acelerar o colapso do Primeiro Império, as derrotas militares subsequentes e a ocupação russa de Paris eram fontes constantes de dor e humilhação para os franceses. A Rússia havia sido a principal força por trás do acordo de 1815 e a restauração da dinastia Bourbon na França. O tsar era o inimigo da liberdade e um grande obstáculo ao desenvolvimento de nações-Estado livres no continente europeu. Também era o único soberano a não reconhecer o novo Napoleão como imperador. Grã-Bretanha, Áustria e Prússia já estavam preparadas para conceder a ele esse status, mesmo que com relutância no caso dos dois últimos, mas Nicolau se recusou com base em que os imperadores eram criados por Deus, não eleitos por referendo. O tsar mostrava seu desprezo por Napoleão dirigindo-se a ele como "*mon ami*", em vez de "*mon frère*", o cumprimento habitual a outro membro da família europeia de soberanos governantes.* Alguns dos conselheiros de Napoleão, particularmente Persigny, queriam que ele aproveitasse o insulto e forçasse uma ruptura com a Rússia. Mas o imperador francês não iria começar seu reinado com uma discussão pessoal, e deixou passar, com a observação: "Deus nos deu irmãos, mas nós escolhemos nossos amigos."[4]

Para Napoleão, o conflito com a Rússia na Terra Santa servia como uma forma de reunir a França após as divisões de 1848-9. A esquerda revolucionária poderia aceitar o golpe de Estado e o Segundo Império se fosse envolvida em uma luta patriótica pela liberdade contra o "gendarme da Europa". Quanto à direita católica, havia muito ela pressionava por uma cruzada contra a heresia ortodoxa que ameaçava a cristandade e a civilização francesa.

Foi nesse contexto que Napoleão nomeou o católico radical La Valette como embaixador francês em Constantinopla. La Valette integrava o poderoso lobby clerical no Quai d'Orsay, o Ministério das Relações Exteriores francês, que usava sua influência para aumentar a aposta na disputa da Terra Santa, segundo Persigny.

---

* Os austríacos e prussianos haviam concordado em seguir o exemplo da Rússia, mas depois recuaram temendo que isso provocasse uma ruptura com a França. Eles encontraram uma solução, se dirigindo a Napoleão como "*Monsieur mon frère*".

Nossa política externa com frequência é perturbada por um lobby clerical (*coterie cléricale*) que abriu caminho para os recessos secretos do ministério das Relações Exteriores. O 2 de dezembro não teve sucesso em desalojá-lo. Ao contrário, ele se tornou ainda mais audacioso, se valendo de nossa preocupação com questões domésticas para envolver nossa diplomacia nas complicações dos Lugares Sagrados, onde saudou seus sucessos infantis como triunfos nacionais.

A proclamação agressiva de La Valette de que o direito latino aos Lugares Sagrados havia sido "claramente estabelecido", sustentado por sua ameaça de usar a marinha francesa para apoiar essas reivindicações contra a Rússia, foi recebida com aprovação pela impressa ultracatólica da França. O próprio Napoleão era mais moderado e conciliador em sua abordagem da disputa da Terra Santa. Ele confessou ao chefe do diretório político, Édouard-Antoine de Thouvenet, que ignorava os detalhes das reivindicações contestadas e lamentava que o conflito religioso tivesse "perdido as proporções", como de fato havia acontecido. Mas sua necessidade de granjear simpatia junto à opinião pública católica interna, combinada com seus planos para uma aliança com a Grã-Bretanha contra a Rússia, também significava que não era do seu interesse moderar o comportamento provocativo de La Valette. Apenas na primavera de 1852 ele chamou o embaixador de volta da capital turca, e mesmo assim apenas após queixas contra La Valette feitas por lorde Malmesbury, o secretário do Exterior britânico. Mas mesmo após essa chamada, os franceses continuaram com sua política de canhoneira de pressionar o sultão a fazer concessões, confiando em que isso enfureceria o tsar e esperando que obrigasse os britânicos a se aliar à França contra a agressão russa.[5]

A política gerou dividendos. Em novembro de 1852, a Porta proclamou uma nova regra dando aos católicos o direito a uma chave da Igreja da Natividade em Belém, permitindo a eles livre acesso à Capela da Manjedoura e à Gruta da Natividade. Com Stratford Canning em Londres, o encarregado de negócios britânico em Constantinopla, coronel Hugh Rose, explicou a decisão pelo fato de que a última canhoneira da frota a vapor francesa, a *Charlemagne*, podia navegar a oito nós e meio do Mediterrâneo, enquanto sua irmã, a *Napoleon*, podia navegar a doze — significando que os franceses podiam derrotar as tecnologicamente atrasadas frotas russa e turca combinadas.[6]

O tsar ficou furioso com os turcos por se renderem à pressão francesa, e ameaçou com sua própria violência. Em 27 de dezembro ele ordenou a mobilização de 37 mil soldados do 4º e do 5º Corpos do Exército na Bessarábia em preparação para um ataque rápido à capital turca, e outros 91 mil soldados para uma campanha simultânea nos principados do Danúbio e no resto dos Bálcãs. Foi um sinal de sua petulância que tivesse dado a ordem pessoalmente, sem consultar Nesselrode, o ministro das Relações Exteriores, o príncipe Dolgorukov, ministro da Guerra, ou mesmo o conde Orlov, chefe da Terceira Seção, com quem ele conferenciava quase todos os dias. Falava-se na corte de desmembrar o império otomano, começando pela ocupação russa dos principados do Danúbio. Em memorando escrito nas últimas semanas de 1852, Nicolau apresentou seus planos para a divisão do império otomano: a Rússia ganharia os principados do Danúbio e Dobruja, as terras do delta do rio; Sérvia e Bulgária se tornariam Estados independentes; o litoral do Adriático iria para a Áustria; Chipre, Rodes e Egito para a Grã-Bretanha; a França ficaria com Creta; uma Grécia ampliada seria criada a partir do arquipélago; Constantinopla se tornaria cidade livre sob proteção internacional; e os turcos seriam expulsos da Europa.[7]

A essa altura, Nicolau iniciou uma nova rodada de negociações com os britânicos, cujo poderio naval esmagador os tornaria um fator decisivo em qualquer confronto entre França e Rússia no Oriente Próximo. Ainda convencido de que havia forjado um acordo com os britânicos durante sua visita de 1844, ele acreditava que podia conclamá-los a conter os franceses e aplicar os direitos da Rússia no império otomano concedidos por tratado. Mas também esperava convencê-los de que chegara a hora da divisão da Turquia. O tsar teve uma série de conversas com lorde Seymour, embaixador britânico em São Petersburgo, em janeiro e fevereiro de 1853. "Temos em nossas mãos um homem doente, um homem gravemente doente. Será uma grande infelicidade se ele escorrer por nossas mãos, especialmente antes que os acertos necessários sejam feitos", começou ele com a questão da Turquia. Com o império otomano "caindo aos pedaços", era "muito importante" que Grã-Bretanha e Rússia chegassem a um acordo sobre sua divisão organizada, no mínimo para impedir os franceses de enviar uma expedição ao Oriente, uma eventualidade que o obrigaria a mandar suas tropas para território otomano. "Quando Inglaterra e Rússia estão de acordo é imaterial o que as outras potências pensam ou fazem", disse o tsar a Seymour. Falando "como um cavalheiro", Nicolau garantiu ao embaixador que a Rússia renunciara às ambições territoriais de Catarina, a Grande. Ele não pretendia conquistar Constantinopla, que desejava se tornasse uma cidade internacional, mas por essa razão não podia permitir que os britânicos ou os franceses assumissem o controle dela. No caso do colapso otomano, ele seria obrigado a tomar a capital temporariamente (*en dépositaire*) para impedir a "fragmentação da Turquia em pequenas repúblicas, asilos para os Kossuth, Mazzini e outros revolucionários da Europa", e para proteger os cristãos orientais dos turcos. "Não posso recuar de desempenhar um dever sagrado", enfatizou o tsar. "Nossa religião, como estabelecida neste país, nos chegou do Oriente, e esses são sentimentos, bem como obrigações, que nunca podemos perder de vista."[8]

Seymour não ficou chocado com os planos de partilha do tsar, e em seu primeiro relatório ao lorde John Russell, secretário do Exterior, pareceu até mesmo receber bem a ideia. Se a Rússia e a Grã-Bretanha, as duas potências cristãs "mais interessadas no destino da Turquia", pudessem assumir o lugar do poder muçulmano na Europa, um "nobre triunfo seria conseguido pela civilização do século XIX", argumentou. Havia muitos na coalizão de governo de lorde Aberdeen, incluindo Russell e William Gladstone, secretário do Tesouro, que especulavam se era certo continuar a sustentar o império otomano enquanto cristãos eram perseguidos pelos turcos. Mas outros eram comprometidos com as reformas tanzimat e queriam tempo para que elas funcionassem. Procrastinar certamente servia aos britânicos, já que eles estavam entre os russos e os franceses, dos quais desconfiavam igualmente. "Os russos nos acusam de ser franceses demais, e os franceses nos acusam de ser russos demais", observou a astuta rainha Vitória. O gabinete rejeitou a ideia do tsar de que um colapso otomano era iminente e concordou em não fazer planos antecipados para contingências hipotéticas — um curso de ação que provavelmente iria ele mesmo acelerar a decadência do império otomano, provocando levantes cristãos e inspirando repressão por parte dos turcos. De fato, a insistência do tsar em um colapso iminente levantou suspeitas em Westminster de que ele estava planejando e precipitando isso com seus atos. Como Seymour observou sobre sua conversa com o tsar em 21 de fevereiro, "dificilmente o soberano que insiste com tal pertinácia no destino iminente de um Estado vizinho não tenha concluído ele mesmo de que chegou a hora de sua dissolução".[9]

Em suas conversas posteriores com Seymour, Nicolau se tornou ainda mais confiante e mais revelador sobre seus planos de partilha. Falou de reduzir a Turquia a um Estado vassalo, como havia feito com a Polônia, e de dar independência aos principados do Danúbio, Sérvia e Bulgária, sob proteção russa; e alegou ter o apoio da Áustria. Ele disse a Seymour: "Você precisa entender que quando falo da Rússia, falo igualmente da Áustria. O que é bom para uma é bom para a outra, nossos interesses no que diz respeito à Turquia são idênticos." Seymour, por sua vez, estava cada vez mais chocado com os planos precipitados e imprudentes do tsar — ele parecia disposto a apostar tudo em uma guerra contra a Turquia — e os atribuiu à arrogância do poder autocrático acumulado ao longo de quase trinta anos.[10]

A confiança do tsar certamente também se baseava em sua ideia equivocada de ter o apoio do governo britânico; ele sentia ter estabelecido um laço com lorde Aberdeen em 1844, quando Aberdeen, naquele momento primeiro-ministro e o mais pró-russo de todos os líderes britânicos, era secretário do Exterior. Nicolau supunha que o apoio de Aberdeen à posição da Rússia na disputa da Terra Santa implicava concordância britânica com seus planos de partilha. Em despacho de Londres no começo de fevereiro, o embaixador russo, barão Brunov, informara ao tsar que Aberdeen observara informalmente que o governo otomano era o pior do mundo e que os britânicos estavam pouco inclinados a continuar apoiando-o. O relato encorajou Nicolau a falar mais livremente com Seymour e (na crença de que uma aliança anglo-francesa não devia mais ser temida) adotar uma postura mais agressiva contra os franceses e os turcos na primavera de 1853.[11] Ele não tinha noção do crescente isolamento de Aberdeen em seu próprio gabinete em relação à Questão Oriental; nenhum conhecimento da mudança geral da política britânica para uma oposição à Rússia.

Para forçar o sultão a restaurar os direitos da Rússia aos Lugares Sagrados, o tsar despachou seu próprio enviado a Constantinopla em fevereiro de 1853. A escolha do enviado era deliberada e em si um sinal de suas intenções bélicas para a missão. Em vez de escolher um diplomata experiente que poderia ter buscado a paz, Nicolau decidiu por um militar com uma reputação assustadora. O príncipe Alexander Menchikov tinha 65 anos de idade, um veterano das guerras contra os franceses em 1812 e almirante na guerra contra os turcos em 1828-9, quando foi castrado por uma bala de canhão. Tinha experiência como ministro da Marinha envolvido com planos para tomar os estreitos turcos, como governador-geral da Finlândia ocupada em 1831 e como negociador com a Pérsia. Menchikov era "um homem impressionantemente bem informado", na avaliação de Seymour, "com caráter mais independente que qualquer daqueles ligados ao tsar, suas peculiares mudanças de pensamento se revelando constantemente por observações sarcásticas que o tornavam um tanto temido em São Petersburgo". Mas ele carecia do tato e da paciência necessários para aplacar os turcos, o que, como Seymour escreveu, era notável.

> Se era necessário enviar um militar a Constantinopla, o imperador não poderia ter feito melhor escolha (...) que aquela que fez; contudo, é impossível não refletir que a escolha de um soldado tem em si certo significado, e que caso uma negociação (...) se prove ineficaz, o negociador pode prontamente se tornar o comandante com autoridade para convocar 100 mil soldados e se colocar à frente deles.[12]

A missão de Menchikov era exigir do sultão a anulação da decisão de novembro a favor dos católicos, a restauração dos privilégios gregos no Santo Sepulcro e reparação na forma de uma convenção formal, ou *sened*, que garantisse os direitos da Rússia por tratado (supostamente remontando ao Tratado de Kuchuk Kainarji de 1774) de representar os ortodoxos não apenas na Terra Santa, mas por todo o império otomano. Se os franceses resistissem ao controle do Santo Sepulcro pelos gregos, Menchikov proporia uma aliança defensiva secreta pela qual a Rússia colocaria à disposição do sultão uma frota e 400 mil soldados russos, caso necessitasse deles contra uma potência ocidental, com a condição de que exercesse sua soberania a favor dos ortodoxos. Segundo seu diário, Menchikov recebeu o comando do exército e da frota "e o posto de enviado plenipotenciário de paz ou guerra". Suas instruções eram combinar persuasão com ameaças militares. O tsar já havia aprovado plano de ocupar os principados do Danúbio e dar a eles independência se os turcos rejeitassem as exigências de Menchikov. Ele ordenara o avanço de 140 mil soldados para as fronteiras dos principados, e estava preparado para usar essas tropas juntamente com a frota do mar Negro para tomar Constantinopla caso isso fosse necessário para obrigar o sultão a se submeter. A frota foi passada em revista de forma exuberante em Sebastopol, coincidindo com a partida de Menchikov para a capital turca, aonde ele chegou na fragata a vapor adequadamente batizada de *Thunderer* (Tonitruante), em 28 de fevereiro. Recepcionado por uma enorme multidão de gregos que haviam se reunido no porto para dar as boas-vindas, Menchikov estava acompanhado por uma grande comitiva de oficiais do exército e da marinha, incluindo o general Nepokoitchitsky, chefe do Estado-Maior do 4º Corpo do Exército, e o vice-almirante Vladimir Kornilov, chefe do Estado-Maior da frota do mar Negro, cuja missão era espionar as defesas do Bósforo e de Constantinopla na preparação para um ataque-relâmpago.[13]

As exigências de Menchikov tinham pouca chance de atendimento em sua forma original. O fato de que o tsar chegara a pensar que elas poderiam ser atendidas sugere o quão distante ele estava da realidade política. O esboço da *sened* preparada por Nesselrode ia muito além da disputa na Terra Santa. Na verdade, a Rússia estava exigindo um novo tratado que reafirmasse seus direitos de proteção da Igreja Grega por todo o império otomano (chegando a definir que os patriarcas ortodoxos seriam nomeados perpetuamente), sem qualquer controle pela Porta. A Turquia europeia se tornaria um protetorado russo, e em termos práticos o império otomano se tornaria dependente da Rússia, sempre ameaçado por seu poderio militar.

Mas quaisquer que fossem as chances de sucesso que o almirante pudesse ter, elas foram arruinadas pelo modo como Menchikov se comportou na capital turca. Dois dias após sua chegada ele violou um precedente diplomático e insultou o sultão aparecendo em trajes civis e com um sobretudo, em vez de uniforme completo para sua recepção cerimonial pela Porta. Ao encontrar o grão-vizir Mehmet Ali, Menchikov imediatamente exigiu a demissão de Fuad Efendi, o ministro das Relações Exteriores, que se curvara aos franceses em novembro, e se recusou a iniciar negociações até que um novo ministro das Relações Exteriores, mais simpático aos interesses da Rússia, houvesse sido nomeado. Em uma afronta calculada a Fuad, Menchikov se recusou a falar com ele, diante de uma grande multidão; era um ato para demonstrar que um ministro hostil à Rússia "seria humilhado e punido mesmo no meio da corte do sultão".[14]

Os turcos ficaram chocados com o comportamento de Menchikov, mas a reunião de tropas russas na Bessarábia era suficientemente preocupante para fazê-los aquiescer com suas exigências. Engolindo o orgulho, eles até mesmo permitiram que o dragomano russo entrevistasse o sucessor de Fuad, Rifaat Pasha, em nome de Menchikov antes de nomeá-lo ministro das Relações Exteriores. Mas as constantes agressões de Menchikov, suas ameaças de romper relações com a Porta a não ser que suas exigências fossem satisfeitas imediatamente também irritaram os ministros turcos e os tornaram mais inclinados a resistir à pressão se voltando para os britânicos e franceses em busca de ajuda. Era uma questão de defender a soberania da Turquia.

No final da primeira semana da missão de Menchikov, a essência de suas instruções havia sido vazada ou vendida por funcionários turcos para todas as embaixadas ocidentais, e um nervoso Mehmet Ali se consultara com os encarregados de negócios francês e britânico, pedindo a eles secretamente que convocassem suas frotas para o Egeu caso fossem necessárias para defender a capital turca contra um ataque russo. O coronel Rose ficou particularmente alarmado com as ações de Menchikov. Ele temeu que os russos estivessem prestes a impor aos turcos um novo Tratado de Unkiar-Skelessi, "ou algo pior", com a ocupação de Dardanelos (uma clara violação da Convenção dos Estreitos de 1841). Ele acreditava que tinha de agir, sem esperar o retorno de Stratford Canning, que se demitira da embaixada em janeiro, mas havia sido renomeado pelo governo de Aberdeen em fevereiro. Em 8 de março, Rose enviou uma mensagem por vapor rápido para o vice-almirante sir James Dundas em Malta, pedindo que levasse seu esquadrão para Urla, perto de Esmirna. Dundas se recusou a obedecer à ordem sem confirmação do governo em Londres, onde um grupo de ministros, que posteriormente iria se tornar o "gabinete interno" da Guerra da Crimeia,* se reuniu para discutir o pedido de Rose em 20 de março. Os ministros estavam preocupados com a presença militar russa na Bessarábia, com os "enormes preparativos navais em Sebastopol" e a "linguagem hostil" usada por Menchikov com a Porta. Convencido de que os russos se preparavam para destruir a Turquia, Russell estava inclinado a permitir que suas frotas avançassem para o Bósforo e tomassem a capital turca, de modo a que Grã-Bretanha e França pudessem usar a defesa da Convenção dos Estreitos como motivo para lançar uma guerra

---

* O primeiro-ministro, lorde Aberdeen; lorde John Russell, líder da Câmara dos Comuns; o secretário do Exterior, lorde George Clarendon; sir James Graham, primeiro lorde do almirantado; e Palmerston, na época secretário do Interior.

naval total à Rússia no mar Negro e no Báltico. Apoiado por Palmerston, Russell teria a maioria da opinião pública britânica do seu lado. Mas os outros ministros estavam mais cautelosos. Eles temiam os franceses, que ainda consideravam ser uma ameaça militar, e discordavam de Russell de que uma aliança anglo-francesa impedisse o desafio da frota a vapor francesa ao poder marítimo britânico. Eles achavam que os franceses haviam provocado os russos, que mereciam uma concessão na Terra Santa, e confiavam nas garantias do barão Brunov ("um cavalheiro") de que as intenções do tsar continuavam a ser pacíficas. Com base nisso, rejeitaram o pedido de Rose de uma esquadra. Parecia a eles que não cabia ao encarregado de negócios convocar frotas ou decidir questões de guerra e paz; e Rose se permitira ser movido pela "preocupação do governo turco (...) e os boatos que mereceram grande crédito em Constantinopla de um exército e uma frota russas avançando". Os ministros decidiram esperar o retorno de Stratford Canning à capital turca e buscar uma solução pacífica.[15]

A notícia da convocação de Dundas chegou a Paris em 16 de março. Em uma reunião do gabinete três dias depois, para discutir a situação, Drouyn de Lhuys, ministro das Relações Exteriores, traçou um quadro em que a catástrofe era iminente: "A última hora da Turquia soou, e devemos esperar ver a águia bicéfala [dos Romanov] plantada nas torres de Santa Sofia." Drouyn rejeitou a ideia de enviar uma frota, pelo menos não antes que os britânicos o fizessem, para que não ficassem isolados na Europa, que temia a reafirmação da França napoleônica. Essa também era a posição dos outros ministros, com exceção de Persigny, que alegou que a Grã-Bretanha "ficaria encantada e se juntaria a nós" caso a França tomasse a decisão de "impedir a marcha da Rússia rumo a Constantinopla". Para Persigny era uma questão de honra nacional. O exército que dera o golpe de Estado em 2 de dezembro era um "exército de pretorianos" com uma herança de glória a defender. Ele alertou Napoleão de que caso ele contemporizasse, como seus ministros recomendavam, "na primeira vez em que passar em revista as tropas verá seus rostos tristes, as fileiras silenciosas, e sentirá o solo tremer sob seus pés. Então, como bem sabe, para reconquistar o exército, precisa correr alguns riscos; e os senhores, *messieurs*, que gostariam da paz a qualquer preço, serão lançados em uma terrível conflagração". Nesse momento o imperador, que estivera inseguro quanto ao que fazer, sucumbiu ao argumento de Persigny e ordenou o avanço da frota francesa, não até Dardanelos, mas para Salamis, em águas gregas, como um alerta aos russos de que "a França não estava desinteressada do que acontecia em Constantinopla".[16]

Houve três razões principais para sua decisão de mobilizar a frota. Primeiramente, como Persigny insinuara, havia boatos de um golpe do exército contra Napoleão, e uma demonstração de força era uma boa forma de eliminar o mal pela raiz. Napoleão escreveu à imperatriz Eugênia no inverno de 1852: "Devo dizer a você que há planos sérios no exército. Estou mantendo o olho nisso e avalio que de uma forma ou outra posso impedir qualquer eclosão; talvez por intermédio de uma guerra." Em segundo lugar, Napoleão estava ansioso para recriar a França como uma potência naval no Mediterrâneo — pois todos sabiam, nas palavras de Horace de Viel-Castel, diretor do Louvre, que "no dia em que o Mediterrâneo for dividido entre a Rússia e a Inglaterra, a França não poderá mais ser relacionada entre as grandes potências". Em conversa com Stratford Canning, que passou por Paris saído de Londres a caminho de Constantinopla, Napoleão se preocupou em destacar os interesses da França no Mediterrâneo. Stratford escreveu este memorando sobre sua conversa em 10 de março.

> Ele disse que não tinha o desejo de transformar o Mediterrâneo em um lago *francês* — para usar uma expressão conhecida —, mas que gostaria de vê-lo transformado em um lago *europeu*. Não explicou o significado dessa frase. Se quis dizer que os litorais do Mediterrâneo deveriam estar exclusivamente nas mãos da cristandade, o sonho é colossal (...). A impressão que permaneceu em minha mente (...) é a de que Luís Napoleão, pretendendo estar bem conosco, pelo menos no presente, está pronto a agir politicamente juntamente com a Inglaterra em Constantinopla; mas ainda resta ver se ele se preocupa com a restauração do poder turco ou meramente com as consequências de sua decadência, se preparando para se valer disso logo a seguir no interesse da França.

Mas acima de tudo foi o desejo de Napoleão de "agir (...) juntamente com a Inglaterra" e firmar uma aliança anglo-francesa que o levou a mobilizar a frota. "Persigny está certo", disse ele a seus ministros em 19 de março. "Se mandarmos nossa frota para Salamis a Inglaterra será obrigada a fazer o mesmo, e a união das duas frotas levará à união das duas nações contra a Rússia." Segundo Persigny, o imperador considerou que o envio da frota apelaria à russofobia britânica, conseguindo apoio da imprensa burguesa e obrigando o governo mais cauteloso de Aberdeen a se juntar à França.[17]

Na verdade, a frota britânica permaneceu em Malta enquanto os franceses zarpavam de Toulon em 22 de março. Os britânicos ficaram furiosos com os franceses por aumentar a crise, e os conclamaram a não avançar além de Nápoles, dando a Stratford tempo de chegar a Constantinopla e conseguir um acordo, antes de mover suas canhoneiras para o mar Egeu. Stratford chegou à capital turca em 5 de abril. Já encontrou os turcos com disposição de resistir a Menchikov — as emoções nacionalistas e religiosas estavam inflamadas —, embora houvesse divisões sobre a que ponto chegariam e por quanto tempo poderiam esperar por apoio militar do Ocidente. Essas questões faziam parte da antiga rivalidade pessoal entre o grão-vizir Mehmet Ali e Reshid, velho aliado de Stratford, então fora do poder. Ouvindo dizer que Mehmet Ali estava prestes a fazer um acordo com Menchikov, Stratford o conclamou a resistir aos russos, garantindo (com sua própria autoridade) que a frota britânica o apoiaria caso necessário. A questão fundamental, aconselhou, era distinguir o conflito na Terra Santa (onde a Rússia tinha uma reivindicação legítima de restauração de seus direitos definidos em tratado) das exigências maiores do esboço de *sened* que tinham de ser rejeitadas para manter a soberania turca. Era vital que o sultão concedesse direitos religiosos por autoridade soberana direta, em vez de por qualquer mecanismo ditado pela Rússia. Na visão de Stratford, a verdadeira intenção do tsar era usar sua proteção à Igreja Turca como cavalo de troia para penetrar e desmembrar o império otomano.[18]

O Grande Conselho seguiu sua recomendação quando se reuniu para discutir as exigências de Menchikov em 23 de abril. Ele concordou em negociar sobre os Lugares Sagrados, mas não sobre a questão mais ampla relativa à proteção pela Rússia dos súditos ortodoxos do sultão. Em 5 de maio, Menchikov retornou com uma versão revisada do *sened* (sem a nomeação perpétua dos patriarcas), mas com um ultimato de que se não fosse assinado em cinco dias ele deixaria Constantinopla e romperia relações diplomáticas. Stratford conclamou o sultão a resistir, e o gabinete otomano rejeitou o ultimato em 10 de maio. Em uma tentativa desesperada de satisfazer as exigências do tsar sem recorrer à guerra, Menchikov deu aos turcos mais quatro dias para assinar a *sened* revisada. Durante esse período, Stratford e Reshid armaram o afastamento de Mehmet Ali, permitindo que Reshid assumisse o Ministério das

Relações Exteriores. Seguindo o conselho do embaixador britânico, Reshid defendia uma postura mais firme contra os russos com base em que era a forma mais segura de chegar a um acordo sobre a questão religiosa sem comprometer a soberania do sultão. Reshid pediu mais cinco dias a Menchikov. Haviam chegado notícias do embaixador otomano em Londres, Kostaki Musurus, de que a Grã-Bretanha iria defender os direitos soberanos do império otomano, e isso fortaleceu o novo ministro das Relações Exteriores turco, que precisava de tempo para conseguir apoio entre seus colegas de ministério para uma postura mais firme contra os russos.

No dia 15 de maio, o Grande Conselho se reuniu novamente. Os ministros e líderes muçulmanos estavam tomados por sentimentos antirrussos, muito disso estimulado por Stratford, que procurara vários deles pessoalmente para conclamá-los a resistir. O Conselho rejeitou as exigências de Menchikov. Ao receber a notícia naquela noite Menchikov replicou que a Rússia iria romper relações com a Porta, mas que ele aguardaria mais alguns dias na capital turca, citando tempestades no mar Negro como justificativa para postergar sua partida, embora na verdade esperasse um acordo no último minuto. Finalmente, em 21 de maio, o brasão russo foi retirado da embaixada e Menchikov partiu para Odessa no *Thunderer*.[19]

O fracasso da missão de Menchikov convenceu o tsar de que precisava recorrer a meios militares. Em 29 de maio, ele escreveu ao marechal de campo Paskevitch dizendo que se tivesse sido mais agressivo desde o início poderia ter conseguido arrancar concessões dos turcos. Ele não queria uma guerra — temia a intervenção das potências ocidentais —, mas estava preparado para usar a ameaça de guerra para abalar o império turco até suas fundações, conseguir as coisas à sua maneira e fazer valer o que considerava como o direito da Rússia por tratado de proteger os ortodoxos. Ele revelou seu raciocínio (e seu estado mental) a Paskevitch:

> A consequência [do fracasso de Menchikov] é a guerra. Contudo, antes de chegar a isso, decidi mandar minhas tropas para os principados [do Danúbio] — de modo a mostrar ao mundo a que ponto chegaria para evitar a guerra — e enviar um ultimato final aos turcos de satisfazer minhas exigências em oito dias, e caso não o façam, declararei guerra a eles. Meu objetivo é ocupar

os principados sem uma guerra, se os turcos não nos receberem na margem esquerda do Danúbio (...). Se os turcos resistirem, bloquearei o Bósforo e tomarei navios turcos no mar Negro; e irei propor à Áustria ocupar Herzegovina e Sérvia. Se isso não tiver efeito, irei declarar a independência dos principados, de Sérvia e Herzegovina — e então o império turco começará a desmoronar, pois por toda parte haverá levantes cristãos e a última hora do império otomano irá soar. Não pretendo cruzar o Danúbio, o império [turco] irá cair sem isso, mas manterei minha frota preparada, e as 13ª e 14ª Divisões permanecerão em prontidão de guerra em Sebastopol e Odessa. As ações de Canning (...) não me detêm: devo seguir meu próprio caminho e cumprir meu dever de acordo com minha fé como cabe à honra da Rússia. Você não pode imaginar como tudo isso me entristece. Eu envelheci, mas gostaria de encerrar minha vida em paz![20]

O plano do tsar era resultado de um compromisso entre sua própria inclinação inicial de tomar Constantinopla em um ataque surpresa (antes que as potências ocidentais pudessem reagir) e a lógica mais cautelosa de Paskevitch. Paskevitch comandara a expedição punitiva aos húngaros e poloneses, e era o conselheiro militar no qual o tsar mais confiava. Ele tinha dúvidas quanto a uma ofensiva e temia que isso lançasse a Rússia em uma guerra por toda a Europa. A diferença fundamental entre os dois era a visão que tinham da Áustria. Nicolau depositava demasiada fé em sua ligação pessoal com Francisco José. Estava convencido de que os austríacos — que salvara dos húngaros em 1849 — se juntariam a ele em suas ameaças aos turcos e, caso necessário, na partilha do império otomano. Era isso que o tornava tão agressivo em sua política externa: a crença em que com a Áustria ao seu lado não haveria guerra europeia e os turcos seriam obrigados a capitular. Paskevitch, por outro lado, duvidava do apoio austríaco. Como corretamente entendia, não se podia esperar que os austríacos aplaudissem tropas russas nos principados e nos Bálcãs, onde já temiam levantes contra eles por sérvios e outros eslavos; poderiam até mesmo se aliar às potências ocidentais contra a Rússia caso essas revoltas se materializassem, se e quando as tropas do tsar cruzassem o Danúbio.

Determinado a limitar os planos de ataque do tsar, Paskevitch apelou às suas fantasias pan-eslavistas. Convenceu Nicolau de que seria suficiente se tropas russas ocupassem os principados em uma guerra defensiva para que os eslavos dos Bálcãs se erguessem e obrigassem os turcos a ceder às exigências do tsar. Ele falou em ocupar os principados por vários anos, caso necessário, e alegou que a propaganda russa produziria até 50 mil soldados cristãos para o exército do tsar nos Bálcãs — suficiente para impedir a intervenção das potências ocidentais e pelo menos neutralizar os austríacos. Em memorando ao tsar no começo de abril, Paskevitch esboçou sua visão da guerra religiosa que iria se desenrolar nos Bálcãs caso as tropas russas avançassem:

> Os cristãos da Turquia são de tribos guerreiras, e se sérvios e búlgaros permaneceram pacíficos foi apenas porque ainda não sentiram o mando turco em suas aldeias (...). Mas seu espírito guerreiro será estimulado pelos primeiros conflitos entre cristãos e muçulmanos, eles não aceitarão as atrocidades que os turcos irão cometer contra suas aldeias (...) quando nossos exércitos começarem a guerra. Não existe uma aldeia, talvez uma família onde não haja cristãos oprimidos (...) dispostos a se juntar a nós em nossa luta contra os turcos. (...) Teremos uma arma capaz de derrubar o império turco.[21]

No começo de junho, o tsar ordenou que seus dois exércitos na Bessarábia cruzassem o rio Pruth e ocupassem Moldávia e Valáquia. Paskevitch ainda tinha esperança de que a invasão dos principados não levasse a uma guerra europeia, mas temia que o tsar não fugisse dela se esse fosse o caso, como explicou ao general Gorchakov, comandante das forças russas, em 24 de junho. As tropas do tsar avançaram para Bucareste, onde seu comandante instalou o quartel-general. Eles colaram em todas as cidades cópias de um manifesto do tsar no qual afirmava que a Rússia não queria ter ganhos territoriais e estava ocupando os principados apenas como uma "garantia" para a satisfação de suas queixas religiosas pelo governo otomano. "Estamos prontos para deter nossas tropas se a Porta garantir os direitos invioláveis da Igreja ortodoxa. Mas caso ela continue a resistir, então, com Deus do nosso lado, avançaremos e lutaremos por nossa fé verdadeira."[22]

As tropas de ocupação tinham pouca compreensão da disputa na Terra Santa. "Não pensamos nada, não sabemos nada. Deixamos que nossos comandantes pensem por nós e fazemos o que nos mandam", recordou Teofil Klemm, um veterano da campanha do Danúbio. Klemm tinha apenas dezoito anos, um servo alfabetizado que havia sido escolhido para formação como oficial em Kremenchug, na Ucrânia, quando foi convocado pela infantaria em 1853. Klemm não se impressionou com os panfletos pan-eslavistas que circulavam amplamente entre soldados e oficiais do 5º Corpo do Exército. "Nenhum de nós estava interessado nessas ideias", escreveu. Mas como todo soldado no exército russo, Klemm foi para a batalha com uma cruz pendurada no pescoço e uma compreensão de sua convocação como uma luta por Deus.[23]

O exército russo era um exército camponês — servos e camponeses do Estado eram os principais grupos sujeitos a convocação —, e esse era seu maior problema. Era de longe o maior exército do mundo, com mais de 1 milhão de soldados de infantaria, um quarto de milhão de irregulares (principalmente cavalaria cossaca) e três quartos de milhão de reservistas em assentamentos militares. Mas mesmo isso não era suficiente para defender as enormes fronteiras da Rússia, onde havia tantos pontos vulneráveis, como o litoral do Báltico, da Polônia ou do Cáucaso, e o exército não podia recrutar mais sem arruinar a economia baseada em servos e deflagrar levantes camponeses. A fraqueza da base populacional na Rússia europeia — um território do tamanho do resto da Europa, mas com menos de um quinto da população — era aumentada pela concentração da população de servos na região agrícola central da Rússia, a longa distância das fronteiras do império onde o exército seria necessário rapidamente em caso de guerra. Sem ferrovias, eram necessários meses para que servos fossem recrutados e enviados a pé ou de carroça para os seus regimentos. Mesmo antes da Guerra da Crimeia, o exército russo já estava estendido demais. Virtualmente todos os servos passíveis de alistamento haviam sido mobilizados, e a qualidade dos recrutas diminuíra significativamente, já que proprietários de terras e aldeias, desesperados para manter seus últimos fazendeiros capazes, enviavam homens inferiores para o exército. Um relatório de 1848 mostrou que durante recrutamentos recentes um terço dos conscritos havia sido rejeitado por não atender à altura mínima necessária (meros 160 centímetros); e outra metade havia sido rejeitada por causa de doenças crônicas ou outras deficiências físicas. A única forma de resolver a carência de mão de obra do exército teria sido ampliar a base social de recrutamento e seguir a direção de um sistema europeu de serviço militar universal, mas isso teria levado ao fim da servidão, a base do sistema social ao qual a aristocracia se aferrava solidamente.[24]

A despeito de duas décadas de reformas, as forças armadas russas permaneciam bem inferiores aos exércitos dos outros Estados europeus. O corpo de oficiais era pouco educado, e quase todos os soldados eram analfabetos: números oficiais da década de 1850 mostravam que em um grupo com seis divisões, somando aproximadamente 120 mil homens, apenas 264 (0,2%) eram capazes de ler ou escrever. O *éthos* do exército era dominado pela cultura de parada militar do século XVIII da corte do tsar, em que a promoção, para citar Karl Marx, era limitada a "disciplinadores, cujo principal mérito consiste em rígida obediência e pronto servilismo somados a uma visão acurada para detectar uma falha nos botões e nas casas do uniforme". Havia mais ênfase no treinamento e na aparência das tropas que em sua capacidade em batalha. Mesmo quando em luta havia regras elaboradas para a postura, distância do passo, alinhamento e movimentação dos soldados, todas estabelecidas em manuais do exército, que eram irrelevantes para as condições reais do campo de batalha:

> Quando uma formação de batalha está avançando ou recuando é necessário observar um alinhamento geral dos batalhões em cada linha e manter corretamente os intervalos entre batalhões. Nesse caso não é suficiente que cada batalhão isolado mantenha o alinhamento, é necessário que o ritmo seja o mesmo em todos os batalhões, de modo a que os sargentos com os galhardetes marchando diante dos batalhões mantenham alinhamento entre eles e marchem paralelos um ao outro por linhas perpendiculares à formação comum.

A prevalência dessa cultura de parada estava ligada ao atraso do armamento do exército. A importância dada a manter as tropas em colunas rígidas era em parte para manter a disciplina e evitar o caos quando havia grandes formações em movimento, como nos outros exércitos da época. Mas também era determinada pela ineficácia do mosquete russo e a consequente dependência da baioneta (justificada por mitos patrióticos sobre a "bravura do soldado russo", que estava sob as melhores condições com a baioneta). Era tal o desprezo pelo fogo de armas pequenas na infantaria que "muito poucos homens sabem até mesmo como usar seus mosquetes", segundo um oficial. "Conosco o sucesso em batalha dependia totalmente da arte de marchar e esticar corretamente o dedo do pé." [25]

Esses meios de combate ultrapassados haviam levado a Rússia à vitória em todas as grandes guerras do começo do século XIX — contra os persas e turcos e, claro, na guerra mais importante da Rússia, contra Napoleão (um triunfo que convenceu os russos de que seu exército era invencível). De modo que havia pouca pressão para atualizá-los para as necessidades da guerra na nova era do vapor e do telégrafo. O atraso econômico e a fraqueza financeira da Rússia em comparação com as novas potências industriais do Ocidente também criavam uma grande barreira à modernização de seu exército vasto e caro em tempo de paz. Foi apenas durante a Guerra da Crimeia — quando o mosquete se revelou inútil contra o rifle Minié de britânicos e franceses — que os russos encomendaram rifles para seu próprio exército.

Dos 80 mil soldados que cruzaram o rio Pruth, a fronteira entre Rússia e Moldávia, menos da metade sobreviveria depois de um ano. O exército do tsar perdeu homens em uma taxa muito superior à de qualquer dos outros exércitos europeus. Soldados eram sacrificados em grande número em troca de conquistas relativamente menores por altos oficiais aristocráticos que se importavam pouco com o bem-estar de seus camponeses conscritos, mas muito com sua própria promoção caso pudessem relatar uma vitória aos superiores. A imensa maioria dos soldados russos não foi morta em batalha, tendo morrido de ferimentos e doenças que não teriam sido fatais caso contassem com serviços médicos adequados. Toda ofensiva russa contou a mesma história: em 1828-9, metade do exército morreu de cólera e outras doenças nos principados do Danúbio; durante a campanha polonesa de 1830-31, 7 mil soldados russos foram mortos em combate, mas 85 mil foram levados por ferimentos e doenças; durante a campanha húngara de 1849, apenas 708 homens morreram na luta, mas 57 mil soldados russos deram entrada em hospitais austríacos. Mesmo em tempo de paz a taxa média de doença no exército russo era de 65%.[26]

O tratamento chocante dispensado ao soldado servo estava por trás desse alto percentual de doenças. Açoitamentos eram um elemento diário do sistema disciplinar; agressões tão comuns que regimentos inteiros podiam ser compostos de homens com ferimentos causados por seus próprios oficiais. O sistema de abastecimento era infestado de corrupção, porque os oficiais eram mal remunerados — todo o exército era cronicamente mal financiado pelo governo sem recursos do tsar —, e quando eles haviam tirado seu lucro das quantias recebidas para comprar provisões, restava pouco dinheiro para as rações dos soldados. Sem um sistema de abastecimento eficiente, esperava-se que os soldados se virassem por conta própria. Cada regimento era responsável pela fabricação de uniformes e botas com materiais fornecidos pelo Estado. Os regimentos tinham não apenas seus próprios alfaiates e sapateiros, mas também barbeiros, padeiros, ferreiros, carpinteiros e metalúrgicos, marceneiros, pintores, cantores e músicos, todos eles levando seus negócios de aldeia para o exército. Sem essas habilidades camponesas, um exército russo, principalmente um exército na ofensiva, não teria sido factível. O soldado russo em marcha levava todo seu conhecimento camponês e seus recursos. Transportava na mochila bandagens para poder cuidar dos próprios ferimentos. Era muito bom em improvisar formas de dormir em campo aberto — usando folhas e galhos, fardos de feno, cultivos e até mesmo se enfiando em um buraco no chão —, uma habilidade crucial que ajudava o exército a sustentar longas marchas sem a necessidade de carregar barracas.[27]

Enquanto os russos cruzavam o Pruth, o governo turco ordenou que Omer Pasha, comandante do exército romeliota, reforçasse os fortes turcos ao longo do Danúbio e se preparasse para defendê-los. A Porta também convocou reforços dos domínios otomanos em Egito e Tunísia. Em meados de agosto havia 20 mil soldados egípcios e 8 mil tunisianos acampados ao redor de Constantinopla, prontos para partir rumo aos fortes do Danúbio. Um funcionário da Embaixada britânica os descreveu em carta à lady Stratford de Redcliffe:

> Uma pena que não possa ver o Bósforo perto de Therapia, fervilhando de navios de guerra, e as colinas em frente encimadas pelas barracas verdes do acampamento egípcio. A própria Constantinopla recuou cinquenta anos, e as figuras mais estranhas chegam das províncias distantes para ter sua parcela de moscov[itas]. Turbantes, lanças, maças e machados de batalha esbarram uns nos outros nas ruas estreitas e são levados rapidamente para o acampamento em Shumla pelo bem de uma vida silenciosa.[28]

O exército turco era composto de muitas nacionalidades. Incluía árabes, curdos, tártaros, egípcios, tunisianos, albaneses, gregos, armênios e outros povos, muitos hostis ao governo turco ou incapazes de compreender os comandos de seus oficiais turcos ou europeus (a equipe de Omar Pasha tinha muitos poloneses e italianos). Os mais exóticos nas forças turcas eram os *bashi bazouks*, irregulares do Norte da África, Ásia Central e Anatólia, que deixaram suas tribos em grupos de vinte ou trinta, um bando heterogêneo de cavaleiros de todas as idades e aparências, e rumaram à capital turca para se juntar ao *jihad* contra os infiéis russos. Em suas memórias da Guerra da Crimeia o oficial naval britânico Adolphus Slade, que ajudou a treinar a marinha turca, descreveu uma parada de *bashi bazouk* em Constantinopla antes que eles fossem enviados à frente do Danúbio. Vestiam basicamente trajes tribais "com faixas e turbantes, e armados de forma pitoresca com pistolas, iatagás (espadas turcas) e sabres. Alguns carregavam lanças embandeiradas. Cada esquadrão tinha suas cores e timbales à moda daqueles, se não os mesmos, levados pelos seus ancestrais que marcharam para o cerco de Viena". Eles falavam tantas linguagens diferentes que, mesmo em pequenas unidades, tradutores e apregoadores tinham de ser usados para repassar as ordens dos oficiais.[29]

Idioma não era o único problema de comando. Muitos soldados muçulmanos não estavam dispostos a obedecer a oficiais cristãos, nem mesmo Omer Pasha, sérvio croata e ortodoxo por nascimento (seu verdadeiro nome era Mihailo Latas) que havia sido educado em uma escola militar austríaca antes de fugir de acusações de corrupção para a província otomana da Bósnia e se converter ao islamismo. Brincalhão e falante, Omer Pasha desfrutava do estilo de vida luxuoso que seu comando do exército romeliota lhe permitia. Vestia um uniforme decorado com bordados em ouro e pedras preciosas, mantinha um harém pessoal e usava uma orquestra de alemães para acompanhar suas tropas (na Crimeia ele fez com que tocassem "Ah! Che la morte", da recente ópera de Verdi *Il Trovatore*). Omer Pasha não era um comandante de destaque. Dizia-se que ele havia sido promovido em função de sua bela caligrafia (havia sido professor de escrita do jovem Abdülmecid e feito coronel quando seu pupilo se tornou sultão em 1839). Nesse sentido, a despeito de seu nascimento cristão, Omer Pasha era típico da classe de oficiais otomanos, que ainda dependiam de patronato pessoal para promoção, em vez de conhecimento militar. As reformas militares do reinado de Mahmud e o tanzimat ainda não haviam criado a base de um exército profissional moderno, e a maioria dos oficiais turcos era taticamente fraca no campo de batalha. Muitos ainda obedeciam à estratégia superada de dispersar os soldados para cobrir todo o terreno em vez de usá-los em grupos maiores e mais compactos. O exército otomano era bom em emboscadas e escaramuças de "pequenas guerras", e excelente em guerra de sítio, mas havia muito carecia da disciplina e do treinamento para dominar formações em ordem compacta usando mosquetes de cano liso, diferentemente dos russos.[30]

Em termos de remuneração e condições havia uma enorme distância entre os oficiais e os soldados, uma divisão ainda maior que no exército russo, com muitos altos comandantes vivendo como paxás e seus soldados sem receber durante meses, algumas vezes anos, em uma guerra. O diplomata e geógrafo russo Piotr Tchikhatchev abordou o problema quando trabalhou na Embaixada russa em Constantinopla, em 1849. Segundo seus cálculos, o custo manual do soldado de infantaria turco (salário, rações e uniformes) era de 18 rublos de prata; os custos equivalentes para o soldado russo eram de 32 rublos; de 53 para o austríaco, 60 para o prussiano, 85 para o francês e 134 rublos para o soldado a pé britânico. Os soldados europeus ficaram chocados com as condições das tropas turcas na frente do Danúbio. "Mal alimentados e vestindo trapos, eram os espécimes mais miseráveis da humanidade", segundo um oficial britânico. Os reforços egípcios foram descritos por um oficial russo como "velhos e garotos do interior sem qualquer treinamento para a batalha".[31]

Os britânicos ficaram divididos em sua reação à ocupação russa dos principados. O membro mais pacifista do gabinete era o primeiro-ministro lorde Aberdeen. Ele se recusou a ver a ocupação como um ato de guerra — achava até mesmo que era justificado para pressionar a Porta a reconhecer as exigências legítimas dos russos na Terra Santa — e buscou formas diplomáticas de ajudar o tsar a recuar sem perder o respeito. Ele certamente não estava inclinado a encorajar a resistência turca. Seu maior medo era ser arrastado para uma guerra contra a Rússia pelos turcos, de quem em geral desconfiava. Em fevereiro ele havia escrito ao lorde Russell para alertá-lo contra enviar uma frota britânica para ajudar os turcos:

> Esses bárbaros nos odeiam e ficariam encantados em aproveitar a oportunidade de conseguir alguma vantagem nos colocando contra as outras potências da cristandade. Pode ser necessário dar a eles nosso apoio moral, e fazer um esforço para prolongar sua existência; mas devemos considerar uma grande infelicidade qualquer envolvimento que nos leve a pegar em armas pelos turcos.

No extremo mais beligerante do gabinete, Palmerston considerava a ocupação um "ato de hostilidade" que exigia reação imediata da Grã-Bretanha "para a proteção da Turquia". Ele queria navios de guerra britânicos no Bósforo para pressionar os russos a se retirar dos principados. Palmerston tinha o apoio da imprensa russofóbica britânica e de diplomatas antirrussos como Ponsonby e Stratford Canning, que viam na ocupação dos principados uma oportunidade de a Grã-Bretanha compensar seu fracasso em se opor aos russos no Danúbio em 1848-9.[32]

Londres tinha uma grande comunidade de exilados romenos da anterior ocupação russa dos principados, que formava um influente grupo de pressão pela intervenção britânica e tinha o apoio de vários integrantes do gabinete, incluindo Palmerston e Gladstone, e muitos mais deputados que faziam lobby no Parlamento com questões sobre o Danúbio. Os líderes romenos tinham laços fortes com exilados italianos em Londres e integravam o Comitê Democrático criado por Mazzini, que àquela época também reunia exilados gregos e poloneses na capital britânica. Os romenos tomavam cuidado de se distanciar das políticas revolucionárias desses nacionalistas, e estavam bem conscientes da necessidade de moldar seus argumentos aos interesses liberais da classe média britânica. Com o apoio de vários jornais e periódicos nacionais, eles conseguiram levar ao público britânico a ideia de que a defesa dos principados contra a agressão russa era de importância vital para os interesses mais amplos da liberdade e do livre-comércio no continente. Em uma série de artigos quase diários no *Morning Advertiser*, Urquhart se juntou a seus apelos por intervenção nos principados, embora estivesse mais preocupado com a defesa da soberania turca e com os interesses da Grã-Bretanha no livre-comércio que com a causa nacional romena. À medida que avançava a invasão russa dos principados, propagandistas romenos ficaram mais ousados e fizeram apelos diretos ao público em turnês de palestras. Em todos os discursos o tema principal era a cruzada europeia pela liberdade contra a tirania russa — um apelo à união que em certos momentos era extremamente fantasioso em sua visão de um levante cristão pela liberdade no império otomano. Constantine Rosetti, por exemplo, disse a uma multidão em Plymouth que "um exército de 100 mil romenos estava pronto no Danúbio para se juntar aos soldados da democracia".[33]

Enquanto a natureza da ocupação russa dos principados não se tornava clara, o governo britânico hesitava sobre enviar a Marinha Real. Palmerston e Russell queriam navios de guerra britânicos no Bósforo para impedir a frota russa de atacar Constantinopla; mas Aberdeen preferiu segurar a marinha de modo a não ameaçar uma paz negociada. No final chegou-se a um acordo e a frota foi mantida em prontidão de guerra na baía de Besika, junto a Dardanelos, perto o suficiente, era o raciocínio, para impedir um ataque russo à capital turca, mas não perto o bastante para provocar um conflito entre Grã-Bretanha e Rússia. Então, em julho, a ocupação russa dos principados começou a ganhar características mais sérias. Chegaram às capitais europeias relatos de que os hospodares de Moldávia e Valáquia haviam recebido dos russos a ordem de romper relações com a Porta e prestar tributo ao tsar. A notícia provocou alarme, porque sugeria que a verdadeira intenção da Rússia era tomar posse dos principados de forma permanente, a despeito das garantias em contrário do manifesto do tsar.[34]

A reação das potências europeias foi imediata. Os austríacos mobilizaram 25 mil soldados em suas fronteiras ao sul, principalmente como um alerta aos sérvios e outros eslavos Habsburgo para que não se erguessem em apoio à invasão russa. Os franceses colocaram sua frota em prontidão de guerra, e os britânicos os seguiram. Stratford Canning, que recebera a notícia da ordem aos hospodares e estava ansioso para compensar o fracasso dos britânicos de resistir à última invasão russa em 1848-9, pediu ação militar decisiva em defesa dos principados. Ele alertou a secretaria do Exterior de que "toda a Turquia europeia, da fronteira da Áustria à da Grécia", estava prestes a cair diante dos russos; que se eles cruzassem o Danúbio haveria levantes de cristãos por toda parte nos Bálcãs; que o sultão e seus súditos muçulmanos estavam preparados para a guerra contra a Rússia, desde que pudessem contar com o apoio de Grã-Bretanha e França; e que embora fosse uma infelicidade para a Grã-Bretanha ser arrastada para uma guerra cujas consequências eram tão imprevisíveis, seria melhor lidar com o perigo da Rússia naquele momento do que depois, quando seria tarde demais.[35]

A natureza ameaçadora da ocupação russa levantou uma série de preocupações com segurança para as potências europeias, nenhuma das quais podia se permitir assistir enquanto a Rússia desmontava o império otomano. Grã-Bretanha, França, Áustria e Prússia (que basicamente acompanhava a liderança da Áustria) concordaram em agir juntas em uma iniciativa de paz. A liderança diplomática foi assumida pela Áustria, principal garantidora do

Acordo de Viena, do qual era a maior beneficiária. Os austríacos eram altamente dependentes do Danúbio para seu comércio exterior, e não podiam tolerar a anexação russa dos principados, mas podiam ainda menos suportar uma guerra europeia contra a Rússia, na qual provavelmente teriam o fardo mais pesado. O que os austríacos sugeriram era provavelmente impossível: uma solução diplomática que permitisse ao tsar abandonar suas exigências e se retirar dos principados sem perder a dignidade.

O processo de paz envolveu uma elaborada troca de notas diplomáticas entre as capitais europeias com intermináveis variações da redação precisa de uma fórmula que satisfizesse os interesses da Rússia e destacasse a independência da Turquia. O ápice dessa atividade foi a Nota de Viena, redigida pelos ministros das Relações Exteriores das quatro potências em uma conferência em Viena em benefício do governo turco, em 28 de julho. Como todos os documentos diplomáticos concebidos para encerrar hostilidades, a redação da nota era deliberadamente vaga: a Porta concordava em sustentar os direitos, por tratado, da Rússia de proteger os súditos ortodoxos do sultão. O tsar considerou a nota uma vitória diplomática, e concordou em assiná-la imediatamente "sem modificações" em 5 de agosto. O problema começou quando os turcos (que não haviam sido consultados sobre a redação da nota) pediram que detalhes fossem esclarecidos. Eles estavam preocupados por a nota não estabelecer os devidos limites ao direito russo de intervir em assuntos otomanos — uma preocupação que logo se provou justificada quando um documento diplomático particular foi vazado para um jornal de Berlim mostrando que os russos haviam interpretado a nota como significando que podiam intervir para proteger os ortodoxos em qualquer ponto do império otomano, e não apenas em regiões onde houvesse ocorrido um conflito específico, como na Terra Santa. O sultão sugeriu duas pequenas alterações de redação na nota — formas de palavras, mas importantes para um governo que estava sendo conclamado a assiná-la como uma concessão à Rússia ou enfrentar a perda de duas de suas províncias mais ricas. Ele também queria que os russos evacuassem os principados antes do restabelecimento de relações diplomáticas, e uma garantia das quatro potências de que a Rússia não iria invadi-los novamente. Essas eram exigências razoáveis nas quais uma potência soberana podia insistir, mas o tsar se recusou a aceitar as modificações turcas, com base em que havia concordado em assinar a nota sem alterações, embora sua suspeita de que Stratford Canning havia encorajado os turcos a fincar pé também não fosse irrelevante. No começo de setembro a Nota de Viena foi abandonada com relutância pelas quatro potências e, com a Turquia prestes a declarar guerra à Rússia, as negociações tiveram de recomeçar.[36]

Na verdade, ao contrário do que desconfiava o tsar, Stratford Canning havia desempenhado um papel pequeno na decisão turca de rejeitar a nota. O embaixador britânico era conhecido por sua defesa inflamada da soberania turca e seu ódio à Rússia, então não surpreendia que ele fosse considerado responsável pela inesperada recusa dos turcos a seguir com a solução diplomática imposta a eles pelas potências ocidentais de modo a aplacar o tsar. A ideia de que Stratford havia empurrado os turcos para uma guerra contra a Rússia foi posteriormente incorporada pela Secretaria do Exterior, que aceitou o ponto de vista de que o embaixador poderia ter persuadido os turcos a aceitar a nota se o tivesse feito do modo certo, mas que escolhera não fazê-lo porque "não é melhor que um turco, e viveu lá tanto tempo, e é movido por tanto ódio pessoal ao imperador [russo] que é tomado pelo espírito turco, e isso, somado a seu temperamento, fez com que adotasse uma postura diretamente contrária aos desejos e instruções de seu governo".[37] Estudando retrospectivamente o fracasso da paz em 1º de outubro, o secretário do Exterior, lorde George Clarendon, concluiu que haveria sido melhor ter um homem mais moderado que Stratford como embaixador na capital turca. A dissimulação que os russos adotaram "provocou toda a sua antipatia à Rússia e desde o início fez com que ele considerasse a guerra a melhor coisa para a Turquia. De fato, nenhum acordo teria sido satisfatório para ele se não humilhasse a Rússia".[38] Mas isso foi injusto para com Stratford, o homem que ficou com a culpa pelo fracasso do governo. A verdade é que Stratford se esforçou para fazer a Porta aceitar a nota, mas sua influência junto aos turcos estava diminuindo constantemente nos meses de verão, à medida que Constantinopla era tomada por manifestações pedindo uma "guerra santa" contra a Rússia.

A invasão dos principados provocou uma fusão poderosa de sentimento muçulmano e nacionalismo turco na capital otomana. A Porta agitara a população muçulmana contra a invasão, e naquele momento não conseguia conter as emoções religiosas que despertara. A linguagem do ulemá metropolitano era cada vez mais beligerante, criando entre os fiéis o medo de que os invasores iriam destruir suas mesquitas e construir igrejas no lugar. Enquanto isso a Porta mantinha o público ignorante sobre a iniciativa de Viena, alegando que qualquer paz seria fruto "exclusivamente do temor do tsar pelo sultão" — uma ideia que estimulava sentimentos nacionalistas de superioridade muçulmana. Circulavam boatos de que o sultão estava pagando às marinhas francesa e britânica para lutar pela Turquia; que a Europa havia sido escolhida por Alá para defender os muçulmanos; que o tsar havia enviado sua esposa a Constantinopla para pedir paz e que se oferecera para indenizar a Turquia pela invasão dos principados, abrindo mão da Crimeia. Muitos desses boatos eram criados ou espalhados pelo recém-demitido grão-vizir Mehmet Ali para abalar Reshid. No final de agosto Mehmet Ali se colocara como líder de um "partido da guerra" que ganhara ascendência no Grande Conselho. Respaldado por líderes muçulmanos, ele tinha o apoio de um grande grupo de funcionários turcos mais jovens, que eram nacionalistas e religiosos, e se opunham à intervenção ocidental nos assuntos otomanos, mas que ainda assim calculavam que se conseguissem colocar os britânicos e franceses ao seu lado em uma guerra à Rússia, o que seria enormemente vantajoso para eles, podendo até mesmo reverter cem anos de derrotas militares para os russos. De modo a garantir o apoio das frotas ocidentais eles estavam preparados para prometer uma administração segura a europeus interferentes como Stratford, mas rejeitavam as reformas tanzimat, porque consideravam dar mais direitos civis aos cristãos "uma ameaça potencial ao domínio muçulmano".[39]

O clima de guerra na capital turca chegou ao auge durante a segunda semana de setembro, quando houve uma série de manifestações pela guerra e uma petição com 60 mil assinaturas conclamando o governo a lançar uma "guerra santa" à Rússia. As escolas teológicas (*madrassas*) e mesquitas eram os centros de organização das manifestações, e sua influência era clara na linguagem religiosa dos cartazes que apareceram por toda a capital:

> Ó glorioso *Padishah*! Todos os seus súditos estão prontos para sacrificar suas vidas, propriedades e filhos pelo bem de sua majestade! Também você agora tem o dever de desembainhar a espada de Maomé que recebeu, como seus avós e predecessores, na mesquita de Eyyub-i Ansari. As hesitações de seus ministros nessa questão são fruto de seu vício na doença da vaidade, e esta situação tem o poder (não permita Deus) de nos colocar em um grande perigo. Portanto, seus soldados vitoriosos e seus servos em oração querem guerra pela defesa de seus claros direitos, ó meu *Padishah*!

Havia 45 mil estudantes religiosos nas *madrassas* da capital turca. Eles eram um grupo de descontentes — as reformas tanzimat haviam reduzido seu status e suas perspectivas profissionais ao fortalecer os formandos das novas escolas seculares —, e essa insatisfação social dava força a seus protestos. O governo turco estava aterrorizado com a possibilidade de uma revolução islâmica se não declarasse guerra à Rússia.[40]

Em 10 de setembro, 35 líderes religiosos apresentaram uma petição ao Grande Conselho, que a discutiu no dia seguinte. Segundo o *Times* de Londres:

> A petição era composta principalmente de numerosas citações do Corão, estimulando a guerra aos inimigos do Islã, e continha ameaças veladas de distúrbios caso não fosse escutada e atendida. O tom da petição é demasiadamente ousado, e chegando às raias do insolente. Alguns dos principais ministros se esforçaram por argumentar com os peticionários, mas as respostas que receberam foram curtas e objetivas. "Aqui estão as palavras do Corão: se vocês são muçulmanos devem obedecer. Vocês estão agora escutando embaixadores estrangeiros infiéis que são inimigos da Fé; somos os filhos do Profeta; temos um exército e esse exército clama conosco por guerra, para vingar os insultos que os giaures lançaram sobre nós." Foi dito que a cada tentativa de argumentar com esses fanáticos os ministros foram recebidos com a resposta "Aqui estão as palavras do Corão". Os atuais ministros estão, sem dúvida, alarmados, já que veem as atuais circunstâncias (um acontecimento muito atípico na Turquia) como o começo de uma revolução, e temem ser obrigados pela atual conjunção inoportuna a entrar em guerra.

Em 12 de setembro, os líderes religiosos tiveram uma audiência com o sultão. Fizeram um ultimato: declare guerra ou abdique. Abdülmecid pediu ajuda a Stratford e ao embaixador francês, Edmond de Lavour, que concordaram em mover suas frotas caso elas fossem necessárias para impedir uma revolução na capital turca.[41]

Naquela noite o sultão fez uma reunião com seus ministros. Eles concordaram em declarar guerra à Rússia, mas não até a Porta ter tempo de confirmar o apoio das tropas ocidentais e de acabar com os protestos religiosos em Constantinopla. A proposta foi aprovada formalmente em uma sessão ampliada do Grande Conselho em 26-7 de setembro com a participação dos ministros do sultão, grandes clérigos muçulmanos e a cúpula militar. Foram os líderes religiosos que insistiram na necessidade de lutar, a despeito da hesitação dos comandantes militares, que tinham dúvidas sobre a capacidade das forças turcas de vencer uma guerra contra a Rússia. Omer Pasha achava que seriam necessários mais 40 mil soldados no Danúbio, e vários meses para preparar fortes e pontes para uma guerra contra a Rússia. Mehmet Ali, que pouco antes havia sido nomeado comandante em chefe do exército, não disse se seria possível vencer a Rússia, a despeito de sua ligação com o "partido da guerra". Nem Mahmud Pasha, o grande almirante da Marinha, que disse que os turcos podiam enfrentar a frota russa, mas que não assumiria a responsabilidade por essas palavras se depois fosse responsabilizado por uma derrota. No final, foi Reshid quem concordou com o ponto de vista dos líderes muçulmanos, talvez sentindo que se opor à guerra àquela altura deflagraria uma revolução religiosa e destruiria as reformas tanzimat, da qual dependia o apoio das potências ocidentais a qualquer guerra contra a Rússia. "Melhor morrer lutando do que não lutar", declarou Reshid. "Querendo Deus, seremos vitoriosos."[42]

5
Guerra de mentira

A declaração de guerra turca apareceu no jornal oficial *Takvim-i Vekayi* em 4 de outubro. Rapidamente se seguiu um "Manifesto da Sublime Porta" anunciando que o governo havia sido forçado a declarar guerra por causa da recusa da Rússia em evacuar os principados, mas acrescentando que, em sinal de suas intenções pacíficas, o comandante do exército romeliota, Omer Pasha, daria às forças russas mais quinze dias para a evacuação antes do início das hostilidades.[1]

Mesmo nesse estágio havia esperança de uma solução diplomática. A declaração turca era uma forma de ganhar tempo para buscar baixar a febre de guerra das multidões religiosas de Constantinopla e pressionar os governos ocidentais a intervir. Despreparados para uma guerra real contra a Rússia, os otomanos deram início a uma de mentira para impedir a ameaça de uma revolução islâmica na capital turca e obrigar o Ocidente a enviar suas frotas e fazer os russos recuar.

Em 19 de outubro, o ultimato turco expirou. Contra o conselho de britânicos e franceses, que tentaram contê-los, os turcos partiram para o ataque nos principados, calculando que a imprensa ocidental produziria apoio popular para sua causa contra a Rússia. O governo turco estava muito consciente do poder especialmente da imprensa britânica, talvez até mesmo achando que era o mesmo do governo, e se esforçou muito para conquistá-la para seu lado. Durante todo o outono de 1853 a Porta dirigiu recursos para sua Embaixada em Londres para que ela "pagasse e organizasse em segredo uma série de manifestações populares e artigos de jornal" conclamando o governo britânico a intervir contra a Rússia.[2]

Recebendo a ordem da Porta para o início das hostilidades, em 23 de outubro as forças de Omer Pasha cruzaram o Danúbio em Calafat e tomaram a cidade dos cossacos na primeira escaramuça da guerra. Os aldeões da região de Calafat — uma fortaleza antirrussa da revolução valáquia de 1848 — pegaram armas de caça e se juntaram à luta contra as tropas cossacas. Os turcos também cruzaram o rio em Oltenitsa, onde travaram combates pesados, mas não decisivos, contra os russos, com os dois lados alegando vitória.[3]

Essas escaramuças iniciais convenceram o tsar a lançar uma grande ofensiva contra os turcos, como ele traçara em sua carta a Paskevitch de 29 de maio. Mas seu comandante em chefe se tornara ainda mais avesso à ideia do que era na primavera. Paskevitch achava os turcos fortes demais e as frotas ocidentais próximas demais para atacar a capital turca. Em 24 de setembro ele enviara um memorando ao tsar conclamando-o a adotar uma postura mais defensiva no lado norte do Danúbio, ao mesmo tempo organizando milícias cristãs a se erguer contra os russos ao sul do rio. Seu objetivo era pressionar os turcos a fazer concessões à Rússia sem a necessidade de travar uma guerra. "Temos a arma mais mortal para usar contra o império otomano", escreveu Paskevitch. "Seu sucesso não pode ser impedido pelas potências ocidentais. Nossa arma mais terrível é nossa influência entre as tribos cristãs da Turquia."

Paskevitch estava preocupado principalmente que os austríacos se opusessem a uma ofensiva russa nos Bálcãs, onde eram vulneráveis a levantes eslavos em seus próprios territórios vizinhos. Não queria comprometer tropas para uma batalha com os turcos caso fossem necessárias para conter um ataque dos austríacos, mais provavelmente na Polônia, cuja perda poderia levar ao colapso do império russo na Europa. Paskevitch carecia da coragem de confrontar o tsar. Então, fincou os pés, ignorando ordens de avançar rumo sul o mais rápido possível, em vez disso se concentrando na consolidação das posições russas ao longo do Danúbio. Ele tinha dois objetivos: transformar o rio em uma linha de suprimentos do mar Negro para os Bálcãs e organizar os cristãos em milícias nos preparativos para uma futura ofensiva contra os turcos, talvez na primavera de 1854. "A ideia é nova e bela", escreveu Paskevitch. "Ela nos colocará em relações próximas com as tribos mais beligerantes da Turquia: sérvios, herzegovinos, montenegrinos e búlgaros, que se não são a nosso favor, pelo menos são contra os turcos, e que com alguma ajuda nossa de fato podem destruir o império turco (...) sem derramamento de sangue russo."⁴ Consciente de que era contra os princípios legitimistas do tsar incitar revoltas em terras estrangeiras, Paskevitch defendeu sua ideia com justificativas religiosas — a proteção dos ortodoxos da perseguição muçulmana — e citou precedentes de guerras anteriores com a Turquia (em 1773-4, 1788-91 e 1806-12), quando o exército russo levantara tropas cristãs em territórios otomanos.⁵

O tsar não precisava de muito convencimento. Em um memorando revelador escrito no começo de novembro de 1853, Nicolau apresentou sua estratégia para a guerra à Turquia. Distribuído a seus ministros e altos comandantes, o memorando era claramente influenciado por Paskevitch, seu general de maior confiança. O tsar contava com que os sérvios se rebelassem contra os turcos, seguidos algum tempo depois pelos búlgaros. O exército russo iria consolidar uma posição defensiva no Danúbio e depois se mover mais para o sul para libertar os cristãos quando se erguessem contra os turcos. A estratégia dependia da ocupação por longo prazo dos principados para dar aos russos tempo de organizar os cristãos em milícias. O tsar antecipava pelo menos um ano:

> O começo de 1855 mostrará quanta esperança podemos depositar nos cristãos da Turquia, e se Inglaterra e França permanecerão se opondo a nós. Não temos outra forma de avançar, a não ser por um levante popular (*narodnoe vosstanie*) pela independência em escala mais ampla e geral; sem essa colaboração popular não podemos sequer pensar em uma ofensiva; a luta deve ser entre os cristãos e os turcos — enquanto nós, por assim dizer, permanecemos na reserva.⁶

Nesselrode, o cauteloso ministro das Relações Exteriores do tsar, tentou jogar água fria nessa estratégia revolucionária, e sua cautela era partilhada pela maioria dos diplomatas russos. Em mcmorando ao tsar de 8 de novembro, ele argumentou que os eslavos dos Bálcãs não iriam se rebelar em grande número;* que incitar revoltas deixaria a Europa desconfiada das ambições

---

* Nesselrode era apoiado pelo barão Meyendorff, embaixador russo em Viena, que relatou ao tsar em 29 de novembro que os "pequenos povos cristãos" não lutariam ao lado da Rússia. Eles nunca haviam recebido qualquer ajuda da Rússia no passado e haviam sido deixados em um estado de miséria militar, incapazes de resistir aos turcos (*Peter von Meyendorff: Ein russischer Diplomat an den Höfen von Berlin und Wien. Politischer und privater Briefwechsel 1826-1863*, org. O. Hoetzsch, 3 vols. (Berlim e Leipzig, 1923), vol. 3, pp. 100-104).

da Rússia nos Bálcãs; e que de qualquer forma era um jogo perigoso, pois também a Turquia poderia incitar revoltas entre os muçulmanos do tsar no Cáucaso e na Crimeia.[7]

Mas Nicolau não seria desviado de sua meta de uma guerra religiosa. Ele se via como o defensor da fé ortodoxa e se recusou a ser dissuadido de sua missão por um ministro das Relações Exteriores cujo histórico protestante na opinião do tsar diminuía sua importância em questões religiosas. Nicolau considerava seu dever sagrado libertar os cristãos do jugo muçulmano. Em todos os seus manifestos aos eslavos dos Bálcãs ele deixou claro que a Rússia estava travando uma guerra religiosa pela sua libertação dos turcos. Por determinação sua, os comandantes do seu exército doavam sinos para as igrejas das cidades e aldeias cristãs que ocupavam de modo a conquistar apoio popular. Mesquitas eram transformadas em igrejas pelas tropas russas.[8]

O fervor religioso do tsar se fundiu com cálculos militares mais amplos — principalmente no raciocínio mais tático de Paskevitch — de que os cristãos dos Bálcãs poderiam oferecer um exército barato e muitos recursos para lutar pela causa russa. Em 1853, Nicolau havia se aproximado muito dos eslavófilos e pan-eslavistas, que tinham vários defensores na corte, bem como o apoio de Barbette Nelidov, a antiga amante do tsar. Segundo Anna Tiutcheva, filha do poeta Fiodor Tiutchev e dama de companhia da corte, as ideias dos pan-eslavistas passaram a ser expressas abertamente pelo grão-duque Alexandre, herdeiro do trono, e sua esposa, a grã-duquesa Maria Alexandrovna. Em várias oportunidades ela os ouviu dizer em conversas que os aliados naturais da Rússia eram os eslavos dos Bálcãs, que deveriam ser apoiados em sua luta pela independência pelas tropas russas assim que tivessem cruzado o Danúbio. A condessa Bludova, outra pan-eslavista na corte, conclamou o tsar a declarar guerra à Áustria, bem como à Turquia, para libertar os eslavos. Ela repassou muitas das cartas de Pogodin ao tsar nas quais o líder pan-eslavista conclamava Nicolau a unir os eslavos sob a liderança russa e fundar um império cristão eslavo com sede em Constantinopla.[9]

As anotações feitas pelo tsar nas margens de um memorando de Pogodin revelam muito sobre como ele pensava em dezembro de 1853, quando esteve mais perto de abraçar a causa pan-eslavista. Nicolau pedira a Pogodin que dissesse o que pensava da política da Rússia para com os eslavos na guerra à

Turquia. Sua resposta foi uma pesquisa detalhada das relações da Rússia com as potências europeias que era cheia de queixas ao Ocidente. O memorando claramente tocou o tsar, que partilhava a noção de que o papel da Rússia como protetora dos ortodoxos não havia sido reconhecido e compreendido e que a Rússia era tratada injustamente pelo Ocidente. Nicolau aprovou especialmente a seguinte passagem, na qual Pogodin atacava as duas medidas das potências ocidentais, que se permitiam conquistar terras estrangeiras mas proibiam a Rússia de fazer o mesmo:

> A França toma a Argélia da Turquia, e quase todo ano a Inglaterra anexa outro principado indiano: nada disso perturba o equilíbrio de poder; mas quando a Rússia ocupa Moldávia e Valáquia, embora apenas temporariamente, isso perturba o equilíbrio de poder. A França ocupa Roma e lá permanece vários anos em tempo de paz:* isso não é nada; mas a Rússia apenas pensa em ocupar Constantinopla e a paz da Europa é ameaçada. Os ingleses declaram guerra aos chineses,** que aparentemente os ofenderam: ninguém tem o direito de intervir; mas a Rússia é obrigada a pedir permissão à Europa se tem uma divergência com um vizinho. A Inglaterra ameaça a Grécia para apoiar as falsas alegações de um judeu miserável e queima sua frota:*** essa é uma ação legal; mas a Rússia exige um tratado para proteger milhões de cristãos, e isso é visto como fortalecendo sua posição no Oriente à custa do equilíbrio do poder; não podemos esperar nada além de ódio cego e maldade do Ocidente, que não entende e não quer entender (*comentário à margem de Nicolau I*: "Essa é toda a questão").

Tendo despertado as queixas do próprio tsar contra o Ocidente, Pogodin o encorajou a agir sozinho, de acordo com sua consciência perante Deus, para defender os ortodoxos e promover os interesses da Rússia nos Bálcãs. Nicolau expressou sua aprovação:

---

* Referência à força expedicionária do general Oudinot em 1849-50 que atacou a República Romana antipapal e levou Pio IX de volta a Roma. As tropas francesas permaneceram em Roma para proteger o papa até 1870.
** Nas Guerras do Ópio de 1839-42.
*** Referência ao caso Don Pacifico.

Quem são nossos aliados na Europa (*comentário de Nicolau*: "Nenhum, e não precisamos deles se depositarmos nossa confiança em Deus, incondicional e espontaneamente"). Nossos únicos verdadeiros aliados na Europa são os eslavos, nossos irmãos de sangue, idioma, história e fé, e há dez milhões deles na Turquia e milhões na Áustria (...). Os eslavos turcos poderiam nos dar mais de 200 mil soldados — e que soldados! E isso sem contar os croatas, dálmatas, eslovenos etc. (*comentário de Nicolau*: "Um exagero; reduza para um décimo e é verdade") (...)

Ao declarar guerra a nós os turcos destruíram todos os velhos tratados definindo nossas relações, então agora podemos exigir a libertação dos eslavos, e produzir isso pela guerra, já que eles mesmos escolheram a guerra (*comentário de Nicolau*: "Certo").

Se não libertarmos os eslavos e os colocarmos sob nossa proteção, então nossos inimigos, os ingleses e os franceses (...), farão isso. Na Sérvia, na Bulgária e na Bósnia, eles são atuantes em toda parte entre os eslavos, com seus partidos ocidentais, e se eles tiverem sucesso, o que será de nós então? (*comentário de Nicolau*: "Absolutamente certo").

Sim! Se deixarmos de usar esta oportunidade favorável, se sacrificarmos os eslavos e trairmos suas esperanças, ou se deixarmos que seu destino seja decidido por outras potências, teremos voltado contra nós não apenas uma Polônia lunática, mas dez delas (o que nossos inimigos desejam e estão trabalhando para conseguir) (...) (*comentário de Nicolau*: "Certo").

Com os eslavos como inimigos, a Rússia se tornaria uma "potência de segunda categoria", argumentou Pogodin, cujas frases finais foram sublinhadas três vezes por Nicolau:

> O maior momento da história da Rússia chegou — talvez ainda maior que os dias de Poltava* e Borodino. Se a Rússia não avançar, cairá — essa é a lei da história. Mas poderá realmente a Rússia cair? Deus permitirá isso? Não! Ele está guiando a grande alma russa, e vemos isso nas páginas gloriosas que dedicamos a ele na História de nossa Pátria. Ele certamente não permitirá que se diga: Pedro fundou o domínio da Rússia no Oriente, Catarina o consolidou, Alexandre o expandiu e Nicolau o entregou aos latinos. Não, não pode ser, e não será. Com Deus ao nosso lado, não podemos recuar.[10]

---

* Na batalha de Poltava (1709), Pedro, o Grande, derrotou a Suécia e estabeleceu a Rússia como uma potência no Báltico.

Para fazer com que ele abraçasse sua ideologia pan-eslavista Pogodin inteligentemente apelara à crença do tsar em sua missão divina de defender a ortodoxia, bem como ao seu crescente afastamento do Ocidente. Em seu memorando de novembro aos ministros Nicolau declarara que a Rússia não tinha opção a não ser se voltar para os eslavos, porque as potências ocidentais, e particularmente a Grã-Bretanha, haviam se aliado aos turcos contra a "causa sagrada" da Rússia.

> Convocamos todos os cristãos a se juntar a nós na luta pela sua libertação de séculos de opressão otomana. Declaramos nosso apoio à independência de moldavos-valáquios, sérvios, búlgaros, bósnios e gregos. (...) Não vejo outra forma de colocar um fim na hostilidade dos britânicos, pois é improvável que após tal declaração eles continuem a se aliar aos turcos e combater com eles contra cristãos.[11]

Nicolau continuou a ter dúvidas quanto à causa pan-eslavista: ele não partilhava as ilusões de Pogodin sobre o número de soldados eslavos que seria possível mobilizar nos Bálcãs; e ideologicamente continuava se opondo à ideia de estimular levantes revolucionários, preferindo em vez disso declarar seu apoio à libertação dos eslavos com base em princípios religiosos. Mas quanto mais o Ocidente expressava sua oposição à ocupação russa dos principados, mais ele tendia a apostar tudo em uma grandiosa aliança dos ortodoxos, até mesmo ameaçando apoiar revoltas eslavas contra os austríacos caso se juntassem ao Ocidente contra a Rússia. A convicção religiosa tornara o velho tsar impetuoso e imprudente, arriscando todas as conquistas que a Rússia tivera no Oriente Próximo em décadas de diplomacia e luta em uma aposta nos eslavos.[12]

Esperançoso de um levante sérvio, o tsar preferiu marchar rumo sudoeste de Bucareste para Rusçuk, de modo a que seus soldados estivessem perto o suficiente para ajudar os sérvios caso estes se erguessem, em vez de se concentrar nas fortalezas turcas da Silistra, mais a leste no Danúbio, como era a preferência de Paskevitch. Como Nicolau explicou em carta a Paskevitch, ele queria subordinar a estratégia militar à causa maior da libertação dos eslavos, que teria início com um levante sérvio:

> Claro que a Silistra é um ponto importante (...) mas me parece que se pretendemos avançar nossa causa por intermédio dos cristãos, e permanecer na reserva, faria mais sentido tomar Rusçuk, de onde podemos atacar o centro da Valáquia ao mesmo tempo que permanecemos entre os búlgaros e perto dos sérvios, dos quais certamente precisamos depender. Avançar além de Rusçuk dependerá de um levante geral dos cristãos, que poderia ocorrer pouco após termos ocupado Rusçuk; eu sugiro que capturar a Silistra não produziria tal efeito [sobre os sérvios], pois é longe deles.[13]

Mas Paskevitch era mais cauteloso. Ele estava nervoso que um levante sérvio obrigasse os austríacos a interferir, de modo a impedir que se espalhasse para terras Habsburgo. Em dezembro ele aconselhou o tsar a manter reservas na Polônia para o caso de um ataque austríaco, e a marchar rumo sudeste de Bucareste para a Silistra, onde os russos podiam contar com o apoio dos búlgaros sem temer a Áustria. Paskevitch achava que a Silistra podia ser tomada em três semanas, permitindo ao tsar lançar um ataque a Adrianópolis na primavera, colocando a Turquia de joelhos antes que as potências ocidentais tivessem tempo de intervir, e com base nisso Nicolau concordou com o plano de seu comandante.[14]

Contudo, enquanto as tropas russas avançavam para a Silistra não houve levante em massa dos búlgaros, nem de outros eslavos, embora em geral os búlgaros fossem pró-Rússia e tivessem tomado parte em revoltas em grande escala contra o governo muçulmano em Vidin, Nish e outras cidades nos anos anteriores. Os búlgaros recepcionaram as tropas russas como libertadoras dos turcos, mas poucos se apresentaram como voluntários, e só houve pequenos levantes esporádicos, quase todos esmagados com violência pelos homens de Omer Pasha. Em Stara Zagora, onde aconteceu maior revolta búlgara, dezenas de mulheres e jovens foram estupradas por soldados turcos.[15]

Em janeiro de 1854, o cônsul britânico na Valáquia notou que a força de ocupação estava "ativamente dedicada a alistar um corpo de voluntários composto principalmente de gregos, albaneses, sérvios e búlgaros". Eles foram incorporados ao exército russo como uma "Legião Greco-eslava". Até aquele momento apenas mil voluntários haviam sido recrutados, relatou o cônsul. Convocados a travar uma "guerra santa" contra os turcos, "eles formarão um corpo de cruzados, serão equipados e armados à custa das autoridades militares russas", observou ele. Os voluntários eram conhecidos como os "carregadores da cruz", pois levavam em suas barretinas uma "cruz ortodoxa vermelha sobre fundo branco". Segundo um oficial russo, quase todos esses voluntários tinham de ser empregados como auxiliares de polícia para manter a ordem na retaguarda, embora tivessem recebido treinamento militar. A natureza repressiva da ocupação russa, com proibição de reuniões públicas, conselhos locais tomados pelos militares, censura reforçada e comida e transporte confiscados pelos soldados, produziu ressentimento disseminado. Os russos eram desprezados pelos moldavos e valáquios, relatou o cônsul britânico, "e todos riem deles quando podem fazer isso em segurança". Houve dezenas de levantes no interior contra os confiscos, alguns reprimidos pelos cossacos com violência impiedosa, matando camponeses e queimando aldeias. As forças turcas de Omer Pasha também moveram uma guerra de terror contra dezenas de assentamentos búlgaros — destruindo igrejas, decapitando padres, mutilando vítimas de assassinato e estuprando meninas — para impedir que outros se rebelassem contra eles ou enviassem voluntários para os russos.[16]

Omer Pasha estava ainda mais preocupado em impedir os russos de penetrar na Sérvia, pelo flanco turco, onde havia grande apoio a um levante a favor dos russos entre o clero ortodoxo sérvio e alguns segmentos do campesinato (sugerindo que a avaliação do tsar e sua preferência por um ataque à Sérvia estavam certas). O comandante das forças turcas concentrou suas defesas na região estratégica em torno de Vidin, a passagem oriental para as terras sérvias do Danúbio, e no final de dezembro usou 18 mil soldados para expulsar 4 mil russos de Cetatea, do outro lado do rio (em um aperitivo do tipo de combate que iria acontecer na guerra da Crimeia, os turcos mataram mais de mil russos feridos deixados para trás do campo de batalha).[17]

A urgência com que os turcos defenderam a Sérvia foi determinada pela instabilidade do país. O príncipe Alexandre, que governava sob autorização da Porta, perdera toda a autoridade, e os elementos pró-Rússia na Igreja sérvia e na corte estavam ativamente preparando um levante contra seu governo, programado para coincidir com a esperada chegada das tropas russas à Sérvia. Os líderes do exército sérvio estavam resignados e até mesmo conspiravam para uma tomada russa, segundo o cônsul britânico em Belgrado. Em janeiro de 1854, o comandante em chefe do exército sérvio disse a ele que era "inútil resistir a uma potência invencível como a Rússia, que iria conquistar os Bálcãs e transformar Constantinopla na capital da eslavônia ortodoxa".[18]

Se a Sérvia estava perdida, havia um perigo real de toda a região dos Bálcãs se rebelar contra os otomanos. Da Sérvia era pequena a distância até Tessália e Épiro, onde 40 mil gregos já haviam se organizado em rebelião armada contra os turcos e tinham o apoio do governo em Atenas, que aproveitou a oportunidade oferecida pela ocupação russa dos principados para começar uma guerra com a Turquia pelos territórios rebeldes. Alertado pelos britânicos a não intervir em Tessália e Épiro, o rei Otão escolheu ignorá-los. Apostando na vitória russa, ou pelo menos em uma guerra prolongada no Danúbio, Otão esperava conquistar apoio para sua ditadura monárquica criando uma Grécia maior. Os sentimentos nacionalistas estavam em alta na Grécia em 1853, 400º aniversário da queda de Constantinopla para os turcos, e muitos gregos esperavam que a Rússia restaurasse um novo império grego sobre as ruínas de Bizâncio.[19]

Temendo perder todos os seus territórios nos Bálcãs, os turcos decidiram sustentar uma linha defensiva no Danúbio e atacar os russos no Cáucaso, onde podiam ter o apoio das tribos muçulmanas, para obrigá-los a retirar algumas de suas tropas da frente do Danúbio. Eles podiam contar com o apoio dos rebeldes muçulmanos contra o poder russo no Cáucaso. Em março de 1853, Shamil, o imã dos rebeldes da tribo, pedira ajuda aos otomanos em sua guerra contra o tsar. Ele escreveu ao sultão: "Nós, seus súditos, perdemos nossa força, tendo combatido os inimigos de nossa Fé por muito tempo. (...) Perdemos todos os nossos meios, e agora estamos em uma posição desastrosa." O exército de Shamil havia sido arrancado de suas bases guerrilheiras na Chechênia e no Daguestão pelas forças russas, que aumentaram sua presença constantemente desde 1845, quando Mikhail Vorontsov, governador-geral da Nova Rússia e da Crimeia, foi nomeado comandante em chefe e vice-rei do Cáucaso.* Em vez de atacar diretamente as fortalezas rebeldes, Vorontsov os

---

* É uma das ironias da Guerra da Crimeia que Sidney Herbert, o secretário da Guerra britânico em 1852-5, fosse sobrinho desse velho general russo e anglófilo. Mikhail era filho do conde Semyon Vorontsov, que viveu 47 anos em Londres, a maioria deles após sua aposentadoria como embaixador da Rússia. A filha de Semyon, Catarina, se casou com George Herbert, conde de Pembroke. General na guerra contra Napoleão, Mikhail foi nomeado governador-geral na Nova Rússia em 1823. Ele fez muito para consolidar Odessa, onde construiu um palácio magnífico, promoveu o desenvolvimento de navios a vapor no mar Negro e lutou na guerra contra os turcos em 1828-9. Seguindo as tradições anglófilas da família, Vorontsov construiu um fabuloso palácio anglo-mouro em Alupka, litoral sul da Crimeia, onde a delegação britânica à Conferência de Ialta se hospedou em 1945.

havia cercado e matado de fome queimando colheitas e aldeias; seus soldados haviam derrubado florestas para expulsar os rebeldes e construído estradas até as regiões insurgentes. Em 1853, a estratégia estava dando sinais de sucesso real: centenas de aldeias chechenas haviam passado para o lado dos russos na esperança de ser deixadas em paz para cultivar a terra; e os rebeldes haviam ficado desmoralizados. Achando que haviam contido a insurgência, os russos começaram a reduzir suas forças no Cáucaso, transferindo a maior parte para a frente do Danúbio. Fecharam muitos de seus fortes menores ao longo do litoral circassiano.[20]

Essa foi a oportunidade que os turcos decidiram explorar. Uma guerra bem-sucedida contra os russos no Cáucaso iria encorajar persas e muçulmanos por toda a região do mar Negro, talvez até mesmo levando à queda do império russo na região. Também podia receber o apoio dos britânicos, que durante anos haviam enviado armas e dinheiro aos rebeldes de Circássia e Geórgia, e havia muito planejavam se ligar a Shamil.[21]

Antes de 1853, os turcos não haviam ousado apoiar Shamil. Pelo Tratado de Adrianópolis (1829) a Porta concordara em abrir mão de todas as suas reivindicações de territórios russos no Cáucaso; e desde então os russos a haviam protegido de Mehmet Ali do Egito (que tinha boas relações com Shamil). Mas tudo mudara com a declaração de guerra turca. Em 9 de outubro, o sultão respondeu ao apelo de Shamil, o conclamando a lançar uma "guerra santa" pela defesa do Islã e a atacar os russos no Cáucaso em colaboração com o exército anatólio sob o comando de Abdi Pasha. Antecipando isso, Shamil já marchara com 10 mil homens na direção de Tbilisi, e mais voluntários foram transferidos de Circássia e Abcázia para um ataque à capital militar russa. Em 17 de outubro o cônsul britânico em Erzurum contou à secretaria do Exterior em Londres que Shamil havia colocado 20 mil soldados à disposição de Abdi Pasha para combater a Rússia. Oito dias depois a campanha turca no Cáucaso teve início quando os *bashi bazouks* do exército de Abdi Pasha em Ardahan capturaram a importante fortaleza russa de São Nicolau (Shekvetili, em georgiano), ao norte de Batumi, matando até mil cossacos e, segundo um relato do príncipe Menchikov, o comandante em chefe, torturando centenas de civis, violentando mulheres e levando navios carregados de meninos e meninas da Geórgia para serem vendidos como escravos em Constantinopla.[22]

Para apoiar sua ofensiva terrestre no Cáucaso os turcos dependiam de sua frota do mar Negro levando suprimentos. A frota turca nunca se recuperara totalmente de sua derrota esmagadora em Navarino,1827. Segundo o conselheiro naval britânico na Porta, Adolphus Slade, em 1851 a marinha turca tinha 15 mil marinheiros e 68 embarcações em condições razoáveis de navegação, mas carecia de bons oficiais e a maioria de seus marinheiros não tinha treinamento. Embora não fosse páreo para a frota russa, a marinha turca ganhou confiança no final de outubro, quando as frotas francesa e britânica lançaram âncora em Beykoz, um subúrbio de Constantinopla, no Bósforo: com cinco navios em linha de batalha (embarcações de dois e três conveses com pelo menos setenta canhões cada), onze conveses duplos, quatro fragatas e três vapores, eles tinham poder combinado mais que suficiente para manter a frota russa a distância. A frota russa do mar Negro estava dividida em dois esquadrões: um, comandado pelo almirante Vladimir Kornilov, patrulhava a metade ocidental do mar Negro; o outro, comandado pelo vice-almirante Pavel Nakhimov, patrulhava a metade oriental. Ambos tinham ordem de Menchikov de destruir qualquer navio turco levando suprimentos para o Cáucaso. Os ministros e altos comandantes turcos tinham conhecimento das patrulhas inimigas, mas ainda assim resolveram enviar uma pequena frota para o mar Negro. Os russos tinham todos os motivos para crer que os navios turcos levavam armas e homens para o Cáucaso, como de fato faziam. Mas os turcos tinham confiança em que se seus navios fossem atacados pelos russos, os britânicos e franceses iriam resgatá-los. Talvez de fato esse fosse seu objetivo — provocar um ataque russo e assim forçar as potências ocidentais a se envolver em uma guerra naval no mar Negro. Eles certamente pareciam indiferentes à situação precária de sua frota, ancorada em Sinope, no litoral da Anatólia, ao alcance do maior e mais poderoso esquadrão de Nakhimov (seis encouraçados modernos, duas fragatas e três vapores).[23]

Em 30 de novembro Nakhimov deu a ordem de atacar. Os canhões pesados e os obuses explosivos de seu esquadrão eliminaram a frota turca. Era a primeira vez que obuses explosivos eram usados em uma batalha naval. Os russos haviam projetado um tipo especial de obus que penetrava nas tábuas de madeira dos navios turcos antes de detonar sua carga explosiva, os partindo por dentro. Slade estava no único navio turco que escapou, um vapor de pás giratórias chamado *Taif*. Ele deixou este relato:

Em uma hora, ou uma hora e meia, a ação virtualmente finda, salvo um tiro aqui e outro ali pela falta de meios de um lado de continuar, metade das tripulações dos navios turcos fora massacrada, seus canhões em sua maioria desmontados e suas laterais literalmente arrasadas pelo número e o peso dos disparos do inimigo. Alguns dos navios estavam em chamas. (...) Os russos aplaudiam, eles tinham conseguido o objetivo pelo qual haviam penetrado na baía, a destruição do esquadrão turco, e segundo todas as considerações deveriam ter cessado fogo, e tivessem feito assim, teriam evitado censura merecida, mas voltaram a abrir fogo sobre os cascos desamparados, e além dos navios já envolvidos, suas fragatas entraram na baía para se aproximar deles e concluir a demolição. Assim, muitos homens perderam suas vidas pelos disparos ou por afogamento em sua tentativa de chegar à costa (...). Junto com os navios, os russos destruíram o bairro turco de Sinope com obuses e cápsulas, a ruína é completa, não resta nenhuma casa de pé, os habitantes tendo seguido o governador em sua fuga da cidade ao primeiro disparo.

Segundo Slade, o ataque russo matou 2.700 marinheiros turcos, de um total de 4.200 em Sinope. Na cidade, havia caos e destruição por toda parte. Cafés se tornaram hospitais improvisados. Havia centenas de civis feridos, mas apenas três médicos na cidade. Seis dias se passaram antes que os russos suspendessem o bombardeio e os feridos pudessem ser levados de barco para Constantinopla.[24]

Alguns dias depois Slade relatou os detalhes da batalha à Porta. Ele achou os ministros estranhamente impassíveis diante da notícia — reforçando a suspeita de que os turcos haviam provocado o ataque dos russos para colocar as potências ocidentais na guerra.

Seu apartamento alegremente almofadado e suas pessoas esguias vestidas de peles aprofundaram na imaginação, pela força do contraste, a melancolia dos cafés pobres de Sinope com seus ocupantes se contorcendo. Eles escutaram, aparentemente despreocupados, a história medonha; observaram impassíveis uma visão panorâmica da baía de Sinope, tirada alguns dias antes da ação pelo tenente O'Reilly, do *Retribution*. Um estranho, ignorando o *nil admirari* dos otomanos, imaginaria que eles estavam ouvindo um relato e olhando para uma imagem de um desastre em águas chinesas.[25]

De fato, a derrota deu nova vida aos esforços diplomáticos da Porta. Era um sinal da influência de Reshid e sua determinação de impedir que a guerra escalasse. Do seu ponto de vista, um último esforço de envolver as potências ocidentais em um acordo era necessário para que elas fossem conquistadas para o lado turco no caso de uma guerra generalizada.

Em 5 de dezembro, o conde Buol, ministro das Relações Exteriores da Áustria, apresentou aos russos um conjunto de termos de um tratado de paz feito pela Porta e que tinha a concordância das quatro potências (Áustria, Prússia, Grã-Bretanha e França) na Conferência de Viena. Se o tsar concordasse em evacuar imediatamente os principados do Danúbio os turcos enviariam representantes para negociar uma paz diretamente com os russos sob supervisão internacional. Eles prometeram renovar seus tratados com a Rússia e aceitar suas propostas com relação à Terra Santa. Em 18 de dezembro, o Grande Conselho resolveu aceitar a paz nessas condições.

Em Constantinopla houve manifestações raivosas de estudantes religiosos contra a decisão do grande Conselho. "Nos últimos três dias a capital turca vive em um estado de insurreição", relatou Stratford Canning no dia 23. Os estudantes fizeram assembleias ilegais e ameaçaram Reshid Pasha e os outros ministros. Havia boatos de um massacre de cristãos nos bairros europeus da cidade. Stratford convidou diplomatas e suas famílias a se abrigar na Embaixada britânica. Escreveu a Reshid Pasha, o conclamando a ser duro com os estudantes, mas Reshid, que não era conhecido pela coragem pessoal, havia pedido demissão e estava escondido da turba na casa do filho de Besiktas. Stratford não conseguiu encontrá-lo. Temendo uma revolução religiosa, ele levou vários vapores da frota britânica em Beykoz para o centro da capital, e foi procurar o sultão para cobrar dele medidas firmes contra os possíveis insurretos. No dia seguinte, 160 estudantes religiosos foram presos pela polícia e levados perante o Grande Conselho. Convidados a justificar sua insurreição seus líderes retrucaram "que as condições prescritas pelo Corão para paz após a guerra haviam sido ignoradas" pelo Grande Conselho. Após ter sido explicado que a Porta não havia feito a paz, apenas estabelecido condições para negociações, os estudantes foram perguntados se gostariam de ir para a frente de batalha, já que queriam tanto a guerra, mas eles retrucaram que seu dever era pregar, não combater. Em vez disso, foram mandados para o exílio em Creta.[26]

As notícias de Sinope chegaram a Londres em 11 de dezembro. A destruição da frota turca havia sido uma ação justificada dos russos, que afinal estavam em guerra contra a Turquia, mas a imprensa britânica imediatamente declarou ser um "ultraje violento" e um "massacre", e exagerou muito alegando que 4 mil civis haviam sido mortos pelos russos. O *Times* declarou que "Sinope acaba com as esperanças de paz que fomos levados a acalentar (...). Achamos que era nosso dever apoiar e defender a causa da paz enquanto a paz fosse compatível com a honra e a dignidade de nosso país (...) mas o imperador da Rússia desafiou as potências marítimas (...) e agora a guerra começou verdadeiramente". O *Chronicle* declarou: "Devemos desembainhar a espada, se desembainhar devemos, não apenas para preservar a independência de um aliado, mas para humilhar as ambições e obstar as maquinações de um déspota cujas pretensões intoleráveis o tornaram inimigo de todas as nações civilizadas." A imprensa provincial seguiu a linha belicosa e russofóbica de Fleet Street. "Simplesmente falar com o tsar não adiantará de nada", argumentou em editorial o *Sheffield and Rotherham Independent*. "Parece ter chegado o momento em que temos de agir para dissipar os desígnios e esforços malévolos da Rússia." Em Londres, Manchester, Rochdale, Sheffield, Newcastle e muitas outras cidades houve manifestações públicas em defesa da Turquia. Em Paisley, o propagandista antirrusso David Urquhart falou a uma multidão durante duas horas, encerrando com um apelo "ao povo da Inglaterra (...) para apelar à sua soberana e pedir que outra guerra seja proclamada contra a Rússia, ou que o esquadrão britânico se retire das águas turcas". Jornais publicaram petições à rainha exigindo uma postura mais ativa contra a Rússia.[27]

A posição do governo britânico — uma frágil coalizão de liberais e conservadores pelo livre-comércio, sustentada com dificuldade por lorde Aberdeen — foi alterada drasticamente pela reação popular a Sinope. Inicialmente o governo reagira com calma à notícia. A maior parte do gabinete adotou o ponto de vista do primeiro-ministro de que devia ser dado mais tempo às iniciativas de paz promovidas pelos austríacos. Concordou-se com que as frotas britânica e francesa deveriam fazer sua presença ser sentida no mar Negro, mas que essa demonstração de força naval devia ser usada para forçar os russos a aceitar conversações de paz, não para provocar uma guerra. Havia uma sensação geral de que a Grã-Bretanha não devia ser arrastada para uma guerra pelos turcos, que haviam causado o desastre a eles mesmo. Como a própria rainha Vitória havia alertado:

Assumimos juntamente com a França todos os riscos de uma guerra europeia sem ter limitado a Turquia a quaisquer condições com relação a provocá-la. Os cento e vinte turcos fanáticos que compõem o Divã em Constantinopla são os únicos juízes da linha de conduta a ser seguida, e ao mesmo tempo têm conhecimento do fato de que Inglaterra e França se comprometeram a defender o território turco! Isso é confiar a eles um poder que o Parlamento tem relutado em confiar até mesmo às mãos da Coroa britânica.[28]

Naquele ponto, a rainha concordava com Aberdeen em que a invasão dos principados não devia ser considerada razão para uma guerra contra a Rússia. Como ele, ainda estava inclinada a confiar no tsar, que ela conhecera e de quem passara a gostar dez anos antes, e achava que seus atos agressivos podiam ser contidos. Seu ponto de vista particular era contra os turcos, que também tinham responsabilidade por sua postura com relação à invasão russa. Antes de Sinope, Vitória havia escrito em seu diário que "seria do interesse da paz, e uma grande vantagem geral, se os turcos fossem sonoramente derrotados". Depois ela passou a ver a invasão de modo diferente, esperando que uma derrota turca pelos russos deixasse os dois lados mais receptivos a iniciativas de paz europeias. "Uma vitória decisiva dos russos por *terra* pode, e *confio terá*, um efeito pacificador por tornar o imperador magnânimo e os turcos acessíveis à razão", observou ela em seu diário no dia 15 de dezembro.[29]

Resistir à disposição turca para a guerra era uma coisa; outra bem diferente era resistir aos gritos de guerra da imprensa britânica, especialmente quando Palmerston, que se desligara do gabinete em 14 de dezembro, ostensivamente por causa da reforma parlamentar, somava sua própria voz ao coro dos que exigiam ação militar — sendo seu objetivo desafiar o amante da paz Aberdeen estando fora do governo e conquistando a opinião pública com sua própria campanha por uma política externa mais agressiva. Palmerston sustentava que a ação em Sinope era um ataque indireto às potências ocidentais, que haviam enviado seus navios de guerra ao Bósforo como um alerta à Rússia. "O esquadrão do sultão foi destruído em um porto turco onde as frotas inglesa e francesa, caso presentes, a teriam protegido", explicou ele a Seymour. Sinope era prova de uma agressão russa — era o pretexto moral de que a Grã-Bretanha precisava (e que Palmerston havia procurado) para destruir a ameaça russa no Oriente —, e continuar com as conversações de paz em Viena apenas tornaria mais difícil para as potências ocidentais travar essa "guerra justa e necessária". No gabinete, Palmerston era apoiado por Russel, o líder da Câmara dos Comuns, e de modo determinante por Clarendon, o secretário do Exterior, que deu meia-volta e adotou a posição de Palmerston quando sentiu a reação popular à destruição da frota turca (a rainha observou em seu diário em 15 de dezembro que ele se tornara "mais belicoso do que era, por medo dos jornais"). Ele escreveu a Aberdeen em 18 de dezembro: "Você acha que eu me importo demais com a opinião pública, mas na verdade quando a assustadora carnificina de Sinope for conhecida estaremos todos inteiramente desgraçados se por uma simples questão de humanidade não tomarmos medidas práticas para impedir novas situações ultrajantes como essa."[30]

Com Palmerston fora do gabinete, coube a Clarendon comandar o partido da guerra. Sinope demonstrara que os russos não tinham "intenção real de fazer a paz mesmo se os turcos apresentassem termos razoáveis", disse Clarendon a Aberdeen, portanto não fazia mais sentido conversar com eles. Ele conclamou o primeiro-ministro a usar Sinope como um "argumento moral" para rejeitar a iniciativa de paz austríaca e tomar medidas fortes contra a Rússia. Determinado a abalar as negociações de paz, ele disse a Stratford para instruir os turcos a consolidar sua posição, e alertou Buol de que a Áustria estava sendo suave demais com a Rússia. Era tarde demais para conversas, disse ao lorde Cowley, embaixador britânico em Paris; chegara a hora de as potências ocidentais "eliminar a Rússia como uma potência naval no Oriente".[31]

O apoio francês foi fundamental para Palmerston e o partido da guerra no gabinete britânico. Napoleão estava determinado a usar Sinope como pretexto para tomar medidas fortes contra a Rússia, em parte pelo cálculo de que era uma oportunidade de consolidar uma aliança com a Grã-Bretanha, e em parte pela crença em que um imperador da França não devia tolerar a humilhação de sua frota caso a ação russa não fosse punida. No dia 19 de dezembro, Napoleão propôs que as frotas francesa e britânica entrassem no mar Negro e obrigassem todas as belonaves russas a retornar a Sebastopol. Ele até mesmo ameaçou que os franceses agiriam sozinhos se a Grã-Bretanha se recusasse. Isso foi suficiente para fazer Aberdeen relutantemente capitular: o medo de uma França renascida, se não o medo da Rússia, o obrigara. No dia 22 de dezembro concordou-se em que uma frota combinada iria proteger a navegação turca no mar Negro. Palmerston retornou ao gabinete, líder inquestionável do partido da guerra, na véspera do Natal.[32]

Mas as origens da Guerra da Crimeia não podem ser compreendidas estudando apenas os motivos de estadistas e diplomatas. Essa foi uma guerra — a primeira guerra da história — a ser produzida pela pressão da imprensa e da opinião pública. Com o desenvolvimento das ferrovias permitindo o surgimento de uma imprensa nacional nos anos 1840 e 1850, a opinião pública se tornou uma força poderosa na política britânica, possivelmente superando a influência do Parlamento e do próprio gabinete. *The Times*, o principal jornal do país, era havia muito intimamente ligado ao Partido Conservador; mas cada vez mais agia e se via como nada menos que uma instituição nacional, um "Quarto Estado", nas palavras de Henry Reeve, seu diretor de internacional, que escreveu sobre sua profissão em 1855: "Jornalismo não é o instrumento pelo qual as várias divisões da classe dirigente se expressam: é o instrumento pelo qual a inteligência somada do país critica e controla todas elas. É de fato o 'Quarto Estado' do reino: não meramente a contraparte escrita e a voz do Terceiro." O governo não tinha escolha senão reconhecer essa nova realidade. "Um ministro inglês tem de satisfazer os jornais", lamentou Aberdeen, um conservador da velha escola que se deslocava entre o palácio e seu clube em Pall Mall. "Os jornais estão sempre choramingando por interferência. Eles são atormentadores e fazem do governo um atormentador."[33]

Nesse sentido Palmerston foi o primeiro político realmente moderno. Ele compreendeu a necessidade de manter boas relações com a imprensa e apelar ao público em termos simples de modo a criar um eleitorado popular. O tema que permitiu a ele conseguir isso foi a guerra à Rússia. Sua política externa conquistou a imaginação do público britânico como a encarnação de seu próprio caráter nacional e seus ideais populares: era protestante e amante da liberdade, enérgica e aventureira, confiante e ousada, beligerante na defesa dos pequenos, orgulhosamente britânica e desdenhosa para com estrangeiros, particularmente aqueles de religião católica romana e ortodoxa, que Palmerston associava aos piores vícios e excessos do continente. O público adorava seu compromisso verbal para com o intervencionismo liberal no exterior: isso reforçava sua visão tipicamente inglesa de que a Grã-Bretanha era o maior país do mundo e que a tarefa de seu governo devia ser exportar seu modo de vida para aqueles menos felizes que viviam além de suas costas.

Palmerston se tornou tão popular, e sua política externa se tornou tão intimamente ligada à defesa dos "valores britânicos" na imaginação popular, que qualquer um que tentasse deter a orientação para a guerra provavelmente seria atacado pela imprensa patriótica. Esse foi o destino dos pacifistas, os radicais do livre-comércio Richard Cobden e John Bright, cuja recusa a ver a Rússia como uma ameaça aos interesses britânicos (que do seu ponto de vista eram mais bem servidos comerciando com a Rússia) levou a imprensa a atacá-los como sendo "pró-russos" e, portanto, "anti-ingleses". Mesmo o príncipe Alberto, cujos hábitos continentais eram repudiados, se viu atacado como alemão ou russo (muitas pessoas pareciam incapazes de diferenciar os dois). Foi acusado de traição pela imprensa, com destaque para o *Morning Advertiser* (o tabloide sensacionalista da época), após ter corrido o boato de que uma intriga da corte havia sido responsável pela renúncia de Palmerston em dezembro. Quando Palmerston retornou ao cargo foi amplamente relatado pelo segmento mais vulgar da imprensa que Alberto havia sido enviado como traidor para a Torre de Londres, e multidões se reuniram lá para ter um vislumbre do príncipe aprisionado. O *Morning Advertiser* chegou a pedir sua execução, acrescentando por garantia: "Melhor que algumas gotas de sangue culpado sejam derramadas em um patíbulo em Tower Hill que um país ter negado seu desejo de guerra!" A rainha Vitória se sentiu tão ultrajada que ameaçou abdicar. Aberdeen e Russell conversaram com os editores dos grandes jornais em benefício da rainha, mas a resposta que receberam revelava pouca esperança de que a campanha chegasse ao fim: os próprios editores haviam aprovado as matérias, e em alguns casos as escrito, porque isso vendia jornal.[34]

Na imaginação popular, a luta contra a Rússia envolvia "princípios britânicos" — a defesa da liberdade, da civilização e do livre-comércio. A proteção da Turquia contra a Rússia estava associada à galante virtude britânica de defender os desamparados e fracos contra tiranos e intimidadores. O ódio aos russos transformou os turcos em exemplos de virtude na avaliação popular — uma visão romântica que tinha suas origens em 1849, quando os turcos haviam dado refúgio aos combatentes da liberdade húngaros e poloneses contra a opressão tsarista. Quando uma Associação para a Proteção da Turquia e de Outros Países contra a Partilha foi criada pelo turcófilo Urquhart no começo de 1854, logo recebeu a filiação de milhares de radicais.

A questão de defender os muçulmanos turcos contra os russos cristãos representava um grande obstáculo para conservadores anglicanos como Aberdeen e Gladstone, e mesmo a rainha, cujas simpatias religiosas a tornavam hostil aos turcos (privadamente ela queria o estabelecimento de um "império grego" para substituir os otomanos na Europa e esperava que com o tempo os turcos "se tornassem *todos* cristãos").[35] O obstáculo foi colocado de lado por evangélicos radicais que indicaram as reformas tanzimat como evidência do liberalismo e da tolerância religiosa turcos. Alguns líderes religiosos argumentaram até mesmo que os turcos haviam contribuído para espalhar o protestantismo pelo Oriente Próximo — uma ideia em grande medida baseada no trabalho missionário dos protestantes no império otomano. Proibidos pela Porta de converter muçulmanos, os missionários anglicanos haviam se concentrado em ortodoxos e católicos, e todo converso chegava com histórias do comportamento maldoso de seus padres. A questão foi abordada por lorde Shaftesbury em um debate na Câmara dos Lordes sobre a supressão pelos otomanos das revoltas gregas em Tessália e Épiro. Em discurso inspirado por zelo missionário evangélico, Shaftesbury argumentou que os cristãos dos Bálcãs eram tão vítimas dos sacerdotes gregos ortodoxos e seus apoiadores russos quanto das autoridades turcas. Do ponto de vista de converter cristãos à religião protestante, concluiu Shaftesbury, o mando turco era preferível à crescente influência do tsar, que sequer permitia a circulação da Bíblia em russo em suas próprias terras.* Se os russos conquistassem os Bálcãs, a mesma escuridão se abateria e toda esperança da religião protestante seria perdida na região. Em contraste, a Porta, sustentou Shaftesbury, não era hostil ao trabalho missionário dos anglicanos: interviera para proteger conversos protestantes de perseguição por outros cristãos, e até mesmo concedera status de *millet* à religião protestante em 1850 (ele não mencionou que convertidos do islamismo eram condenados à morte pela lei otomana). Como muitos anglicanos, Shaftesbury pintou um quadro simpático ao islamismo, cujos rituais silenciosos pareciam mais com suas próprias formas de prece contemplativa do que os rituais barulhentos e semipagãos dos ortodoxos. Tais ideias eram comuns na comunidade evangélica. Em um encontro público para discutir o conflito russo-turco em dezembro, por exemplo, um orador insistiu em

---

* Não houve Bíblia russa — apenas um saltério e um Livro de Horas — até a década de 1870.

que "o turco não era infiel. Ele era unitarista". "Quanto aos gregos russos ou cristãos gregos ele não disse nada contra seu credo, mas eles eram uma raça embriagada, dançarina e insignificante. Ele falou a partir de observação pessoal", relatou o *Newcastle Guardian*.[36]

A simples menção do nome do sultão era suficiente para evocar aplausos agitados. Em uma reunião em um teatro em Chester, por exemplo, duas mil pessoas aprovaram por aclamação uma resolução pedindo ao governo para ajudar o sultão "com as mais firmes medidas bélicas", com base em que

> não há soberano na Europa que tenha mais direito ao apoio deste país que o sultão: nenhum soberano fez mais pela tolerância religiosa; pois ele estabeleceu a igualdade religiosa em seus domínios. Seria uma desonra para os ingleses colocá-lo no mesmo patamar de Alfreds e Edwards; e se devidamente apoiado na presente crise pelas nações da Europa Ocidental, ele fará seus domínios felizes e prósperos e estabelecerá relações comerciais de vantagem mútua entre eles e a Grã-Bretanha.

Quando o *Times* sugeriu que os cristãos dos Bálcãs poderiam preferir a proteção do tsar à continuação do mando do sultão, foi atacado com veementes insinuações nacionalistas pelo *Morning Herald* e o *Morning Advertiser*, que o acusaram de ser anti-inglês: "É impresso na língua inglesa, mas essa é a única coisa inglesa nele. No que diz respeito à Rússia, é inteiramente russo."[37]

Também na França a imprensa teve uma influência ativa na política externa de Napoleão. A maior pressão vinha da imprensa provincial católica, que pedia uma guerra à Rússia desde o início da disputa na Terra Santa. Seus apelos se tornaram ainda mais veementes depois da notícia de Sinope. "Uma guerra com a Rússia é lamentável, mas necessária e inevitável", argumentou um editorial em *Union franc-comtoise* em 1º de janeiro de 1854, porque "se França e Grã-Bretanha não detiverem a ameaça russa à Turquia, também serão escravizadas pelos russos, assim como os turcos."

O *leitmotiv* dessa propaganda antirrussa era "a cruzada da civilização contra a barbárie" — um tema que também domina o best-seller russofóbico de Gustave Doré de 1854, *Histoire pittoresque, dramatique et caricaturale de la Sainte Russie*. A principal ideia do cartum prototípico de Doré — no qual o barbarismo da Rússia era a fonte de sua agressão — era lugar-comum no lobby pela guerra dos dois lados do Canal. Na Grã-Bretanha era usado para refutar o argumento de Cobden e Bright de que a Rússia era atrasada demais para invadir a Inglaterra: foi lançada uma campanha publicitária para documentar a tese de que *como* a Rússia era tão atrasada ela precisava aumentar seus recursos por intermédio de expansão territorial. Na França o argumento tinha insinuações culturais mais fortes, convidando a uma comparação entre russos e hunos. "O imperador Nicolau é muito como Átila", alegou um editorial no jornal *Impartial* no final de janeiro de 1854.

> Fingir o contrário é inverter todas as noções de ordem e justiça. Falsidade em política e falsidade em religião — isso é o que a Rússia representa. Seu barbarismo, que tenta imitar nossa civilização, inspira nossa desconfiança, seu despotismo nos enche de horror (...). Seu despotismo é talvez adequado a uma população que se arrasta nos limites do animalesco como um rebanho de animais fanáticos; mas não é adequado a um povo civilizado. (...) As políticas de Nicolau produziram uma tempestade de indignação em todos os Estados civilizados da Europa; são as políticas do estupro e da pilhagem; eles são banditismo em enorme escala.[38]

Para a imprensa ultramontana, a maior ameaça à civilização ocidental era a religião da Rússia. Se a marcha para o Oeste dos exércitos do tsar não fosse detida, argumentava-se, o cristianismo seria devastado pelos ortodoxos e uma nova era de perseguição religiosa escravizaria os católicos. O editor de *Union franc-comtoise* escreveu: "Se permitirmos que a Rússia tome a Turquia, logo veremos a heresia grega sendo imposta a todos nós por armas cossacas; a Europa perderá não apenas sua liberdade, mas sua religião (...). Todos seremos obrigados a ver nossos filhos serem educados no cisma grego, e a religião católica perecerá nos desertos gelados da Sibéria para onde serão mandados aqueles que erguerem a voz para defendê-la." Ecoando as palavras do cardeal de Paris, o *Spectateur de Dijon* conclamou os católicos da França a travar uma "guerra santa" contra os russos e os gregos em defesa de sua herança religiosa:

> A Rússia representa uma ameaça especial a todos os católicos, e nenhum de nós deveria se equivocar quanto a isso. O imperador Nicolau fala de privilégios para os gregos no Santo Sepulcro, privilégios comprados com sangue russo. Séculos se passarão antes que os russos derramem uma fração

do sangue que os franceses verteram nas cruzadas pelos Lugares Sagrados (...). Temos uma herança a conservar ali, um interesse a defender. Mas não é apenas isso. Estamos diretamente ameaçados pelo proselitismo da Igreja greco-russa. Sabemos que em São Petersburgo eles acalentam o sonho de impor uma autocracia religiosa ao Ocidente. Eles esperam nos converter à sua heresia pela expansão sem limites de seu poder militar. Se a Rússia se instalar no Bósforo, conquistará Roma tão rapidamente quanto Marselha. Um ataque rápido será suficiente para remover o papa e os cardeais antes que qualquer um possa interferir.

Para a imprensa provincial católica essa guerra santa também seria uma oportunidade de reforçar a disciplina religiosa internamente — de reagir à influência secularizante da Revolução e devolver a Igreja ao centro da vida nacional. Franceses que haviam sido divididos pelas barricadas em 1848 seriam reunidos pela defesa de sua fé.[39]

Napoleão incorporou essa ideia. Ele sem dúvida imaginou que uma guerra gloriosa iria reconciliar a nação com o exército repressor de seu golpe de Estado. Mas seu entusiasmo nunca foi realmente partilhado pelo povo francês, que como um todo permaneceu indiferente à disputa na Terra Santa e à Questão Oriental, mesmo após as notícias da batalha de Sinope. Era Napoleão quem falava em seguir o "caminho da honra" e lutar contra a agressão russa; era a imprensa que dava voz ao "ultraje do público francês"; mas segundo relatos de prefeitos e procuradores, as pessoas comuns não se comoviam. Embora os franceses fossem lutar — e morrer — na Crimeia em número muito maior que os britânicos, eles nunca ficaram tão excitados com as causas da guerra quanto seus aliados. No mínimo os franceses eram hostis à ideia de uma guerra na qual estariam aliados aos ingleses, seu inimigo tradicional. Havia o sentimento generalizado de que a França estava sendo arrastada para uma guerra que seria travada pelos interesses imperiais britânicos — um ponto constantemente evocado pela oposição a Napoleão — e que a França pagaria o preço por isso. O mundo empresarial era especialmente adversário da ideia de guerra, temendo impostos mais altos e prejuízos à economia. Havia previsões de que antes que um ano se passasse qualquer guerra se tornaria tão impopular que a França seria obrigada a pedir paz.

No final de janeiro o sentimento contra a guerra chegara ao círculo íntimo do imperador. Em um conselho de altos funcionários reunido por Napoleão para discutir o protesto da Rússia pela chegada das frotas francesa e britânica ao mar Negro em 4 de janeiro, dois dos maiores aliados políticos do imperador, Jean Bineau, ministro das Finanças, e Achille Fould, conselheiro de Estado, defenderam um acordo com a Rússia para evitar entrar em guerra. Eles estavam preocupados com a falta de preparativos militares: o exército não estava mobilizado ou preparado para uma guerra nos primeiros meses de 1854, tendo sido reduzido para aplacar os medos britânicos de uma invasão francesa após o golpe de Estado de dezembro de 1851. Bineau chegou a ameaçar pedir demissão caso houvesse guerra, alegando que seria impossível levantar os impostos necessários sem grandes revoltas sociais (uma ameaça que ele não cumpriu). Napoleão foi suficientemente contido por essas vozes discordantes para repensar seus planos de guerra e renovar a busca de soluções diplomáticas para a crise. Em 29 de janeiro, ele escreveu diretamente ao tsar se oferecendo para negociar um acordo com a mediação dos austríacos e sugerindo como base de negociação que os franceses e britânicos poderiam retirar suas frotas do mar Negro caso o tsar retirasse suas tropas dos principados do Danúbio. A carta de Napoleão foi imediatamente divulgada — um artifício concebido para provar ao público francês ansioso que estava fazendo tudo o que podia pela paz, como ele mesmo confidenciou ao barão Hübner, embaixador austríaco em Paris.[40]

Palmerston e seu partido da guerra ficaram de olho nos franceses. Eles temiam que Napoleão tentasse recuar de um confronto militar com a Rússia no último instante, e usaram todos os meios a seu dispor para fortalecer sua disposição e abalar seus esforços por um acordo diplomático. Eram os britânicos, não os franceses, que queriam guerra e mais pressionaram por isso nos primeiros meses de 1854.

Sua tarefa foi facilitada pela intransigência do tsar. Em 16 de fevereiro, a Rússia rompeu relações com Grã-Bretanha e França, retirando seus embaixadores em Londres e Paris. Cinco dias depois, o tsar rejeitou a proposta de Napoleão para uma troca em mar Negro e principados. Em vez disso propôs que as frotas ocidentais impedissem os turcos de carregar armas para o litoral da Rússia no mar Negro — uma clara referência às causas de Sinope. Com essa condição, e apenas com ela, ele se oferecia para negociar com o enviado da Porta em São Petersburgo. Compreendendo que sua postura desafiadora era um convite à guerra, ele alertou Napoleão de que em 1854 a Rússia era a mesma que havia sido em 1812.

Era uma rejeição impressionantemente insensível do tsar ao francês, que oferecera a ele a melhor forma de escapar de um confronto com britânicos e turcos. A tentativa francesa era sua última oportunidade de evitar o total isolamento no continente. Ele tentara estabelecer laços com austríacos e prussianos no final de janeiro, enviando o conde Orlov a Viena com a proposta de que a Rússia defenderia a Áustria contra as potências ocidentais (uma óbvia referência aos medos de Francisco José de que Napoleão estimulasse problemas para os Habsburgo na Itália) se eles assinassem uma declaração de neutralidade juntamente com a Prússia e os outros Estados alemães. Mas os austríacos estavam alarmados com a ofensiva russa nos Bálcãs — não deram atenção à sugestão do tsar de que participariam da partilha do império otomano — e deixaram claro que não iriam cooperar com os russos a não ser que as fronteiras turcas permanecessem imutáveis. Eles estavam tão preocupados com a ameaça de um levante sérvio em apoio à ofensiva russa que colocaram 25 mil novos soldados na sua fronteira com a Sérvia.[41]

Em 9 de fevereiro, o tsar soube que Orlov havia fracassado em sua missão. Também soube que os austríacos estavam se preparando para enviar tropas à Sérvia para impedir a ocupação pelas suas tropas. Então parece extraordinário que rejeitasse a única chance que lhe restara — a iniciativa de Napoleão — para impedir uma guerra contra as potências ocidentais, uma guerra que certamente temeu perder caso a Áustria se opusesse à Rússia. É tentador crer, como alguns historiadores creem, que Nicolau finalmente perdera toda noção de proporção, que a tendência à perturbação mental com a qual nascera — sua impulsividade, seu comportamento precipitado e sua irritabilidade melancólica — se misturara à arrogância adquirida por um governante autocrata após quase trinta anos escutando sicofantas.[42] Durante a crise de 1853-4, em certos momentos, ele se comportou como um jogador que aposta mais que sua mão vale: após anos de esforços pacientes para consolidar a posição da Rússia no Oriente Próximo, ele estava arriscando tudo em uma guerra contra os turcos, desesperadamente apostando todos os seus ganhos em um único giro da roleta.

Mas seria isso realmente aposta do seu ponto de vista? Sabemos pelos escritos particulares de Nicolau que ele ganhou confiança com comparações com 1812. Ele constantemente se referia à guerra de seu irmão mais velho com Napoleão como um motivo pelo qual seria possível à Rússia lutar sozinha contra o mundo. Escreveu em fevereiro: "Se a Europa me forçar a ir à guerra, seguirei o exemplo de meu irmão Alexandre em 1812, me aventurarei em uma guerra sem quartel a ela, caso necessário irei me retirar para trás dos Urais, e não deporei armas enquanto os pés de forças estrangeiras estiverem pisando em qualquer ponto da terra russa."[43]

Esse não era um argumento pensado. Não era baseado em qualquer cálculo das forças armadas à sua disposição ou qualquer raciocínio cuidadoso sobre as dificuldades práticas com que os russos iriam se deparar ao combater as forças superiores das potências europeias, dificuldades muitas vezes destacadas por Menchikov e seus outros altos comandantes, que o haviam alertado várias vezes para não provocar uma guerra com a Turquia e as potências ocidentais invadindo os principados do Danúbio. Era uma reação puramente emocional, baseada no orgulho e na arrogância do tsar, em sua noção inflada do poder e do prestígio russos e, talvez acima de tudo, sua crença profunda em estar mergulhado em uma guerra religiosa para concluir a missão providencial da Rússia no mundo. Nicolau acreditava sinceramente em que havia sido chamado por Deus para travar uma guerra santa pela libertação dos ortodoxos do jugo muçulmano, e nada o afastaria dessa "causa divina". Como explicou a Frederico Guilherme, o rei prussiano, em março de 1854, ele estava preparado para travar essa guerra sozinho, contra as potências ocidentais, caso estas se aliassem aos turcos:

> Guerreando não por vantagens terrenas nem por conquistas, mas por um objetivo unicamente cristão, devo ser deixado só para lutar sob o estandarte da Cruz Sagrada e ver os outros, que se dizem cristãos, todos unidos em torno do Crescente para combater a cristandade? (...) Nada me resta senão lutar, vencer ou perecer com honra, como um mártir de nossa fé sagrada, e quando digo isso, o declaro em nome de toda a Rússia.[44]

Essas não eram as palavras de um jogador imprudente; eram os cálculos de um crente.

Rejeitado pelo tsar, Napoleão não tinha opção a não ser apor sua assinatura no ultimato britânico aos russos para se retirar dos principados: para ele era uma questão de honra nacional e prestígio. Enviado ao tsar em 27 de fevereiro, o ultimato afirmava que, caso não fosse respondido em seis dias, automaticamente passaria a haver um estado de guerra entre as potências ocidentais e a Rússia. Não havia mais referência a conversações de paz — não foi dada ao tsar nenhuma oportunidade para apresentar termos —, de modo que o objetivo do ultimato claramente era precipitar uma guerra. Havia a conclusão prévia de que o tsar rejeitaria o ultimato — ele considerou indigno até mesmo responder —, de modo que assim que enviaram o ultimato as potências ocidentais estavam com efeito agindo como se a guerra já houvesse sido declarada. No final de fevereiro tropas já estavam sendo mobilizadas.

Antoine Cetty, o intendente do exército francês, escreveu ao marechal de Castellane em 24 de fevereiro:

> O tsar respondeu negativamente [à carta de Napoleão]; resta agora fazer os preparativos para a guerra. A ideia do imperador era fazer tudo a seu alcance para não enviar uma força expedicionária ao Oriente, mas a Inglaterra nos arrastou em sua corrida impetuosa para a guerra. Era impossível permitir que uma bandeira inglesa tremulasse sem a nossa nas muralhas de Constantinopla. A toda parte que a Inglaterra vai sozinha, rapidamente se torna a única senhora, e não liberta sua presa.

Esse era basicamente o resumo. No momento da decisão, Napoleão hesitara quanto à guerra. Mas no final ele precisava da aliança com os britânicos, e temeu perder a partilha dos espólios caso não se juntasse a eles em uma guerra pela defesa dos interesses ocidentais no Oriente Próximo. O imperador francês confessou em discurso ao Senado e à Assembleia Legislativa em 2 de março:

> A França tem um interesse tão grande quanto a Inglaterra — talvez um interesse maior — em garantir que a influência da Rússia não se estenda permanentemente para Constantinopla; porque reinar em Constantinopla significa reinar no Mediterrâneo; e acho que nenhum de vocês, cavalheiros, diria que apenas a Inglaterra tem interesses vitais nesse mar, que banha trezentas léguas de nossas costas. (...) Por que vamos para Constantinopla? Vamos para lá com a Inglaterra defender a causa do sultão, e não menos para proteger os direitos dos cristãos; vamos para lá defender a liberdade de nossos mares e nossa justa influência no Mediterrâneo.[45]

Na verdade não era de modo algum claro pelo que os aliados estariam lutando. Como tantas guerras, a expedição aliada ao Oriente começou sem que ninguém soubesse exatamente pelo que ela era. Iria demorar meses para que os motivos para a guerra fossem definidos pelas potências ocidentais em arrastadas negociações entre elas e os austríacos ao longo de 1854. Mesmo após terem desembarcado na Crimeia em setembro, os aliados estavam muito longe de uma concordância quanto aos objetivos da guerra.

Os franceses e os britânicos tinham ideias diferentes desde o início. Em março houve uma série de conferências em Paris para discutir seus objetivos e estratégias. Os franceses defenderam uma campanha no Danúbio, bem como uma na Crimeia. Se Áustria e Prússia pudessem ser persuadidas a se juntar à guerra ao lado dos aliados, os franceses preferiam uma ofensiva terrestre em grande escala nos principados e no sul da Rússia, combinada com uma campanha austríaco-prussiana na Polônia. Mas os britânicos não confiavam nos austríacos — achavam que eram suaves demais com a Rússia — e não queriam se comprometer com uma aliança com eles que pudesse inibir seus próprios planos mais ambiciosos contra a Rússia.

O gabinete britânico estava dividido em relação a seus objetivos de guerra e estratégia. Aberdeen insistia em uma campanha limitada para restaurar a soberania da Turquia, enquanto Palmerston e seu partido da guerra argumentaram em prol de uma ofensiva mais agressiva para reduzir a influência russa no Oriente Próximo e colocar a Rússia de joelhos. Os dois lados chegaram a uma espécie de acordo por intermédio da estratégia naval concebida por sir James Graham, primeiro lorde do Almirantado, que ganhara forma em reação a Sinope em dezembro de 1853. O plano de Graham era lançar um ataque rápido a Sebastopol para destruir a frota russa do mar Negro e tomar a Crimeia antes de iniciar a campanha mais importante da primavera no Báltico, que levaria as forças britânicas a São Petersburgo — uma estratégia desenvolvida a partir de planos já feitos para o caso de uma guerra contra a França (por Sebastopol, leia-se Cherbourg).[46]

À medida que a Grã-Bretanha se colocava em prontidão militar nos primeiros meses de 1854, a ideia de uma campanha limitada para defender a Turquia se perdeu na febre de guerra que varreu o país. Os objetivos de guerra da Grã-Bretanha aumentaram, não apenas pelo chauvinismo belicoso da imprensa, mas pela crença de que os imensos custos potenciais da guerra exigiam objetivos maiores, "merecedores da honra e da grandeza da Grã-Bretanha". Palmerston estava sempre retornando a esse tema. Seus objetivos de guerra mudavam em detalhes, mas nunca em seu cunho antirrusso. Em memorando ao gabinete de 19 de março ele esboçou um plano ambicioso para o desmembramento do império russo e a reconfiguração do mapa europeu: Finlândia e as ilhas Aaland seriam transferidas da Rússia para a Suécia; as províncias do tsar no Báltico seriam dadas à Prússia; a Polônia seria aumentada como um reino independente e amortecedor para a Europa contra a Rússia; a Áustria ganharia dos russos os principados do Danúbio e a Bessarábia (e seria obrigada a abrir mão do norte da Itália); Crimeia e Geórgia seriam dadas à Turquia, enquanto a Circássia se tornaria independente sob proteção turca. O plano pedia uma grande guerra europeia à Rússia, envolvendo Áustria e Prússia, e idealmente a Suécia, no lado antirrusso. Foi recebido com grande dose de ceticismo no gabinete. Aberdeen, que esperava uma campanha breve de modo a que seu governo pudesse "retornar zelosamente à tarefa de reforma interna", objetou que isso iria exigir outra Guerra dos Trinta Anos. Mas Palmerston continuou a defender seus planos. De fato, quanto mais a guerra durava, mais determinado ele ficava em defendê-los, com base em que nada menos que "grandes mudanças territoriais" seriam suficientes para justificar a enorme perda de vidas da guerra.[47]

No final de março a ideia de transformar a defesa da Turquia em uma guerra europeia mais ampla contra a Rússia ganhara muito apoio no establishment político britânico. O príncipe Alberto duvidava que a Turquia pudesse ser salva, mas confiava que a influência russa na Europa podia ser reduzida por uma guerra para privá-la de seus territórios ocidentais. Ele achava que a Prússia podia ser arrastada para essa guerra por promessas de "territórios para protegê-la de ataques da Rússia", e defendeu medidas para também colocar do seu lado os estados alemães, para domesticar o urso russo, "cujos dentes devem ser arrancados, e as garras aparadas". Ele escreveu a Leopoldo, o rei belga: "Toda a Europa, Bélgica e Alemanha incluídas, tem o maior interesse na integridade e na independência da Porta serem garantidas para o futuro, mas um interesse ainda maior em ver a Rússia derrotada e castigada." Sir Henry Layard, o famoso especialista em Assíria e deputado, que foi subsecretário de Estado de Relações Exteriores, pediu uma guerra até a Rússia ter sido "aleijada". Stratford Canning propôs uma guerra para romper o império do tsar "em benefício da Polônia e de outros vizinhos espoliados, para livrar para sempre a Europa dos ditames russos". Em carta posterior a Clarendon, Stratford enfatizou a necessidade de abalar a disposição da Rússia, não apenas impedindo este "surto presente", mas "a forçando a introjetar uma sensação de permanente contenção". O objetivo de qualquer guerra pelas potências europeias deveria ser destruir a ameaça da Rússia de uma vez por todas, argumentou Stratford, e eles deveriam continuar a lutar até que a Rússia estivesse cercada por uma zona de amortecimento de Estados independentes (os principados do Danúbio, Crimeia, Circássia e Polônia) para garantir essa sensação de contenção. Enquanto o governo se preparava para declarar guerra à Rússia, Russell conclamou Clarendon a não incluir na mensagem da rainha ao Parlamento nada que pudesse comprometer as potências ocidentais com as presentes fronteiras territoriais da Europa.[48]

Mesmo a essa altura, Aberdeen relutava em declarar guerra. Em 26 de março, véspera da declaração britânica, ele disse à rainha e ao príncipe que havia sido *"arrastado* para uma *guerra"* por Palmerston, que tinha o apoio da imprensa e da opinião pública. Três meses antes, a rainha partilhara a relutância de Aberdeen em comprometer tropas britânicas com a defesa dos turcos. Mas naquele momento via a necessidade da guerra, como ela e Alberto explicaram ao primeiro-ministro:

> Ambos repetimos nossa convicção de que ela era necessária *agora*, o que ele não podia negar, e observei que achava que não poderíamos tê-la evitado, mesmo que tivesse havido erros e infelicidades, que o poder e a consolidação da Rússia demandavam resistência. Ele não conseguia ver isso, e achava ser um "bicho-papão" — que a única potência a ser temida era a França! —, que as três potências do norte deviam ser mantidas juntas, embora não pudesse dizer em qual base. Claro que não pudemos concordar com ele, e falamos do estado em que a Alemanha havia sido colocada pelo imperador Nicolau & da impossibilidade de ver o momento atual como os anteriores. Tudo mudou. Lorde Aberdeen não gostou de concordar com isso, dizendo que sem dúvida em pouco tempo este país terá mudado de ideia em relação à guerra, e será totalmente pela paz.[49]

O que ela quis dizer com "tudo mudou" não é totalmente claro. Talvez estivesse pensando no fato de que a França se juntara ao ultimato britânico aos russos e que as primeiras tropas britânicas e francesas já estavam prontas para zarpar rumo à Turquia. Ou talvez, como Alberto, pensasse que chegara a hora de envolver os Estados alemães em uma guerra europeia à Rússia, cuja invasão dos principados representara um novo e atual perigo para o continente. Mas também era possível que tivesse em mente a campanha xenófoba da imprensa contra o príncipe consorte — uma preocupação constante em seu diário naqueles meses — e tivesse se dado conta de que uma pequena guerra vitoriosa poderia garantir apoio popular para sua monarquia.

Naquela noite, a rainha ofereceu um pequeno baile familiar para celebrar o aniversário de seu primo, o duque de Cambridge, que logo partiria rumo a Constantinopla para assumir o comando da 1ª Divisão britânica. O conde Vitzhum von Eckstädt, ministro da Saxônia em Londres, foi convidado para o baile.

> A rainha participou ativamente das danças, incluindo uma dança escocesa com o duque de Hamilton e lorde Elgin, ambos vestindo trajes nacionais. Enquanto eu desistia de valsar, a rainha dançou uma quadrilha comigo e me falou com a mais amistosa liberdade sobre os acontecimentos do dia, me dizendo que na manhã seguinte seria obrigada, para sua grande tristeza, a declarar guerra à Rússia.

Na manhã seguinte — um dia antes de os franceses fazerem sua própria declaração de guerra à Rússia — a declaração da rainha foi lida por Clarendon no Parlamento. Como escreveu o grande historiador da Guerra da Crimeia Alexander Klinglake (e suas palavras poderiam ser aplicadas a qualquer guerra):

> O esforço de colocar por escrito as bases para um grandioso curso de ação é uma disciplina saudável para um estadista; e seria bom para a humanidade se, em uma época em que a questão realmente estava em suspenso, os amigos de uma política levando na direção de uma guerra fossem obrigados a sair da névoa do relacionamento oral e das anotações particulares e colocassem seus pontos de vista por escrito.

Se tal documento houvesse sido registrado por aqueles responsáveis pela Guerra da Crimeia, teria revelado que seu verdadeiro objetivo era reduzir o tamanho e o poder da Rússia em benefício da "Europa" e das potências ocidentais em particular, mas isso não poderia ser dito na mensagem da rainha, que então falou nos termos mais vagos sobre defender a Turquia, sem qualquer interesse egoísta, "pela causa do certo contra a injustiça".[50]

Assim que a declaração foi tornada pública, líderes da Igreja tomaram a guerra como uma luta justa e uma cruzada. No domingo, 2 de abril, sermões pela guerra foram feitos dos púlpitos por toda a terra. Muitos deles acabaram publicados na forma de folhetos, alguns chegando a vender dezenas de milhares de exemplares, pois aquela era uma época em que pregadores tinham o status de celebridades nas igrejas anglicanas e não conformistas.[51] Na Trinity Chapel da Conduit Street, Mayfair, Londres, o reverendo Henry Beamish disse à sua congregação que era um "dever cristão" para a Inglaterra:

> lançar seu poder para manter a independência de um aliado fraco contra a agressão injustificável de um déspota ambicioso e pérfido, e punir com a força de seu poder um ato de opressão egoísta e bárbaro — uma opressão ainda mais odiosa e destrutiva por tentar ser justificada com o argumento de promover a causa da liberdade religiosa e os maiores interesses do reino de Cristo.

Na quarta-feira, 26 de abril, um dia de jejum pela "humilhação nacional e prece sobre a declaração de guerra", o reverendo T.D. Harford Battersby fez um sermão na St. John's Church, Kerwick, no qual declarou que

> a conduta de nossos embaixadores e estadistas tem sido tão honrada e honesta, tão contida e moderada nos acontecimentos que levaram a esta guerra que não há motivo para humilhação neste momento, mas para nos fortalecermos em nossa correção, e devemos nos apresentar perante Deus com palavras de autocongratulação e dizer, "Agradecemos, Deus, por não sermos como as outras nações são: injustas, cobiçosas, opressivas, cruéis; somos um povo religioso, um povo que lê a Bíblia, que vai à igreja, enviamos missionários para todas as partes da terra".

Na Brunswick Chapel, Leeds, no mesmo dia, o reverendo John James disse que a ofensiva da Rússia contra a Turquia foi um ataque "aos mais sagrados direitos da nossa humanidade comum; um ultraje da mesma categoria do comércio de escravos, e pouco inferior a este em crime". Os cristãos dos Bálcãs, sustentou James, tinham mais liberdade religiosa sob o sultão do que teriam um dia sob o tsar:

> Deixem a Turquia para o sultão e, ajudados pelos bons ofícios de França e Inglaterra, esses humildes cristãos irão, pela benção de Deus, desfrutar de absoluta liberdade de consciência (...). Entregue-a à Rússia e seus estabelecimentos serão destruídos; as escolas fechadas; e seus locais de oração demolidos ou convertidos em templos de uma fé tão impura, desmoralizante e intolerante quanto o próprio papismo. Qual cristão britânico pode hesitar quanto ao devido rumo de um país como o nosso em um caso como este? (...). É uma guerra divina para expulsar a qualquer custo as hordas do Átila moderno, que ameaça a liberdade e o cristianismo, não apenas da Turquia, mas do mundo civilizado.[52]

Para marcar o embarque dos "soldados cristãos" da Grã-Bretanha rumo ao Oriente, o reverendo George Croly fez um sermão na St. Stephen's Church, Walbrook, Londres, no qual sustentou que a Inglaterra estava entrando em uma guerra para "a defesa da humanidade" contra a Rússia, "um povo sem esperança e degenerado", dedicado à conquista do mundo. Era uma "guerra religiosa" pela defesa da verdadeira religião ocidental contra a fé grega; a "primeira guerra oriental desde as Cruzadas". "Se na última guerra [contra Napoleão] a Inglaterra foi refúgio dos princípios da liberdade, na próxima poderia ser escolhida como refúgio dos princípios da religião. Não será a vontade divina que a Inglaterra, após ter triunfado como defensora, seja convocada para a distinção ainda mais elevada de professora da humanidade?" O destino da Inglaterra no Oriente, argumentou o reverendo Croly, podia ser reforçado pela guerra iminente: nada menos que converter os turcos ao cristianismo. "A grande obra pode ser lenta, difícil e interrompida pelos acidentes de reinos ou as paixões dos homens — mas irá prosperar. Por que a Igreja da Inglaterra não deveria ajudar nesse trabalho? Por que não oferecer preces solenes e públicas de imediato pelo sucesso de nossa guerra justa, o retorno da paz e a conversão do infiel?"[53]

Em vários graus, as principais partes da Guerra da Crimeia — Rússia, Turquia, França e Grã-Bretanha — invocaram a religião para o campo de batalha. Mas no momento em que a guerra começou suas origens na Terra Santa haviam sido esquecidas e abafadas pela guerra europeia à Rússia. As celebrações da Páscoa no Santo Sepulcro "passaram muito discretamente", em 1854, segundo James Finn, cônsul britânico em Jerusalém. Havia poucos peregrinos russos por causa da eclosão da guerra, e os serviços gregos foram rigidamente controlados pelas autoridades otomanas para impedir uma repetição da briga religiosa que se tornara comum nos anos anteriores. Em poucos meses a atenção do mundo se voltaria para os campos de batalha da Crimeia, e Jerusalém desapareceria das vistas da Europa, mas desde a Terra Santa aqueles acontecimentos distantes eram vistos sob uma luz diferente. Como definiu o cônsul britânico na Palestina:

> Em Jerusalém era diferente. Essas transações importantes não pareciam mais que superestruturas sobre a fundação original; pois embora na diplomacia a questão (a questão oriental) houvesse nominalmente passado a ser a questão da proteção religiosa (...) ainda havia se tornado um credo estabelecido entre nós que o cerne de tudo estava conosco nos Lugares Sagrados; que as pretensões de São Petersburgo a uma proteção eclesiástica por virtude de um tratado ainda voltado, como desde o início, para uma verdadeira posse dos santuários na fonte local do cristianismo — que esses santuários eram na verdade a recompensa disputada por gigantescos atletas a distância.[54]

6
O primeiro sangue para os turcos

Em março de 1854, um jovem oficial de artilharia chamado Leon Tolstoi chegou ao quartel-general do general Mikhail Gorchakov. Ele ingressara no exército em 1852, ano em que chamara a atenção do mundo literário com a publicação de suas memórias *Infância* no periódico literário *Contemporâneo*, o mais importante mensário russo da época. Insatisfeito com seu estilo de vida frívolo de aristocrata em São Petersburgo e Moscou, ele decidira recomeçar acompanhando seu irmão Nicolai ao Cáucaso quando este retornou de uma licença para sua unidade do exército lá. Tolstoi foi incorporado a uma brigada de artilharia da aldeia cossaca de Starogladskaia, no norte do Cáucaso. Participou de ataques ao exército muçulmano de Shamil, escapando por pouco de ser capturado pelos rebeldes em mais de uma oportunidade, mas, após a eclosão da guerra contra a Turquia, pediu transferência para a frente do Danúbio. Como explicou em carta ao irmão Sergei em novembro de 1853, ele queria participar de uma guerra real: "Por quase um ano agora tenho pensado apenas em como poderia embainhar minha espada, e não posso fazer isso. Mas como sou compelido a lutar em um lugar ou outro, acharia mais agradável lutar na Turquia do que aqui."[1]

Em janeiro, Tolstoi foi aprovado no exame ao oficialato para o posto de alferes, o mais baixo no exército do tsar, e partiu para a Valáquia, onde foi incorporado à 12ª Brigada de Artilharia. Viajou dezesseis dias de trenó pelas neves do sul da Rússia até sua propriedade em Iasnaia Poliana, lá chegando em 2 de fevereiro, e partiu novamente em 3 de março, viajando novamente de trenó, e então, quando a neve se transformou em lama, de cavalo e carroça atravessando a Ucrânia até Kichinev, chegando a Bucareste em 12 de março.

Dois dias depois, Tolstoi foi recebido pelo próprio príncipe Gorchakov, que tratou o jovem conde como um membro da família. "Ele me abraçou, me fez prometer jantar com ele todos os dias, e quer me colocar em sua equipe", escreveu Tolstoi à sua tia Toinette em 17 de março.

Laços aristocráticos tinham grande importância no exército russo. Tolstoi logo se viu no redemoinho social de Bucareste, indo a jantares na casa do príncipe, a jogos de cartas e *soirées* musicais em salões sociais, noites na ópera italiana e no teatro francês — um mundo distinto dos campos de batalha sangrentos da frente do Danúbio a poucos quilômetros de distância. "Enquanto você me imagina exposto a todos os perigos da guerra, eu ainda não senti o cheiro da pólvora turca, estando muito serenamente em Bucareste, passeando, compondo música e tomando sorvetes", escreveu ele à tia no começo de maio.[2]

Tolstoi chegou a Bucareste a tempo para o começo da ofensiva de verão no Danúbio. O tsar estava determinado a seguir rumo sul para Varna e o litoral do mar Negro o mais rápido possível, antes que as potências ocidentais tivessem tempo de desembarcar suas tropas e deter o avanço russo rumo a Constantinopla. O segredo para essa ofensiva era a captura do forte turco na Silistra. Isso daria aos russos uma fortaleza dominante na região do Danúbio, permitindo a eles transformar o rio em uma linha de suprimentos do mar Negro para o interior dos Bálcãs, e fornecendo uma base da qual recrutar os búlgaros para lutar contra os turcos. Esse era o plano que Paskevitch havia persuadido o tsar a adotar de modo a não alienar os austríacos, que poderiam intervir contra uma ofensiva russa através das áreas do Danúbio de domínio sérvio mais para oeste, onde levantes sérvios a favor dos russos poderiam chegar a terras Habsburgo. "Os ingleses e os franceses não podem desembarcar suas tropas por pelo menos mais duas semanas", escreveu Nicolau a Gorchakov em 6 de março, "e suponho que o farão em Varna, para avançar rumo à Silistra. (...) Temos de tomar a fortaleza antes que cheguem (...). Com a Silistra em nossas mãos haverá tempo para que voluntários recrutem mais soldados entre os búlgaros, mas não devemos tocar nos sérvios, para não alarmar os austríacos."[3]

O tsar tinha esperança de mobilizar soldados entre os búlgaros e outros eslavos. Embora tomasse cuidado para não inflamar paixões sérvias contra os austríacos, ele esperava que sua ofensiva deflagrasse levantes cristãos, levando ao colapso do império otomano, quando uma Rússia vitoriosa imporia um novo acordo religioso nos Bálcãs. Ele escreveu na primavera de 1854: "Todas as regiões cristãs da Turquia devem necessariamente se tornar independentes, devem se tornar novamente o que eram antes, principados, Estados cristãos, e assim retornar à família dos Estados cristãos da Europa." Era tal seu compromisso com essa causa religiosa que estava preparado para explorar revoluções até mesmo contra a Áustria caso isso fosse determinado pela oposição austríaca a uma solução russa para a Questão Oriental. "É altamente provável que nossas vitórias levem a revoltas eslavas na Hungria", escreveu ele ao embaixador russo em Viena. "Devemos usá-las para ameaçar o cerne do império austríaco e forçar seu governo a aceitar nossas condições." De fato, o tsar estava pronto no momento a abandonar virtualmente todos os seus princípios legitimistas no interesse de sua guerra santa. Irritado com a postura antirrussa das potências europeias ele falou em estimular distúrbios revolucionários na Espanha para desviar tropas francesas do leste, e chegou mesmo a pensar em fazer uma aliança com o movimento de libertação de Mazzini na Lombardia e em Veneza para abalar os austríacos. Mas nos dois casos o tsar foi dissuadido de apoiar democratas revolucionários.[4]

O início da ofensiva de primavera foi saudado pelos eslavófilos como o alvorecer de uma nova era religiosa na história do mundo, o primeiro passo na direção da ressurreição do império cristão oriental com sua capital em Tsargrad, o nome que eles davam a Constantinopla. Em "À Rússia" (1854), o poeta Khomiakov saudou o começo da ofensiva com "Um apelo à guerra santa":

> Levante-se minha pátria!
> Pelos nossos Irmãos! Deus a convoca
> A cruzar as ondas do feroz Danúbio (...).

Em um poema anterior com o mesmo título, composto em 1839, Khomiakov se referira à missão da Rússia de levar a verdadeira religião ortodoxa aos povos do mundo, mas alertara a Rússia contra o orgulho. Mas em seu poema de 1854, ele conclamou a Rússia a se engajar em "batalhas sangrentas" e "Golpear com a espada — a espada de Deus".[5]

Os russos avançaram lentamente, lutando contra uma teimosa resistência turca em vários pontos do lado norte do Danúbio, antes de chegar a um virtual impasse. Em Ibrail, 20 mil granadeiros russos, com o apoio de canhoneiras e vapores fluviais, foram incapazes de derrotar as bem defendidas fortalezas turcas. Em Maçin havia 60 mil soldados russos em acampamentos do lado de fora da cidade amuralhada, mas incapazes de tomá-la. Contidos pelos turcos, os russos passavam o tempo construindo balsas e pontões de pontes com troncos de pinheiros em preparação para uma travessia surpresa do Danúbio em Galati, o que conseguiram sem resistência no final de março.[6]

Avançando rumo sul para a Silistra, os russos ficaram atolados nos pântanos do delta do Danúbio, o lugar onde tantos deles haviam sido derrubados por cólera e tifo em 1828-9. Aquelas eram terras escassamente habitadas, sem suprimentos para as tropas invasoras, que logo sucumbiram aos efeitos de fome e doença. De 210 mil soldados russos nos principados, 9 mil estavam doentes demais para entrar em ação em abril. Os soldados recebiam rações de pão seco que eram tão pouco nutritivas que nem mesmo ratos e cães as comiam, segundo um oficial francês, que viu essas cascas abandonadas na cidade fortificada de Giurgevo após a retirada das forças russas no verão de 1854. Um médico alemão do exército do tsar achou que "a má qualidade da comida habitualmente servida aos soldados russos" era uma das principais razões pelas quais eles "caíam como moscas" assim que feridos ou expostos a doenças. "O soldado russo tem um sistema nervoso tão frágil que ele se abate com a perda de pequena quantidade de sangue e frequentemente morre de ferimentos que certamente fechariam se infligidos a pessoas de constituição melhor."[7]

Os soldados escreviam para casa falando sobre as condições terríveis nas fileiras, muitos implorando que enviassem dinheiro. Algumas dessas cartas foram interceptadas e repassadas pela polícia a Gorchakov, que as considerou politicamente perigosas, e acabaram nos arquivos. Essas cartas simples oferecem uma visão única do mundo do soldado russo comum. Grigori Zubianka, soldado de infantaria do 8º Esquadrão de Hussardos, escreveu à esposa Maria em 24 de março:

> Estamos na Valáquia, à margem do Danúbio, e encaramos nosso inimigo do outro lado. (...) Todo dia há tiros através do rio, e a cada hora e a cada minuto esperamos morrer, mas rezamos a Deus para que sejamos salvos, e cada dia que passa e ainda estamos vivos e saudáveis, agradecemos ao Senhor Criador de todas as coisas por essa benção. Mas somos obrigados a passar

o dia e a noite inteiros com fome e frio, porque eles não nos dão nada para comer e temos de viver o melhor que podemos cuidando de nós mesmos, então que Deus nos ajude.

Nikifor Burak, um soldado do 2º Batalhão do Regimento de Infantaria de Tobolski, escreveu a seus pais, sua esposa e filhos na aldeia de Sidorovka, na província de Kiev:

> Estamos agora a uma longa distância da Rússia, a terra não é absolutamente como a Rússia, estamos quase na própria Turquia, e a cada hora esperamos morrer. Para dizer a verdade, quase todo o nosso regimento foi destruído pelos turcos, mas pela graça do criador supremo ainda estou vivo e bem (...) espero voltar para casa e ver todos vocês novamente, eu me mostrarei a vocês e falarei com vocês, mas agora estamos em terrível perigo, e tenho medo de morrer.[8]

À medida que as baixas russas aumentavam, Paskevitch cada vez mais se opunha à ofensiva. Embora ele antes tivesse defendido a marcha para a Silistra, estava preocupado com a concentração de tropas austríacas na fronteira sérvia. Com britânicos e franceses podendo desembarcar no litoral a qualquer momento, os turcos sustentando sua linha no sul e os austríacos se mobilizando a oeste, os russos corriam um grave perigo de ser cercados por exércitos hostis nos principados. Paskevitch conclamou o tsar a ordenar uma retirada. Ele postergou a ofensiva contra a Silistra, desafiando a ordem do tsar de avançar o mais rápido possível, por medo de que um ataque austríaco o apanhasse sem reserva suficiente.

Paskevitch estava certo em ficar ansioso com os austríacos, que se alarmavam com a crescente ameaça russa à Sérvia. Eles haviam colocado suas tropas na fronteira sérvia de prontidão para esmagar qualquer levante sérvio em favor dos russos e se opor às forças russas que se aproximavam das terras sérvias controladas pelos Habsburgo pelo leste. Durante toda a primavera os austríacos exigiram a retirada da Rússia dos principados, ameaçando se unir às potências ocidentais se o tsar não atendesse. Os britânicos estavam igualmente preocupados com a influência da Rússia na Sérvia. Segundo seu cônsul em Belgrado, os sérvios foram "ensinados a esperar tropas russas na Sérvia assim que a Silistra tivesse caído — e a se juntar a uma expedição contra as províncias eslavas austríacas do sul". Por orientação de Palmerston, o cônsul alertou os sérvios de que Grã-Bretanha e França se oporiam com força militar a qualquer armamento da Sérvia em apoio aos russos.[9]

Enquanto isso, em 22 de abril, Sábado de Aleluia pelo calendário ortodoxo, as frotas ocidentais começaram seu primeiro ataque direto a solo russo bombardeando Odessa, o importante porto do mar Negro. Os britânicos haviam recebido relatos de marinheiros mercantes capturados de que os russos tinham reunido em Odessa 60 mil soldados e um grande estoque de munição que seriam transportados para a frente do Danúbio (na verdade o porto tinha pequeno significado militar, e apenas meia dúzia de baterias para se defender das frotas aliadas). Eles enviaram um ultimato ao governador da cidade, general Osten-Sacken, exigindo a rendição de todos os seus navios, e quando não receberam resposta começaram o bombardeio com uma frota de nove vapores, seis lançadores de foguetes e uma fragata. O bombardeio continuou por onze horas, causando enormes danos ao porto, destruindo vários navios e matando dezenas de civis. Também atingiu o palácio neoclássico de Vorontsov no penhasco acima do porto, com uma bala acertando a estátua do duque de Richelieu, primeiro governador de Odessa, embora ironicamente o prédio mais danificado tenha sido o London Hotel, no bulevar Primoski.

Durante um segundo bombardeio, em 12 de maio, um dos navios britânicos, um vapor chamado *Tiger*, encalhou sob neblina densa e foi violentamente bombardeado desde o litoral. Sua tripulação foi capturada por um pequeno pelotão de cossacos comandado por um jovem alferes chamado Chtchegolov. Os britânicos tentaram incendiar o navio, enquanto damas de Odessa com guarda-sóis observavam a ação desde o molhe, para onde mais tarde foram lançados restos do naufrágio, incluindo caixas de rum inglês. Os cossacos partiram com a tripulação britânica (24 oficiais e 201 marinheiros) e a aprisionaram na cidade, onde foi submetida a insultos humilhantes de marinheiros e civis russos, cuja sensação de ultraje com o momento do ataque na época da Páscoa havia sido encorajada por seus sacerdotes, embora o capitão do navio, Henry Wells Giffard, que ficara ferido no bombardeio e morreu de gangrena no dia 1º de julho, tenha recebido enterro com honras militares em Odessa e, em um ato de cavalheirismo de uma época passada, um cacho de seus cabelos tenha sido enviado à viúva em Londres. Os canhões do *Tiger* foram exibidos em Odessa como troféus de guerra.*

Sacerdotes declararam a captura do vapor britânico um símbolo da vingança divina pelo ataque no Sábado de Aleluia que, segundo eles, dera início a uma guerra religiosa. O álcool lançado à costa foi rapidamente consumido por marinheiros russos e trabalhadores das docas. Houve brigas de bêbados, e vários homens foram mortos. Partes do navio depois foram vendidas como suvenires. O alferes cossaco Chtchegolov se tornou um herói popular da noite para o dia. Foi celebrado quase como um santo. Braceletes e medalhões foram feitos com sua imagem e vendidos até em Moscou e São Petersburgo. Houve até mesmo uma nova marca de cigarros fabricados com o nome de Chtchegolov e seu retrato no maço.[10]

O bombardeio de Odessa anunciou a chegada das potências ocidentais perto da frente do Danúbio. A questão passou a ser quão rapidamente os britânicos e franceses iriam ajudar os turcos contra os russos na Silistra. Temeroso de que a continuação da ofensiva rumo a Constantinopla terminasse mal para a Rússia, Paskevitch queria se retirar. No dia 23 de abril, ele escreveu a Menchikov, o recém-nomeado comandante em chefe das forças russas na Crimeia:

> Infelizmente, hoje temos formadas contra nós não apenas as potências marítimas, mas também a Áustria, aparentemente apoiada pela Prússia. A Inglaterra não poupará recursos para colocar a Áustria do seu lado, pois sem os alemães não pode fazer nada contra nós (...). Se vamos encontrar toda a Europa formada contra nós, então não combateremos no Danúbio.

Durante a primavera, Paskevitch fizera corpo mole com relação à ordem do tsar para sitiar a Silistra. Em meados de abril, 50 mil soldados haviam ocupado as ilhas do Danúbio em frente à cidade, mas Paskevitch postergou o início do cerco. Nicolau ficou furioso com a falta de vigor demonstrada por seu comandante. Embora ele mesmo admitisse que a Áustria pudesse se juntar aos inimigos da Rússia, em 29 de abril Nicolau enviou um bilhete raivoso a Paskevitch o instando a iniciar o assalto: "Se os austríacos nos atacarem

---

* Um deles está hoje diante do prédio da Duma municipal no bulevar Primorski.

traiçoeiramente, você terá de enfrentá-los com o 4º Corpo e os dragões; isso será suficiente para eles! Nem mais uma palavra, não tenho mais nada a acrescentar!"

Apenas em 16 de maio, depois que três semanas de escaramuças haviam dado a eles o controle do terreno elevado a sudoeste de Silistra, os russos finalmente começaram a bombardear a cidade, e mesmo então Paskevitch concentrou seu ataque nas defesas externas, um semicírculo de fortes de pedra e taludes a vários quilômetros da fortaleza de Silistra propriamente dita. Paskevitch esperava desgastar a oposição dos turcos e permitir que suas tropas atacassem a cidade sem grandes baixas. Mas os oficiais encarregados das operações de sítio sabiam que era uma esperança vã. Os turcos haviam aproveitado os meses desde a declaração de guerra da Porta à Rússia para reforçar suas defesas. Os fortes turcos haviam sido grandemente fortalecidos pelo coronel prussiano Grach, um especialista em trincheiras e mineração, e foram relativamente pouco danificados pelos canhões russos, embora a fortificação principal, o talude conhecido como Arab Tabia, tivesse sido tão abalado pelos morteiros e minas russos que precisou ser reconstruído pelos turcos várias vezes durante o cerco. Havia 18 mil soldados nos fortes turcos, a maioria egípcios e albaneses, e eles combateram com um espírito de desafio que surpreendeu os russos. Em Arab Tabia as forças otomanas eram comandadas por dois experientes oficiais de artilharia britânicos, o capitão James Butler, dos Fuzileiros do Ceilão, e o tenente Charles Nasmyth, dos Artilheiros de Bombaim. "Era impossível não admirar a fria indiferença dos turcos ao perigo", pensou Butler.

> Três homens foram atingidos no espaço de cinco minutos enquanto jogavam terra para o novo parapeito, onde apenas dois homens podiam trabalhar ao mesmo tempo para que todos ficassem protegidos; e eles foram substituídos pelo espectador mais próximo, que tomou a pá das mãos do moribundo e começou a trabalhar tão calmamente como se fosse abrir uma vala junto a uma estrada.

Compreendendo que os russos precisavam chegar mais perto para causar qualquer dano aos fortes, Paskevitch ordenou ao general Shilder que começasse um elaborado trabalho de engenharia, cavando trincheiras para permitir que peças de artilharia fossem levadas para as muralhas. Em pouco tempo o sítio ganhou uma rotina monótona de bombardeios do alvorecer ao anoitecer pelas baterias russas, com o apoio dos canhões de uma frota fluvial. Nunca tinha havido um momento na história da guerra em que os soldados fossem submetidos a tanto perigo constante por tanto tempo. Mas não havia sinal de penetração.[11]

Butler manteve um diário do cerco. Ele achava que o poder dos canhões pesados russos havia sido "muito exagerado", e que a artilharia turca mais leve era páreo para eles, embora tudo fosse conduzido pelos turcos "de modo descuidado". A religião desempenhava um papel importante no lado turco, segundo Butler. Todos os dias, durante as preces matinais no Portal de Istambul, o comandante da guarnição, Musa Pasha, convocava seus soldados a defender a Silistra "como cabe aos descendentes do Profeta", ao que "os homens respondiam aos gritos de 'Alá seja louvado'".* Não havia prédios seguros na cidade, mas os habitantes haviam construído cavernas onde se abrigavam durante os bombardeios diários. A cidade "parecia deserta, com apenas cachorros e soldados à vista". Ao pôr do sol, Butler via a última rodada de disparos russos desde as muralhas da fortaleza: "vi vários pequenos moleques, de nove ou dez anos de idade, perseguindo as bolas redondas que ricocheteavam friamente como se fossem bolas de críquete; corriam para ver quem chegava primeiro, recebendo uma recompensa de 20 *peras* dadas pelo Pasha para cada bola de canhão entregue". Depois que escurecia, ele podia ouvir os russos cantando em suas trincheiras, e "quando se empolgavam, tinham até uma banda tocando polcas e valsas".

Sob crescente pressão do tsar para tomar Silistra, Paskevitch ordenou mais de vinte ataques de infantaria entre 20 de maio e 5 de junho, mas ainda assim a penetração não foi conseguida. "Os turcos lutam como demônios", relatou um capitão de artilharia em 30 de maio. Pequenos grupos de homens escalavam os taludes dos fortes, para serem expulsos pelos defensores em combate corpo a corpo. Em 9 de junho, houve uma grande batalha do lado de fora das muralhas principais da fortaleza, após um ataque russo em grande escala ter sido derrotado e as forças turcas reagido com uma incursão contra as

---

* Sua determinação ganhou mais força religiosa quando Musa Pasha foi posteriormente morto por um obus que caiu diretamente sobre ele quando comandava as preces noturnas pedindo intervenção divina para salvar Silistra.

posições russas. No final da luta havia 2 mil russos caídos mortos no campo de batalha. No dia seguinte, notou Butler que

> várias pessoas da cidade saíram e cortaram as cabeças dos mortos e as levaram como troféus pelos quais esperavam receber uma recompensa, mas os selvagens não foram autorizados a ir com elas para além dos portões. Contudo, uma pilha delas foi deixada por um longo tempo sem enterro logo além do portão. Enquanto estávamos sentados com Musa Pasha, um rufião apareceu e jogou aos pés deles um par de orelhas, que havia cortado de um soldado russo; outro se vangloriou a nós por um oficial russo ter implorado a ele misericórdia em nome do Profeta, mas que ele sacara sua faca e cortara sua garganta a sangue-frio.

Os russos insepultos passaram vários dias no chão até as pessoas da cidade terem tirado tudo deles. Irregulares albaneses também participaram da mutilação e do saque dos mortos. Butler os viu alguns dias depois. Era "uma visão repulsiva", escreveu. "O cheiro já estava se tornando ofensivo. Aqueles que estavam na vala haviam sido despidos e estavam caídos em diversas posturas, alguns troncos sem cabeça, outros com gargantas pela metade, braços esticados no ar ou apontando para cima ao cair."[12]

Tolstoi chegou a Silistra no dia dessa batalha. Havia sido transferido para lá como oficial de intendência junto à equipe do general Serjputovski, que instalou seu quartel-general nos jardins da residência de Musa Pasha no alto da colina. Tolstoi desfrutou do espetáculo da batalha desse ponto de vista seguro. Ele a descreveu em carta à tia:

> Sem falar no Danúbio, suas ilhas e margens, algumas ocupadas por nós, outras pelos turcos, era possível ver a cidade, a fortaleza e os pequenos fortes de Silistra como se na palma da mão. Era possível ouvir o fogo dos canhões e os disparos de rifles que continuavam por todo o dia, e com uma luneta era possível identificar os soldados turcos. Verdade que é um tipo curioso de prazer ver pessoas matando umas as outras, e ainda assim toda manhã e todo final de dia eu ia até minha carroça e passava horas de cada vez assistindo, e não era o único. O espetáculo era realmente belo, especialmente à noite (...). À noite, nossos soldados normalmente faziam trabalhos nas trincheiras, e os turcos se lançavam sobre eles para impedi-los; e então você veria e ouviria

fogo de rifles. Na primeira noite (...) eu me diverti, relógio na mão, contando os disparos de canhão que escutava, e contei cem explosões no espaço de um minuto. E ainda assim, de perto não era de modo algum tão assustador quanto seria de imaginar. À noite, quando não era possível ver nada, era uma questão de quem queimava mais pólvora, e no máximo trinta homens foram mortos dos dois lados por aqueles milhares de disparos de canhão.[13]

Paskevitch alegou ter sido atingido por um fragmento de obus durante o combate em 10 de junho (na verdade não estava ferido) e transferiu o comando para o general Gorchakov. Aliviado por não ter mais o fardo de responsabilidade por uma ofensiva à qual passara a se opor, ele partiu em sua carruagem rumo a Iaşi, do outro lado do Danúbio.

No dia 14 de junho o tsar recebeu a noticia de que a Áustria estava mobilizando seu exército e poderia se juntar à guerra contra a Rússia em julho. Ele também tinha de lidar com a possibilidade de que a qualquer momento britânicos e franceses poderiam chegar para ajudar Silistra. Sabia que o tempo estava se esgotando, mas ordenou um último assalto à cidade fortificada, que Gorchakov preparou para as primeiras horas de 22 de junho.[14]

Àquela altura, britânicos e franceses estavam reunindo seus exércitos na região de Varna. Haviam começado a desembarcar suas forças em Galípoli no começo de abril, sendo sua intenção proteger Constantinopla de um possível ataque dos russos. Mas logo ficara evidente que a região não podia sustentar um exército tão grande, de modo que após algumas semanas buscando suprimentos escassos, as tropas aliadas avançaram para montar outros acampamentos na vizinhança da capital turca antes de se reinstalarem bem ao norte do porto de Varna, onde podiam ser abastecidos pelas frotas francesa e britânica.

Os dois exércitos montaram acampamentos adjacentes nas planícies acima do velho porto fortificado — e se vigiaram cautelosamente. Eram aliados desconfortáveis. Havia muito em sua história recente para deixá-los desconfiados. Lorde Raglan, o comandante em chefe quase geriátrico do exército britânico, que servira como secretário militar do duque de Wellington durante a Guerra Peninsular de 1808-14 e perdera um braço em Waterloo,*

---

* Após ter sido amputado (sem anestesia) Raglan pedira o braço para poder resgatar um anel dado a ele pela esposa. O incidente estabelecera sua reputação de bravura pessoal.

ficaria famoso por em uma oportunidade se referir aos franceses como inimigos, em vez de os russos.

Desde o início houvera divergências em relação à estratégia — com os britânicos defendendo o desembarque em Galípoli seguido por um avanço cauteloso para o interior, enquanto os franceses queriam um desembarque em Varna para deter o avanço russo rumo a Constantinopla. Os franceses também haviam sugerido sensatamente que os britânicos controlassem a campanha marítima, no que eram superiores, enquanto eles assumiam o comando da campanha terrestre, na qual poderiam aplicar as lições de sua guerra de conquista na Argélia. Mas os britânicos haviam estremecido com a ideia de receber ordens dos franceses. Eles desconfiavam do marechal Saint-Arnaud, o comandante bonapartista das forças francesas, cujas notórias especulações na *Bourse* haviam levado muitos nos círculos de governo da Grã-Bretanha a suspeitar que colocaria seus próprios interesses egoístas à frente da causa aliada (o príncipe Alberto achava que ele era até mesmo capaz de aceitar subornos dos russos). Tais ideias chegavam aos oficiais e soldados. "Eu odeio os franceses", escreveu o capitão Nigel Kingscote, que como a maioria dos ajudantes de campo de Raglan era também um de seus sobrinhos. "Toda a equipe de Saint-Arnaud, com uma ou duas exceções, é como macacos, apertados o máximo possível na cintura e inchando para cima e para baixo como balões."[15]

Os franceses tinham uma imagem ruim de seus aliados britânicos. "Visitar o acampamento inglês me deixa orgulhoso de ser francês", escreveu o capitão Jean-Jules Herbé a seus pais desde Varna.

> Os soldados britânicos são homens entusiasmados, fortes e de boa compleição. Admiro seus uniformes elegantes, seu comportamento refinado, a precisão e regularidade de suas manobras e a beleza de seus cavalos, mas sua grande fraqueza é que estão acostumados demais ao conforto; será difícil satisfazer suas muitas exigências quando começarmos a marchar.[16]

Louis Noir, soldado do primeiro batalhão de zuavos, a infantaria de elite criada durante a Guerra da Argélia,* recordou sua péssima impressão dos soldados

---

* Os primeiros batalhões de zuavos foram recrutados em uma tribo berbere das montanhas chamada Zouaoua. Posteriormente batalhões de franceses adotaram seus trajes mouros e turbantes verdes.

britânicos em Varna. Ele ficou particularmente chocado com os açoitamentos que recebiam com frequência dos oficiais por indisciplina e bebedeira — problemas comuns entre os soldados britânicos —, que lembraram a ele o antigo sistema feudal que havia desaparecido na França.

> Os recrutas ingleses pareciam ter sido retirados da escória de sua sociedade, sendo as classes inferiores mais suscetíveis às suas ofertas de dinheiro. Se os filhos dos bens de vida tivessem sido alistados, os espancamentos dados pelos oficiais aos soldados ingleses teriam sido tornados ilegais pelo código penal militar. A visão desses castigos físicos nos revoltou, nos fazendo recordar que a Revolução de [17]89 abolira o açoite no exército quando estabelecera o alistamento universal. (...) O exército francês é composto de uma classe especial de cidadãos sujeitos à lei militar, que é severa, mas aplicada igualmente a todos os postos. Na Inglaterra, o soldado na verdade é apenas um servo — nada além de propriedade do governo. Este o conduz segundo dois impulsos contraditórios. O primeiro é a vara. O segundo é o bem-estar material. Os ingleses desenvolveram um instinto para o conforto. Viver bem em uma barraca confortável com um belo pedaço de rosbife, uma jarra de vinho tinto e um grande suprimento de rum — esse é o *desideratum* do soldado inglês; essa é a precondição essencial de sua bravura. (...) Mas se esses suprimentos não chegam a tempo, se ele tem de dormir ao relento na lama, encontrar sua madeira para a fogueira e ficar sem seu bife e seu álcool, o inglês se torna tímido e a desmoralização se espalha pelas fileiras.[17]

O exército francês era superior ao britânico de muitas formas. Suas academias para oficiais haviam produzido toda uma nova classe de militares profissionais, que eram tecnicamente mais avançados, taticamente superiores e socialmente muito mais próximos de seus homens que os oficiais aristocráticos do exército britânico. Armada com o avançado rifle Minié, que podia disparar rapidamente com precisão letal a até 1.600 metros, a infantaria francesa era celebrada por seu vigor de ataque. Especialmente os zuavos, mestres no ataque rápido e na retirada tática, um tipo de luta que haviam desenvolvido na Argélia, e sua coragem era uma inspiração para o resto da infantaria francesa, que invariavelmente os seguia em batalha. Os zuavos eram combatentes calejados, experientes em combater nos terrenos mais difíceis e montanhosos e unidos por fortes laços de camaradagem, desenvolvida em anos lutando juntos na

Argélia (e em muitos casos nas barricadas revolucionárias de Paris em 1848). Paul de Molènes, oficial de um dos regimentos de cavalaria *spahi* recrutados por Saint-Arnaud na Argélia, achava que os zuavos exerciam um "poder de sedução especial" sobre os jovens de Paris, que correram para se juntar a eles em 1854. "Os uniformes poéticos dos zuavos, sua aparência livre e ousada, sua fama lendária — tudo isso criava uma imagem de cavalheirismo popular inédita desde os dias de Napoleão."[18]

A experiência de combate na Argélia era uma vantagem decisiva dos franceses em relação ao exército britânico, que não travara uma grande batalha desde Waterloo, e de muitas formas passara meio século atrás do tempo. Em dado momento um terço dos 350 mil homens do exército francês havia sido empregado na Argélia. Com essa experiência os franceses haviam aprendido a importância crucial da pequena unidade coletiva para manter a disciplina e a ordem no campo de batalha — um lugar-comum dos teóricos militares do século XX que foi apresentado pela primeira vez por Ardant du Picq, formado na École Spéciale Militaire de Saint-Cyr, a escola de elite do exército em Fontainebleau, perto de Paris, que foi capitão na expedição de Varna e desenvolveu suas ideias observando os soldados franceses na Guerra da Crimeia. Os franceses também haviam aprendido a suprir com eficiência um exército em marcha — uma especialização em que sua superioridade sobre os britânicos ficou evidente desde o momento em que os dois exércitos desembarcaram em Galípoli. Durante dois dias e meio, os soldados britânicos não foram autorizados a desembarcar, "porque não havia nada pronto para eles", relatou William Russel, de *The Times*, o correspondente pioneiro que se juntara à expedição ao Oriente, enquanto os franceses estavam admiravelmente preparados com uma enorme flotilha de navios de suprimentos: "Hospitais para os doentes, padarias de pão e biscoito, carroças para carregar suprimentos e bagagem — toda necessidade e todo conforto, de fato, à mão, no momento em que seu navio surgiu. Do nosso lado não havia uma flâmula britânica flutuando no porto! Nosso grande Estado naval era representado por um único vapor pertencente a uma empresa particular."[19]

A eclosão da Guerra da Crimeia pegara o exército britânico de surpresa. O orçamento militar estava diminuindo havia muitos anos, e apenas nas primeiras semanas de 1852, após o golpe de Estado de Napoleão e o surgimento do medo de uma guerra francesa na Grã-Bretanha, o governo de Russell conseguiu aprovação parlamentar para um modesto aumento de gastos. Dos 153 mil homens alistados, dois terços estavam servindo no exterior em vários pontos distantes do império da primavera de 1854, de modo que soldados para a expedição do mar Negro tiveram de ser recrutados apressadamente. Sem o sistema de conscrição dos franceses, o exército britânico dependia inteiramente do alistamento de voluntários induzidos por um butim. Nos anos 1840, a fonte de homens capazes havia sido severamente reduzida pelos grandes projetos de construção industrial e pela emigração para Estados Unidos e Canadá, deixando o exército limitado a apelar para os segmentos desempregados e mais pobres da sociedade, como as vítimas da fome irlandesa, que aceitavam o pagamento em uma tentativa desesperada de pagar dívidas e salvar suas famílias dos asilos para pobres. Os principais locais de recrutamento do exército britânico eram pubs, feiras e corridas, onde os pobres ficavam bêbados e faziam dívidas.[20]

Se o soldado britânico vinha das classes mais pobres da sociedade, o corpo de oficiais era oriundo principalmente da aristocracia — uma condição praticamente garantida pela compra de postos. O alto-comando era dominado por velhos cavalheiros com boas ligações na corte mas pouca experiência ou pouco conhecimento militar; era um mundo distinto do profissionalismo do exército francês. Lorde Raglan tinha 65 anos de idade; sir John Burgoyne, engenheiro-chefe do exército, 72. Cinco dos altos comandantes do quartel-general de Raglan eram parentes. O mais jovem, o duque de Cambridge, era primo da rainha. Em grande medida como o russo, aquele era um exército cuja lógica e cultura militares permaneciam enraizadas no século XVIII.

Raglan insistiu em enviar soldados britânicos para a batalha vestindo túnicas justas e barretinas altas que os teriam feito parecer espetaculares quando marchando em formação rígida em parada, mas que em batalha não eram nada práticas. Quando Sidney Herbert, secretário da Guerra, escreveu a ele em maio sugerindo que o código de vestuário fosse relaxado e os homens talvez dispensados de fazer a barba todos os dias, Raglan retrucou:

Vejo sua proposta de introduzir barbas sob uma luz um tanto diferente, e não pode ser necessário adotá-la presentemente. Sou um tanto antiquado em minhas ideias, e me aferro ao desejo de que um inglês se pareça com um inglês, mesmo que os franceses estejam se esforçando para parecer africanos, turcos e infiéis. Sempre observei nas ordens inferiores na Inglaterra que sua primeira noção de limpeza é se barbear, e ouso dizer que esse sentimento em grande medida prevalece em nossas fileiras, embora alguns de nossos oficiais possam invejar os homens cabeludos entre nossos aliados. Contudo, se quando começarmos a marchar e estivermos expostos a grande calor e sujeira, e observar que o sol afetou os rostos dos homens, considerarei se é desejável relaxar ou não, mas nos permita parecer ingleses.[21]

A proibição de barbas não resistiu ao calor de julho, mas o soldado britânico continuava a ser ridiculamente vestido em excesso em comparação com os uniformes leves e simples de russos e franceses, como se queixou o tenente-coronel George Bell do 1º Regimento (Real):

> Um traje nas costas e uma muda na mochila são tudo de que os homens precisam, mas eles continuam carregados como mulas — sobrecasaca e cobertor, malha (...) cintos que grudam em seus pulmões como a morte, armas e equipamentos, sessenta cargas de munição para Minié, mochila e conteúdo. O colar de couro rígido abolimos graças a "Punch" e ao "Times". A lógica de quarenta anos de experiência não convence as autoridades militares a deixar o soldado ir para o campo até estar semiestrangulado e incapaz de se mover sob sua carga até que a opinião pública e os jornais apareçam para aliviá-lo. A próxima coisa que quero jogar de lado é o abominável Alberto,* como ele é chamado, no qual um homem é capaz de fritar o bife de sua ração ao meio-dia neste clima, que tem o topo de couro envernizado para atrair dez vezes mais raios de sol de modo a enlouquecer seu cérebro.[22]

Acampados nas planícies ao redor de Varna, sem nada a fazer a não ser esperar notícias da luta em Silistra, os soldados britânicos e franceses buscavam diversão nos salões de bebida e bordéis da cidade. O clima quente e os alertas para não beber a água local resultaram em um monstruoso surto de bebedeira, especialmente da *raki* local, que era muito barata e forte. Paul de Molènes escreveu: "Milhares de ingleses e franceses lotavam as tavernas improvisadas, onde todos os vinhos e licores de nossos países eram servidos a uma bebedeira barulhenta (...). Os turcos ficavam de fora de suas portas e

---

* Uma barretina alta batizada em homenagem ao príncipe Alberto, que supostamente o desenhou.

viam sem emoção ou surpresa aqueles estranhos defensores que a providência enviara a eles." Brigas de bêbados entre os homens eram um problema diário na cidade. Hugh Fitzhardinge Drummond, um auxiliar administrativo dos Guardas Fuzileiros Escoceses, escreveu de Varna a seu pai:

> Nossos amigos, os *highlanders*, bebem como peixes, e nossos homens (...) bebem mais do que beberam em Scutari. Os zuavos são os infiéis de pior comportamento e mais ilegais que você pode imaginar; eles cometem todos os crimes. Eles executaram outro homem anteontem. Semana passada um Chasseur de Vincennes foi quase cortado ao meio por um desses rufiões em um surto de loucura ébria. Os franceses bebem muito — acho que tanto quanto nossos homens — e quando bêbados são mais insubordinados.

Queixas dos moradores de Varna se multiplicavam. A cidade era habitada principalmente por búlgaros, mas havia uma considerável minoria turca. Eles ficavam irritados com soldados exigindo álcool em cafés de propriedade de muçulmanos e ficando violentos quando ouviam que não era vendido ali. Eles podiam ser desculpados por imaginar se seus defensores eram um perigo maior para eles do que a ameaça da Rússia, como observou o oficial naval britânico Adolphus Slade de seu ponto de vista em Constantinopla.

> Soldados franceses descansavam nas mesquitas durante as preces, olhavam de forma licenciosa para damas com véus, envenenavam os cães das ruas (...) atiravam nas gaivotas no porto e nos pombos nas ruas, debochavam dos muezins cantando *ezzan* dos minaretes, e jocosamente quebravam lápides gravadas para usar como pavimento. (...) Os turcos haviam ouvido falar em civilização: eles agora a veem, como acham, com espanto. Roubo, bebedeira, jogo e prostituição em festa sob o brilho de um sol oriental.[23]

Os britânicos rapidamente desenvolveram uma opinião ruim sobre os soldados turcos, que acamparam ao lado deles nas planícies ao redor de Varna. "O pouco que vi dos turcos me faz pensar que são aliados muito fracos", escreveu Kingscote, assistente de Raglan, a seu pai. "Estou certo de que são os maiores mentirosos da face da terra. Se dizem que têm 150 mil homens você descobrirá investigando que são apenas 30 mil. Tudo na mesma proporção, e por tudo que ouço, não consigo entender como os russos não passaram por cima deles." Os franceses também não tinham uma boa imagem dos soldados turcos, embora os zuavos, que tinham uma grande parcela de argelinos, tivessem estabelecido boas relações com os turcos. Louis Noir achava que os soldados britânicos tinham uma postura racista e imperial para com os turcos que fazia com que fossem amplamente odiados pelos soldados do sultão.

> Os soldados ingleses acreditam que vieram à Turquia não para salvá-la, mas para conquistá-la. Em Galípoli, eles com frequência se divertiam assediando um cavalheiro britânico ao longo da praia; traçavam um círculo ao redor dele e diziam que o círculo era a Turquia; depois o faziam sair do círculo e o cortavam em dois, chamando uma metade de "Inglaterra" e outra de "França", antes de empurrar o turco para algo que eles chamavam de "Ásia".[24]

O preconceito colonial limitava o uso que as potências ocidentais estavam dispostas a fazer das tropas turcas. Napoleão III achava os turcos preguiçosos e corruptos, enquanto lorde Cowley, o embaixador britânico em Paris, preveniu Raglan de que "nenhum turco deve receber" qualquer responsabilidade militar essencial à segurança nacional. Os comandantes anglo-franceses achavam que os turcos só eram bons combatendo atrás de fortificações. Estavam prontos para usá-los em tarefas subsidiárias, como cavar trincheiras, mas supunham que careciam da disciplina ou da coragem para lutar ao lado de soldados europeus em campo aberto.[25] O sucesso dos turcos em conter os russos em Silistra (que foi em grande medida minimizado pelos oficiais britânicos) não mudou essa postura racista, que ganharia anda mais destaque quando a campanha se deslocou para a Crimeia.

Na verdade os turcos estavam fazendo mais do que resistir aos russos, que lançaram um último ataque a Silistra em 22 de junho. Na manhã do dia 21, Gorchakov foi com sua equipe inspecionar as trincheiras diante de Arab Tabia, onde o ataque iria começar. Tolstoi ficou impressionado com Gorchakov (mais tarde iria se basear nele para criar o general Kutuzov de *Guerra e paz*). "Eu o vi sob fogo pela primeira vez naquela manhã", escreveu ao irmão Nicolai. "É possível ver que ele está tão mergulhado no curso geral dos acontecimentos que simplesmente não percebe as balas e as balas de canhão." Ao longo daquele dia, para minar a resistência dos turcos, quinhentos canhões russos bombardearam suas fortificações; o fogo continuou até tarde da noite. O ataque foi marcado para 3 horas da manhã. Tolstoi escreveu: "Todos estávamos lá, e como sempre na véspera de uma batalha, todos fingíamos não pensar no dia seguinte como nada mais que um dia comum, embora todos nós, estou bastante certo, sentíamos, no fundo dos corações, uma leve pontada (e nem mesmo leve, mas pronunciada) com a ideia do ataque.

> Como você sabe, Nicolai, o período que antecede uma batalha é o mais desagradável — é o único período em que você tem tempo de temer, e o medo é um dos sentimentos mais desagradáveis. A caminho da manhã, quanto mais perto chegava o momento, mais essa sensação diminuía, e quase às 3 horas, quando todos esperávamos ver a chuva de obuses começar dando o sinal para o ataque, eu estava de tão bom humor que teria ficado muito aborrecido se alguém me abordasse para dizer que o assalto não aconteceria.

O que ele mais temia aconteceu. Às 2 horas da manhã um assistente levou uma mensagem a Gorchakov ordenando que ele levantasse o cerco. "Posso dizer sem medo de errar", contou Tolstoi ao irmão,

> que essa notícia foi recebida por todos — soldados, oficiais e generais — como uma verdadeira infelicidade, ainda mais porque sabíamos, por intermédio de espiões que chegavam a nós com frequência vindos de Silistra, e com os quais eu mesmo tive várias oportunidades de conversar, que assim que aquele forte fosse tomado — algo de que ninguém duvidava — Silistra não resistiria mais do que dois ou três dias.[26]

O que Tolstoi não sabia, ou se reusava a levar em consideração, era que àquela altura havia 30 mil franceses, 20 mil britânicos e 20 mil soldados turcos prontos para reforçar a defesa de Silistra, e que a Áustria, que concentrara 100 mil soldados ao longo da fronteira da Sérvia, dera um ultimato ao tsar para se retirar dos principados do Danúbio. A Áustria efetivamente adotara uma política de neutralidade armada em favor dos aliados, mobilizando tropas para forçar os russos a se retirar do Danúbio. Temendo levantes entre seus próprios eslavos, os austríacos estavam preocupados com a presença russa nos principados, que a cada dia parecia mais uma anexação. Caso os austríacos atacassem os russos pelo oeste, havia uma possibilidade real de que os isolassem de suas linhas de suprimento no Danúbio e bloqueassem o principal caminho de retirada, os deixando expostos aos exércitos aliados atacando desde o sul. O tsar não teve escolha que não se retirar antes que seu exército fosse destruído.

Nicolau teve uma sensação profunda de traição pelos austríacos, cujo império ele havia salvado dos húngaros em 1849. Ele desenvolvera um afeto paternal pelo imperador Francisco José, mais de trinta anos mais novo que ele, e sentia que merecia sua gratidão. Visivelmente triste e abalado pela notícia do ultimato, ele virou o retrato de Francisco José para a parede e escreveu nas costas dele com sua própria caligrafia: *"Du Undankbarer!"* (Ingrato!). Disse ao enviado austríaco conde Erterhazy em julho que Francisco José se esquecera totalmente do que fizera por ele e que "como a confiança que existia até agora entre os dois soberanos pela felicidade de seus impérios havia sido destruída, as mesmas relações íntimas não podiam mais existir entre eles".[27]

O tsar escreveu a Gorchakov para explicar seus motivos para suspender o cerco. Foi uma carta atipicamente pessoal que revelava muito sobre o que ele pensava:

> Quão triste e doloroso é para mim, meu caro Gorchakov, ser forçado a concordar com os persistentes argumentos do príncipe Ivan Fedorovich [Paskevitch] (...) e me retirar do Danúbio após ter feito tanto esforço e perdido tantas almas corajosas sem ganhos — não preciso dizer o que isso significa para mim. Avalie você mesmo!!! Mas como posso discordar dele quando olho para o mapa? Agora o perigo não é tanto, pois você está em posição de impor uma severa punição aos austríacos insolentes. Temo apenas que a retirada possa prejudicar o moral de nossos soldados. Você tem de levantar o ânimo, deixar claro a cada um deles que é melhor se retirar a tempo para podermos atacar depois, como foi em 1812.[28]

Os russos se retiraram do Danúbio, combatendo os turcos que os perseguiam farejando sangue. As tropas russas estavam cansadas e desmoralizadas, muitos dos soldados não comiam havia dias, e havia tantos doentes e feridos que não podiam ser levados todos de volta de carroça. Milhares foram abandonados aos turcos. Na cidade fortificada de Giurgevo, em 7 de julho, os russos perderam 3 mil homens em uma batalha contra as forças turcas (algumas delas comandadas por oficiais britânicos) que cruzaram o rio desde Rusçuk e atacaram os russos com o apoio de uma canhoneira britânica. Gorchakov chegou com reforços do sítio abandonado a Silistra, mas logo foi obrigado a ordenar retirada. A bandeira britânica foi plantada na fortaleza de Giurgevo, onde os turcos então se vingaram selvagemente dos russos, matando mais de 1.400 feridos, cortando suas cabeças e mutilando seus corpos, enquanto Omer Pasha e os oficiais britânicos observavam.[29]

As retaliações turcas tinham um cunho religioso claro. Assim que a cidade foi limpa de soldados russos, os soldados turcos (*bashi bazouks* e albaneses) saquearam as casas e igrejas da população cristã, majoritariamente búlgara. Toda a população cristã deixou Giurgevo com a infantaria russa, colocando seus pertences em carroças apressadamente e seguindo rumo norte com suas colunas. Um oficial francês descreveu o cenário que encontrou em Giurgevo algumas semanas após ser abandonada:

> Os russos, ao partir, deixaram apenas 25 habitantes de uma população de 12 mil pessoas! Apenas um punhado de casas estava intacta (...) Os saqueadores não se contentaram em pilhar apenas casas. Várias igrejas foram saqueadas. Eu vi com meus próprios olhos uma igreja grega que encontrei em péssimo estado. Um velho sacristão búlgaro estava limpando os ícones e as janelas quebradas da igreja, as esculturas, lâmpadas e outros objetos sagrados empilhados no santuário. Perguntei a ele em linguagem de sinais quem havia cometido aquelas atrocidades, os russos ou os turcos. "Turkos", ele respondeu com uma só palavra, os dentes trincados e em um tom que não anunciava redenção para o primeiro *bashi bazouk* que caísse em suas mãos.[30]

Em toda cidade e aldeia pela qual as tropas russas passaram, receberam a companhia de outros refugiados com medo de retaliações turcas. Havia cenas de caos e pânico nas estradas, com milhares de camponeses búlgaros deixando as aldeias com seu gado e se juntando às colunas crescentes de humanos em fuga. As estradas se tornaram tão bloqueadas por carroças de camponeses que a retirada russa perdeu velocidade, e Gorchakov pensou em usar soldados para conter os refugiados. Mas foi dissuadido disso por seus altos oficiais, e no final, cerca de 70 mil famílias búlgaras foram evacuadas para a Rússia. Tolstoi descreveu o cenário em uma aldeia em carta à tia que escreveu ao chegar a Bucareste em 19 de julho:

Houve uma aldeia à qual fui, saindo do acampamento, para pegar leite e frutas, e que havia sido destruída [pelos turcos]. Assim que o príncipe [Gorchakov] informou aos búlgaros que aqueles que quisessem poderiam cruzar o Danúbio com o exército e se tornar súditos russos, todo o interior se levantou, e todos eles, com esposas, filhos, cavalos e gado, foram para a ponte, mas era impossível levar todos, e o príncipe foi obrigado a recusar os que chegaram por último, e deveria ver o quanto isso o fez sofrer; ele recebeu todas as delegações desse pobre povo, conversou com cada um deles, tentou explicar como aquilo era impossível, sugeriu a eles cruzar sem suas carroças e seu gado, e assumindo seus meios de subsistência até que chegassem à Rússia, pagou do próprio bolso para que barcos particulares os transportassem.[31]

Em Bucareste, houve cenas de confusão semelhantes. Muitos dos soldados russos rebeldes aproveitaram a oportunidade para desertar de suas unidades e foram se esconder na cidade, levando as autoridades militares a fazer terríveis ameaças à população para denunciar desertores ou correr o risco de punição. Os voluntários da Valáquia, que haviam se juntado às tropas russas em sua ocupação do principado, desapareceram, muitos fugindo para o sul de modo a se juntar aos aliados. Evacuando a cidade, os russos fizeram um alerta sinistro aos "valáquios traiçoeiros" em um manifesto do tsar:

> Sua majestade, o tsar, não acredita que aqueles que professam a mesma religião do imperador ortodoxo possam se submeter a um governo que não é cristão. Se os valáquios não conseguem entender isso, por estarem demasiadamente influenciados pela Europa, e terem se rendido a falsas crenças, o tsar ainda assim não pode renunciar à missão dada a ele por Deus de líder dos ortodoxos, para retirar para sempre da soberania dos otomanos aqueles que professam a verdadeira fé cristã, ou seja, a grega. Essa ideia preocupa o tsar desde o começo de seu glorioso reinado, e chegou o momento em que Sua Majestade executará o projeto que tem planejado há muitos anos, quaisquer que sejam as intenções dos impotentes Estados europeus que sustentam falsas crenças. Chegará o momento em que os valáquios rebeldes, que incorreram na ira de Sua Majestade, pagarão caro por sua deslealdade.

No dia 26 de julho, a proclamação foi lida para os boiardos reunidos em Bucareste por Gorchakov, que acrescentou suas próprias palavras de despedida:

"Cavalheiros, estamos deixando Bucareste no momento, mas espero retornar logo — lembrem-se de 1812."[32]

A notícia da retirada foi um enorme choque para os eslavófilos em Moscou e São Petersburgo que haviam visto o avanço russo para os Bálcãs como uma guerra de libertação para os eslavos. Eles ficaram desalentados com o que consideravam um abandono dos seus ideais. Konstantin Aksakov sonhara com uma federação eslava sob a liderança russa. Achara que a guerra terminaria com a instalação de uma cruz em Hagia Sophia, em Constantinopla. Mas a retirada do Danúbio o enchera de "sentimentos de desgosto e vergonha", como escreveu ao irmão Ivan, explicando:

> É como se estivéssemos nos retirando de nossa fé ortodoxa. Se isso é porque não confiamos, ou porque estamos nos retirando de uma guerra santa, então desde a fundação da Rússia nunca houve um momento tão vergonhoso em nossa história — derrotamos inimigos, mas não nosso próprio medo. E agora! (...). Estamos nos retirando da Bulgária, mas o que acontecerá aos pobres búlgaros, às cruzes nas igrejas da Bulgária? (...) Rússia! Se você abandona Deus, então Deus a abandona! Você renunciou à missão sagrada que Deus confiou de defender a fé sagrada e libertar seus irmãos sofridos, e agora a ira de Deus irá se abater sobre você, Rússia!

Como muitos eslavófilos, os Aksakov atribuíram a decisão da retirada a Nesselrode, o ministro das Relações Exteriores "alemão", que passou a ser atacado em círculos nacionalistas como traidor da Rússia e "agente austríaco". Juntamente com o líder pan-eslavista Pogodin eles iniciaram uma campanha nos salões de São Petersburgo e Moscou para persuadir o tsar a reverter a retirada e combater sozinho contra os austríacos e as potências ocidentais. Eles se encantavam com o fato de que a Rússia estaria lutando sozinha contra a Europa, acreditando que uma guerra santa pela libertação dos eslavos da influência ocidental seria a realização do papel messiânico da Rússia.[33]

À medida que os russos se retiravam da Valáquia, os austríacos avançavam para restaurar a ordem no principado. Um contingente austríaco de 12 mil soldados, comandados pelo general Coronini, avançou até Bucareste, onde entrou em choque com os turcos, que já haviam ocupado a cidade após a retirada dos russos. Omer Pasha, que se proclamara "Governador dos Principados

Reocupados", se recusou a entregar Bucareste ao comandante austríaco. Sendo um antigo súdito austríaco que se juntara aos turcos, não se podia esperar que ele entregasse suas conquistas difíceis a um cortesão como Coronini, que havia sido tutor pessoal do imperador e representava tudo o que Omer Pasha rejeitava no mundo Habsburgo quando se passou para os otomanos. O comandante turco era apoiado pelos britânicos e os franceses. Tendo passado tanto tempo tentando envolver os austríacos nos principados, os aliados no momento viam a intervenção austríaca como uma benção duvidosa. Estavam satisfeitos que os austríacos houvessem ajudado a libertar os principados do controle russo, mas também desconfiavam de que planejassem uma ocupação de longo prazo dos principados, ou com a esperança de ocupar com seu próprio governo o vácuo deixado pela partida dos soldados russos, ou na crença de que poderiam impor sua própria solução para o conflito russo-turco à custa do Ocidente. Suas suspeitas aumentaram quando os austríacos impediram as forças de Omer Pasha de perseguir os russos até a Bessarábia (a tática preferida de Napoleão III); e ainda mais quando recolocaram no poder os hospodares nomeados pelos russos em uma ação evidentemente projetada para acalmar o tsar. Para britânicos e franceses, parecia óbvio que os austríacos haviam ido resgatar os principados do Danúbio não como gendarmes do Concerto da Europa, nem como defensores da soberania turca, mas com seus próprios objetivos políticos.[34]

Foi em parte buscando conter a ameaça austríaca, e em parte de modo a garantir o litoral do mar Negro para um ataque ao sul da Rússia e a Crimeia que os franceses enviaram uma força expedicionária à região de Dobruja, do delta do Danúbio, no final de julho. A força era composta de irregulares *bashi bazouk* (chamados de *spahis d'Orient* pelos franceses) sob o comando do general Yusuf, bem como soldados de infantaria das 1ª (general Canrobert), 2ª (general Bosquet) e 3ª (príncipe Napoleão) Divisões. Capturado como Giuseppe Vantine aos seis anos, em Elba, em 1815, por corsários da Barbária e criado no palácio do bei de Túnis, Yusuf era o fundador e comandante da cavalaria *spahi* usada pelos franceses em sua conquista da Argélia. Seus sucessos ali o tornaram o candidato ideal para organizar os *bashi bazouks* sob comando francês. Em 22 de julho, ele reunira em Varna uma brigada de cavalaria de 4 mil *bashi bazouks* dada aos franceses pelos otomanos, juntamente com vários outros destacamentos de irregulares, incluindo um bando de cavaleiros curdos comandados por Fatima Khanum. Conhecida como a Virgem do Curdistão, Khanum, de setenta anos, liderava seus seguidores tribais, armados com espadas, facas e pistolas, sob a bandeira verde de uma guerra muçulmana. Yusuf também apelava à ideia de um *jihad* para motivar seus homens contra os russos e dar a eles algo pelo que lutar além da perspectiva de saque, seu incentivo tradicional, que os franceses estavam determinados a eliminar. "Viemos salvar o sultão, nosso califa", um grupo de *bashi bazouk* disse a Louis Noir, cuja brigada de zuavos se juntara à força de Yusuf em sua marcha ao norte de Varna; "se morrermos lutando por ele sem pagamento, iremos diretamente para o paraíso; se formos pagos para lutar, nenhum de nós terá direito ao paraíso, pois teremos recebido nossa recompensa na terra."[35]

Mas nem mesmo a promessa de paraíso podia garantir a disciplina da cavalaria de Yusuf. Assim que receberam a ordem de partir de Varna os *bashi bazouk* começaram a desertar, dizendo que não iriam lutar por oficiais estrangeiros (Yusuf falava um árabe tunisiano que os sírios, turcos e curdos sob seu comando não conseguiam entender). Um esquadrão de cavalaria avançado fugiu em massa à primeira visão dos cossacos perto de Tulcea, deixando que os oficiais franceses os combatessem sozinhos (todos foram mortos). No dia 28, as tropas de Yusuf derrotaram os cossacos e os forçaram a recuar, mas depois perderam toda a disciplina, saqueando as aldeias, matando cristãos e levando suas cabeças ao general Yusuf na esperança de uma recompensa (o exército turco habitualmente pagava um prêmio pelas cabeças de infiéis, incluindo civis, derrotados em uma guerra santa). Alguns homens até mesmo assassinaram mulheres e crianças cristãs, cortando seus corpos em pedaços, também em troca de recompensa.[36]

No dia seguinte, o primeiro dos soldados de Yusuf sucumbiu à cólera. Os pântanos e lagos do delta do Danúbio eram infestados da doença. A taxa de mortalidade foi alarmante. Desidratados pela doença e dias de marcha sob o calor escorchante, os homens caíam e morriam ao lado da estrada. A força de Yusuf se desintegrou rapidamente, com soldados fugindo para escapar da cólera ou se deitando sob o abrigo de uma árvore para morrer. Yusuf ordenou uma retirada para Varna, e o remanescente de sua força, cerca de 1.500 homens, chegou lá em 7 de agosto.

Eles também encontraram cólera em Varna. Teriam encontrado em toda parte, pois todo o sudeste da Europa foi assolado no verão de 1854. O acampamento francês foi atingido primeiro, seguido pouco depois pelo britânico. Um vento quente soprava da terra, cobrindo os acampamentos com um pó de calcário branco e um cobertor de moscas mortas. Os homens começaram a sofrer de náusea e diarreia, e depois a se deitar em suas barracas para morrer. Ignorando as causas, os soldados começaram a beber água no calor de verão, embora alguns, como os zuavos, que tinham encontrado a doença na Argélia, sabiam que deviam se aferrar ao vinho e ferver a água para o café (de que os franceses tomavam enormes quantidades). Epidemias de cólera eram regulares em Londres e outras cidades britânicas nos anos 1830 e 1840, mas apenas nos anos 1880 foi realmente compreendida a relação com os cuidados sanitários. Um médico de Londres chamado John Snow descobrira que ferver a água potável podia prevenir a cólera, mas em geral sua descoberta foi ignorada. Em vez disso, a doença foi atribuída a miasmas dos lagos ao redor de Varna, bebida em excesso ou consumo de frutas silvestres. As regras elementares de higiene eram ignoradas pelas autoridades militares: permitia-se que latrinas transbordassem; carcaças eram deixadas apodrecendo ao sol. Os doentes eram levados de carroça para alojamentos em Varna infestados de ratos, onde eram tratados por ajudantes de hospital, que em agosto tiveram o reforço de um pequeno grupo de freiras francesas. Os mortos eram enrolados em cobertores e enterrados em covas coletivas (posteriormente cavadas pelos turcos para roubar os cobertores). Na segunda semana de agosto, quinhentos soldados britânicos tinham morrido da doença, e as mortes entre os franceses disparavam para uma taxa de mais de sessenta todos os dias.[37]

Então houve o incêndio em Varna. Começou na noite de 10 de agosto no velho bairro comercial da cidade e se espalhou rapidamente para o porto vizinho, onde os suprimentos para os exércitos aliados estavam prontos para embarque nos navios. O fogo quase certamente havia sido iniciado por incendiários gregos e búlgaros simpáticos à causa russa (vários homens foram detidos com fósforos "lúcifer" na região onde o incêndio começara). Metade da cidade estava tomada pelas chamas quando soldados franceses e britânicos chegaram com bombas d'água. Lojas e docas carregadas de caixas de rum e vinho explodiram com as chamas, e rios de álcool corriam pelas ruas, onde bombeiros bebiam da sarjeta. Quando o fogo foi controlado a base de suprimentos dos exércitos aliados estava seriamente danificada. "Varna estocava toda a munição, todos os suprimentos e provisões necessitados por um exército em campanha", escreveu Herbé a seus pais em 16 de agosto. "Os cartuchos de pólvora de franceses, ingleses e turcos estavam no centro do incêndio. Grande parte da cidade desapareceu, e com ela as esperanças dos soldados acampados na planície."[38]

Depois do incêndio só havia suprimentos na cidade para alimentar os exércitos aliados por oito dias. Estava claro que os soldados precisavam sair da região de Varna antes que fossem totalmente destruídos pela cólera e pela fome.

Com os russos obrigados a se retirar do Danúbio, os britânicos e franceses poderiam ter ido para casa, cantando vitória sobre os russos. Teria sido factível encerrar a guerra naquele estágio. Os austríacos e turcos poderiam ter ocupado os principados como uma força de paz (em meados de agosto eles haviam traçado zonas de ocupação separadas e concordado em partilhar o controle de Bucareste), enquanto as potências ocidentais poderiam ter usado a ameaça de intervenção para obrigar os russos a prometer não invadir solo turco novamente. Então por que os aliados não buscaram a paz assim que os russos deixaram os principados? Por que decidiram invadir a Rússia quando a guerra contra os russos havia sido vencida? Por que houve uma Guerra da Crimeia?

Os comandantes aliados ficaram frustrados com a retirada russa. Tendo levado seus exércitos até ali, eles sentiam que haviam tido sua "vitória roubada", como colocou Saint-Arnaud, e queriam uma meta militar que justificasse os esforços que haviam feito. Nos seis meses que tinham se passado desde a mobilização, as tropas aliadas mal haviam usado suas armas contra o inimigo. Eram alvo do deboche dos turcos e ridicularizadas em casa. Karl Marx escreveu em editorial do *New York Times* em 17 de agosto: "Lá estão eles, oitenta ou noventa mil soldados ingleses e franceses em Varna, comandados pelo velho secretário militar de Wellington e por um marechal de França (cujos grandes feitos, é verdade, foram conseguidos em lojas de penhor de Londres) — lá estão eles, os franceses fazendo nada e os britânicos os ajudando o mais rápido que podem."[39]

Em Londres, o gabinete britânico também sentia que expulsar a Rússia da região do Danúbio não era suficiente para justificar os sacrifícios feitos até então. Palmerston e seu "partido da guerra" não estavam preparados para negociar uma paz com as forças armadas russas intactas. Eles queriam infligir sérios danos à Rússia, destruir sua capacidade militar no mar Negro, não apenas para dar segurança à Turquia, mas para encerrar a ameaça russa aos interesses britânicos no Oriente Próximo. Como dissera em abril o duque de Newcastle, o empolgado secretário de Estado da Guerra, expulsar os russos dos principados "sem incapacitar seus futuros meios de agressão à Turquia não é agora um objetivo merecedor de grandes esforços de Inglaterra e França".[40]

Mas o que iria infligir danos sérios? O gabinete avaliara várias opções. Eles viam pouco sentido em perseguir os russos até a Bessarábia, onde as tropas aliadas seriam expostas à cólera, ao passo que a proposta francesa de uma guerra continental para a libertação da Polônia provavelmente seria obstruída pelos austríacos, mesmo se (e esse era um grande "se") os membros conservadores do gabinete britânico pudessem ser persuadidos das virtudes de uma guerra revolucionária. Nem estavam eles convencidos de que a campanha naval no Báltico colocaria a Rússia de joelhos. Pouco depois do início da campanha na primavera, sir Charles Napier, o almirante encarregado da frota aliada do Báltico, chegara à conclusão de que seria praticamente impossível superar as defesas russas quase inexpugnáveis em Kronstadt, a base naval fortificada protegendo São Petersburgo, ou mesmo as fortalezas mais fracas em Sveaborg, em frente ao porto de Helsingfors (Helsinque), sem novas canhoneiras e navios lançadores de morteiros capazes de vencer os recifes rasos ao redor dessas fortalezas.* Durante algum tempo se falou em um ataque à Rússia no Cáucaso. Uma delegação de rebeldes circassianos visitou os aliados em Varna

---

* Os acontecimentos provariam que isso era certo. Em 8 de agosto, Napier lançou um ataque aliado à fortaleza russa em Bomarsund, nas ilhas Aaland, entre a Suécia e a Finlândia, principalmente com o objetivo de envolver a Suécia na guerra. O apoio de tropas suecas era necessário para qualquer deslocamento em direção à capital russa. Após um bombardeio pesado ter reduzido a fortaleza a destroços, o comandante russo e seus 2 mil homens se renderam aos aliados. Mas Bomarsund foi uma vitória menor — não era Kronstadt ou São Petersburgo —, e os suecos não ficaram impressionados, a despeito de abordagens vigorosas pelos britânicos. Até que os aliados investissem maiores recursos na campanha no Báltico, não havia nenhuma perspectiva real de envolver a Suécia na guerra, muito menos ameaçar São Petersburgo. Mas os aliados estavam divididos quanto ao significado do Báltico. Os franceses estavam muito menos interessados nele que os britânicos — particularmente Palmerston, que sonhava em tomar a Finlândia como parte de seu plano maior de desmanchar o império russo —, e relutavam em comprometer mais tropas com um objetivo de guerra que consideravam servir principalmente aos interesses britânicos. Para Napoleão, a campanha no Báltico não poderia ser mais que uma pequena distração para impedir o tsar de utilizar um exército ainda maior na Crimeia, principal preocupação de sua campanha bélica.

e prometeu iniciar uma guerra islâmica contra a Rússia por todo o Cáucaso se os aliados enviassem seus exércitos e suas frotas. Omer Pasha defendeu essa ideia.[41] Mas nenhum desses planos foi considerado tão danoso à Rússia quanto seriam a perda de Sebastopol e sua frota do mar Negro. No momento em que os russos haviam se retirado dos principados, o gabinete britânico concordara em que uma invasão da Crimeia era a única forma evidente de desferir um golpe decisivo na Rússia.

O plano da Crimeia havia sido apresentado pela primeira vez em dezembro de 1853, quando, em reação a Sinope, Graham concebera uma estratégia naval para derrotar Sebastopol com um único golpe rápido. O primeiro lorde do Almirantado escreveu: "Disso meu coração está certo, até que sua frota e seu arsenal naval no mar Negro sejam destruídos não haverá segurança para Constantinopla, nenhuma segurança para a paz da Europa."[42] O plano de Graham nunca foi apresentado formalmente ao gabinete, mas foi aceito como a base de sua estratégia. E em 29 de junho o duque de Newcastle transmitiu a Raglan as instruções do gabinete para uma invasão da Crimeia. Seu despacho foi enfático: a expedição deveria começar assim que fosse possível e "nada que não impedimentos insuperáveis" deveria postergar o cerco a Sebastopol e a destruição da frota russa do mar Negro, embora alguns ataques secundários aos russos no Cáucaso também pudessem ser necessários. A linguagem do despacho deixou Raglan com a impressão de que não havia discordâncias no gabinete, e nenhuma alternativa a uma invasão da Crimeia.[43] Mas na verdade havia pontos de vista opostos sobre a viabilidade do plano para a Crimeia, e sua aceitação foi um acordo entre aqueles no gabinete, como Aberdeen, que queriam uma campanha mais limitada para restaurar a soberania turca, e aqueles, como Palmerston, que viam a expedição à Crimeia como uma oportunidade de iniciar uma guerra mais ampla à Rússia. Nessa época a imprensa britânica estava aumentando a pressão sobre o gabinete para desferir um golpe mortal na Rússia, e a destruição da frota do mar Negro em Sebastopol se tornara a vitória simbólica que o público belicoso desejava. A ideia de desistir da invasão da Crimeia meramente com base em que ela se tornara desnecessária com a retirada dos russos do Danúbio era praticamente inimaginável.

"O principal e real objetivo da guerra era eliminar a ambição agressiva da Rússia", admitiu Palmerston em 1855. "Fomos à guerra nem tanto para manter o sultão e os muçulmanos na Turquia quanto para manter os russos fora dela." Palmerston concebia o ataque à Crimeia como o primeiro estágio de uma cruzada de longa duração contra o poder do tsar na região do mar Negro e em Cáucaso, Polônia e Báltico, coerente com seu memorando ao gabinete em 19 de março, no qual delineara seu plano ambicioso de desmembramento do império russo. No final de agosto, ele conquistara apoio considerável no gabinete para sua guerra ampliada. Ele também tinha um acordo informal com Drouyn de Lhuys, o ministro das Relações Exteriores francês, de que "pequenos resultados" não seriam suficientes para compensar as inevitáveis perdas humanas da guerra, e que apenas "grandes mudanças territoriais" na região do Danúbio, no Cáucaso, Polônia e Báltico poderiam justificar a campanha na Crimeia.[44]

Mas enquanto Aberdeen fosse primeiro-ministro seria impossível para Palmerston ter tais planos aceitos como uma política aliada. Os quatro pontos acordados pelas potências ocidentais com os austríacos em 8 de agosto, após vários meses de negociação, estabeleciam objetivos mais limitados. A paz não podia ser firmada entre Rússia e potências aliadas a não ser que:

1. a Rússia abrisse mão de qualquer direito especial na Sérvia e nos principados do Danúbio, cuja proteção seria garantida pelas potências europeias com a Porta;
2. a navegação do Danúbio fosse aberta a todo comércio;
3. a Convenção dos Estreitos de 1841 fosse revisada "no interesse do Equilíbrio de Poder na Europa" (encerrando o domínio naval russo no mar Negro);
4. os russos abrissem mão de sua reivindicação de um protetorado sobre os súditos cristãos da Turquia, cuja segurança seria garantida pelas cinco grandes potências (Áustria, Grã-Bretanha, França, Prússia e Rússia) em concordância com o governo turco.

Os quatro pontos eram conservadores em caráter (nada mais satisfaria aos austríacos), mas suficientemente vagos para permitir que os britânicos (que desejavam reduzir o poder da Rússia, mas não tinham uma ideia real de como traduzir isso em políticas concretas) acrescentassem mais condições à medida que a guerra prosseguisse. De fato, sem o conhecimento dos austríacos, havia um quinto ponto secreto acordado por britânicos e franceses permitindo a eles fazer novas exigências dependendo do resultado da guerra. Para Palmerston, os Quatro Pontos na verdade eram uma forma de incorporar Áustria e França em uma grande aliança europeia para mover uma guerra aberta à Rússia, uma guerra que poderia ser expandida mesmo depois de obtida a conquista da Crimeia.[45]

Palmerston chegou ao ponto de articular um amplo plano de longo prazo para a Crimeia. Ele propôs dar a região aos turcos e ligá-la a novos territórios turcos capturados dos russos ao redor de mar de Azov, Circássia, Geórgia e delta do Danúbio. Mas poucos mais estavam dispostos a pensar em termos tão ambiciosos. Napoleão queria capturar Sebastopol em grande medida como um símbolo da "vitória gloriosa" que desejava e como forma de punir os russos por sua agressão aos principados. E a maior parte do gabinete britânico pensava da mesma forma. Em geral se supunha que a queda de Sebastopol colocaria a Rússia de joelhos, permitindo às potências ocidentais alegar vitória e impor suas condições aos russos. Mas isso não fazia muito sentido. Comparada com Kronstadt e as outras fortalezas bálticas defendendo a capital russa, Sebastopol era um posto avançado relativamente distante no império do tsar, e não havia razão lógica para supor que sua captura pelos aliados o obrigaria a se submeter. A consequência dessa suposição não questionada foi que ao longo de 1855, quando a queda de Sebastopol não se deu rapidamente, os aliados continuaram a golpear a cidade no que foi na época o mais longo e custoso cerco da história militar, no lugar de desenvolver outras estratégias para enfraquecer os exércitos terrestres da Rússia, que, em vez de sua frota do mar Negro, eram o verdadeiro segredo de seu poder sobre a Turquia.[46]

A campanha da Crimeia foi não apenas equivocadamente concebida, mas também mal planejada e preparada. A decisão de invadir a Crimeia foi tomada sem qualquer trabalho real de levantamento de informações. Os comandantes aliados não tinham mapas da região. Eles retiravam informações de diários de viagem ultrapassados, como o diário do lorde de Ros sobre suas viagens à Crimeia e do *Journal of the Crimea*, do general de divisão Alexander Macintosh, ambos datando de 1835, o que os levou a crer que o inverno da Crimeia era extremamente suave, embora houvesse livros mais recentes que destacassem o frio, como *The Russian Shores of the Black Sea in the Autumn of 1852*, de Laurence Oliphant, publicado em 1853. O resultado foi a não preparação de roupas e acomodações de inverno, em parte com base na suposição esperançosa de que seria uma campanha curta e a vitória seria conseguida antes que o gelo chegasse. Eles não tinham ideia de quantos soldados russos havia na Crimeia (as estimativas variavam entre 45 mil e 80 mil), e nenhuma ideia de em que ponto da península estavam aquartelados. As frotas aliadas podiam transportar para a Crimeia apenas 60 mil dos 90 mil soldados de Varna — no cálculo mais otimista, menos de metade da relação de três para um recomendada pelos manuais militares para um cerco —, e mesmo isso seria à custa de carroças-ambulâncias, animais de carga e outros suprimentos essenciais. Os aliados suspeitavam que as tropas russas em retirada da frente do Danúbio seriam levadas para a Crimeia e que o melhor resultado para eles seria a tomada de Sebastopol em um *coup de main* rápido e a destruição de suas instalações militares e da frota do mar Negro antes de sua chegada. Eles raciocinavam que um ataque menos bem-sucedido a Sebastopol muito provavelmente exigiria a ocupação de Perekop, o istmo que separava a Crimeia do continente, para impedir esses reforços e suprimentos russos. Em seu despacho de 29 de junho Newcastle ordenara que Raglan cumprisse a tarefa "sem demora". Mas Raglan se recusou a cumprir a ordem, alegando que suas tropas iriam sofrer no calor da planície da Crimeia.[47]

À medida que o início da invasão se aproximava, os líderes militares ficaram temerosos. Especialmente os franceses tinham dúvidas. As instruções de Newcastle a Raglan foram enviadas pelo marechal Vaillant, o ministro da guerra, em cópia para Saint-Arnaud, mas o comandante das forças francesas era cético quanto ao plano. Suas reservas eram partilhadas pela maioria de seus oficiais, que achavam que o ataque beneficiaria mais a Grã-Bretanha como potência naval do que a França. Mas essas dúvidas foram deixadas de lado à medida que aumentava a pressão dos políticos em Londres e Paris, ansiosos por uma ofensiva para satisfazer a opinião pública e cada vez mais preocupados em retirar os soldados da região de Varna assolada pela cólera. No final de agosto, Saint-Arnaud chegara à conclusão de que perderia menos homens em um ataque a Sebastopol do que já havia perdido para a cólera.[48]

A ordem de embarque foi um alívio para a maioria dos soldados, que "preferia lutar como homens a serem consumidos por fome e doença", segundo Herbé. "Os homens e os oficiais estão cada dia mais desgostosos com seu destino", escreveu Robert Portal, oficial de cavalaria britânico, no final de agosto.

Eles não fazem nada a não ser enterrar seus camaradas. Dizem em voz alta que não foram trazidos para lutar, mas para se consumir e morrer neste país de cólera e febre. (...) Ouvimos que há um motim no acampamento francês, os soldados jurando que irão para qualquer lugar e farão qualquer coisa, mas permanecer aqui para morrer, não ficarão.

Boatos de um motim no acampamento francês foram confirmados pelo coronel Rose, ligado ao comando francês, que se reportou a Londres em 6 de setembro dizendo que o comando francês não "tinha em boa conta a estabilidade e o poder de resistência dos soldados franceses".[49]

Era hora de mandá-los para a guerra antes que sucumbissem a doenças ou se voltassem contra seus oficiais. O embarque começou no dia 24 de agosto. A infantaria foi levada para os navios, seguida pela cavalaria com seus cavalos, carroças de munição, carroças com suprimentos, animais de carga e finalmente os canhões pesados. Muitos dos homens que marcharam para o cais estavam doentes e fracos demais para carregar as próprias mochilas e armas, que foram levadas para eles pelos homens mais fortes. Os franceses não tinham navios de transporte em número suficiente para seus 30 mil homens, e os enfiaram nos navios de guerra, os deixando inúteis caso fossem atacados pela frota russa do mar Negro. A defesa do comboio coube exclusivamente à Marinha Real, cujos navios de guerra flanquearam os 29 vapores e 56 navios de passageiros levando os soldados britânicos. Houve cenas perturbadoras nas docas quando foi anunciado que nem todas as esposas dos soldados que haviam viajado com eles desde a Grã-Bretanha poderiam ser levadas para a Crimeia.* As mulheres arrasadas que seriam separadas de seus homens lutaram para embarcar nos navios. Algumas foram embarcadas clandestinamente. No momento final, os comandantes tiveram pena das mulheres, tendo sido informados de que não havia acomodação para elas em Varna, e permitiram que muitas subissem a bordo.

Em 2 de setembro, o embarque havia sido concluído, mas o tempo ruim adiou a partida até 7 de setembro. A flotilha de quatrocentos navios — vapores, belonaves, transportes de tropas, navios a vela, rebocadores e outras

---

* O exército britânico permitira que quatro esposas por companhia fossem com seus homens para Galípoli. Aos cuidados do exército ("na força"), as mulheres cozinhavam e faziam serviços de lavanderia.

embarcações menores — era liderada pelo contra-almirante sir Edmund Lyons a bordo do HMS *Agamemnon*, o primeiro vapor a hélice da Marinha Real, capaz de navegar à velocidade de 11 nós e armado com 91 canhões. "Os homens recordam da bela manhã de 7 de setembro", escreveu Kinglake.

> A luz da lua ainda flutuava nas águas quando os homens, olhando de inúmeros conveses na direção leste, puderam saudar o alvorecer. Havia uma brisa de verão soprando leve da terra. Quinze minutos antes das 5 horas, um canhão do *Britannia* deu o sinal de levantar âncora. O ar foi obscurecido pela fumaça do esforço dos motores, e era difícil ver como e quando a ordem seria dada; mas presentemente o *Agamemnon* avançou, e com sinais em todos os seus mastros — pois Lyons estava a bordo, comandando e ordenando o comboio. Os vapores de guerra franceses saíram com seus transportes a reboque, e seus grandes vasos formaram a linha, os franceses seguiram mais rapidamente que os ingleses, e em melhor ordem. Muitos de seus transportes eram embarcações de tamanho muito pequeno, e por necessidade eram um enxame. Nossos transportes zarparam em cinco colunas de apenas trinta cada. Então — protegendo a tudo — a frota de guerra inglesa, em uma só coluna, deixou lentamente a baía.[50]

7
Alma

Logo as frotas aliadas estavam espalhadas pelo mar Negro, uma floresta de mastros em movimento intercalada por enormes nuvens de fumaça negra e vapor. Era uma visão fantástica, "como uma vasta cidade industrial sobre as águas", observou Jean Cabrol, médico do comandante francês, marechal Saint-Arnaud, que estava mortalmente doente no *Ville de France*. Cada soldado francês levava rações para oito dias em sua bolsa — arroz, açúcar, café, gordura e biscoitos —, e ao embarcar recebera um grande cobertor, que estendia no convés para dormir. "O pior de tudo é que não podemos tomar um copo de álcool pagando", escreveu John Rose, soldado do 50º Regimento, para seus pais, desde Varna. "Estamos vivendo com uma libra e meia de pão integral e uma libra de carne por dia, mas isso não é para homens."[1]

Os soldados nos navios não tinham uma ideia clara de para onde estavam indo. Em Varna eles haviam sido mantidos no escuro sobre os planos de guerra, e todo tipo de boato havia circulado entre os homens. Alguns achavam estar indo para Circássia, outros para Odessa ou para Crimeia, mas ninguém sabia por certo o que esperar. Sem mapas ou qualquer conhecimento direto do litoral sul da Rússia, que eles viam dos navios como se estivessem olhando para a costa da África, a empreitada ganhava cunho de uma aventura das viagens de descoberta. A ignorância dava rédea solta à imaginação dos homens, alguns dos quais acreditavam que iriam ter de lidar com ursos e leões quando desembarcassem na "selva" da Rússia. Poucos tinham alguma ideia de pelo que estavam lutando — além de para "derrotar os russos" e "fazer a vontade de Deus", para citar apenas dois soldados franceses em suas cartas para casa. Se as ideias do soldado Rose eram algo em que acreditar, muitos dos soldados sequer sabiam quais eram os seus aliados. "Estamos a 48 horas de viagem de Seebastepol", escreveu aos pais, com seu sotaque de West Country afetando sua grafia,

> e o lugar onde vamos desembarcar fica a 6 milhas de Seebastepol, e os primeiros combates serão com os turcos e os russos. Há 30 mil turcos e 40 mil Hasterems [austríacos] além dos franceses e ingleses e não irá demorar para que comecemos e todos achamos que o inimigo irá baixar armas quando vir todo os poderes lançados contra eles, e espero que isso satisfaça Deus para me tirar de problemas e me poupar para retornar a meu lar materno novamente e então poderei contar a vocês sobre a guerra.[2]

Quando a expedição partiu para a Crimeia seus líderes estavam incertos quanto a onde desembarcar. Em 8 de setembro, Raglan, no vapor *Caradoc*, conferenciou com Saint-Arnaud no *Ville de France* (com apenas um braço, Raglan não podia ir a bordo do navio francês, e Saint-Arnaud, que tinha câncer no estômago, estava doente demais para deixar o leito, de modo que as conversas tiveram de ser conduzidas usando intermediários). Saint-Arnaud finalmente concordou com a escolha de Raglan de um lugar de desembarque na baía Kalamita, uma comprida praia de areia 45 quilômetros ao norte de Sebastopol, e em 10 de setembro o *Caradoc* partiu com um grupo de altos oficiais, incluindo o segundo em comando de Saint-Arnaud, o general François Canrobert, para um reconhecimento do litoral oeste da Crimeia. O plano aliado havia sido capturar Sebastopol em um ataque surpresa, mas isso foi descartado com a decisão de desembarcar em um ponto tão distante quanto a baía Kalamita.

Para proteger os grupos de desembarque de um possível ataque russo aos flancos os comandantes aliados decidiram primeiramente ocupar a cidade de Evpatoria, único ancoradouro seguro naquela parte do litoral e boa fonte de água potável e suprimentos. Do mar a coisa mais impressionante na cidade era o grande número de moinhos de vento. Evpatoria era um próspero centro comercial e de processamento de grãos para as fazendas das estepes da Crimeia. Sua população de 9 mil pessoas era composta principalmente de tártaros da Crimeia, russos, gregos, armênios e judeus caraítas que haviam construído uma bela sinagoga no centro da cidade.[3]

A ocupação de Evpatoria — o primeiro desembarque de exércitos aliados em solo russo — foi comicamente direta. Ao meio-dia de 13 de setembro as frotas aliadas se aproximaram do porto. A população da cidade se reuniu nas docas ou acompanhou das janelas e tetos, enquanto a pequena figura grisalha de Nicolai Ivanovich Kaznatcheev, comandante, governador e funcionário de quarentena e alfândega de Evpatoria, esperava de pé na extremidade do píer principal em uniforme completo e insígnias ao lado de um grupo de oficiais russos para receber os "parlamentares" franceses e britânicos, intermediários que desembarcaram com seu intérprete para negociar a rendição da cidade. Não havia forças russas em Evpatoria, a não ser alguns soldados convalescentes, de modo que Kaznatcheev não tinha nada com o que se opor às marinhas armadas das potências ocidentais a não ser os regulamentos de seus cargos; mas ele se apoiou nesses calmamente, embora inutilmente, insistindo em que as forças de ocupação desembarcassem suas tropas no lazareto, para que ficassem em quarentena. No dia seguinte a cidade foi ocupada por uma pequena força de soldados aliados. Eles deram à população garantias de segurança pessoal, pagaram por tudo que pegaram dela e ofereceram um dia para que partissem, caso preferissem. Muitas pessoas da região já haviam partido, especialmente os russos, os principais administradores e donos de terras da região, que nos dias desde o primeiro avistamento dos navios ocidentais haviam colocado seus bens em carroças e fugido para Perekop, esperando retornar ao continente antes que a Crimeia fosse isolada pelo inimigo. Os russos tinham tanto medo dos tártaros — 80% da população da Crimeia — quanto dos invasores. Quando as frotas aliadas foram vistas a partir do litoral da Crimeia, grandes grupos de aldeões tártaros haviam se rebelado contra seus governantes russos e formado bandos armados para apoiar a invasão. A caminho de Perekop muitos dos russos foram roubados e mortos por esses bandos de tártaros que alegavam estar confiscando propriedade para o recém-instalado "governo turco" de Evpatoria.[4]

Ao longo do litoral a população russa fugiu em pânico, seguida pelos gregos. As estradas foram tomadas por refugiados, carroças e animais seguindo para o norte, contra o fluxo de soldados russos se deslocando rumo sul a partir de Perekop. Simferopol foi inundada por refugiados do litoral que chegavam com histórias fantásticas sobre o tamanho da frota ocidental. "Muitos moradores perderam a cabeça e não sabiam o que fazer", recordou Nicolai

Mikhno, que vivia em Simferopol, a capital administrativa da península. "Outros começaram a arrumar suas coisas o mais rápido que podiam e a deixar a Crimeia (...). Começaram a falar em termos assustadores sobre como os aliados continuariam sua invasão marchando diretamente para Simferopol, que não podia se proteger."[5]

Foi essa sensação de desamparo que alimentou a fuga apavorada. Menchikov, comandante das forças russas na Crimeia, havia sido apanhado de surpresa. Não pensara que os aliados fossem atacar tão perto do início do inverno, e não mobilizara forças suficientes para defender a Crimeia. Havia 38 mil soldados e 18 mil marinheiros ao longo do litoral sudoeste, e 12 mil soldados ao redor de Kerch e Teodósia — muito menos que o número dos atacantes imaginado pela população assustada da Crimeia. Simferopol tinha apenas um batalhão.[6]

No dia 24 de setembro, mesma data em que os franceses haviam entrado em Moscou em 1812, a frota aliada lançou âncora na baía Kalamita, ao sul de Evpatoria. Das colinas do Alma, um pouco mais ao sul, onde Menchikov colocara suas principais forças para defender a estrada para Sebastopol, Robert Chodasiewicz, capitão de um regimento de cossacos, descreveu a visão impressionante:

> Ao chegar à nossa posição nas colinas, uma de nossas visões mais belas que já pude ter se estendeu diante de nós. Toda a frota aliada estava à espera diante dos lagos salgados ao sul de Evpatoria, e à noite sua floresta de mastros era iluminada por lanternas de várias cores. Homens e oficiais estavam perdidos de assombro com a visão de tão grande número de navios juntos, especialmente já que muitos deles nunca haviam visto o mar antes. Os soldados disseram: "Vejam, o infiel construiu outra sagrada Moscou sobre as ondas!", comparando os mastros dos navios com as espiras da igreja daquela cidade.[7]

Os franceses foram os primeiros a desembarcar, seus grupos avançados chegando à praia e erguendo barracas coloridas a distâncias precisas ao longo da praia para marcar os diferentes postos de desembarque para as divisões de infantaria de Canrobert, do general Pierre Bosquet e do príncipe Napoleão, sobrinho do imperador. Ao cair da noite todos haviam desembarcado com a artilharia. Os homens hastearam a bandeira francesa e saíram em busca de madeira e comida, alguns retornando com patos e galinhas, os cantis cheios do vinho que haviam encontrado nas fazendas próximas. Paul de Molènes e sua cavalaria *spahi* não tinham nem carne nem pão para sua primeira refeição em solo russo, "mas tínhamos alguns biscoitos e uma garrafa de champanhe que havíamos reservado para celebrar nossa vitória".[8]

O desembarque britânico foi uma bagunça, comparado com o francês — um contraste que se tornaria comum demais durante a Guerra da Crimeia. Não haviam sido feitos planos para um desembarque pacífico sem oposição (supunha-se que eles teriam de abrir caminho à força até a praia), de modo que a infantaria foi desembarcada primeiro, quando o mar estava calmo. Quando os britânicos tentaram levar sua cavalaria para a praia o vento soprava e os cavalos lutavam em meio a espuma densa. Saint-Arnaud, confortavelmente instalado em uma cadeira com seu jornal na praia, acompanhou a cena com frustração crescente enquanto seus planos de um ataque surpresa a Sebastopol eram prejudicados pelo atraso. "Os ingleses têm o hábito desagradável de se atrasar sempre", escreveu ele ao imperador.[9]

Foram precisos cinco dias para que os soldados e a cavalaria britânicos desembarcassem. Muitos dos homens tinham cólera e tiveram de ser carregados para fora dos barcos. Não havia equipamentos para deslocar bagagem e equipamento em terra, de modo que foi preciso enviar grupos para pegar carroças e carrinhos com os fazendeiros tártaros do local. Não havia comida nem água para os homens, a não ser as rações para três dias que haviam recebido em Varna, nem barracas ou mochilas foram desembarcadas dos navios, de modo que os soldados passaram as primeiras noites sem abrigo ou proteção contra a chuva pesada ou o calor abrasador dos dias seguintes. "Não trouxemos nada conosco para a praia, exceto nossos cobertores e sobretudos", escreveu à família George Lawson, um cirurgião do exército. "Sofremos terrivelmente com a falta de água. O primeiro dia foi muito quente; não tínhamos nada para beber além de água recolhida de poças formadas pela chuva da noite anterior; e mesmo agora a água está tão grossa que se fosse colocada em um copo não seria possível de modo algum ver o fundo."[10]

Finalmente, em 19 de setembro, os britânicos estavam preparados e, ao nascer do dia, começou o avanço rumo a Sebastopol. Os franceses marcharam à direita, mais perto do mar, seus uniformes azuis contrastando com as túnicas escarlate dos britânicos, enquanto a frota se deslocava para o sul juntamente com eles à medida que avançavam. Com 6,5 quilômetros de largura e pouco menos de 5 quilômetros de comprimento, a coluna em avanço era "só excitação e atividade", escreveu em seu diário Frederick Oliver, mestre da banda do 20º Regimento. Além das linhas compactas de soldados, havia um enorme trem de "cavalaria, canhões, munição, cavalos, novilhos, cavalos de carga, mulas, manadas de dromedários, um rebanho de bovinos e um enorme rebanho de ovelhas, cabras e bois, todos eles levados do interior vizinho pelos grupos de busca de víveres". Ao meio-dia, com o sol a pino, a coluna começou a se desfazer, com soldados sedentos ficando para trás ou saindo de formação para procurar água nos assentamentos tártaros próximos. Quando eles chegaram ao rio Bulganak, a 12 quilômetros da baía de Kalamita, no meio da tarde, a disciplina foi abandonada totalmente, com os soldados britânicos se jogando no "córrego enlameado".[11]

À frente deles, nas encostas que se erguiam ao sul do rio, os britânicos tiveram a primeira visão dos russos — 2 mil cavaleiros cossacos que abriram fogo contra um grupo de batedores do 13º de Dragões Leves. O restante da Brigada Ligeira, orgulho da cavalaria britânica, se preparou para atacar os cossacos, que os superavam em dois para um, mas Raglan viu que atrás dos cavaleiros russos havia uma considerável força de infantaria que não podia ser vista pelos comandantes da cavalaria, lorde Lucan e lorde Cardigan, que estavam mais abaixo da encosta. Raglan ordenou retirada e a Cavalaria Ligeira se afastou, enquanto os cossacos xingavam e atiravam neles, ferindo vários cavaleiros,* antes de eles mesmos se retirarem para o rio Alma, mais ao sul, onde os russos haviam preparado suas posições nas colinas. O incidente foi uma humilhação para a Brigada Ligeira, que havia sido obrigada a recuar de um combate com os cossacos de aparência esfarrapada diante da infantaria britânica, homens de famílias pobres e operárias que sentiram um prazer maldoso com o constrangimento dos cavaleiros elegantemente vestidos e confortavelmente montados. "Sirvam bem a eles, pavões cretinos desgraçados", escreveu um soldado em carta para casa.[12]

---

* A primeira baixa britânica da luta foi o sargento Priestley, do 13º de Dragões Leves, que perdeu uma perna. Evacuado para a Inglaterra, ele depois foi presenteado com uma perna de cortiça pela rainha. (A. Mitchell, *Recollections of One of the Light Brigade* (Londres, 1885), p. 50).

Os britânicos acamparam nas encostas sul de Bulganak, de onde podiam ver as tropas russas reunidas nas colinas de Alma, a 5 quilômetros de distância. Na manhã seguinte eles iriam descer o vale e enfrentar os russos, cujas defesas estavam do outro lado do Alma.

Menchikov decidira dedicar a maior parte de suas forças terrestres à defesa das colinas de Alma, a última barreira natural ao avanço inimigo rumo a Sebastopol, que suas tropas haviam ocupado desde 15 de setembro, mas seu medo de um segundo desembarque aliado em Kerch ou Teodósia (medo que o tsar partilhava) o levou a manter uma grande reserva. Assim, havia 35 mil soldados russos nas colinas de Alma — menos que os 60 mil soldados europeus, mas com a vantagem crucial das montanhas —, e mais de cem canhões. Os canhões mais pesados foram dispostos em uma série de fortificações acima da estrada para Sebastopol que cruzava o rio 4 quilômetros adentro, mas não havia nenhum dos penhascos voltados para o mar, que Menchikov considerara íngremes demais para que fossem escalados pelo inimigo. Os russos haviam se instalado confortavelmente, saqueando a aldeia próxima de Burliuk após expulsar os tártaros, e levando roupas de cama, portas, tábuas e galhos de árvores para as colinas, onde construíram cabanas improvisadas para eles mesmos e se fartaram das uvas das fazendas abandonadas. Encheram as casas da aldeia com feno e palha, preparando-se para incendiá-las quando o inimigo avançasse. Os comandantes russos estavam confiantes em sustentar a posição por pelo menos uma semana — Menchikov escrevera ao tsar prometendo que poderia sustentar as colinas por seis vezes mais tempo —, ganhando um tempo precioso para que as defesas de Sebastopol fossem reforçadas e transferindo a campanha para o inverno, a maior arma dos russos contra o exército invasor. Muitos oficiais estavam certos da vitória. Eles brincavam sobre os britânicos só serem bons para combater "selvagens" em suas colônias, brindavam à lembrança de 1812 e falavam sobre expulsar os franceses até o mar. Menchikov estava tão confiante que convidou grupos de damas de Sebastopol para acompanhar a batalha com ele desde as colinas de Alma.[13]

Já os soldados russos não estavam tão confiantes. Ferdinand Pflug, médico alemão do exército do tsar, achava que "cada um parecia convencido de que a batalha do dia seguinte acabaria em derrota".[14] Poucos daqueles homens, talvez nenhum, haviam entrado em batalha contra o exército de uma grande potência europeia. A visão da poderosa frota aliada ancorada em frente ao litoral e pronta para apoiar as forças terrestres do inimigo com seus canhões pesados deixava claro que eles iriam combater um exército mais poderoso que o seu. Enquanto a maioria dos altos comandantes podia se valer de suas lembranças de batalha nas guerras contra Napoleão, os homens mais jovens, que travariam a luta de verdade, não tinham experiência da qual se valer.

Como todos os soldados na véspera de uma grande batalha, eles tentaram esconder seu medo dos camaradas. À medida que o calor do dia dava lugar a uma noite fria, os homens dos dois exércitos se preparavam para a manhã seguinte: para muitos dos homens aquelas seriam suas últimas horas. Eles acenderam fogueiras, prepararam seu jantar e esperaram. A maioria dos soldados comeu pouco. Alguns seguiram o ritual de limpar seus mosquetes. Outros escreveram cartas à família. Muitos rezaram. O dia seguinte era um feriado religioso pelo calendário ortodoxo, a data estabelecida pelos russos para o nascimento da Virgem Abençoada, e foram realizadas cerimônias para rezar por sua proteção. Grupos de soldados se sentaram ao redor das fogueiras, conversando até tarde da noite, os mais velhos contando aos mais novos histórias de antigas batalhas. Eles beberam e fumaram, contaram piadas, tentando parecer calmos. De tempos em tempos, o som de homens cantando deslizava pela planície. Da estrada de Sebastopol, onde Menchikov montara sua barraca, podiam ser ouvidos a banda e o coro do Regimento Tarutinski — suas vozes graves profundas entoando os versos de uma canção composta pelo general Gorchakov:

> Só merece a vida
> Aquele que está sempre pronto para morrer;
> O guerreiro russo ortodoxo
> Ataca seus inimigos sem pensar duas vezes.
> Franceses, ingleses — onde estão eles?
> E quanto às idiotas linhas turcas?
> Saiam, infiéis,
> Nós os desafiamos a lutar!
> Nós os desafiamos a lutar!

Gradualmente, à medida que o céu se enchia de estrelas, as fogueiras morreram e o zumbido de conversas diminuiu. Os homens se deitaram e tentaram dormir, embora poucos tenham conseguido, e um silêncio desconfortável se assentou sobre o vale, rompido apenas pelos latidos de cães famintos percorrendo a aldeia deserta.[15]

Às 3 horas da manhã, Chodasiewicz não conseguia dormir. Ainda estava escuro. No acampamento russo os soldados estavam "reunidos em torno das enormes fogueiras que haviam alimentado com o que saquearam da aldeia de Burliuk".

> Após um breve tempo, subi a colina (pois nosso batalhão estava estacionado em uma ravina) para dar uma olhada no acampamento dos exércitos aliados. Mas pouco podia ser visto além das fogueiras, e de tempos em tempos uma sombra escura, quando alguém passava por elas. Os dois exércitos dormiam como se fosse lado a lado. Quantos, ou quem seria enviado para seu julgamento final, era impossível dizer. A questão involuntariamente se apresentou a mim, seria eu um daqueles?[16]

Às 4 horas o acampamento francês estava se movimentando. Os homens preparavam café e brincavam sobre a surra que iriam dar nos russos, e então chegou a ordem para que pegassem suas mochilas e entrassem em formação para escutar as ordens de seus oficiais. "Pelo trovão!", disse o capitão do 22º Regimento aos seus homens. "Somos franceses ou não? O 22º irá ganhar uma distinção hoje, ou vocês não passam de escroques. Se algum de vocês ficar para trás hoje, eu passarei meu sabre por suas tripas. Fila à direita!" No acampamento russo os homens também se levantaram à primeira luz e escutaram os discursos de seus comandantes: "Agora, rapazes, finalmente chegou a boa hora, embora tenhamos esperado algum tempo por ela; não iremos desgraçar nossa terra russa; expulsaremos o inimigo e deixaremos contente nosso bom pai, *Batiushka*, o tsar; depois poderemos voltar para casa com os louros que conquistamos." Às 7 horas no acampamento russo foram feitas preces à Mãe de Deus, pedindo sua ajuda contra o inimigo. Padres carregaram ícones entre as fileiras enquanto os soldados se curvavam até o chão e se persignavam em prece.[17]

Na metade da manhã os exércitos aliados estavam se reunindo na planície, os britânicos à esquerda da estrada de Sebastopol, os franceses e turcos à direita, se estendendo até os penhascos costeiros. Era um dia claro e ensolarado, e o ar estava parado. Da colina do Telégrafo, aonde o público bem-vestido de Menchikov havia chegado de carruagem para assistir, os detalhes dos uniformes franceses e britânicos podiam ser vistos claramente; o som de seus tambores, cornetas e gaitas de foles, até mesmo o retinir de metal e os relinchos dos cavalos podiam ser ouvidos.[18]

Os russos abriram fogo quando os aliados chegaram a 1.800 metros — distância marcada com postes para que os artilheiros soubessem que as tropas em avanço estavam ao alcance —, mas britânicos e franceses continuaram a marchar na direção do rio. Segundo o plano que os aliados haviam acertado no dia anterior, os dois exércitos deveriam avançar simultaneamente em uma frente ampla e tentar chegar ao flanco do inimigo pela esquerda, o lado interno. Mas no momento final, Raglan decidiu retardar o avanço britânico até que os franceses tivessem penetrado pela direita; ele fez com que seu exército se deitasse no chão, ao alcance dos canhões russos, em uma posição da qual podiam rastejar para o rio no momento certo. Eles permaneceram deitados por uma hora e meia, de 13h15 até 14h45, perdendo homens enquanto os artilheiros russos afinavam a mira. Foi um exemplo espantoso da indecisão de Raglan.[19]

Enquanto os britânicos ficavam deitados no chão, a divisão de Bosquet chegou ao rio perto do mar, onde os penhascos eram tão íngremes, se erguendo quase 50 metros acima do rio, que Menchikov considerou desnecessário defender a posição com artilharia. À frente da divisão de Bosquet havia um regimento de zuavos, a maioria deles do Norte da África, com experiência em combate na montanha na Argélia. Deixando as mochilas na margem, eles atravessaram o rio a nado e escalaram o penhasco rapidamente sob a proteção das árvores. Os russos ficaram espantados com a agilidade dos zuavos, os comparando a macacos pelo modo como usavam as árvores para escalar os penhascos. Assim que chegaram ao platô os zuavos se esconderam atrás de rochas e arbustos para abater os soldados defensores do Regimento Moscou um a um até que reforços pudessem chegar. "Os zuavos estavam tão bem escondidos que um oficial bem treinado ao chegar ao cenário mal teria sido capaz de identificá-los com os próprios olhos", recordou Noir, um dos primeiros a chegar ao topo. Inspirados pelos zuavos, mais soldados franceses escalaram os penhascos. Eles içaram doze canhões por uma ravina — os homens batiam nos cavalos com as espadas quando eles se recusavam a escalar a trilha pedregosa —, chegando a tempo de combater os soldados extras e a artilharia que Menchikov transferira do centro em uma tentativa desesperada de impedir que seu flanco esquerdo fosse tomado.[20]

A posição russa era mais ou menos desesperançada. Quando sua artilharia chegou, toda a divisão de Bosquet e muitos dos turcos haviam chegado ao platô. Os russos tinham mais canhões — 28, contra os doze dos franceses —, mas os canhões franceses tinham maior calibre e alcance, e os fuzileiros de Bosquet mantinham os artilheiros russos a uma distância em que apenas os canhões franceses mais pesados podiam fazer efeito. Sentindo estar em vantagem, alguns dos zuavos, exaltados pelo combate, dançaram uma polca no campo de batalha para provocar o inimigo, sabendo que os canhões russos não podiam alcançá-los. Enquanto isso, os canhões da frota aliada acertavam as posições russas nos penhascos, abalando a moral de muitos dos soldados e oficiais. Quando a primeira bateria de artilharia russa chegou, encontrou o remanescente do Regimento Moscou já em retirada sob fogo pesado dos zuavos, cujos rifles Minié tinham maior alcance e precisão que os ultrapassados mosquetes da infantaria russa. O oficial comandante do flanco esquerdo, general de divisão V.I. Kiriakov, era um dos mais incompetentes do exército do tsar, e raramente estava sóbrio. Segurando uma garrafa de champanhe na mão, Kiriakov ordenou que o Regimento Minsk atirasse nos franceses, mas indicou a eles os Hussardos de Kiev, que recuaram sob fogo. Não tendo confiança em seu comandante bêbado, e enervado pela letal precisão dos rifles franceses, o Regimento Minsk também começou a recuar.[21]

Enquanto isso, no centro do campo de batalha, as duas outras divisões francesas, comandadas por Canrobert e o príncipe Napoleão, foram incapazes de cruzar o Alma por conta do fogo pesado russo desde a Colina do Telégrafo exatamente em frente. O príncipe Napoleão mandou um comunicado ao general de Lacy Evans, à sua esquerda, conclamando os britânicos a avançar e retirar um pouco da pressão dos franceses. Raglan continuava esperando que o ataque francês tivesse sucesso antes de comprometer tropas britânicas, mas por pressão de Evans finalmente cedeu. Às 14h45 ele ordenou que a infantaria das 1ª e 2ª Divisões Ligeiras avançasse — embora não tenha dito o que mais eles deveriam fazer. A ordem foi típica do raciocínio de Raglan, que permanecia enraizada na época finda das batalhas napoleônicas, quando a infantaria era usada para primitivos ataques diretos a posições preparadas.

Assim que os homens se ergueram de sua posição deitada no chão, os escaramuçadores cossacos russos que estavam escondidos nos vinhedos incendiaram a aldeia de Burliuk para bloquear seu avanço — embora na verdade isso só tenha levantado uma nuvem de fumaça, tornando mais difícil para os artilheiros russos acertá-los. Os britânicos avançaram em linhas finas para aumentar seu poder de fogo de rifle, embora nessa formação fosse difícil manter os homens juntos sobre terreno irregular sem efetivos comandantes de linha. Os russos ficaram impressionados com a visão da fina linha vermelha emergindo da fumaça. Chodasiewicz recordou: "Aquela foi a coisa mais extraordinária para nós. Nunca tínhamos visto tropas combatendo em linhas de dois, nem achávamos possível encontrar homens com firmeza moral para conseguir atacar nossas colunas sólidas naquela formação aparentemente fraca."

As linhas em avanço se romperam ao passar pela aldeia em chamas e os vinhedos. Um galgo corria ao redor deles caçando lebres. Avançando em pequenos grupos, os britânicos limparam a cidade dos escaramuçadores russos e os expulsaram dos vinhedos. "Nós avançamos, empurrando os escaramuçadores inimigos diante de nós", recordou o soldado Bloomfield, do Regimento Derbyshire. "Alguns deles chegaram mesmo a subir em árvores, para poder atirar em nós, mas os vimos e os derrubamos de seus poleiros. Alguns deles, quando caindo das árvores (...) prendiam os pés ou roupas em pontos da árvore e ficavam horas pendurados lá." Ao se aproximar do rio, os britânicos chegaram ao alcance das armas russas. Homens caíam em silêncio ao serem atingidos, mas o resto da linha continuava a avançar. O general de divisão Brown, da Divisão Ligeira, recordou: "Para mim a coisa mais chocante era o modo silencioso pelo qual a morte fazia seu trabalho. Nenhuma visão ou som traía a causa; um homem caía, rolava ou tombava da fila para a poeira. Sabia-se que a pequena bala encontrara seu destino, mas isso parecia acontecer em um silêncio misterioso — eles desapareciam, eram deixados, à medida que passávamos por eles."[22]

Sob fogo pesado, os homens chegaram ao rio, se reunindo em grupos à beira da água para descarregar seu equipamento, inseguros quanto à profundidade da água. Segurando os rifles e bolsas de munição acima das cabeças, alguns homens conseguiram vadear, mas outros tiveram de nadar, e alguns se afogaram na correnteza. Todo o tempo os russos atiravam neles com metralha e obuses. Havia quatorze canhões russos no talude e 24 de cada lado da ponte da estrada. No momento em que o soldado Bloomfield chegou ao Alma perto da ponte "o rio estava vermelho de sangue". Muitos homens estavam assustados demais para entrar no rio, cheio de corpos mortos. Eles agarravam o solo na margem do rio enquanto oficiais a cavalo galopavam para cima e para baixo gritando para que nadassem, e algumas vezes até mesmo ameaçando cortá-los com suas espadas. Assim que haviam cruzado o rio toda ordem desaparecera. Companhias e regimentos se misturaram, e onde houvera linhas de dois homens havia apenas uma multidão. Os russos começaram a avançar colina abaixo dos dois lados do Grande Reduto, disparando contra os britânicos abaixo, onde oficiais montados galopavam ao redor de seus homens, os conclamando a entrar em formação; mas era impossível, os homens estavam exaustos por cruzar o rio e contentes de ficar no abrigo da margem, de onde não podiam ser vistos do alto. Alguns se sentaram e pegaram os cantis; outros tiraram pão e carne e começaram a comer.

Consciente do perigo da situação, o general de divisão Codrington, no comando da 1ª Brigada da Divisão Ligeira, fez um esforço desesperado para reagrupar seus homens. Esporeando seu árabe branco encosta acima, ele gritou para a multidão da infantaria: "Calar baionetas! Subam a margem e avancem para atacar!" Logo toda a brigada de Codrington — os regimentos todos misturados — começou a subir a Colina Kurgan como um grupo denso. Comandantes juniores desistiram de formar linhas — não havia tempo —, conclamando seus homens a "Avançar de qualquer forma!". Assim que havia chegado às encostas abertas, a maioria dos homens começou a investir com berros e gritos na direção dos canhões russos no Grande Reduto, 500 metros encosta acima. Os artilheiros russos ficaram assombrados com a visão daquele bando britânico — 1.200 homens correndo colina acima — e encontraram alvos fáceis; alguns da guarda avançada da Divisão Ligeira chegaram às trincheiras do Grande Reduto. Soldados passaram por cima dos parapeitos e pelas ameias, apenas para ser baleados ou cortados pelos russos, que sacavam suas armas apressadamente. Em poucos minutos o Grande Reduto era uma massa de homens, grupos deles lutando nos parapeitos, outros comemorando e agitando suas cores enquanto dois canhões russos eram capturados em meio à confusão.

Mas de repente os britânicos se depararam com quatro batalhões (cerca de 3 mil homens) do Regimento Vladimirski penetrando no reduto desde terreno aberto mais acima, enquanto mais canhões russos lançavam obuses sobre eles do alto da Colina Kurgan. Com um alto "Hurra!", a infantaria russa começou a investir com as baionetas, expulsando os britânicos e disparando contra eles à medida que se retiravam encosta abaixo. A Divisão Ligeira "montou uma frente" para devolver fogo, mas de repente, e inesperadamente, houve um toque de corneta para cessar fogo, repetido pelos corneteiros de todos os regimentos. Por alguns momentos fatais houve uma pausa confusa nos disparos do lado britânico: um oficial não identificado pensara que os russos eram os franceses e ordenara que seus homens parassem de atirar. Quando o erro foi corrigido, os soldados do Vladimirski estavam em vantagem; desciam a colina paulatinamente e soldados britânicos estavam caídos mortos e feridos por toda parte. Naquele momento os corneteiros realmente deram a ordem de retirada, e toda a malta da Divisão Ligeira, ou o que restava dela, logo estava correndo colina abaixo para a proteção da margem do rio.

A carga fracassara em parte porque não tinha havido uma segunda onda, tendo o duque de Cambridge impedido os Guardas de avançar em apoio à Divisão Ligeira por falta de ordens de Raglan (outra falha de sua parte). Evans, à sua direita, fez com que os Guardas se colocassem em marcha novamente dando ao duque uma ordem de avançar que fingiu ter vindo de Raglan, que na verdade não era visto em lugar algum.*

Os três regimentos da Brigada de Guardas (Granadeiros, Fuzileiros Escoceses e Coldstream) vadearam o rio. Eram uma visão imponente com suas túnicas vermelhas e barretinas de pele. Do outro lado do rio, levaram muito tempo para refazer linhas. Irritado com sua indecisão, sir Colin Campbell, comandante da Brigada Highland, ordenou avanço imediato. Firme defensor da carga com baionetas, Campbell disse a seus homens para não disparar os rifles até estarem "a uma jarda dos russos". Os Fuzileiros Escoceses, que haviam

---

* Tendo dado a ordem de avançar, Raglan tomou a inacreditável decisão de subir a cavalo para ter uma vista melhor do ataque. Raglan cruzou o Alma com seu comando e ocupou posição em um ponto exposto da Colina do Telégrafo, bem à frente das tropas britânicas e praticamente adjacente aos escaramuçadores russos. "Parece maravilhoso ter sido possível escapar", escreveu o capitão Cage, integrante do comando de Raglan, desde Alma no dia seguinte. "Obuses explodiam perto de mim, tiros passavam à direita, à esquerda e acima de mim. Miniés e mosquetes zumbiam junto aos meus ouvidos, cavalos e cavaleiros do comando de ld R (onde eu estava) caíam mortos e feridos ao meu lado, e ainda assim estou bastante seguro e mal me dou conta de pelo que passei" (NAM 1968-07-484-1, "Alma Heights Battle Field, Sept. 21st 1854").

cruzado o rio antes dos outros guardas, começaram a investir colina acima imediatamente, repetindo o erro da Divisão Ligeira, que naquele momento descia a colina correndo, perseguida pela infantaria russa. As duas multidões de homens foram diretamente uma contra a outra, com os Fuzileiros Escoceses suportando o maior golpe da colisão, com homens derrubados e barretinas voando para todos os lados, de modo que quando chegaram do outro lado e continuaram a correr na direção do Grande Reduto, tinham a metade do número e estavam em estado caótico. No centro do bando estava Hugh Annesley, um alferes de 23 anos, que recordou o que aconteceu a seguir:

> De repente os russos pareceram ocupar o reduto novamente, e seu fogo pareceu aumentar e então o 23º desceu em uma massa, diretamente sobre nossa linha. (...) Eu continuei gritando, "Avancem, guardas", e havíamos chegado a 30 ou 40 jardas da trincheira quando uma bala de mosquete me acertou diretamente na boca, e eu pensei que estava acabado. Nesse momento nosso oficial assistente chegou a cavalo com seu revólver na mão e nos deu ordem de retirada; eu me virei e desci a colina correndo o mais rápido que consegui até o rio, as balas passando por nós mais quentes que nunca. E tive certeza de que nunca escaparia sem ser novamente acertado; a meio caminho eu tropecei e caí, e estava bastante certo de que havia sido atingido de novo, mas me levantei bem e continuei. Perdi minha espada e chapéu ali; finalmente cheguei à margem do rio e me abriguei, havia uma multidão de soldados ali.

Annesley havia sido gravemente ferido: a bala que entrara pela bochecha esquerda saíra pelo canto direito da boca, arrancando 23 de seus dentes e parte de sua língua. Ao redor dele estava o restante de seu regimento arrasado, que permaneceu sob a proteção da margem pelo resto da batalha, ignorando repetidas ordens de avançar.[23]

Os outros dois regimentos (Granadeiros e Guardas Coldstream) preencheram a lacuna deixada pelos Fuzileiros Escoceses, mas recusaram ordens de avançar colina acima. Em vez disso, por iniciativa própria, os 2 mil guardas formaram linhas e fizeram quatorze disparos de rifle Minié contra a infantaria russa. As salvas produziram uma intensidade de fogo conseguida por uma dúzia de metralhadoras. Elas chocaram a infantaria russa, que caiu no chão em pilhas e depois se retirou para o alto da colina. Ao desobedecer seus comandantes, que haviam ordenado que investissem com baionetas, os guardas haviam demonstrado uma inovação crucial — o poder de fogo de longo alcance do rifle moderno — que se provaria decisiva em todas as batalhas iniciais da Guerra da Crimeia. O Minié era uma arma nova. A maioria dos regimentos os havia recebido apenas a caminho da Crimeia, e tivera somente um treinamento acelerado de como usá-lo. Eles não tinham ideia de seu significado tático — sua capacidade de disparar com uma precisão letal desde bem além do alcance dos mosquetes e da artilharia russa — até que os Guardas o descobrissem por conta própria no Alma. Refletindo sobre o impacto do rifle Minié, o engenheiro militar russo Eduard Totleben escreveu em sua história da Guerra da Crimeia:

> Deixados por conta própria para desempenhar o papel de atiradores de elite, os soldados britânicos não hesitaram sob fogo e não precisaram de ordens ou supervisão. Soldados assim armados ficaram totalmente confiantes assim que descobriram a precisão e o enorme alcance de suas armas (...). Nossa infantaria, com seus mosquetes, não conseguia alcançar o inimigo a mais de trezentos passos, enquanto eles disparavam contra nós a 1.200. O inimigo, totalmente convencido da superioridade de suas armas leves, evitou o combate a pequena distância, e deu início a uma fuzilaria assassina. Nossas colunas, forçando o ataque, só conseguiam sofrendo perdas terríveis, e, descobrindo ser impossível superar a salva de balas que as esmagava, eram obrigadas a recuar antes de alcançar o inimigo.

Sem trincheiras para proteger infantaria e artilharia, os russos não conseguiam defender suas posições nas colunas contra os mortais rifles Minié. Em pouco tempo se juntaram ao fogo dos guardas os da 2ª Divisão comandada por Evans, na direita britânica, cujo 30º Regimento podia ver claramente os artilheiros de três baterias russas desde a margem do rio e os derrubou com seus rifles Minié sem que os russos sequer soubessem de onde vinham os tiros. À medida que a infantaria e a artilharia russas recuavam, os britânicos lentamente avançaram colina acima, passando por cima dos corpos mortos e feridos do inimigo. "A maioria dos feridos gritava por água", escreveu o soldado Bloomfield. "Um homem de minha companhia deu a um russo ferido um gole de água, e quando o deixou, o russo se ergueu sobre o cotovelo, pegou o mosquete na mão e atirou no homem que lhe dera água. A bala passou perto da cabeça do homem. O homem se virou imediatamente e enfiou sua baioneta no corpo do russo." Às 4 horas da tarde os britânicos convergiam para as posições russas de todas as direções — os guardas à esquerda superando as últimas reservas russas na Colina Kurgan, os homens de Codrington e os outros guardas se aproximando do Grande Reduto e a 2ª Divisão avançando pela estrada de Sebastopol. Com os franceses comandando os penhascos acima do Alma, estava claro que a batalha havia sido vencida.[24]

Àquela altura, do lado russo, havia sinais de pânico, com o inimigo se aproximando e o efeito devastador de seu fogo de rifle de longo alcance ficando evidente. Padres circulavam entre as fileiras abençoando os soldados, e os soldados rezavam com fervor crescente, enquanto oficiais a cavalo usavam chicotes para colocá-los em formação. Mas fora isso havia uma falta generalizada de autoridade entre os comandantes russos. "Ninguém nos dizia o que fazer", recordou Chodasiewicz. "Durante as cinco horas de batalha não vimos nem ouvimos nossos generais de divisão, brigadeiros ou coronéis: não recebemos nenhuma ordem deles de avançar ou recuar; e quando nos retiramos, ninguém sabia se devíamos ir para a direita ou a esquerda." O embriagado Kiriakov deu uma ordem geral de recuar do flanco esquerdo das colinas, mas depois perdeu a coragem e desapareceu por várias horas (foi posteriormente descoberto escondido em um buraco no chão). Restou aos comandantes juniores organizar a retirada das colinas, mas "tivemos uma enorme dificuldade de manter nossos homens em ordem", recordou Chodasiewicz, que teve de ameaçar "cortar o primeiro homem que quebrar sua fileira" — ameaça que ele teve de cumprir mais de uma vez.

Sem uma ideia clara de para onde ir, os russos fugiram em todas as direções, descendo a colina correndo para o vale, para longe do inimigo. Oficiais montados tentaram em vão deter a fuga em pânico, cavalgando ao redor dos homens e os açoitando, como cáubois reunindo gado; mas os homens haviam perdido toda a paciência com seus comandantes. Chodasiewicz entreouviu uma conversa entre dois soldados:

> 1º soldado: Sim, durante a luta não vimos nenhum dos figurões [os oficiais], mas agora eles estão por aí como demônios, com seus gritos de "Silêncio! Mantenham o passo!"
>
> 2º soldado: Você está sempre resmungando, como um polonês; você sozinho consegue irritar a Providência, a quem devíamos agradecer por nossas vidas.
>
> 1º soldado: Para você está tudo bem, desde que não seja espancado.

Chodasiewicz falou de caos e confusão, de oficiais nada sóbrios, "dos dez minutos de medo e tremor na segunda linha nas colinas quando vimos a cavalaria inimiga avançando para abater os retardatários em retirada, em sua maioria homens feridos".[25]

No final, os russos foram derrotados não apenas pelo poder de fogo superior do rifle Minié, mas pela falta de coragem entre seus homens. Para Ardant du Picq, que iria desenvolver suas teorias militares a partir de questionários que enviou aos franceses que haviam lutado em Alma, esse fator moral era o elemento decisivo da guerra moderna. Grandes grupos de homens raramente entravam em combate físico, sustentava ele, porque no instante final antes do ponto de contato um lado quase sempre perdia a coragem e saía correndo. O fundamental no campo de batalha era disciplina militar — a capacidade dos oficiais de manter seus homens juntos e impedi-los de fugir por medo —, porque era quando davam as costas ao inimigo que os soldados tinham maior probabilidade de ser mortos. Portanto, a eliminação do medo era a principal tarefa do oficial, algo que ele só podia conseguir com sua própria autoridade e a unidade que instilava em seus homens.

> O que torna o soldado capaz de obediência e orientação em ação é a noção de disciplina. Isso inclui: respeito por e confiança em seus chefes; confiança em seus camaradas e medo de suas censuras e retaliação caso os abandone em perigo; seu desejo de ir para onde os outros vão sem tremer mais que eles; em uma palavra, todo o *esprit de corps*. Apenas organização pode produzir essas características. Quatro homens equivalem a um leão.

Essas ideias, que se tornariam centrais às teorias militares do século XX, ficaram claras para Picq pela primeira vez em uma carta escrita a ele em 1869 por um veterano de Alma. O soldado recordara a intervenção crucial do comandante de sua companhia, que impedira o pânico de seus homens após um alto comandante ter suposto equivocadamente que a cavalaria russa estava prestes a investir e ordenado que o corneteiro desse o toque de retirada:

> Felizmente um oficial sereno, o capitão Daguerre, vendo o grave equívoco, ordenou "Avançar" em tom estentóreo. Isso deteve a retirada e nos levou novamente a retomar o ataque. O ataque nos deu o controle da linha telegráfica, e a batalha foi vencida. Nessa segunda carga os russos cederam, se viraram e praticamente nenhum deles foi ferido a baioneta. Então um major comandando um batalhão, sem ordem, dá um toque de corneta e coloca o sucesso em perigo. Um simples capitão comanda "Avançar" e decide a vitória.[26]

Às 16h30 a batalha havia terminado. A maioria dos russos se retirara na direção do rio Kacha em pequenos grupos, sem líderes ou qualquer ideia clara de o que fazer ou para onde ir. Muitos homens não se juntariam aos seus regimentos antes de vários dias. No alto da Colina do Telégrafo os franceses capturaram a carruagem abandonada do príncipe Menchikov, que estava sendo retirada por cossacos. Eles encontraram na carruagem uma cozinha de campanha, cartas do tsar, 50 mil francos, romances pornográficos franceses, as botas do general e trajes de baixo femininos. Foram abandonados na colina piqueniques, guarda-sóis e lunetas de campo deixados para trás por grupos de espectadores de Sebastopol.[27]

No campo de batalha propriamente dito, o terreno estava coberto de feridos e mortos — 2 mil britânicos, 1.600 franceses e talvez 5 mil russos, embora os números exatos sejam impossíveis de calcular, já que muitos deles foram abandonados ali. Os britânicos levaram dois dias para retirar os feridos do campo de batalha. Eles não haviam levado suprimentos médicos nos navios de Varna — o corpo de ambulância com seus carros e carroças ainda estava na Bulgária — de modo que os médicos tiveram de pedir à intendência que carroças militares retirassem os feridos do campo de batalha. O estoquista John Rowe, da intendência, esvaziou sua carroça das selas para ajudar com os feridos, e no caminho de volta para pegar sua carga passou por um grupo de oficiais feridos, entre eles Hugh Annesley:

Um oficial do 30º com um braço danificado ajudava a sustentar um oficial dos Guardas Fuzileiros Escoceses. Esse oficial estava inclinado para a frente com sangue escorrendo de sua boca. Não conseguia falar, mas escreveu com um lápis em um livrinho que era o Hon[ora]vel Annesley e que uma bala se alojara em sua garganta após ter arrancado alguns dentes e parte de sua língua. Ele queria saber em que parte do acampamento (se assim posso chamá-lo) o Médico Fuzileiro tinha sua barraca e se eu podia levá-lo para lá. Eu não podia dizer nada sobre o médico (...) Também disse a ele que não tinha poder sobre o uso do carro de mulas, além de cumprir a obrigação que recebera.

Annesley teve de encontrar um médico sozinho. Não se sabe que tipo de tratamento ele recebeu, mas não teria envolvido mais do que retirar a bala, provavelmente sem a utilização de curativos adequados ou qualquer clorofórmio para amortecer o choque e a dor. Tratamentos no campo de batalha eram rudimentares. O cirurgião da Divisão Ligeira, George Lawson, fez suas operações no chão até que fosse encontrada uma velha porta que ele transformou em mesa de operação improvisada.[28]

No começo da manhã seguinte, Somerset Calthorpe, sobrinho de lorde Raglan e um de seus assistentes, encheu seu cantil com brandy e "partiu para caminhar sobre o campo de batalha".

> Os pobres feridos estavam mais quietos que na noite anterior; muitos sem dúvida haviam morrido durante a noite, e muitos estavam fracos e exaustos demais para fazer mais do que gemer. Encontrei todos contentes por ter algo para beber (...). Era uma cena horrível — morte em todas as suas formas. Eu notei particularmente que aqueles com tiros no coração ou na testa pareciam ter morrido com um sorriso nos rostos, em geral caídos de costas, braços estendidos e pernas separadas. (...) Aqueles que pareciam ter morrido sentindo maior dor eram os atingidos no estômago; esses sempre tinham pernas e braços curvados, e expressões de agonia nas faces.[29]

Os russos não puderam retirar seus feridos do campo de batalha.* Aqueles que podiam andar foram deixados para que buscassem tratamento por conta própria, muitos deles cambaleando até os postos de curativos instalados no rio Kacha, 15 quilômetros ao sul do Alma, ou mancando de volta a Sebastopol ao longo dos dias seguintes. Um assistente médico recordou da cena na primeira noite, quando partiu com seus veículos para Kacha:

> Centenas de feridos haviam sido abandonados pelos seus regimentos, e eles, com gritos e gemidos de partir o coração, e gestos suplicantes, imploravam para ser colocados nas carroças e carruagens. Mas o que eu podia fazer por eles? Já estávamos abarrotados. Tentei consolá-los dizendo que as carroças de seus regimentos voltariam para pegá-los, embora, claro, não fossem voltar. Um homem mal conseguia se arrastar — não tinha braços e sua barriga havia sido baleada; outro tivera a perna arrancada e o maxilar esmagado, com a língua arrancada e o corpo coberto de ferimentos —, apenas a expressão em seu rosto suplicava por um gole de água. Mas onde conseguir mesmo aquilo?

Aqueles que não podiam andar, cerca de 1.600 soldados russos feridos, foram abandonados no campo de batalha, onde permaneceram vários dias, até que os

---

* Uma russa solitária, Daria Mikhailova, cuidou dos feridos com uma carroça e suprimentos comprados por ela mesma. Daria era a filha de dezoito anos de um marinheiro de Sebastopol morto na batalha de Sinope. Na época da invasão estava trabalhando como lavadeira na guarnição naval de Sebastopol. Segundo a lenda popular, ela vendeu tudo o que tinha herdado do pai, comprou um cavalo e uma carroça de um comerciante judeu, cortou os cabelos, se vestiu como marinheiro e seguiu com o exército para o Alma, onde distribuía água, comida e vinho para os soldados feridos, às vezes rasgando as próprias roupas para fazer curativos para os ferimentos, que ela limpava com vinagre. Os soldados descobriram o disfarce de Daria, mas ela foi autorizada a prosseguir com seu trabalho heroico no posto de curativos de Kacha e depois como enfermeira nos hospitais de Sebastopol durante o cerco. As lendas sobre a "heroína de Sebastopol" se espalharam. Ela passou a simbolizar o espírito patriótico das pessoas comuns, bem como o "espírito de sacrifício" da mulher russa que poetas como Alexander Puchkin romantizaram. Sem saber seu sobrenome, os soldados de Sebastopol a chamavam de Dacha Sevaspolskaia, e foi assim que ela entrou para a história. Em dezembro de 1854, recebeu do tsar a Medalha de Ouro do Zelo, se tornando a única russa de origem plebeia a receber essa honra; a imperatriz deu a ela uma cruz de prata com a inscrição "Sebastopol". Em 1855, Daria se casou com um soldado ferido da reserva e abriu uma taberna em Sebastopol, onde viveu até sua morte em 1892. (H. Rappaport, *No Place for Ladies: The Untold Story of Women in the Crimean War* (Londres, 2007), p. 77).

britânicos e franceses, tendo retirado os seus, cuidaram deles, enterrando os mortos e levando os feridos para seus hospitais em Scutari, na periferia de Constantinopla.[30]

Três dias depois da batalha, William Russell descreveu os russos "gemendo e palpitando espalhados pelo chão".

> Alguns foram colocados em pilhas, para poderem ser removidos mais prontamente. Outros olhavam para você dos arbustos com a ferocidade de animais selvagens, apertando seus ferimentos. Alguns imploravam, em uma língua desconhecida, mas com sotaques que não eram confundidos, água, ou socorro; esticando os membros mutilados ou estraçalhados, ou apontando para a trilha da bola lacerante. As expressões soturnas e raivosas de alguns desses homens eram assustadoras. Fanatismo e ódio imortal se revelavam em seus globos oculares raivosos, e aquele que olhava para eles com pena e compaixão podia pelo menos (involuntariamente) compreender como aqueles homens podiam em sua paixão selvagem matar os feridos e disparar contra o conquistador que, em sua humanidade generosa, os ajudara ao passar.[31]

Tinha havido incidentes de russos feridos atirando nos soldados britânicos e franceses que haviam dado água a eles. Também foram relatados casos de russos matando soldados feridos no campo de batalha. Medo e ódio ao inimigo estavam por trás desses incidentes. Interrogatórios de soldados russos capturados em Alma, conduzidos pelos franceses, revelaram que os russos haviam "ouvido de seus padres histórias fantásticas — de que éramos monstros capazes da selvageria mais feroz e até mesmo canibais". Relatos dessas mortes "desonradas" ultrajaram soldados britânicos e a opinião pública, reforçando a crença em que os russos não eram "melhores que selvagens". Mas esse ultraje era hipócrita. Houve muitos incidentes de soldados britânicos matando russos feridos, e casos perturbadores de britânicos fuzilando prisioneiros russos porque eles eram "problemáticos". Também é preciso lembrar que os britânicos caminhavam entre os russos feridos não apenas para dar água a eles, mas algumas vezes para roubá-los. Eles tiravam cruzes de prata de seus pescoços, vasculhavam suas mochilas em busca de suvenires, e ficavam com o que queriam de vivos e mortos. Hugh Drummond, dos Guardas Escoceses, escreveu à mãe: "Consegui um belo troféu para você de Alma, um que combina com você, uma grande cruz grega de prata com gravações — nosso Salvador e algumas palavras russas; saiu do pescoço de um coronel russo que matamos e, pobre coitado, estava junto à sua pele."[32]

Se os aliados tivessem avançado diretamente a partir de Alma, teriam pegado Sebastopol de surpresa. Muito provavelmente a teriam conquistado em poucos dias, a um custo relativamente pequeno em vidas humanas comparado com as muitas dezenas de milhares que iriam morrer durante o cerco de 349 dias que se seguiu a seus erros e atrasos.

As forças russas estavam desorganizadas e Sebastopol basicamente indefesa em 21 de setembro. Para piorar tudo, Menchikov decidira que não valia a pena empregar mais de seus soldados desmoralizados na defesa da cidade. Assim que reuniu o que restava de seu exército em Kacha, ele partiu em marcha na direção de Bakhtchiserai para impedir que os aliados isolassem a Crimeia em Perekop e para esperar reforços da Rússia continental, deixando Sebastopol aos cuidados de apenas 5 mil soldados e 10 mil marinheiros, que não tinham treinamento algum para esse tipo de guerra. Os russos não haviam achado que os aliados fossem invadir antes da primavera, e não haviam reforçado as defesas de Sebastopol. As fortificações norte da cidade não haviam sido reformadas desde sua construção em 1818.* As muralhas do Forte Estrela estavam desmoronando por anos de negligência e descuido, e não eram defendidas por canhões suficientes para suportar um ataque sério. No lado sul, Menchikov ordenara a construção de três novas baterias em janeiro de 1854, mas as defesas ali estavam em estado apenas um pouco melhor. De frente para o mar havia muralhas extensas, armadas com baterias formidáveis, e na entrada do porto havia duas fortalezas bem armadas, a Bateria Quarentena e o Forte Alexander, que, juntos, eram suficientes para anular o poder de fogo da frota aliada. Mas por terra as defesas do sul de Sebastopol eram

---

* O departamento de engenharia do ministério da Guerra não implantara um plano de 1834 para reforçar as defesas da cidade, alegando falta de recursos, embora ao mesmo tempo milhões fossem gastos na fortificação de Kiev, a vários quilômetros da fronteira. Temendo um ataque austríaco pelo sudoeste da Rússia, Nicolau I mantivera uma grande tropa de reserva na região de Kiev, mas não viu necessidade de fazer o mesmo em Sebastopol, já que descartava o risco de um ataque dos turcos ou das potências ocidentais no mar Negro. Ele negligenciara o enorme significado dos navios a vapor, que tornavam possível transportar grandes exércitos por mar.

relativamente fracas. Uma única muralha de pedra de cerca de 4 metros de altura e 2 de espessura — com taludes e baterias de pedra nas posições mais elevadas — protegia apenas partes da cidade. Nenhuma dessas fortificações era capaz de sustentar bombardeio de morteiros, e a muralha de pedra só era boa contra fogo de mosquete. Em geral, a cidade era extremamente vulnerável, e a expectativa era de que caísse a qualquer momento. Segundo Totleben, que foi encarregado das obras defensivas, "não havia praticamente nada para impedir o inimigo de entrar na cidade andando".[33]

Em vez de seguir rapidamente para Sebastopol para assumir a defesa, os soldados russos em retirada do campo de batalha de Alma se permitiram se distrair e atrasar saqueando as propriedades abandonadas pelos donos de terras ao receber a notícia da derrota. Separados de suas unidades e seus oficiais, os soldados perderam totalmente a disciplina. "Os cossacos eram os piores criminosos, não havia nada que eles não roubassem", recordou uma testemunha ocular.

> Encontrando uma casa trancada, eles esmagavam as portas, quebravam as janelas e vasculhavam os aposentos, roubando qualquer coisa que conseguissem carregar. Supondo que os donos haviam escondido dinheiro, diamantes e outros objetos preciosos na casa, os soldados reviravam tudo — até mesmo travesseiros e almofadas nos divãs e poltronas. Livros e bibliotecas foram destruídos. Grandes espelhos que não podiam ser usados pelos soldados eram quebrados para que pudessem colocar no bolso um pedaço.[34]

Os comandantes aliados não tinham ideia dessa fraqueza e desordem no lado russo. Raglan quisera avançar o mais rápido possível para Sebastopol, como havia sido acordado pelos aliados em seus planos de guerra, mas agora os franceses não estavam prontos, tendo deixado suas mochilas do outro lado do Alma antes de escalar as colinas, e precisavam de tempo para resgatá-las. Diferentemente dos britânicos, eles não tinham cavalaria suficiente para perseguir os russos, então estavam menos inclinados a se apressar. Tendo perdido a iniciativa, os comandantes aliados começaram a hesitar quanto ao que fazer a seguir. Espiões tártaros os haviam informado erradamente de que o Forte Estrela era inexpugnável, que Menchikov pretendia defendê-lo com toda a sua força e que a cidade era quase sem defesas no lado sul. Isso encorajou os comandantes aliados a abandonar seu plano inicial de atacar a cidade rapidamente pelo norte, em vez disso marchando ao redor da cidade para o lado sul, um plano de ação defendido com urgência por sir John Burgoyne, o principal oficial de engenharia.*

A mudança de planos também foi determinada pela corajosa decisão dos russos de explodir a própria frota. Reconhecendo que não eram páreo para os navios aliados em velocidade ou poder de fogo, os comandantes da frota do mar Negro afundaram cinco navios a vela e duas fragatas na embocadura do porto para bloquear a entrada e impedir que os navios aliados apoiassem um ataque pelo norte. As embarcações escolhidas foram rebocadas para posição, suas bandeiras foram baixadas e houve cerimônias religiosas para entregá-las ao mar. Então, à meia-noite de 22 de setembro, os navios foram destruídos. Uma fragata, *Os três santos*, não afundou. Na manhã seguinte ela foi alvejada a curta distância por uma canhoneira durante duas horas até afundar. O barulho foi ouvido pelos exércitos aliados, que naquele momento estavam no Kacha, levando Saint-Arnaud a pronunciar espantado, assim que se descobriu a origem do barulho: "Que paródia de Moscou em 1812."[35]

Com o porto bloqueado e sem possibilidade de apoio dos navios, os comandantes aliados resolveram que era perigoso demais atacar Sebastopol pelo norte, então decidiram atacar a cidade pelo lado sul, com seus navios podendo usar os portos de Balaclava (para os britânicos) e Kamiesh (para os franceses) em apoio aos exércitos. A mudança de planos foi um erro de avaliação fatal — e não apenas porque as defesas da cidade na verdade eram mais poderosas no lado sul. O deslocamento para o sul de Sebastopol tornava mais difícil para os exércitos aliados bloquear a rota russa de suprimentos desde o continente, o que fora um elemento crucial do planejamento estratégico. Caso a cidade houvesse sido tomada rapidamente, esse não teria sido um grande problema; mas assim que os comandantes aliados descartaram um *coup de main*, caíram na armadilha do raciocínio militar convencional sobre como sitiar uma cidade, ideias remontando ao século XVII que envolviam o processo lento e metódico de cavar trincheiras na direção das defesas da cidade de modo

---

* Segundo uma fonte russa, os espiões tártaros foram fuzilados por ordem dos britânicos quando a verdade foi descoberta (S, Gerchelman, *Nravstvennyi element pod Sevastopolem* (São Petersburgo, 1897), p. 86).

a que ela pudesse ser bombardeada pela artilharia antes de um assalto com tropas. Os franceses defendiam a ideia de um cerco mais longo, e atraíram os britânicos para sua lógica tradicional. Parecia menos arriscado que uma investida rápida. Burgoyne, o engenheiro-chefe, que defendera um ataque rápido, mudou de ideia com a justificativa absurda de que custaria quinhentas vidas tomar Sebastopol em um ataque relâmpago, perdas que em sua opinião seriam "totalmente injustificadas", embora os aliados já tivessem sofrido 3.660 baixas no Alma (e fossem perder dezenas de milhares no cerco).[36]

Em 23 de setembro, recomeçou a marcha rumo sul. Durante dois dias as tropas aliadas avançaram pelo fértil vale dos rios Kacha e Belbek, se servindo de uvas, pêssegos, peras e frutas silvestres que amadureciam nas fazendas desertas. Exaustos e desgastados pela batalha, muitos soldados desmaiavam de desidratação, e ao longo do caminho as colunas tinham de parar para enterrar vítimas de cólera. Depois os exércitos começaram sua marcha de flanqueamento em torno de Sebastopol, abrindo caminho sinuosamente entre as densas florestas de carvalho das colinas Inkerman até chegar à clareira da Fazenda Mackenzie, que levava o nome de um colono escocês do século XVIII. A essa altura, o grupo avançado de cavalaria britânica se deparou com a retaguarda da tropa de Menchikov seguindo na direção nordeste para Bakhtchiserai. O capitão Louis Nolan, do 15º de Hussardos do Rei, que estava na vanguarda com o comando do lorde Raglan, sentiu que aquela era uma oportunidade para a cavalaria desferir um grande golpe nos russos. Desde o desembarque na Crimeia, Nolan ficara cada vez mais frustrado com a decisão dos comandantes britânicos de não lançar a cavalaria — primeiramente em Bulganak, depois no Alma — contra as forças russas em retirada. Então, quando um ataque à retaguarda russa pelos hussardos foi impedido por lorde Lucan, Nolan saiu de si de fúria. Ele descreveu em seu diário de campanha olhar para baixo da Colina Mackenzie enquanto os russos se safavam:

> Os canhões que haviam escapado estavam em disparada pela estrada abaixo juntamente com algumas das poucas carruagens do comboio que haviam conseguido escapar. Soldados de infantaria dispersos desciam correndo pelas laterais da colina íngreme sem armas, sem capacetes, enquanto alguns poucos disparos de nossas armas os apressavam na direção de um exército russo formado em colunas densas abaixo. Dois regimentos de nossa cavalaria

seguiam ao longo da estrada no fundo do vale a alguma distância, pegando carroças e cavalos, dos quais capturamos 22 no total, entre eles a carruagem de viagem do general Gorchakov com dois belos cavalos negros.[37]

As colunas aliadas se esticaram cada vez mais, enquanto retardatários exaustos ficavam para trás ou se perdiam nas florestas densas. A disciplina teve problemas e muitos dos soldados, como os cossacos antes deles, começaram a saquear fazendas e propriedades abandonadas nas vizinhanças de Sebastopol. O palácio dos Bibikov foi vandalizado e saqueado por soldados franceses, que se serviram do champanhe e do borgonha de suas enormes adegas e entraram em surto destrutivo, lançando móveis pelas janelas, quebrando vidros e defecando no piso. O marechal Saint-Arnaud, que estava lá, não fez nada para impedir a pilhagem, que ele considerou uma recompensa para seus soldados exaustos. Até mesmo aceitou de suas tropas como presente uma pequena mesa de pedestal, que enviou à esposa em Constantinopla. Alguns dos zuavos, que tinham uma tradição teatral, vestiram roupas de mulher do budoar da princesa e fizeram uma pantomima. Outros encontraram um piano de cauda e começaram a tocar valsas para os soldados dançarem. Os donos do palácio o haviam abandonado poucas horas antes da chegada das tropas francesas, como um dos oficiais recordou:

> Eu entrei em um pequeno budoar. (...) Ainda havia flores recém-colhidas em vasos na moldura da lareira; em uma mesa redonda havia exemplares da [revista francesa] *Illustration*, uma caixa de escrita, penas e papel, e uma carta incompleta. A carta era escrita por uma jovem a seu noivo que havia lutado em Alma; falava a ele de vitória, sucesso, com a confiança que havia em todos os corações, especialmente nos corações das jovens. A cruel realidade interrompera tudo aquilo — cartas, ilusões, esperanças.[38]

À medida que as tropas aliadas marchavam rumo sul para Sebastopol, o pânico tomava conta da população russa da Crimeia. A notícia da derrota em Alma foi um golpe devastador no moral, abalando o mito da invencibilidade militar da Rússia, especialmente contra os franceses, que remontava a 1812. Em Simferopol, a capital administrativa da Crimeia, houve tanto pânico que Vladimir Pestel, seu governador-geral, ordenou a evacuação da cidade.

Os russos colocaram seus bens em carroças e saíram da cidade na direção de Perekop, esperando chegar ao continente russo antes que ele fosse isolado pelas tropas aliadas. Tendo se declarado doente, Pestel foi o primeiro a partir. Desde que o pânico começara, ele não aparecera em público nem tomara qualquer medida para impedir a desordem. Sequer impedira os tártaros da cidade de enviar aos aliados suprimentos militares de lojas russas. Acompanhado por seus gendarmes e uma grande comitiva de funcionários, Pestel saiu da cidade em meio a uma grande multidão de tártaros xingando e gritando na direção de sua carruagem: "Veja como o *giaour** corre! Nossos libertadores estão perto!"[39]

Desde a chegada dos exércitos aliados, a população tártara da Crimeia ganhara confiança. Antes dos desembarques os tártaros haviam tomado o cuidado de declarar sua fidelidade ao tsar. Desde o início da luta na frente do Danúbio as autoridades russas da Crimeia haviam colocado os tártaros sob maior vigilância. Mas assim que os aliados desembarcaram na Crimeia os tártaros se colocaram ao lado deles — particularmente os homens mais jovens, que eram menos intimidados por anos de jugo russo. Eles viam a invasão como uma libertação, e reconheciam os turcos como soldados do seu califa, ao qual oravam em suas mesquitas. Milhares de tártaros deixaram suas aldeias e foram para Evpatoria saudar os exércitos aliados e declarar sua fidelidade ao novo "governo turco" que eles acreditavam ter sido estabelecido ali. Os exércitos invasores haviam rapidamente substituído o governador russo de Evpatoria por Topal Umer Pasha, um mercador tártaro da cidade. Também levaram com eles Mussad Giray, um descendente da antiga dinastia governante do canato da Crimeia, que conclamou os tártaros da Crimeia a apoiar a invasão.**

---

* Termo turco pejorativo para um cristão dos Bálcãs.
** Após a anexação da Crimeia pela Rússia, o clã Giray fugira para o império otomano. No começo do século XIX os Giray haviam servido como administradores para os otomanos nos Bálcãs e ingressado no serviço militar. O império otomano tinha várias unidades militares compostas de emigrados da Crimeia. Elas haviam lutado contra os russos em 1828-9 e integraram as forças turcas na frente do Danúbio em 1853-4. Mussad Giray estava estacionado em Varna. Foi lá que ele persuadiu os comandantes aliados a levá-lo para a Crimeia para conseguir apoio tártaro à invasão. Em 20 de setembro os aliados enviaram Mussad Giray de volta aos Bálcãs, o louvando por seus esforços e considerando que o trabalho havia sido concluído. Depois da Guerra da Crimeia os franceses o condecoraram com uma medalha da *Légion d'honneur*.

Achando que seriam recompensados, os tártaros levaram gado, cavalos e carroças para colocar à disposição das tropas aliadas. Alguns trabalharam como espiões ou batedores para os aliados. Outros se juntaram aos bandos tártaros que percorriam o interior ameaçando os proprietários de terras russos com o incêndio de suas casas e mesmo a morte, caso não dessem a eles todo seu gado, comida e cavalos para o "governo turco". Armados com sabres, os rebeldes tártaros usavam seus chapéus de pele de cordeiro ao avesso para simbolizar a derrubada do poder russo na Crimeia. "Toda a população cristã da península vive com medo dos bandos tártaros", relatou Innokenti, arcebispo ortodoxo da diocese de Kherson-Tauride. Um proprietário de terras russo, que teve sua propriedade roubada, achava que os cavaleiros haviam sido provocados por seus mulás a se vingar dos cristãos acreditando que o governo muçulmano seria restabelecido. Certamente foi verdade que em algumas regiões os rebeldes cometeram atrocidades não apenas contra russos, mas também contra armênios e gregos, destruindo igrejas e até mesmo matando padres. As autoridades russas se valeram desses temores religiosos para conseguir apoio para os exércitos do tsar. Percorrendo a Crimeia em setembro, Innokenti declarou que a invasão era uma "guerra religiosa" e disse que a Rússia tinha um "grande e sagrado dever de proteger a fé ortodoxa contra o jugo muçulmano".[40]

Em 26 de setembro, os exércitos aliados chegaram à aldeia de Kadikoi, de onde podiam ver o litoral sul. No mesmo dia Saint-Arnaud se rendeu à doença e transferiu o comando para Canrobert. Um vapor levou o marechal para Constantinopla, mas ele morreu de um ataque cardíaco durante a viagem, então o mesmo conduziu seu corpo de volta à França. Ele também transportou a notícia falsa de que o cerco a Sebastopol começara, induzindo Crowley, o embaixador britânico em Paris, a informar Londres de que os exércitos aliados "provavelmente estariam de posse do lugar" em poucos dias.[41]

Na verdade os aliados ainda estavam a três semanas do começo do sítio. Com o frio do inverno russo já no ar, eles estavam lentamente montando acampamento no platô debruçado sobre Sebastopol pelo lado sul. Durante alguns dias os dois exércitos receberam suprimentos a partir de Balaclava, uma pequena enseada que mal podia ser notada desde o mar, exceto das ruínas do antigo forte genovês no alto do penhasco.* Mas logo ficou claro que o porto era pequeno demais para a entrada dos navios a vela. Então os franceses transferiram sua base para a baía de Kamiesh, que na verdade era superior a Balaclava como base de suprimentos, por ser muito maior e mais perto do acampamento francês em Quersoneso — o lugar onde o grande príncipe Vladimir convertera a Rus' de Kiev ao cristianismo.

Em 1º de outubro, o capitão Herbé subiu as colinas com um pequeno grupo de oficiais franceses para dar uma olhada mais detalhada em Sebastopol, a apenas 2 quilômetros de distância. Com a luneta de campanha, eles puderam "ver o suficiente dessa famosa cidade para satisfazer a curiosidade", como Herbé escreveu a seus pais no dia seguinte:

> Abaixo era possível ver as fortificações, nas quais um grande número de homens parecia trabalhar com picaretas e pás; era possível ver até mesmo algumas mulheres entre os grupos de trabalhadores. No porto, eu conseguia distinguir claramente, com a ajuda de minha luneta, alguns navios de guerra, de aparência sombria, com velas brancas na lateral, pranchas negras e canhões se projetando das troneiras. Se os russos quisessem instalar todos aqueles canhões em suas fortificações poderíamos esperar uma alegre sinfonia![42]

---

* Balaclava (originalmente Bella Clava: "belo porto") foi batizada pelos genoveses, que construíram grande parte do porto e a viram florescer até serem expulsos pelos turcos no século XV. Saqueada pelos turcos, a cidade permaneceu virtualmente em ruínas até o século XIX, embora houvesse um mosteiro nas colinas acima da cidade e alguns soldados gregos estacionados ali, que foram expulsos pelos aliados.

8
Sebastopol no outono

Caso Herbé pudesse ter visitado Sebastopol, como Tolstoi faria em novembro de 1854, teria descoberto a cidade em um estado de grande alerta e atividade frenética. Na cativante passagem de abertura de seus *Contos de Sebastopol*, Tolstoi nos leva até lá no começo da manhã, quando a cidade despertava para a vida:

> No Lado Norte a atividade diurna está paulatinamente suplantando a tranquilidade da noite: aqui, com o retinir de mosquetes, um destacamento de sentinelas passa a caminho da troca da guarda; aqui, um soldado, tendo saído de seu abrigo e lavado o rosto bronzeado em água gelada, está se virando para o leste avermelhado, se persignando rapidamente e fazendo suas preces; aqui um alto e pesado *madzhara* puxado por camelos estala e abre caminho para o cemitério, onde os cadáveres ensanguentados com os quais está abarrotado quase até a beirada serão enterrados. Ao se aproximar do molhe você é assaltado pelos cheiros distintos de carvão, bife, estrume e umidade; milhares de artigos estranhamente variados — lenha para fogueira, quartos de carne, gabiões, sacos de farinha, barras de ferro e que tais — estão empilhados perto do molhe; soldados de vários regimentos, alguns com mochilas e mosquetes, outros sem, circulam por aqui, fumando, gritando insultos uns para os outros ou arrastando cargas pesadas para o navio que lança âncora, fumaça saindo de sua chaminé, junto ao patamar de desembarque; esquifes civis, cheios das pessoas mais variadas — soldados, marinheiros, mercadores, mulheres — estão constantemente atracando e zarpando do porto (...).
> O passeio do molhe recebe um grupo barulhento de soldados de cinza, marinheiros de preto e mulheres de todas as cores. Mulheres camponesas

vendem pães, mujiques russos com samovares gritam "*sbitén**quente*", e bem ali, pousadas nos primeiros degraus do patamar, há balas de canhão enferrujadas, obuses, metralhadoras e canhões de aço fundido de vários calibres. Um pouco mais adiante há uma grande área aberta tomada por enormes vigas aparelhadas, carros de canhões e as formas de soldados adormecidos; há cavalos, carroças, canhões de campanha verdes com caixas de munição, mosquetes de infantaria estocados em pilhas cruzadas; persiste um movimento constante de soldados, marinheiros, oficiais, mercadores, mulheres e crianças; carroças carregadas de feno, sacos ou barris chegam e partem; e aqui e ali um cossaco ou oficial passa a cavalo, ou um general em seu *droshky*. À direita a rua é bloqueada por uma barricada, em cujas troneiras há pequenos canhões; ao lado deles, um marinheiro sentado, dando baforadas de seu cachimbo. À esquerda um belo prédio com numerais romanos gravados no frontão, sob o qual há soldados de pé com macas sujas de sangue — por toda parte se percebem os desagradáveis sinais de um acampamento militar.[1]

Sebastopol era uma cidade militar. Toda a sua população de 40 mil pessoas estava de alguma forma ligada à vida da base naval, cuja guarnição era de cerca de 18 mil homens, e dessa unidade derivava a força militar de Sebastopol. Havia marinheiros que viviam ali com suas famílias desde a fundação de Sebastopol nos anos 1780. Socialmente, a cidade tinha uma singularidade: sobrecasacas raramente eram vistas entre os uniformes navais em seus bulevares centrais. Não havia grandes museus, galerias, salas de concerto ou tesouros intelectuais em Sebastopol. Os imponentes prédios neoclássicos do centro da cidade tinham todos caráter militar: almirantado, escola naval, arsenal, guarnições, estaleiros, lojas e depósitos militares, hospital militar e a biblioteca dos oficiais, uma das mais ricas da Europa. Até mesmo o da Assembleia dos Nobres (o "belo prédio com numerais romanos") foi transformado em hospital durante o cerco.

A cidade era dividida em duas partes distintas, Norte e Sul, separadas uma da outra pelo porto marinho, e o único meio de comunicação direto entre ambas era por barco. O Lado Norte da cidade era um mundo distinto das elegantes fachadas neoclássicas ao redor do porto militar do Lado Sul. Tinha menos ruas pavimentadas, e pescadores e marinheiros viviam ali em

---

* Bebida quente feita com mel e especiarias.

um estilo semirrural, plantando legumes e criando animais nos jardins de suas dachas. No Lado Sul, havia outra distinção menos óbvia entre o centro administrativo no lado oeste do porto militar e os estaleiros navais no lado leste, onde os marinheiros viviam em guarnições ou com suas famílias em pequenas casas de madeira a poucos metros das fortificações defensivas. Mulheres penduravam roupa para secar em varais estendidos entre suas casas e as muralhas da fortaleza e os bastiões.[2]

Assim como Tolstoi, os visitantes em Sebastopol sempre ficavam chocados com a "estranha fusão de acampamento de vida urbana, de uma bela cidade e um acampamento sujo". Evgeni Erchov, um jovem oficial de artilharia que chegara a Sebastopol naquele outono, ficou impressionado com o modo como as pessoas da cidade cuidavam da vida cotidiana em meio ao caos do sítio. Ele escreveu: "Era estranho ver como as pessoas levavam vidas normais — uma jovem mãe passeando serenamente com o carrinho de bebê, comerciantes comprando e vendendo, crianças correndo e brincando nas ruas enquanto tudo ao redor deles era um campo de batalha e podiam ser mortos a qualquer momento."[3]

As pessoas viviam como se não houvesse amanhã nas semanas anteriores à invasão. Havia festas intermináveis, alto consumo de álcool e jogo, enquanto as muitas prostitutas da cidade faziam hora extra. Os desembarques aliados tiveram um efeito de contenção, mas a confiança era alta entre os oficiais inferiores, que supunham que o exército russo iria derrotar britânicos e franceses. Eles brindavam à memória de 1812. "O clima entre nós era de grande excitação, e não temíamos o inimigo", recordou Mikhail Botanov, um jovem cadete do mar. "O único de nós que não partilhava nossa confiança era o comandante de um vapor que, diferentemente de nós, estivera no exterior muitas vezes e gostava de dizer o provérbio 'Não há força na raiva'. Os acontecimentos mostrariam que ele via mais longe e estava mais bem informado sobre o verdadeiro estado de coisas do que nós."[4]

A derrota das forças russas em Alma criou pânico entre a população civil de Sebastopol. As pessoas esperavam que os aliados invadissem pelo norte a qualquer momento; ficaram confusas quando viram as frotas do lado sul, supondo erroneamente ter sido cercadas. "Não conheço ninguém que naquele momento não tenha feito uma prece", recordou um habitante. "Todos pensamos que o inimigo estava prestes a penetrar." O capitão Nikolai

Lipkin, comandante de bateria do Quarto Bastião, escreveu ao irmão em São Petersburgo no final de setembro:

> Muitos habitantes já partiram, mas nós, os militares, permanecemos aqui para ensinar uma lição a nossos hóspedes indesejados. Por três dias seguidos (14, 15 e 16 de setembro) houve procissões religiosas pela cidade e todas as baterias. Despertava humildade ver nossos combatentes, de pé nos acampamentos, se curvando diante da cruz e dos ícones carregados por nossas mulheres. (...) As igrejas foram esvaziadas de seus tesouros; eu digo que não era necessário, mas as pessoas não me escutam agora, estão todas com medo. A qualquer momento esperamos um ataque geral, por terra e pelo mar. Então, meu irmão, assim estão as coisas aqui, e o que acontecerá a seguir, apenas o Senhor sabe.

A despeito da confiança de Lipkin, os comandantes russos estavam avaliando seriamente abandonar Sebastopol depois da batalha de Alma. Havia então oito vapores do Lado Norte aguardando a ordem de evacuar as tropas e dez navios de guerra do Lado Sul para proteger sua fuga. Muitos dos moradores da cidade fugiram por conta própria com a aproximação do inimigo, embora seu caminho fosse bloqueado por soldados russos. O suprimento de água na cidade estava ficando perigosamente baixo, tendo as fontes parado de jorrar e a população passado a depender de poços, que sempre tinham pouca água naquela época do ano. Informados por desertores de que a cidade era suprida por fontes de água e canos que desciam por uma ravina desde o planalto onde haviam acampado, os britânicos e franceses haviam cortado o fornecimento, deixando Sebastopol apenas com o aqueduto que alimentava o estaleiro naval.[5]

Enquanto os aliados montavam acampamento e preparavam o bombardeio da cidade, os russos trabalhavam sem parar para fortalecer as defesas do lado sul. Com Menchikov desaparecido, a principal responsabilidade pela defesa de Sebastopol estava nas mãos de três comandantes: almirante Kornilov, chefe do Estado-Maior da frota do mar Negro; Totleben, o engenheiro; e Nakhimov, o herói de Sinope e comandante do porto, popular entre os marinheiros e considerado "um deles". Os três homens eram militares profissionais de um novo tipo que contrastava fortemente com o cortesão Menchikov. Sua energia era impressionante. Kornilov estava por toda parte, inspirando as pessoas com sua presença diária em todos os setores das defesas, prometendo recompensas para todos caso conseguissem manter a cidade. Tolstoi, que iria se juntar a Lipkin como comandante de bateria no Quarto Bastião, escreveu uma carta ao irmão no dia seguinte à sua chegada descrevendo Kornilov em suas rondas. Em vez de cumprimentar os homens com a saudação habitual "Saúde para todos!", o almirante dizia a eles: "Caso precisem morrer, rapazes, morrerão?" "E", escreveu Tolstoi, "os homens gritaram: 'Morreremos, sua excelência, hurra!'. E não diziam isso por dizer, pois em todos os rostos eu não vi não brincadeira, mas sinceridade."[6]

O próprio Kornilov não estava de modo algum certo de que a cidade podia ser salva. Em 27 de setembro, ele escreveu à esposa:

> Temos apenas 5 mil reservas e 10 mil marinheiros, armados com armas diversas, até mesmo lanças. Não exatamente uma guarnição para defender uma fortaleza cujas defesas se estendem por muitos quilômetros e estão tão danificadas que não há comunicação direta entre elas; mas o que tiver de ser, será. Decidimos resistir. Será um milagre caso consigamos; caso contrário...

Sua incerteza aumentou quando os marinheiros descobriram um grande estoque de vodca no cais e se embriagaram por três dias. Restou a Kornilov destruir os estoques de álcool e deixar seus marinheiros sóbrios para a batalha.[7]

Os preparativos de defesa foram frenéticos e improvisados. Quando o trabalho começou se descobriu que não havia pás em Sebastopol, então homens foram enviados para conseguir o maior número possível em Odessa. Três semanas depois, eles retornaram com quatrocentas delas. Enquanto isso o povo da cidade trabalhara principalmente com pás de madeiras feitas de tábuas de madeira arrancadas. Toda a população de Sebastopol — marinheiros, soldados, operários e mulheres (incluindo prostitutas) — estava envolvida em abrir trincheiras, carregar terra para as defesas, erguer muros e barricadas e construir baterias com terra, feixes de madeira e gabiões,* enquanto turmas de marinheiros erguiam os canhões pesados que haviam retirado de seus navios. Todos os meios de transportar terra foram requisitados, e quando não havia cestos, bolsas ou baldes, os cavadores a levavam em suas roupas dobradas. A expectativa de um ataque iminente dava maior urgência ao seu trabalho.

---

* Cestos altos de vime cheios de terra.

Inspecionando essas defesas um ano depois, os aliados ficaram impressionados com a habilidade e engenhosidade dos russos.[8]

Informado desses esforços heroicos da população de Sebastopol, o tsar escreveu ao general Gorchakov no final de setembro lembrando a ele do "espírito russo especial" que salvara o país de Napoleão e o conclamando a se valer dele novamente contra britânicos e franceses. "Rezaremos a Deus para que consiga convocá-los a salvar Sebastopol, a frota e a terra russa. *Não se curve a ninguém*", sublinhou de próprio punho. "*Mostre ao mundo que somos os mesmos russos que se mantiveram firmes em 1812.*" O tsar também escreveu a Menchikov, naquele momento perto do rio Belbek, a nordeste de Sebastopol, com uma mensagem ao povo da cidade:

> Diga a nossos jovens marinheiros que todas as minhas esperanças repousam sobre eles. Diga que não se curvem a ninguém, tenham fé na misericórdia de Deus, lembrem-se de que somos russos, estamos defendendo nossa pátria e nossa fé, e se submetam humildemente à vontade de Deus. Que Deus os proteja! Minhas preces estão com todos vocês e nossa santa causa.[9]

Enquanto isso, os aliados iniciaram seus próprios preparativos demorados para o cerco. Raglan quisera um assalto imediato. Ele vira a fraqueza das defesas russas e fora encorajado pelo objetivo e habilidoso sir George Cathcart, no comando da 4ª Divisão, cujas tropas haviam assumido posição em uma colina de onde ele podia ver toda a cidade. Foi de lá que ele escreveu a Raglan:

> Se você e sir John Burgoyne me fizerem uma visita poderão ver tudo o que há como defesa, que não é muito. Eles estão trabalhando em dois ou três redutos, mas o lugar só é cercado por uma coisa que parece um muro de parque frágil que não está em bom estado. Estou certo de que poderia penetrar praticamente sem perder um homem à noite ou uma hora antes do alvorecer se todo o resto de nossa força estivesse no alto entre o mar e a montanha onde eu estou. Deixaríamos nossas mochilas e correríamos para dentro mesmo à luz do dia, correndo o risco apenas de poucos tiros enquanto passávamos pelos redutos.

Burgoyne, antes um defensor de um ataque rápido, agora discordava. Preocupado com perda de vidas, o engenheiro-chefe do exército insistiu na necessidade de deter o fogo inimigo com canhões de sítio antes de lançar um ataque de soldados. Os franceses concordaram com ele. Então os aliados começaram o lento processo de desembarcar artilharia de sítio e levá-la para o alto. Houve problemas intermináveis com os canhões britânicos, muitos dos quais tiveram de ser desmontados antes que pudessem ser desembarcados. "A colocação em posição de nossos pesados canhões dos navios tem sido muito tediosa", escreveu a seu pai o capitão William Cameron, dos Guardas Granadeiros.

> Os canhões dos navios precisam ser feitos em pedaços, já que as carretas, tendo apenas pequenos cilindros como todas, não podem ser deslocadas elas mesmas, enquanto os canhões de sítio comuns podem ser empurrados para o lugar como estão. Acabamos de concluir uma bateria de cinco canhões de 68 libras de 95 quintais cada — todos os canhões do navio, que terão um impacto muito maior do que qualquer bateria de que já se ouviu falar em um cerco. O terreno é medonhamente pedregoso, então grande parte da terra para o baluarte teve de ser carregada.[10]

Passaram-se dezoito dias antes que os canhões finalmente estivessem em posição, dias que deram aos russos tempo fundamental para preparar suas defesas.

Enquanto os ingleses içavam seus canhões, os franceses assumiram a liderança em cavar trincheiras, avançando lentamente em uma formação zigue-zague na direção das defesas de Sebastopol, enquanto os russos faziam disparos de artilharia contra eles. A abertura da primeira trincheira foi a mais perigosa, pois havia pouca proteção contra os canhões russos. Armado com pás e picaretas, o primeiro turno de oitocentos homens se arrastou sob a proteção da noite, usando rochas como abrigo, até chegar a um ponto a um quilômetro do Bastião do Mastro de Sebastopol, e em linhas definidas por seus comandantes, começou a se enfiar no chão, colocando a terra em gabiões diante deles para se proteger dos russos. Naquela noite, 9-10 de outubro, o céu estava claro e havia lua, mas um vento noroeste afastava o som do trabalho da cidade, e ao amanhecer, quando os russos adormecidos finalmente os descobriram, os franceses haviam cavado uma trincheira protegida de mil metros. Sob bombardeio pesado, 3 mil soldados franceses avançaram com a obra, cavando novas trincheiras toda noite e reparando trincheiras danificadas pelos russos no dia anterior, enquanto obuses e morteiros passavam zunindo acima de suas cabeças. Em 16 de outubro, as cinco primeiras baterias francesas haviam sido construídas com sacos de terra e madeira servindo de paliçadas, parapeitos e baluartes fortificados, e mais de cinquenta peças de artilharia (canhões, morteiros e howitzers) montados sobre plataformas elevadas no solo.[11]

Seguindo os franceses, os britânicos cavaram trincheiras e assentaram suas primeiras baterias em Green Hill (Ataque Esquerdo) e na Colina Vorontsov (Ataque Direito), duas posições separadas por uma ravina profunda. Turnos de quinhentos homens em cada ponto de ataque trabalharam noite e dia, com mais que o dobro desse número os protegendo dos russos, que lançavam incursões à noite. "Estou de folga esta manhã às 4 horas, após 24 horas nas trincheiras", escreveu o capitão Radcliffe, do 20º Regimento, à sua família.

> Quando chegamos sob o talude erguido durante a noite ficamos bem protegidos, mas éramos obrigados a deitar o tempo todo, pois ele, claro, era o alvo da artilharia inimiga dia e noite, e a trincheira estava apenas pela metade. Ainda assim alguns homens estavam colocados de vigia, as cabeças poucos centímetros acima da proteção, para avisar quando eles disparavam a partir da fumaça dos canhões de dia e do clarão à noite, gritando "Disparo" — momento em que todos nas trincheiras se deitavam e ficavam sob a proteção do talude até passar, e então reiniciavam o trabalho. Com isso, perdemos apenas um homem durante o dia; ele foi morto por uma bala de canhão.[12]

Em 16 de outubro, finalmente se decidiu iniciar o bombardeio de Sebastopol, na manhã seguinte, embora as defesas britânicas não estivessem concluídas. Havia um clima de expectativa otimista no acampamento aliado. "Todos os oficiais de artilharia — franceses, ingleses e navais — dizem [que] depois de 48 horas de fogo pouco se verá de Sebastopol além de uma pilha de ruínas", escreveu à família Henry Clifford, oficial do comando da Divisão Ligeira. Segundo Evelyn Wood, um guarda-marinha que acompanhou a batalha do Alma do mastro grande de seu navio antes de ser transferido para o ataque terrestre com a Brigada Naval,

> Em 16 de outubro, a aposta em nosso acampamento era de longe que a fortaleza cairia em poucas horas. Alguns dos oficiais mais velhos e prudentes estimavam que os russos poderiam resistir por 48 horas, mas essa era uma previsão radical. Um soldado me ofereceu um relógio, feito em Paris, que

tirara de um oficial russo morto no Alma, pelo qual pedira 20 [xelins]. Meus companheiros não me deixaram comprar, dizendo que relógios de ouro custariam menos em 48 horas.[13]

Ao alvorecer de 17 de outubro, assim que a neblina dissipou, os russos viram que as ameias das baterias inimigas haviam sido abertas. Sem esperar que os canhões inimigos abrissem fogo, os russos começaram a disparar contra eles ao longo da linha, e pouco depois teve início o contrabombardeio aliado com dezessete peças de artilharia britânicas e 53 francesas. Em poucos minutos, a batalha de artilharia estava no auge. Os disparos dos canhões, o rugido e o assovio dos projéteis e as explosões ensurdecedoras abafaram os toques de corneta e os tambores. Sebastopol ficou totalmente perdida em uma densa nuvem de fumaça negra, que pairou sobre todo o campo de batalha escurecido, tornando impossível aos artilheiros aliados atingir seus alvos com qualquer precisão militar. "Só podíamos sentar e esperar que estivéssemos indo bem", escreveu Calthorpe, que assistiu ao bombardeio com Raglan das pedreiras da Colina Vorontsov.[14]

Para milhares de civis se abrigando nas ruínas bombardeadas de suas casas em Sebastopol, esses foram os momentos mais aterrorizantes de suas vidas. "Eu nunca havia visto ou ouvido nada como aquilo antes", escreveu um morador. "Durante doze horas o uivo selvagem das bombas foi ininterrupto, era impossível distinguir entre elas, e o solo tremia sob nossos pés. (...) Uma fumaça densa tomou o céu e bloqueou o sol; ficou escuro como noite; até mesmo os quartos estavam tomados por fumaça."[15]

Assim que começara o bombardeio, Kornilov saíra com um ajudante de campo, o príncipe V.I. Bariatinski, para percorrer as defesas. Primeiramente foram ao Quarto Bastião, o lugar mais perigoso de Sebastopol, que estava sendo alvejado por britânicos e franceses. Bariatinski recordou: "Dentro do Bastião nº 4 o cenário era assustador e a destruição enorme, equipes de artilharia inteiras tendo sido abatidas por obuses; os feridos e mortos estavam sendo retirados por padioleiros, mas ainda estavam caídos em pilhas." Kornilov foi a todos os canhões, encorajando as equipes, e depois passou para o Quinto Bastião, onde não era menor a pressão da artilharia inimiga, e onde encontrou Nakhimov, como sempre vestindo casaca com dragonas. Nakhimov havia sido ferido no rosto, embora parecesse não perceber, pensou Bariatinski, já que sangue escorria pelo pescoço, sujando a fita branca de sua Cruz de S. Jorge, enquanto falava com Kornilov. Enquanto eles conversavam, Bariatinski reconheceu um oficial que se aproximava, embora "não tivesse olhos ou rosto, pois seus traços haviam desaparecido completamente sob uma massa de carne ensanguentada", os restos de um marinheiro que havia sido explodido, que o oficial começou a limpar do rosto enquanto pedia um cigarro a Bariatinski. Ignorando os conselhos de seu ajudante, que disse que era perigoso demais prosseguir, Kornilov continuou com sua ronda no Terceiro Bastião, o Redan, que estava sendo golpeado pelos canhões pesados britânicos com uma concentração de força mortal. Quando Kornilov chegou, o bastião estava sob o comando do capitão Popandul, mas ele logo foi morto, assim como os cinco outros comandantes que o sucederam naquele dia. Kornilov passou pelo sistema de trincheiras, ao alcance dos canhões britânicos, cruzou a ravina e subiu para o bastião Malakhov, onde falou aos soldados feridos. Estava começando a descer a colina para concluir sua ronda na Ravina Uchakov quando foi atingido por um obus que explodiu a parte inferior de seu corpo. Levado para o hospital militar, ele morreu pouco depois.[16]

Por volta de meio-dia, a frota aliada se juntou ao bombardeio, apontando seus canhões pesados para Sebastopol desde um arco em torno da entrada do porto marinho entre 800 e 1.500 metros do litoral (o bloqueio do porto pelos navios russos afundados os impediu de chegar mais perto dos alvos). Durante seis horas a cidade foi atingida por uma artilharia aliada de 1.240 peças; suas baterias costeiras tinham apenas 150 peças. "A visão era uma das mais medonhas do ponto de vista dos canhões", escreveu em seu diário Henry James, um marinheiro mercante, após acompanhar o bombardeio mais afastado no mar. "Vários dos navios sustentaram um canhoneio pesado, e podia ser comparado ao rufar de um enorme tambor (...). Podíamos ver chuvas de projéteis atingindo a água aos pés dos fortes e voando em cardumes para as muralhas." Os disparos das frotas criaram tanta fumaça que os artilheiros russos sequer conseguiam ver os navios. Alguns dos artilheiros perderam a coragem, mas outros demonstraram bravura extraordinária, disparando na direção dos clarões dos canhões dos navios invisíveis, enquanto cápsulas caíam ao redor de suas cabeças. Um oficial de artilharia do Décimo Bastião, ponto central do ataque francês, recordou ver homens que haviam sido premiados por sua coragem em combates anteriores fugindo em pânico quando os disparos começaram. "Eu mesmo me vi entre dois sentimentos", recordou. "Metade de mim queria correr para casa e salvar minha família, mas minha noção de dever me dizia que eu devia permanecer. Meus sentimentos como homem superaram o soldado dentro de mim, e fugi para encontrar minha família."[17]

Na verdade, apesar de todos os seus canhões, os navios franceses e britânicos receberam mais do que deram. Os barcos a vela de madeira da frota aliada não conseguiram chegar perto o suficiente dos fortes de pedra dos bastiões litorâneos para causar muito dano a eles (nesse sentido o bloqueio cumprira sua missão), mas puderam ser incendiados pelas armas russas, que não eram tão numerosas, mas (por estar baseadas em terra) muito mais precisas do que o canhoneio de longa distância dos aliados. Após disparar cerca de 50 mil projéteis com pouco efeito real sobre as baterias litorâneas, a frota aliada levantou âncora e zarpou para contar as perdas: cinco navios muito danificados, trinta marinheiros mortos e mais de quinhentos homens feridos. Sem navios de ferro a vapor, a frota aliada estava destinada a desempenhar um papel apenas subsidiário ao papel do exército durante o cerco de Sebastopol.

O resultado do primeiro dia em terra não foi muito mais encorajador para os aliados. Os franceses haviam avançado pouco na direção de Monte Randolph quando um de seus principais paióis foi explodido e eles cessaram fogo, e embora os britânicos tivessem causado danos consideráveis ao Terceiro Bastião, produzindo a maioria das 1.100 baixas russas, careciam dos morteiros pesados para fazer valer seu poder de fogo superior. Sua nova arma, motivo de muito orgulho, o canhão Lancaster de 68 libras, era pouco confiável disparando obuses, e ineficaz em longo alcance contra os taludes russos, que absorviam os projéteis leves. "Temo que o Lancaster seja um fracasso", relatou o capitão Lushington ao general Airey no dia seguinte. "Nossas armas não vão suficientemente longe e danificamos nossas troneiras mais que o inimigo. (...) Insisti com todos os oficiais na necessidade de fogo lento e constante (...) mas as distâncias são grandes demais (...) e não faz diferença disparar em um pudim ou nesses taludes."[18]

O fracasso do bombardeio do primeiro dia foi uma rude despertar para os aliados. "A cidade parece construída de materiais incombustíveis", escreveu Fanny Duberly, que fora à Crimeia como turista de guerra com o marido, Henry Duberly, pagador do 8º de Hussardos. "Embora fosse incendiada levemente duas vezes ontem, as chamas foram apagadas quase imediatamente."[19]

Do lado russo, o primeiro dia destruíra a mística que os exércitos aliados haviam estabelecido com sua vitória no Alma. De repente o inimigo não era mais considerado invencível, e a partir desse momento os russos ganharam nova esperança e autoconfiança. "Todos pensamos que seria impossível que nossas baterias nos salvassem", escreveu um morador de Sebastopol em carta no dia seguinte. "Então imagine nossa surpresa quando hoje encontramos todas as nossas baterias intactas, e todos os canhões em posição! (...) Deus abençoou a Rússia e nos recompensou pelos insultos lançados contra nossa fé!"[20]

Tendo sobrevivido ao primeiro dia de bombardeio os russos decidiram romper o cerco atacando Balaclava e isolando os britânicos de sua principal base de suprimentos. Depois de Alma, Menchikov partira na direção de Bakhtchiserai. Naquele momento, com a mudança de estratégia, ele reuniu suas tropas no vale do Chernaia, no lado oriental de Sebastopol, onde receberam os primeiros reforços a chegar da frente do Danúbio, a 12ª Divisão de Infantaria sob o comando do general de divisão Pavel Liprandi. Na noite de 24 de outubro, um exército de campo de 60 mil soldados, 34 esquadrões de cavalaria e 78 peças de artilharia acampou ao redor da aldeia de Chorgun, na Colina Fediukhin, para um ataque às defesas britânicas de Balaclava na manhã seguinte.

O objetivo havia sido bem escolhido. Como os próprios britânicos tinham consciência, eles estavam estendidos demais e não havia muito para proteger sua base de suprimentos de um ataque rápido de uma grande força. Os britânicos haviam construído um total de seis pequenos redutos ao longo de parte das Colinas Causeway — a cordilheira da Estrada Vorontsov que separava a metade norte do vale de Balaclava entre a Colina Fediukhin e a estrada da metade sul entre a estrada e o próprio porto — e colocado em cada um dos quatro redutos concluídos uma guarda turca (composta principalmente de recrutas inexperientes) com dois ou três canhões de 12 libras em posição. Atrás dos redutos, na metade sul do vale, os britânicos haviam colocado a 93ª Brigada de Infantaria Highlands, sob o comando de sir Colin Campbell, a quem a defesa do porto foi confiada, enquanto a divisão de cavalaria do lorde Lucan estava acampada no seu flanco, e nas colinas acima da garganta que levava ao porto, mil Fuzileiros Reais com alguma artilharia de campanha. No caso de um ataque russo, Campbell também poderia contar com o apoio da infantaria britânica, bem como de duas divisões de soldados franceses comandadas pelo general Bosquet acampadas nas colinas acima de Sebastopol, mas até que elas chegassem, a defesa de Balaclava dependeria de 5 mil soldados.[21]

Os russos começaram seu ataque ao nascer do dia 25 de outubro. Instalando uma bateria de campanha perto da aldeia de Kamara, eles deram início a um bombardeio pesado ao Reduto nº 1 na Colina de Canrobert (batizada pelos britânicos em homenagem ao comandante francês). Durante a noite, Raglan havia sido alertado para o ataque iminente por um desertor do acampamento russo, mas, tendo enviado mil homens a Balaclava em resposta a um alarme falso apenas três dias antes, decidiu não agir (mais um grave equívoco a manchar seu nome), embora tenha chegado à Colina de Sapoune a tempo de ter uma visão de tribuna do combate no vale abaixo após mensagens terem sido enviadas ao seu quartel-general no início do ataque.

Durante mais de uma hora, as tropas turcas defendendo o Reduto nº 1 demonstraram uma resistência pertinaz, como haviam feito contra os russos na Silistra, perdendo mais de um terço dos homens. Mas então 1.200 soldados russos atacaram o reduto à ponta de baioneta, forçando os defensores exaustos a abandoná-lo a eles, juntamente com três dos sete canhões britânicos que haviam sido emprestados aos turcos. Calthorpe, que estava assistindo desde a Colina Sapoune com a equipe de Raglan, recordou: "Para nosso desgosto, vimos uma pequena corrente de homens sair dos fundos do reduto e descer a colina correndo na direção de nossas linhas." Ao ver seus compatriotas em retirada, as guarnições turcas nos três redutos vizinhos (2, 3 e 4) seguiram seu exemplo e se retiraram na direção do porto, muitos carregando cobertores, potes e panelas e gritando "Navio! Navio!" ao passar pelas linhas britânicas. Calthorpe observou enquanto mil soldados turcos desciam a colina perseguidos por grandes grupos de cossacos. "Os gritos daqueles cavaleiros selvagens podiam ser ouvidos de onde estávamos enquanto eles cavalgavam atrás daqueles infelizes muçulmanos, muitos dos quais foram mortos por suas lanças."

Enquanto corriam pelo assentamento de Kadikoi, os soldados turcos eram vaiados por um grupo de esposas do exército britânico, incluindo uma lavadeira enorme com braços musculosos e "mãos duras como um chifre", que agarrou um turco e deu nele um belo chute por pisotear nas roupas que estendera ao sol para secar. Quando se deu conta de que os turcos haviam desertado do regimento de seu próprio marido, o 93º, ela os censurou: "Infiéis covardes, vocês deixam escoceses corajosos para resistir enquanto fogem!" Os turcos tentaram aplacá-la, e alguns a chamaram de *"Kokana",** a deixando ainda mais furiosa. *"Kokana*, realmente! Eu vou *Kokana* vocês!", gritou ela e, brandindo um porrete, os perseguiu colina abaixo. Cansados e deprimidos, os soldados turcos continuaram a retirada até chegar à ravina que levava ao porto. Jogando seus pertences no chão, eles se deitaram ao lado deles para descansar um pouco. Alguns estenderam seus tapetes de oração no chão e fizeram uma prece voltados para Meca.[22]

Os britânicos acusaram os soldados turcos de covardia, mas isso foi injusto. De acordo com John Blunt, intérprete turco do lorde Lucan, a maioria dos soldados era de tunisianos sem treinamento adequado ou experiência de guerra. Haviam acabado de chegar à Crimeia e estavam famintos: nenhum deles recebera rações que pudessem comer sendo muçulmanos desde que deixaram Varna vários dias antes, e ao chegar haviam se desgraçado atacando civis. Blunt cavalgou atrás das tropas em retirada e transmitiu a um oficial a ordem de Lucan de reagrupar atrás do 93º, mas foi acossado pelos soldados, "que pareciam ressecados de tanta sede e exaustos". Eles perguntaram por que nenhum soldado britânico fora apoiá-los, se queixaram de terem sido deixados nos redutos vários dias sem comida ou água e declararam que a munição dada a eles não servia nos canhões dos redutos. Um dos soldados, com a cabeça envolta em bandagem e fumando um cachimbo comprido, disse a Blunt em turco: "O que podemos fazer, senhor? É a vontade de Deus."[23]

A infantaria russa tomou os redutos 1, 2, 3 e 4 nas Colinas Causeway, abandonando o 4 após destruir as carretas dos canhões. A cavalaria russa, sob o comando do general Rijov, avançou atrás dela pelo Vale Norte e se virou para atacar o 93º, única força de infantaria que poderia impedi-los de penetrar em Balaclava, já que a cavalaria britânica havia sido retirada para esperar a chegada da infantaria do platô acima de Sebastopol. Descendo das Colinas Causeway, quatro esquadrões da cavalaria de Rijov, cerca de quatrocentos

---

* Expressão turca para uma mulher vestida inadequadamente. No período otomano era usada para descrever mulheres não muçulmanas e tinha conotação sexual, implicando que a mulher comandava um bordel ou era ela mesma uma prostituta.

homens, investiram sobre os Highlanders.* Vendo a cena desde um vinhedo perto do acampamento da Brigada Ligeira, Fanny Duberly ficou horrorizada. Tiros "começaram a voar" e "No momento, surgiu a cavalaria russa investindo pela encosta e atravessando o vale, diretamente contra a pequena linha dos Highlanders. Ah, que momento! Investindo e avançando, o que aquele pequeno muro de homens podia fazer contra tal número e tal velocidade? Lá permaneceram eles". Dispondo seus homens em uma linha de apenas duas filas, em vez do quadrado habitual empregado pela infantaria contra a cavalaria, Campbell depositou sua confiança no poder mortal do rifle Minié, cujos efeitos ele vira no Alma. À medida que a cavalaria se aproximava, ele cavalgou ao longo da linha, conclamando seus homens a permanecer firmes e "morrer ali", segundo o tenente-coronel Sterling do 93º, que achou que "ele parecia falar sério". Para Russell, de *The Times*, assistindo desde as colinas, eles pareciam "uma fina fita vermelha encimada por uma linha de aço" (depois e para sempre equivocadamente citado como uma "fina linha vermelha"). O surgimento de uma linha firme de casacos vermelhos fez a cavalaria russa hesitar, e quando isso aconteceu, a uma distância de cerca de mil metros, Campbell ordenou a primeira salva. Quando a fumaça se dissipou o sargento Munro do 93 "viu que a cavalaria ainda avançava diretamente sobre a linha. Uma segunda salva soou, e então vimos que houve alguma confusão nas fileiras inimigas e que eles estavam desviando para nossa direita". Uma terceira salva a uma distância muito menor apanhou os russos pelo flanco, fazendo com que se curvassem de modo pronunciado para a esquerda e cavalgassem de volta a seu próprio exército.[24]

Os primeiros quatro esquadrões de Rijov haviam sido repelidos, mas o corpo principal da cavalaria russa, 2 mil hussardos flanqueados por escoltas cossacas, descia das Colinas Causeway para um segundo ataque aos Highlanders. Dessa vez, a infantaria foi resgatada bem a tempo pela intervenção da cavalaria britânica, oito esquadrões da Brigada Pesada, cerca de setecentos homens, que receberam ordem de retornar ao Vale Sul e apoiar o 93º de Ra-

---

* É um mistério por que os russos, diante de uma força defensiva tão pequena, não fizeram um ataque mais rápido e poderoso a Balaclava. Vários comandantes russos alegaram posteriormente que careciam de tropas suficientes para capturar Balaclava, que a operação havia sido um reconhecimento ou uma tentativa de desviar as forças aliadas de Sebastopol em vez de capturar o porto. Mas essas foram desculpas para seu fracasso, o que talvez pudesse ser explicado por sua falta de confiança contra os exércitos aliados em campo aberto após a derrota das forças russas no Alma.

glan, que de sua posição da Colina Sapoune vira o perigo que os Highlanders corriam. Cavalgando colina acima lentamente na direção do inimigo, a Pesada atravessou sua coluna, formou filas e então, de cem metros, investiu diretamente contra eles, atacando selvagemente com suas espadas. Os cavaleiros avançados da cavalaria britânica, Scots Greys e Inniskilings (6º Dragões), foram totalmente envolvidos pelos russos, que haviam se detido brevemente para estender seus flancos pouco antes da carga, mas os paletós vermelhos do 4º e 5º Dragões logo se juntaram à confusão, investindo contra a retaguarda e os flancos russos. Os cavaleiros adversários estavam tão apertados que não havia espaço para usar espadas, mal conseguiam erguer as espadas ou brandir os sabres, e tudo o que podiam fazer era furar ou cortar o que estivesse ao alcance, como se em uma briga. O sargento Henry Franks, do 5º de Dragões, viu o soldado Harry Herbert ser atacado por três cossacos ao mesmo tempo.

> Ele incapacitou um com um corte terrível atrás do pescoço, e o segundo correu. Herbert apontou para o peito do terceiro homem, mas sua espada se partiu a sete centímetros e meio do punho (...). Ele arremessou o punho pesado na direção do russo e o atingiu no rosto, e o cossaco caiu ao chão; não estava morto, mas aquilo prejudicara sua visão.

O major William Forrest, do 4º de Dragões, recordou de sua luta frenética com um

> hussardo que acertou minha cabeça, mas o capacete de latão resistiu bem, e minha cabeça só ficou levemente arranhada. Eu o golpeei novamente, mas não acho que o tenha ferido mais do que ele me feriu. Recebi um golpe no ombro ao mesmo tempo, desferido por outro homem, mas a lâmina devia estar muito danificada, pois apenas cortou meu paletó e arranhou meu ombro.

Houve um número surpreendentemente pequeno de baixas, não mais de doze mortos de cada lado, e cerca de trezentos feridos, principalmente do lado russo, embora o combate tenha durado menos de dez minutos. Os sobretudos pesados e as barretinas grossas dos russos os protegiam da maioria dos cortes de sabre, enquanto suas próprias espadas eram igualmente ineficazes contra o maior alcance dos cavaleiros britânicos, que se sentavam sobre montarias mais altas e pesadas.[25]

Nesse tipo de luta, um lado finalmente tem de ceder. Foram os russos que perderam a coragem antes. Abalados pela luta, os hussardos deram as costas e galoparam de volta ao Vale Norte perseguidos pela cavalaria britânica, até que esta se retirasse sob o fogo das baterias russas nas colinas Causeway e Fediukhin.

Enquanto a cavalaria russa se retirava, a infantaria britânica descia das colinas de Sebastopol e marchava através do Vale Sul para dar apoio ao 93º. A 1ª Divisão chegou na frente, seguida pela 4ª e depois também reforços franceses — a 1ª Divisão e dois esquadrões de Chasseurs d'Afrique. Com a chegada da infantaria aliada era improvável que a cavalaria russa atacasse novamente. Balaclava havia sido salva.

Enquanto os russos recuavam e retornavam à base, Raglan e sua equipe na Colina Sapoune perceberam que retiravam os canhões britânicos dos redutos. O duque de Wellington nunca havia perdido um canhão, ou pelo menos era no que acreditavam os guardiões do seu culto na instituição militar britânica. A perspectiva de aqueles canhões serem exibidos em desfile como troféus em Sebastopol era insuportável para Raglan, que imediatamente ordenou que lorde Lucan, o comandante da Divisão de Cavalaria, recuperasse as Colinas Causeway, assegurando a ele o apoio da infantaria que acabara de chegar. Lucan não conseguia ver a infantaria, e não podia acreditar que devesse agir sozinho, apenas com a cavalaria, contra infantaria e artilharia, de modo que durante três quartos de hora ele não fez nada, enquanto, na colina, Raglan ficava mais alarmado com o destino dos canhões britânicos capturados. Ele finalmente deu uma segunda ordem a Lucan: "Lorde Raglan deseja que a cavalaria avance rapidamente para a frente — siga o inimigo e tente impedir que o inimigo leve os canhões. Artilharia de Tropa Montada pode acompanhar. Cavalaria francesa à sua esquerda. Imediato."

A ordem não era apenas pouco clara, era absurda, e Lucan estava completamente perdido em relação ao que fazer. De onde estava, na extremidade oeste das Colinas Causeway, ele podia ver à direita os canhões britânicos nos redutos capturados pelos russos aos turcos; à esquerda, no final do Vale Norte, onde ele sabia estar localizado o grosso das forças russas, podia ver um segundo conjunto de canhões; e mais à esquerda, nas encostas baixas da Colina Fediukhin, podia ver que os russos também tinham uma bateria de artilharia. Se a ordem de Raglan tivesse sido mais clara e especificado que eram os canhões britânicos nas Colinas Causeway o que Lucan deveria tomar, a Carga da Brigada Ligeira teria terminado de modo muito diferente, mas como foi, a ordem não esclarecia quais canhões a cavalaria deveria recuperar.

O único homem que podia dizer a ele o que significava era o ajudante de campo que a transmitira, o capitão Nolan, dos Hussardos do Rei. Como muitos cavaleiros na Brigada Ligeira, Nolan estava cada vez mais frustrado com o fracasso de Lucan em utilizar a cavalaria no tipo de ataque ousado pelo qual ela conquistara sua fama de melhor do mundo. Em Bulganak e no Alma a cavalaria fora impedida de perseguir os russos em retirada; na Colina Mackenzie, durante a marcha para Balaclava, Lucan impedira um ataque ao exército russo que marchava rumo leste cruzando seu caminho; e naquela mesma manhã, quando a Brigada Pesada havia sido superada pela cavalaria russa, a poucos minutos de cavalgada, lorde Cardigan, comandante da Brigada Ligeira, se recusara a usá-la para um ataque rápido ao inimigo desorganizado. A Brigada Ligeira havia sido obrigada a acompanhar enquanto seus camaradas lutavam contra os mesmos cossacos que os haviam vaiado em Bulganak por se recusar a lutar. Um de seus oficiais cobrara várias vezes de lorde Cardigan que enviasse a brigada, e quando Cardigan se recusou, bateu na perna com sua espada de saudação, em demonstração de desrespeito. Havia sinais de desobediência. O soldado John Doyle, do 8º de Hussardos Reais Irlandeses do Rei, recordou:

> A Brigada Ligeira não ficou contente quando viu a Brigada Pesada e não foi autorizada a ir ajudá-los. Eles se ergueram em seus estribos e gritaram: "Por que somos mantidos aqui?", e no mesmo instante saíram de formação e dispararam para trás de nossas linhas, com o objetivo de acompanhar a retirada russa, mas eles haviam se distanciado demais para que nós os pegássemos.[26]

Então, quando Lucan perguntou a Nolan o que significava a ordem de Raglan, havia no ar uma ameaça de insubordinação. No relato que depois fez em carta a Raglan, Lucan perguntou ao ajudante de campo onde deveria atacar, e Nolan respondera "de uma forma muito desrespeitosa mas significativa", apontando para a extremidade mais distante do vale: "Lá, meu lorde, está seu inimigo; lá estão seus canhões." Segundo Lucan, Nolan não apontara para os canhões britânicos na Colina Causeway, mas para a bateria de doze canhões russos e a força principal da cavalaria cossaca na extremidade do Vale Norte, de cujos dois lados, as colinas Causeway e Fediukhin, os russos tinham mais canhões, bem como atiradores. Lucan levou a ordem a Cardigan, que destacou a insanidade de investir vale abaixo contra artilharia e fogo de mosquetes dos dois lados, mas Lucan insistiu em que a ordem deveria ser obedecida. Cardigan e Lucan (que eram cunhados) se detestavam. Normalmente essa é a explicação dada por historiadores sobre por que eles não debateram e descobriram um modo de contornar a ordem que acreditavam ter recebido de Raglan (não seria a primeira vez que as ordens de Raglan seriam desobedecidas). Mas também há evidências de que Lucan temia desobedecer a uma ordem que de fato havia sido bem recebida pelos homens da Brigada Ligeira, ansiosos por ação contra a cavalaria russa e correndo risco de quebra de disciplina caso fossem impedidos de atacá-la. O próprio Lucan posteriormente escreveu a Raglan dizendo que obedecera a ordem porque não fazê-lo seria "expor a mim e à cavalaria a calúnias contra as quais poderíamos ter dificuldade de nos defender" — com o que ele certamente se referia a calúnias de seus homens e do resto do exército.[27]

Os 661 homens da Brigada Ligeira avançaram a passo, descendo a encosta suave do Vale Norte, com o 13º de Dragões Ligeiros e o 17º de Lanceiros na primeira linha, comandada por Cardigan, o 11º de Hussardos logo atrás, seguido pelo 8º de Hussardos juntamente com o 4º Regimento de Dragões Ligeiros (da Rainha). Eram 2 mil metros até a posição do inimigo no final do vale, e em velocidade regulamentar a Brigada Ligeira levaria cerca de sete minutos para percorrer a distância — artilharia e fogo de mosquete à direita deles, à esquerda deles e à frente deles todo o tempo. Quando a primeira linha começou a trotar, Nolan, que cavalgava com o 17º de Lanceiros, galopou para frente, agitando sua espada e, segundo a maioria das versões, gritando para que os homens se adiantassem com ele, embora também tenha sido sugerido que ele se dera conta do equívoco e estava tentando reorientar a Brigada Ligeira para a Colina Causeway e talvez além, na direção do Vale Sul, onde estariam a salvo dos canhões russos. Seja como for, o primeiro obus disparado pelos russos explodiu sobre Nolan e o matou. Não é claro se foi pelo exemplo de Nolan, por sua própria ansiedade ou porque desejavam passar pelo fogo dos flancos o mais rápido possível, mas os dois regimentos à frente da investida começaram a galopar muito antes de receber a ordem. "Vamos", gritou um homem do 13º de Dragões Ligeiros, "não deixem que os desgraçados [do 17º de Lanceiros] cheguem na nossa frente."²⁸

Enquanto galopavam em meio a fogo cruzado das colinas, balas de canhão rasgando a terra e fogo de mosquete chovendo como granizo, homens eram atingidos e cavalos caíam. "A percussão dos canhões e as explosões dos obuses eram ensurdecedores", recordou o sargento Bond, do 11º de Hussardos.

> A fumaça também quase nos cegava. Cavalos e homens caíam em todas as direções, e os cavalos que não eram feridos ficavam tão perturbados que não conseguíamos mantê-los em linha reta por algum tempo. Um homem chamado Allread, que cavalgava à minha esquerda, caiu do cavalo como uma pedra. Eu olhei para trás e vi o pobre sujeito caído de costas, a têmpora direita decepada e seu cérebro em parte no chão.

O soldado Wightman, do 17º de Lanceiros, viu seu sargento ser atingido: "Ele teve sua cabeça arrancada por uma bala de canhão, mas por quase trinta metros mais o corpo sem cabeça permaneceu na sela, a lança apontada, presa firmemente sob o braço direito." Tantos homens e cavalos da primeira linha foram abatidos que a segunda linha, cem metros atrás, teve de desviar e desacelerar para evitar os corpos feridos no chão e os cavalos perturbados e assustados que galopavam sem cavaleiros em todas as direções.²⁹

Em poucos minutos, os que restavam da primeira fila estavam entre os artilheiros russos no final do vale. Cardigan, cujo cavalo recuara da última salva dos canhões a pequena distância, teria sido o primeiro a chegar. "As chamas, a fumaça, o rugido em nossos rostos", recordou o cabo Thomas Morley do 17º de Lanceiros, que o comparou a "cavalgar para a boca de um vulcão." Abatendo os artilheiros com suas espadas, a Brigada Ligeira investiu com os sabres baixos para atacar os cossacos, que receberam de Rijov ordem de avançar para proteger os canhões, que alguns dos atacantes estavam tentando empurrar para longe. Sem tempo de entrar em formação antes de ser atacados, os cossacos foram "lançados em pânico pela ordem disciplinada da massa de cavalaria se jogando sobre eles", recordou um oficial russo. Eles deram meia-volta para escapar e, vendo que o caminho estava bloqueado pelos regimentos de hussardos, começaram a disparar seus mosquetes à queima-roupa contra seus próprios camaradas, que recuaram em pânico, se viraram e investiram sobre os outros regimentos atrás. Toda a cavalaria russa começou a cavalgar na direção de Chorgun, alguns arrastando atrás os canhões montados, enquanto os cavaleiros avançados da Brigada Ligeira, os superando em cinco contra um, os perseguiam até o rio Chernaia.

A fuga em pânico da cavalaria russa foi acompanhada das colinas acima do rio por Stepan Kojukov, oficial de artilharia júnior, que descreveu a cavalaria se acumulando na área ao redor da ponte, onde o regimento Ukrainski e a bateria de Kojukov na colina haviam recebido a ordem de bloquear a retirada:

> Ali estavam eles correndo e o tempo todo a confusão aumentava. Em um espaço pequeno à entrada da ravina Chorgun, onde ficava o posto de curativos, havia quatro regimentos de hussardos e cossacos comprimidos, e no meio dessa massa, em pontos isolados, era possível ver as túnicas vermelhas dos ingleses, provavelmente não menos surpresos que nós com como aquilo acontecera inesperadamente. (...) O inimigo logo chegou à conclusão de que não tinha nada a temer dos hussardos e cossacos em pânico e, cansado de golpear, decidiu retornar pelo caminho pelo qual chegara em meio a outro canhoneio de artilharia e fogo de rifles. É difícil, se não impossível, fazer justiça ao feito daquela cavalaria louca. Tendo perdido pelo menos um quarto do seu número durante o ataque, e sendo aparentemente impermeáveis a novos perigos e perdas, eles rapidamente recolocaram seus esquadrões em forma para retornar pelo mesmo terreno coberto de seus mortos e moribundos. Com desesperada coragem, aqueles valentes lunáticos partiram novamente, e nenhum dos vivos, sequer dos feridos, se rendeu. Demorou um longo tempo até que hussardos e cossacos se recobrassem. Eles estavam convencidos de que toda a cavalaria inimiga os perseguia e, com raiva, não queriam acreditar que haviam sido esmagados por um punhado relativamente insignificante de temerários.

Os cossacos foram os primeiros a se recuperar, mas não voltaram ao campo de batalha. Em vez disso "se entregaram às novas tarefas à disposição — fazer prisioneiros, matar os feridos caídos no chão e reunir os cavalos britânicos para colocá-los à venda".[30]

Enquanto a Brigada Ligeira cavalgava de volta pelo corredor de fogo no Vale Norte, Liprandi ordenou que os Lanceiros Poloneses na Colina Causeway bloqueassem sua retirada. Mas os lanceiros não tinham estômago para combater a corajosa Brigada Ligeira, que haviam acabado de ver investir em meio aos canhões russos e lançar os cossacos em uma fuga apavorada, e os poucos ataques que fizeram foram contra pequenos grupos de homens feridos. Eles deixaram em paz grupos maiores. Quando a coluna em retirada do 8º de Hussardos e do 4º Regimento de Dragões Ligeiros se aproximou dos lanceiros, recordou lorde George Paget, comandante dos Dragões Ligeiros, que os reuniram antes da retirada "sobre nós vieram [os lanceiros] em uma espécie de trote".

> Então os lanceiros pararam (se "detiveram" não é exatamente a palavra) e exibiram aquele mesmo ar de perturbação (não conheço outra palavra) que eu duas vezes antes registrara neste dia. Alguns dos homens no flanco direito de seus esquadrões avançados (...) se chocaram momentaneamente com o flanco direito de nossos companheiros, mas afora isso não fizeram nada, e na verdade permitiram que nos deslocássemos e afastássemos deles a uma distância de menos de um cavalo. Bem, passamos por eles sem, acredito, perder um só homem. Como, não sei! Para mim é um mistério! Se aquela força fosse composta de *damas* inglesas, acho que nenhum de nós teria escapado.[31]

Na verdade as damas inglesas estavam na Colina Sapoune com todos os outros espectadores que observavam os remanescentes da Brigada Ligeira cambalear de volta da carga, sozinhos ou em dupla, muitos deles feridos. Entre elas Fanny Duberly, que não apenas assistira à cena horrorizada, como depois naquela tarde cavalgara com o marido para olhar de perto a carnificina no campo de batalha:

> Cavalgamos lentamente pelo cenário da manhã; ao redor de nós havia cavalos mortos e moribundos, inúmeros; e perto de mim um soldado russo caído, totalmente imóvel, de rosto. Em um vinhedo um pouco à minha direita um soldado turco também se esticava, morto. Os cavalos, em sua maioria mortos, estavam sem selas, e as atitudes de alguns revelavam extrema dor (...). E depois os soldados feridos engatinhando para as colinas![32]

Dos 661 homens que iniciaram a carga, 113 foram mortos, 134 feridos e 45 feitos prisioneiros; 362 cavalos foram perdidos ou mortos. As baixas não foram muito superiores às sofridas do lado russo (180 mortos e feridos — quase todos nas duas primeiras linhas defensivas), e muito inferiores aos números citados pela imprensa britânica. O *Times* noticiou que oitocentos cavaleiros haviam combatido, dos quais apenas duzentos retornaram; a *Illustrated London News*, que apenas 163 haviam retornado em segurança da carga. A partir desses relatos logo se espalhou a história de um "erro" trágico redimido por sacrifício heroico — mito consolidado pelo famoso poema de Alfred Tennyson "A carga da Brigada Ligeira", publicado apenas dois meses depois do acontecimento:

> "Avante, Brigada Ligeira!"
> Havia algum homem abatido?
> Não, embora os soldados soubessem
>   Alguém havia falhado:
> Não cabia a eles retrucar,
> Nem a eles questionar,
> A eles apenas agir e morrer;
> Para o vale da Morte
>   Cavalgaram os Seiscentos.

Mas ao contrário do mito do "desastre glorioso", a carga em certos sentidos foi um sucesso, a despeito das grandes baixas. O objetivo de uma carga de cavalaria era dispersar as linhas do inimigo e expulsá-lo assustado do campo de batalha, e nesse sentido, como reconheceram os russos, a Brigada Ligeira atingira seu objetivo. O verdadeiro erro dos britânicos em Balaclava não foi a Carga da Brigada Ligeira, mas sua decisão de não perseguir a cavalaria russa assim que a Brigada Pesada a havia dispersado e a Brigada Ligeira a pusera em fuga e então eliminar o restante do exército de Liprandi.[33]

Os britânicos culparam os turcos por sua derrota em Balaclava, os acusando de covardia por abandonar os redutos. Depois também alegaram que haviam saqueado propriedades, não apenas dos cavaleiros britânicos, mas também de assentamentos próximos, onde teriam "cometido crueldades a sangue-frio contra os infelizes aldeões em torno de Balaclava, cortando as gargantas dos homens e privando suas cabanas de tudo". O intérprete de turco de Lucan, John Blunt, achou que essas acusações eram injustas e que se houvera qualquer saque, havia sido por "grupos não identificados de seguidores de acampamentos que vasculharam (...) o campo de batalha". Os turcos foram tratados de forma medonha pelo resto da campanha. Eram rotineiramente agredidos, xingados, cuspidos e escarnecidos pelos soldados britânicos, que algumas vezes até os usavam para "carregar seus fardos nas costas ao atravessar poças e charcos da estrada de Balaclava", segundo Blunt. Considerados pelos ingleses pouco mais que escravos, os soldados turcos eram usados para cavar trincheiras ou transportar cargas pesadas entre Balaclava e as colinas de Sebastopol. Como sua religião os proibia de comer a maior parte das rações disponíveis no exército britânico, nunca recebiam comida suficiente; em desespero, alguns começaram a roubar, pelo que eram açoitados por seus senhores britânicos bem além dos 45 golpes máximos permitidos aos soldados da rainha. Dos 4 mil soldados turcos que combateram em Balaclava em 25 de outubro, metade morreria de subnutrição até o final de 1854, e muitos dos outros ficariam fracos demais para o serviço ativo. Mas os turcos se comportaram com dignidade, e pelo menos Blunt ficou "muito impressionado com o modo contido pelo qual suportavam o mau tratamento e o longo sofrimento". Rustem Pasha, o oficial egípcio encarregado dos soldados turcos em Balaclava, os conclamava a ser "pacientes e resignados e não esquecer de que os soldados ingleses eram hóspedes de seu sultão e estavam lutando em defesa da integridade do império otomano".[34]

Os russos celebraram Balaclava como uma vitória. A captura dos redutos na Colina Causeway certamente foi um sucesso tático. O dia seguinte em Sebastopol foi marcado por uma cerimônia ortodoxa, enquanto os canhões britânicos eram levados em desfile pela cidade. Os russos tinham então uma posição superior da qual atacar as linhas de suprimento britânicas entre Balaclava e as colinas de Sebastopol; os britânicos estavam confinados à sua linha de defesa interior nas colinas ao redor de Kadikoi. Soldados russos desfilavam por Sebastopol com troféus do campo de batalha — sobretudos, espadas, túnicas, barretinas, botas e cavalos de cavalaria britânicos. O moral da guarnição de Sebastopol aumentou imediatamente com a vitória. Pela primeira vez desde a derrota em Alma, os russos sentiam que eram páreo para os exércitos aliados em campo aberto.

O tsar soube da vitória reivindicada em seu palácio de Gatchina em 31 de outubro, quando o correio matutino chegou de Sebastopol. Anna Tiutcheva, que estava com a imperatriz nos Salões do Arsenal escutando um recital de Beethoven, escreveu em seu diário mais tarde naquele dia:

> A notícia animou nossos espíritos. O tsar, indo até a imperatriz para dar a notícia a ela, estava tão tomado de emoção que, diante de todos nós, se jogou de joelhos diante dos ícones sagrados e caiu em lágrimas. A imperatriz e sua filha Maria Nikolaevna, crendo que a assustadora perturbação do tsar significava a queda de Sebastopol, também se jogaram de joelhos, mas ele as acalmou, deu a elas as boas novas e imediatamente ordenou uma cerimônia de ação de graças, à qual toda a corte compareceu.[35]

Encorajados por seu sucesso em Balaclava, no dia seguinte os russos lançaram um ataque ao flanco direito do exército britânico na Montanha dos Cossacos, uma cordilheira em forma de V de planaltos ondulantes, 2,5 quilômetros de comprimento de norte a sul entre o setor leste de Sebastopol e o estuário de Chernaia, conhecido pelos britânicos como Monte Inkerman. Em 26 de outubro, 5 mil soldados russos comandados pelo coronel Fedorov saíram de Sebastopol na direção leste, viraram à direita para escalar a Montanha dos Cossacos e se lançaram sobre os despreocupados soldados da 2ª Divisão de Lacy Evans, acampada na extremidade sul do planalto, em um lugar chamado Home Ridge, onde as montanhas desciam íngremes até a planície de Balaclava. Evans tinha apenas 2.600 soldados à disposição, estando o resto de sua divisão em outros pontos cavando trincheiras, mas os destacamentos avançados em Shell Hill detiveram os russos com seus rifles Minié, enquanto Evans trazia mais artilharia, instalando dezoito peças em posições fora de vista. Atraindo o inimigo para sua artilharia, os britânicos os dispersaram com um fogo devastador que deixou centenas de russos mortos e feridos no campo selvagem antes de Home Ridge.[36]

Outros foram feitos prisioneiros, muitos deles se entregando ou desertando para o lado britânico. Levaram com eles histórias medonhas das condições em Sebastopol, onde faltava água e os hospitais estavam abarrotados de vítimas dos bombardeios, além de cólera. Um oficial alemão servindo com os russos contou aos britânicos "que eles eram obrigados a sair de Sebastopol por conta do cheiro terrível que havia na cidade, e sua opinião era que a cidade logo cairia nas mãos dos britânicos enquanto os mortos e feridos permaneciam nas ruas". Segundo Godfrey Mosley, pagador do 20º Regimento,

> o exército que saiu de Sebastopol para atacar outro dia (...) estava totalmente bêbado. Os hospitais cheiravam tão mal com eles que não era possível permanecer mais de um minuto no local, e fomos informados por um oficial que havia sido feito prisioneiro que tinham dado a eles vinho para que atingissem o ânimo adequado e então perguntavam quem queria sair e empurrar os cães ingleses para o mar, mas em vez disso nós os empurramos de volta à cidade com a perda de uns setecentos em muito pouco tempo. O mesmo oficial nos contou que poderíamos ter entrado facilmente na cidade quando chegamos, mas que agora teríamos alguma dificuldade.[37]

Na verdade, o ataque dos russos era um grande reconhecimento para um novo grande assalto às forças britânicas na colina Inkerman. A iniciativa do ataque foi do tsar, que soubera da intenção de Napoleão de enviar mais soldados à Crimeia e acreditava que Menchikov devia usar sua superioridade numérica para romper o cerco o mais rápido possível, antes que os reforços franceses chegassem, ou pelo menos para impor um atraso aos aliados até que o inverno chegasse para resgatar os russos ("Eu tenho dois generais que não falham comigo: os generais janeiro e fevereiro", disse Nicolau, adotando o velho clichê de 1812). Em 4 de novembro, os russos haviam sido reforçados com a chegada de duas divisões de infantaria do 4º Corpo da Bessarábia, da 10ª Divisão comandada pelo general de divisão Simonov e pelo 11º sob o general de divisão Pavlov, elevando a força total à disposição de Menchikov para 107 mil homens, não incluindo os marinheiros. Inicialmente Menchikov se opusera à ideia de uma nova ofensiva (ele ainda estava inclinado a abandonar Sebastopol ao inimigo), mas o tsar estava irredutível, e até mesmo enviou seus filhos, os grão-duques Mikhail e Nikolai, para encorajar os soldados e fazer valer sua vontade. Pressionado, Menchikov concordou em atacar, acreditando que os britânicos eram um oponente menos formidável que os franceses. Se os russos conseguissem se instalar com baterias de artilharia no Monte Inkerman, as linhas de cerco aliadas à direita se veriam sob fogo por trás e, a não ser que retomassem as colinas, os aliados seriam obrigados a desistir do cerco.[38]

Apesar das perdas russas, a incursão de 26 de outubro revelara a fraqueza das defesas britânicas no Monte Inkerman. Raglan havia sido alertado várias vezes por Lacy Evans e Burgoyne de que aquelas colinas cruciais eram vulneráveis e precisavam ser ocupadas em grande número e fortificadas; Bosquet, o comandante de uma divisão de infantaria na Colina de Sapoune, ao sul de Inkerman, estava somando seus próprios alertas em cartas quase diárias ao comandante britânico; enquanto Canrobert chegara mesmo a oferecer ajuda imediata. Mas Raglan não fizera nada para reforçar as defesas, mesmo após a incursão dos russos, quando o comandante francês ficou chocado ao saber que "uma posição tão importante e exposta" havia sido deixada "totalmente desprotegida por fortificações".[39]

Não era apenas negligência que estava por trás da falha de Raglan, mas um risco calculado: os britânicos eram em número reduzido demais para proteger todas as suas posições, estavam esticados demais, e teriam sido incapazes de repelir um ataque geral se um fosse lançado em vários pontos ao longo de sua linha. Na primeira semana de novembro, a infantaria britânica estava exausta. Eles mal haviam descansado desde o desembarque na Crimeia, como o soldado Henry Smith recordou em carta aos pais em fevereiro de 1855:

> Depois da batalha de Alma e da marcha para Balaclava, fomos imediatamente colocados para trabalhar, começando em 24 de setembro, período durante o qual nunca tivemos mais de 4 horas de sono a cada 24, e com grande frequência não tínhamos tempo sequer para fazer uma lata de café antes de sermos enviados para outro serviço, até o cerco ter início em 14 de outubro, e embora obuses e balas caíssem como granizo, pela medonha fadiga pela qual tivemos de passar, estávamos tão descuidados a ponto de deitar e dormir mesmo junto à boca do canhão (...). Com frequência ficávamos 24 horas nas trincheiras, e acredito que não havia uma única hora seca nas 24, de modo que quando voltávamos para o acampamento estávamos molhados até a pele e tínhamos lama por toda parte até os ombros, e nesse estado tivemos de marchar para a batalha de Inkerman sem um pedaço de pão ou um gole de água para aplacar terríveis fome e sede.[40]

O plano de Menchikov era uma versão mais ambiciosa da incursão de 26 de outubro ("Pequeno Inkerman", como aquele ensaio geral ficou conhecido mais tarde). Na tarde de 4 de novembro, poucas horas após a chegada do 4º Corpo da Bessarábia, ele ordenou que a ofensiva tivesse início às 6 horas da manhã seguinte. Soimonov deveria liderar uma força de 19 mil homens e 38 canhões ao longo da mesma rota seguida em 26 de outubro. Tomando Shell Hill, eles se encontrariam lá com a força de Pavlov (16 mil homens e 96 canhões), que cruzaria o rio Chernaia e subiria a colina a partir da ponte Inkerman. Sob o general Dannenberg, que assumiria o comando nesse momento, a força combinada expulsaria os britânicos do Monte Inkerman, enquanto o exército de Liprandi distraía as forças de Bosquet na Colina Sapoune.

O plano exigia um alto grau de coordenação entre as unidades em ataque, o que era esperar demais de qualquer exército em uma época anterior ao rádio, quanto mais dos russos, que careciam de mapas detalhados.* Também pedia uma mudança de comando no meio da batalha — uma receita para a tragédia, especialmente, já que Dannenberg, um veterano das guerras napoleônicas, tinha um histórico de derrota e indecisão que dificilmente iria inspirar os homens. Mas a maior falha de todas era a própria ideia de que uma força de 35 mil homens e 134 canhões pudesse ser empregada na cordilheira estreita que era Shell Hill, um terreno pedregoso de menos de 300 metros de largura. Percebendo ser impraticável, Dannenberg começou a mudar o plano de batalha no último minuto. Tarde da noite de 4 de novembro, ele ordenou que os homens não escalassem o Monte Inkerman pelo lado norte, como havia sido planejado, mas marchassem rumo leste até a ponte Inkerman para cobrir a travessia do rio por Pavlov. Da ponte, as forças atacantes subiriam as colinas em três direções diferentes e cercariam os britânicos pelos flancos. A mudança súbita causou confusão: mas ainda mais confusão se seguiria. Às 3 horas da manhã, a coluna de Soimonov estava se movendo rumo leste de Sebastopol na direção de Monte Inkerman quando recebeu outra mensagem de Dannenberg ordenando que marchasse na direção oposta e atacasse pelo oeste. Acreditando que outra mudança de planos colocaria em risco toda a operação, Soimonov ignorou a ordem, mas em vez de se encontrar com Pavlov na ponte, retornou a seu próprio plano preferido de atacar pelo norte. Assim, os três comandantes foram para a batalha de Inkerman com planos totalmente diferentes.[41]

---

* Soimonov se baseava em um mapa naval, sem qualquer marcação em terra. Um integrante de seu comando mostrou o caminho a ele traçando com o dedo no mapa. (A. Adrianov, *Omkermanskii boi i oborona Sevastopolia (nabroski uchastnika)*, São Petersburgo: 1903, p. 15).

Às 5 horas da manhã, a guarda avançada de Soimonov escalara as colinas em silêncio pelo lado norte com 22 peças de artilharia de campo. Chovera pesado nos três dias anteriores, as encostas íngremes estavam escorregadias de lama; homens e cavalos sofriam com os canhões pesados. A chuva parara naquela noite e no momento uma neblina pesada protegia sua escalada dos postos avançados inimigos. "A neblina nos encobriu", recordou o capitão Adrianov. "Não conseguíamos ver além de alguns metros à frente. A umidade gelava nossos ossos."[42]

A neblina densa iria desempenhar um papel crucial na luta que estava pela frente. Os soldados não conseguiam ver seus altos comandantes, cujas ordens se tornaram virtualmente irrelevantes. Em vez disso, se basearam em seus oficiais de companhia, e quando esses desapareceram, tiveram de assumir eles mesmos a liderança, lutando por conta própria ou juntamente com aqueles camaradas que conseguiam ver em meio à neblina, de um modo em grande medida improvisado. Aquela seria uma "batalha de soldados", o grande teste de um exército moderno. Tudo dependia da coesão da pequena unidade, e cada homem se tornou seu próprio general.

Nas primeiras horas, a neblina foi favorável aos russos. Ela disfarçou sua aproximação e os colocou perto das posições britânicas, eliminando a desvantagens de seus mosquetes e artilharia contra o alcance maior dos rifles Minié. Os destacamentos britânicos em Shell Hill não tinham conhecimento da aproximação dos russos: haviam se protegido do clima ruim se deslocando para a base da colina, de onde não conseguiam ver nada. Os sons de alerta de um exército em marcha que haviam sido ouvidos mais cedo não deflagraram os devidos alarmes. O soldado Bloomfield estava de guarda no Monte Inkerman naquela noite, e podia ouvir os sons de Sebastopol se agitando para algo (os sinos das igrejas tocaram intermitentemente durante toda a noite), mas não conseguia ver nada. "Havia uma neblina densa, de tal forma que não conseguíamos ver um homem a nove metros de distância, e durante quase toda a noite houve uma chuva gelada", recordou Bloomfield. "Tudo foi bem até por volta de meia-noite, quando algumas de nossas sentinelas deram conta de rodas e barulhos como balas e obuses sendo descarregados, mas o oficial de campo de serviço não deu importância. Durante toda a noite, a partir de umas 9 horas, os sinos badalavam e as bandas tocavam, e havia um grande barulho na cidade."

Sem que percebessem, os destacamentos em Shell Hill foram dominados pelos escaramuceiros de Soimonov, e depois, saindo rapidamente da neblina, as colunas de sua infantaria, 6 mil homens dos regimentos Kolivanski, Ekaterinburg e Tomski. Os russos instalaram sua artilharia em Shell Hill e começaram a fazer os britânicos recuar. "Quando nos retiramos, os russos avançaram com os berros mais diabólicos que se pode imaginar", recordou o capitão Hugh Rowlands, encarregado do destacamento, que recuou seus homens para o terreno elevado seguinte e ordenou que abrissem fogo, apenas para descobrir que seus rifles não funcionavam, pois as cargas haviam sido encharcadas pela chuva.[43]

O som de tiros finalmente fez soar o alarme no acampamento da 2ª Divisão, onde os soldados saíram correndo em roupas de baixo, se vestindo e dobrando as barracas antes de agarrar os rifles e entrar em formação. "Houve muita pressa e confusão", recordou George Carmichael, do Regimento Derbyshire. "Animais de carga soltos assustados com os tiros atravessaram o acampamento galopando, e os homens que estavam fora em diferentes serviços voltavam correndo para entrar em forma."[44]

O comando foi assumido pelo general Pennefather, segundo em comando de Lacy Evans, que se ferira mais cedo ao cair do cavalo, mas estava presente como conselheiro. Pennefather escolheu uma tática diferente daquela empregada por Evans em 26 de outubro. Em vez de recuar e atrair o inimigo para os canhões atrás de Home Ridge, ele continuou a fortalecer o piquete com atiradores para manter os russos o mais distante possível até que reforços chegassem. Pennefather não sabia que a divisão era superada pelos russos em mais de seis por um, mas sua tática se baseava na esperança de que a neblina densa escondesse seu número do inimigo.

Os homens de Pennefather detiveram bravamente os russos. Avançando e combatendo em pequenos grupos, separados uns dos outros por neblina e fumaça, eles estavam à frente demais para serem vistos por Pennefather, quanto mais controlados para ele, ou para receber apoio preciso das duas baterias de campo de Home Ridge, que disparavam cegamente na direção geral do inimigo. Abrigado com seu regimento atrás da artilharia britânica, Carmichael viu os artilheiros fazerem o melhor possível para corresponder ao poder de fogo muito superior das baterias russas:

Eles disparavam, imagino, contra o clarão dos canhões do inimigo em Shell Hill, e em resposta atraíam para eles fogo pesado. Alguns [dos artilheiros] caíram, e todos sofremos, embora tivéssemos recebido ordem de nos deitar para conseguir o máximo de abrigo possível em relação ao topo. Lembro que uma bola de canhão acertou minha companhia, arrancando o braço esquerdo e as duas pernas de um homem na fila da frente e matando seu homem de trás sem qualquer ferimento perceptível. Também havia outras baixas em outras companhias. (...) Os canhões (...) disparavam o mais rápido que conseguiam carregar, e cada descarga e recuo sucessivos os colocavam mais próximos de nossa linha (...). Ajudamos os artilheiros a empurrar os canhões para a posição inicial, e alguns homens também ajudaram a carregar munição.[45]

O principal naquele momento era manter alto o barulho da barragem para fazer os russos pensarem que os britânicos tinham mais peças do que realmente tinham, gastar a munição e esperar a chegada de reforços.

Se Soimonov soubesse da fraqueza das defesas britânicas teria ordenado que Home Ridge fosse tomada, mas ele não conseguia ver nada em meio à neblina, e os disparos pesados do inimigo, cujos rifles Minié eram mortalmente precisos à curta distância de que os britânicos disparavam, o persuadiram a esperar que os homens de Pavlov se juntassem a ele em Shell Hill antes de lançar um assalto. Em poucos minutos o próprio Soimonov foi morto por um atirador britânico. O comando foi assumido pelo coronel Pristovoitov, atingido minutos depois; e em seguida pelo coronel Uvajnov-Aleksandrov, que também foi morto. Depois disso não ficou claro quem assumiria o comando, ninguém estava ansioso para assumir, e o capitão Andrianov foi mandado a cavalo para discutir a questão com vários generais, o que desperdiçou tempo valioso.[46]

Enquanto isso, às 5 horas, os homens de Pavlov haviam chegado à Ponte Inkerman para descobrir que o destacamento naval não preparara sua travessia, como ordenado por Dannenberg. Tiveram de esperar até 7 horas até que a ponte estivesse pronta e pudessem cruzar o Chernaia. Dali eles se espalharam e subiram as colinas em três diferentes direções: os regimentos Okhotski, Iakutski e Seleginski e a maior parte da artilharia indo pela direita para alcançar o cume pela Sapper Road e se juntar aos homens de Soimonov, o Borodinski subindo pela rota central ao longo da ravina Volovia, enquanto o regimento Tarutinski escalava as encostas rochosas íngremes da ravina da Pedreira na direção da Bateria Sandbag sob a proteção das armas de Soimonov.[47]

Houve ferozes batalhas de artilharia pelas colinas — pequenos grupos de combatentes disparando por toda parte, usando a vegetação densa para se esconder e atirar uns contra os outros como escaramuceiros —, mas a maior intensidade era no flanco direito britânico ao redor da Bateria Sandbag. Vinte minutos após ter cruzado o rio, o Regimento Tarutinski superou o pequeno piquete da bateria, mas então se viu sob uma série de ataques de uma força combinada britânica de setecentos homens comandados pelo brigadeiro Adams. Em combates corpo a corpo frenéticos, a Bateria Sandbag mudou de lado várias vezes. Às 8 horas, os homens de Adams eram superados pelos russos em dez por um, mas por causa do cume estreito no qual se dava a luta pela bateria, os russos não conseguiam fazer valer seu número no assalto. Assim que os britânicos retomaram a bateria os russos avançaram novamente em uma série de ataques. O soldado Edward Hyde estava na bateria com os homens de Adams:

> A infantaria russa foi diretamente para ela, pulou pela frente e as laterais, e tivemos muito trabalho para mantê-los fora. Nós víamos diretamente suas cabeças acima do parapeito ou olhando pelas troneiras, atirávamos neles ou os acertávamos com as baionetas o mais rápido possível. Eles vinham como formigas; mal um era empurrado para trás, outro passava por cima dos corpos mortos para tomar seu lugar, todos eles berrando e gritando. Nós na bateria não estávamos quietos, pode ter certeza, e com os estímulos e os gritos, os baques de golpes, o choque de baionetas e espadas, o barulho agudo das balas, o assovio dos obuses, a atmosfera enevoada e o cheiro de pólvora e sangue, o cenário dentro da bateria onde estávamos era além da capacidade do homem de imaginar ou descrever.[48]

No final não foi mais possível conter os russos — eles penetraram como um enxame na bateria —, e Adams e seus homens foram obrigados a se retirar para Home Ridge. Mas reforços chegaram logo, o duque de Cambridge com os Granadeiros, e foi lançado um novo ataque aos russos agrupados ao redor da Bateria Sandbag, que àquela altura ganhara um status simbólico bem superior ao seu significado militar para qualquer dos lados. Os granadeiros investiram contra os russos com suas baionetas, Cambridge gritando para que seus homens se mantivessem em terreno elevado e não se dispersassem seguindo os russos colina abaixo, mas poucos homens podiam ouvir o duque ou vê-lo na neblina. Entre os granadeiros estava George Higginson, que testemunhou a carga "descendo a encosta irregular, na direção do inimigo que avançava".

> Os gritos exultantes (...) confirmaram meu temor de que nossos corajosos companheiros logo estariam acabados; e de fato, exceto por um breve período daquele longo dia quando conseguimos estabelecer algum tipo de formação regular, a disputa foi sustentada por grupos comandados por oficiais de companhia, que devido à névoa e à fumaça de fogo de mosquete eram incapazes de manter um impulso definido.

A luta se tornou cada vez mais frenética e caótica, com um dos lados investindo contra o outro colina abaixo apenas para ser contra-atacado por outro grupo de homens de mais acima. Os soldados dos dois lados perderam toda disciplina e se tornaram bandos desordeiros não controlados por seus oficiais e movidos por fúria e medo (reforçado pelo fato de que não conseguiam ver uns aos outros na neblina). Eles atacavam e contra-atacavam, berrando e gritando, disparando suas armas, desferindo golpes em todas as direções com suas espadas, e quando não tinham mais munição começaram a jogar pedras uns nos outros, investindo com as coronhas dos rifles, até mesmo chutando e mordendo.[49]

Nesse tipo de luta a coesão da pequena unidade de combate era decisiva. Tudo se resumia a se grupos de homens e seus comandantes de linha conseguiam manter disciplina e unidade — se conseguiam se organizar e permanecer juntos durante a luta sem perder a coragem ou sair correndo de medo. Os soldados do Regimento Tarutinski fracassaram nesse teste crucial.

Chodasiewicz era um dos oficiais de companhia do 4º Batalhão do Regimento Tarutinski. Sua missão era tomar o lado leste do Monte Inkerman e dar cobertura para que as outras tropas de Pavlov levassem gabiões e feixes de madeira para uma trincheira contra as posições britânicas. A unidade perdeu sua direção no nevoeiro denso, desviou para a esquerda e se misturou com soldados insatisfeitos do Regimento Ekaterinburg, entre as tropas de Soimonov que já estavam nas colinas, e que os levaram de volta à Pedreira. Àquela altura Chodasiewicz perdera o controle de seus homens, que estavam totalmente dispersos no meio do Regimento Ekaterinburg. Sem ordens dos oficiais, alguns dos homens de Tarutinski recomeçaram a subir a colina. Podiam ver à frente deles alguns de seus camaradas "de pé diante de uma pequena bateria gritando 'hurra!' e agitando seus chapéus para que avançássemos", recordou Chodasiewicz; "os corneteiros continuaram a dar o toque de avanço, e vários de meus homens saíram de formação correndo!" Na Bateria Sandbag, Chodasiewicz encontrou seus homens totalmente desorganizados. Vários regimentos estavam tão misturados que suas estruturas de comando haviam desmoronado. Ele ordenou que seus homens investissem com baionetas, e eles superaram os britânicos na bateria, mas depois não conseguiram empurrá-los colina abaixo, em vez disso permanecendo dentro da bateria, onde "se esqueceram do dever e circularam em busca de butim", recordou outro oficial, que achou que "tudo isso aconteceu por falta de oficiais e liderança".

Com toda a neblina e a mistura de homens, houve muitos casos de fogo amigo do lado russo. Os soldados de Soimonov, particularmente o Regimento Ekaterinburg, começaram a atirar nos homens dentro da Bateria Sandbag, alguns pensando que disparavam contra o inimigo, outros por ordem de um oficial que temia a insubordinação de seus homens e tentou discipliná-los fazendo com que outros atirassem neles. "O caos era algo extraordinário", recordou Chodasiewicz: "alguns dos homens resmungavam do Regimento Ekaterinburg, outros gritavam para que a artilharia avançasse, os corneteiros continuavam a dar o sinal de avançar, e os tamborileiros batiam o ataque, mas ninguém pensava em se mover; ficaram parados ali como um rebanho de ovelhas". Um toque de corneta para manobrar à esquerda causou um pânico repentino entre os homens de Tarutinski, que acharam poder ouvir o barulho distante dos tambores franceses. "Por todo lado houve gritos de 'Onde está a reserva?'", recordou um oficial. Temendo não receber apoio, os soldados começaram a descer a colina correndo. Segundo Chodasiewicz, "Oficiais gritavam para que os homens parassem, mas inutilmente, pois nenhum deles pensava em parar, cada um seguindo a direção determinada por seus caprichos ou seu medo". Nenhum oficial, por mais superior que fosse, conseguiu reverter a retirada em pânico dos homens, que desceram correndo até o fundo da Ravina da Pedreira e se reuniram ao redor do aqueduto de Sebastopol, só o que conseguiu deter sua fuga. Quando o general de divisão Kiriakov, comandante da 17ª Divisão de Infantaria que ficara ausente em Alma, apareceu no aqueduto e cavalgou entre seus homens em seu cavalo de batalha branco, os golpeando com seu chicote e gritando para que subissem a encosta novamente, os soldados não deram atenção, e depois gritaram com ele: "Suba você mesmo!" Chodasiewicz recebeu ordens de reunir sua companhia, mas restavam apenas 45 de uma companhia de 120 homens.⁵⁰

Os homens do Tarutinski não estavam errados quando pensaram poder ouvir o som dos tambores franceses. Raglan enviara um pedido de ajuda urgente a Bosquet na Colina Sapoune às 7 horas da manhã, após ter chegado para inspecionar a batalha em Home Ridge (ele também teve de ordenar que dois canhões pesados de 18 libras fossem levados das baterias de cerco para revidar o canhoneio russo, mas a ordem se perdera). Os homens de Bosquet já haviam sentido que os britânicos corriam perigo quando ouviram os disparos iniciais. Os zuavos até haviam ouvido os russos em marcha na noite anterior — sua experiência africana tendo ensinado a eles como escutar junto ao solo —, e estavam prontos para a ordem de ataque antes que chegasse. Nada servia melhor ao seu tipo de combate do que as condições de neblina e o terreno de arbustos das colinas: estavam acostumados à guerra de montanhas na Argélia e davam o máximo quando combatendo em pequenos grupos e emboscando o inimigo. Os zuavos e caçadores estavam ansiosos para avançar, mas Bosquet os segurou, temendo o exército de Liprandi, 22 mil soldados e 88 peças de artilharia de campo no vale sul, sob o comando de Gorchakov, que iniciara um canhoneio distante contra a colina Sapoune. "Avançar! Vamos marchar! É hora de acabar com eles!", gritaram os zuavos impacientes quando Bosquet apareceu entre eles. Estavam com raiva quando o general caminhou diante deles. "A revolta era iminente", recordou Louis Noir, que estava na primeira coluna de zuavos.

> O profundo respeito e o verdadeiro afeto que tínhamos por Bosquet foram testados ao limite pela impetuosidade dos velhos grupos argelinos. De repente Bosquet se virou e desembainhou a espada, se colocou à frente de seus zuavos, seus turcos e caçadores, tropas invictas que ele conhecia havia anos, e, apontando sua espada para os 20 mil soldados russos reunidos nos redutos nas colinas opostas, gritou com voz de trovão: *"En avant! A la baïonnette!"*⁵¹

Na verdade o tamanho do exército de Liprandi não era tão grande quanto Bosquet temera, já que Gorchakov havia decidido tolamente colocar metade deles atrás do rio Chernaia como reserva, e dispersara o restante entre as colinas baixas de Sapoune e da Bateria Sandbag. Mas os zuavos não sabiam disso; eles não podiam ver o inimigo na neblina densa, e atacaram com energia assustadora para superar o que acreditavam ser sua desvantagem em número. Avançando em pequenos grupos e usando a vegetação rasteira como cobertura enquanto disparavam contra as colunas russas, eles tinham como tática assustar os russos por todos os meios disponíveis. Berravam, gritavam e disparavam para o ar enquanto avançavam correndo. Suas cornetas soavam e seus tamborileiros batiam o mais alto que podiam. Jean Cler, coronel do 2º Regimento de Zuavos, chegou a dizer a seus homens enquanto eles se preparavam para a batalha: "Estiquem as calças ao máximo, e se façam parecer grandes."[52]

Os russos foram esmagados pela força de ataque dos zuavos, cujos rifles Minié derrubaram centenas de homens nos primeiros segundos da carga. Subindo correndo a inclinada Home Ridge, os zuavos expulsaram os russos da Bateria Sandbag e os perseguiram até o fundo da ravina de S. Clemente. Seu impulso os levou pela projeção curvada até a Ravina da Pedreira, já inchada com os soldados do Regimento Tarutinski, que começaram a entrar em pânico no espaço apertado e atiraram nos recém-chegados, matando principalmente seus próprios homens, antes que os zuavos recuassem do fogo cruzado e subissem para Home Ridge.

Lá eles encontraram os britânicos em batalha desesperada contra as forças da ala direita do momento de pinça de Pavlov: os regimentos Okhotski, Iakutski e Selenginski, que se juntaram aos remanescentes das tropas de Soimonov e, sob o comando de Dannenberg, voltaram a atacar a Bateria Sandbag. O combate foi brutal, onda após onda de russos investindo com suas baionetas, apenas para serem abatidos pelos britânicos ou lutar com eles "mão a mão, pé a pé, cano a cano, coronha a coronha", recordou o capitão Wilson dos Guardas Coldstream.[53] Os guardas eram muito inferiores em número aos russos e precisavam urgentemente de reforços quando finalmente tiveram o apoio de seis companhias da 4ª Divisão de Cathcart sob o comando do general Torrens. Os novos homens estavam ansiosos por luta (haviam sido deixados de fora da ação em Balaclava e em Alma) e, ordenados a atacar os russos na cordilheira da Bateria Sandbag, eles investiram vale abaixo atrás delas, perdendo toda disciplina e ficando sob fogo pesado à queima-roupa dos regimentos Iakutski e Seleginski das colinas acima. Entre os mortos na saraivada de balas esteve Cathcart, e o ponto onde ele foi enterrado passou a ser conhecido como "Colina Cathcart".

A essa altura, Cambridge e os guardas haviam sido reduzidos aos últimos cem homens na Bateria Sandbag. Havia 2 mil russos contra eles. Não restava mais munição. O duque sugeriu um último esforço para defender a bateria — um sacrifício idiota por aquele ponto relativamente desimportante do campo de batalha —, mas seus oficiais de comando o dissuadiram: seria desastroso o primo da rainha e seus guardas serem levados perante o tsar. Entre esses oficiais estava Higginson, que liderou a retirada para Home Ridge. "Reunidos em torno das Cores", recordou ele,

> os homens passaram lentamente de costas, mantendo a frente totalmente voltada para o inimigo, as baionetas prontas para "carga". Quando um camarada tombava, ferido ou morto, seu companheiro tomava o lugar, e mantinha compacto o grupo que diminuía gradualmente, que resistiu com inabalável teimosia na proteção das bandeiras. (...) Felizmente o terreno à nossa direita era tão íngreme que impedia o inimigo de tentar nos cercar por aquele lado. De tempos em tempos alguns soldados russos, mais destemidos que seus companheiros, se lançavam na direção de nosso grupo compacto, e dois ou três de nossos granadeiros investiam com as baionetas e forçavam retirada. Ainda assim nossa posição era crítica.

Foi naquele momento que os homens de Bosquet surgiram no cume. Nunca a visão de franceses foi tão bem recebida pelos ingleses. Os guardas os cumprimentaram ao chegar e gritaram: *"Vivant les français!"*, e os franceses responderam: *"Vivent les anglais!"*[54]

Chocados com a chegada dos franceses, os russos se retiraram para Shell Hill e tentaram se agrupar. Mas o moral dos soldados diminuíra, não confiavam neles mesmos contra britânicos e franceses, e muitos começaram a fugir, usando a proteção da neblina para escapar da atenção de seus oficiais. Por algum tempo Dannenberg acreditou poder vencer com sua artilharia: tinha quase cem peças, incluindo 12 canhões de campanha de 12 libras e howitzers, mais que os britânicos em Home Ridge. Mas às 9h30, os dois 18 libras pedidos por Raglan finalmente chegaram e abriram fogo contra Shell Hill, suas cargas monstruosas atravessando as baterias russas e obrigando sua artilharia a se retirar do campo. Os russos não estavam acabados. Ainda tinham 6 mil homens a ser usados nas colinas, e o dobro disso de reserva do outro lado do rio. Alguns continuaram a atacar, mas suas colunas em avanço foram destruídas pelos canhões pesados britânicos.

Finalmente Dannenberg decidiu encerrar a ação e se retirar. Ele teve de superar os protestos raivosos de Menchikov e dos grão-duques, que haviam assistido ao massacre de uma posição segura 500 metros atrás de Shell Hill e conclamaram Dannenberg a suspender a retirada. Dannenberg disse a Menchikov: "Alteza, manter as tropas aqui seria deixar que fossem destruídas até o último homem. Se sua alteza pensa o contrário, tenha a bondade de dar as ordens pessoalmente e tomar o comando de mim." O diálogo foi o começo de uma longa e amarga discussão entre os dois homens, que não se suportavam, cada um tentando culpar o outro pela derrota em Inkerman — uma batalha em que os russos tinham uma enorme superioridade numérica sobre o inimigo. Menchikov culpou Dannenberg, e Dannenberg culpou Soimonov, que estava morto, e todos culparam os soldados comuns por sua indisciplina e covardia. Mas no final a desordem se deu por falta de comando, e nisso a culpa tinha de recair sobre Menchikov, o comandante em chefe, que perdeu totalmente a coragem e não participou da ação. O grão-duque Nicolau, que compreendia Menchikov, escreveu a seu irmão mais velho Alexandre, que logo se tornaria o tsar:

> Nós [os grão-duques] ficamos esperando pelo príncipe Menchikov perto da ponte de Inkerman, mas ele não saiu de sua casa antes de 6h30, quando nossas tropas já haviam tomado a primeira posição. Ficamos com o príncipe o tempo todo no flanco direito e em nenhum momento qualquer dos generais mandou a ele um relatório sobre o desenvolvimento da batalha. Os homens estavam desorganizados porque foram mal conduzidos. (...) A desordem teve origem em Menchikov. Por mais chocante que seja dizer isso, Menchikov não tinha quartel-general, apenas três pessoas que cumpriam essas obrigações de tal forma que, se queria saber algo, não sabia a quem perguntar.[55]

Recebendo a ordem de retirada, os russos fugiram em pânico do campo de batalha, seus oficiais impotentes para deter a avalanche humana, enquanto a artilharia britânica e francesa disparava às suas costas. "Eles estavam petrificados, não era mais uma batalha, mas um massacre", recordou um oficial francês. Os russos foram abatidos às centenas, outros pisoteados enquanto desciam a colina correndo na direção da ponte e lutavam para cruzá-la, ou nadavam pelo rio para o outro lado.[56]

Alguns dos franceses os caçaram, e cerca de doze homens da Brigada Lourmel chegaram mesmo a entrar em Sebastopol. Eles se empolgaram com a perseguição e não se deram conta de que estavam sozinhos, tendo o resto dos franceses voltado muito antes. As ruas de Sebastopol estavam virtualmente vazias, pois toda a população estava no campo de batalha ou montando guarda nos bastiões. Os franceses caminharam pela cidade saqueando casas, e foram até o cais, onde sua chegada repentina fez com que civis fugissem em pânico, pensando que o inimigo havia penetrado. Os soldados franceses ficaram igualmente com medo. Esperando escapar pelo mar, eles saíram remando no primeiro barco que encontraram, mas quando estavam contornando o Forte Alexander para mar aberto seu barco foi afundado por um tiro direto desde a Bateria da Quarentena. A história dos soldados de Lourmel se tornou inspiração para o exército francês durante o longo sítio, levando à crença de que Sebastopol poderia ser tomada em um único ataque ousado. Muitos acharam que a história deles mostrara que os exércitos aliados poderiam e deveriam ter usado o momento em que os russos estavam em fuga das colinas de Inkerman para persegui-los e marchar para dentro da cidade como aqueles homens audazes haviam feito.[57]

Os russos perderam cerca de 12 mil homens no campo de batalha de Inkerman. Os britânicos contabilizaram 2.610 baixas, os franceses, 1.726. Foi um número chocante de mortos em apenas quatro horas de luta, uma taxa quase igual à da batalha do Somme. Os mortos e feridos foram empilhados sobre pedaços de corpos destroçados por obuses que estavam caídos por toda parte. O correspondente de guerra Nicholas Woods observou:

> Alguns tiveram as cabeças arrancadas do pescoço, como se com um machado; outros, as pernas tiradas dos quadris; outros, os braços, e alguns que foram atingidos no peito ou no estômago estavam literalmente tão esmagados quanto se tivessem sido passados por uma máquina. Cruzando

a trilha, lado a lado, cinco guardas [russos],* todos mortos por uma bala de canhão quando avançavam para atacar o inimigo. Estavam caídos de barriga para baixo com a mesma postura, os mosquetes agarrados nas mãos, e todos tinham a mesma careta dolorosa nos rostos.

Louis Noir achou que os mortos russos, que em sua maioria haviam sido vitimados por baionetas, tinham uma "expressão de ódio furioso" no momento da morte. Jean Cler também caminhou entre os feridos e mortos.

Alguns estavam moribundos, mas em sua maioria mortos, caídos de forma desconjuntada, uns sobre os outros. Havia braços erguidos acima da massa de carne amarela, como se suplicando piedade. Os mortos que estavam de costas em geral haviam esticado as mãos, ou para se defender de perigo ou para implorar misericórdia. Todos tinham medalhas, ou pequenos estojos de cobre contendo imagens de santos, em correntes nos pescoços.

Sob os mortos havia homens vivos, feridos e enterrados sob corpos derrubados depois. André Damas, capelão do exército francês, escreveu: "Algumas vezes, do fundo de uma pilha, era possível ouvir homens ainda respirando; mas eles careciam de força para erguer o peso da carne e dos ossos que os pressionavam; se seus gemidos fracos eram ouvidos, muitas horas se passavam antes que pudessem ser libertados."[58]

O general de brigada Codrington, da Divisão Ligeira, ficou horrorizado com aqueles que roubavam os mortos. "A coisa mais repulsiva de sentir é que os horrendos saqueadores, os ladrões do campo de batalha, estiveram lá, bolsos virados do avesso, coisas cortadas em busca de dinheiro, tudo valioso sistematicamente procurado — particularmente os oficiais despidos de suas melhores roupas, com apenas algo jogado por cima deles", escreveu em 9 de novembro.[59]

Os aliados demoraram vários dias para enterrar todos os seus mortos e transferir os feridos para hospitais de campanha. Os russos demoraram muito mais. Menchikov recusara a oferta aliada de uma trégua para limpar o campo de batalha por temer que seus soldados ficassem desmoralizados e talvez até se

---

* Woods se equivocou: os guardas russos não estavam na Crimeia.

amotinassem à visão de tantos mortos e feridos do seu lado em comparação com as perdas do inimigo. Então os russos mortos e feridos ficaram caídos lá por vários dias e mesmo semanas. Cler encontrou quatro russos feridos vivos na base da Ravina da Pedreira doze dias depois da batalha.

> Os pobres sujeitos estavam deitados sob uma projeção rochosa; e, quando questionados como haviam conseguido subsistir todo aquele tempo, responderam apontando primeiramente para o céu, que mandara água a eles e lhes inspirara coragem, e depois para alguns fragmentos de pão preto e mofado que haviam encontrado nas bolsas dos numerosos mortos caídos ao redor deles.

Alguns dos mortos só foram encontrados três meses depois. Estavam no fundo da ravina, onde haviam sido congelados, parecendo "múmias secas", segundo Cler. O francês ficou chocado com o contraste que percebera entre os russos mortos em Alma, que tinham "uma aparência de saúde — suas roupas, roupas íntimas e sapatos eram limpos e em boas condições", e os mortos em Inkerman, que "tinham uma expressão de sofrimento e fadiga".[60]

Como em Alma, alegou-se que os russos haviam cometido atrocidades contra britânicos e franceses. Foi dito que eles haviam roubado e matado os feridos caídos,* algumas vezes até mesmo mutilando seus corpos. Soldados britânicos e franceses atribuíram esses atos à "selvageria" dos soldados russos, que disseram estar bem abastecidos de vodca. Escreveu Hugh Drummond, dos Guardas Escoceses, a seu pai em 8 de novembro: "Eles não deram quartel, e isso devia ser divulgado, pois é um escândalo para o mundo que a Rússia, alegando ser uma potência civilizada, se lance em desgraça por tais atos de barbárie." Descrevendo o "comportamento solerte" dos soldados russos em suas memórias anônimas, outro soldado britânico escreveu:

> Ajudados pela noite, eles surgem da neblina inesperadamente, como demônios (...) arfando com intenção assassina (pois a luta justa não é seu objetivo), abençoados por padres desumanos, com grande volume de saque prometido, excitados por líquidos ardentes, encorajados por dois de seus grão-duques (...) bêbados, enloquecidos, todas as paixões malévolas excitadas, eles se lançam

---

* Um equívoco razoável a cometer em meio à neblina densa e aos arbustos nas colinas, onde soldados não feridos deitavam no chão para emboscar o inimigo.

loucamente sobre nossos soldados. Em Inkerman vimos os soldados russos dando golpes de baioneta, arrancando cérebros, saltando como demônios sobre os corpos lacerados dos aliados feridos, onde quer que os encontrassem. As atrocidades cometidas pelos russos cobriram de infâmia sua nação e fizeram deles um exemplo de horror e repulsa para todo o mundo.[61]

Mas na verdade essas ações tinham mais relação com uma sensação de ultraje religioso. Quando Raglan e Canrobert escreveram a Menchikov em 7 de novembro para protestar contra as atrocidades, o comandante em chefe retrucou que as mortes haviam sido causadas pela destruição da igreja de São Vladimir em Quersoneso — a igreja construída para consagrar o local em que o grande príncipe Vladimir havia sido batizado, convertendo a Rus' de Kiev ao cristianismo —, que havia sido pilhada e depois usada pelos soldados franceses como parte de suas estruturas de cerco. O "profundo sentimento religioso de nossos soldados" fora ferido com a violação de São Vladimir, argumentou Menchikov em uma carta aprovada pelo tsar, acrescentando ainda que os russos haviam sido "vítimas" de uma série de "vinganças sangrentas" de soldados ingleses no campo de batalha em Inkerman. Alguns desses fatos foram admitidos por César de Bazancourt, o historiador francês oficial da expedição à Crimeia em seu relato de 1856:

> Perto do litoral, em meio ao terreno irregular onde se erguem os restos do forte genovês, e que desce na direção da baía da Quarentena, se ergue a pequena capela de São Vladimir. Alguns soldados isolados, mais ousados que os outros, com frequência se esgueiravam pelo terreno ondulado na direção dos estabelecimentos de Quarentena que haviam sido abandonados pelos russos, e de lá tiravam qualquer coisa que lhes servisse — para se proteger ou alimentar as fogueiras diante de suas barracas; tendo a lenha começado a escassear. A esses soldados, já culpados, se seguiram aqueles saqueadores que, em todo exército, vagam, desprezando toda lei e toda a disciplina, em busca de pilhagem. Eles conseguiram passar pelas linhas avançadas e durante a noite penetraram na pequena capela colocada sob a proteção do santo padroeiro da Rússia.

Mas se os russos haviam sido levados a cometer atrocidades por profundos sentimentos religiosos, certamente foram encorajados por seus padres. Na noite antes da batalha, em cerimônias nas igrejas de Sebastopol, os soldados russos ouviram que britânicos e franceses estavam lutando pelo diabo, e os padres os conclamaram a matá-los sem misericórdia para vingar a destruição de São Vladimir.[62]

Inkerman foi uma vitória de Pirro para britânicos e franceses. Eles haviam conseguido resistir ao maior esforço russo até o momento para desalojá-los das colinas ao redor de Sebastopol. Mas as baixas foram muito altas, em um nível que o público teria dificuldade em tolerar, especialmente depois que se soubesse do tratamento ruim dispensado aos moribundos e feridos pelos serviços médicos. Quando a notícia chegou, a sabedoria de toda a campanha foi seriamente questionada. Com perdas tão pesadas já não era factível para os exércitos aliados organizar um novo ataque às defesas de Sebastopol antes da chegada de novos soldados.

Em uma conferência conjunta de planejamento no quartel-general de Raglan em 7 de novembro, os franceses assumiram Monte Inkerman dos britânicos, um reconhecimento tático de que haviam se tornado o parceiro principal da aliança militar, deixando os britânicos, então reduzidos a um efetivo de apenas 16 mil, ocupando não mais de um quarto das trincheiras ao redor de Sebastopol. Na mesma reunião Canrobert insistiu em engavetar qualquer plano para um ataque a Sebastopol antes da primavera seguinte, quando os aliados teriam reforços suficientes para superar as defesas russas, que não apenas haviam resistido ao primeiro bombardeio aliado, como tinham sido muito fortalecidas desde então. O comandante francês argumentou que os russos haviam levado um grande número de novos soldados, chegando a 100 mil homens em Sebastopol (na verdade eles mal tinham metade desse número após Inkerman). Ele temia que fossem capazes de continuar a reforçar suas defesas "enquanto a postura da Áustria em relação à Questão Oriental permitir à Rússia enviar quantos soldados quiser da Bessarábia e do sul da Rússia para a Crimeia". Até que franceses e britânicos tivessem uma aliança militar com os austríacos e levassem "reforços muito numerosos" para a Crimeia, não fazia sentido perder mais vidas no cerco. Raglan e seu comando concordaram com Canrobert. A questão se tornava como fazer as tropas aliadas passar o inverno nas colinas acima de Sebastopol, pois tudo o que haviam levado com eles eram barracas leves adequadas apenas a campanhas de verão. Canrobert acreditava, e os britânicos partilhavam sua visão, de que "por intermédio de uma simples subestrutura de pedra sob as barracas os soldados poderiam passar o inverno aqui". Rose concordou. Ele explicou a Clarendon: "O clima é saudável, e com exceção dos ventos frios do norte, o frio no inverno não é rigoroso."[63]

A perspectiva de passar o inverno na Rússia encheu muitos de presságios funestos: eles pensaram em Napoleão em 1812. De Lacy Evans conclamou Raglan a abandonar o cerco de Sebastopol e evacuar as tropas britânicas. O duque de Cambridge propôs recuar as tropas para Balaclava, onde poderiam ser mais facilmente abastecidos e protegidos do frio do que nas colinas acima de Sebastopol. Raglan rejeitou suas propostas e resolveu manter o exército nas colinas durante os meses de inverno, uma decisão criminosa que determinou a renúncia de Evans e Cambridge, que retornaram a Londres nauseados e desiludidos, antes da chegada do inverno. Sua partida iniciou uma trilha constante de oficiais britânicos para casa. Nos dois meses seguintes a Inkerman, 225 dos 1.540 oficiais na Crimeia partiram para climas mais quentes; apenas sessenta deles retornariam.[64]

Entre os soldados comuns, a compreensão de que não haveria uma vitória rápida foi ainda mais desmoralizante. "Por que não fizemos um ataque corajoso após nos animarmos com a vitória em Alma?", perguntou o tenente-coronel Mundy, do 33º Regimento a Pé. Ele resumiu o clima geral em uma carta à mãe em 7 de novembro:

> Se os russos são tão fortes quanto dizem, devemos abandonar o cerco, pois no geral se acredita que mesmo com nossa força atual não podemos conseguir nada com Sebastopol. A frota é inútil, e o trabalho tão exigente que quando o clima frio chegar centenas serão vítimas de excesso de trabalho e doença. Algumas vezes os homens não conseguem uma noite de descanso em cada seis, e muitas vezes trabalham 24 horas seguidas. É preciso lembrar que eles não têm proteção além de um cobertor fino, e o frio e a umidade são muito severos à noite, e o constante estado de ansiedade em que sempre estamos, por medo de um ataque ser lançado contra nossas trincheiras, baterias e redutos, impede um calmo sono reparador.

As taxas de deserção das trincheiras aliadas aumentaram muito quando o frio do inverno começou nas semanas seguintes a Inkerman, com centenas de soldados britânicos e franceses se entregando aos russos.[65]

Para os russos, a derrota em Inkerman foi um golpe devastador. Menchikov se convenceu de que a queda de Sebastopol era inevitável. Em carta ao ministro da Guerra, príncipe Dolgorukov, em 9 de novembro, ele recomendou seu abandono para que as forças russas pudessem se concentrar na defesa do resto da Crimeia. O tsar ficou furioso com esse derrotismo do seu comandante em chefe. "Pois qual foi o heroísmo de nossas tropas, e baixas tão pesadas, se aceitarmos a derrota?", escreveu ele a Menchikov em 13 de novembro. "Certamente nossos inimigos também sofreram muito? Não posso concordar com sua opinião. Não se submeta, digo, e não encoraje os outros a fazê-lo. (...) Temos Deus ao nosso lado." A despeito dessas palavras de desafio, o tsar foi lançado em uma depressão profunda pelas notícias de Inkerman, e sua disposição desanimada era clara para que toda a corte visse. Antes Nicolau tentara esconder seus sentimentos dos cortesãos, mas depois de Inkerman não havia mais como disfarçar. Tiutcheva escreveu em seu diário: "O palácio de Gatchina está soturno e silencioso, por toda parte há depressão, as pessoas mal ousando falar umas com as outras. A visão do soberano é suficiente para partir o coração. Ele recentemente se tornou cada vez mais melancólico. Seu rosto está ansioso, sua aparência é sem vida." Chocado com a derrota, Nicolau perdeu a fé nos comandantes que o levara a acreditar que a guerra na Crimeia poderia ser vencida. Começou a lamentar sua decisão de ir à guerra contra as potências ocidentais, para começar, e buscou consolo naqueles conselheiros, como Paskevitch, que sempre haviam sido contra a guerra.[66]

"Foi uma coisa traiçoeira e revoltante", escreveu Tolstoi sobre a derrota em seu diário em 14 de novembro:

A 10ª e a 11ª divisões atacaram o flanco esquerdo do inimigo (...). O inimigo avançou 6 mil fuzileiros — apenas 6 mil contra 30 mil — e nos retiramos, tendo perdido cerca de 6 mil homens corajosos.* E tivemos de recuar, porque metade de nossos soldados não tinha artilharia por as estradas serem intransitáveis, e — Deus sabe o motivo — não havia batalhões de fuzileiros. Massacre terrível! Pesará muito nas almas de muita gente! O Senhor os perdoe. A notícia da ação causou sensação. Vi idosos chorando e jovens jurando

---

* Tolstoi está citando os números oficiais repassados para publicação pelos censores militares. As verdadeiras baixas russas foram o dobro desse total.

matar Dannenberg. Grande é a força moral do povo russo, muitas verdades políticas irão emergir e se desenvolver nos atuais dias difíceis para a Rússia. O sentimento de ardente patriotismo que brotou e se projetou a partir das infelicidades da Rússia deixará marcas profundas nela. Essas pessoas que agora se sacrificam [tanto] serão cidadãos da Rússia e não esqueceremos seu sacrifício. Elas participarão das questões públicas com dignidade e orgulho, e o entusiasmo que nelas brotou marcará nelas para sempre a qualidade do sacrifício pessoal e da nobreza.[67]

Desde a retirada do exército russo de Silistra, Tolstoi levara uma existência confortável em Kichinev, onde Gorchakov instalara seu quartel-general, mas logo ficou entediado de ir a bailes e jogar cartas, nas quais perdeu muito, e sonhou em ver ação novamente. "Agora que tenho todos os confortos, boas acomodações, um piano, boa comida, ocupação regular e um belo círculo de amigos, comecei a ansiar novamente pela vida no acampamento e invejar os homens lá", escreveu Tolstoi à sua tia Toinette em 29 de outubro.[68]

Inspirado pelo desejo de fazer algo pelos colegas, Tolstoi e um grupo de amigos oficiais pensou em criar um periódico. A *Gazeta Militar*, como chamaram o jornal, pretendia educar os soldados, fortalecer seu moral e revelar seu patriotismo e sua humanidade ao restante da sociedade russa. "Esse meu empreendimento me agrada muito", escreveu Tolstoi a seu irmão Sergei. "O periódico publicará descrições de batalhas — não aquelas insípidas dos outros periódicos —, feitos de bravura, biografias e obituários de pessoas de valor, especialmente as pouco conhecidas; histórias de guerra, canções dos soldados, artigos populares sobre as habilidades dos engenheiros etc." Para financiar a *Gazeta*, que deveria ser suficientemente barata para que os próprios soldados pudessem comprar, Tolstoi desviou dinheiro da venda da casa da família em Iasnaia Poliana, que havia sido obrigado a vender naquele outono para cobrir suas perdas nas cartas. Tolstoi escreveu alguns de seus primeiros textos para o periódico: "Como soldados russos morrem" e "Tio Zhdanov e o cavaleiro Chernov", expondo neste segundo a brutalidade de um oficial do exército espancando um soldado não por algo que tivesse feito de errado, mas "porque ele era um soldado, e soldados devem ser espancados". Compreendendo que isso não passaria pelo censor, Tolstoi omitiu essas duas matérias antes de apresentar a ideia do periódico a Gorchakov, que o enviou ao Ministério da Guerra, mas mesmo assim a publicação foi rejeitada pelo tsar, que não queria um jornal de soldados não oficial para desafiar o *Russian Invalid*, o jornal do exército do próprio governo.[69]

A derrota de Inkerman convenceu Tolstoi a ir para a Crimeia. Um de seus camaradas mais próximos, Komstadius, com quem ele planejara editar a *Gazeta*, foi morto em Inkerman. "Mais que qualquer coisa, foi sua morte que me levou a pedir transferência para Sebastopol", escreveu ele em seu diário em 14 de novembro. "Ele fez com que me sentisse um pouco envergonhado". Tolstoi depois explicou ao irmão que seu pedido foi feito "principalmente por patriotismo — um sentimento que, confesso, tem ganhado força dentro de mim".[70] Mas talvez igualmente importante em sua decisão de ir para a Crimeia foi sua noção de destino como escritor. Tolstoi queria ver e escrever sobre a guerra: revelar ao público toda a verdade — tanto o sacrifício patriótico das pessoas comuns quanto os fracassos da liderança militar —, e dessa forma deflagrar o processo de reforma política e social ao qual ele acreditava que a guerra levaria.

Tolstoi chegou a Sebastopol em 19 de novembro, quase três semanas após deixar Kichinev. Promovido à patente de segundo-tenente, ele foi incorporado à 3ª Bateria Leve da 14ª Brigada de Artilharia e, para sua irritação, aquartelado na própria cidade, a grande distância das defesas da cidade. Tolstoi permaneceu apenas nove dias em Sebastopol naquele outono, mas viu o suficiente para inspirar muito do orgulho patriótico e da esperança no povo russo comum que encheram as páginas de "Sebastopol em dezembro", o primeiro de seus *Contos de Sebastopol* com os quais faria seu nome literário. "O espírito do exército é além da possibilidade de descrição", escreveu ele a Sergei em 20 de novembro:

> Um soldado ferido, quase morto, me disse como eles tomaram a 24ª bateria francesa, mas não tiveram reforços. Ele soluçava. Uma companhia de fuzileiros quase se amotinou porque deveria ser rendida de uma bateria onde haviam suportado bombardeio por trinta dias. Soldados retiram os detonadores de bombas. Mulheres carregam água para os bastiões e leem preces sob fogo. Em uma brigada [em Inkerman], havia 160 homens feridos que não deixavam a frente de batalha. É uma época maravilhosa! Mas agora (...) nós nos aquieta-

mos — está bonito em Sebastopol agora. O inimigo pouco dispara, e todos estão convencidos de que não tomará a cidade, e realmente é impossível. Há três suposições: ou ele irá lançar um assalto, ou está desviando nossa atenção com taludes falsos para disfarçar sua retirada, ou está fortalecendo sua posição para o inverno. A primeira é a menos provável, e a segunda a mais provável. Não consegui entrar em ação uma só vez, mas agradeço a Deus por ter visto essas pessoas e estar vivendo nesta época gloriosa. O bombardeio [de 17 de outubro] permanecerá como o feito mais brilhante e glorioso não apenas da história da Rússia, mas da história do mundo.[71]

9
Os generais janeiro e fevereiro

O inverno chegou na segunda semana de novembro. Por três dias e três noites o vento gelado e a chuva varreram as colinas acima de Sebastopol, derrubando as barracas dos soldados britânicos e franceses, que se juntavam na lama, encharcados e trêmulos, sem nenhuma proteção além de cobertores e casacos. E depois, nas primeiras horas de 14 de novembro, o litoral da Crimeia foi atingido por um furacão. Barracas saíram voando como folhas de papel ao vento; caixas, barris, arcas e carroças foram virados; varas de barracas, cobertores, casacos e chapéus, cadeiras e mesas rodopiavam; cavalos assustados se soltaram de seus piquetes e dispararam pelos acampamentos; árvores foram arrancadas; janelas quebradas; e soldados corriam em todas as direções, perseguindo seus bens e suas roupas, ou procurando desesperadamente algum tipo de abrigo em celeiros e estábulos sem telhados, atrás dos redutos ou em buracos no chão. "A cena era ridícula, as barracas todas derrubadas e deixando todos descobertos, alguns na cama, como eu mesmo de (...) camisa (...), todos totalmente encharcados e gritando por seus empregados", escreveu Charles Cocks, dos Guardas Coldstream, a seu irmão em 17 de novembro. "O vento era medonho, e só conseguimos impedir que nossas barracas fossem até Sebastopol deitando sobre elas como águias de asas abertas."[1]

A tempestade durou a manhã inteira, e então às 2 horas o vento diminuiu, permitindo que os homens saíssem de seus esconderijos e recuperassem seus bens espalhados: roupas e cobertores encharcados e sujos, pedaços de mobília quebrada, potes, panelas e outros restos no terreno enlameado. À noite, a temperatura caiu, e a chuva se transformou em uma neve pesada. Os homens tentaram erguer as barracas novamente, dedos dormentes com o frio congelante, ou passaram a noite em celeiros e abrigos, amontoados e junto às paredes em uma busca desesperançada de calor.

A devastação nas colinas não foi nada comparado ao acontecido no porto e em mar aberto. Fanny Duberly, a bordo do *Star of the South*, olhou para um porto espumoso, os navios balançando horrivelmente. "Os jatos de água subiam os penhascos dezenas de metros e caíam como chuva pesada sobre o porto. Navios se chocavam e amontoavam, à deriva, quebrando e esmagando uns aos outros em pedaços." Entre esses navios estava o *Retribution*, no qual o duque de Cambridge se recuperava da batalha de Inkerman, que o aterrorizara. "Foi uma tempestade assustadora, e tivemos as 24 horas mais medonhas dela", escreveu a Raglan no dia seguinte.

> Ela levou embora duas âncoras e nosso leme; tivemos de jogar pela amurada todos os nossos canhões do convés superior e depois de nos segurar por uma âncora a 200 jardas das rochas que pela providência misericordiosa nos sustentou (...). Estou tão esgotado e com a saúde abalada por isso (...) que espero que não se oponha a que eu passe algum tempo em Constantinopla, sendo Gibson [seu médico] de opinião de que se neste momento eu tivesse de retornar ao acampamento com este tempo medonho, seria obrigado a me manter de cama.[2]

Foi pior do lado de fora do porto, onde estava atracado o grosso dos navios de suprimentos para o caso de um novo ataque russo a Balaclava. Jogados contra as pedras, mais de vinte navios britânicos foram destruídos, com a perda de centenas de vidas e suprimentos preciosos para o inverno. O maior revés foi o naufrágio do vapor *Prince*, que foi a pique com todos os seus 150 tripulantes, afora seis, e 40 mil uniformes de inverno, seguido pouco depois pela destruição do *Resolute* e seu carregamento de 10 milhões de cargas para Minié. Em Kamiesh, a frota francesa perdeu a belonave *Henri Quatre* e o vapor *Pluton*, e a marinha mercante perdeu dois navios com todas as tripulações e suprimentos. Caixas de comida francesa foram lançadas ao litoral atrás das linhas russas na baía de Quarentena e até Evpatoria, ao norte. Ivan Kondratov, soldado de infantaria de Kuban, escreveu à família de um acampamento no rio Belbek em 23 de novembro:

A tempestade foi tão forte que carvalhos enormes foram partidos. Muitos dos navios inimigos foram afundados. Três vapores foram a pique perto de Saki. O regimento cossaco de Jirov salvou do afogamento cinquenta turcos de um navio de transporte naufragado. Eles acham que mais de trinta barcos foram afundados no litoral da Crimeia. Por isso temos comido carne em conserva inglesa e bebido rum e vinhos estrangeiros.[3]

Os franceses se recuperaram da tempestade em alguns dias, mas os britânicos demoraram muito mais, e muitos dos problemas que tiveram nos meses de inverno — falta de comida, abrigo e suprimentos médicos — foram resultado direto do furacão, bem como de falhas do sistema de abastecimento. A chegada do inverno transformara a guerra em um teste de eficiência administrativa — um teste na qual passaram por pouco os franceses, e no qual os britânicos foram reprovados categoricamente.

Confiantes em uma vitória rápida, os comandantes aliados não haviam feito planos para que as tropas passassem o inverno nas colinas acima de Sebastopol. Eles não compreendiam plenamente como ficaria frio. Os britânicos foram particularmente negligentes. Não forneceram roupas de inverno adequadas para os soldados, que foram enviados à Crimeia com seus uniformes de desfile sem sequer sobretudos, que chegaram mais tarde, depois que a primeira carga de uniformes de inverno desaparecera com o vapor *Prince*. Eles deram às tropas chapéus de pele de ovelha e depois capas com capuzes revestidos de pele, que ficaram conhecidas como *criméennes*, originalmente vestidas apenas por oficiais. Também deixaram que os soldados vestissem quantas camadas quisessem, sem nada que lembrasse remotamente aquele peculiar fetiche militar britânico de vestuário e aparência "cavalheirescos". No meio do inverno os soldados franceses haviam se tornado tão variados em seus uniformes que dificilmente continuavam a parecer um exército regular. Mas eles estavam consideravelmente mais quentes que seus equivalentes britânicos. "Fique tranquila", escreveu Frédéric Japy, do 3º Regimento de Zuavos, à sua mãe ansiosa em Beaucourt,

> que estas são minhas roupas, começando pela minha pele: um colete de flanela (*gilet*), camisa, colete de lã, túnica, paletó (*caban*); nos pés botas, e quando não estou de serviço, sapatos de couro e polainas — de modo que pode ver que

não tenho nada de que me queixar. Tenho dois paletós, um level, fornecido pelos zuavos, e um monumental, que comprei em Constantinopla para o frio; ele pesa um pouco menos de 50 quilos, e durmo nele quando de serviço na trincheira; se fica encharcado não há como carregá-lo nem marchar com ele; se puder, o levarei para a França como curiosidade.

Louis Noir descreveu como os zuavos se vestiam para sobreviver ao frio:

Nossos batalhões, e notavelmente aqueles que vinham da África, sobreviveram de forma admirável às temperaturas congelantes. Estávamos bem-vestidos. Normalmente, vestíamos por cima do uniforme um grande sobretudo com capuz, talvez uma *criméenne* ou uma pele de ovelha em forma de paletó; as pernas eram protegidas por polainas compridas revestidas de pele; e todo homem recebera um chapéu quente de pele de ovelha. Mas não havia uniforme regulamentar; cada homem se vestia segundo seu estilo. Um se vestia como beduíno, outro como cocheiro, e um como um padre; alguns preferiam se vestir ao estilo grego, e alguns estoicos não acrescentavam nada ao uniforme. Havia todo tipo de tamancos e botas — couro, borracha, sola de madeira e assim por diante. O que ia nas cabeças cabia inteiramente à imaginação de cada homem (...).

Vestindo uniformes de verão, os britânicos invejavam as peles de ovelha e as *criméennes* quentes dos franceses. "Elas certamente são as roupas adequadas para aqui", escreveu à família George Lawson, o cirurgião do exército:

Gostaria que nossos homens tivessem algo desse tipo (...). Muitos deles estão quase descalços e descamisados, seus sobretudos se desfazendo e rasgados em todas as direções, sendo obrigados não apenas a viver dentro deles durante o dia, mas dormir neles à noite, cobertos apenas pelo cobertor molhado que acabaram de levar com eles das trincheiras.[4]

Os comandantes aliados também haviam pensado pouco no abrigo de que os homens necessitariam. As barracas levadas com eles não eram isoladas no piso, e ofereciam pouca proteção real contra os elementos. Muitas haviam sido irreparavelmente danificadas pela tempestade — pelo menos metade daquelas usadas pelo regimento do capitão Tomkinson, da Brigada Ligeira, que se queixava de que as barracas eram inadequadas para ocupar: "Elas deixam entrar água em tal volume que em chuvas fortes o chão abaixo delas é inundado e os homens são obrigados a ficar de pé ao redor da haste central a noite toda." Inspecionando o acampamento de Kadikoi, lorde Lucan descobriu um grande número de barracas inadequadas para ocupação. Eram "podres, rasgadas e incapazes de proteger os homens", que estavam "quase congelados até a morte" e sofriam terrivelmente de diarreia.[5]

Os oficiais britânicos estavam muito mais bem abrigados que seus homens. A maioria usara seus empregados para instalar um piso de madeira ou cavar e revestir de pedras um buraco dentro de suas barracas para isolá-los do chão. Alguns fizeram com que fosse construído um buraco no chão que depois revestiram com pedras e cobriram com um teto de arbustos. Em 22 de novembro, o capitão William Radcliffe, do 20º Regimento, escreveu a seus pais:

> Minha cabana avança constantemente, espero estar "sob o chão" no final da semana. A primeira operação foi cavar um buraco, de um metro de profundidade, 2,4 de largura e 4 de comprimento. Um poste vertical é então colocado no centro de cada extremidade, e uma viga sobre estes, presa com corda, pregos ou o que for possível conseguir; postes ou qualquer madeira que conseguir suplicar, pegar emprestada ou roubar são então colocados do chão até a viga, e presos da mesma forma; as extremidades laterais são enchidas de pedra, lama e terra, e isso forma o telhado. (...) As paredes são as laterais do buraco, e fazemos o teto suficientemente alto para que um homem possa ficar de pé. Agora vem a cobertura do teto, que normalmente é feita trançando arbustos entre os postes e depois jogando lama e terra por cima, mas pretendo melhorar isso, e estou cobrindo o meu aos poucos, com as peles de cavalos e bois (os primeiros morrendo em grande número), e assim espero torná-lo à prova de água além de qualquer dúvida. Isso demora mais tempo para fazer, pois as peles precisam ser curtidas, "de certa forma". [O tenente] McNeil e eu estamos nos abrigando juntos, e já a batizei de *"Hide Abbey"*. Ele agora está fazendo a lareira, um buraco aberto em um lado da parede, e a chaminé é feita de peças de lata e argila. Ah! Estou ansioso para me sentar ao lado dela.

No topo da escala social, os oficiais britânicos se permitiam privilégios que, considerando o sofrimento dos soldados comuns, eram ultrajantes. Lorde Cardigan (que tinha problemas médicos) dormia a bordo de seu iate particular, desfrutava de cozinha francesa e divertia um fluxo constante de visitantes da Grã-Bretanha. Alguns oficiais foram autorizados a passar o inverno em Constantinopla ou encontrar acomodações à própria custa em assentamentos. O tenente Charles Gordon (o futuro "Gordon Chinês") escreveu: "No que diz respeito a conforto, garanto a você, minha querida, não poderia estar mais confortável na Inglaterra." O conde Vitzthum von Eckstädt, ministro da Saxônia em Londres, recordou posteriormente que "vários oficiais ingleses, que passaram por aquele inverno rigoroso, depois me contaram com um sorriso que só tomaram conhecimento do sofrimento [do exército] pelos jornais".[6]

As condições de conforto de que os oficiais britânicos eram autorizados a desfrutar contrastavam de forma chocante com a situação dos oficiais franceses, que viviam muito mais próximos de seus homens. Em carta à família em 20 de novembro, o capitão Herbé explicou as consequências do furacão para suas condições de vida:

> Soldados e oficiais estão todos alojados juntos em uma pequena barraca; essa instalação, excelente em clima bom e em marcha, é gravemente inconveniente durante chuva e frio prolongados. O chão, pisoteado, se torna uma massa de lama, que gruda em tudo, obrigando todos a chapinhar nas trincheiras e no acampamento. Todos estão encharcados (...) Nessas barracas os soldados dormem juntos, um junto ao outro em grupos de seis; cada homem tem apenas um cobertor, então eles esticam três no piso enlameado e se cobrem com os outros três; suas mochilas, carregadas, servindo de travesseiros.[7]

Em geral os franceses estavam mais bem instalados. Suas barracas eram não apenas mais espaçosas, mas muitas delas protegidas do vento por paliçadas de madeira ou paredes de neve erguidas pelos homens. Os franceses construíram vários tipos de acomodações improvisadas: grandes cabanas que os soldados chamavam de "montes de toupeira" (*taupinères*) cavadas no chão com cerca de um metro de profundidade, o piso coberto de pedra, com galhos trançados como paredes e teto; "barracas-abrigos" (*tentes-abris*) feitas dos tecidos das mochilas dos soldados costurados juntos e amarrados a varas no chão, e barracas em forma de cone (*tentes-coniques*), grandes o bastante para acomodar dezesseis homens, feitas de lona costurada e presa a um poste central. Em todas essas estruturas havia fogões para cozinhar e manter os homens aquecidos. "Nossos soldados sabiam como fazer fogões que mereciam a admiração e a inveja dos aliados ingleses", recordou Noir.

O corpo desses fogões algumas vezes era feito de argila e algumas de grandes fragmentos de bombas cimentados de modo a criar um espaço. As chaminés eram feitas de caixas de metal ou pedaços de metal colocados uns sobre os outros. Graças a esses fogões nossos soldados podiam se aquecer quando voltavam semicongelados das trincheiras ou de trabalho de sentinela; podiam secar suas roupas e dormir bem sem ser despertados pela terrível febre noturna que atormentava os pobres ingleses. Nossos soldados queimaram tanta madeira que a grande floresta de Inkerman desapareceu totalmente em poucos meses; não restou nenhuma árvore, nenhum arbusto. Vendo nossos fogões, os ingleses se queixavam de derrubarmos as árvores. (...) Mas eles mesmos não usavam esses recursos. Nenhum dos soldados ingleses queria construir seus próprios fogões; eram ainda menos inclinados a cortar a própria lenha. Eles esperavam que tudo fosse dado a eles pela administração, sem a qual eram despossuídos.[8]

O desprezo de Noir pelos ingleses era comum entre os franceses, que achavam que os aliados careciam da habilidade de se adaptar às condições de campanha. "Ah! Esses ingleses, sem dúvida são homens de coragem, mas só sabem se deixar matar", escreveu Herbé à família em 24 de novembro.

Eles tiveram grandes barracas desde o começo do cerco, e ainda não sabem como erguê-las. Sequer aprenderam como construir uma pequena vala ao redor das barracas para impedir que chuva e vento penetrem! Eles comem mal, embora recebam duas ou três vezes mais rações do que nossos soldados e gastem muito mais do que nós. Não têm resistência e não conseguem lidar com infelicidades e privações.

Até mesmo os ingleses foram obrigados a reconhecer que os franceses eram mais organizados que eles. "Ah, como são superiores os franceses a nós em todos os sentidos!", observou Fanny Duberly em 27 de novembro. "Onde estão nossas cabanas? Onde estão nossos estábulos? Tudo repousa em *Constantinopla*. Os franceses estão ocupando cabanas em todas as direções enquanto deitamos na lama, e cavalos e homens morrem de uma exposição que poderia ser facilmente evitada. É tudo igual — a mesma completa negligência e desorganização perpassa tudo."⁹

Diferentemente dos franceses, os britânicos aparentemente não haviam desenvolvido um sistema para coletar lenha. Eles davam aos homens uma ração de carvão para queimar em suas fogueiras, mas por causa da carência de ração para os animais de carga, se provou difícil demais erguer o carvão desde Balaclava até as colinas, então os soldados ficavam sem, embora os oficiais, claro, pudessem enviar seus empregados para baixo em seus próprios cavalos para pegar combustível para eles. Os homens sofriam terrivelmente com as temperaturas congelantes de dezembro e janeiro, com milhares de casos relatados de queimaduras por frio, especialmente entre os novos recrutas, não aclimatados ao inverno da Crimeia. Cólera e outras doenças também fizeram vítimas entre os homens enfraquecidos. "Descobri grande infelicidade entre os homens; eles quase não têm combustível, com quase todas as raízes mesmo dos arbustos tendo se esgotado", observou o tenente-coronel Sterling, da Brigada Highland:

> Eles têm direito a rações de carvão; mas não têm meios de pegá-las, e seus números estão tão reduzidos [por doença] que não conseguem separar homens em número suficiente para trazê-lo dez ou 11 quilômetros desde Balaclava. A consequência é que não conseguem secar meias ou sapatos; voltam das trincheiras com dedos dos pés congelados, pés inchados, frieiras etc.; seus sapatos congelam, e eles não conseguem calçá-los. Aqueles que, a despeito de seu sofrimento, continuam a fazer seu trabalho, com frequência vão para as trincheiras sem sapatos, ou cortam os calcanhares para entrar neles. (...) A continuar assim as trincheiras terão de ser abandonadas (...). Ouvi falar de homens de joelhos gritando de dor.¹⁰

Era no abastecimento de comida que os britânicos realmente estavam atrás dos franceses. "É doloroso para mim comparar os franceses e os ingleses uns ao lado dos outros neste acampamento", escreveu o general Simpson a lorde Panmure. "O equipamento de nossos aliados é *maravilhoso*. Vejo caravanas contínuas de carros e carroças abarrotados (...) transportando suprimentos, provisões etc. (...) Tudo que um exército precisa ter funciona perfeitamente com os franceses — até mesmo o preparo diário do pão —, tudo sob controle e disciplina militares." Cada regimento francês tinha um corpo de pessoas responsável pelas necessidades básicas dos soldados — suprimento de comida e preparação, tratamento de feridos e assim por diante. Havia um padeiro e uma equipe de cozinheiros em todo regimento, que também tinha suas próprias *vivandières* e *cantinières*, mercadoras vestindo uma versão modificada do uniforme, que vendiam respectivamente comida e bebida em suas cantinas de campanha móveis. A comida era preparada coletivamente — com cada regimento tendo sua própria cozinha e *chefs* escolhidos —, enquanto no acampamento britânico cada homem recebia sua ração individual e tinha de cozinhar por conta própria. Essa diferença ajuda a explicar como os franceses conseguiam manter sua saúde surpreendentemente bem, em comparação com os britânicos, embora recebessem metade das rações e um terço da carne de seus aliados. Apenas em dezembro, os britânicos adotaram o sistema de preparação de comida em massa em cozinhas, e assim que o fizeram suas circunstâncias começaram a melhorar.[11]

"*C'est la soupe qui fait le soldat*", disse Napoleão certa vez. A sopa era a base do rancho francês na Crimeia. Mesmo em pleno inverno, quando a oferta de alimentos frescos era menor, os franceses podiam confiar em um suprimento quase constante de alimentos secos: vegetais em conserva, que chegavam em pequenos bolos duros e só precisavam da adição de água quente, juntamente com carne fresca ou em conserva, para fazer uma sopa substancial; biscoitos de trigo, que duravam meses e eram mais nutritivos que o pão comum por ter menos água e mais gordura; e um grande suprimento de grãos de café, sem o qual o soldado francês não conseguia viver. "Café, quente ou frio, foi tudo o que eu bebi", recordou Charles Mismer, um jovem dragão. "Além de suas outras virtudes, o café estimula os nervos e mantém a coragem moral, e essa é a melhor defesa contra doenças." Houve muitos dias em que os soldados franceses "viveram de uma espécie de sopa feita de café e biscoitos esmagados", escreveu Mismer, embora normalmente as rações fossem "compostas de carne salgada, banha e arroz, e carne fresca de tempos em tempos, juntamente com um suplemento de vinho, açúcar e café; apenas pão às vezes faltava, mas em vez disso tínhamos biscoitos, duros como pedra, que era preciso esmagar ou fatiar com um machado".[12]

Todos esses produtos estavam rapidamente disponíveis porque os franceses haviam montado um sistema eficiente de abastecimento, com caravanas de carroças bem-organizadas e estradas pavimentadas entre Kamiesh e as linhas do cerco. O porto de Kamiesh era muito mais adequado para desembarcar suprimentos do que Balaclava. Grandes armazéns, matadouros, lojas particulares e barracas comerciais logo brotaram ao redor da ampla baía em forma de ferradura, onde trezentos navios podiam descarregar seus produtos de todo o mundo. Havia bares e bordéis, hotéis e restaurantes, incluindo um onde soldados pagavam um preço fixo por uma orgia de três dias de comida, vinho e mulheres, tudo vindo da França. "Fui a Kamiesh; ela se tornou uma cidade de verdade", escreveu Herbé à família.

> É possível encontrar o que quiser aqui; vi até mesmo duas lojas de moda vendendo perfumes e chapéus de Paris — para as *cantinières*! Visitei Balaclava — que triste comparação! Os abrigos construídos no pequeno porto estão cheios de produtos à venda, mas tudo é empilhado de qualquer forma, sem nenhuma ordem ou atração para o comprador. Estou chocado que os ingleses o tenham escolhido como base de suprimentos em detrimento de Kamiesh.[13]

Balaclava era um porto lotado e caótico no qual o descarregamento dos suprimentos do governo tinha de competir com comerciantes particulares de virtualmente toda nacionalidade na região do mar Negro — gregos, turcos, judeus, tártaros da Crimeia, romenos, armênios, búlgaros, até mesmo um punhado de russos autorizados a permanecer na cidade. "Se alguém um dia quiser erguer uma 'Balaclava modelo' na Inglaterra, direi quais os ingredientes necessários", escreveu Fanny Duberly em dezembro.

> Tome uma aldeia de casas e barracos arruinados no mais grave estado de sujeira imaginável; permita que a chuva penetre neles até que todo o lugar seja um pântano de sujeira até os tornozelos; tome em média mil turcos com a peste e os enfie nas casas indiscriminadamente; mate cerca de cem por dia e os enterre de modo a estarem pouco cobertos de terra, deixando que apodreçam à vontade — tomando o cuidado de manter o fornecimento. Leve para uma parte da praia todos os pôneis exaustos, bois moribundos e camelos esgotados e os deixe para morrer de fome. Em geral, eles o farão em cerca de três dias, quando logo começarão a apodrecer e a cheirar de acordo. Recolha da água do porto todos os restos dos animais abatidos para uso dos ocupantes de mais de cem navios, para não falar da cidade — que, juntamente com um eventual

corpo humano flutuando, inteiro ou em pedaços, e a madeira dos naufrágios, basicamente cobre água, e junte tudo em um porto estreito, e você terá uma imitação tolerável da verdadeira essência de Balaclava.[14]

Balaclava era apenas o começo do problema britânico. Os suprimentos não podiam ser tirados do porto até serem liberados pelos funcionários do comissariado segundo um sistema complicado de formulários e autorizações, todos preenchidos em três vias. Caixas de comida e fardos de feno esperavam semanas e finalmente apodreciam no cais antes que fossem identificados e liberados para envio por burocratas ineficientes.* Os britânicos não haviam construído uma estrada de verdade de Balaclava até seus acampamentos nas colinas acima de Sebastopol, de modo que cada caixa de balas, cada cobertor e biscoito, tinham de ser levados por 10 ou 11 quilômetros por uma trilha íngreme e enlameada por cavalo ou mula. Em dezembro e janeiro a maioria desses suprimentos teve de ser carregada à mão, em fardos de 18 quilos de cada vez, porque não havia ração para os animais, que morriam rapidamente.

Não era apenas uma questão de organização ruim. Os soldados britânicos não estavam acostumados a procurar comida ou cuidar de si mesmos. Recrutados principalmente entre os sem-terra e os pobres urbanos, eles não tinham o conhecimento ou os recursos camponeses dos soldados franceses, que conseguiam caçar animais, pescar nos rios e no mar e transformar praticamente qualquer coisa em comida. "Passou a ser um hábito do soldado britânico que toda refeição fosse servida a ele, onde quer que se encontre na guerra", concluiu Louis Noir. "Com a teimosia que é a base de seu caráter, o inglês preferiria morrer de fome a mudar seus hábitos." Incapazes de cuidar de si mesmos, os soldados britânicos dependiam muito de suas esposas do regimento para conseguir e preparar sua comida, lavar suas roupas e cuidar de muitas outras tarefas braçais que os franceses faziam sozinhos — um fator que justifica o número relativamente grande de mulheres no exército britânico em comparação com o francês (onde não havia esposas do exército, apenas *cantinières*). Marianne Young, do 28º Regimento de Infantaria, se queixou de

---

* O comissariado era tão incompetente que enviou carregamentos de grãos de café verdes não torrados em vez de chá, a bebida usual dos soldados em um império baseado no comércio do chá. O processo de torrar, moer e preparar o café era laborioso demais para a maioria dos soldados britânicos, que jogavam fora os grãos.

que o soldado inglês "quase morria de fome com sua ração porque não conseguia, com três pedras e um pote de estanho, convertê-la em comida palatável", enquanto não havia "virtualmente nada para que os franceses torcessem o nariz caso pudesse ser transformado em comida". Eles apanhavam sapos e tartarugas, que "preparavam a seu gosto", desenterravam ovos de tartaruga e se deliciavam comendo ratos. O cirurgião George Lawson viu um soldado cortando as pernas de um sapo vivo e o censurou por sua crueldade, mas o francês "sorriu em silêncio — imagino que de minha ignorância — e disse, batendo no estômago, que eram para a cozinha".[15]

Comparados com os franceses, os britânicos comiam mal, embora — de início — tivessem grande suprimento de carne e rum. Charles Branton, um artilheiro semialfabetizado do 12º Batalhão de Artilharia Real, escreveu em 21 de outubro: "Querida esposa, perdemos tantas vidas em Corora que estão morrendo como ovelhas podres, mas temos muito para comer e beber. Temos meio quartilho de rum por dia, muito sal e uma libra e meia de biscoitos, e posso garantir que se tivéssemos um quartilho de rum seria uma dádiva dos deuses." À medida que o outono dava lugar ao inverno, o sistema de abastecimento sofreu para continuar funcionando na trilha enlameada de Balaclava até o acampamento britânico, e as rações diminuíram paulatinamente. Em meados de dezembro não havia frutas nem verduras de nenhum tipo — apenas às vezes suco de limão ou lima, que os homens adicionavam ao chá e ao rum para prevenir escorbuto — embora oficiais com recursos próprios pudessem comprar queijo e presunto, chocolates e charutos, vinhos, champanhes e de fato quase tudo, incluindo cestas da Fortnum & Mason, das lojas de Balaclava e Kadikoi. Milhares de soldados adoeceram e morreram de várias doenças, incluindo cólera, que retornaram vingativas. Em janeiro, o exército britânico só podia contar com 11 mil soldados em boas condições, menos de metade do número que tinha em armas dois meses antes. O soldado John Pine, da Brigada de Fuzileiros, estava sofrendo havia várias semanas de escorbuto, disenteria e diarreia quando escreveu ao pai em 8 de janeiro:

> Estamos vivendo de biscoitos e rações de sal a maior parte do tempo que estivemos em campanha, às vezes recebemos carne fresca, e uma ou duas vezes tivemos cordeiro, mas é uma coisa medonha que não serviria para um cachorro inglês, mas é o melhor que se pode conseguir aqui, e devemos ser

gratos a Deus por isso. Miriam [sua irmã] me diz que muitas salsichas alemãs serão mandadas às tropas. Gostaria que se apressassem e mandassem logo, pois realmente acho que poderia comer umas duas libras neste instante. (...) Eu literalmente passei fome nas últimas cinco ou seis semanas (...) Se meu querido pai pudesse me enviar por carta alguns pós contra escorbuto eu seria muito grato, pois estou sofrendo bastante com escorbuto e acertarei as contas com o senhor em algum outro momento caso Deus me poupe.

O quadro de Pine se agravou e ele teve de ser transferido para o hospital militar de Kulali, perto de Constantinopla, onde morreu em um mês. O caos da administração era tal que não houve registro de sua morte, e se passou um ano até que sua família descobrisse com um de seus camaradas o que havia acontecido.[16]

Não demorou para que as tropas britânicas ficassem inteiramente desmoralizadas e começassem a criticar as autoridades militares. "Aqueles lá fora estão muito ansiosos para que a paz seja proclamada logo", escreveu o tenente-coronel Mundy, do 33º Regimento, à sua mãe em 4 de fevereiro. "Está tudo bem para as pessoas em casa falarem de ordem marcial e tudo mais, mas *todos* nós aqui já estamos fartos de sofrimento, de ver nossos homens morrendo aos milhares por pura negligência." O soldado Thomas Hagger, que chegara no final de novembro com os reforços do 23º, escreveu à família:

Lamento dizer que os homens que estavam aqui antes que eu chegasse não tiveram uma camisa limpa por dois meses as pessoas em casa acham que os soldados aqui estão sendo bem cuidados lamento dizer que eles são tratados pior que os soldados em casa posso dizer aos habitantes da velha Inglaterra que se os soldados que estão aqui pudessem voltar para casa novamente não seria fácil tirá-los não é o medo de lutar é o pior tratamento que recebemos.

Outros escreveram aos jornais para denunciar o mau tratamento do exército. O coronel George Bell, do 1º Regimento (Real) redigiu uma carta a *The Times* em 28 de novembro:

Todos os elementos de destruição estão contra nós, doença e morte, e nudez, e rações irregulares de carne salgada. Nem uma gota de rum por dois dias, a única forma de manter o soldado sobre suas pernas. Se isso fracassar, estaremos

> acabados. A comunicação com Balaclava é impossível, lama até o joelho por 6 milhas. As rodas não giram, e os pobres infelizes animais de carga famintos não têm força para atravessar a lama. Cavalos — de cavalaria, artilharia, animais de batalha dos oficiais e animais de carga — morrem às vintenas toda noite em seus cercados, de frio e fome. Pior que isso, os homens estão tombando de forma assustadora. Eu vi *nove* homens do 1º Bat[alhão] do Reg Real *mortos em uma barraca hoje,* e quinze outros morrendo! Todos casos de cólera. (...) As costas dos pobres homens nunca secam, seu único paletó de farrapos pendurado em frangalhos sobre eles, eles vão às trincheiras à noite molhados até a pele, deitam lá em água, lama e neve derretida até de manhã, voltam com cãibras para um hosp[ital] de campanha lotado e esfarrapado pela tempestade, deitam em uma atmosfera fétida, suficiente em si para produzir contágio, e morrem lá em agonia. Isso não é romance, é meu dever como oficial-comandante cuidar e me esforçar para aliviar os sofrimentos e privações de meus camaradas humildes mas corajosos. Não consigo fazê-lo, não tenho o poder. Falta quase tudo neste departamento hospitalar, tão mal instalado desde o começo. Ninguém se queixa tanto dele quanto os oficiais médicos de regimentos e também muitos dos médicos.

No final da carta, que ele concluiu no dia seguinte, Bell acrescentou uma observação pessoal ao editor do jornal, convidando-o a publicá-la e encerrando com as palavras: "Temo apresentar o verdadeiro estado de coisas aqui." Uma versão diluída da carta (datada de 12 de dezembro) foi publicada em *The Times* no dia 29, mas mesmo isso, Bell pensou depois, foi suficiente para arruinar sua carreira.[17]

Foi por uma reportagem em *The Times* que o público britânico pela primeira vez tomou conhecimento das terríveis condições enfrentadas por doentes e feridos. Em 12 de outubro, os leitores ficaram chocados com as notícias que receberam, ao café da manhã, do correspondente do *Times* em Constantinopla, Thomas Chenery, de que "não haviam sido feitos preparativos médicos suficientes para cuidar adequadamente dos feridos" que haviam sido evacuados da Crimeia para o hospital militar de Scutari, a 500 quilômetros de distância. "Não apenas não há cirurgiões suficientes — isso, pode-se dizer, era inevitável —, não apenas não há ajudantes e enfermeiras — que poderia ser um defeito do sistema pelo qual ninguém pode ser culpado, mas o que dizer quando se descobre que não há sequer tecido para fazer bandagens para os feridos? No dia seguinte, um editorial furioso de John Delane, editor do *Times*, deflagrou uma série de cartas e doações, levando à criação de um Fundo *Times* de Auxílio aos Doentes e Feridos da Crimeia, por sir Robert Peel, o filho do ex-primeiro-ministro. Muitas cartas se concentraram no escândalo de que o exército não tinha enfermeiras na Crimeia — uma deficiência que muitas mulheres bem-intencionadas se dispuseram a remediar. Entre elas estava Florence Nightingale, a superintendente não remunerada do Hospital para Damas Inválidas na Harley Street, amiga de família de Sidney Herbert. Ela escreveu à sra. Herbert se oferecendo para recrutar uma equipe de enfermeiras para seguir rumo ao Oriente no mesmo dia em que seu marido escreveu a Nightingale pedindo que ela fizesse exatamente isso: as cartas se cruzaram nos correios.

Os britânicos estavam muito atrás dos franceses em seus preparativos médicos para doentes e feridos. Visitantes aos hospitais militares na Crimeia e em Constantinopla ficaram impressionados com limpeza e organização. Havia equipes de enfermeiras, em sua maioria freiras recrutadas junto à Ordem de São Vicente de Paulo, trabalhando sob a orientação dos médicos. "Descobrimos que as coisas aqui estão em condições muito melhores que em Scutari", escreveu um britânico em visita ao hospital em Constantinopla:

> Havia mais limpeza, conforto e atenção; os leitos eram melhores e mais arrumados. A ventilação era excelente, e, pelo que pudemos ver ou descobrir, não faltava nada. Os cuidados aos mais gravemente feridos foram entregues às irmãs de caridade, das quais uma ordem (S. Vicente de Paulo) é sediada aqui. A coragem, a energia e a paciência dessas mulheres excelentes são consideradas inestimáveis. Em Scutari tudo era embotado e silencioso. Sinistro e terrível seriam palavras ainda melhores. Aqui tudo era vida e alegria. Lá estavam meus velhos amigos soldados franceses, jogando dominó ao lado dos leitos, enrolando cigarros e discutindo. (...) Também gostei de escutar o modo agradável como o médico falava com eles. *"Mon garçon"* ou *"mon brave"* se iluminavam quando ele se aproximava.

O capitão Herbé foi levado para o hospital mais tarde naquele ano. Ele descreveu seu cotidiano em uma carta à família:

Chocolate pela manhã, almoço às 10 horas e jantar às 5. O médico aparece antes das 10 horas, com outra ronda às 4. Eis o cardápio do almoço matinal:

> *Três bon potage au tapioca*
> *Côtelette de mouton jardinière*
> *Volaille rotie*
> *Pommes de terre roties*
> *Vin de Bordeaux de bonne qualité en carafe*
> *Raisins frais et biscuits*

Temperado pela brisa marinha que entra pelas nossas grandes janelas, este cardápio é, como podem imaginar, muito reconfortante, e logo irá restaurar nossa saúde.[18]

A taxa de mortalidade francesa por ferimentos e doenças foi consideravelmente menor que a britânica no primeiro inverno da guerra (mas não no segundo, quando as perdas francesas por doença foram horrendas). Além da limpeza dos hospitais franceses, o fator fundamental era ter centros de tratamento perto da frente de batalha e auxiliares médicos em todo regimento, soldados com treinamento de primeiros socorros (*soldats panseurs*) que podiam ajudar seus companheiros feridos em campo. O grande erro dos britânicos foi transportar a maioria de seus doentes e feridos da Crimeia para Scutari — uma viagem longa e desconfortável em navios de transporte superlotados que raramente tinham mais de dois oficiais médicos a bordo. Raglan decidira por isto em bases puramente militares ("não deixar os feridos no caminho"), e não escutou os protestos de que os feridos e doentes não estavam em condições de fazer uma viagem tão longa e precisavam de tratamento o mais rápido possível. Em um navio, *Arthur the Great*, 384 feridos foram colocados nos conveses, o mais apertado possível, assim como era nos navios de escravos, mortos e moribundos lado a lado com feridos e doentes, sem roupas de cama, travesseiros ou cobertores, tigelas de água ou urinóis, comida ou remédios, a não ser aqueles no estoque do navio, que o capitão não permitia que fossem usados. Temendo a disseminação da cólera, o principal responsável pelos transportes na marinha, capitão Peter Christie, ordenou que todos os homens afetados fossem colocados a bordo de um único navio, o *Kangaroo*, capaz de acomodar no máximo 250 homens, mas que quando estava pronto para zarpar rumo a Scutari tinha talvez quinhentos a bordo. "Uma cena assustadora se apresentou, com os mortos e moribundos, doentes e convalescentes todos deitados juntos no convés, empilhados desordenadamente", nas palavras de Henry Sylvester, um cirurgião-assistente de 23 anos de idade e um dos dois únicos oficiais médicos a bordo do navio. O capitão se recusou a zarpar com um navio tão superlotado, mas o *Kangaroo* acabou partindo com quase oitocentos pacientes a bordo, embora sem Sylvester, que partiu para Scutari no *Dunbar*. A taxa de mortalidade nesses navios era assustadora: no *Kangaroo* e no *Arthur the Great* foram 45 mortes em cada um; no *Caduceus*, um terço dos passageiros morreu antes de chegar aos hospitais de Scutari.[19]

Também os russos compreendiam a necessidade de tratar os feridos o mais rápido possível, embora as condições em seus hospitais fossem muito piores que qualquer coisa que Florence Nightingale fosse encontrar em Scutari. De fato, foi um russo, Nikolai Pirogov, o pioneiro do sistema de cirurgia de campanha, que outros países descobriram apenas na Primeira Guerra Mundial. Embora pouco conhecido fora da Rússia, onde é considerado um herói nacional, Pirogov deu uma contribuição tão significativa para a medicina de campo de batalha quanto qualquer coisa conseguida por Florence Nightingale durante a Guerra da Crimeia, se não mais.

Nascido em Moscou em 1810, Pirogov começou a estudar medicina na Universidade de Moscou com apenas quatorze anos, e se tornou professor da Universidade Alemã de Dorpat aos 25, antes de ser nomeado professor de cirurgia da Academia Militar de Medicina de São Petersburgo. Em 1847, ele estava com o exército russo no Cáucaso, onde foi pioneiro na utilização de éter, se tornando o primeiro cirurgião a empregar anestesia em uma operação de campanha. Pirogov relatou as vantagens do éter em várias publicações em língua russa entre 1847 e 1852, embora poucos médicos fora da Rússia tivessem conhecimento de seus artigos. Além de aliviar a dor e o choque por intermédio da anestesia, Pirogov enfatizou que dar éter aos feridos na chegada ao hospital os mantinha calmos e impedia que desmaiassem, permitindo que o cirurgião escolhesse melhor entre os casos exigindo operação urgente e aqueles que podiam esperar. Foi esse sistema de triagem inventado por Pirogov durante a Guerra da Crimeia que marcou sua maior realização.

Pirogov chegou à Crimeia em dezembro de 1854. Ele se sentiu ultrajado com o caos e o tratamento desumano dispensado a doentes e feridos. Milhares de soldados feridos haviam sido evacuados para Perekop em carroças abertas sob temperaturas congelantes, muitos deles chegando congelados ou com membros tão queimados pelo frio que tinham de ser amputados. Outros eram abandonados em celeiros sujos ou deixados ao lado da estrada por falta de transporte. Havia carência crônica de suprimentos médicos, inclusive por causa de corrupção. Os médicos vendiam remédios e davam a seus pacientes substitutos mais baratos, cobrando suborno pelo tratamento adequado. Os hospitais sofriam para dar conta do enorme número de feridos. Na época dos desembarques aliados, os russos tinham leitos hospitalares para 2 mil soldados na Crimeia, mas após Alma foram soterrados por 6 mil homens feridos, e o dobro desse número após Inkerman.[20]

As condições dos hospitais de Sebastopol eram verdadeiramente medonhas. Duas semanas após a batalha do Alma, o cirurgião do regimento de Chodasiewicz visitou o hospital naval:

> Ele encontrou o lugar cheio de homem feridos cujos ferimentos não haviam recebido curativos desde o dia do Alma, a não ser aqueles que eles mesmos podiam fazer rasgando as camisas. No momento em que entrou na sala foi cercado por uma multidão dessas criaturas miseráveis, que o reconheceram como médico, algumas das quais esticavam cotos mutilados de braços enrolados em trapos sujos, chorando por ajuda. O fedor do lugar era medonho.

A maioria dos cirurgiões nesses hospitais tinha formação ruim, mais como "artesãos de aldeia" do que como médicos, na avaliação de um dos oficiais russos. Realizando cirurgias simples e rápidas com facas de açougueiro sujas, eles compreendiam pouco a necessidade de higiene e os riscos de infecções. Pirogov descobriu amputados que haviam passado semanas deitados em seu próprio sangue.[21]

Assim que chegou a Sebastopol, Pirogov começou a colocar ordem nos hospitais, gradualmente implantando seu sistema de triagem. Em suas memórias ele relembra como chegou a ele. Quando assumiu o principal hospital da Assembleia de Nobres a situação era caótica. Após um bombardeio pesado, os feridos foram levados sem qualquer organização, aqueles moribundos misturados aos que precisavam de tratamento urgente e os com ferimentos leves. De início, Pirogov cuidou dos com ferimentos mais sérios à medida que entravam, dizendo às enfermeiras para transportá-los para a mesa de cirurgia diretamente; mas enquanto se concentrava em um caso, chegavam cada vez mais homens gravemente feridos; ele não conseguia dar conta. Um número excessivo de pessoas estava morrendo desnecessariamente antes que pudessem ser tratadas, enquanto ele operava pacientes feridos demais para serem salvos. "Eu me dei conta de que aquilo não fazia sentido, e decidi ser mais decisivo e racional", recordou. "Uma organização simples na base de curativos era muito mais importante do que atividade médica para salvar vidas." Sua solução foi uma forma simples de triagem que colocou em prática pela primeira vez durante o bombardeio de Sebastopol em 20 de janeiro. Levados para o Grande Salão da Assembleia, os feridos eram inicialmente divididos em grupos para determinar a ordem e a prioridade do tratamento de emergência. Havia três grupos principais: os gravemente feridos que precisavam de ajuda e podiam ser salvos eram operados em uma outra sala assim que possível; aqueles com ferimentos leves recebiam um número e a orientação de esperar nos alojamentos próximos até que os cirurgiões pudessem cuidar deles; e aqueles que não podiam ser salvos eram levados para uma casa de repouso, onde recebiam os cuidados de ajudantes médicos, enfermeiras e padres até que morressem.[22]

Em seu conto "Sebastopol em dezembro" Tolstoi leva seus leitores para o Grande Salão:

> Assim que você abria a porta era assaltado sem aviso pela visão e o cheiro de cerca de quarenta ou cinquenta amputados e gravemente feridos, alguns deles em leitos de campanha, mas a maioria deitada no chão (...) Agora, se você tem nervos fortes, passe pela porta à esquerda: é a sala em que ferimentos recebem curativos e cirurgias são realizadas. Lá você verá cirurgiões com fisionomias pálidas e soturnas, os braços empapados de sangue até os cotovelos, profundamente concentrados sobre um leito no qual um homem ferido repousa sob a influência de clorofórmio, olhos abertos como em um delírio, murmurando palavras sem sentido que eventualmente são simples e comoventes. Os cirurgiões estavam dando conta da tarefa repugnante, mas benéfica, da amputação. Você verá a afiada faca curva penetrar no corpo branco saudável; verá o homem ferido de repente recobrar a consciência com um terrível xingamento guinchado agonizante; verá o ajudante de farmacêutico

arremessar o membro cortado em um canto; verá outro homem ferido deitado em uma maca no mesmo aposento e vendo a operação em seu companheiro, se contorcendo e gemendo menos pela dor física que pela agonia psicológica da apreensão; você terá visões assustadoras que o irão abalar até a raiz de seu ser; verá a guerra não como uma bela, organizada e reluzente formação, com música e tambores, estandartes desfilando e generais em cavalos empinados, mas a guerra em sua legítima expressão — como sangue, sofrimento e morte.[23]

O uso de anestésicos permitiu a Pirogov e sua equipe de cirurgiões trabalhar extremamente rápido, concluindo mais de cem amputações em um dia de sete horas, operando simultaneamente em três mesas (críticos disseram que ele comandava um "sistema fabril"). Ele desenvolveu um novo tipo de amputação de pé no tornozelo, deixando parte do osso do calcanhar para dar mais apoio ao osso da perna, e em geral em suas amputações ele cortava muito mais baixo do que a maioria dos outros médicos para minimizar o trauma e a perda de sangue, que ele entendia ser a maior ameaça. Acima de tudo, Pirogov tinha consciência dos perigos da infecção (que ele acreditava derivar de vapores contaminados) e se preocupava em separar pacientes já operados com ferimentos limpos daqueles cujos ferimentos produziam pus e davam sinais de gangrena. Com todas essas medidas pioneiras, Pirogov conseguiu taxas de sobrevivência muito superiores a britânicos e franceses — de até 65% para amputações de braço. Para amputações de coxa, as mais perigosas e comuns nos exércitos da Guerra da Crimeia, Pirogov tinha taxas de sobrevivência em torno de 25%, enquanto apenas um em cada dez sobreviviam à operação nos hospitais britânicos e franceses.[24]

Os britânicos eram muito menos entusiasmados com a utilização de anestésicos que russos ou franceses. Pouco antes de o exército britânico deixar Varna rumo à Crimeia, o principal oficial médico, dr. John Hall, escreveu um memorando no qual alertava os cirurgiões do exército "contra o uso de clorofórmio no choque severo de ferimentos por artilharia (...) pois por mais bárbaro que possa parecer, a dor da faca é um poderoso estimulante; e é muito melhor ouvir um homem berrar fortemente do que vê-lo afundar silenciosamente para a cova". A opinião médica britânica era dividida quanto à nova ciência da anestesia. Alguns temiam que a utilização de clorofórmio reduzisse a capacidade de recuperação do paciente, enquanto outros achavam impraticável usá-la em cirurgias no campo de batalha pela falta de médicos qualificados para administrá-la. Essas posturas eram intimamente relacionadas a ideias sobre resistir à dor que talvez fossem peculiares à noção britânica de masculinidade (manter "o lábio superior firme"). A ideia de que o soldado britânico era imune à dor era generalizada. Como um médico escreveu da Crimeia:

> A bravura do soldado ninguém ainda descreveu devidamente. Eles riem da dor, e dificilmente se submetem a morrer. É absolutamente maravilhoso esse triunfo da mente sobre o corpo. Se um membro fosse arrancado ou esmagado em casa, você o receberia desmaiando, em um estado de colapso medonho. Aqui eles chegam com um braço pendurado ou um cotovelo estraçalhado, e dizem: "Doutor, seja rápido, por favor; não estou acabado, posso voltar e ver!" E muitos desses camaradas corajosos, com uma toalha mergulhada em água fria e enrolada em seus cotos, se arrastaram para a retaguarda da luta e, com obuses explodindo ao redor deles, e balas de canhão arrancando o mato aos seus pés, acompanharam o desenrolar da batalha. Eu lhes digo, como verdade solene, que tirei o pé de um oficial, capitão — que insistiu em ser ajudado a montar novamente em seu cavalo e declarou que podia lutar, agora que seu "pé estava com curativo".[25]

Assim como os franceses, Pirogov dava grande importância ao papel das enfermeiras em seus hospitais. As enfermeiras ajudavam a selecionar os feridos e consolavam os homens. Davam remédios, levavam chá e vinho para eles, escreviam cartas para suas famílias e ofereciam apoio espiritual aos moribundos. O afeto das enfermeiras conquistou os corações de muitos homens, que com frequência as comparavam às suas mães. Como Pirogov escreveu à esposa: "É impressionante como a presença de uma mulher, belamente vestida, entre os ajudantes em um hospital alivia a angústia dos homens e reduz seu sofrimento." Pirogov encorajou as iniciativas de mulheres da nobreza russa de recrutar equipes de enfermeiras para a Crimeia. A grã-duquesa Elena Pavlovna, cunhada alemã do tsar,* fundou a Comunidade da Santa Cruz pouco após a notícia de derrota em Inkerman. Seu primeiro grupo de 34 enfermeiras

---

* Nascida princesa Charlotte de Württemberg, ela foi recebida na Igreja Ortodoxa Russa e recebeu o nome de Elena Pavlovna antes de seu casamento com o grão-duque Mikhail Pavlovich em 1824.

acompanhou Pirogov à Crimeia, chegando em Simferopol em 1º de dezembro após uma longa e perigosa viagem de mais de mil quilômetros por estradas de terra desde São Petersburgo. A maioria era de filhas, esposas ou viúvas de militares, com algumas pertencendo a famílias de comerciantes, padres e funcionários públicos da pequena nobreza, embora elas mesmas, claro, não tivessem experiência das difíceis condições em uma zona de batalha e muitas logo tenham adoecido com tifo e outras epidemias que grassavam entre os homens. Pirogov dividiu as enfermeiras em três grupos: as que iriam cuidar dos feridos e ajudar nas operações; as que davam remédios e as encarregadas da manutenção geral do hospital. Para Alexandra Stakhovich, escolhida para a sala de cirurgia, a primeira amputação foi um teste pessoal, mas ela passou, como escreveu contando à família:

> Eu estive em duas operações de Pirogov; amputamos um braço numa, e uma perna na outra; e pela graça de Deus eu não desmaiei, porque na primeira, quando cortamos o braço, tive de segurar as costas do pobre homem e depois fazer um curativo em seu ferimento. Só escrevo sobre minha coragem para que vocês se tranquilizem de que não temo nada. Se soubessem como pode ser gratificante ajudar esses homens sofridos — não podem imaginar o quanto os médicos apreciam nossa presença aqui.[26]

Na própria Crimeia, mulheres de várias comunidades se organizaram em equipes de enfermeiras e foram para os postos de curativos e hospitais de campanha das batalhas ao redor de Sebastopol. Entre elas estava Dasha Sevastopolskaia, a garota que cuidara dos feridos em Alma, que trabalhou com Pirogov na sala de cirurgia da Assembleia dos Nobres. Outra foi Elizaveta Khlopotina, esposa de um comandante de bateria ferido na cabeça em Alma, que acompanhara o marido em batalha e trabalhava como enfermeira no posto de curativos em Katcha. Pirogov tinha enorme admiração pela coragem dessas mulheres, e lutou muito contra as objeções do *establishment* militar, que se opunha à presença feminina entre os soldados, para que mais equipes de enfermeiras fossem organizadas. A influência da grã-duquesa acabou se fazendo valer, e o tsar concordou em reconhecer o trabalho da Comunidade da Santa Cruz. Muito de seu trabalho médico inicial na Crimeia fora financiado pela grã-duquesa, que comprara suprimentos médicos, incluindo o precioso quinino, por intermédio de contatos familiares na Inglaterra, e os estocara no porão de sua casa no palácio Mikailovski em São Petersburgo. Mas assim que recebeu a benção do tsar, começaram a chegar doações da aristocracia russa, comerciantes, funcionários públicos e da Igreja. Em janeiro, mais dois contingentes de enfermeiras organizados pela Comunidade chegaram a Sebastopol, o segundo deles liderado por Ekaterina Bakukina, filha do governador de São Petersburgo e prima do anarquista revolucionário Mikhail Bakunin (na época preso na Fortaleza de Pedro e Paulo, na capital russa). Como muitas integrantes da classe alta russa, ela passara seus verões de infância na Crimeia, e estava horrorizada com a invasão de seu balneário de férias preferido. "Não podia imaginar que aquele cantinho bonito de nosso grande império pudesse ser transformado em um brutal teatro de guerra."[27]

Florence Nightingale tinha um pendor administrativo semelhante ao da grã-duquesa. Filha de uma família de prósperos industriais de Derbyshire, ela era mais educada que a maioria dos homens do governo britânico, no qual sua família tinha uma série de contatos, embora em função do gênero ela fosse obrigada a limitar suas atividades ao campo da filantropia. Inspirada pela fé cristã, ela entrou para a enfermagem aos 25 anos, em grande medida contra a vontade da família, trabalhando primeiramente como reformista social entre os pobres e depois em uma comunidade religiosa luterana em Kaiserswerth-am-Rhein, perto de Düsseldorf, Alemanha, onde acompanhou o pastor Theodor Fliedner e sua diaconisa cuidarem dos doentes. Formada em Kaiserswerth em 1851, Nightingale levou seus princípios de enfermagem para o hospital de Harley Street, onde assumiu o posto de superintendente em agosto de 1853. Eram esses princípios — limpeza básica e boa manutenção das enfermarias — que Nightingale levaria para a Crimeia. Não havia nada de novo em suas ideias. Os oficiais médicos britânicos na Crimeia tinham conhecimento das vantagens da higiene e da organização no hospital. Seu principal problema para transformar esses ideais sensatos em políticas ativas era falta de pessoal e recursos — um problema que Nightingale só iria superar em parte.

Na posição de secretário da Guerra, Herbert nomeou Nightingale superintendente do Estabelecimento Feminino de Enfermagem dos Hospitais Gerais Ingleses na Turquia, embora não na Crimeia, onde ela não tinha autoridade até a primavera de 1856, quando a guerra estava quase no fim. A posição de Nightingale era precária: oficialmente ela era subordinada à hierarquia militar, mas Herbert dera a ela instruções de se reportar a ele sobre as falhas do Departamento Médico do exército, e toda a sua carreira dependeria de lutar com unhas e dentes contra a burocracia, que basicamente se opunha a enfermeiras na frente de batalha ou perto dela. Nightingale era por natureza dominadora, mas precisava assumir um controle ditatorial de suas enfermeiras caso quisesse implantar suas mudanças de organização e conquistar o respeito do *establishment* militar. Não havia um corpo de enfermeiras profissionais a partir do qual pudesse montar sua equipe na Turquia, então, com a ajuda da sra. Herbert, ela teve de criar o seu próprio. Seu critério de seleção era impiedosamente funcional: ela preferia mulheres jovens das classes baixas, que ela achava que se entregariam ao trabalho pesado e às condições que se apresentariam; e pegou um grupo de freiras com experiência em enfermagem para supervisionar o trabalho delas, as considerando uma concessão prática aos católicos irlandeses que compunham um terço das fileiras do exército; mas recusou centenas de candidaturas de mulheres bem-intencionadas de classe média, cuja sensibilidade, temia, as tornariam "menos administráveis".

Nightingale e sua equipe de 38 enfermeiras chegaram a Scutari em 4 de novembro de 1854, bem a tempo para o transporte em massa dos feridos na batalha de Balaclava. Os franceses já haviam ocupado os melhores prédios com seus hospitais, e os que restavam para os britânicos estavam superlotados e em péssimo estado. Os feridos e moribundos estavam deitados junto com os doentes em capas e colchões apertados sobre o chão imundo. Com tantos homens sofrendo de diarreia, os únicos toaletes eram grande tubos de madeira em pé em enfermarias e corredores. Praticamente não havia água, já que os velhos canos haviam se rompido, e o sistema de calefação não funcionava. Poucos dias após a chegada de Nightingale a situação se tornou muito pior, à medida que mais centenas de feridos da batalha de Inkerman tomavam o hospital. A condição desses homens era "verdadeiramente deplorável", como observou em seu diário Walter Bellew, cirurgião-assistente do hospital Hyder Pasha, perto de Scutari: "Muitos foram desembarcados mortos, vários morreram no caminho dos hospitais, e o resto estava em condições lamentáveis; as roupas imundas de sujeira e evacuações alvinas [do abdômen], mãos e rostos enegrecidos de pólvora, lama etc., e seus corpos literalmente se contorcendo com vermes." Os homens morriam a uma taxa de cinquenta a sessenta todos os dias: assim que um homem dava o último suspiro era costurado em seu cobertor e enterrado em uma cova coletiva junto ao hospital, enquanto outro paciente pegava seu leito. As enfermeiras trabalhavam sem parar para alimentar e lavar os homens, dar remédios a eles e consolá-los enquanto morriam. Muitas das enfermeiras não conseguiam lidar com a pressão e começaram a beber muito, algumas se queixando do comportamento autoritário da srta. Nightingale e de seu trabalho pesado. Foram mandadas embora por Nightingale.[28]

No final de dezembro, Nightingale tinha uma segunda equipe de enfermeiras à sua disposição e o controle do Fundo para a Crimeia do *Times*, o que lhe permitia comprar suprimentos e remédios para todos os hospitais britânicos em Scutari. Ela podia ter iniciativa, sem a obstrução das autoridades militares, que dependiam do poder financeiro e administrativo dela para serem resgatados da tragédia médica em que estavam mergulhados. Nightingale era uma administradora competente. Embora seu impacto tenha sido superestimado (e a contribuição de oficiais médicos britânicos, ajudantes e farmacêuticos quase inteiramente ignorada) por aqueles que depois a cultuaram, não há dúvida de que colocou as coisas em movimento do principal hospital de Scutari. Reorganizou a cozinha, comprou novos aquecedores, contratou lavadeiras turcas e acompanhou seu trabalho, supervisionou a limpeza das enfermarias, e após trabalhar vinte horas por dia, fazia rondas noturnas levando aos homens palavras de consolo cristão, pelo que passou a ser conhecida como a Dama da Lanterna. Mas, a despeito de seus esforços, a taxa de mortalidade continuou a aumentar de modo alarmante. No mês de janeiro, 10% de todo o exército britânico no Oriente morreu de doenças. Em fevereiro, a taxa de mortalidade dos pacientes em Scutari foi de 52%, tendo subido de 8% quando Nightingale chegara ali em novembro. No total, naquele inverno, nos quatro meses seguintes ao furacão, 4 mil soldados morreram nos hospitais de Scutari, a imensa maioria sem ferimentos. O público britânico estava chocado com a perda de vidas. Os leitores do *Times* exigiram explicações, e no começo de março uma comissão sanitária nomeada pelo governo chegou a Scutari para investigar. Ela descobriu que o principal hospital de campanha havia sido construído em cima de uma fossa sanitária, que o esgoto vazava e contaminava a água potável. Nightingale ignorava o perigo, pois acreditava que a infecção era causada por vapores contaminados, mas o saneamento do hospital claramente era inadequado. Os soldados aos cuidados dela teriam mais chances em qualquer aldeia turca do que nos seus hospitais de Scutari.

Na Grã-Bretanha, na França e na Rússia o público acompanhava esses desdobramentos com interesse e preocupação crescentes. Por intermédio de relatos diários nos jornais, fotografias e desenhos em periódicos, as pessoas tinham acesso imediato às últimas notícias sobre a guerra, e uma noção mais clara de sua realidade do que em qualquer conflito anterior. Suas reações às notícias se tornaram um fator importante nos cálculos das autoridades militares, que estavam expostas a um grau de escrutínio público nunca visto antes em tempo de guerra. Foi a primeira guerra na história na qual a opinião pública desempenhou papel tão crucial.

A Grã-Bretanha estava na frente em termos de sua sede de notícias. Relatos do sofrimento dos soldados e da aflição de feridos e doentes haviam criado um estado de ansiedade nacional sobre a situação dos exércitos aliados acampados acima de Sebastopol. O frio severo na Grã-Bretanha naquele inverno serviu apenas para intensificar essa preocupação com os homens na Rússia. Houve uma enorme resposta ao Fundo da Crimeia do *Times*, bem como ao Fundo Patriótico Real de assistência às esposas e famílias dos soldados, com pessoas de todos os estratos doando dinheiro, enviando comida e tricotando roupas quentes (incluindo os "Capacetes Balaclava", que foram inventados nessa época). A própria rainha informou ao duque de Cambridge que toda a parcela feminina do Castelo de Windsor, incluindo ela mesma, estava "ocupada tricotando para o exército".[29]

Mais que qualquer outro país do continente, a Grã-Bretanha desfrutava de uma imprensa livre, e essa liberdade estava mostrando o rosto. A abolição do imposto do selo dos jornais em 1855 permitira o surgimento de uma imprensa mais barata, acessível até ao operário. Assim como muitas cartas de oficiais e soldados, a Guerra da Crimeia viu o nascimento de uma nova raça de "correspondente de guerra" que levava os acontecimentos do campo de batalha para a mesa do desjejum da classe média. Em guerras anteriores os jornais haviam dependido de "agentes" amadores — normalmente diplomatas ou oficiais aprovados das forças armadas — para os relatos (uma tradição que resistiu até o final do século XIX, quando um jovem Winston Churchill enviou relatos do Sudão como oficial do exército na ativa). Esses relatos normalmente eram retirados de comunicados militares, e sujeitos à censura das autoridades; era raro um agente incluir um relato em primeira mão dos acontecimentos que havia testemunhado pessoalmente. As coisas começaram a mudar na década de 1840 e começo da década de 1850, com os jornais começando a utilizar correspondentes estrangeiros em áreas importantes, como Thomas Chenery, correspondente do *Times* em Constantinopla desde março de 1854, que deu a notícia das medonhas condições dos hospitais de Scutari.[30]

O advento dos vapores e do telégrafo permitiu que os jornais enviassem seus próprios repórteres para uma zona de guerra e imprimissem suas matérias em dias. As notícias viajaram mais rápido durante a Guerra da Crimeia à medida que linhas telegráficas eram construídas em estágios para ligar a zona de batalha às capitais europeias. No começo da campanha na Crimeia as notícias mais rápidas chegavam a Londres em cinco dias: duas por vapor de Balaclava a Varna, e três a cavalo para Bucareste, a ligação por telégrafo mais próxima. No inverno de 1854, com a construção pelos franceses de um telégrafo em Varna, notícias podiam ser transmitidas em dois dias; e no final de abril de 1855, quando os britânicos estenderam um cabo submarino entre Balaclava e Varna, elas podiam chegar a Londres em poucas horas.*

O importante não era apenas a velocidade das notícias, mas a natureza sincera e detalhada das reportagens da imprensa que o público podia ler nos jornais todos os dias. Livres da censura, os correspondentes da Crimeia escreviam longamente para um público cuja sede por notícias da guerra alimentara uma explosão de jornais e periódicos. Por intermédio de suas descrições vívidas da luta, das condições terríveis e do sofrimento dos homens, eles levavam a guerra para dentro das casas, e permitiam que o público se envolvesse ativamente no debate sobre como ela deveria ser travada. Nunca tantos leitores haviam escrito a *The Times* e outros jornais quanto na Guerra da Crimeia — quase todos com observações e opiniões sobre como melhorar

---

* Os telégrafos eram destinados a uso militar; jornalistas não podiam bloqueá-los com reportagens longas, de modo que havia uma defasagem de tempo entre o relato da manchete de um jornal, que chegava por cabo, e a reportagem completa, que seguia depois por navio a vapor. Por causa disso com frequência havia relatos falsos — o mais famoso deles no *Times*, em 2 de outubro de 1854, anunciando a queda de Sebastopol com base em comunicações telegráficas da vitória em Alma, e o primeiro despacho de Russell da Crimeia, cobrindo o desembarque das tropas aliadas. Apenas em 10 de outubro o relato completo de Russell sobre Alma chegou a Londres, quando a verdadeira situação havia sido esclarecida em telegramas posteriores.

a campanha.* Nunca tantos na classe média britânica haviam sido tão mobilizados politicamente. Em suas encantadoras memórias, o poeta Edmundo Gosse recorda o impacto da guerra em sua família, membros reclusos de uma pequena seita cristã no interior de Devon: "A declaração de guerra à Rússia levou o primeiro fôlego de vida exterior para nosso claustro calvinista. Meus pais adotaram um jornal diário, algo que eles nunca haviam feito antes, e os acontecimentos em lugares pitorescos, que meu pai e eu estudávamos no mapa, eram discutidos avidamente."[31]

O apetite popular por descrições vívidas da campanha na Crimeia era insaciável. Turistas de guerra como Fanny Duberly tinham leitores a postos para suas narrativas pessoais. Mas o maior interesse era reservado para imagens. Litografias eram suficientemente rápidas e baratas para serem reproduzidas em periódicos como *Illustrated London News*, que teve uma explosão de vendas de suas edições semanais durante a Guerra da Crimeia. Fotografias despertavam o interesse popular mais que tudo — pareciam dar uma imagem "realista" da guerra —, e havia um mercado substancial para os álbuns fotográficos de James Robertson e Roger Fenton, que ficaram famosos na Crimeia. A fotografia estava começando a surgir — o público britânico havia ficado impressionado com sua apresentação na Grande Exposição de 1851 —, e aquela era a primeira guerra a ser fotografada e "vista" pelo público enquanto era travada. Tinha havido daguerreótipos da Guerra Mexicano-americana de 1846-8 e calótipos da Guerra de Burma de 1852-3, mas aquelas eram imagens primitivas e enevoadas comparadas com as fotografias da Guerra da Crimeia, que pareciam tão "precisas" e "imediatas", uma "janela direta para a realidade da guerra", como observou um jornal à época. Na verdade elas estavam longe disso. As limitações do processo de placa de colódio (que exigia que a placa de vidro fosse exposta por até vinte segundos) tornavam virtualmente impossível fotografar movimento (embora as técnicas tivessem melhorado para tornar isso possível na época da Guerra Civil Americana no começo dos anos 1860). A maioria das fotografias de Robertson e Fenton são retratos posados e pai-

---

* O vigário Joseph Blakesley, que se apresentava como "Um clérigo de Hertfordshire", escreveu tantas cartas ao *Times*, oferecendo seu conhecimento sobre qualquer coisa relacionada à guerra, do clima na Crimeia ao caráter russo, que ganhou reputação de historiador popular e depois foi até mesmo nomeado para a cátedra régia de História da Universidade de Cambridge, a despeito de sua falta de credenciais acadêmicas.

sagens, imagens derivadas dos gêneros pictóricos mais atraentes aos gostos e sensibilidades do mercado de classe média. Embora os dois homens tivessem visto muita morte, nenhum a mostrou em suas fotografias — embora Fenton se referisse a ela de forma simbólica em sua imagem mais famosa, *Vale da Sombra da Morte*, uma paisagem desolada salpicada de balas de canhão (que ele agrupou para reforçar a imagem) —, porque suas imagens precisavam se adequar à noção prevalente da sociedade vitoriana de que era uma guerra justa e certa. O retrato asséptico da guerra na obra de Robertson tinha mais relação com pressões comerciais do que com qualquer censura, mas no caso de Fenton, um fotógrafo real enviado à Crimeia em parte para contrabalançar a cobertura negativa da campanha em *The Times* e outros jornais, certamente havia um elemento de propaganda. Para tranquilizar o público de que os soldados britânicos estavam bem aquecidos, por exemplo, Fenton fez um retrato de soldados vestindo botas boas e casacos de pele de ovelha despachados pelo governo pouco antes. Mas Fenton só chegou à Crimeia em março de 1855, e aquele retrato não foi tirado antes de meados de abril, quando muitas vidas já haviam sido perdidas para as temperaturas congelantes e a necessidade de roupas quentes como aquelas passara havia muito. Com temperaturas de 26 graus em abril, os soldados de Fenton deveriam estar assando no calor.[32]

Se a câmera de Fenton mentia, o mesmo não podia ser dito dos relatos de William Russell no *Times*, que fizeram mais que qualquer outra coisa para informar ao público britânico as verdadeiras condições da guerra. Russell foi o repórter mais importante e lido da Crimeia. Nascido em 1820 em uma família anglo-irlandesa perto de Dublin, Russell começou a trabalhar para o *Times* em 1841, durante a eleição geral na Irlanda. Ele havia coberto apenas uma pequena guerra de fronteiras entre tropas prussianas e dinamarquesas em 1850 quando foi enviado por John Delane, editor do jornal, para Malta com a Brigada de Guardas em 1854. Delane prometera ao comandante em chefe do exército que Russell voltaria antes da Páscoa, mas o jornalista passou os dois anos seguintes com o exército britânico, fazendo reportagens quase diárias sobre as últimas novidades da Crimeia e denunciando muitos dos fracassos das autoridades militares. O histórico anglo-irlandês de Russell dava a seus textos um distanciamento crítico do *establishment* militar inglês, cuja incompetência ele nunca hesitou em condenar. Suas simpatias eram claramente para com os soldados comuns, cerca de um terço deles irlandês, com quem ele tinha uma forma descontraída de encorajá-los a falar. Henry Clifford o descreveu como

> um irlandês inferior vulgar, um apóstata católico (...) mas ele tem o dom da fala e usa sua pena tão bem quanto sua língua, canta uma boa canção, bebe o brandy e a água de qualquer um e fuma tantos charutos quanto jovens oficiais tolos permitirem, e é visto pela maioria no acampamento como um "bom sujeito". É o tipo de camarada para arrancar informações, particularmente de jovens.[33]

O *establishment* militar desprezava Russell. Raglan alertou seus oficiais para que não falassem com o repórter, alegando que era um risco à segurança. Ele ficou particularmente furioso com a publicação no *Times* de cartas de oficiais e soldados destacando as condições deploráveis da tropa. Corria o boato de que a imprensa estava pagando por essas cartas, algumas das quais não haviam sido escritas para publicação, mas repassadas aos jornais por parentes. As autoridades militares, que davam mais valor a lealdade e obediência que ao bem-estar dos soldados, ficaram ultrajadas com autores de cartas que saíram da linha. "Oficiais escrevem cartas mais absurdas e inescrupulosas que nunca, ou o *Times* as inventa para eles, de qualquer forma isso é muito ruim e indigno de um soldado da parte deles", desabafou o major Kingscote dos Guardas Escoceses e oficial do quartel-general. "Ainda sustento que o soldado é muito alegre e parece sempre animado. Os oficiais eu não vejo muito, mas uma coisa observo, que é que quanto mais sangue aristocrático há nas suas veias, menos eles resmungam, a despeito das afirmações do *Times*."

Raglan partiu para o ataque. Em 13 de novembro, ele escreveu ao duque de Newcastle, secretário de Estado da Guerra, alegando que *The Times* publicara informações que poderiam ser úteis ao inimigo. Certamente havia relatos de que os russos tiveram o moral fortalecido com os artigos de Russell sobre falta de suprimentos e as más condições dos soldados (o próprio tsar os lera em São Petersburgo). Em resposta à carta de Raglan, o subprocurador-geral das forças armadas, William Romaine, enviou um alerta aos repórteres britânicos na Crimeia, enquanto Newcastle escreveu aos editores dos jornais. Mas Delane resistiu a essas tentativas de restringir a liberdade de imprensa. Acreditando que Raglan era incompetente, ele considerava uma questão de interesse nacional denunciar a má administração do exército, e não iria dar atenção a alegações de segurança nacional. Em 23 de dezembro, um editorial em *The Times* acusou o alto-comando de incompetência, letargia oficial e, talvez ainda mais perigoso em um conflito que estava rapidamente se transformando em uma luta política maior entre o ideal profissional da meritocracia e o velho mundo do privilégio aristocrático, de óbvio nepotismo na escolha da equipe pessoal de Raglan (nada menos que cinco de seus assistentes eram sobrinhos).

A paciência de Raglan finalmente chegou ao fim, e em 4 de janeiro ele escreveu novamente a Newcastle, efetivamente acusando Russell de traição:

> Deixo de lado as falhas que o autor encontra em tudo e todos, por mais que seus escritos sejam calculados para produzir descontentamento e estimular a indisciplina, mas peço que considere se o agente remunerado do imperador da Rússia poderia servir melhor ao seu mestre do que o correspondente do jornal que tem a maior circulação da Europa (...) Duvido muito, agora que as comunicações são tão rápidas, que um exército britânico possa resistir muito na presença de um inimigo poderoso, esse inimigo tendo a seu comando, por intermédio da imprensa inglesa, e de Londres a seu quartel-general por telégrafo, todo detalhe que possa ser necessário sobre os números, as condições e o equipamento da força de seu oponente.[34]

Newcastle não ficou impressionado. Àquela altura, ele já estava sentindo a pressão criada pela campanha do *Times*. O escândalo cercando as condições do exército ameaçava o governo. Somando sua própria voz às críticas crescentes à administração militar, Newcastle conclamou Raglan a dispensar os generais Airey e Estcourt, o intendente e o administrador do exército respectivamente, esperando que isso satisfizesse a demanda popular por cabeças rolando. Raglan não iria desistir deles — não parecia achar que alguém no alto-comando devesse ser responsabilizado pelas dificuldades do exército —, embora tenha aceitado alegremente a saída de lorde Lucan, que culpava (muito injustamente) pelo sacrifício da Brigada Ligeira.

Quando Lucan foi chamado de volta, em 12 de fevereiro, o poder da imprensa e a crítica pública haviam derrubado o governo. Em 29 de janeiro, dois terços da Câmara dos Comuns aprovaram uma moção do representante radical John Roebuck pedindo a nomeação de um comitê selecionado para investigar as condições do exército e a conduta dos departamentos do governo responsáveis por ele — com efeito, um voto de desconfiança na liderança do governo na campanha bélica. Roebuck não quisera derrubar o governo — seu principal objetivo era marcar posição pela responsabilidade parlamentar —, mas as pressões sobre o governo já não se limitavam ao parlamento: vinham do público e da imprensa. Aberdeen renunciou no dia seguinte, e uma semana depois, em 6 de fevereiro, a rainha convocou Palmerston, o político de quem menos gostava, então com setenta anos, para formar seu primeiro governo. Palmerston era a escolha popular da classe média patriota — cultivando a imprensa, ele conquistara a imaginação do público britânico com sua política externa agressiva, que havia passado a considerar a encarnação do seu caráter nacional e de seus ideais populares —, e então ela voltou os olhos para ele de modo a salvar a campanha bélica dos generais incompetentes.

"No estágio da civilização em que estamos o sucesso dos exércitos, por mais brilhantes que possam ser, é apenas transitório. Na verdade a opinião pública tem a vitória final", anunciou o imperador francês em 1855. Luís-Napoleão tinha plena consciência do poder da imprensa e da opinião pública — sua ascensão ao poder dependera delas —, e por essa razão a imprensa francesa foi censurada e controlada por seu governo durante a Guerra da Crimeia. Editoriais costumavam ser "remunerados" por apoiadores do governo, e politicamente com frequência estavam à direita dos pontos de vista sustentados pela maioria dos leitores do jornal. Napoleão considerava a guerra uma forma de conquistar apoio popular para seu regime, e a perseguiu de olho na reação popular. Ele instruiu Canrobert (famoso por sua indecisão) a não ordenar um assalto "a não ser que esteja totalmente certo de que o resultado será a nosso favor, mas também não tentar caso o sacrifício de vidas seja grande".[35]

Sensível à crítica popular, Napoleão ordenou que sua polícia reunisse informações sobre o que as pessoas estavam falando sobre a guerra. Informantes escutaram conversas particulares, sermões de padres e discursos de oradores, e o que ouviram foi registrado em relatórios por procuradores e chefes de polícia locais. Segundo esses relatórios, os franceses nunca haviam sido favoráveis à guerra e, com a incapacidade do exército de conseguir uma vitória rápida, estavam ficando cada vez mais impacientes e críticos à sua continuação. Muito de sua frustração se devia à liderança de Canrobert e à "covardia" do príncipe Napoleão, que deixara a Crimeia após Inkerman e retornara em janeiro à França, onde (cortejando visões contrárias à guerra) deixou bem clara sua opinião de que Sebastopol era "inexpugnável" e que o cerco deveria ser levantado. Nessa altura os chefes de polícia faziam relatos sobre a possibilidade do desgaste com a guerra se transformar em oposição ao governo. Henri Loizillon, um engenheiro nas trincheiras francesas diante de Sebastopol, ouvira os soldados falando de uma revolução que estava sendo planejada, com greves e manifestações contra a mobilização de mais soldados na França. "Circulam os boatos mais assustadores", escreveu ele à família. "Toda a conversa é sobre revolução: Paris, Lyon, todas as grandes cidades estarão em estado de sítio; em Marselha as pessoas se levantarão contra o embarque de tropas; todos querem paz, e parece que estão prontos a pagar quase qualquer preço por ela." Em Paris, um impaciente imperador dos franceses estava justificadamente aterrorizado com a violência revolucionária — haviam se passado apenas seis anos e meio desde que multidões haviam erguido barricadas para derrubar a Monarquia de Julho — e fez planos detalhados para lidar com quaisquer distúrbios na capital. Foram construídos prédios no centro de Paris "sendo capazes de abrigar tropas no caso de um levante", ele informou à rainha Vitória, e foi colocado macadame "em quase todas as ruas para impedir a malta de arrancar as pedras do calçamento como anteriormente *'pour faire des barricades'*". Para impedir críticas públicas à guerra ele concluiu que chegara o momento de assumir um controle mais firme do alto-comando e ir pessoalmente à Crimeia para acelerar a tomada de Sebastopol e restaurar a glória do nome de Napoleão.[36]

Na Rússia havia muito pouca informação sobre a guerra entre o público. Só existia um jornal russo, o *Boletim de Odessa* (*Odesskii Vestnik*) para toda a região do mar Negro, mas ele não tinha correspondente na Crimeia, e publicava apenas as notícias mais básicas sobre a guerra, normalmente com duas ou três semanas de atraso. Uma censura rígida limitava o que podia ser publicado pela imprensa. Relatos da batalha em Alma, por exemplo, só apareceram no *Boletim de Odessa* em 12 de outubro, 22 dias após o acontecimento, quando a derrota foi descrita como uma "retirada estratégica sob ameaça de um número muito maior de inimigos nos dois flancos e vindo do mar". Quando esse boletim lacônico e mentiroso não satisfez o público leitor, que ouvira boatos da queda de Sebastopol e da destruição da frota do mar Negro, o jornal publicou um relato muito mais detalhado em 8 de novembro, 49 dias após a batalha, no qual admitia uma derrota mas não mencionava a fuga em pânico dos soldados russos ou a superioridade dos atiradores inimigos, cujo poder de fogo superara os mosquetes ultrapassados da infantaria do tsar. O público simplesmente não podia ouvir que o exército russo havia sido mal liderado ou que era tecnicamente atrasado em relação aos exércitos da Europa.[37]

Sem informações oficiais nas quais pudesse confiar, o público educado dava atenção a boatos. Uma inglesa vivendo em São Petersburgo observou algumas "ideias ridículas" sobre a guerra nas classes superiores, que eram "mantidas totalmente no escuro por todos os relatos governamentais". Dizia-se, por exemplo, que a Grã-Bretanha estava tentando fazer a Polônia se levantar contra a Rússia, que a Índia estava prestes a cair perante os russos e que os americanos iriam ajudar a Rússia na Crimeia. Muitos estavam convencidos de que um tratado militar havia sido assinado com os Estados Unidos.* "Eles pareciam ver o presidente dos Estados Unidos com tanto respeito quanto um marinheiro vê sua ancora de emergência em uma tempestade", escreveu a inglesa anônima. Os americanos na Rússia eram festejados e cobertos de honras, "e pareciam bastante contentes com isso", acrescentou ela.

---

* Os boatos sobre os Estados Unidos tinham alguma base. A opinião pública americana em geral era pró-Rússia durante a Guerra da Crimeia. Os abolicionistas do Norte eram simpáticos às potências ocidentais, mas o Sul dono de escravos estava firme ao lado da Rússia, uma economia de servos. Havia uma simpatia generalizada pelos russos como os pequenos em luta contra a Inglaterra, o velho inimigo imperial, bem como um medo de que se a Grã-Bretanha vencesse a guerra contra a Rússia ficaria mais inclinada a novamente interferir nos assuntos americanos. As relações entre Estados Unidos e Grã-Bretanha tinham sido difíceis nos anos anteriores por causa de preocupações em Londres sobre as reivindicações territoriais dos Estados Unidos em relação ao Canadá e seus planos de invadir Cuba (Clarendon dissera ao gabinete que se Cuba fosse invadida a Grã-Bretanha seria obrigada a declarar guerra aos Estados Unidos). Isolados na Europa, os russos desenvolveram relações com os Estados Unidos durante a Guerra da Crimeia. Eles foram aproximados por seu inimigo comum — os ingleses —, embora houvesse persistentes suspeitas do lado russo quanto aos americanos republicanos e, do lado americano, quanto à monarquia despótica tsarista. Contratos comerciais foram assinados entre russos e americanos. Uma delegação militar dos Estados Unidos (incluindo George B. McClellan, futuro comandante do exército do Norte nos estágios iniciais da Guerra Civil) foi à Rússia dar consultoria ao exército. Cidadãos americanos enviaram armas e munição à Rússia (o fabricante de armas Samuel Colt chegou mesmo a oferecer o envio de pistolas e rifles). Voluntários americanos foram à Crimeia lutar ou trabalhar como engenheiros do lado russo. Quarenta médicos dos Estados Unidos estiveram ligados ao departamento médico do exército russo. Foi nessa época que os Estados Unidos sugeriram pela primeira vez a compra da América russa, como o Alasca era conhecido, venda concretizada em 1867.

É estranho que cidadãos de uma nação republicana como a dos Estados Unidos tenham tanta reverência por títulos, ordens, estrelas e besteiras semelhantes (...) No dia em que parti [de São Petersburgo] um dos adidos da embaixada deles mostrou a meus amigos, em êxtase, os ovos de Páscoa com os quais a princesa fulana, a condessa sicrana e vários funcionários de altos postos da corte o haviam presenteado: também exibiu os retratos de toda a família imperial, que disse pretender pendurar, como tesouros pessoais, quando retornasse a Nova York.

A polícia sofria para conter a disseminação de boatos, embora se dissesse que seus informantes estavam por toda parte. A inglesa falou de duas mulheres intimadas ao gabinete do conde Orlov, chefe da Terceira Seção, a polícia secreta, após terem sido escutadas em um café manifestando dúvidas sobre o que era publicado na imprensa russa sobre a guerra. "Fui informada de que elas receberam uma reprimenda severa, e receberam a *ordem de acreditar* em tudo o que era escrito com a chancela governamental."[38]

A guerra produziu reações variadas na sociedade russa. A invasão da Crimeia causou ultraje nos círculos cultos, que se uniram em torno da lembrança patriótica de 1812. Ironicamente, porém, a maior parte da raiva popular parecia ser voltada contra os ingleses em vez de os franceses que, como resultado da vitória russa sobre Napoleão, eram tratados como "um povo insignificante e indefeso demais para merecer qualquer outro sentimento que não o da mais profunda piedade e compaixão", segundo nossa inglesa desconhecida de São Petersburgo. A anglofobia tinha uma longa tradição na Rússia. A "Pérfida Albion" era culpada por tudo em certos círculos da alta sociedade. "Ao ouvi-los falar você poderia imaginar que todos os males existentes no mundo devem ser atribuídos à influência britânica", escreveu a inglesa. Nos salões de São Petersburgo era lugar-comum que a Inglaterra havia sido a agressora responsável pela guerra, e que o dinheiro inglês estava na raiz do problema. Alguns diziam que os ingleses haviam ido à guerra para tomar posse das minas de ouro russas na Sibéria; outros, que eles queriam expandir seu império até o Cáucaso e a Crimeia. Todos consideravam Palmerston o principal nome da política britânica e responsável por suas infelicidades. Em grande parte do continente europeu Palmerston era odiado como um símbolo dos britânicos agressivos e desonestos, que pregavam o livre-comércio e a liberdade como meios de promover seus próprios interesses econômicos e imperiais no mundo. Mas os russos tinham uma razão especial para desprezar o estadista que liderava a política antirrussa da Europa. Segundo a inglesa de São Petersburgo, os nomes de Palmerston e Napier, o almirante encarregado da campanha no Báltico, "inspiravam tal terror nas classes inferiores" que as mulheres mandavam os filhos para cama dizendo "que o almirante inglês estava vindo!".

> E entre os homens comuns, após esgotar todos os termos agressivos nos quais podiam pensar (e a língua russa é singularmente rica nesse sentido), um se voltava para o outro e dizia: "Você é um cão inglês!" A isso se seguiam mais civilidades, após o que concluíam chamando um ao outro de "Palmerston!", sem que tivessem a menor ideia do que a palavra significava; mas no clímax do ódio e da vingança, eles rosnavam "Napier!", como se ele fosse cinquenta vezes pior do que o próprio satanás.

Um poema que circulava amplamente entre oficiais russos captava o clima patriótico:

> Então, com belicoso ardor
> O comandante Palmerston
> Derrota a Rússia no mapa
> Com seu indicador.
> Despertados por seu valor,
> Também o francês, logo atrás,
> Brande a espada de seu tio
> E grita: *allons courage!*[39]

Os pan-eslavos e os eslavófilos eram os que apoiavam a guerra com maior entusiasmo. Haviam saudado a invasão russa dos Bálcãs como o começo de uma guerra religiosa para a libertação dos eslavos, e ficaram decepcionados quando o tsar ordenara a retirada do Danúbio, com muitos o conclamando a ir à guerra sozinho contra toda a Europa. Pogodin, o editor do jornal de Moscou *Moskvitianin*, se tornou ainda mais radical em seus pontos de vista pan-eslavos como resultado da retirada, conclamando o tsar a deixar de lado toda cautela e lançar uma guerra revolucionária aos austríacos, bem como aos otomanos, pela libertação dos eslavos. A invasão aliada da Rússia transformou em realidade seus apelos por uma guerra europeia e suas ideias belicosas ganharam força em uma onda patriótica que varreu a sociedade. Pogodin recebeu a benção do tsar, que lhe deu acesso à corte e a oportunidade de escrever a ele dando opiniões sobre política externa. Não é claro quanta influência Pogodin teve sobre Nicolau, mas sua presença na corte foi luz verde para que a aristocracia apoiasse abertamente suas ideias, segundo a inglesa de São Petersburgo: "Por mais que o tsar possa ter querido disfarçar suas intenções em relação à Turquia e à Constantinopla, seus nobres não tentaram fazê-lo, e isso mesmo há dois anos, muito antes de que esta guerra fosse certa. *'Quant à Constantinople, nous l'aurons, soyez tranquille'*,* disse um nobre certa noite."[40]

Nos círculos sociais mais liberais e pró-ocidentais, porém, havia menos apoio à guerra, e aqueles com acesso à imprensa estrangeira tendiam a ser mais críticos. Muitos não viam necessidade de a Rússia se envolver na Questão Oriental, muito menos se atolar em uma guerra potencialmente desastrosa contra as potências ocidentais. "Todo tipo de truques sujos são cometidos em nome da Santa Rus'", escreveu o príncipe Viazemski, veterano da guerra contra os franceses em 1812, crítico e poeta de tendências liberais que durante vinte anos trabalhou no ministério das Finanças antes de se tornar chefe da censura em 1856. "Como tudo isso irá terminar? Em minha modesta opinião (...) não temos chance de vitória. Os ingleses aliados aos franceses sempre serão mais fortes que nós." Segundo os relatórios da Terceira Seção em 1854, muitas pessoas nas classes cultas eram basicamente hostis à guerra e queriam que o governo continuasse a negociar para evitá-la.[41]

É mais difícil discernir o que pensavam as classes inferiores. Comerciantes tinham medo de perder negócios e tendiam a ser hostis à guerra. Em São Petersburgo, a inglesa sem nome observou: "não apenas toda rua, mas toda casa dava algum indício da luta na qual estão envolvidos. O comércio está quase paralisado; quase nenhuma das lojas tinha clientes; todos pareciam estar economizando seu dinheiro para o caso da pobreza se abater." Os camponeses servos sofriam mais, perdendo homens jovens e capazes das fazendas da família nas convocações militares e ao mesmo tempo suportando a maior parte do fardo ampliado dos impostos em consequência da guerra. A população camponesa declinou drasticamente — em algumas áreas em

---

* "Quanto a Constantinopla, nós a teremos, esteja certa."

até 6% — durante a Guerra da Crimeia. Houve quebras de safra, em parte por problemas climáticos, mas também por falta de mão de obra e animais de carga requisitados pelo exército, e cerca de trezentos levantes de servos ou distúrbios graves com agressões físicas a proprietários de terra e propriedades incendiadas. Entre as classes altas havia o medo de uma revolução, escreveu a inglesa: "Era opinião de muitos quando deixei São Petersburgo que os 80 mil soldados (segundo os russos) que estavam acampados nas ruas e instalados nas casas eram muito mais para garantir a paz dentro dos limites da cidade do que para expulsar um invasor estrangeiro."[42]

Mas havia camponeses que consideravam a guerra uma oportunidade. Na primavera de 1854, correu pelo interior o boato de que havia sido prometida liberdade a qualquer servo camponês que se oferecesse como voluntário para o exército ou a marinha. O rumor tinha origem na decisão do governo de criar uma frota de galeras no Báltico recrutando voluntários camponeses: eles seriam liberados pelos senhores de terra durante o período de serviço desde que concordassem em retornar às propriedades posteriormente. O resultado foi uma grande corrida de camponeses para os portos do norte. A polícia bloqueou as estradas, e milhares de camponeses foram trancados na cadeia até que pudessem ser levados para casa acorrentados em comboios. Assim que esses boatos de emancipação se espalharam, alistamentos posteriores foram interpretados da mesma foram. Padres, escribas camponeses e agitadores ajudaram a espalhar a ideia errada. Em Riazan, por exemplo, um diácono disse aos servos que se eles se juntassem ao exército receberiam oito rublos de prata por mês e depois de três anos de serviço militar eles e suas famílias seriam libertados da servidão.

Em toda parte a história era a mesma. Os camponeses eram convencidos de que o tsar Batiushka proclamara um decreto prometendo a eles liberdade caso se oferecessem como voluntários, e quando ouviam que isso não era verdade supunham que o decreto havia sido escondido ou substituído por seus funcionários malvados. É difícil dizer até que ponto essa crença era inocente, e até que ponto intencional, expressão de suas esperanças de libertação da servidão. Em muitos lugares os boatos se confundiam com outras noções camponesas de um "Manifesto Dourado" no qual o tsar iria libertar os servos e dar a eles toda a terra. Um grupo de camponeses, por exemplo, apareceu no posto de recrutamento após ouvir dizer que o tsar estava sentado em uma "câmara dourada" no alto de uma montanha da Crimeia: "ele dá a liberdade a todos os que vão até ele, mas os que não vão ou se atrasam demais permanecerão servos de seu senhor como antes". Em outras regiões, o boato era substituído por histórias de que os ingleses e franceses iriam libertar os servos que se juntassem a eles na Crimeia, histórias que deram início a uma fuga de servos para o Sul. Na mente camponesa, o Sul estava relacionado à ideia de terra e liberdade: desde tempos medievais havia sido para as estepes do Sul que os servos haviam fugido de seus senhores. A tradição dos cossacos livres permanecia forte entre os camponeses das províncias do sul, onde o movimento voluntário ganhou um caráter quase revolucionário. Bandos de camponeses marchavam para as guarnições locais exigindo ser alistados no exército e se recusando a continuar a trabalhar para seus proprietários de terras. Armados de lanças, facas e porretes, os camponeses entravam em choque com soldados e policiais.[43]

Sem carência de voluntários, e podendo se valer de todos os recursos de seu império, os russos tiveram uma oportunidade ideal naqueles meses de inverno para atacar e destruir os exércitos aliados enfraquecidos nas colinas geladas acima de Sebastopol. Mas não houve iniciativa. O alto-comando russo perdera autoridade e autoconfiança desde a derrota em Inkerman. Sem fé em seus comandantes, o tsar se tornara cada vez mais soturno e desanimado, achando que a guerra não podia ser vencida e talvez lamentando tê-la causado. Cortesãos o descreveram como um homem alquebrado, fisicamente doente, exausto e deprimido, que envelhecera dez anos desde o começo da guerra.

Talvez o tsar ainda contasse com seus confiáveis "generais janeiro e fevereiro" para derrotar britânicos e franceses. Enquanto eles estivessem perdendo homens para frio, doença e fome nas colinas desprotegidas, estava contente em deixar seus comandantes limitarem os ataques a pequenas incursões noturnas contra as posições avançadas dos aliados. Essas incursões causavam pouco dano, mas aumentavam a exaustão. "Nosso tsar não os deixa comer ou dormir", escreveu um cossaco de Sebastopol à sua família em 12 de janeiro. "É uma vergonha que não morram todos para que não tenhamos de lutar com eles."[44]

Os russos tinham problemas de abastecimento que os impediam de desenvolver uma estratégia mais ambiciosa. Com as forças aliadas controlando o mar, os russos tinham de levar seus suprimentos a cavalo ou em carros de boi de camponeses por estradas cobertas de neve e lama desde o sul da Rússia. Não havia ferrovias. Na época do furacão, toda a Crimeia estava sofrendo com a falta de feno; os animais de carga começaram a morrer em uma proporção alarmante. Pirogov viu "os corpos inchados de bois mortos a cada passo pela estrada" de Perekop a Sebastopol na primeira semana de dezembro. Em janeiro o exército russo na Crimeia tinha apenas 2 mil carroças para levar suprimentos, um terço do número que havia sido empregado no começo de novembro. Em Sebastopol, as rações foram reduzidas drasticamente. A única carne disponível era a podre salgada dos bois mortos. Transferido para Eski-Ord, perto de Simferopol, em dezembro, Tolstoi descobriu que os soldados lá não tinham casacos de inverno, mas um grande estoque de vodca, que haviam recebido para se manter aquecidos. Em Sebastopol, os defensores dos bastiões sentiam tanto frio e fome quanto os britânicos e franceses nas trincheiras. Durante aqueles meses de inverno, pelo menos doze russos fugiam todos os dias.[45]

Mas o principal motivo pelo qual o tsar não queria se comprometer com uma grande nova ofensiva na Crimeia era seu temor crescente de uma invasão da Rússia pela Áustria. O cauteloso Paskevitch, o único de seus altos comandantes no qual ele realmente confiava depois de Inkerman, havia muito alertava para a ameaça austríaca à Polônia russa, que considerava muito mais séria do que o risco à Crimeia. Em carta ao tsar em 20 de dezembro, Paskevitch o persuadiu a manter um grande corpo de infantaria nas regiões de fronteira de Dubno, Kamenets e Galícia para o caso de um ataque austríaco, em vez de enviá-lo à Crimeia. A ameaça dos austríacos havia sido sublinhada duas semanas antes, quando firmaram uma aliança com França e Grã-Bretanha prometendo defender os principados do Danúbio contra os russos em troca da promessa aliada de defendê-los dos russos e garantir suas possessões na Itália pela duração da guerra. Na realidade, os austríacos estavam muito mais preocupados em usar sua nova aliança para obrigar as potências ocidentais a negociar uma paz com os russos sob sua influência em Viena do que em ir à guerra contra a Rússia. Mas o tsar ainda sentia a traição dos austríacos, que haviam mobilizado seus soldados para forçar os russos a sair dos principados do Danúbio no verão anterior, e os temia. Entre 7 de janeiro e 12 de fevereiro, o tsar fez longas anotações com sua própria caligrafia nas quais planejava as medidas que iria tomar caso a Rússia enfrentasse uma guerra contra austríacos, prussianos e os outros Estados alemães. A cada memorando ele se tornava mais convencido de que tal guerra era iminente. Era talvez um sintoma do desespero crescente que tomou conta do tsar em seus últimos dias. Ele era assombrado pela possibilidade de que todo o império russo desmoronasse — que todos os ganhos territoriais de seus ancestrais fossem perdidos naquela tola "guerra santa" — com a Grã-Bretanha e os suecos atacando a Rússia pelo Báltico, Áustria e Prússia atacando por Polônia e Ucrânia, e as potências ocidentais atacando no mar Negro e no Cáucaso. Compreendendo que era impossível defender todos os setores simultaneamente, ele sofria acerca de onde colocar suas defesas, e concluiu que em último recurso seria melhor perder a Ucrânia para os austríacos do que enfraquecer as defesas do centro e do "coração da Rússia".[46]

Finalmente, no começo de fevereiro, temendo que as potências ocidentais estivessem prestes a desembarcar uma nova força de invasão para isolar a Crimeia do continente russo em Perekop, o tsar ordenou uma ofensiva para retomar sua provável base de desembarque no porto de Evpatoria, que era então sustentado por uma força turca de aproximadamente 20 mil soldados sob o comando de Omer Pasha, com o apoio dos canhões de parte da frota aliada. As defesas do porto, que incluíam 34 peças de artilharia pesada, eram formidáveis, de tal modo que o general de divisão barão Wrangel, comandante da cavalaria russa na região de Evpatoria, considerou sua tomada impossível, e não quis ser responsável por uma ofensiva. Mas Nicolau insistiu em que o ataque fosse em frente, dando o comando ao segundo de Wrangel, general de divisão Khrulev, um homem de artilharia uma vez descrito por Gorchakov como não tendo "muito na cabeça, mas muito corajoso e ativo, que fará exatamente o que se disser a ele". Questionado por Menchikov se seria possível capturar Evpatoria, Khrulev estava confiante no sucesso. Sua força de 19 mil homens (com 24 esquadrões de cavalaria e 108 peças de artilharia) partiu ao alvorecer de 17 de fevereiro, quando o tsar estava tendo dúvidas sobre a sabedoria da expedição, pensando que talvez fosse melhor deixar os aliados desembarcar as tropas e atacá-los pelos flancos enquanto se moviam para Perekop. Mas era tarde demais para deter Khrulev. A ofensiva durou três horas. As tropas russas foram facilmente repelidas, com a perda de 1.500 homens, e recuaram por campo aberto até Simferopol. Sem abrigo, muitos morreram de exaustão e frio, seus corpos congelados abandonados na estepe.

Quando a notícia da derrota chegou ao tsar em São Petersburgo, em 24 de fevereiro, ele já estava gravemente doente. O tsar caíra de cama com gripe em 8 de fevereiro, mas manteve as tarefas diárias de governo. No dia 16, se sentindo um pouco melhor e ignorando os conselhos de seus médicos, saiu sem casaco de inverno sob uma temperatura de 23 graus abaixo de zero para passar as tropas em revista em São Petersburgo. Saiu novamente no dia seguinte. A partir daquela noite sua saúde começou a deteriorar de forma fatal. Ele contraiu pneumonia. Os médicos podiam ouvir líquido em seus pulmões, sinal que finalmente convenceu seu médico pessoal, o dr. Mandt, de que não havia esperança de recuperação. Muito abalado pela derrota em Evpatoria, e a conselho de Mandt, Nicolau transferiu o governo para seu filho, o tsarevich Alexandre. Ele pediu ao filho para dispensar Khrulev e substituir Menchikov (que então estava ele mesmo doente) por Gorchakov como comandante em chefe. Mas todos sabiam que Nicolau tinha de culpar a si mesmo por ter ordenado o ataque, e ele estava completamente envergonhado. Segundo Mandt, que estava com ele no momento da morte, o "sofrimento espiritual do tsar o abateu mais do que sua doença física", e a notícia do revés em Evpatoria "desferiu o golpe final" em sua saúde já declinante.[47]

Nicolau morreu em 2 de março. O público não soubera nada da doença do tsar (ele proibira a publicação de boletins sobre sua saúde), e o anúncio de sua morte súbita imediatamente gerou boatos de que havia cometido suicídio. Foi dito que o tsar ficara perturbado com Evpatoria e pedira a Mandt que lhe desse veneno. Uma multidão se reuniu diante do Palácio de Inverno, onde foi erguida a bandeira negra, e vozes encolerizadas pediram a morte do médico de nome alemão. Temendo por sua vida, Mandt foi retirado às escondidas do palácio em uma carruagem e deixou a Rússia pouco depois.[48]

Vários outros boatos começaram a circular: que Mandt matara o tsar (uma versão espalhada por certos personagens da corte para negar a ideia de que Nicolau se matara); que Mandt havia sido recompensado por sua lealdade com um retrato do tsar em uma moldura cravejada de diamantes; e que um médico chamado Gruber havia sido preso na Fortaleza de Pedro e Paulo por demonstrar interesse demais na morte do tsar. Os boatos sobre o suicídio do tsar foram prontamente considerados verdadeiros por aqueles que se opunham a seu governo autoritário: que ele tirasse a própria vida lhes parecia um reconhecimento tácito de seus pecados. Os boatos receberam crédito por parte de distintos acadêmicos nas últimas décadas antes de 1917, entre eles Nikolai Childer, autor de uma biografia de Nicolau em quatro volumes, cujo pai, Karl Childer, integrara sua corte; e foram amplamente citados por historiadores do período soviético. Ainda são considerados verdadeiros por alguns historiadores hoje.[49]

Em seu diário íntimo da vida na corte, Anna Tiutcheva apresenta detalhes suficientes das últimas horas do tsar para descartar a possibilidade séria de suicídio. Mas também deixa claro que Nicolau estava moralmente arrasado, tão tomado de remorso por seus equívocos, pela guerra desastrosa que impusera à Rússia por intermédio de sua política externa impulsiva, que deu boas-vindas à morte. Talvez achasse que já não tinha Deus a seu lado. Antes de morrer, o tsar chamou o filho e pediu a ele para dizer ao exército e em particular aos defensores de Sebastopol que "sempre tentei fazer o melhor por eles e no que falhei não foi na falta de boa vontade, mas na falta de conhecimento e informação. Peço que me perdoem".[50]

Vestindo uniforme militar, Nicolau foi enterrado na catedral da Fortaleza de Pedro e Paulo, túmulo de todos os governantes da Rússia desde Pedro, o Grande. Pouco antes da tampa do caixão ser fechada, a imperatriz colocou sobre o coração de Nicolau uma cruz de prata com uma imagem da igreja de Santa Sofia em Constantinopla, "para que no céu ele não se esqueça de rezar por seus irmãos no Oriente".[51]

10
Bucha de canhão

A notícia da morte do tsar chegou a Paris e Londres no final do dia 2 de março. A rainha Vitória esteve entre as primeiras a saber. Ela refletiu sobre a morte em seu diário:

> Pobre imperador, *ele* tem, infelizmente, o sangue de muitos milhares em sua consciência, mas um dia foi um grande homem, e teve suas grandes qualidades, bem como boas. O que ele fez foi fruto de uma noção equivocada e obstinada do que era certo e do que ele achava ter o *direito* de fazer e ter. Há onze anos ele esteve aqui — todo gentileza, e certamente maravilhosamente fascinante e belo. Por alguns anos depois, estava cheio de sentimentos de amizade por nós! Quais possam ser, as consequências de sua morte, ninguém pode fingir antecipar.[1]

A morte do tsar foi imediatamente anunciada em teatros, locais de reunião e outros espaços públicos por toda a terra. Em Nottingham, o anúncio se deu quando a cortina baixou no primeiro ato da ópera de Donizetti *Lucia di Lammermoor*. A plateia aplaudiu, a orquestra tocou o hino nacional e as pessoas foram para as ruas festejar. Todos supunham que a guerra havia sido vencida, porque Nicolau havia produzido a guerra com suas políticas agressivas, e agora que ele havia desaparecido, a Rússia poderia finalmente recobrar o juízo e pedir uma paz breve. O *Times* declarou a morte de Nicolau um ato de intervenção divina, a punição de Deus ao homem responsável pela deflagração da guerra, e previu uma rápida vitória para os aliados. As ações subiram bastante nas bolsas de Paris e Londres.

A notícia demorou mais para chegar às forças aliadas na Crimeia, e chegou de modo inesperado. Na noite de 4 de março, vários dias antes que o anúncio da morte do tsar chegasse por telegrama, um soldado de cavalaria francês encontrou um bilhete amarrado a uma pedra que havia sido lançada das trincheiras russas do lado de fora das muralhas de Sebastopol. Escrito em francês, o bilhete dizia representar o ponto de vista de muitos oficiais russos:

> O tirano dos russos está morto. A paz logo será assinada e não teremos mais motivo para combater os franceses, a quem estimamos; se Sebastopol cair, será o déspota que o desejou.
>
> Um verdadeiro russo, que ama seu pais, mas detesta autocratas ambiciosos.[2]

Embora muitos desses russos pudessem desejar a paz, o novo tsar Alexandre II não estava disposto a abandonar as políticas de seu pai. Estava com 36 anos quando ascendeu ao trono, havia sido o herdeiro aparente por trinta anos, e permaneceu firmemente à sombra do pai no primeiro ano de seu reinado. Ele tinha tendências mais liberais que Nicolau, tendo sido exposto à influência do poeta liberal Vasili Jukovski, seu tutor na corte, e tendo viajado muito pela Europa; para desapontamento do pai, ele não demonstrava nenhum interesse por assuntos militares, mas era um nacionalista russo com marcadas simpatias pela causa pan-eslava. Ao suceder o pai, Alexandre rapidamente descartou qualquer conversação de paz que considerasse humilhante para a Rússia (a única paz aceitável para os britânicos) e se comprometeu a continuar a lutar pela "causa sagrada" e a "glória no mundo" de seu país. Contudo, por intermédio de Nesselrode, também deixou claro que estava aberto a negociações para uma solução de acordo com "a integridade e a honra da Rússia". Alexandre tinha consciência da crescente oposição à guerra na França. O principal objetivo dessa iniciativa era afastar os franceses da influência britânica oferecendo a eles a perspectiva do fim das hostilidades. "Entre França e Rússia a guerra é sem ódio", escreveu Nesselrode a seu genro, o barão Von Seebach, ministro da Saxônia em Paris, que leu sua carta para Napoleão: "A paz será feita quando o imperador Napoleão a desejar."[3]

Mas ao longo dos primeiros meses de 1855, Napoleão estava sob pressão crescente dos aliados britânicos para se comprometer com uma guerra mais ambiciosa contra a Rússia. Palmerston, o novo primeiro-ministro, havia muito pressionava por isso — não apenas destruir a base naval de Sebastopol, mas acabar com o poderio russo na região do mar Negro, no Cáucaso, em Polônia, Finlândia e Báltico atraindo novos aliados e apoiando movimentos de libertação contra o jogo tsarista. Esse ataque ao império russo ia muito além dos Quatro Pontos acordados entre os britânicos, franceses e austríacos como base para os planos de guerra aliados contra a Rússia em 1854 — planos que foram cuidadosamente limitados pelo governo de coalizão de Aberdeen. Onde Aberdeen quisera uma campanha limitada para obrigar os russos a negociar esses quatro pontos, Palmerston estava determinado a transformar a campanha na Crimeia em uma guerra ampla contra a Rússia na Europa e no Oriente Próximo.

Quase um ano antes, em março de 1854, Palmerston esboçara esse "*beau ideal* do resultado da guerra" em carta ao gabinete britânico:

> Aaland (ilhas do Báltico) e Finlândia devolvidas à Suécia. Algumas das províncias alemãs da Rússia no Báltico cedidas à Prússia. Um substantivo reino polonês recriado como barreira entre Alemanha e Rússia. (...) Crimeia, Circássia e Geórgia arrancadas da Rússia, com Crimeia e Geórgia dadas à Turquia, e a Circássia independente ou dada ao sultão como suserania. Tais resultados, é verdade, só podem ser conseguidos com uma combinação de Suécia, Prússia e Áustria com Inglaterra, França e Turquia, e tais resultados pressupõem grandes derrotas da Rússia. Mas tais resultados não são impossíveis, e não devem ser inteiramente descartados de nossos pensamentos.

Na época os planos ambiciosos de Palmerston haviam sido recebidos com uma boa dose de ceticismo pelo gabinete britânico (como mencionado antes, Aberdeen objetara que eles envolveriam o continente em uma nova "Guerra dos Trinta Anos"). Mas com Palmerston como primeiro-ministro, a Rússia enfraquecida, e as dificuldades do inverno chegando ao fim, a perspectiva de uma guerra mais ampla absolutamente não parecia impossível.[4]

Nos bastidores do governo britânico havia poderosos defensores de uma guerra europeia mais ampla contra a Rússia. Sir Harry Verney, por exemplo, o representante liberal de Buckingham,* publicou um folheto, *Our Quarrel with Russia*, que circulou amplamente entre diplomatas e líderes militares na primavera de 1855. Foi enviado a Stratford Canning, que era claramente simpático às suas ideias, a Palmerston e Clarendon, bem como a sir William Codrington, o comandante da Divisão Ligeira que logo se tornaria o comandante em chefe do exército oriental e entre cujos papéis ele ainda pode ser encontrado. Verney argumentava que a Grã-Bretanha deveria se esforçar mais para envolver os alemães em uma guerra contra a Rússia. A Alemanha tinha muito a temer da agressão russa, com Berlim estando a poucos dias de marcha das fronteiras do império do tsar; era basicamente protestante, então tinha muito em comum com a Grã-Bretanha; e, estrategicamente, era a base ideal para uma guerra para libertar o Ocidente cristão da ameaça "bárbara" da Rússia. Em termos familiares ao discurso padrão da russofobia europeia, Verney argumentava que os russos deveriam ser empurrados "rumo leste além do Dnieper, para a estepe asiática".

> A Rússia é um país que não faz qualquer avanço em qualquer empreitada intelectual ou industrial e se omite totalmente de oferecer uma influência benéfica ao mundo. O governo, do mais alto ao mais baixo, é inteiramente corrupto. Vive das intrigas de agentes e dos relatórios de espiões altamente remunerados internamente e no exterior. Avança para países mais civilizados e bem governados que ela mesma, e luta para reduzi-los a seu próprio nível de decadência. Ela se opõe à circulação da Bíblia e ao trabalho dos missionários. (...) Os gregos na Turquia mantiveram tão pouco o caráter cristão que fizeram mais para prejudicar o cristianismo que mesmo os turcos foram capazes de conseguir; eles são por todo o império turco os aliados em cuja ajuda os russos podem confiar para dar a eles informações e executar seus desígnios. A Rússia busca conseguir excelência apenas nas artes da guerra — para isso não há quantia que não queira pagar.
>
> Nossa disputa com ela envolve a questão de se o mundo deve fazer progressos, de acordo com a mais alta interpretação dessa palavra, na civilização, com todos os seus mais preciosos acompanhamentos. Dessa questão dependem

---

* Em 1857, ele se casou com Parthenope Nightingale, irmã mais velha de Florence Nightingale, e permaneceu próximo de Florence a vida toda.

liberdade religiosa, civil, social e comercial; o império da igualdade; ordem consistente com liberdade; a circulação da Palavra de Deus; e a promulgação dos princípios baseados nas Escrituras.[5]

Napoleão era em geral simpático à ideia de Palmerston de usar a guerra para redesenhar o mapa da Europa. Mas estava menos interessado na campanha antirrussa no Cáucaso, que servia principalmente aos interesses britânicos. Ademais, seu medo da oposição interna, que aumentara para níveis alarmantes depois do fracasso do exército de conseguir uma vitória rápida, fazia com que temesse comprometer a França com uma guerra longa e sem limites. Napoleão estava dividido. No plano prático seu instinto era se concentrar na Crimeia, capturar Sebastopol como um símbolo da satisfação da "honra" e do "prestígio" franceses de que necessitava para fortalecer seu regime, e depois levar a guerra a um fim rápido e "glorioso". Mas a visão de uma guerra europeia de libertação segundo o modelo do grande Napoleão nunca esteve longe dos pensamentos do imperador. Ele flertava com a ideia de que os franceses podiam redescobrir seu entusiasmo pela guerra caso fosse oferecido a eles aquele velho sonho revolucionário de uma Europa reconstruída a partir de nações-Estado democráticas.

Napoleão queria devolver a Crimeia ao império otomano. Era um grande defensor da independência italiana, acreditando em que a guerra era uma oportunidade de impor isso aos austríacos, dando a eles o controle dos principados do Danúbio como compensação pela perda de Lombardia e Veneza. Mas acima de tudo simpatizava com a causa polonesa, a questão internacional mais urgente da política francesa. Achava que austríacos e prussianos poderiam concordar com a restauração de uma Polônia independente como Estado amortecedor entre eles mesmos e a Rússia, cujo expansionismo havia sido demonstrado pela guerra, e tentou persuadir Palmerston de que a recriação de um reino polonês poderia ser colocada como condição para qualquer negociação de paz. Mas o britânico temia que a restauração da Polônia desse nova força à Sacra Aliança e até mesmo detonasse guerras revolucionárias na Itália e na Alemanha; se isso acontecesse, a Europa poderia se ver lançada em uma nova rodada de guerras napoleônicas.

Todos esses fatores contribuíram para o fracasso da Conferência de Viena, a iniciativa de paz diplomática patrocinada pelos austríacos nos primeiros meses de 1855. A Áustria ingressara na aliança militar com as potências ocidentais no dezembro anterior, mas não para encorajar uma guerra prolongada à Rússia, que só iria prejudicar sua própria economia e inquietar suas minorias eslavas. Em vez disso, os austríacos esperavam usar a nova aliança para pressionar britânicos e franceses a negociar a paz com os russos sob seu patrocínio em Viena.

Janeiro era um bom momento para voltar à diplomacia. O impasse militar e os sofrimentos do inverno haviam aumentado a pressão popular sobre os governos ocidentais para encontrar uma conclusão para a guerra. Particularmente os franceses estavam contentes de explorar as possibilidades diplomáticas. Altos ministros, como Drouyn e Thouvenal, haviam começado a duvidar da possibilidade de uma vitória militar. Eles temiam que quanto mais a luta continuasse — e os franceses estavam travando a maior parte dela —, mais o público reagiria contra uma guerra que já sentia estar sendo travada principalmente por interesses britânicos. Tais considerações ajudaram a atrair Napoleão para a ideia de uma iniciativa de paz — ele esperava que pudesse fazer bem a seus ideais em Polônia e Itália —, embora permanecesse aliado de Palmerston, que não acreditava na paz nem a desejava. Contudo, nas primeiras semanas de 1855, quando Palmerston foi obrigado a demonstrar um certo grau de moderação para formar um gabinete com os seguidores de Robert Peel, amantes da paz, mesmo ele foi pressionado a levar em consideração (ou dar a aparência de estar levando em consideração) as iniciativas austríacas.

Em 7 de janeiro, o príncipe Alexander Gorchakov, embaixador do tsar em Viena,* anunciou a aceitação pela Rússia dos Quatro Pontos, incluindo o polêmico terceiro ponto encerrando o domínio russo do mar Negro. Nas últimas semanas de vida Nicolau estava ansioso para iniciar conversações de paz. Com o ingresso da Áustria em uma aliança militar com as potências ocidentais ele era assombrado pela perspectiva de uma guerra geral europeia contra a Rússia, e estava preparado para buscar uma saída "honrosa" do conflito na Crimeia. Os britânicos desconfiavam das intenções dos russos. Em 9 de janeiro a rainha Vitória informou a Clarendon, ministro do Exterior, que em sua opinião a aceitação pela Rússia dos Quatro Pontos não passava de uma "manobra diplomática" concebida para impedir os aliados de capturar

---

* Não confundir com Mikhail Gorchakov, seu comandante em chefe.

a Crimeia. A rainha acreditava que a campanha militar não deveria ser interrompida, que Sebastopol tinha de ser capturada para garantir que a Rússia aceitasse os Quatro Pontos. Palmerston concordou. Ele não tinha intenção de permitir que qualquer iniciativa de paz detivesse os golpes militares que ele planejava acertar nos russos na campanha de primavera.[6]

Os ministros franceses estavam mais inclinados a levar a sério a oferta russa e explorar as possibilidades de um acordo negociado. Sua disposição de fazer isso foi grandemente fortalecida em fevereiro, quando Napoleão anunciou a firme intenção — contra muitos alertas de ministros e aliados, que temiam por sua vida — de ir à Crimeia e assumir pessoalmente as operações militares lá. Palmerston concordou com Clarendon em que todos os esforços deveriam ser feitos para impedir a ideia "insana" do imperador, mesmo que isso significasse iniciar negociações de paz em Viena. Pelo bem da aliança, e para dar a seu governo a aparência de seriedade quanto às conversações de paz após a renúncia dos três principais seguidores de Peel (Gladstone, Graham e Herbert), que haviam duvidado de sua sinceridade após apenas uma quinzena no cargo, Palmerston nomeou lorde John Russell como representante da Grã-Bretanha na Conferência de Viena.*

A nomeação de Russell, um antigo membro do partido da guerra, pareceu inicialmente uma forma de Palmerston matar as conversações de paz. Mas Russell logo se converteu à iniciativa austríaca e até mesmo começou a questionar os princípios e motivos da política britânica na Questão Oriental e na Guerra da Crimeia. Em um memorando brilhante que escreveu em março, Russell listou várias formas de a Grã-Bretanha proteger o império otomano da agressão russa — dando ao sultão o poder de convocar as frotas aliadas para o mar Negro, por exemplo, ou fortificando e guarnecendo o Bósforo contra ataques de surpresa — sem uma guerra cujo principal objetivo, concluiu, era colocar os russos de joelhos. Russell também foi muito crítico da

---

* A renúncia de Herbert do gabinete (como secretário para as colônias) se deu após semanas de críticas duras e xenófobas na imprensa britânica, que se concentrara em suas ligações familiares com a Rússia. Foi dito, por exemplo, no *Belfast News-Letter* (29 de dezembro de 1854) que a mãe dele, lady Herbert, era irmã de um príncipe com um "esplêndido palácio em Odessa" que havia sido deliberadamente poupado pelos britânicos durante o bombardeio daquela cidade (na verdade o palácio de Vorontsov havia sido bastante danificado durante o bombardeio de Odessa). No *Exeter Flying Post* (31 de janeiro de 1855), Herbert foi acusado de tentar "obstruir o caminho [do governo] e favorecer os desígnios do tsar".

postura doutrinária da Grã-Bretanha em relação à reforma liberal das relações muçulmano-cristãs no império otomano — sua tendência a impor um único sistema reformado baseado nos princípios administrativos britânicos, em vez de trabalhar de uma forma mais conservadora e pragmática com as instituições locais existentes, redes religiosas e práticas sociais para estimular melhorias *in loco*. Esse raciocínio era muito austríaco e disparou os alarmes em Whitehall. Palmerston de repente se viu diante da perspectiva de ser obrigado a assinar uma paz que não queria, pressionado pelos franceses e pelo crescente número de defensores da iniciativa austríaca, incluindo o príncipe Alberto. No começo de maio, o príncipe consorte havia adotado o ponto de vista de que uma aliança diplomática das quatro grandes potências, mais a Alemanha, era uma melhor garantia de segurança para Turquia e Europa do que a continuação da guerra à Rússia.

Quanto mais duraram as conversações de Viena, mais determinado Palmerston ficou em rompê-las e retomar a luta em maior escala. Mas a decisão final de guerra ou paz dependia do vacilante imperador dos franceses. No final resumia-se a se ele escutaria os conselhos de Drouyn, seu ministro das Relações Exteriores, que recomendava um plano de paz baseado nas propostas austríacas de limitar o poder naval russo no mar Negro, ou se escutaria lorde Cowley, o embaixador britânico, que tentava convencê-lo de que tal proposta não era substituto para a destruição da frota russa e que seria uma humilhação nacional assinar qualquer paz antes que esse objetivo houvesse sido atingido. A reunião crucial aconteceu em Paris em 4 de maio, quando o marechal Vaillant, ministro da Guerra, se juntou a Cowley para enfatizar a desgraça de aceitar a paz sem uma vitória militar e o impacto perigoso que tal paz poderia ter no exército e na estabilidade política do Segundo Império. Os planos de paz foram rejeitados e Drouyn renunciou, enquanto Napoleão se comprometia de má vontade com a aliança com os britânicos e a ideia de uma guerra ampliada à Rússia.[7]

Não faltavam novos aliados para tal guerra. Em 26 de janeiro, havia sido assinada uma convenção militar por França e Grã-Bretanha com o reino de Piemonte-Sardenha, o único Estado italiano que se libertara do controle político austríaco, pelo qual 15 mil soldados, sob o comando do general italiano Alfonso La Marmora, foram enviados para se juntar aos aliados na Crimeia, aonde chegaram em 8 de maio. Para Camillo Cavour, o primeiro-ministro piemontês, o envio dessa força expedicionária era uma oportunidade de forjar uma aliança com as potências ocidentais de modo a promover a causa da unificação italiana sob a liderança piemontesa. Cavour apoiava a ideia de uma guerra geral contra Rússia e Sacra Aliança para redesenhar o mapa da Europa segundo linhas nacionais liberais. Mas o envio de tropas italianas era uma estratégia arriscada, sem qualquer promessa formal de ajuda de britânicos ou franceses, que não podiam se permitir afastar os austríacos (em 22 de dezembro os franceses haviam até assinado um tratado secreto com os austríacos concordando em manter o *status quo* na Itália enquanto fossem aliados na guerra à Rússia). Mas os piemonteses não teriam poder real no cenário internacional até que provassem sua utilidade às potências ocidentais, e como parecia improvável que os austríacos ingressassem na guerra como combatentes, aquela era uma oportunidade de os piemonteses provarem que eram mais valiosos que os austríacos. Os comandantes aliados certamente acharam que os sardos eram "sujeitos espertos de boa aparência" e soldados de primeira categoria. Um general francês, que acompanhou seu desembarque em Balaclava, pensou que todos pareciam "bem-cuidados e bem-vestidos, organizados e disciplinados, e entusiasmados em seus novos e brilhantes uniformes azul-escuros".[8] Eles se comportaram bem e com bravura na Crimeia.

Os poloneses também apoiavam a ideia de uma guerra geral europeia contra a Rússia. Encorajados por Adam Czartoryski e o grupo do Hôtel Lambert, franceses e britânicos patrocinaram a criação de uma legião polonesa sob o comando de Zamoyski. Composta de 1.500 exilados poloneses, prisioneiros de guerra e desertores do exército do tsar, a legião foi equipada pelas potências ocidentais, mas disfarçada com o nome de "Cossacos do Sultão" para combater os russos na Crimeia e no Cáucaso.* Segundo um oficial russo, que havia sido feito prisioneiro pelos aliados em Kinburn, a maioria dos quinhentos poloneses recrutados pelos aliados em sua prisão havia recebido dinheiro para ingressar na Legião Polonesa, e os que recusaram foram espancados.[9] A legião só entrou em operação ativa no outono de 1855, mas o projeto havia sido discutido sem

---

* Muitos poloneses fugiram do exército russo e se juntaram às forças do sultão, alguns deles altos oficiais que adotaram nomes turcos, em parte para se distinguir dos russos: Iskander Bey (depois Iskander Pasha), Sadyk Pasha (Micha Czaykowski) e "Hidaoit" (Hedayat) com o exército de Omer Pasha na região do Danúbio; o coronel Kuczynski, chefe do Estado-Maior do exército egípcio em Evpatoria; e os majores Kleczynski e Jerzmanowski, do exército turco na Crimeia.

cessar desde a primavera. Um dos problemas era a questão espinhosa de se as potências ocidentais reconheceriam a legião como uma força nacional, o que portanto significaria dar seu apoio à causa polonesa como um objetivo da guerra, questão que na verdade nunca foi resolvida ou esclarecida.

Ansioso para incorporar mais soldados para uma guerra maior à Rússia, Palmerston pediu o recrutamento de mercenários de todo o mundo. Ele falou em reunir 40 mil soldados. "Vamos conseguir o máximo de alemães e suíços que pudermos", declarou na primavera; "vamos conseguir homens de Halifax, alistar italianos, aumentar nossa gratificação sem elevar o padrão. A coisa precisa ser feita. Precisamos ter soldados." Sem um sistema de conscrição para criar reservas treinadas, o exército britânico historicamente dependia de mercenários estrangeiros, mas as pesadas baixas dos meses de inverno o tornaram ainda mais dependente que de hábito do alistamento de uma legião estrangeira. Os soldados britânicos eram superados pelos franceses em pelo menos dois para um, significando que os franceses tinham prioridade na decisão dos objetivos e estratégias dos aliados. Em dezembro, uma Lei de Alistamento Estrangeiro foi aprovada apressadamente no Parlamento. Houve considerável oposição popular, com base principalmente em desconfiança dos estrangeiros, o que determinou emendas para que não mais de 10 mil soldados fossem recrutados no exterior. O maior grupo de mercenários saiu da Alemanha, cerca de 9.300 homens, a maioria artesãos e agricultores, cerca de metade dos quais tinha treinamento ou experiência militar, seguido pelos suíços, com aproximadamente 3 mil homens. Eles chegaram à Grã-Bretanha em abril, com cada homem recebendo uma gratificação de 10 libras. Treinada em Aldershot, uma força combinada de 7 mil soldados suíços e alemães foi enviada para Scutari em novembro de 1855. No final, eles estavam atrasados demais para se juntar à luta na Crimeia.[10]

A questão diante de britânicos e franceses não era apenas como incorporar novos aliados e recrutas para uma guerra maior à Rússia, mas onde concentrar esse ataque. Na primavera de 1855 as forças russas haviam se tornado extremamente dispersas, e havia muitos pontos fracos nas defesas do império, de modo que era sensato ampliar a campanha com novos ataques nesses pontos. O único problema era decidir onde. Do 1,2 milhão de soldados russos em campo, 260 mil protegiam a costa do Báltico, 293 mil estavam na Polônia e no oeste da Ucrânia, 121 mil na Bessarábia e ao longo do litoral do mar Negro, enquanto 183 mil estavam estacionados no Cáucaso.[11]

As defesas da Rússia estavam tão estendidas, e eles tão assustados de que os aliados pudessem penetrar, que foram feitos planos para uma guerra de guerrilha ao estilo de 1812. Um memorando secreto ("Sobre a resistência nacional no caso de uma invasão inimiga da Rússia") foi elaborado pelo general Gorchakov em fevereiro. Gorchakov estava preocupado com o reforço dos exércitos aliados para uma nova ofensiva na primavera, e temia que a Rússia não tivesse forças suficientes para defender todas as suas fronteiras contra eles. Como Paskevitch e o tsar Nicolau, ele temia principalmente uma invasão austríaca por Polônia e Ucrânia, onde estava acantonada a maioria das forças russas, por causa da composição étnica e religiosa dessas regiões de fronteira: se os austríacos invadissem, provavelmente teriam o apoio não apenas dos poloneses, mas dos católicos rutenos de Volínia e Podólia. Gorchakov propôs que a linha de defesa guerrilheira da Rússia fosse estabelecida com base religiosa em regiões atrás das fronteiras, nas províncias de Kiev e Kherson, onde a população era ortodoxa e podia ser convencida por seus padres a ingressar em brigadas guerrilheiras. Sob o comando do exército do sul, as brigadas iriam destruir pontes, colheitas e rebanhos, seguindo a política de terra arrasada de 1812, depois penetrar nas florestas, de onde emboscariam as tropas invasoras. Aprovadas por Alexandre, as propostas de Gorchakov foram colocadas em prática em março. Padres foram mandados para a Ucrânia. Armados com cópias de um manifesto escrito pelo tsar em seu leito de morte, eles convocaram os camponeses ortodoxos a mover uma "guerra santa" contra os invasores. A iniciativa não foi um sucesso. Bandos de camponeses surgiram na região de Kiev, alguns com até setecentos homens, mas a maioria tinha a impressão de que estaria lutando por sua libertação da servidão, não contra um inimigo estrangeiro. Eles marcharam com seus ancinhos e armas de caça contra as propriedades rurais locais, onde tiveram de ser dispersados por soldados das guarnições.[12]

Enquanto isso, os aliados discutiam para onde dirigir as novas ofensivas na primavera. Muitos líderes britânicos depositaram suas esperanças em uma campanha no Cáucaso, onde as tribos muçulmanas rebeldes comandadas pelo imã Shamil já haviam se unido ao exército turco para atacar os russos em Geórgia e Circássia. Em julho de 1854, Shamil lançara um ataque em grande escala às posições russas na Geórgia. Com 15 mil cavaleiros e soldados, ele avançara até 60 quilômetros de Tbilisi, na época defendida por apenas 2 mil soldados russos, mas os turcos não haviam conseguido deslocar suas forças de Kars para se juntar a seu ataque ao quartel-general militar tsarista, então ele recuara para o Daguestão. Algumas das forças de Shamil, sob o comando de seu filho Gazi Muhammed, atacaram a casa de verão do príncipe georgiano Chavchavadze em Tsinandali, levando como prisioneiras a esposa do príncipe e sua irmã (netas do último rei georgiano), com os filhos e a governanta francesa. Shamil esperava trocá-las por seu filho Jemaleddin, prisioneiro em São Petersburgo, mas a notícia da captura delas causou sensação internacional, e representantes franceses e britânicos exigiram sua libertação incondicional. Mas quando suas cartas chegaram a Shamil, em março de 1855, o imã já havia conseguido trocar as mulheres e seus filhos por Jemaleddin e 40 mil rublos de prata da corte russa.[13]

Os britânicos estavam enviando armas e munição para as tribos muçulmanas rebeldes desde 1853, mas até aquele momento haviam relutado em se comprometer plenamente com o exército de Shamil ou mesmo com os turcos no Cáucaso, vendo ambos com desprezo colonial. A captura das princesas não conquistou nenhum amigo para Shamil em Londres. Mas na primavera de 1855, movidos pela busca de novas formas de colocar a Rússia de joelhos, britânicos e franceses começaram a estudar a possibilidade de estabelecer relações com as tribos do Cáucaso. Em abril, o governo britânico enviou um agente especial, John Longworth, seu antigo cônsul em Monastir e intimamente ligado a David Urquhart, o turcófilo que apoiava os circassianos, em missão secreta para entrar em contato com Shamil e estimulá-lo a unir as tribos muçulmanas em uma "guerra santa" contra a Rússia, prometendo apoio militar britânico. O governo francês enviou seu próprio agente, Charles Champoiseau, vice-cônsul em Redutkale, em missão separada junto às tribos circassianas ao redor de Sukhumi, na Geórgia.[14]

Os britânicos se comprometeram a armar o exército de Shamil e expulsar os russos de Circássia. Em 11 de junho, Stratford Canning relatou ao Departamento do Exterior ter convencido a Porta "a emitir um édito de independência circassiana no caso da expulsão da Rússia de seu país" (um conceito dúbio naquela complexa região tribal). A essa altura o próprio Longworth chegara a Circássia e relatara que as tribos das montanhas estavam bem armadas com rifles Minié e armas de caça. O agente russo achava que os turcos poderiam liderar as tribos circassianas da planície de Kuban em uma guerra à Rússia. Mustafa Pasha, o comandante em chefe das forças turcas em Batumi, se encontrara com os líderes tribais circassianos e havia "virtualmente se tornado o governador-geral da Circássia", relatou Longworth. Havia boatos de Mustafa estar formando um grande exército circassiano, com até 60 mil homens, para atacar o sul da Rússia a partir do Cáucaso. Mas Longworth temia que os otomanos estivessem aproveitando a situação para reafirmar seu poder no Cáucaso, e alertou os britânicos para que se opusessem a eles. Os paxás locais estavam se valendo de seus laços renovados com a Porta para governar despoticamente, e isso afastara muitas tribos de britânicos e franceses como aliadas dos turcos. Longworth também rejeitava a ideia de apoiar o movimento de Shamil alegando que ele estava infiltrado de fundamentalistas islâmicos, com destaque para o emissário (*naib*) de Shamil em Circássia, Muhammed Emin, que prometera expulsar todos os cristãos do Cáucaso e proibira os seguidores de Shamil de ter qualquer contato com os não muçulmanos. Segundo Longworth, o *naib* planejava construir "um império feudal baseado nos princípios do fanatismo islâmico". As reservas de Longworth quanto a apoiar Shamil eram partilhadas por muitos especialistas em Oriente da Secretaria do Exterior em Londres. Eles alertaram contra o uso de forças muçulmanas (especialmente os turcos) contra os russos na Geórgia e na Armênia com base em que apenas um exército europeu poderia ter alguma autoridade real entre a população cristã dali.[15]

Não querendo enviar suas próprias forças ao Cáucaso, e com medo de depender de tropas muçulmanas, britânicos e franceses demoraram a tomar uma decisão sobre que tipo de política deveriam desenvolver naquela região crucial. Com uma força efetiva no Cáucaso os aliados poderiam ter desferido um golpe muito mais rápido e devastador na Rússia do que conseguiram sitiando Sebastopol durante onze meses. Mas eles eram cautelosos demais para explorar esse potencial.

Os aliados também tinham grande esperança na campanha naval no Báltico, que foi retomada na primavera. Com uma nova frota de vapores e baterias flutuantes, e um novo comandante, o contra-almirante sir Richard Dundas, no lugar de Napier, que havia sido amplamente culpado pelo que se considerava o fracasso da campanha em 1854, havia conversas otimistas sobre tomar Kronstadt e Sveaborg, as fortalezas russas que Napier deixara de atacar, e depois ameaçar a própria São Petersburgo. O pesquisador naval e hidrógrafo encarregado de planejar a campanha foi o capitão Bartholomew Sulivan, que acompanhara Charles Darwin na expedição do *Beagle*. A partir de suas pesquisas preliminares, Sulivan concluiu que as fortalezas poderiam ser capturadas apenas por navios, sem a necessidade de desembarcar tropas. Quando Clarendon foi a Paris no começo de março para tentar dissuadir Napoleão de cumprir sua ameaça de ir à Crimeia, levou com ele o relatório de Sulivan. Isso foi recebido com entusiasmo pelo imperador, que achava que a decisão de não atacar Kronstadt em 1854 havia sido uma desgraça. Como os britânicos, Napoleão acreditava que a tomada de Kronstadt encorajaria a Suécia a se juntar à aliança contra a Rússia.

As primeiras belonaves britânicas deixaram Spithead em 20 de março, com mais seguindo uma quinzena depois; a frota francesa do almirante Pénaud chegou ao Báltico em 1º de junho. Em uma tentativa vã de reforçar o bloqueio aliado ao comércio russo — um bloqueio que era evitado pelo comércio através da Alemanha —, a frota britânica atacou e destruiu várias estações costeiras russas. Mas seus principais alvos continuaram a ser Kronstadt e Sveaborg. De seu navio, a 8 quilômetros de Kronstadt, o príncipe Ernest de Leiningen escreveu à sua prima, rainha Vitória, em 3 de junho:

> Lá está a cidade diante de nós com suas numerosas igrejas e espiras, e suas intermináveis baterias todas mostrando os dentes, prontas para nos morder se dermos uma chance a elas. A entrada do porto é protegida por dois imensos fortes, Alexander e Menchikov, e para chegar a eles os navios precisam primeiramente passar pelas três fileiras (78 canhões) do forte Risbank (...). Do alto de nosso mastro podemos ver claramente as cúpulas e torres douradas de São Petersburgo, e bem diante da frota está o magnífico palácio de Oranienbaum, construído com uma pedra branca que parece muito com mármore (...). Ainda está frio aqui, mas o templo é claro e praticamente não temos noite, apenas cerca de duas horas escuras de onze até uma.[16]

Enquanto eles esperavam a chegada dos franceses, Sulivan fazia um cuidadoso reconhecimento das águas rasas do Báltico, incluindo o litoral da Estônia, onde foi convidado para um jantar surreal por uma família nobre anglófila em sua casa de campo. "Realmente tudo pareceu um sonho", ele escreveu:

três milhas dentro de um país inimigo, e este cenário bastante inglês, com uma agradável jovem falando um inglês tão bom quanto o meu, a não ser por um leve sotaque estrangeiro (...) Tivemos um jantar esplêndido, mas com mais carnes simples, caça etc. do que eu esperava. Café e chá foram levados para uma mesa, e partimos por volta das 10, ao escurecer, com o barão me conduzindo em um ritmo animado em um faeton leve com cavalos ingleses e um cocheiro totalmente vestido como inglês, cintos de couro, botas e tudo mais.

No começo de junho Sulivan apresentou seu relatório. Ele estava então pessimista quanto à possibilidade de superar as poderosas defesas de Kronstadt, como Napier estivera em 1854. Durante o ano anterior, os russos haviam reforçado sua frota (Sulivan contara 34 canhoneiras) e fortalecera as defesas voltadas para o mar com minas submarinas elétricas e químicas (descritas como "máquinas infernais") e uma barreira feita de estruturas de madeira presas no leito marinho e cheias de rochas. Seria difícil removê-la sem sofrer baixas severas causadas pelos canhões pesados da fortaleza. O ataque planejado a Kronstadt foi abandonado — e com ele a esperança de uma vitória aliada decisiva no Báltico.[17]

Enquanto isso, os aliados também pensavam em formas de ampliar sua campanha na Crimeia. O impasse militar dos meses de inverno levara muitos a concluir que continuar a bombardear Sebastopol pelo sul não produziria resultados enquanto os russos fossem capazes de levar suprimentos e reforços do continente via Perekop e o mar de Azov. Para que o sítio funcionasse Sebastopol teria de ser cercada pelo lado norte. Essa havia sido a lógica do plano aliado original no verão de 1854 — um plano que havia sido abandonado por Raglan, que temera que seus homens sofressem com o calor caso ocupassem a planície da Crimeia para isolar os russos de Perekop. No final do ano, a tolice da estratégia de Raglan se tornara clara para todos, e os líderes militares estavam pedindo uma estratégia mais ampla. Em um memorando de dezembro, por exemplo, sir John Burgoyne, engenheiro-chefe de Raglan, pediu a criação de uma força aliada de 30 mil homens no rio Belbek "com o objetivo de realizar operações contra Bakhtchiserai e Simferopol" que iriam isolar Sebastopol de uma de suas principais rotas de abastecimento (sendo a outra por intermédio de Kerch, no leste de Crimeia).[18]

O ataque russo a Evpatoria em fevereiro levara a novos planos de uma presença aliada mais poderosa para interromper as linhas de abastecimento russas desde Perekop. Tropas aliadas foram enviadas a Evpatoria para reforçar a força turca em março. Elas encontraram uma situação assustadora lá — uma verdadeira crise humanitária —, com até 40 mil camponeses tártaros vivendo nas ruas, sem comida ou abrigo, tendo fugido de suas aldeias por medo dos russos. A crise encorajou os comandantes aliados a pensar em deslocar mais tropas para a planície noroeste da Crimeia, no mínimo para proteger e mobilizar a população tártara contra os russos.[19]

Mas foi em abril que os aliados realmente se dedicaram seriamente a repensar sua estratégia militar na Crimeia. Em 18 de abril, Palmerston, Napoleão, o príncipe Alberto, Clarendon, lorde Panmure (o novo secretário de Estado da Guerra), Vaillant, Burgoyne e o conde Walewski (sucessor de Drouyn no ministério das Relações Exteriores em Paris) se reuniram em um conselho de guerra no Castelo de Windsor. Palmerston e Napoleão eram decididamente a favor de uma mudança de estratégia, reduzindo o bombardeio de Sebastopol de modo a se concentrar na conquista da Crimeia inteira, que ambos viam como o começo de uma guerra mais ampla à Rússia. O novo plano teria a vantagem de envolver os tártaros da Crimeia no lado aliado. Acima de tudo, representaria um retorno ao tipo de luta em campo aberto no qual os exércitos aliados haviam se provado tecnicamente superiores aos russos em Alma e Inkerman. Era na habilidade e no poder de fogo de sua infantaria que os aliados tinham maior superioridade sobre os russos — vantagens que contavam muito pouco na guerra de sítio de Sebastopol. Em engenharia e artilharia, os russos eram pelo menos iguais a britânicos e franceses.

Napoleão era o mais entusiasmado com uma mudança de estratégia. Embora a ocupação de Sebastopol fosse um dos seus objetivos centrais, ele estava convencido de que a cidade não cairia até estar totalmente cercada, mas quando estivesse cairia sem luta. Sugeriu que em vez de bombardear a cidade pelo sul, os aliados desembarcassem um exército em Alushta, 70 quilômetros a leste, e marchassem de lá na direção de Simferopol, através da qual a maior parte dos suprimentos do exército russo eram transportados. Os britânicos concordaram com as linhas gerais da estratégia de Napoleão, embora como parte da barganha tenham conseguido dissuadi-lo de sua ideia ousada de ir à Crimeia assumir pessoalmente o comando das operações militares. O "plano do imperador" (como a expedição Alushta ficou conhecida nos círculos franceses) foi incluído como uma das três opções para um ataque diversionista ao interior da Crimeia, sendo os outros uma ofensiva de tropas aliadas baseadas em Sebastopol contra Bakhtchiserai, e o desembarque em Evpatoria de uma força que marcharia através da planície até Simferopol. Os dois ministros da guerra assinaram um memorando sobre o plano acertado, que Panmure enviou a Raglan com a autoridade do gabinete britânico. As instruções de Panmure deixavam a cargo de Raglan escolher entre as três alternativas, mas enfatizavam que ele estava sendo ordenado a tomar uma delas. As trincheiras em Sebastopol seriam deixadas nas mãos de 60 mil homens (30 mil turcos e 30 mil franceses), que teriam como nova tarefa manter uma barragem para impedir os russos de deixar a cidade, em vez de continuar com qualquer intenção de assumir a ofensiva.

Raglan era cético quanto ao novo plano. Ele queria continuar com o bombardeio, que estava convencido de estar prestes a ter sucesso, e acreditava que uma ofensiva de campo não deixaria soldados suficientes para defender as posições aliadas diante de Sebastopol. Em um ato de desafio aberto, se não de motim, contra seus superiores políticos, Raglan convocou um conselho de guerra na Crimeia no qual disse a seus comandantes aliados, Canrobert e Omer Pasha, que o memorando de Panmure era apenas uma "sugestão" e que ele (Raglan) poderia segui-la ou não como achasse melhor. Raglan fez corpo mole em relação ao novo plano, dando várias desculpas para não retirar homens do sítio, até Canrobert, que era a favor da campanha de sítio e havia se oferecido várias vezes para colocar suas tropas sob o comando de Raglan, desde que ele a iniciasse, explodir de frustração e informar a Napoleão. "O plano de campo concebido por Sua Majestade foi tornado praticamente impossível pela não cooperação do comandante em chefe do exército inglês."[20]

Durante muitos anos, os franceses culpariam os britânicos pelo fracasso do plano de marchar sobre Simferopol e conquistar o resto da Crimeia. Eles tinham bons motivos para estar furiosos com Raglan, que poderia ter sido afastado por Palmerston por insubordinação, se não por incompetência, após sua recusa em cumprir a ordem de um ataque ao interior da Crimeia. Com poder de fogo superior e o apoio da população tártara da planície, havia bons motivos para acreditar que uma campanha de campo teria tomado

Simferopol e cortado a principal rota de suprimentos russa pela península. Era exatamente o cenário que os russos mais temiam, motivo pelo qual o tsar havia ordenado o ataque a Evpatoria em fevereiro. Os russos sabiam como eram vulneráveis a um ataque a suas linhas de suprimentos, e sempre consideraram a rota a partir de Evpatoria como a mais provável para uma ofensiva aliada rumo a Simferopol ou Perekop. Como admitiram mais tarde, eles estavam espantados que os britânicos e os franceses nunca tivessem tentado lançar esse ataque.[21]

O único esforço sério que os aliados fizeram para isolar Sebastopol de suas bases de suprimentos foi seu ataque ao porto de Kerch, que controlava as linhas de suprimento pelo mar de Azov, embora tenham sido necessárias duas tentativas para que isso fosse conseguido. Planos para um ataque haviam sido feitos no começo da campanha, mas a primeira ordem para ação só foi dada em 26 de março, quando Panmure escreveu a Raglan o instruindo a organizar uma "operação combinada por mar e terra" para "reduzir as defesas de Kerch". Era uma proposta atraente, inclusive porque envolveria a Marinha Real, que pouco havia sido utilizada até então, em uma época em que a contribuição britânica ao esforço aliado estava sendo seriamente questionada pelos franceses. Inicialmente, Canrobert teve dúvidas sobre a operação, mas em 29 de abril ele concordou que um esquadrão de belonaves francesas sob o comando do almirante Bruat e 8.500 soldados integrassem a expedição, que seria liderada pelo general de divisão Brown, o veterano comandante da Divisão Ligeira. A frota aliada zarpou em 3 de março, navegando rumo noroeste para Odessa de modo a disfarçar suas intenções dos russos antes de retornar para Kerch. Mas pouco antes de alcançar seu destino um barco rápido alcançou a frota e entregou uma ordem de Canrobert para que os navios franceses retornassem. Pouco após a frota ter partido, a nova linha telegráfica para Paris transmitira uma ordem de Napoleão a Canrobert o instruindo a transferir os reservas de Constantinopla: como os navios de Bruat seriam necessários, Canrobert relutantemente decidiu se retirar do ataque a Kerch. A Marinha Real foi obrigada a retornar, e Canrobert ficou desgraçado aos olhos dos britânicos (e de muitos franceses).[22]

O resultado da expedição prejudicou as relações já deterioradas entre britânicos e franceses. Desempenhou um importante papel na decisão de Canrobert de renunciar ao comando em 16 de maio. Ele sentiu que sua posição estava abalada, que havia frustrado os britânicos, e assim não tinha autoridade para forçar Raglan a colocar em prática os planos de uma campanha de campo. O novo comandante em chefe francês, o general Pélissier, um homem baixo e corpulento com modos objetivos, era muito mais decidido, muito mais um homem de ação do que Canrobert, que havia muito fora apelidado de "Robert Can't" pelos britânicos. A escolha de Pélissier foi recebida com entusiasmo no acampamento britânico. O coronel Rose, comissário britânico no quartel-general do exército francês, que havia sido próximo de Canrobert, escreveu a Clarendon dizendo que chegara o momento de uma postura mais "ativa" na guerra e que Pélissier era o homem para isso:

> O general Pélissier nunca permitirá que suas ordens sejam cumpridas pela metade; se pode ser feito, tem de ser feito. Ele tem temperamento violento e modos grosseiros, mas acredito ser justo e sincero; e acho que em todas as questões importantes essas duas qualidades triunfarão sobre seu temperamento ebuliente. Ele concebe tudo rapidamente, tem muito bom senso e uma mente decidida que pensa em superar as dificuldades, não se render a elas.[23]

Ansioso para melhorar as relações com os britânicos, Pélissier concordou em retomar a operação contra Kerch, embora concordasse com Raglan em que o principal alvo das operações aliadas deveria continuar a ser as defesas de Sebastopol. Em 24 de maio, sessenta navios da frota aliada zarparam com uma força combinada de 7 mil franceses, 5 mil turcos e 3 mil britânicos sob o comando de Brown. Vendo a aproximação da armada, a maioria dos habitantes russos de Kerch fugiu para o interior. Após um rápido bombardeio, os soldados aliados conseguiram desembarcar sem oposição. Brown foi recebido por uma delegação dos civis russos que restaram. Eles contaram que estavam com medo de ataques da população tártara local e imploraram que os protegesse. Brown ignorou seus apelos. Ordenando a destruição do arsenal em Kerch, Brown deixou na cidade uma pequena força composta basicamente de soldados franceses e turcos e marchou com o restante da tropa para o importante forte de Ienikale, mais adiante no litoral, onde o saque de propriedades russas continuou sob a supervisão de Brown. Enquanto isso os navios de guerra aliados entraram no mar de Azov, navegaram na direção do litoral russo, destruíram navios russos e arrasaram os portos de Mariupol e Taganrog.*

Os ataques a propriedades russas em Kerch e Yenikale logo se transformaram em uma orgia ébria e algumas terríveis atrocidades pelos soldados aliados. O pior aconteceu em Kerch, onde a população tártara local se valeu da ocupação aliada para se vingar violentamente dos russos da cidade. Ajudados pelos soldados turcos, os tártaros saquearam lojas e casas, estupraram mulheres russas e mataram e mutilaram centenas de russos, incluindo até crianças e bebês. Entre os excessos esteve a destruição do museu da cidade, com sua rica e magnífica coleção de arte helênica, um ultraje relatado por Russell em *The Times* de 28 de maio:

> O chão do museu está coberto com uma grossa camada de restos de vidros quebrados, vasos, urnas, estátuas, a preciosa poeira de seu conteúdo, e restos calcinados de madeira e osso, misturados aos cacos recentes de prateleiras, mesas e mostruários nos quais haviam sido preservados. Nenhum pedaço de nada que pudesse ser quebrado ou queimado ainda mais foi poupado da destruição por martelo ou fogo.

Durante vários dias Brown não fez nada para deter as atrocidades, embora tenha recebido relatórios de que um contingente de soldados franceses e britânicos tomara parte nos saques. Brown considerava os tártaros aliados, adotando o ponto de vista de que eles estavam envolvidos em uma "rebelião

---

* Taganrog tinha forças militares insuficientes para se defender, apenas um batalhão de infantaria e um regimento de cossacos, juntamente com uma unidade de duzentos civis armados, no total cerca de 2 mil homens, mas sem artilharia. Em um esforço desesperado para salvar a cidade de um bombardeio, o governador enviou uma delegação ao encontro dos comandantes da frota aliada com uma oferta de decidir o destino de Taganrog em um combate em campo aberto. Ele até mesmo se ofereceu para tornar os lados desiguais de modo a refletir a vantagem aliada no mar. Foi um ato extraordinário de cavalheirismo que poderia ter saído diretamente das páginas da história medieval. Os comandantes aliados não ficaram impressionados e retornaram a seus navios para iniciar o bombardeio de Taganrog. Todo o porto, o domo da catedral e muitos outros prédios foram destruídos. Entre os muitos moradores que fugiram da cidade cercada estava Evgenia Tchekhova, mãe do futuro dramaturgo Anton Tchecov, que nasceu em Taganrog cinco anos depois (L. Guerrin, *Histoire de la dernière guerre de Russie (1853-1856)*, 2 vols. (Paris, 1858), vol. 2, pp. 239-40; N. Dubrovin, *Istoriia Krymskoi voiny i oborony Sevastopolia*, 3 vols. (S. Petersburgo, 1900), vol. 3, p. 191).

legítima" contra o mando russo. Finalmente, tendo sido informado das piores atrocidades, Brown despachou uma pequena força (apenas vinte cavaleiros britânicos) para restaurar a ordem. Eles estavam em número pequeno demais para produzir qualquer efeito real, embora tenham atirado em alguns soldados britânicos flagrados cometendo estupro.[24]

Segundo testemunhas russas, não foram apenas os soldados aliados que tomaram parte em saque, violência e estupro; também oficiais. "Vi vários oficiais ingleses levando para seu navio móveis e esculturas, e todo tipo de outros itens que haviam saqueado de nossas casas", recordou um morador de Kerch. Várias mulheres alegaram ter sido estupradas por oficiais britânicos.[25]

O desdobramento de todos esses planos ampliados foi detido porque, com a chegada da primavera, os soldados britânicos e franceses se atolaram novamente no cerco de Sebastopol, que continuava a ser prioritário na estratégia aliada. Apesar do reconhecimento de que uma mudança de planos era necessária para que o cerco desse certo, os aliados continuavam aferrados à ideia de que um último esforço faria desmoronar as muralhas de Sebastopol e obrigaria a Rússia a aceitar uma paz humilhante.

Em termos de luta real, o cerco passara por um período tranquilo nos meses de inverno, com os dois lados se concentrando em fortalecer suas defesas. Os franceses fizeram a maior parte do trabalho de cavar trincheiras pelo lado aliado, principalmente porque o terreno ocupado pelos britânicos era muito pedregoso. Segundo Herbé, eles cavaram 66 quilômetros de trincheiras, e os britânicos apenas 15 durante os onze meses do cerco. Era um trabalho lento, exaustivo e perigoso, penetrar no terreno duro a temperaturas congelantes, dinamitar a rocha abaixo, sob fogo inimigo constante. "Cada metro de nossas trincheiras foi literalmente ao custo da vida de um homem, com frequência dois", recordou Noir.[26]

Os russos foram particularmente ativos em suas defesas. Sob a direção do gênio da engenharia Totleben, eles desenvolveram seus taludes e trincheiras em um nível mais sofisticado que já havia sido visto na história da guerra de sítio. Nos estágios iniciais do sítio, as fortificações russas eram pouco mais que taludes improvisados às pressas reforçados com tramas de juncos, feixes de madeira e gabiões; mas defesas novas e mais formidáveis foram acrescentadas nos meses de inverno. Os bastiões foram reforçados com o acréscimo de casamatas — posições de artilharia fortificadas enterradas vários metros no solo e cobertas com grossas tábuas náuticas e taludes que as tornavam à prova do bombardeio mais pesado. Dentro dos bastiões mais fortificados, o Malakhov e o Redan (o Terceiro), havia um labirinto de *bunkers* e apartamentos, incluindo um no Redan com mesa de bilhar e divãs, e em cada havia uma pequena capela e um hospital.[27]

Para proteger esses bastiões cruciais os russos construíram outras defesas fora das muralhas da cidade: o Mamelon (Kamtchatka Lunette), para defender o Malakhov, e os fossos da Pedreira em frente ao Redan. O Mamelon foi construído pelos soldados do Regimento Kamtchatka (de onde derivou seu nome russo) quase sob fogo constante dos franceses durante a maior parte de fevereiro e começo de março. Tantos homens foram mortos em sua construção que nem todos puderam ser evacuados, mesmo sob a proteção da noite, e muitos mortos foram deixados nos taludes. O Mamelon era ele mesmo um complexo sistema de fortalezas protegido pelo reduto duplo do White Works no seu flanco esquerdo (assim chamado por causa do solo de argila branca exposto pela escavação das defesas). Henri Loizillon, um engenheiro francês, descreveu a surpresa de seus colegas soldados com o que encontraram dentro do Mamelon quando o capturaram no começo de junho:

> Por toda parte havia abrigos no chão cobertos com tábuas pesadas onde os homens se protegiam das bombas. Além disso, descobrimos um enorme subsolo capaz de receber centenas de homens, de modo que as baixas que eles tiveram foram muito inferiores ao que imaginávamos. Esses abrigos eram ainda mais curiosos pelo surpreendente conforto que encontramos ali: havia camas com edredons, porcelanas, serviços de chá completos etc., de modo que os soldados não estavam mal servidos. Também havia uma capela onde o único objeto marcante era uma escultura de Cristo em madeira dourada bastante bonita.[28]

Em meio a todo esse frenesi construtivo houve poucas grandes batalhas. Mas os russos lançaram esporádicas incursões à noite contra as trincheiras de britânicos e franceses. Algumas das mais ousadas foram lideradas por um marinheiro chamado Piotr Kochka, cujos feitos eram tão famosos que ele se tornou um herói nacional na Rússia. Não era inteiramente claro para as tropas aliadas qual o objetivo dessas incursões. Elas raramente causavam danos duradouros às suas defesas, e as perdas que infligiam aos homens eram mínimas, normalmente menos que os próprios russos perdiam. Herbé achava que seu objetivo era aumentar a fadiga dos aliados porque o medo constante de um ataque à noite tornava impossível a eles dormir nas trincheiras (essa de fato era a intenção dos russos). Segundo o major Whitworth Porter, dos Engenheiros Reais, o primeiro indício de um ataque iminente seria a "descoberta de várias formas escuras se arrastando por cima do parapeito".

> O alerta é dado instantaneamente e no momento seguinte eles estão sobre nós. Nossos homens, espalhados como estão, são apanhados de surpresa, recuam passo a passo diante do inimigo avançando, até finalmente se deterem. E então se segue uma luta corpo a corpo. As comemorações, os gritos e as interjeições de nossos homens; os berros dos russos investindo como maníacos pelo efeito do álcool vil com o que foram enlouquecidos antes de partir para o massacre; os estalos agudos dos rifles, ecoando momentaneamente em todos os lados; as palavras de comando gritadas apressadamente; a explosão da corneta russa soando clara em meio a toda a balbúrdia, sinalizando seu avanço — tudo conspira para criar um cenário de confusão, suficiente para perturbar os nervos mais resistentes. Quando a isso se soma a possibilidade de que o cenário da luta seja uma bateria, onde as numerosas traves, peças de artilharia e outros obstáculos atravancam o espaço e tornam ainda mais difícil para qualquer dos lados agir, é possível dar uma ideia desse espetáculo extraordinário. Mais cedo ou mais tarde — geralmente em apenas alguns minutos — nossos homens, tendo se reunido em número suficiente, se lançam corajosamente à frente, e arremessam o inimigo de cabeça por sobre o parapeito. Uma salva rápida é disparada atrás deles para aumentar a velocidade de sua fuga, e a alta e vibrante comemoração britânica (...).[29]

Os aliados também lançavam ataques-surpresa contra as defesas avançadas russas — sendo o objetivo não tomar essas posições, mas abalar o moral dos soldados russos. Os zuavos eram os soldados ideais para essas incursões: eles eram os mais eficazes do mundo em combate corpo a corpo. Na noite de 23/4 de fevereiro, seu festejado 2º Regimento invadiu e por um breve tempo ocupou a recém-construída White Works, apenas para mostrar aos russos que eles poderiam capturá-la quando quisessem, antes de se retirar com 203 homens feridos e 62 oficiais e soldados mortos, que eles levaram de volta, sob fogo pesado, em vez de abandoná-los aos russos.[30]

Em contraste com as incursões dos aliados, alguns dos ataques russos eram grandes o bastante para sugerir que sua intenção era expulsar os aliados de suas posições, embora na realidade nunca fossem suficientemente poderosos para tanto. Na noite de 22/3 de março, os russos lançaram uma incursão de cerca de 5 mil homens contra as posições francesas em frente a Mamelon. Era a maior incursão até aquele momento. O impacto do assalto foi recebido pelo 3º de Zuavos, que deteve os atacantes em uma feroz luta corpo a corpo no escuro, iluminados apenas pelos clarões de rifles e mosquetes. Os russos se espalharam em um movimento de flanqueamento e rapidamente capturaram as trincheiras britânicas mal defendidas à direita deles, de onde dirigiram seu fogo para o lado francês, mas os zuavos continuaram a resistir, até que reforços britânicos finalmente chegassem, permitindo aos zuavos expulsar os russos de volta a Mamelon. A incursão custou muito aos russos: 1.100 homens foram feridos e mais de quinhentos mortos, quase todos eles nas trincheiras dos zuavos ou perto delas. Depois do fim da luta os dois lados concordaram em um armistício de seis horas para recolher os mortos e feridos que ocupavam o campo de batalha. Homens que estavam em guerra minutos antes começaram a confraternizar, conversando uns com os outros com gestos de mão e eventuais palavras na linguagem do outro, embora quase todos os oficiais russos falassem bem o francês, a língua adotiva da aristocracia russa. O capitão Nathaniel Steevens, do 88º Regimento a Pé, testemunhou a cena:

> Aqui vimos uma multidão de oficiais e homens ingleses misturados a alguns oficiais e escolta russos, que haviam levado a bandeira de Trégua; era uma visão das mais curiosas; os oficiais conversando livre e alegremente como amigos calorosos, e quanto aos soldados, aqueles que cinco minutos antes estavam atirando uns nos outros podiam ser vistos agora fumando juntos, partilhando tabaco e bebendo rum, trocando os cumprimentos habituais de "bono inglês" etc.; os oficiais russos eram homens de aparência muito refinada, falavam francês e um deles inglês; finalmente, consultando os relógios, descobriu-se que "o tempo quase acabara", então os dois lados gradualmente recuaram da vista uns dos outros para suas respectivas defesas, mas não sem nossos homens trocarem apertos de mão com os soldados russos e alguém dizer *"Au revoir"*.[31]

Afora essas investidas, os soldados permaneceram em seus respectivos lados nos primeiros meses de 1855. "O cerco agora é apenas nominal", escreveu Henry Clifford à família em 31 de março. "Disparamos alguns tiros durante o dia, mas tudo parece paralisado." Era uma situação estranha, já que havia muita artilharia sem utilização, implicando quase uma descrença no cerco. Naqueles meses havia mais trabalho de cavar que de disparar — um fato que não agradava muitos dos soldados. Segundo Whitworth Porter, dos Engenheiros Reais, o soldado britânico não gostava do "trabalho com pá", achando que não era coisa de soldado. Ele cita um irlandês da infantaria:

"Eu certamente não me alistei para esse tipo de trabalho. Quando entrei foi para ser um soldado, e fiquei de sentinela, certo e devido, e usei minha baioneta quando me mandaram; mas nunca sonhei com nada deste tipo. Certamente uma das razões para eu me alistar foi que eu odiava trabalho de pá; e o sargento que me pegou jurou por São Patrício que eu nunca pegaria em uma pá novamente. Mas eu mal chego aqui e me colocam uma picareta e uma pá na mão, tão ruim como sempre foi na velha Irlanda." E então ele ia para o trabalho resmungando o tempo todo, e fazendo violentos ataques aos russos, que ele jurava que iriam pagar por aquilo se um dia ele entrasse naquela abençoada cidade.[32]

À medida que o cerco se acomodava na rotina monótona de trocar tiros com o inimigo, os soldados nas trincheiras se acostumaram a viver sob bombardeio constante. Para alguém de fora, eles pareciam quase despreocupados dos perigos que os cercavam. Os soldados passaram a reconhecer as várias bombas e os vários obuses pelos seus sons diferentes, que diziam a eles quais ações evasivas deviam adotar; a bala de canhão "disparando pelo ar com um guincho agudo gelado, muito perturbador para os nervos do jovem soldado", como Porter recordava; a salva de metralha, "zumbindo com um som parecido com o de um bando de pássaros no vento forte"; o "buquê", uma chuva de pequenos obuses dentro de uma bomba, "cada um deixando uma comprida trilha curva de luz atrás dele e, ao chegar ao destino, acendendo a atmosfera com curtos clarões intermitentes enquanto explodiam sucessivamente"; e o grande morteiro, "se elevando orgulhoso e grandioso no ar, fácil de ser discernido à noite pelo trilho selvagem de seu pavio queimando, traçando uma curva majestosa no ar até que, tendo chegado à sua altitude máxima, começa a descer, caindo cada vez mais rápido, até disparar (...) fazendo em sua passagem pelo ar um som como o trinado de um abibe". Era impossível dizer onde o morteiro iria cair, ou onde seus fragmentos iriam explodir, então "tudo o que se podia fazer ao ouvir o barulho de pássaro era deitar com o rosto no chão e esperar".[33]

Gradualmente, enquanto o cerco se arrastava sem ganhos de nenhum lado, a troca de fogo assumiu um cunho simbólico. Em períodos serenos, quando os homens ficavam entediados, o transformavam em esporte. François Luguez, um capitão dos zuavos, recordou como seus homens faziam jogos de tiro com os russos: um dos lados erguia na ponta da baioneta um pedaço de pano para que o outro atirasse — cada tiro sendo recebido com festa e riso se acertava, e vaias se errava.[34]

Tendo cada vez menos a temer, os sentinelas nos piquetes começaram a se aventurar na terra de ninguém para se divertir ou se aquecer à noite. De tempos em tempos havia alguma confraternização com os russos, cujos postos avançados não eram mais distantes que um campo de futebol. Calthorpe registrou um desses incidentes, quando um grupo de soldados russos desarmados se aproximou dos piquetes britânicos:

> Eles fizeram sinais de que queriam fogo para seus cachimbos, o que um dos nossos homens deu a eles, e depois eles permaneceram alguns minutos conversando com nossas sentinelas, ou tentando fazê-lo, sendo a conversa algo sofisticado como isto:
>
> 1º soldado russo — "Englise bono!"
>
> 1º soldado inglês — "Russkie bono!"
>
> 2º soldado russo — "Francis bono!"
>
> 2º soldado inglês — "Bono!"
>
> 3º soldado russo — "Oslem no bono!"
>
> 3º soldado inglês — "Ah, ah! Turk no bono!"
>
> 1º soldado russo — "Oslem!", fazendo careta e cuspindo no chão para mostrar seu desprezo.
>
> 1º soldado inglês — "Turk!", fingindo correr para longe, como se com medo, momento em que o grupo inteiro cai na gargalhada, e depois de trocarem apertos de mão, voltam a seus respectivos postos.[35]

Para passar o tempo os soldados desenvolveram uma grande variedade de atividades e jogos. Nos bastiões de Sebastopol, observou Ershov, "jogos de cartas de todos os tipos eram disputados o dia inteiro". Oficiais jogavam xadrez e liam vorazmente. Na casamata do Sexto Bastião havia até mesmo um piano de cauda, e eram marcados concertos com músicos dos outros bastiões. Ershov escreve: "Inicialmente os concertos eram dignos e cerimoniosos, com a devida atenção às regras de escutar música clássica, mas paulatinamente, à medida que nossa disposição mudava, houve uma correspondente tendência a melodias nacionais ou canções e danças folclóricas. Uma vez foi organizado um baile de máscaras, e um cadete apareceu vestido de mulher para cantar canções folclóricas."[36]

Diversões teatrais eram muito populares no acampamento francês, onde os zuavos tinham sua própria trupe teatral, um vaudevile travestido que divertia enormes multidões de soldados barulhentos em um galpão de madeira. "Imagine um zuavo vestido como uma pastora e flertando com os homens (*faisant la coquette*)!", recordou André Damas, capelão do exército francês. "E depois outro zuavo vestido como uma jovem dama da sociedade e se fazendo de difícil (*jouant la précieuse*)! Nunca vi nada tão engraçado ou tão talentoso quanto aqueles cavalheiros. Eles eram hilariantes."[37]

As corridas de cavalos também eram populares, especialmente entre os britânicos, cuja cavalaria estava quase inteiramente desocupada. Mas não eram apenas os animais da cavalaria que participavam dessas corridas. Whitworth Porter foi a um encontro organizado pela 3ª Divisão na pastagem. "O dia estava terrivelmente frio", observou em seu diário em 18 de março,

> um vento oeste penetrante chegando aos ossos: mas a pista estava lotada com gente de toda parte do exército; todos os que podiam conseguir um pônei para a ocasião o tinham feito, e a maioria tinha aparência estranha. Vi um espécime enorme de um oficial britânico, que não devia medir menos de 1,87 metro, de meias, montado no menor, mais magro e malcuidado pônei que já havia visto.[38]

Houve muita bebida nesses meses relativamente preguiçosos. Em todos os exércitos, isso resultou em um crescente problema generalizado de indisciplina, xingamentos, insolência, discussões ébrias e violência, além de atos de insubordinação dos homens, tudo sugerindo que o moral da tropa estava perigosamente baixo. No exército britânico (e não há razão para supor que ele fosse mais afetado que o russo ou o francês), impressionantes 5.546 homens (aproximadamente um em cada oito em todo o exército em campanha) se comportaram tão mal que foram levados à corte marcial por vários casos de embriaguez durante a Guerra da Crimeia. A maioria dos soldados bebia um belo copo de álcool no café da manhã — vodca para os russos, rum para os britânicos e vinho para os franceses —, e outro no jantar. Muitos também bebiam durante o dia — e alguns nunca estiveram sóbrios durante todo o cerco. Beber era a principal diversão dos soldados em todos os exércitos, incluindo os turcos, que gostavam do vinho doce da Crimeia. Henry Clifford recordou a cultura da bebida nos acampamentos aliados:

> Quase todo regimento tem uma cantina, e à porta de cada uma delas ficavam de pé, ou não de pé, pois muito poucos conseguiam, então deitavam ou rolavam, grupos de soldados franceses e ingleses, em diversos estados de embriaguez. Contentes, rindo, chorando, dançando, brigando, sentimentais, afetivos, cantando, dançando, discutindo, estúpidos, animalescos, brutais, apagados. Franceses tão mal quanto ingleses, ingleses tão mal quanto franceses (...) Que equívoco pagar demais a um soldado! Dê a ele um pouco mais do que realmente quer, e ele se entrega à sua brutal propensão e imediatamente fica *bêbado*. (...) Seja inglês, francês, turco, sardo, dê a ele dinheiro suficiente e ele ficará bêbado.[39]

A chegada repentina da primavera quente melhorou o moral dos soldados aliados. Herbé escreveu em 6 de abril: "Hoje é primavera; o sol não nos abandona há três semanas, e tudo mudou de aparência." Os soldados franceses plantaram jardins perto de suas barracas. Muitos, como Herbé, rasparam as barbas de inverno, lavaram as roupas e em geral melhoraram sua aparência, de modo a que "se as damas de Sebastopol fizerem um baile e convidarem os oficiais franceses, nossos uniformes ainda irão brilhar em meio a seus trajes elegantes". Após um inverno tão cruel, quando tudo estava escondido sob lama e neve, a Crimeia de repente pareceu se transformar em um lugar de grande beleza, com uma profusão de flores primaveris coloridas nas terras abandonadas, campos de capim com um metro de altura e pássaros cantando por toda parte. "Só tivemos alguns poucos dias quentes", escreveu Russell no *Times* em 17 de março,

> mas o solo, onde quer que uma flor tenha chance de brotar, produz uma multidão de galantos, crócus e jacintos (...). Os tentilhões e as cotovias aqui têm seu próprio dia dos namorados, e também se reúnem em bandos. Pintassilgos muito brilhantes, grandes escrevedeiras, carriças de penacho dourado, cotovias, pintarroxos, caminheiros e três tipos de piscos, o acentor e uma bela espécie de alvéola são muito comuns por toda a península; e é estranho ouvi-los cantando e trinando nos arbustos nos intervalos dos disparos do canhão, assim como ver as jovens flores de primavera forçando caminho pelas rachaduras de terra revolvida por tiros e espiando sob cápsulas e equipamentos militares pesados.[40]

No acampamento britânico, o ânimo dos soldados aumentou com melhorias no suprimento de alimentos e outros produtos básicos, principalmente como resultado da iniciativa privada, que aproveitou as oportunidades criadas com o fracasso do governo em suprir os soldados na Crimeia. Na primavera de 1855, uma enorme gama de comerciantes particulares e revendedores havia montado barracas e lojas em Kadikoi. Embora os preços fossem extorsivos, qualquer coisa podia ser comprada ali, de carnes em conserva e picles, garrafas de cerveja e *raki* grego até café torrado, latas de biscoitos Albert, chocolate, charutos, artigos de toalete, papel, penas e tinta, e o melhor champanhe de Oppenheim's ou Fortnum & Mason, ambas com lojas no bazar principal. Havia seleiros, sapateiros, padeiros e donos de hospedarias, incluindo a famosa Mary Seacole, uma jamaicana que fornecia refeições abundantes e hospitalidade, misturas de ervas e remédios no "British Hotel" que ela abriu em um lugar que chamou de Spring Hill, perto de Kadikoi.

Nascida em Kingston, em 1805, de pai escocês e mãe *creole*, essa mulher extraordinária trabalhara como enfermeira em bases militares na Jamaica e se casara com um inglês chamado Seacole, que morreu após um ano. Depois administrara um hotel e mercearia com o irmão no Panamá, onde tivera de lidar com surtos de doenças. No começo da Guerra da Crimeia, ela viajara para a Inglaterra e tentara ser recrutada como enfermeira por Florence

Nightingale, mas foi rejeitada várias vezes, sem dúvida em parte devido à cor de sua pele. Determinada a ganhar dinheiro e ajudar no esforço de guerra como comerciante e dona de hospedaria, ela se associou a Thomas Day, um parente distante do marido, para criar uma empresa, "Seacole and Day". Zarpando de Gravesend em 15 de fevereiro, eles compraram mercadorias em Constantinopla, onde também recrutaram um jovem judeu grego (que ela iria chamar de "Johnny judeu"). Embora com nome grandioso, o "British Hotel" na verdade era apenas um restaurante e armazém no que Russell descreveu como "um depósito de ferro com barracão de madeira", mas era muito querido pelos oficiais britânicos, sua clientela principal, para os quais era uma espécie de clube, onde podiam se divertir e desfrutar de uma comida conhecida que os fazia lembrar de casa.[41]

Para os soldados comuns, Mary Seacole e as lojas particulares de Kadikoi tiveram menos importância na melhoria das provisões de alimentos do que o festejado *chef* Aléxis Soyer, que também chegou à Crimeia naquela primavera. Nascido na França em 1810, Soyer era o *chef* do Reform Club de Londres, onde chamou a atenção dos líderes dos governos *whig* e liberal. Era bem conhecido por seu *Shilling Cookery Book* (1854), encontrado em todas as casas da classe média em ascensão. Em fevereiro de 1855, ele escreveu uma carta a *The Times* em resposta a uma matéria sobre as más condições das cozinhas dos hospitais em Scutari. Oferecendo-se como voluntário para dar consultoria ao exército sobre culinária, Soyer viajou para Scutari, mas em pouco tempo partiu com Nightingale para a Crimeia, onde ela visitou os hospitais de Balaclava e ficou ela mesma gravemente doente, sendo obrigada a retornar a Scutari. Soyer assumiu o comando das cozinhas do hospital de Balaclava, cozinhando diariamente para mais de mil homens com sua equipe de cozinheiros franceses e italianos. A principal marca de Soyer foi a introdução no exército britânico do fornecimento coletivo de comida por intermédio de cantinas de campanha móveis — um sistema praticado no exército francês desde as guerras napoleônicas. Ele projetou seu próprio fogão de campanha, o Soyer Stove, que continuou a ser usado nas forças armadas britânicas até a segunda metade do século XX, e mandou vir da Grã-Bretanha quatrocentos fogões, suficientes para alimentar todo o exército na Crimeia. Instalou padarias militares e desenvolveu um tipo de pão chato que podia ser guardado por meses. Em cada regimento, treinou um soldado cozinheiro, que executava suas receitas simples, mas nutritivas. A genialidade de Soyer era sua capacidade de transformar rações do exército em comida palatável. Ele se especializou em sopas, como esta para cinquenta homens:

1. Coloque no aquecedor 30 quartilhos, 5,5 galões ou 5,5 bules de campanha de água
2. Acrescente a ela 50 libras de carne, de boi ou carneiro
3. As rações de vegetais frescos ou em conserva
4. Dez colheres de sopa pequenas de sal
5. Ferva durante três horas e sirva[42]

A construção de uma ferrovia de Balaclava até o acampamento britânico acima de Sebastopol foi fundamental para melhorar o abastecimento. A ideia da ferrovia da Crimeia — a primeira na história do esforço de guerra — remontava ao mês de novembro anterior, quando as notícias das terríveis condições do exército britânico saíram pela primeira vez no *The Times* e ficou evidente que um dos principais problemas era a necessidade de transportar todos os suprimentos pela trilha enlameada de Balaclava até as colinas. Essas matérias foram lidas por Samuel Peto, um homem de ferrovias que deixara sua marca como bem-sucedido construtor de imóveis* de Londres, antes de passar para o setor de ferrovias na década de 1840. Com uma verba de 100 mil libras do governo Aberdeen, Peto reuniu o material para a ferrovia e recrutou uma equipe enorme composta principalmente de operários irlandeses muito indisciplinados. Eles começaram a chegar à Crimeia no final de janeiro. Os operários trabalharam em um ritmo frenético, colocando até meio quilômetro de trilhos por dia, e no final de março toda a ferrovia de 10 quilômetros ligando Balaclava até as rampas de carga perto do acampamento britânico havia sido concluída. Bem a tempo de ajudar no transporte dos canhões pesados e dos obuses recém-chegados que Raglan determinara que fossem levados de Balaclava para as colinas nos preparativos para um

---

* Peto & Grissell, a empresa que ele dirigia com o primo Thomas Grissell, construiu muitos marcos conhecidos de Londres, incluindo o Reform Club, o Oxford & Cambridge Club, o Liceu e a Coluna de Nelson.

segundo bombardeio de Sebastopol que os aliados haviam concordado em iniciar na segunda-feira depois da Páscoa, 9 de abril.[43]

O plano era esmagar Sebastopol com dez dias de bombardeio contínuo, seguidos por um assalto à cidade. Com quinhentos canhões franceses e britânicos disparando 24 horas por dia, quase o dobro do primeiro bombardeio em outubro, esse se tornou não apenas o bombardeio mais pesado do cerco, mas o mais pesado da história até então. Entre os soldados aliados, desesperados pelo fim da guerra, o ataque criara grande expectativa, fazendo que estivessem impacientes para que começasse. "O trabalho continua como sempre, e mal avançamos!", escreveu Herbé à família em 6 de abril. "A impaciência de oficiais e soldados criou certo descontentamento, todos culpam uns aos outros pelos erros do passado, e é possível sentir que um grande avanço é necessário para restabelecer a ordem (...). As coisas não podem continuar assim muito tempo."[44]

Os russos tinham conhecimento dos preparativos para um bombardeio. Desertores do acampamento aliado os haviam alertado para isso, e eles podiam ver com os próprios olhos a atividade intensa nos redutos do inimigo, onde novos canhões apareciam todos os dias.[45] Na noite do Domingo de Páscoa, algumas horas antes do momento em que os disparos deviam começar, houve orações em todas as igrejas da cidade. Também houve preces em todos os bastiões. Padres desfilaram ao longo das defesas russas com ícones, incluindo o ícone sagrado de S. Sergius, enviado do Mosteiro Troitski em Sergiev Posad por ordem do tsar. Ele acompanhara os primeiros Romanov em suas campanhas, e estivera com a milícia de Moscou em 1812. Todos sentiam o imenso significado desses rituais sagrados. Havia uma sensação geral de que o destino da cidade estava prestes a ser decidido pela divina providência, sensação reforçada pelo fato de que os dois lados festejavam a Páscoa, que naquele ano caíra no mesmo dia dos calendários ortodoxo e latino. "Rezamos com fervor", escreveu uma enfermeira russa. "Rezamos com toda nossa força pela cidade e por nós mesmos."

Na missa da meia-noite na igreja principal, tão brilhantemente iluminada por velas que podia ser vista das trincheiras do inimigo, uma enorme multidão tomou as ruas e ficou de pé em prece silenciosa. Todas as pessoas tinham velas, se curvavam periodicamente para se persignar, muitas pessoas se ajoelhavam no chão, enquanto padres seguiam em procissão com ícones e o coro cantava. No meio da noite houve uma violenta tempestade e a chuva caiu. Mas ninguém se moveu: achavam que a tempestade era um ato de Deus. Os fiéis permaneceram na chuva até a primeira luz, quando o bombardeio começou e eles se dispersaram, ainda vestindo suas melhores roupas de Páscoa, para ajudar na defesa dos bastiões.[46]

Começou uma tempestade naquela manhã, tão intensa que os estrondos dos primeiros canhões foram "quase superados pelo vento uivando e o abafado ruído monótono da chuva, que continuou a se abater com violência incontida", segundo Whitworth Porter, que acompanhou o bombardeio do alto. Sebastopol foi totalmente engolfada por fumaça preta dos disparos e a névoa da manhã. Dentro da cidade, as pessoas não conseguiam saber de onde vinham as bombas e os obuses. "Sabíamos que havia uma enorme frota aliada na entrada do porto bem em frente a nós, mas não conseguíamos ver através da fumaça e da neblina, do vento forte e da chuva que caía", recordou Erchov. Multidões confusas e assustadas de pessoas aos berros corriam pelas ruas em busca de proteção, muitas delas seguindo para o forte Nicolau, último lugar relativamente seguro que restava, e que começou a funcionar como um gueto agitado dentro de Sebastopol. No centro da cidade havia casas destruídas por bombas por toda parte. As ruas estavam tomadas por entulho de prédios, vidro quebrado e balas de canhão, que "rolavam como bolas de borracha". Erchov percebia pequenos dramas humanos por todo lado:

> Um velho doente estava sendo carregado pelas ruas nos braços do filho e da filha com balas de canhão e morteiros explodindo ao redor — uma mulher idosa seguindo atrás. (...) Algumas jovens, belamente vestidas, apoiadas nos gradis da galeria, trocavam olhares com um grupo de hussardos da guarnição. Ao lado delas, três comerciantes russos conversando — fazendo o sinal da cruz sempre que uma bomba explodia. "Senhor! Senhor! Isso é pior que o inferno!", eu os ouvi dizer.

Na Assembleia dos Nobres, o principal hospital, enfermeiras lutavam para dar conta dos feridos, que chegavam aos milhares. Na sala de cirurgia, Pirogov e seus colegas cirurgiões amputavam membros enquanto uma parede caía ao receber um impacto direto. Os aliados não tentaram evitar o bombardeio dos hospitais da cidade. Seu fogo era indiscriminado, e entre os feridos havia muitas mulheres e crianças.[47]

Dentro do Quarto Bastião, o lugar mais perigoso em todo o cerco, os soldados "mal dormiam", segundo o capitão Lipkin, um dos comandantes de bateria do bastião, que escreveu a seu irmão em 21 de abril. "O máximo que podíamos nos permitir eram alguns minutos de sono de uniforme completo e botas." O bombardeio dos canhões aliados, a apenas duzentos metros, era incessante e ensurdecedor. As bombas e os morteiros vinham tão rapidamente que os defensores não tinham noção do perigo até que caíssem. Um movimento errado podia matá-los. Viver sob fogo constante produz uma nova mentalidade. Erchov, que visitou o bastião durante o bombardeio, se sentiu "como um turista inexperiente entrando em um mundo diferente", embora ele mesmo fosse um calejado homem de artilharia. "Todos corriam, parecia haver confusão por todo lado; eu não consegui entender ou descobrir nada."[48]

Tolstoi retornou a Sebastopol no meio do bombardeio. Ele ouvira as bombas desde o rio Belbek, a 12 quilômetros de distância, onde passara o inverno no acampamento russo ligado à 11ª Brigada de Artilharia. Tendo decidido que poderia servir melhor ao exército com sua pena, e querendo tempo para escrever, ele pedira para se juntar ao comando do general Gorchakov como ajudante de campo. Mas em vez disso, para sua irritação, fora transferido com sua bateria para o Quarto Bastião, bem no meio da batalha. Ele escreveu em seu diário: "Estou irritado, especialmente agora que estou doente [ele apanhara um resfriado], pelo fato de que não ocorre a ninguém que eu não sou bom para nada exceto *chair à canon* [bucha de canhão], e do tipo mais inútil."

Na verdade, assim que o resfriado passou, Tolstoi se animou e começou a aproveitar. Ele ficou de serviço como intendente no bastião quatro dias em oito. Quando de folga, permaneceu em Sebastopol em uma moradia modesta, mas limpa, no bulevar, onde podia ouvir a banda militar tocando. Mas quando de serviço ele dormia na casamata, em uma pequena cela com cama de campanha, mesa coberta de papéis, o manuscrito de suas memórias *Juventude*, um relógio e um ícone com sua vela. Um poste de pinheiro sustentava o teto, de onde pendia uma lona para segurar entulho que caísse. Durante toda a sua estada em Sebastopol Tolstoi foi acompanhado por um servo chamado Alexei, que estava com ele desde que fora para a universidade (ele aparece em mais de uma das obras de Tolstoi como "Aliosha"). Quando Tolstoi estava de serviço no bastião, suas rações eram levadas a ele desde a cidade por Alexei, um trabalho que envolvia considerável risco.[49]

O canhoneio era incessante. Todos os dias, 2 mil obuses caíam no bastião. Tolstoi estava temeroso, mas logo superou seu medo e descobriu uma nova coragem dentro dele. Dois dias após resmungar por estar sendo tratado como bucha de canhão, ele confidenciou ao seu diário: "O encanto constante do perigo e minhas observações dos soldados com os quais estou vivendo, os marinheiros e os próprios métodos da guerra são tão prazerosos que não quero sair daqui." Ele começou a sentir uma grande ligação com seus colegas soldados do bastião, um dos quais posteriormente se lembraria dele como um "bom camarada" cujas histórias "captaram o espírito de todos nós no calor da batalha". Como Tolstoi escreveu ao irmão, expressando uma ideia que estaria no cerne de *Guerra e paz*, ele "gostou da experiência de viver sob fogo" com aqueles "homens simples e gentis, cuja bondade é evidente durante uma guerra de verdade".[50]

Por dez dias o bombardeio nunca parou. Ao final do bombardeio, os russos contaram 160 mil obuses e morteiros que atingiram Sebastopol, destruindo centenas de prédios e ferindo ou matando 4.712 soldados e civis. Os aliados não tiveram tudo do modo como queriam. Os russos contra-atacaram com 409 canhões e 57 lançadores de morteiros, disparando 88.751 balas de canhão e obuses durante os dez dias. Mas logo ficou evidente que os russos careciam de munição para sustentar sua resistência. Foram dadas ordens para que os comandantes de baterias disparassem uma vez para cada dois disparos do inimigo. O capitão Edward Gage, da Artilharia Real, escreveu para casa na noite de 13 de abril:

> A defesa, no que diz respeito a balas longas, é tão obstinada quanto a impetuosidade do ataque, e tudo o que brilhantismo e bravura podem conseguir é conspícuo nos russos. Contudo, não se pode deixar de perceber que seu fogo é comparativamente fraco, embora os efeitos sejam muito perturbadores para nossos artilheiros. Tivemos mais baixas do que durante o último cerco, mas tivemos mais homens e baterias envolvidos. (...) Suponho que o fogo não irá durar muito mais do que um dia, pois os homens estão completamente arrasados, tendo ficado nas trincheiras a cada 12 horas desde o começo do fogo, e a carne e o sangue humanos não podem suportar isso muito mais.[51]

A redução do fogo russo passou a iniciativa para os aliados, cuja barragem aumentou paulatinamente. O Mamelon e o Quinto Bastião foram quase totalmente destruídos. Esperando um assalto, os russos reforçaram freneticamente suas guarnições e colocaram a maioria dos defensores nos *bunkers* subterrâneos, prontos para emboscar os grupos invasores. Mas o assalto nunca aconteceu. Talvez os comandantes aliados tenham se desanimado com a teimosa e corajosa resistência dos russos, que reconstruíam seus bastiões danificados sob bombardeio pesado. Mas os aliados também estavam eles mesmos divididos. Foi nesse período que Canrobert começou a expressar abertamente suas frustrações. Ele apoiara a nova estratégia aliada, que implicava reduzir o bombardeio de Sebastopol para se concentrar na conquista da Crimeia como um todo, e relutava em comprometer suas tropas com um assalto que ele entendia custaria muitas vidas quando elas poderiam ser mais bem usadas naquele novo plano. Ele foi ainda mais desencorajado por seu engenheiro-chefe, o general Adolphe Niel, que recebera instruções secretas de Paris para postergar um ataque a Sebastopol até que o imperador Napoleão — à época ainda considerando uma viagem à Crimeia — chegasse para assumir ele mesmo o comando do assalto.

Não querendo agir sozinhos, os britânicos se limitaram a uma incursão na noite de 19 de abril contra os fossos dos atiradores russos no limite leste da ravina Vorontsov que os impediam de levar suas defesas na direção do Redan. Os fossos foram capturados pelo 77º Regimento após um grande combate contra os russos, mas a vitória teve um preço na perda de seu comandante, o coronel Thomas Egerton, um gigante de mais de 2 metros de altura, e de seu segundo em comando, o capitão Audley Lemprière, de 23 anos, que tinha menos de 1,5 metro de altura, como Nathaniel Steevens, testemunha do combate, descreveu em carta à sua família em 23 de abril:

> Nossas perdas foram *severas*, sessenta homens mortos e feridos, e *sete oficiais*, dos quais o cel. Egerton (um homem alto e poderoso) e o cap. Lemprière, do 77º foram *mortos*; o segundo era muito jovem, acabara de ganhar sua companhia, e era o *menor* oficial do exército, um favorito do coronel e chamado por ele de seu *filho*; ele foi morto, pobre sujeito, no primeiro ataque ao fosso dos atiradores; o coronel, embora ferido, o tomou nos braços e levou embora declarando "eles nunca pegarão meu filho"; o coronel então retornou e no segundo ataque foi morto.[52]

Naquele momento, sem os franceses, aquilo era o máximo que os britânicos podiam conseguir. No dia 24 de abril, Raglan escreveu ao lorde Panmure: "Temos de pressionar o general Canrobert a tomar o Mamelon, do contrário não podemos avançar com qualquer expectativa de sucesso ou segurança." Era vital que os franceses expulsassem os russos do Mamelon antes que pudessem preparar um ataque ao Malakhov, assim como era crucial para os britânicos ocupar os fossos da Pedreira antes de atacar o Redan. Sob Canrobert a ação foi postergada. Mas assim que, em 16 de maio, ele passou o comando a Pélissier, que era tão determinado quanto Raglan a tomar Sebastopol em um assalto, os franceses se comprometeram com um ataque combinado ao Mamelon e à Pedreira.

A operação começou em 6 de junho com um bombardeio das defesas que durou até 6 horas da manhã seguinte, hora marcada para o ataque aliado. O sinal para o início do ataque seria dado por Raglan e Pélissier, que se encontrariam no campo de ação. Mas na hora acertada o comandante francês estava ferrado no sono, tendo pensado em tirar um cochilo antes do início da luta, e ninguém ousava acordar o irritado general. Pélissier chegou uma hora atrasado para seu encontro com Raglan, quando a batalha já havia começado — os soldados franceses avançando primeiro, seguidos pelos britânicos, que haviam escutado seus gritos.* A ordem para o ataque havia sido dada pelo general Bosquet, em cuja comitiva estava Fanny Duberly:

> O general Bosquet se dirigiu a eles em companhias; e quando terminava cada discurso era saudado com aplausos, gritos e cantos. Os homens tinham mais o tom e a animação de um grupo convidado para um casamento que de um grupo indo lutar pela vida ou pela morte. Que visão triste me pareceu! As divisões começam a se mover e descer a ravina, passando pela bateria francesa, em frente ao Mamelon. O general Bosquet se vira para mim, os olhos cheios de lágrimas — as minhas próprias não consigo conter enquanto ele diz: "*Madame, à Paris, on a toujour l'Exposition, les bals, les fêtes; et dans une heure et demie la moitié de ces braves seront morts!*"[53]

---

* Este incidente é a origem da famosa frase de Totleben: "O exército francês é um exército de leões liderado por asnos." A frase foi usada depois para descrever o exército britânico na Primeira Guerra Mundial.

Liderados pelos zuavos, os franceses correram para a frente, sem qualquer ordem, na direção do Mamelon, de onde uma tremenda salva de fogo de artilharia os fez recuar. Muitos dos soldados começaram a dispersar em pânico e tiveram de ser reagrupados por seus oficiais antes que estivessem prontos para investir novamente. Dessa vez os atacantes, correndo em meio a uma chuva de tiros de mosquete, chegaram ao fosso na base das muralhas defensivas de Mamelon, que escalaram, enquanto os russos atiravam na direção deles abaixo ou (não tendo tempo para recarregar seus mosquetes) arremessavam as pedras do parapeito. "A muralha tinha 4 metros de altura", recordou Octave Cullet, que estava na primeira linha de ataque; "era difícil de escalar, e não tínhamos escadas, mas nossa disposição era irreprimível":

> Erguendo uns aos outros, escalamos as muralhas e, vencendo a resistência do inimigo no parapeito, lançamos uma furiosa avalanche de fogo sobre a multidão que defendia o reduto. (...) O que aconteceu a seguir não posso descrever. Foi uma cena de carnificina. Lutando como loucos, nossos soldados inutilizaram seus canhões, e os poucos russos corajosos o suficiente para nos enfrentar foram massacrados.[54]

Os zuavos não se detiveram no Mamelon, continuaram a correr na direção do Malakhov — uma ação espontânea de soldados apanhados na fúria da luta — apenas para serem abatidos às centenas pelos canhões russos. O tenente-coronel St. George, da Artilharia Real, que assistiu à cena medonha, a descreveu em uma carta em 9 de junho:

> Então saiu da torre do Malakhov um fogo que eu nunca havia visto antes, estou certo; ondas de chamas, com sua explosão, se seguiam em rapidíssima sucessão. Os russos usaram os canhões maravilhosamente bem (e esse é meu ofício, sei julgar) e dispararam como demônios contra as multidões dos pobres pequenos zuavos, cuja coragem os havia levado até a beirada de um fosso que não tinham como atravessar, e que hesitaram até serem derrubados. Era demais para eles, e vacilaram e recuaram para o Mamelon; e mesmo ele ficou quente demais, e tiveram de recuar novamente para suas trincheiras. Reforços chegaram em grande número. Eles investiram novamente para o Mamelon, cujos canhões eles já haviam inutilizado, e matado seus defensores, e mais uma vez, tolamente, acho eu, foram tentar o Malakhov. Fracassaram uma

segunda vez e tiveram de se retirar, mas dessa vez não além do Mamelon, que ainda estão sustentando, tendo-o conquistado com coragem admirável e deixado 2 e 3 mil mortos e feridos no campo.[55]

Enquanto isso, os britânicos atacavam os fossos. Os russos haviam deixado apenas uma pequena força ali, confiando em sua capacidade de retomá-los com reforços do Redan caso fossem atacados. Os britânicos tomaram os fossos facilmente, mas logo descobriram que não tinham homens suficientes para mantê-los, à medida que ondas sucessivas de russos os atacavam a partir do Redan. Durante várias horas os dois lados travaram combates corpo a corpo, com um lado expulsando o outro dos fossos de disparo apenas para serem colocados para fora por reforços do outro lado. Às 5 horas da manhã, quando o último ataque russo finalmente foi repelido, havia pilhas de mortos e feridos no chão.

Ao meio-dia de 9 de junho, uma bandeira branca foi levantada no Malakhov, e outra surgiu no Mamelon, então nas mãos dos franceses, indicando uma trégua para recolher os corpos no campo de batalha. Os franceses haviam feito sacrifícios enormes para capturar o fundamental Mamelon e White Works, perdendo quase 7.500 homens mortos e feridos. Herbé foi para a terra de ninguém com o general Failly para os acertos com o general russo Polusski. Após a troca de algumas formalidades, "a conversa ganhou um tom amistoso — Paris, São Petersburgo, os sofrimentos do inverno anterior", observou Herbé em carta à família naquela noite, e enquanto os mortos eram levados embora, "charutos eram trocados" entre os oficiais. "Seria possível pensar que éramos amigos se encontrando para fumar no meio de uma caçada", escreveu Herbé. Após algum tempo, alguns oficiais apareceram com uma *magnum* de champanhe, e o general Failly, que ordenara que a buscassem, propôs um "brinde à paz" que foi calorosamente aceito pelos oficiais russos. Seis horas depois, quando milhares de corpos haviam sido retirados, era o momento de encerrar a trégua. Após cada lado ter tido tempo para garantir que nenhum dos seus homens havia sido deixado na terra de ninguém, as bandeiras brancas foram baixadas e, como Polusski sugerira, foi feito um disparo sem projétil do Malakhov para sinalizar a retomada das hostilidades.[56]

Com a tomada do Mamelon e dos fossos da pedreira, tudo estava pronto para um assalto ao Malakhov e ao Redan. A data marcada para o ataque foi

18 de junho, o 40º aniversário da batalha de Waterloo. Esperava-se que uma vitória aliada curasse as velhas divisões entre britânicos e franceses e desse a eles algo para celebrar juntos naquele dia.

A vitória custaria muitas vidas. Para tomar os fortes russos, os atacantes teriam de carregar escadas e correr encosta acima por centenas de metros de campo aberto, cruzando fossos e *abattis** sob fogo pesado dos canhões russos no Malakhov e no Redan, além de fogo pelos flancos desde o bastião Flagstaff. Quando chegassem aos fortes teriam de usar as escadas para entrar no fosso e escalar as muralhas, sob fogo à queima-roupa do inimigo acima, antes de superar os defensores nos parapeitos e expulsar os russos, concentrados atrás de mais barricadas dentro dos fortes, até que reforços chegassem.

Os aliados definiram que os franceses atacariam o Malakhov primeiro, e depois, assim que tivessem silenciado os canhões russos, a infantaria britânica começaria seu ataque ao Redan. Por insistência de Pélissier, o assalto se limitaria ao Malakhov e ao Redan, em vez de ser um ataque maior à cidade. O assalto ao Redan provavelmente era supérfluo, porque os russos quase certamente o abandonariam assim que os franceses conseguissem levar sua artilharia para usar contra ele desde o Malakhov. Mas Raglan achava essencial que os britânicos atacassem *algo*, mesmo à custa de baixas desnecessárias, para que aquela batalha atingisse seu objetivo simbólico de operação conjunta no aniversário de Waterloo. Os franceses haviam sido consistentemente críticos da incapacidade de os britânicos se equipararem ao seu próprio investimento de soldados na Crimeia.

Eram esperadas muitas baixas. Os franceses ouviram que metade dos atacantes seria morta antes mesmo de chegar ao Malakhov. Aqueles na primeira linha de ataque tiveram de receber ofertas de dinheiro ou promoção para ser convencidos a participar. No acampamento britânico, os atacantes ficaram conhecidos como *Forlorn Hope*, derivado do holandês *Verloren hoop*, que significava "tropas perdidas", mas a tradução errada para o inglês como "esperança perdida" era adequada.[57]

Na noite anterior ao assalto a Malakhov, os soldados franceses se acomodaram em seu acampamento, cada homem tentando se preparar para os

---

* Uma barreira de cerca de 2 metros de altura e aproximadamente 1 metro de largura feita de árvores derrubadas, madeira e arbustos.

acontecimentos do dia seguinte. Alguns tentaram dormir um pouco, outros limparam suas armas ou conversaram, e houve os que encontraram um lugar silencioso para fazer uma prece. Havia uma sensação geral de mau pressentimento. Muitos soldados escreveram nome e endereço de casa em um papel pendurado no pescoço, para que quem os encontrasse caso morressem pudesse informar à família. Outros escreveram cartas de despedida aos entes queridos, que deixaram com o capelão do exército para enviar caso morressem. André Damas ficou com uma grande mala postal. O capelão estava impressionando com a calma dos homens nos momentos finais antes da batalha. Parecia a ele que poucos eram movidos por ódio ao inimigo ou o desejo de vingança provocado pela rivalidade entre nações. Um soldado escreveu:

> Estou calmo e confiante — surpreso comigo mesmo. Diante de tal perigo, é apenas a você, meu irmão, que ouso contar isso. Seria arrogante confessar a qualquer outro. Eu comi para ganhar força. Bebi apenas água. Não gosto do excesso de excitação do álcool em batalha: não é bom.

Outro escreveu:

> No momento em que lhe escrevo estas linhas o chamado para a batalha pode ser ouvido. O grande dia chegou. Em duas horas começaremos nosso assalto. Estou usando com devoção a medalha da Virgem Santa e o escapulário que recebi das freiras. Eu me sinto calmo e digo a mim mesmo que Deus me protegerá.

Um capitão escreveu:

> Aperto sua mão, meu irmão, e quero que saiba que eu o amo. Agora, meu Deus, tenha piedade de mim. Eu me entrego com sinceridade — que seja feita a Sua vontade! Vida longa à França! Hoje nossa águia tem de se erguer sobre Sebastopol![58]

Nem todos os preparativos aliados saíram como planejado. Durante a noite houve deserções dos acampamentos francês e britânico — não apenas de soldados, mas de oficiais que não tinham estômago para o assalto iminente e se passaram para o inimigo. Os russos foram alertados sobre o assalto por um cabo francês que havia desertado do comando-geral e levara aos russos um plano detalhado do ataque francês. "Os russos conheciam em detalhes precisos a posição e a força de todos os nossos batalhões", escreveu Herbé, que foi posteriormente informado disso por um alto oficial russo. Eles também haviam recebido alertas de desertores britânicos, incluindo um do 28º Regimento (North Goucestershire). Mas mesmo sem esses avisos, os russos foram alertados pelos barulhentos preparativos dos britânicos na noite de 17. O tenente-coronel James Alexander, do 14º Regimento, recordou que "os homens, estando excitados, não foram dormir, tendo permanecido de pé até recebermos a ordem de entrar em formação à meia-noite. Nosso acampamento parecia uma feira, iluminada, com zumbido de vozes por toda parte. Os russos certamente devem ter notado isso".[59]

Certamente notaram. Prokofii Podpalov, um ajudante do general Golev no Redan, lembrou de ter notado o aumento constante da atividade na Pedreira durante a noite — o "som de vozes, de passos nas trincheiras, o ronco das rodas das carretas de canhões se movendo na nossa direção", que "tornou óbvio que os aliados estavam se preparando para dar o sinal de ataque". Naquele momento os russos estavam retirando suas forças de Redan. Os homens iriam voltar à cidade para passar a noite. Mas ao perceber esses sinais de um ataque iminente, Golev ordenou que todos os seus soldados retornassem ao Redan, onde prepararam o canhão e assumiram suas posições no parapeito. Podpalov recordou o "extraordinário silêncio" dos homens esperando o começo do assalto. "Aquele silêncio tumular tinha nele algo sinistro: todos sentiam que algo terrível se aproximava, algo poderoso e ameaçador, com o que lutaríamos até a vida ou a morte."[60]

O ataque francês havia sido marcado para ter início bem antes da primeira luz, às 3 horas da manhã, com três horas de bombardeio seguidas pela invasão do Malakhov às 6 horas, uma hora antes do sol nascer. Contudo, durante a noite de 17, Pélissier fizera uma mudança súbita de planos. Ele decidira que naqueles primeiros minutos de luz do dia os russos não teriam como não ver os franceses se preparando para atacar, e levariam reservas de infantaria para defender o Malakhov. Tarde daquela noite, ele deu novas ordens para que os homens atacassem o Malakhov diretamente às 3 horas, quando o sinal de foguete para começar seria disparado do Reduto Vitória, atrás das linhas francesas, perto do Mamelon. Essa não era a única mudança repentina daquela noite. Em um surto de raiva, e buscando reivindicar o sucesso esperado, Pélissier também afastou o general Bosquet, que questionara sua decisão de começar o assalto sem um bombardeio. Bosquet tinha um conhecimento detalhado das posições russas e merecia a confiança dos soldados; ele foi substituído por um general que não tinha nenhum dos dois. Os soldados franceses ficaram inquietos com as mudanças repentinas — nenhum mais que o general Mayran, o homem escolhido para liderar o assalto com o 97º Regimento, que fora insultado pessoalmente pelo selvagem Pélissier em outra discussão, levando Mayran a partir furioso para seu posto dizendo: *"Il n'y a plus qu'à se faire touer"* ("Não há mais nada a fazer além de ser morto").[61]

Foi Mayran, em sua ansiedade, que cometeu um erro fatal, quando confundiu a luz do pavio de um obus com o sinal de foguete para atacar e ordenou que o 97º começasse o assalto quinze minutos antes, quando o resto das tropas francesas não estava pronto. Segundo Herbé, que estava com o 95º Regimento na segunda coluna logo atrás de Mayran, o general havia sido provocado por um incidente pouco depois de 2 horas da manhã, quando dois oficiais russos haviam se esgueirado até as trincheiras francesas e gritado na escuridão:

"Allons, Messieurs les français, quand il vous plaira, nous vous attendons" ["Venham senhores franceses, quando estiverem prontos, estaremos esperando"]. Ficamos estupefatos. Era óbvio que o inimigo conhecia nossos planos e que iríamos encontrar uma defesa bem preparada. O general Mayran ficou furioso com aquela provocação audaciosa, e formou seus homens em colunas, prontos para atacar o Malakhov assim que o sinal fosse dado (...) Todos os olhos estavam fixos no Reduto Vitória. De repente, por volta de quinze para as 3 horas, uma trilha de luz seguida por um fio de fumaça foi visto cruzando o céu. "É o sinal", gritaram vários oficiais reunidos ao redor de Mayran. Uma segunda trilha de luz apareceu pouco depois. "Não há dúvida", disse o general, "é o sinal: ademais, é melhor cedo demais do que tarde demais: Avançar, 97º!"

O 97º se lançou à frente — para ser recebido por uma mortal barragem de artilharia e fogo de mosquete dos russos, que estavam bem armados e prontos em cada parapeito. "De repente o inimigo estava indo em nossa direção em uma enorme onda", recordou Podpalov, que viu a cena do Redan.

Logo, à luz fraca, pudemos ver que o inimigo estava carregando escadas, cordas, pás, tábuas etc. — parecia um exército de formigas se movendo. Eles chegavam cada vez mais perto. De repente, do outro lado da linha, nossas cornetas soaram, seguidas pela explosão de nossos canhões e os disparos de nossas armas; a terra tremeu, houve um eco ribombante e estava tão escuro com a fumaça da pólvora que nada podia ser visto. Quando clareou, pudemos ver que o terreno diante de nós estava coberto com os corpos dos franceses tombados.

Mayran estava entre aqueles atingidos na primeira onda. Ajudado a se levantar por Herbé, ele estava gravemente ferido no braço, mas se recusou a recuar. "Avançar, 95º!", gritou para a segunda linha. Os reforços se adiantaram, mas também foram abatidos em enorme número pelas armas russas. Aquilo não era uma batalha, mas um massacre. Seguindo seus instintos, os atacantes se deitaram no chão, ignorando as ordens de avançar de Mayran, e envolveram os russos em uma batalha de artilharia. Após vinte minutos, quando o campo de batalha estava coberto com seus mortos, os soldados franceses viram um foguete no céu: era o verdadeiro sinal de atacar.[62]

Pélissier ordenara que o foguete fosse disparado em uma tentativa desesperada de coordenar o assalto francês. Mas se Mayran havia avançado cedo demais, seus outros generais não estavam prontos: esperando um começo mais tardio, não conseguiram se preparar a tempo. Os soldados das linhas de reserva foram lançados à frente para se juntar ao ataque, mas a ordem repentina de avançar os perturbara, e muitos dos homens "se recusaram a deixar as trincheiras, mesmo quando seus oficiais os ameaçaram com as punições mais duras", segundo o tenente-coronel Dessaint, chefe do departamento político do exército, que concluiu que os soldados "tinham uma intuição do desastre que esperava por eles".[63]

Acompanhando desde a cordilheira Vorontsov, Raglan podia ver que o assalto francês desconjuntado era um fiasco sangrento. Uma coluna francesa, à esquerda do Malakhov, havia penetrado, mas seu apoio estava sendo devastado pelos canhões russos no Malakhov e no Redan. Raglan poderia ter ajudado os franceses bombardeando o Redan, como definido no plano aliado original, antes de lançar um assalto; mas ele se sentiu obrigado por uma noção de dever e honra a apoiar os franceses atacando o Redan imediatamente, sem um bombardeio preliminar, embora devesse saber, no mínimo em função dos acontecimentos da hora anterior, que tal política estava destinada a acabar em tragédia e no sacrifício desnecessário de muitos homens. Raglan escreveu a Panmure em 19 de junho: "Eu sempre evitei ser obrigado a atacar no mesmo momento que os franceses, e senti que devia ter alguma esperança no sucesso deles antes de comprometer nossos soldados, mas quando vi com qual tenacidade eles eram enfrentados, considerei ser meu dever ajudá-los atacando eu mesmo (...). Disso estou bastante certo, de que se os soldados tivessem permanecido em nossas trincheiras, os franceses teriam atribuído seu insucesso à nossa recusa em participar da operação."[64]

O assalto britânico começou às 5h30. As tropas atacantes avançaram correndo desde a Pedreira e as trincheiras dos dois lados, seguidas pelos grupos de apoio carregando escadas para escalar as muralhas do Redan. Logo ficou evidente que era uma missão desesperançada. "Mal os soldados começaram a se mostrar acima do parapeito das trincheiras, foram atacados pelo mais assassino fogo de metralha já testemunhado", relatou sir George Brown, que recebera o comando do ataque. A primeira salva russa abateu um terço dos atacantes. Das trincheiras à esquerda, Codrington observou o efeito devastador da barragem sobre os soldados que tentavam correr 200 metros de terreno aberto na direção do Redan:

> No momento em que se mostraram, fogo de metralha foi disparado sobre eles — ele riscou a terra —, derrubou muitos, a poeira os cegou, e vi muitos se desviando para as trincheiras à esquerda. Depois os oficiais me contaram que foram cegados pela poeira levantada pela metralha, e um me contou que estava arfando — sem fôlego — antes de chegar à metade.[65]

Esmagados pela avalanche de metralha, os soldados começaram a vacilar; alguns perderam a coragem e fugiram, a despeito dos esforços de seus oficiais para reagrupar os homens com ameaças gritadas. A primeira linha de atacantes e os primeiros homens com escadas finalmente chegaram ao *abattis*, cerca de 30 metros antes do fosso do Redan. Enquanto lutavam para se esgueirar entre os espaços do *abattis*, os russos "tomaram os parapeitos do Redan e dispararam salvas seguidas contra nós", recordou Timothy Gowing.

> Eles içaram uma grande bandeira negra e nos desafiaram a avançar. O grito de "Assassino" podia ser ouvido naquele campo, pois o inimigo covarde disparou durante horas contra nossos compatriotas enquanto eles se contorciam no chão em agonia e sangue. Como disseram alguns dos nossos oficiais, "Isso não ficará assim — faremos com que eles paguem por isso!". Teríamos perdoado tudo se não tivessem abatido pobres homens feridos indefesos.

O grupo atacante murchou até os últimos cem homens, que começaram a recuar, desafiando seus oficiais, cujas ameaças de fuzilamento foram ignoradas. Segundo um oficial, que conclamara um grupo de homens a continuar com o ataque, "eles tinham a convicção de que outro passo à frente e seriam explodidos no ar; disseram que combateriam qualquer número de homens, mas que não avançariam para ser explodidos".[66] Havia um grande boato de que o Redan havia sido minado.

Enquanto isso, no flanco esquerdo, 2 mil homens da 3ª Divisão, sob o comando do general de divisão Eyre, chegaram aos subúrbios de Sebastopol. Eles haviam sido instruídos a ocupar alguns fossos de tiro dos russos e, se o ataque ao Redan permitisse, avançar pela ravina Picquet House. Mas Eyre excedera suas ordens e forçara sua brigada, derrotando os russos no cemitério, antes de se ver sob fogo pesado nas ruas de Sebastopol. Eles se viram em um "beco sem saída", recordou o capitão Scott, do 9º Regimento: "não podíamos avançar nem nos retirar, e tivemos de resistir de 4 horas da manhã até 9 horas da noite, 17 horas sob um tremendo fogo de balas, morteiros, metralha, granada e centenas de seus atiradores de elite, sendo nossa única proteção as casas que desmoronavam ao redor de nós a cada descarga". Segundo o tenente-coronel Alexander, do 14º Regimento, a invasão da cidade se tornou uma espécie de farra, com alguns dos soldados irlandeses "avançando para uma parte de Sebastopol, entre casas com mulheres, quadros, mogno, móveis e pianos; também conseguiram vinho forte (...) Alguns dos rapazes irlandeses se vestiram de mulher e lutaram assim. Alguns deles levaram espelhos, mesas e um arbusto de groselha com as frutas!". Mas para o resto dos soldados, se abrigando do fogo inimigo em prédios bombardeados e desmoronando, o dia se passou sem essas diversões. Apenas sob a proteção da escuridão eles conseguiram se retirar, levando com eles centenas de homens feridos.[67]

Na manhã seguinte foi feita uma trégua para retirar mortos e feridos do campo de batalha. As baixas foram tremendas. Os britânicos perderam cerca de mil homens, mortos e feridos; os franceses, talvez seis vezes esse número, embora o número exato tenha sido escondido. Um capitão dos zuavos que integrou a equipe enviada à terra de ninguém para recolher os mortos descreveu o que viu em carta enviada para casa em 25 de junho:

> Não vou contar a vocês todas as sensações horríveis que experimentei ao chegar naquele terreno, coberto de corpos apodrecendo ao calor, entre os quais reconheci alguns de meus camaradas. Havia 150 zuavos comigo, carregando padiolas e frascos de vinho. O médico conosco nos disse para cuidar primeiro dos feridos que ainda podiam ser salvos. Encontramos muitos desses infelizes — todos pediram para beber, e meus zuavos deram vinho a eles (...). Havia um cheiro insuportável de putrefação por toda parte; os zuavos tinham de cobrir os narizes com um lenço enquanto levavam embora os mortos, cujas cabeças e pés sacudiam pendurados.[68]

Entre os mortos estava o general Mayran, que foi culpado pela derrota no relato que Pélissier fez a Napoleão, embora, para dizer a verdade, o próprio Pélissier fosse pelo menos igualmente responsável, por suas mudanças de última hora no plano. Raglan certamente acreditava que Pélissier era o principal culpado, não apenas por sua mudança de planos, mas pela decisão de limitar o ataque ao Malakhov e ao Redan em vez de se comprometer com um assalto mais amplo à cidade que poderia ter tido o efeito de dispersar os defensores russos — decisão que ele acreditava que Pélissier tomara por temer que os soldados franceses "cometessem excessos" na cidade, como explicou em sua carta a Panmure.

Mas as críticas de Raglan sem dúvida eram marcadas pela sua própria sensação de culpa pelo sacrifício desnecessário de tantos soldados britânicos. Segundo um de seus médicos, Raglan entrou em depressão após o fracasso do assalto, e quando estava no leito de morte, em 26 de junho, não era de cólera que sofria, como havia sido dito, mas de "um caso de angústia mental aguda, produzindo primeiramente grande depressão, e posteriormente exaustão completa do funcionamento do coração".[69] Ele morreu em 28 de junho.

11
A queda de Sebastopol

"Meu querido pai", escreveu em 14 de julho Pierre de Castellane, assistente do general Bosquet. "Todas as minhas cartas deveriam começar, acho, com as mesmas palavras, 'nada de novo', que é dizer: cavamos, organizamos nossas baterias, e toda noite sentamos e bebemos ao redor da fogueira; todo dia duas companhias de homens são levadas para o hospital."[1]

Com o fracasso dos assaltos ao Malakhov e ao Redan, o cerco retornou à rotina tediosa de trincheiras sendo cavadas e tiros de artilharia, sem qualquer sinal de avanço. Após nove meses dessa guerra de trincheiras, havia uma sensação geral de exaustão dos dois lados, uma noção desmoralizante de que o impasse poderia se prolongar indefinidamente. Era tal o desejo de que a guerra terminasse que foram feitas sugestões de todos os tipos para romper o bloqueio. O príncipe Urusov, enxadrista de primeira categoria e amigo de Tolstoi, tentou persuadir o conde Osten-Sacken, comandante da guarnição de Sebastopol, a desafiar os aliados para uma partida de xadrez pela trincheira mais avançada, que havia trocado de mãos várias vezes ao custo de centenas de vidas. Tolstoi sugeriu que a guerra fosse decidida em um duelo.[2] Embora aquela fosse a primeira guerra moderna, um ensaio geral para a luta de trincheiras da Primeira Guerra Mundial, foi travada em uma era em que algumas ideias cavalheirescas ainda estavam vivas.

A desmoralização logo se abateu sobre as tropas aliadas. Ninguém achava que um novo ataque tinha grande perspectiva de sucesso — os russos estavam construindo defesas ainda mais fortes —, e todos temiam ter de passar um segundo inverno nas colinas acima de Sebastopol. Todos os soldados começaram a escrever sobre querer voltar para casa. "Eu me convenci a voltar para casa de algum modo", escreveu o tenente-coronel Mundy à mãe, em 9 de julho. "Não consigo e não irei suportar outro inverno. Sei que se ficasse seria um velho decrépito inútil em um ano, e prefiro ser um asno vivo do que um leão morto." Os soldados invejavam camaradas feridos que eram levados para casa. Segundo um oficial britânico, "muitos homens perderiam um braço alegremente para sair destas colinas e deixar este cerco".[3]

O desespero de que a guerra nunca chegasse ao fim levou muitos soldados a questionar por que estavam lutando. Quanto mais o massacre continuava, mais eles passavam a ver o inimigo como soldados sofridos como eles mesmos, e mais sem sentido tudo parecia. O capelão do exército francês André Damas citou o caso de um zuavo que o procurou com dúvidas religiosas acerca da guerra. Haviam dito ao zuavo (como a todos os soldados) que estavam fazendo guerra a "bárbaros". Mas durante o cessar-fogo para retirar os mortos e feridos depois da luta de 18 de junho, ele ajudara um oficial russo gravemente ferido, que em gratidão tirara do pescoço e dera a ele um pendente de couro gravado com a imagem da Madona e a Criança. O zuavo disse a Damas: "Esta guerra tem de parar; é covarde. Somos todos cristãos; todos acreditamos em Deus e religião, e sem isso não seríamos tão corajosos."[4]

A fadiga de trincheira foi o maior inimigo nos meses de verão. No décimo mês do cerco os soldados haviam se tornado de tal modo farrapos nervosos por viver sob bombardeio constante, tão exaustos pela falta de sono, que muitos deles não suportavam mais. Em suas memórias, muitos soldados escreveram sobre "loucura das trincheiras" — pelo que sabiam, um conjunto de doenças mentais, de claustrofobia ao que depois seria conhecido como "estado de choque" ou "estresse de combate". Louis Noir, por exemplo, recordou de muitos casos em que "companhias inteiras" de zuavos calejados "de repente acordavam no meio da noite, pegavam suas armas e gritavam para os outros histericamente pedindo ajuda para combater inimigos imaginários. Esses incidentes de superexcitação nervosa passaram a contagiar muitos homens; de forma marcante, afetava primeiramente aqueles física e moralmente mais fortes". Jean Cler, um coronel dos zuavos, também recordou de combatentes que "de repente enlouqueciam" e corriam na direção dos russos, ou que não conseguiam mais suportar e atiravam neles mesmos. Suicídios foram observados por muitos autores de memórias. Um escreveu sobre um zuavo, "um veterano de nossas guerras africanas", que parecia bem até que um dia, sentado em sua barraca e tomando café com seus camaradas, disse que já suportara o suficiente; pegando sua arma, ele saiu e enfiou uma bala na cabeça.[5]

A perda de camaradas era uma grande pressão sobre os nervos dos soldados. Não era o tipo de coisa sobre o que os homens costumavam escrever, mesmo no exército britânico, no qual não havia verdadeira censura das cartas para casa; esperava-se dos soldados a aceitação estoica da morte em batalha, e talvez ela fosse necessária para sobreviver. Mas na frequente vazão de tristeza pela morte de amigos talvez possamos ter um vislumbre de emoções mais profundas e perturbadoras que esses missivistas eram capazes de expressar. Comentando sobre a correspondência publicada de seu colega oficial Henri Loizillon, por exemplo, Michel Gilbert sentiu angústia e remorso em uma carta à família em 19 de junho. A carta continha uma longa lista de nomes, "uma contabilidade funérea" dos soldados que haviam tombado no assalto do dia anterior ao Malakhov, e ainda assim, pensava Gilbert, era possível sentir nela "o quanto sua alma estava assombrada pelo hálito de morte (*souffle de la mort*). A relação de nomes prossegue, interminavelmente desesperadora, amigos que desapareceram, os nomes de oficiais que foram mortos". Loizillon parecia perdido em dor e culpa — culpa por ter sobrevivido — e foi apenas nas últimas linhas bem-humoradas de sua carta, nas quais ele descrevia as preces malsucedidas de colega soldado, que seu "espírito vigoroso de autopreservação reapareceu":

> Meu pobre amigo Conegliano [escreveu Loizillon], no momento em que partíamos para o ataque, me disse (ele é muito religioso): "Trouxe meu rosário, que o papa abençoou, e fiz uma dúzia de preces pelo general [Mayran], uma dúzia pelo meu irmão, e também por você." Pobre garoto! Dos três, apenas eu suas preces ajudaram a salvar.[6]

Afora o efeito de testemunhar tantas mortes, os soldados nas trincheiras devem ter sido consumidos pela horrenda escala e a natureza dos ferimentos sofridos por todos os exércitos no cerco. Só na Primeira Guerra Mundial o corpo humano iria sofrer tantos danos quanto os sofridos no combate em Sebastopol. Melhoramentos técnicos no fogo de artilharia e rifle produziram ferimentos muito mais graves do que aqueles infligidos aos soldados nas guerras napoleônicas ou argelinas. O moderno projétil longo e cônico de rifle era mais poderoso do que o antigo redondo, e também mais pesado, então atravessava o corpo, quebrando qualquer osso no caminho, enquanto o projétil redondo mais leve tendia a desviar em sua passagem pelo corpo, normalmente sem partir ossos. No começo do cerco, os russos usavam uma bala cônica pesando 50 gramas, mas a partir da primavera de 1855 passaram a usar uma bala de rifle maior e mais pesada, com 5 centímetros e pesando o dobro das balas britânicas e francesas. Quando essas novas balas atingiam partes macias do corpo humano deixavam um buraco maior, que podia sarar, mas quando atingiam o osso, o partiam mais, e se um braço ou perna fosse fraturado, quase certamente exigia amputação. O hábito russo de esperar para disparar no último instante, assim atingindo o inimigo à queima-roupa, garantia que seu disparo causasse dano máximo.[7]

Nos hospitais aliados havia soldados com ferimentos horrendos, mas havia igualmente muitos nos hospitais russos, vítimas da artilharia e do fogo de rifle ainda mais avançados de britânicos e franceses. Khristian Giubbenet, professor de cirurgia que trabalhou no hospital militar de Sebastopol, escreveu em 1870:

> Acho que nunca vi ferimentos tão medonhos quanto aqueles com os quais fui obrigado a lidar durante o período final do cerco. Os piores sem dúvida eram os frequentes ferimentos no estômago, quando as entranhas ensanguentadas dos homens ficavam dependuradas. Quando esses infelizes eram levados para os postos de curativos ainda conseguiam falar, ainda estavam conscientes e continuavam a viver algumas horas. Em outros casos, os intestinos e a pelve estavam estraçalhados nas costas: os homens não conseguiam mover a parte de baixo do corpo, mas mantinham a consciência até morrer em algumas horas. Sem dúvida a impressão mais terrível foi causada por aqueles cujos rostos haviam sido explodidos por um obus, negando a eles a imagem de ser humano. Imaginem uma criatura cujos rosto e cabeça foram substituídos por uma massa ensanguentada de carne pendurada e osso — não há olhos, nariz, boca, bochechas, língua, queixo ou orelhas que se possa ver, e ainda assim essa criatura continua sobre os próprios pés, se move e gesticula com os braços, o obrigando a supor que ainda tem consciência. Em outros casos, no lugar onde veríamos um rosto, tudo o que restava eram alguns pedaços ensanguentados de pele pendurada.[8]

Os russos tiveram baixas muito mais pesadas do que os aliados. Até o final de julho, 65 mil soldados russos haviam sido mortos ou feridos em Sebastopol — mais que o dobro do número perdido pelos aliados —, sem incluir baixas por enfermidades e doenças. O bombardeio da cidade em junho acrescentara vários milhares de feridos, não apenas soldados, mas também civis, aos hospitais já superlotados (4 mil baixas foram somadas apenas em 17 e 18 de junho). Na Assembleia dos Nobres "os feridos eram colocadas no piso de parquete não apenas lado a lado, mas uns sobre os outros", recordou o dr. Giubbenet. "Os gemidos e gritos de milhares de moribundos tomavam o saguão soturno, que era pouco iluminado, apenas pelas velas dos ajudantes." Na Bateria Pavlovsk, outros 5 mil soldados feridos estavam igualmente apertados no chão nu do cais e de lojas. Para aliviar a superlotação, em julho os russos construíram um grande hospital de campanha na direção do rio Belbek, a 6 quilômetros de Sebastopol, para onde aqueles com ferimentos mais leves foram transferidos, como determinado pelo sistema de triagem de Pirogov. Havia outros hospitais de reserva em Inkerman, na colina Mackenzie e no antigo palácio do cã, em Bakhtchiserai. Alguns dos feridos chegaram a ser levados para Simferopol e até mesmo Carcóvia, a 650 quilômetros de distância, por cavalo e carroça em estradas secundárias, quando todos os hospitais estavam transbordando com as baixas do cerco. Mas ainda assim, isso não era suficiente para dar conta do número crescente de homens doentes e feridos. Em junho e julho, pelo menos 250 homens eram acrescentados à relação de baixas todos os dias. Durante as últimas semanas do cerco, o número subiu para até oitocentas baixas por dia, o dobro das perdas relatadas oficialmente por Gorchakov, segundo prisioneiros russos posteriormente capturados pelos aliados.[9]

Os russos estavam sob pressão crescente. Com a ocupação de Kerch pelos aliados e o bloqueio de suas linhas de abastecimento pelo mar de Azov no começo de junho, eles começaram a sofrer com uma grave carência de munição e artilharia. Pequenos morteiros eram o maior problema. Comandantes de baterias receberam a ordem de limitar seus disparos a um para cada quatro recebidos do inimigo. Enquanto isso, os aliados estavam chegando a um nível de fogo concentrado nunca antes visto em um cerco — suas indústrias e sistemas de transporte permitindo que a artilharia disparasse até 75 mil projéteis por dia.[10] Esse era um novo tipo de guerra industrial, e a Rússia, com sua economia servil atrasada, não podia competir.

O moral estava perigosamente baixo. Em junho, os russos perderam seus dois líderes inspiradores em Sebastopol: Totleben foi gravemente ferido durante o bombardeio de 22 de junho e obrigado a se retirar; seis dias depois, Nakhimov foi atingido no rosto por uma bala enquanto inspecionava as baterias em Redan. Levado para seus aposentos, ele passou dois dias inconsciente antes de morrer, em 30 de junho. Seu funeral foi uma cerimônia solene à qual compareceu toda a população da cidade, e que foi acompanhada pelas tropas aliadas, que interromperam o bombardeio para ver o cortejo fúnebre passar pelas muralhas da cidade abaixo. "Não consigo encontrar palavras para descrever a você a profunda tristeza do funeral", escreveu uma irmã enfermeira de Sebastopol à sua família.

> O mar com a grande frota de nossos inimigos, as colinas com nossos bastiões onde Nakhimov passava dias e noites — eles dizem mais do que palavras podem expressar. Das colinas de onde suas baterias ameaçam Sebastopol o inimigo podia ver e disparar diretamente contra o cortejo; mas mesmo suas armas ficaram respeitosamente silenciosas e nenhum disparo foi feito durante a cerimônia. Imagine a cena — e acima de tudo as nuvens escuras de tempestade refletindo a música triste, o triste dobrar dos sinos e os dolorosos cantos fúnebres. Foi assim que os marinheiros enterraram seu herói de Sinope, como Sebastopol colocou em repouso seu próprio defensor destemido e heroico.[11]

No final de junho, a situação em Sebastopol se tornara tão desesperada, com estoques perigosamente baixos não apenas de munição, mas de comida e água, que Gorchakov começou a preparar a evacuação da cidade. Grande parte da população já havia partido, temendo morrer de fome ou ser vítima de cólera ou tifo, que se espalhavam como epidemias nos meses de verão. Um comitê especial para combater as epidemias em Sebastopol relatou trinta mortes por cólera por dia apenas em junho. Muitos daqueles que permaneceram tinham sido obrigados havia muito a abandonar suas casas bombardeadas e se refugiar no forte Nicolau, na extremidade mais distante da cidade, junto à entrada do porto, onde os principais alojamentos, escritórios e lojas eram encerrados por trás das muralhas. Outros encontraram abrigo mais seguro no lado norte. "Sebastopol começa a parecer um cemitério", recordou Erchov, o oficial de artilharia.

> A cada dia que se passava, mesmo suas avenidas mais centrais se tornavam mais vazias e lúgubres — parecia uma cidade destruída por um terremoto. A rua Ekaterinskaia, que em maio havia sido uma via animada e bonita, estava, em julho, deserta e destruída. Nem nela nem no bulevar se via um rosto feminino, nenhuma pessoa ainda caminhando livremente; apenas solenes grupos de soldados. (...) Em todos os rostos havia a mesma triste expressão de cansaço e mau pressentimento. Não fazia sentido ir à cidade: em lugar algum se ouvia o som de alegria, em lugar algum se encontrava alguma diversão.

No "Sebastopol em agosto" de Tolstoi, um conto baseado em acontecimentos e personagens reais, um soldado no rio Belbek pergunta a outro que acabou de chegar da cidade sitiada se o seu quarto ainda está inteiro. O outro replica: "Meu caro companheiro, o prédio foi explodido há eras. Você não reconheceria Sebastopol agora; não resta uma única mulher na cidade, nenhuma taberna, nenhuma banda de metais; o último bar fechou ontem. Está tão alegre quanto um necrotério."[12]

Não eram apenas os civis que estavam abandonando Sebastopol. Soldados desertavam em número crescente nos meses de verão. Aqueles que fugiam para os aliados alegavam que a deserção era um fenômeno de massa, e isso é sustentado pelos números fragmentados e as comunicações das autoridades militares russas. Em agosto, por exemplo, houve um relato de que o número de deserções "aumentara dramaticamente" desde junho, especialmente entre as tropas de reserva que eram levadas para a Crimeia: cem homens haviam fugido da 15ª Divisão de Infantaria de Reserva, assim como três em cada quatro reforços enviados do Distrito Militar de Varsóvia. Da própria Sebastopol, cerca de vinte soldados sumiam todos os dias, principalmente durante incursões e bombardeios, quando não eram vigiados tão atentamente por seus oficiais comandantes. Segundo os franceses, que receberam um fluxo constante de desertores nos meses de verão, o principal motivo apresentado pelos homens para a deserção era que virtualmente não recebiam comida, ou apenas carne podre para comer. Havia vários boatos de um motim de alguns dos reservistas na guarnição de Sebastopol na primeira semana de agosto, embora o levante tenha sido esmagado com violência e todas as evidências eliminadas pelos russos. "Houve um relato de que cem soldados russos foram fuzilados por sentença da corte marcial da cidade por motim", escreveu Henry

Clifford a seu pai pouco depois. Vários regimentos foram desfeitos e colocados na reserva por não serem mais confiáveis.[13]

Percebendo que Sebastopol não conseguiria resistir ao cerco por muito mais tempo, o tsar ordenou que Gorchakov fizesse uma última tentativa de romper a linha das tropas aliadas. Gorchakov duvidava que pudesse ser feito. Uma ofensiva "contra um inimigo superior em número e entrincheirado em posições tão sólidas seria tolice", raciocinou o comandante em chefe. Mas o tsar insistiu em que *algo* devia ser feito: ele estava buscando uma forma de encerrar a guerra em termos aceitáveis para a honra nacional e a integridade da Rússia, e precisava de um sucesso militar para iniciar negociações de paz com os britânicos e os franceses em uma posição mais forte. Enviando três de suas divisões de reserva para a Crimeia, Alexandre bombardeou Gorchakov com instruções para atacar (embora sem sugerir onde) antes que os aliados enviassem mais soldados, como, ele acreditava, estavam prestes a fazer. Ele escreveu a Gorchakov em 30 de julho: "Estou convencido de que temos de partir para a ofensiva, do contrário todos os reforços que lhe enviei, como aconteceu no passado, serão tragados por Sebastopol, aquele poço sem fundo."[14]

A única linha de ação que Gorchakov acreditava ter alguma chance de sucesso era um ataque às posições francesas e sardas no rio Chernaia. "Capturando as fontes de água do inimigo poderia ser possível ameaçar seu flanco e limitar seus ataques a Sebastopol, talvez abrindo caminho para outras operações vantajosas", escreveu ele ao tsar. "Mas não devemos nos enganar, pois há pouca esperança de sucesso em tal iniciativa." Alexandre não quis saber das reservas de Gorchakov. Escreveu a ele novamente em 3 de outubro: "Suas perdas diárias em Sebastopol sublinham o que lhe disse muitas vezes antes em minhas cartas — *a necessidade de fazer algo decisivo para encerrar este massacre assustador* [grifo do tsar]." Alexandre sabia que Gorchakov era essencialmente um cortesão, um acólito do cauteloso Paskevitch, e suspeitava que relutasse em assumir a responsabilidade de uma ofensiva. Ele concluiu sua carta com as palavras: "Quero uma batalha, mas se você como comandante em chefe teme a responsabilidade, então convoque um conselho militar para assumi-la por você."[15]

Um conselho de guerra se reuniu em 9 de agosto para discutir um possível ataque. Muitos dos altos comandantes eram contra uma ofensiva. Osten-

Sacken, que havia sido muito abalado pela morte de Nakhimov e estava convencido de que a perda de Sebastopol era inevitável, argumentou que já haviam sido sacrificados homens demais e era hora de evacuar a base naval. A maioria dos outros generais partilhava o pessimismo de Osten-Sacken, mas nenhum outro foi corajoso bastante de falar nesses termos. Em vez disso, prosseguiram com a ideia de uma ofensiva para satisfazer o tsar, embora poucos tivessem qualquer confiança em um plano detalhado. A proposta mais audaciosa foi feita pelo empolgado general Khrulev, que liderara o ataque fracassado a Evpatoria. Khrulev defendeu a completa destruição de Sebastopol (superando até mesmo o exemplo de Moscou em 1812), seguida de um ataque em massa às posições inimigas por todos os homens disponíveis. Quando Osten-Sacken objetou que esse plano suicida terminaria com dezenas de milhares de mortes desnecessárias, Khrulev retrucou: "E daí? Que todos morram! Deixaremos nossa marca no mapa!" Cabeças mais frescas prevaleceram, e a reunião terminou com um voto a favor da ideia de Gorchakov de um ataque às posições francesas e sardas no Chernaia, embora o próprio Gorchakov continuasse extremamente em dúvida se poderia dar certo. "Estou marchando contra o inimigo porque, se não o fizer, Sebastopol logo será perdida", escreveu na véspera do ataque ao príncipe Dolgoruki, ministro da Guerra. Mas se o ataque não tiver sucesso "não será culpa [dele]", e ele "tentaria evacuar Sebastopol com as menores perdas possíveis".[16]

O ataque foi marcado para o começo da manhã de 16 de agosto. Na noite anterior as tropas francesas estavam celebrando a *fête de l'empereur* — também (não por coincidência) a Festa da Assunção, um grande feriado para os italianos que, como os franceses, beberam até tarde da noite. Eles haviam acabado de se deitar quando, às 4 horas da manhã, foram acordados pelo som dos canhões russos.

Usando a proteção de uma neblina matinal, os russos avançaram sobre a ponte Traktir com uma força combinada de 47 mil soldados de infantaria, 10 mil de cavalaria e 270 peças de artilharia de campanha sob o comando do general Liprandi à esquerda (em frente aos sardos) e o general Read, filho de um engenheiro escocês que emigrara para a Rússia, na direita russa (em frente aos franceses). Os dois generais tinham ordem de não cruzar o rio antes de receber instruções de Gorchakov, o comandante em chefe, que não estava certo se devia empregar suas divisões de reserva contra os franceses nas colinas

Fediukhin ou os sardos na colina Gasfort. Ele esperava o bombardeio inicial da artilharia para expor as posições inimigas e ajudá-lo a tomar uma decisão.

Mas os primeiros disparos de canhão dos russos não atingiram os alvos. Serviram apenas para alertar os 18 mil soldados franceses e 9 mil sardos para que se preparassem para a batalha, e para aqueles avançados a se deslocar para a ponte Traktir. Frustrado com a falta de progresso, Gorchakov enviou seu ajudante de campo, tenente Krasovski, para apressar Read e Liprandi e dizer que era "hora de começar". Quando a mensagem chegou a Read seu significado não foi de modo algum claro. "Hora de começar o quê?", Read perguntou a Krasovski, que não sabia. Read decidiu que a mensagem não podia significar iniciar fogo de artilharia, que já havia começado, mas iniciar um ataque de infantaria. Ele ordenou que seus homens cruzassem o rio e atacassem a Colina Fediukhin — embora as reservas de cavalaria e infantaria que deveriam apoiar um ataque não tivessem chegado. Enquanto isso, Gorchakov decidira concentrar suas forças de reserva na esquerda, tendo sido encorajado pela facilidade com que os escaramuceiros de Liprandi haviam expulsado os postos avançados sardos da Colina do Telégrafo (conhecida pelos italianos como a *Roccia dei Piemontesi*). Ao ouvir o som de mosquetes disparados pelos homens de Read em frente a Fediukhin, Gorchakov dirigiu algumas de suas reservas para apoiá-los, mas, como reconheceu depois, ele já sabia que a batalha estava perdida: suas tropas estavam divididas e atacando em duas frentes, quando todo o objetivo da ofensiva era desferir um único golpe poderoso.[17]

Os homens de Read cruzaram o rio perto da ponte Traktir. Sem apoio de cavalaria ou artilharia, eles marcharam na direção de sua destruição quase garantida pela artilharia francesa e atiradores disparando contra eles das encostas da colina Fediukhin. Em vinte minutos, 2 mil soldados de infantaria russos haviam sido abatidos. Reservas chegaram, na forma da 5ª Divisão de Infantaria. Seu comandante sugeriu que a divisão inteira se lançasse ao ataque. Talvez com o peso do número eles pudessem ter penetrado. Mas Read preferiu colocá-los em batalha aos pedaços, regimento a regimento, e cada um deles foi à sua vez abatido pelos franceses, que àquela altura estavam totalmente confiantes em sua capacidade de derrotar as colunas russas e seguravam o fogo até que estivessem perto. "Nossa artilharia arrasou os russos", recordou Octave Cullet, um capitão de infantaria francês que estava em Fediukhin.

Nossos soldados, confiantes e fortes, dispararam neles a partir de duas linhas com uma salva calma e mortal que só podia ser conseguida por soldados calejados de batalhas. Naquela manhã, cada homem recebera oitenta cartuchos, mas poucos haviam sido disparados; ninguém prestava atenção aos tiros dos nossos flancos, concentrados apenas nos soldados russos que se aproximavam. (...) Apenas quando eles estavam em cima de nós e ameaçando nos envolver, começamos a disparar — não se perdeu um único tiro neste enorme semicírculo de atacantes. Nossos homens demonstraram admirável controle (*sang-froid*), e nenhum pensou em recuar.[18]

Gorchakov finalmente encerrou a incompetência de Read e ordenou que a divisão inteira se incorporasse ao ataque. Por um tempo eles empurraram os franceses encosta acima, mas as salvas mortais dos rifles inimigos acabaram obrigando-os a recuar e passar para o outro lado do rio. Read foi morto com um fragmento de morteiro durante a retirada, e Gorchakov assumiu seu comando, ordenando que oito batalhões das forças de Liprandi à esquerda o apoiassem na extremidade leste das Colinas Fediukhin. Mas essas tropas ficaram sob fogo pesado dos rifles dos sardos, que haviam se deslocado da Colina Gasfort para proteger o flanco aberto, e foram obrigadas a recuar para a Colina do Telégrafo. A situação era desesperançada. Pouco depois de 10 horas, Gorchakov ordenou retirada geral, e com um último disparo dos canhões, como se para dar um tom de desafio na derrota, os russos se retiraram para lamber as feridas.[19]

Os aliados tiveram 1.800 baixas no rio Chernaia. Os russos contaram 2.273 mortos, quase 4 mil feridos e 1.742 desaparecidos, a maioria desertores que haviam aproveitado a neblina da manhã e a confusão da batalha para fugir.* Vários dias se passaram antes que os mortos e feridos fossem retirados (os russos sequer foram recolher os deles), e durante esse tempo muitos visitantes viram a cena assustadora, não apenas enfermeiras que tinham ido ajudar os feridos, mas turistas de guerra, que levaram troféus dos corpos dos mortos. Pelo menos dois capelães do exército britânico participaram do

---

* Em uma tentativa de impedi-los de desertar, os oficiais russos haviam dito aos homens que caso se entregassem ao inimigo suas orelhas seriam cortadas e dadas aos turcos (que tinham o costume militar de cortar orelhas para receber recompensas); mas nem mesmo isso impediu os soldados russos de fugir em grande número.

roubo de lembranças. Mary Seacole descreve o chão "densamente tomado pelos feridos, alguns deles calmos e resignados, outros impacientes e agitados, alguns enchendo o ar com seus gritos de dor — todos querendo água, e todos gratos aos que a davam". Thomas Buzzard, um médico britânico do exército turco, ficou chocado em ver como a maioria dos mortos estava "caída, com os rostos literalmente, para usar a frase de Homero, 'comendo poeira'", em contraste com o modo como eles normalmente eram apresentados de costas nas pinturas clássicas de batalhas (a maioria dos russos havia sido atingida de frente enquanto subia a colina, então naturalmente havia caído para a frente).[20]

De algum modo os russos haviam conseguido perder para um inimigo com menos de metade de seu tamanho. Em sua explicação ao tsar, Gorchakov colocou toda a culpa no infeliz general Read, argumentando que ele não compreendera sua ordem quando lançou os homens contra os franceses em Fediukhin. "É doloroso pensar que se Read tivesse seguido minhas ordens ao pé da letra, poderíamos ter terminado com um sucesso, e que pelo menos um terço daqueles soldados corajosos que foram mortos poderiam estar vivos hoje", escreveu ao tsar em 17 de agosto. Alexandre não se impressionou com a tentativa de Gorchakov de colocar a culpa no general morto. Ele havia querido um sucesso para abordar os aliados com propostas de paz em termos favoráveis, e aquele revés arruinara seus planos. Ele respondeu a Gorchakov: "Nossos bravos soldados sofreram perdas enormes *sem qualquer ganho* [grifo do tsar]." A verdade é que os dois homens deviam ser culpados pelo massacre desnecessário: Alexandre por insistir em uma ofensiva quando nenhuma era realmente possível; e Gorchakov por não resistir à sua pressão para atacar.[21]

A derrota em Chernaia foi uma catástrofe para os russos. Era apenas uma questão de tempo antes que Sebastopol caísse diante dos aliados. "Estou certo de que este é o penúltimo ato sangrento de nossas operações na Crimeia", escreveu Herbé aos pais em 25 de agosto, após ter sido ferido em Chernaia. "O último será a tomada de Sebastopol." Segundo Nikolai Milochevitch, um dos defensores da base naval, após a derrota "os soldados russos perderam toda confiança em seus oficiais e generais". Outro soldado escreveu: "A manhã de 16 de agosto era nossa última esperança. À noite ela tinha desaparecido. Começamos a dizer adeus a Sebastopol."[22]

Compreendendo que a situação era desesperançada, os russos se prepararam para evacuar Sebastopol, como em sua carta ao ministro da Guerra na véspera da batalha Gorchakov alertara que teriam de fazer caso fossem derrotados em Chernaia. O plano de evacuação era centrado na construção de uma ponte flutuante sobre o porto marítimo até o Lado Norte, onde os russos teriam uma posição de domínio sobre as forças aliadas caso ocupassem a cidade pelo Lado Sul. A ideia de uma ponte havia sido apresentada pela primeira vez na primeira semana de julho pelo general Bukhmeier, um engenheiro brilhante. Foi rejeitada por vários engenheiros com o argumento de que seria impossível construí-la, especialmente onde Bukhmeier sugerira, entre o forte Nicolau e a Bateria Mikhailov, onde o porto marítimo tinha 960 metros de largura (o que faria dela uma das mais longas pontes de pontão já construídas) e ventos fortes com frequência deixavam as águas muito agitadas. Mas a urgência da situação convenceu Gorchakov a dar seu apoio ao plano perigoso, e com centenas de soldados transportando as tábuas até mesmo de Kerhson, a 300 quilômetros de distância, e enormes equipes de marinheiros as prendendo aos pontões, Bukhmeier organizou a construção da ponte, que finalmente foi concluída em 27 de agosto.[23]

Enquanto isso, os aliados se preparavam para outro ataque a Malakhov e Redan. No final de agosto eles se deram conta de que os russos não tinham como resistir muito mais. O fluxo de desertores de Sebastopol se tornara uma avalanche depois da derrota em Chernaia — e todos contavam as mesmas histórias sobre as terríveis condições na cidade. Assim que os comandantes aliados reconheceram que um novo ataque provavelmente seria vitorioso, ficaram ainda mais determinados a lançá-lo assim que possível. Setembro estava se aproximando, o clima logo iria mudar, e não havia nada que eles temessem mais do que um segundo inverno na Crimeia.

Pélissier assumiu a liderança. Sua posição havia sido grandemente fortalecida pela expulsão dos russos em Chernaia. Napoleão tinha dúvidas sobre a política de Pélissier de insistir no cerco — era favorável a uma campanha de campo —, mas com essa nova vitória ele deixou as reservas de lado e deu a seu comandante todo o apoio para buscar a vitória pela qual ansiava.

Enquanto o comandante francês liderava, os britânicos eram obrigados a seguir: eles careciam de soldados ou histórico de sucessos para impor suas políticas militares. Depois da catástrofe de 18 de junho, Panmure estava determinado a impedir uma repetição do fracassado ataque britânico ao Redan, e por algum tempo pareceu que um novo assalto envolvendo os britânicos havia sido descartado. Mas com a vitória em Chernaia as coisas soaram diferentes, e a sequência de acontecimentos produziu uma nova lógica que arrastou os britânicos para um novo assalto.

Nessa época, os franceses haviam aberto um túnel até o *abattis* do Malakhov, a apenas 20 metros do fosso da fortaleza, e os canhões russos estavam causando baixas pesadas. Eles tinham chegado tão perto do Malakhov que quando conversavam podiam ser escutados claramente pelos russos. Os britânicos também haviam cavado até o mais longe que podiam no terreno rochoso na direção do Redan — estavam a 200 metros do forte — e também perdiam muitos homens. Do alto da biblioteca naval, os russos podiam distinguir os traços faciais dos soldados britânicos nas trincheiras expostas. Seus atiradores de elite no Redan podiam abatê-los sem dificuldade assim que erguiam as cabeças. Todos os dias, os exércitos aliados perdiam entre 250 e trezentos homens. A situação era insustentável. Não fazia sentido adiar um assalto: se ele não fosse vitorioso naquele momento, provavelmente nunca seria, e nesse caso toda a ideia de manter o cerco deveria ser abandonada antes da chegada do inverno. Essa foi a lógica que levou o governo britânico a permitir que o substituto de Raglan, o general James Simpson, se juntasse a Pélissier no planejamento de uma última tentativa de tomar Sebastopol em um assalto de infantaria.[24]

A operação foi marcada para 8 de setembro. Dessa vez, em contraste com a tentativa fracassada de 18 de junho, o assalto foi precedido por um bombardeio massivo das defesas russas, começando em 5 de setembro, embora antes mesmo disso, a partir dos últimos dias de agosto, a intensidade do fogo de artilharia dos aliados tivesse aumentado paulatinamente. Disparando 50 mil obuses por dia, e de uma distância muito menor que antes, os canhões franceses e britânicos causaram imensos danos. Praticamente nenhuma construção permaneceu de pé no centro da cidade, que parecia ter sido atingida por um terremoto. As baixas forram horrendas — algo como mil russos foram mortos ou feridos todos os dias a partir da última semana de agosto, e quase 8 mil nos três dias do bombardeio — mas os últimos corajosos defensores de Sebastopol não ousaram pensar em abandonar a cidade. "Ao contrário", recordou Erchov,

> embora estivéssemos defendendo uma Sebastopol semidestruída, essencialmente o fantasma de uma cidade, sem mais qualquer significado a não ser por seu nome, nós nos preparamos para lutar por ela até o último homem nas ruas: transferimos nossos suprimentos para o Lado Norte, levantamos barricadas e nos preparamos para transformar cada prédio arruinado em uma cidadela armada.[25]

Os russos esperavam um assalto — o bombardeio não deixava dúvida da intenção dos aliados —, mas achavam que aconteceria em 7 de setembro, aniversário da batalha de Borodino, sua famosa vitória sobre os franceses em 1812, quando um terço do exército de Napoleão havia sido destruído. Quando o ataque não aconteceu, os defensores russos baixaram a guarda. Eles ficaram ainda mais confusos na manhã do dia 8, quando o bombardeio recomeçou com intensidade furiosa às 5 horas da manhã — os canhões franceses e britânicos disparando mais de quatrocentos projéteis por minuto —, até parar de repente às 10 horas. Novamente o assalto não se deu. Os russos haviam imaginado que os aliados atacariam ao amanhecer ou ao crepúsculo, como sempre haviam feito antes. Então interpretaram aquele novo bombardeio como um indício de um possível assalto naquela noite. A impressão foi reforçada às 11 horas da manhã, quando sentinelas avançadas nas colinas Inkerman relataram o que acreditavam ser uma reunião preparatória de navios aliados. As sentinelas não estavam enganadas: o plano aliado pedia que a marinha se juntasse ao assalto atacando as defesas litorâneas da cidade, mas naquela manhã o tempo bom mudou e um forte vento noroeste e o mar agitado obrigaram essa parte da operação a ser cancelada no último momento; então os navios que haviam se reunido na embocadura do porto marítimo não pareciam prontos para um ataque iminente. Mas era exatamente isso que os aliados tinham preparado. Pela sábia insistência de Bosquet, o assalto havia sido marcado para meio-dia, exatamente quando os russos estariam fazendo a troca da guarda e menos esperando.[26]

O plano aliado era simples: repetir as ações que haviam tentado executar em 18 de junho, mas com uma força maior e sem os erros. Dessa vez, no lugar das três divisões que haviam usado em 18 de junho, os franceses iriam empregar dez divisões e meia (cinco e meia contra o Malakhov e cinco contra os outros bastiões da Frente da Cidade), uma enorme força de assalto de 35 mil homens, com o apoio de 2 mil corajosos sardos. Os comandantes franceses, que dariam o sinal para o começo do assalto, tinham relógios sincronizados para evitar uma repetição do desencontro causado pela confusão do general Mayran com o sinal de foguete para atacar. Ao meio-dia, eles deram a ordem de começar. Os tamborileiros rufaram seus tambores, as cornetas soaram, a banda tocou a *Marseillaise*, e com um grande grito de *"Vive l'Empereur!"* a divisão do general MacMahon, cerca de 9 mil homens no total, saiu das trincheiras francesas, seguida pelo restante da infantaria francesa. Liderados pelos corajosos zuavos, eles correram na direção do Malakhov e, usando tábuas e escadas para atravessar o fosso, escalaram as muralhas da fortaleza. Os russos foram apanhados de surpresa. No momento do ataque, a guarnição estava sendo trocada, e muitos dos soldados haviam se retirado para almoçar, pensando que a interrupção do bombardeio significava que tudo estava seguro. "Os franceses estavam no Malakhov antes que nossos rapazes tivessem a oportunidade de pegar suas armas." Recordou Prokofii Podpalov, que assistiu horrorizado desde o Redan. "Em poucos segundos eles haviam enchido o forte com seus homens, e praticamente nenhum tiro foi disparado do nosso lado. Alguns minutos depois, a bandeira francesa foi hasteada no torreão."[27]

Os russos foram subjugados pela pura força do ataque francês. Eles deram as costas e fugiram do Malakhov em pânico. A maioria dos soldados no bastião era de adolescentes da 15ª Divisão de Infantaria de Reserva que não tinham experiência de combate. Não eram páreo para os zuavos.

Assim que tomaram o Malakhov, os homens de MacMahon se espalharam pelas defesas russas, se juntando aos zuavos em assustadores combates corpo a corpo contra os russos na Bateria Jerve (Gervais), no flanco esquerdo do Malakhov, enquanto outras unidades lançavam ataques contra os outros bastiões ao longo da linha. Os zuavos capturaram a Bateria Jerve, mas à direita não conseguiram desalojar o Regimento Kazan, que manteve posição corajosamente até que chegassem reforços de Sebastopol, permitindo aos russos lançar um contra-ataque. Seguiram-se a isso algumas das batalhas mais ferozes da guerra. "Nós atacamos repetidamente com nossas baionetas", recordou um dos soldados russos, Anatoli Viazmitinov. "Não tínhamos ideia de qual era nosso objetivo, e nunca nos perguntamos se poderia ter sucesso. Simplesmente nos lançamos à frente, embriagados pela excitação da luta." Em poucos minutos, o solo entre a Bateria Jerve e o Malakhov estava coberto de mortos, os russos e os franceses enroscados; e a cada carga sucessiva, outra camada de mortos era acrescentada à pilha, sobre a qual os dois lados continuavam a lutar, passando por cima dos feridos e mortos, até que o campo de batalha se transformou em um "monte de corpos", como Viazmitinov escreveu depois, "e o ar estava tomado por uma densa poeira vermelha do solo ensanguentado, tornando impossível que víssemos o inimigo. Tudo que podíamos fazer era disparar em meio à poeira na direção deles, tomando o cuidado de manter nossos mosquetes paralelos ao chão diante de nós". Finalmente, com mais soldados chegando o tempo todo, a infantaria de MacMahon superou os russos com seu poder de fogo de rifle superior e os obrigou a recuar. Eles então consolidaram seu controle do Malakhov construindo barricadas improvisadas — usando os russos mortos e até mesmo feridos como sacos de areia humanos, juntamente com gabiões, feixes de madeira e troneiras retirados das defesas destruídas — atrás das quais eles voltaram sua artilharia pesada na direção de Sebastopol.[28]

Enquanto isso, os britânicos lançavam seu próprio ataque ao Redan. De certa forma o Redan foi muito mais difícil de capturar que o Malakhov. Os britânicos não cavaram suas trincheiras no solo pedregoso em frente a ele, e portanto teriam de correr por esse espaço aberto e depois passar por cima do *abattis* sob tiro inimigo a curta distância. A grande forma em V do Redan também significava que os grupos atacantes também estariam expostos a fogo pelos flancos enquanto cruzavam o fosso e escalavam o parapeito. Também corria o boato de que o Redan havia sido minado pelos russos. Mas assim que os franceses ocuparam o Malakhov, o Redan se tornou mais vulnerável a ataque.

Como em junho, os britânicos esperaram que os franceses tomassem a iniciativa, mas assim que viram a tricolor no Malakhov, avançaram correndo para o Redan. Disparando em meio a uma chuva de balas de canhão, metralha e tiros de mosquete, um bom número do grupo atacante de mil homens conseguiu cruzar o *abattis* e se lançar no fosso, embora pelo menos metade das escadas tenha sido deixada pelo caminho. Houve caos no fosso quando os atacantes se viram sob fogo à queima-roupa dos artilheiros russos no parapeito acima de suas cabeças. Alguns começaram a vacilar, sem saber como escalar o parapeito; outros tentaram encontrar abrigo no fundo do fosso. Mas no final, um grupo de homens conseguiu subir a muralha e penetrar na fortaleza. A maioria foi morta, mas eles haviam dado o exemplo, e outros os seguiram. Entre eles, estava o tenente Griffith do 23º de Fuzileiros (Reais Galeses):

> Corremos loucamente pelas trincheiras, metralha voando junto a nossos ouvidos. Vários oficiais que encontramos retornando feridos nos disseram que haviam estado no Redan e que só era necessário o apoio para completar a vitória. Avançamos rapidamente cada vez mais bloqueados pelos oficiais e homens feridos carregados de volta da frente. (...) "Avance 23º! Por aqui!" — gritaram os oficiais do comando. Nós nos arrastamos para fora da trincheira para terreno aberto. Aquele foi um momento assustador. Corri pelo espaço de umas duzentas jardas, acho, metralha atingindo o chão o caminho todo e homens caindo dos dois lados. Quando cheguei à beirada do fosso do Redan encontrei nossos homens todos misturados em confusão, mas sustentando fogo contra o inimigo (...) [No fosso] havia muitos homens de diferentes regimentos, todos amontoados — escalando escadas colocadas sobre o parapeito tomado por nossos colegas. Radcliffe e eu tomamos a escada e subimos até o alto do parapeito, onde fomos detidos pela pressão. Homens feridos e mortos continuavam a tombar sobre nós — era de fato um cenário excitante e assustador.[29]

O fosso e as encostas que levavam ao parapeito rapidamente se encheram de recém-chegados como Griffith, que não conseguiam escalar o parapeito por causa da "pressão" criada por aqueles que lutavam acima deles. O interior do Redan era fortemente defendido com uma série de obstáculos ocupados por russos que chegavam por trás; os poucos invasores que conseguiam entrar na fortaleza eram bloqueados por eles, ficavam em grande inferioridade numérica e se tornavam alvo de um devastador fogo cruzado dos dois lados da extremidade norte da forma em V. O moral dos soldados espremidos no fosso começou a diminuir. Ignorando as ordens de seus oficiais de escalar o parapeito, "os homens se aferraram ao lado externo do ângulo agudo às centenas", recordou o tenente Colin Campbell, que assistia das trincheiras, "embora fossem abatidos em massa pelo fogo de flanco". Muitos perderam totalmente a coragem e correram de volta para as trincheiras, que estavam cheias de homens esperando a ordem de atacar. A disciplina desmoronou, houve uma fuga generalizada para a retaguarda. Griffith se juntou à fuga apavorada:

Me sentindo em desgraça, embora tivesse dado o meu melhor, eu desanimadamente me virei para seguir os homens. Vi nossa trincheira a alguma distância, mas nunca esperei alcançá-la. O fogo era assustador e eu continuava a tropeçar nos homens mortos e feridos que literalmente cobriam o chão. Felizmente, para minha grande alegria, cheguei aos nossos paralelos e de alguma forma tombei dentro da trincheira (...) Deveria ter dito que no caminho uma bala acertou meu cantil, que estava pendurado do lado do corpo, derramou toda a água e desviou. Uma pedra levantada por mortalha me atingiu na perna, mas não machucou muito. Pouco depois encontramos (...) alguns homens e aos poucos reunimos todos aqueles não feridos. Foi muito melancólico descobrir que faltavam tantos.

Henry Clifford esteve entre aqueles oficiais que tentaram em vão restaurar a disciplina: "Quando os homens voltaram correndo do parapeito do Redan. (...) desembainhamos nossas espadas, batemos nos homens e imploramos para que resistissem e não corressem, pois tudo seria perdido; mas muitos fugiram. A trincheira para onde correram estava tão lotada que era impossível se mover sem caminhar sobre os feridos caídos sob nossos pés."[30]

Não havia esperança de reiniciar o ataque com aqueles soldados tomados pelo pânico, a maioria deles jovens reservistas. O general Codrington, comandante da Divisão Ligeira encarregado do assalto, suspendeu novas ações naquele dia — um dia em que os britânicos haviam contado 2.610 homens tombados, 550 deles mortos. Codrington pretendia retomar o ataque o dia seguinte com os soldados calejados da Brigada Highland. Mas isso nunca aconteceu. Mais tarde naquela noite os russos decidiram que não conseguiriam defender o Redan contra os canhões franceses instalados no Malakhov, e evacuaram a fortaleza. Como um general russo explicou no que talvez tenha sido o primeiro relato desses acontecimentos, o Malakhov era "apenas uma fortaleza, mas era a chave para Sebastopol, de onde os franceses conseguiriam bombardear a cidade à vontade, matando milhares de nossos soldados e civis, e provavelmente destruindo a ponte de pontões para impedir nossa fuga para o Lado Norte".[31]

Gorchakov ordenou a evacuação de todo o Lado Sul de Sebastopol. Instalações militares foram explodidas, suprimentos incendiados e multidões de soldados se prepararam para cruzar a ponte flutuante para o Lado Norte. Um bom número de soldados russos acreditava que a decisão de evacuar a cidade era uma traição. Eles haviam considerado a luta do dia anterior uma vitória parcial, no sentido de que haviam repelido os ataques inimigos em todos os bastiões, exceto o Malakhov, e não entendiam, ou se recusavam a reconhecer, que o que haviam acabado de perder era indispensável para a defesa da cidade. Muitos dos marinheiros não queriam deixar Sebastopol, onde haviam passado as vidas, e alguns chegaram a protestar. "Não podemos partir, não há autoridade para nos ordenar", proclamou um grupo de marinheiros, se referindo à ausência de um chefe naval depois da morte de Nakhimov.

> Os soldados podem partir, mas temos nossos comandantes navais, e eles não nos mandaram partir. Como podemos deixar Sebastopol? Certamente em toda parte o assalto foi repelido, apenas o Malakhov foi tomado pelos franceses, mas amanhã podemos tomá-lo de volta, e permaneceremos em nossos postos! (...) devemos morrer aqui, não podemos partir, o que a Rússia dirá de nós?[32]

A evacuação começou às 7 horas da noite, e durou a noite toda. No cais do porto marinho do forte Nicolau, uma enorme multidão de soldados e civis se reuniu para cruzar a ponte flutuante. Feridos e doentes, mulheres com crianças pequenas, idosos com bengalas, todos misturados a soldados, marinheiros, cavalos e peças de artilharia em carroças. O céu noturno era iluminado pelas chamas dos prédios incendiados, e o som dos canhões nos bastiões distantes era confundido com explosões em Sebastopol, fortes e navios, à medida que os russos explodiam qualquer coisa que não podia ser retirada e pudesse ser útil ao inimigo. Esperando que britânicos e franceses aparecessem a qualquer momento, pessoas na multidão começaram a entrar em pânico, pressionar e empurrar as outras para chegar mais perto da ponte. "Era possível sentir o cheiro do medo", recorda Tatiana Tolitcheva, que esperava na ponte com o marido e o filho. "Havia um barulho terrível — pessoas gritando, chorando, berrando, os feridos gemendo, e obuses voando pelo céu." Bombas caíam no porto o tempo todo: uma matou oito prisioneiros de guerra aliados ao acertar em cheio o molhe lotado. Os soldados, cavalos e a artilharia foram os primeiros a atravessar, seguidos pelos carros de boi carregados com balas de canhão, fardos de feno e homens feridos. Havia silêncio enquanto eles cruzavam a ponte — ninguém tinha certeza de se chegaria ao outro lado. O mar estava agitado, o vento noroeste ainda soprando forte, e a chuva batia em seus rostos enquanto eles abriam caminho através do porto marinho. Os civis fizeram fila para atravessar a ponte. Só podiam levar o que carregassem nos braços. Entre eles estava Tolitcheva:

> Havia aperto na ponte — nada além de confusão, pânico, medo! A ponte quase cedeu sob o peso de todos nós, e a água chegou aos joelhos. De repente alguém se assustou e começou a gritar: "Estamos afogando!" As pessoas se viraram e tentaram voltar para a costa. Houve luta, com pessoas pisando nas outras. Os cavalos ficaram assustados e começaram a recuar. (...) Achei que íamos morrer, e fiz uma prece.

Às 8 horas da manhã seguinte a travessia havia sido concluída. Foi dado um sinal para que os últimos defensores deixassem os bastiões e incendiassem a cidade. Com as últimas peças de artilharia eles afundaram os últimos navios da frota russa do mar Negro no porto antes de atravessar para o Lado Norte.[33]

Tolstoi acompanhou do Forte da Estrela a queda de Sebastopol. Durante o ataque, ele havia sido encarregado de uma bateria de cinco canhões e havia sido um dos últimos defensores da cidade a cruzar a ponte de pontões. Era seu aniversário, ele completava 27 anos, mas a visão diante dele naquele momento foi suficiente para partir seu coração. "Eu chorei quando vi a cidade em chamas e as bandeiras francesas em nossos bastiões", escreveu ele à tia, "e no geral, em muitos sentidos, foi um dia muito triste."[34]

Outra que olhava para a cidade em chamas naquela manhã era Alexandra Stakhova, enfermeira envolvida na remoção dos feridos de Sebastopol. Ela descreveu a cena em uma carta à família na dia seguinte:

> A cidade inteira estava envolta em chamas — de toda parte o som de explosões. Era uma cena de terror e caos! (...) Sebastopol estava coberta por uma fumaça preta, nossos próprios soldados colocando fogo na cidade. A visão me encheu os olhos d'água (raramente choro) e aquilo aliviou o peso em meu coração, pelo que agradeço a Deus (...). Como tem sido difícil experimentar e ver tudo isso, e teria sido mais fácil morrer.[35]

O Grande Incêndio de Sebastopol — uma repetição de Moscou em 1812 — durou vários dias. Partes da cidade ainda ardiam quando os exércitos aliados entraram nela em 12 de setembro. Eles encontraram cenas medonhas. Nem todos os feridos tinham sido tirados de Sebastopol — havia demais deles para transportar — e cerca de 3 mil foram abandonados na cidade sem comida ou água. O dr. Giubbenet, responsável pela evacuação dos hospitais, deixara os feridos ali supondo que logo seriam encontrados pelos aliados. Não tinha ideia de que se passariam quatro dias antes que os aliados ocupassem a cidade. Ele depois ficou mortificado com as reportagens da imprensa ocidental, como esta de Russell, em *The Times*:

> De todos os quadros de horrores de guerra que já foram apresentados ao mundo, o hospital de Sebastopol ofereceu o mais revoltante e de partir o coração. Passando por aquelas portas tive uma visão que poucos homens, graças a Deus, testemunharam: (...) os cadáveres apodrecidos e supurados dos soldados, que foram deixados para morrer em sua extrema agonia, sem atenção, sem cuidados, espremidos o mais possível (...) saturados de sangue que vazava e escorria para o chão, se misturando com os restos da putrefação. Muitos repousavam, ainda vivos, com vermes rastejando por seus ferimentos. Muitos, quase enlouquecidos com a cena ao seu redor, ou tentando escapar dela em sua maior agonia, haviam rolado para debaixo das camas e olhavam fixamente para os espectadores, angustiados. Muitos, com pernas e braços quebrados e retorcidos, os fragmentos irregulares se projetando através da carne nua, imploravam ajuda, água, comida ou piedade ou, privados da fala pela aproximação da morte ou ferimentos medonhos na cabeça ou no tronco, apontavam para o ponto letal. Muitos pareciam curvados sozinhos ou fazendo as pazes com o céu. As posturas de alguns eram tão hediondamente fantásticas que grudavam a pessoa no chão por uma espécie de fascínio medonho. Os corpos de muitos homens estavam inchados e distendidos a um grau inacreditável; e os traços esticados até um tamanho gigantesco, com olhos se projetando das órbitas e a língua enegrecida saindo da boca, comprimida com firmeza pelos dentes que haviam trincado em um aperto de morte, fazia estremecer e nauseava.[36]

A visão da cidade devastada causou assombro em todos que entraram nela. "Sebastopol oferece o espetáculo mais curioso que se pode imaginar", escreveu o barão Bonduran, intendente militar francês, ao marechal de Castellane em 21 de setembro.

Nós mesmos não tínhamos ideia do efeito de nossa artilharia. A cidade foi literalmente feita em pedaços. Não há uma única casa que nossos projéteis tenham deixado passar. Não resta nenhum telhado, e quase todas as paredes foram destruídas. A guarnição deve ter sofrido enormes baixas neste cerco a julgar pelos nossos golpes. É um testemunho do inquestionável espírito e da resistência dos russos, que sustentaram por tanto tempo e só se renderam quando sua posição se tornou insustentável com nossa tomada do Malakhov.

Havia sinais de destruição por toda parte. Thomas Buzzard ficou impressionado com a beleza da cidade arruinada:

> Em uma das ruas mais bonitas havia um belo prédio clássico, que seria uma igreja, feito de pedra, muito ao estilo do Partenon de Atenas. Algumas de suas enormes colunas quase haviam sido feitas em pedaços. Ao entrar descobrimos que um projétil havia penetrado pelo teto e explodido no piso, o fazendo em pedaços. Era estranho desviar os olhos disso e ver um jardim verde e pacífico ao lado dele com as árvores cobertas de folhas.[37]

Para os soldados, a ocupação de Sebastopol foi uma oportunidade para pilhar. Os franceses foram organizados em seu saque, endossado pelos oficiais, que se juntaram a eles em pegar propriedade russa e mandar para casa seus troféus roubados, como se isso fosse uma parte normal da guerra. Em carta à família em 16 de outubro, o tenente Vanson fez uma longa relação das lembranças que estava enviando a ela, incluindo um medalhão de prata e ouro, um serviço de porcelana e um sabre tirado de um oficial russo. Algumas semanas depois, ele escreveu novamente: "Continuamos a pilhar Sebastopol. Já não são encontradas verdadeiras curiosidades, mas havia uma coisa que eu realmente queria, uma bela cadeira, e fico feliz em informar que ontem encontrei uma. Está sem um dos pés e o assento estofado, mas as costas são belamente esculpidas." Comparados aos franceses, os soldados britânicos foram ligeiramente mais contidos. Em 22 de setembro, Thomas Golapy escreveu à família no verso de um documento russo. Ele falou sobre os soldados

> pegando tudo em que conseguiam pôr as mãos e vendendo para qualquer um interessado em comprar, e havia alguns artigos esplêndidos vendidos bem barato, mas não havia ninguém aqui para comprar além dos gregos, não nos

deixaram saquear a cidade da mesma forma que os franceses, eles podiam ir para todas as partes dela, mas só havia uma parte voltada para nossas defesas em que pudemos entrar.[38]

Se os britânicos ficaram atrás dos franceses em pilhagem, eles os superaram em muito em seu consumo de álcool. As tropas de ocupação descobriram um enorme suprimento de álcool em Sebastopol, e particularmente os britânicos se entregaram à tarefa de bebê-lo com a licença que achavam ter sido dada a eles por seus oficiais por sua vitória duramente conquistada. Brigas de bêbados, insubordinação e indisciplina se tornaram um grande problema no acampamento britânico. Alarmado por relatos de "embriaguez em massa" entre os soldados, Panmure escreveu a Codrington alertando para "os enormes danos físicos a seu exército que irão existir caso esse mal não seja rapidamente detido, bem como a desgraça que se acumula diariamente sobre nosso caráter nacional". Ele pediu que a remuneração de campanha dos soldados fosse cortada e que a lei marcial fosse aplicada com todo rigor. De outubro até o mês de março seguinte, 4 mil soldados britânicos foram levados à corte marcial por embriaguez; a maioria deles recebeu cinquenta chicotadas por mau comportamento, e muitos também perderam até um mês de pagamento, mas a bebedeira continuou até que os estoques de álcool acabassem e as tropas deixassem a Crimeia.[39]

A queda de Sebastopol foi comemorada pelas multidões em Londres e Paris. Houve dança, bebida e muitos hinos patrióticos sendo cantados nas ruas. Muitas pessoas acharam que isso significava o fim da guerra. A captura da base naval e a destruição da frota do tsar no mar Negro haviam sido os objetivos dos planos de guerra aliados, pelo menos aqueles informados ao público, e haviam sido atingidos. Mas, na verdade, em termos aliados, a perda de Sebastopol estava longe de significar uma derrota da Rússia: uma invasão terrestre em grande escala para tomar Moscou ou uma vitória no Báltico contra São Petersburgo seriam necessários para produzir isso.

Se alguns líderes ocidentais esperavam que a tomada de Sebastopol fosse obrigar o tsar a pedir paz, logo se desapontaram. O manifesto imperial anunciando a perda ao povo russo tinha um tom de desafio. Em 13 de setembro, Alexandre se mudou para Moscou, em uma encenação da aparição dramática de Alexandre I na capital "nacional" depois da invasão de Napoleão, em julho de 1812, quando multidões o saudaram no caminho para o Kremlin. "Lembre-se de 1812", o tsar escreveu a Gorchakov, seu comandante em chefe, em 14 de setembro. "Sebastopol não é Moscou. A Crimeia não é a Rússia, dois anos após o incêndio de Moscou nossas tropas vitoriosas estavam em Paris. Ainda somos os mesmos russos, e Deus está conosco."[40]

Alexandre pensou em formas de continuar com a guerra. No final de setembro ele escreveu um plano detalhado para uma nova ofensiva aos Bálcãs em 1856: levaria a guerra contra os inimigos da Rússia para solo europeu instigando revoltas guerrilheiras e nacionalistas entre os eslavos e ortodoxos. Segundo Tiutcheva, Alexandre "censurava qualquer um que falasse em fazer a paz". Nesselrode certamente era favorável a negociações de paz, e disse aos austríacos que receberia propostas dos aliados caso fossem "compatíveis com nossa honra". Mas no momento, em São Petersburgo e Moscou, só se falava em continuar a guerra, mesmo que essa conversa fosse em grande medida um blefe para pressionar os aliados a oferecer melhores termos de paz à Rússia. O tsar sabia que os franceses estavam cansados da guerra e que Napoleão defenderia a paz assim que tivesse conseguido a "gloriosa vitória" que a queda de Sebastopol simbolizava. Eram os britânicos os menos inclinados a encerrar a guerra, compreendia Alexandre. Para Palmerston, a campanha na Crimeia sempre havia sido o começo de uma guerra maior para reduzir o poder do império russo no mundo, e pelo que se podia dizer o público britânico em geral era a favor de sua continuação. Mesmo a rainha Vitória não podia suportar a ideia de que o "fracasso no Redan" do exército britânico fosse, como ela definiu, "nosso último *fait d'armes*".[41]

Após negligenciar as frentes da Ásia Menor e do Cáucaso por tanto tempo, a preocupação da Grã-Bretanha era o cerco russo a Kars. Alexandre aumentou a pressão sobre a cidade-fortaleza turca para fortalecer sua posição em negociações de paz com os britânicos depois da queda de Sebastopol. A tomada de Kars abriria o caminho para que as tropas do tsar avançassem na direção de Erzurum e a Anatólia, ameaçando os interesses britânicos na rota terrestre para a Índia. Alexandre ordenara o ataque a Kars em junho na esperança de afastar tropas aliadas de Sebastopol. Uma força russa de 21 mil soldados de infantaria, 6 mil cossacos e 88 canhões, comandada pelo general Muraviev, avançou da fronteira russo-turca para Kars, a 70 quilômetros de distância, onde uma força turca de 18 mil soldados comandados pelo general britânico William Williams, sabendo que seriam derrotados em batalha aberta, havia investido todas as suas energias na fortificação da cidade. Entre os muitos oficiais estrangeiros na força turca em Kars — uma legião de refugiados poloneses, italianos e húngaros das rebeliões fracassadas de 1848-9 —, havia vários engenheiros habilidosos. Os russos lançaram o primeiro ataque em 16 de junho, mas, quando ele foi vigorosamente repelido, sitiaram a cidade, pretendendo obrigar os defensores dela a se render por fome. Os russos viam o cerco a Kars como sua resposta ao cerco aliado de Sebastopol.

Os turcos defendiam o envio de uma força expedicionária para libertar Kars. Omer Pasha pediu aos britânicos e franceses que permitissem usar suas forças turcas em Kerch e Evpatoria (cerca de 25 mil homens de infantaria e 3 mil de cavalaria), e "me lançar sobre algum ponto do litoral da Circássia, e de lá ameaçar as comunicações dos russos, os obrigando a abandonar o cerco a Kars". Os comandantes aliados relutaram em tomar uma decisão e transferiram a questão para os políticos em Londres e Paris, que inicialmente não estavam dispostos a retirar o contingente turco da Crimeia, depois aprovaram o plano em termos gerais, mas discordaram sobre a melhor forma de chegar a Kars. Apenas em 6 de setembro, Omer Pasha deixou a Crimeia para Sukhumi, no litoral da Geórgia, de onde seu exército de 40 mil homens levaria várias semanas para cruzar o sul do Cáucaso.

Enquanto isso, Muraviev estava ficando inquieto diante de Kars. O cerco infligira um terrível sofrimento aos defensores da cidade, que sofriam com falta de água e com a cólera; mas Sebastopol havia caído, o tsar precisava de Kars rapidamente, e com o exército de Omer Pasha a caminho, ele não podia esperar que o bloqueio abalasse o moral dos turcos. Em 29 de setembro, os russos lançaram um ataque em grande escala aos bastiões de Kars. Apesar de seu estado de fraqueza, as forças turcas lutaram extremamente bem, usando sua artilharia com grande eficiência, e os russos sofreram pesadas baixas, cerca de 2.500 mortos e o dobro de feridos, contra cerca de mil baixas turcas. Muraviev retornou à tática de sítio. Em meados de outubro, quando Omer Pasha, após vários atrasos, estava apenas começando sua longa marcha rumo sul desde Sukhumi, os defensores de Kars passavam fome: o hospital estava abarrotado de vítimas de escorbuto. Mulheres levavam os filhos à casa do general Williams e os deixavam lá para que ele os alimentasse. Os cavalos da cidade haviam sido abatidos pela carne. As pessoas estavam reduzidas a comer grama e raízes.

Em 22 de outubro, chegou a notícia de que Selim Pasha, filho de Omer Pasha, havia desembarcado um exército de 20 mil homens no litoral norte da Turquia e marchava na direção de Erzurum. Mas quando chegou à cidade, a poucos dias de marcha, a situação em Kars piorara ainda mais: cem pessoas morriam todo dia, e soldados desertavam o tempo todo. Entre aqueles em condições de lutar o moral estava no mínimo. Nevascas pesadas no final de outubro tornaram praticamente impossível que as forças de resgate turcas chegassem a Kars. O exército de Omer Pasha foi contido por forças russas em Mingrélia, e depois não deu qualquer sinal de se apressar na direção de Kars, passando cinco dias descansando em Zugdedi, capital de Mingrélia, onde os soldados se distraíram saqueando e sequestrando crianças para vendê-las como escravos. De lá eles não conseguiram avançar muito sob uma chuva muito pesada pelo terreno com florestas densas e pantanoso. As forças de Selim Pasha eram ainda mais lentas no avanço desde Erzurum. Na verdade, ele não tinha 20 mil homens, mas menos da metade, poucos para derrotarem sozinhos as forças de Muraviev, então Selim Pasha decidiu não tentar. Em 22 de novembro, um bilhete foi dado por um diplomata britânico ao general William informando que o exército de Selim Pasha não iria para Kars. Perdendo toda a esperança, Williams rendeu sua guarnição a Muraviev que, é preciso reconhecer, garantiu que os 4 mil soldados turcos doentes e feridos fossem bem tratados e distribuiu comida para os 30 mil soldados e civis que ele fizera passar fome para que se submetessem.[42]

Tendo tomado Kars, os russos controlavam mais território inimigo que as potências aliadas. Alexandre considerou sua vitória em Kars uma compensação pela perda de Sebastopol, e achou que chegara a hora de acenar com a paz aos austríacos e franceses. Foi estabelecido contato direto entre Paris e São Petersburgo no final de novembro, quando o barão von Seebach, genro de Nesselrode que cuidava dos interesses da Rússia na capital francesa, foi procurado pelo conde Walewski, primo de Napoleão e ministro das Relações Exteriores. Walewski estava "pessoalmente inclinado" a conversações de paz com a Rússia, relatou Seebach a Nesselrode, mas alertara que Napoleão era "dominado por seu medo da Inglaterra" e determinado a manter sua aliança com aquele país. Se a Rússia queria paz, teria de fazer propostas — começando pela redução do poderio naval russo no mar Negro — que permitissem à França superar a relutância dos britânicos em iniciar conversações.[43]

Isso não seria fácil. Com a queda de Kars o governo britânico estava ainda mais determinado a prosseguir com a guerra e levá-la a novos teatros. Em dezembro o gabinete debateu enviar metade da força na Crimeia a Trebizonda para bloquear um possível avanço russo a partir de Kars na direção de Erzurum e Anatólia. Planos para a operação foram preparados para avaliação do conselho de guerra aliado em janeiro. Também se falava em uma grande nova campanha no Báltico, onde a destruição da base naval em Sveaborg em 9 de agosto mostrara aos líderes aliados o que podia ser conseguido com navios a vapor blindados e canhões de longo alcance. Além de Westminster, havia quase consenso de que a queda de Sebastopol devia ser apenas o começo de uma guerra maior com a Rússia. Mesmo Gladstone, um firme defensor da paz, foi obrigado a reconhecer que o povo britânico não queria que a guerra terminasse. A imprensa russofóbica conclamou Palmerston a lançar uma campanha de primavera no Báltico. Pediu a destruição de Kronstadt, o bloqueio de São Petersburgo e a expulsão dos russos da Finlândia: a Rússia deveria ser destruída como uma ameaça à liberdade europeia e aos interesses britânicos no Oriente Próximo.[44]

Palmerston e seu "partido da guerra" tinham seus próprios planos para uma ampla cruzada contra a Rússia. Eles iam bem além do objetivo inicial da guerra — defender a Turquia — em seus planos de contenção permanente e enfraquecimento da Rússia como rival imperial da Grã-Bretanha. "O principal e real objetivo da guerra é conter a ambição agressiva da Rússia", havia escrito Palmerston a Clarendon em 25 de setembro. "Fomos à guerra não tanto para manter o sultão e seus maometanos na Turquia, mas para manter os russos fora da Turquia; mas igualmente temos um enorme interesse em manter os russos fora da Noruega e da Suécia." Palmerston propusera a continuação da guerra em uma escala pan-europeia também na Ásia "para conter o poder da Rússia". Em sua visão, os Estados bálticos, assim como a Turquia, caso se juntassem a essa guerra ampliada, seriam estabelecidos como *"parte de uma longa linha de circunvalação* para confinar a futura expansão da Rússia". Palmerston insistia que a Rússia "ainda não havia sido batida nem à metade do suficiente" e exigia que a guerra continuasse por pelo menos mais um ano — até que Crimeia e Cáucaso tivessem sido arrancados da Rússia e a independência da Polônia conseguida.[45]

Não era apenas uma questão de cercar a Rússia com Estados aliados ao Ocidente, mas de uma "guerra de nacionalidades" mais ampla para desmontar o império russo por dentro. A ideia foi apresentada pela primeira vez por Palmerston em seu memorando ao gabinete em março de 1854. Ele propusera devolver Crimeia e Cáucaso ao império otomano; dar a Finlândia à Suécia, as províncias do Báltico à Prússia e a Bessarábia à Áustria; e restaurar a Polônia como um reino independente da Rússia. Essas ideias haviam sido discutidas e reconhecidas como objetivos bélicos não oficiais do gabinete britânico por diversas figuras do *establishment* de Westminster durante a Guerra da Crimeia. A premissa básica, como explicado pelo duque de Argyll em carta a Clarendon em outubro de 1854, era que embora os Quatro Pontos fossem "bons e suficientes" como objetivos de guerra, na medida em que eles permitiam "qualquer grau de mudança e ampliação", o desmembramento da Rússia se tornaria desejável e possível "se e quando uma guerra bem-sucedida possa estar ao nosso alcance". Com a queda de Sebastopol essas ideias foram defendidas novamente nos círculos mais íntimos do gabinete de guerra de Palmerston. "Suspeito que Palmerston desejaria que a guerra se transformasse imperceptivelmente em uma guerra de nacionalidades, como é chamada, mas não gostaria de admitir isso publicamente agora", escreveu o cronista político Charles Greville em 6 de dezembro.[46]

Durante todo o outono de 1855, Palmerston defendeu a ideia de preparar o prosseguimento da guerra na primavera seguinte, no mínimo como um meio de continuar a pressionar os russos a aceitar os termos de paz punitivos que ele tinha em mente. Estava furioso com franceses e austríacos por iniciar conversações diretas com os russos, e por considerar os termos relativamente moderados baseados nos Quatro Pontos. Ele estava convencido, como escreveu a Clarendon em 9 de outubro, de que "Nesselrode e seus espiões" estavam "trabalhando os franceses em Paris e Bruxelas", e que "com os austríacos e prussianos cooperando com os esforços de Nesselrode" seriam necessárias "toda nossa prontidão e habilidade para não sermos arrastados para uma paz que iria desapontar a maior expectativa do país e deixar incompletos os verdadeiros objetivos da guerra". Na mesma nota, Palmerston esboçou o que considerava como sendo as condições mínimas para um acordo: a Rússia encerraria sua interferência nos principados do Danúbio, onde o sultão iria "dar aos príncipes uma boa constituição a ser previamente acertada com Inglaterra e França"; o delta do Danúbio seria transferido pela Rússia à Turquia e os russos perderiam todas as suas bases navais no mar Negro, juntamente com qualquer "parcela de território que esteja em suas mãos servindo como locais de ataques a seus vizinhos", territórios entre os quais ele incluía Crimeia e Cáucaso. Quanto à Polônia, Palmerston não estava mais certo de que a Grã-Bretanha podia sustentar uma guerra de independência, mas achava que os franceses deveriam continuar com a ideia, que havia sido apresentada por Walewski, para aumentar a pressão sobre os russos para aceitar uma redução de seu poder no mundo.[47]

Mas os franceses estavam menos entusiasmados. Tendo eles realizado a maior parte da luta, seus pontos de vista tinham pelo menos tanto peso quanto os de Palmerston. Sem o apoio da França, a Grã-Bretanha não podia pensar em continuar a guerra, muito menos envolver novos aliados entre as potências europeias, que em grande medida preferiam a liderança francesa à britânica.

A França sofrera muito mais na guerra que a Grã-Bretanha. Além de suas perdas no campo de batalha, o exército francês foi muito afetado por várias doenças, principalmente escorbuto e tifo, mas também cólera, no outono e no inverno de 1855. Os problemas eram similares aos dos britânicos no inverno anterior: a situação dos dois exércitos se invertera. Enquanto os britânicos haviam melhorado drasticamente seu saneamento e suas instalações médicas no ano anterior, os franceses permitiram que seus padrões caíssem à medida que mais soldados chegavam à Crimeia e eles careciam de recursos para dar conta da maior demanda.

Nessas circunstâncias, era impraticável Napoleão pensar em continuar com a luta. Ele podia suspender as operações até a primavera seguinte, quando seu exército talvez tivesse se recuperado. Mas os soldados estavam ficando com o moral perigosamente baixo, como deixavam claras suas cartas para casa, e não suportariam outro inverno na Crimeia. Escrevendo em 13 de outubro, o capitão Charles Thomas, por exemplo, dizia que havia perigo de revolta se o exército não fosse levado de volta à França logo. Frédéric Japy, um tenente dos zuavos, também achava que os soldados se rebelariam contra seus oficiais; não estavam preparados para continuar com uma guerra que no momento sentiam ter sido feita principalmente pelos interesses britânicos. Henri Loizillon temia que uma nova campanha arrastasse os franceses para uma guerra interminável contra um país que era grande demais para derrotar — uma lição que ele achava que deveriam ter aprendido com 1812.[48]

A opinião pública na França não apoiaria a campanha militar por muito mais tempo. A economia francesa havia sido muito prejudicada pela guerra: o comércio estava em baixa; a agricultura sofrera com carência de mão de obra por causa das convocações militares que já haviam levado 310 mil franceses para a Crimeia; e nas cidades havia carência de alimentos, que começou a ser sentida amplamente em novembro de 1855. Segundo relatos de chefes de polícia e procuradores provinciais, havia um perigo real de agitação civil se a guerra prosseguisse pelo inverno. Mesmo a imprensa provincial, que liderara o apelo pela guerra em 1854, agora conclamava pelo seu fim.[49]

Sempre sensível à pressão popular, Napoleão passou o outono buscando uma forma de encerrar a guerra sem irritar os britânicos. Ele estava ansioso para faturar politicamente com a "gloriosa vitória" que a queda de Sebastopol simbolizava, mas não queria colocar em risco sua aliança com a Grã-Bretanha, que era a base de sua política externa. Napoleão não se opunha à ideia de uma guerra mais ampla. Era simpático à visão de Palmerston usar uma guerra à Rússia para redesenhar o mapa da Europa, estimulando revoluções nacionais para romper o sistema de 1815 e deixar a França em posição dominante no continente à custa da Rússia e da Sacra Aliança. Mas não seria envolvido em uma campanha contra a Rússia no Cáucaso e na Ásia Menor, onde ele sentia que os interesses britânicos eram os mais atendidos. Do modo como Napoleão via aqui, a única forma pela qual poderia justificar a continuação de uma guerra em larga escala contra a Rússia seria caso produzisse seus sonhos grandiosos para o continente europeu. Em 22 de novembro, Napoleão escreveu à rainha Vitória sugerindo três alternativas: uma guerra de atrito defensiva limitada; negociações de paz baseadas nos Quatro Pontos; ou um "apelo a todas as nacionalidades, o restabelecimento da Polônia, a independência de Finlândia e Hungria". Como explicou Napoleão, ele pessoalmente preferia a paz, mas se oferecia para discutir essa proposta grandiosa de uma guerra europeia maior se a Grã-Bretanha considerasse que a paz não era aceitável com base nos Quatro Pontos. "Posso compreender uma política que teria uma certa grandeza e colocasse os objetivos pretendidos no mesmo nível dos sacrifícios que devem ser feitos", escreveu ele a Vitória.

A proposta de Napoleão quase certamente não foi ingênua, uma jogada inteligente para forçar os britânicos a se juntar às conversações de paz. Sabia que os britânicos não estavam preparados para uma guerra napoleônica de libertação nacional no continente. Mas havia indícios de que ele poderia estar preparado para lançar essa guerra maior caso Palmerston pagasse para ver. Em 1858, Napoleão diria a Cowley que a França queria a paz e por isso ele havia sido obrigado a encerrar a guerra; mas da mesma forma, caso tivesse sido forçado por Palmerston a manter a guerra, estaria determinado a "não fazer a paz até que um melhor equilíbrio [tivesse sido] garantido para a Europa".[50]

Quaisquer que fossem as intenções do imperador, Walewski, seu ministro das Relações Exteriores, que defendia fortemente uma paz imediata, estava evidentemente usando a ameaça de Napoleão apoiar uma guerra revolucionária para levar Grã-Bretanha, Áustria e Rússia a negociações de paz com base nos Quatro Pontos. Napoleão tomou parte nesse jogo de ameaças. Ele escreveu a Walewski com cópia para Clarendon:

> Eu quero a paz. Se a Rússia concordar com a neutralização do mar Negro, farei paz com ela quaisquer que sejam as objeções da Inglaterra. Mas se, na primavera, nada tiver acontecido, apelarei às nacionalidades, acima de todas à nação dos poloneses. A guerra terá como princípio não os direitos da Europa, mas os interesses de Estados isolados.

Se a ameaça de Napoleão de uma guerra revolucionária era quase certamente vazia, sua paz em separado com a Rússia certamente não era. Por trás do estabelecimento de contatos diretos com São Petersburgo estava o influente grupo liderado pelo meio-irmão do imperador, o duque de Morny, um especulador com ferrovias que considerava a Rússia "uma mina a ser explorada pela França". Em outubro, Morny entrara em contato com o príncipe Gorchakov, o embaixador russo em Viena e pouco depois ministro do Exterior, com a oferta de um acordo franco-russo.[51]

Alarmados com essas iniciativas francesas, os austríacos intervieram. O conde Buol, seu ministro das Relações Exteriores, procurou Bourqueney, embaixador francês em Viena, e juntamente com Morny, que descobrira com Gorchakov quais termos os russos provavelmente aceitariam, produziram um conjunto de propostas de paz a ser impostas à Rússia como um ultimato austríaco com o apoio francês e britânico "pela integridade do império otomano". Os termos franco-austríacos eram essencialmente uma nova redação dos Quatro Pontos, embora a Rússia devesse então ceder parte da Bessarábia de modo a ficar inteiramente isolada do Danúbio, e a neutralização do mar Negro devesse ser obtida por intermédio de uma convenção russo-turca em vez de por um tratado de paz geral. Embora os russos já tivessem aceitado os Quatro Pontos como base de negociação, foi acrescentado um quinto reservando às potências vitoriosas o direito de incluir outras condições não definidas na conferência de paz "no interesse da Europa".[52]

As propostas de paz francesa e austríaca chegaram a Londres em 18 de novembro. O governo britânico, que só fora informado do progresso da negociação austro-francesa, ficou ofendido pelo modo como o acordo havia sido feito pelas duas potências católicas, com Palmerston suspeitando que a influência russa havia desempenhado um papel em suavizar os termos propostos, que ele estava determinado a rejeitar. Não havia menção ao Báltico nem garantias contra agressão russa no mar Negro. "Nós nos aferramos aos grandes Princípios de Acordo que são necessários para a segurança futura da Europa", escreveu a Clarendon em 1º de dezembro. "Se o governo francês mudar de opinião a responsabilidade será deles, e o povo dos dois países saberá disso." Clarendon era mais cauteloso, como sempre. Ele temia que a França fizesse uma paz em separado, e que, se assim fosse, a Grã-Bretanha fosse incapaz de lutar sozinha. O ministro do Exterior conseguiu algumas pequenas emendas nos termos — a neutralização do mar Negro seria conseguida por um acordo geral e o quinto ponto deveria conter "condições particulares" —, mas afora isso era a favor da aceitação dos termos franceses e austríacos. Com a ajuda da rainha, ele persuadiu Palmerston a seguir o plano, pelo menos naquele momento, para impedir uma paz franco-russa separada, argumentando que o tsar provavelmente rejeitaria as propostas de qualquer forma, permitindo à Grã-Bretanha retomar as hostilidades e pressionar por termos mais duros.[53]

Clarendon estava quase certo. O tsar estava com disposição belicosa durante todo aquele outono. Segundo um alto diplomata russo, ele "estava pouco disposto a chegar a termos com nossos adversários" em um momento em que estavam prestes a experimentar as dificuldades de um segundo inverno na Crimeia. O desejo de paz de Napoleão sugeria ao tsar que a Rússia ainda poderia ter uma chance de garantir um final melhor para a guerra caso continuasse a lutar tempo suficiente para transformar os problemas internos da França em uma crise. Em carta reveladora ao seu comandante em chefe, Gorchakov, Alexandre declarou que não via esperança em um fim breve das hostilidades. A Rússia continuaria com a guerra até a França ser obrigada a assinar a paz pela eclosão de distúrbios, causados pelas safras ruins e o crescente descontentamento das classes inferiores:

> Revoluções anteriores sempre começaram dessa forma, e pode muito bem ser que uma revolução geral não esteja distante. Vejo isso como a conclusão mais provável da presente guerra; nem de Napoleão nem da Inglaterra eu espero um desejo sincero de paz em termos compatíveis com nossos pontos de vista, e enquanto eu viver não aceitarei outros.[54]

Ninguém conseguiu convencer o tsar a recuar de sua postura beligerante. Seebach levou uma mensagem pessoal de Napoleão o conclamando a aceitar as propostas ou correr o risco de perder metade de seu império caso as hostilidades contra a Rússia fossem retomadas. Chegaram notícias de que a Suécia finalmente concordara com um tratado militar com as potências ocidentais em 21 de novembro — um desdobramento funesto para a Rússia caso os aliados lançassem uma nova campanha no Báltico. Até mesmo Frederico Guilherme IV, o rei prussiano, declarou que poderia ser obrigado a se juntar às potências ocidentais contra a Rússia caso Alexandre continuasse com uma guerra que "ameaçava a estabilidade de todos os governos legítimos" do continente. Ele escreveu a Alexandre: "Eu lhe suplico, meu caro sobrinho, vá o mais longe que puder em suas concessões, pesando cuidadosamente as consequências para os verdadeiros interesses da Rússia, para a Prússia e toda a Europa caso essa guerra atroz continue. Paixões subversivas, uma vez liberadas, podem ter efeitos revolucionários que ninguém calcula." Mas, diante de todos esses alertas, Alexandre permaneceu irredutível. "Chegamos ao limite máximo do que é possível e compatível com a honra da Rússia", escreveu ele a Gorchakov em 23 de dezembro. "Nunca aceitarei condições humilhantes, e estou convencido de que todo verdadeiro russo sente como eu. Só nos resta — nos persignando — marchar em frente e, por nossos esforços unidos, defender nossa terra natal e nossa honra nacional."[55]

Dois dias depois, Alexandre finalmente recebeu o ultimato austríaco com os termos dos aliados. O tsar convocou uma reunião dos conselheiros mais confiáveis de seu pai para avaliar a resposta russa. Cabeças mais velhas e calmas que a do tsar prevaleceram nessa reunião no Palácio de Inverno em São Petersburgo. O principal discurso foi feito por Kiselev, o reformista ministro dos Domínios do Estado, que era encarregado dos 10 milhões de camponeses propriedades do Estado. Ele claramente falou pelos outros conselheiros. A Rússia carecia dos meios para continuar com a guerra, argumentou Kiselev. As potências neutras estavam se passando para o lado da aliança ocidental, e seria imprudente correr o risco de lutar contra toda a Europa. Mesmo uma retomada das hostilidades contra as potências ocidentais não era algo sábio: a Rússia não tinha como vencer, e isso resultaria em termos de paz ainda mais duros pelo inimigo. Embora a massa do povo russo partilhasse os sentimentos patrióticos do tsar, acreditava Kiselev, havia elementos que poderiam começar a vacilar caso a guerra se prolongasse — havia a possibilidade de distúrbios revolucionários. Já havia sinais de séria inquietação entre os camponeses, que estavam suportando o fardo mais pesado da guerra. Eles não deveriam rejeitar a proposta austríaca, argumentou Kiselev, mas poderiam propor emendas para sustentar a integridade territorial da Rússia. O conselho concordou com o ponto de vista de Kiselev. Foi enviada uma resposta aos austríacos aceitando os termos de paz, mas rejeitando a cessão da Bessarábia e a adição do quinto ponto.

A contraproposta russa dividiu os aliados. Os austríacos, que tinham interesse na Bessarábia, imediatamente ameaçaram romper relações com a Rússia; mas os franceses não estavam preparados para colocar em risco as negociações de paz "por causa de algumas migalhas de terra na Bessarábia!" — como Napoleão explicou à rainha Vitória em carta de 14 de janeiro. A rainha era de opinião que eles deviam adiar as negociações para explorar as divisões entre a Rússia e os austríacos. Era um bom conselho. Como seu pai, Alexandre temia a perspectiva de uma guerra com a Áustria mais que tudo, e talvez apenas isso pudesse levá-lo a aceitar as propostas. Em 12 de janeiro, Buol informara os russos que a Áustria iria romper relações seis dias depois caso não aceitassem os termos de paz. Frederico Guilherme expressou seu apoio à proposta austríaca em telegrama a São Petersburgo. O tsar estava sozinho.

Em 15 de janeiro, Alexandre convocou outra reunião de seu conselho no Palácio de Inverno. Dessa vez, Nesselrode fez o principal discurso. Ele alertou o tsar de que no ano que começava os aliados haviam decidido concentrar suas forças no Danúbio e na Bessarábia, perto da fronteira austríaca. A Áustria provavelmente seria arrastada para as hostilidades contra a Rússia, e essa decisão afetaria decisivamente as potências neutras, Suécia e Prússia. Se a Rússia se recusasse a fazer a paz naquele momento, correria o risco de se ver em uma guerra contra toda a Europa. O velho príncipe Vorontsov, antigo vice-rei do Cáucaso, apoiou Nesselrode. Falando com uma voz carregada de emoção, ele conclamou o tsar a aceitar os termos austríacos, por mais dolorosos que pudessem ser. Nada mais poderia ser conseguido pela continuação da luta, e a resistência poderia levar a uma paz ainda mais humilhante, talvez à perda da Crimeia, do Cáucaso, até mesmo de Finlândia e Polônia. Kiselev concordou, acrescentando que o povo de Volínia e Podólia, na Ucrânia, tinha tanta probabilidade de se erguer contra o governo russo quanto finlandeses e poloneses caso a guerra prosseguisse e tropas austríacas se aproximassem daquelas fronteiras ocidentais. Comparados a esses riscos, os sacrifícios exigidos pelo ultimato eram insignificantes. Um a um, os funcionários do tsar o conclamaram a aceitar os termos de paz. Apenas o irmão mais moço de Alexandre, o grão-duque Constantino, defendeu lutar, mas ele não tinha cargo no governo, e por mais patriótico que seu apelo ao espírito de resistência de 1812 pudesse ter soado a seus corações russos, ele carecia de lógica para fazê-los mudar de ideia. O tsar havia decidido. No dia seguinte, os austríacos receberam uma nota de Nesselrode anunciando sua aceitação dos termos de paz.[56]

Em Sebastopol, os soldados estavam se preparando para passar um segundo inverno na Crimeia. Ninguém realmente sabia se teriam de lutar novamente, mas havia muitos boatos sobre serem mandados para o Danúbio, o Cáucaso ou algum outro canto do império russo para uma campanha de primavera. "O que será de nós?", escreveu o comandante de batalhão Joseph Fervel ao marechal de Castellane em 15 de dezembro. "Onde nos encontraremos no próximo ano? Esta é a pergunta que todos fazem mas ninguém sabe responder."[57]

Enquanto isso, os soldados se ocupavam com a sobrevivência diária nas colinas acima de Sebastopol. Os suprimentos melhoraram e os soldados receberam barracas melhores e cabanas de madeira. Os bares e as lojas de Kamiesh e Kadikoi estavam sempre cheios, e o hotel de Mary Seacole fazia muitos negócios. Havia várias diversões para manter os soldados ocupados — teatro, jogo, bilhar, caça e corridas de cavalo na planície enquanto o clima permitia. Barcos cheios de turistas chegavam da Grã-Bretanha para ver os famosos locais de batalha e caçar lembranças — uma arma ou espada russas, um pedaço de uniforme roubado dos corpos dos russos mortos que permaneceram nas trincheiras semanas e mesmo meses após a tomada de Sebastopol. "Apenas os ingleses poderiam ter essa ideia", observou um oficial francês que ficou impressionado com o fascínio mórbido desses turistas de guerra.[58]

No final de janeiro, à medida que chegavam notícias da paz iminente, os soldados aliados começaram a confraternizar cada vez mais com os russos. Prokofii Podpalov, o jovem soldado que tomara parte na defesa do Redan, estava entre os russos acampados junto ao rio Chernaia, local da batalha sangrenta em agosto. "Todo dia ficávamos mais amigos dos soldados franceses do outro lado do rio", recordou. "Nossos oficiais nos disseram para ser educados com eles. Normalmente íamos até o rio e jogávamos do outro lado (o rio não era largo) algumas coisas para eles: cruzes, moedas, coisas assim; e os franceses jogavam para nós cigarros, bolsas de couro, facas, dinheiro. Era assim que conversávamos: os franceses diziam 'Russkii camarade!', e os russos 'Franchy Brothers!'". Finalmente os franceses se aventuraram do outro lado do rio e visitaram os russos em seu acampamento. Bebiam e comiam juntos, cantavam suas canções uns para os outros e conversavam em linguagem de sinais. As visitas se tornaram regulares. Certo dia, ao deixar o acampamento russo, os soldados franceses deram alguns cartões nos quais haviam escrito seus nomes e regimentos, e convidaram os russos a visitá-los em seu acampamento. Por alguns dias eles não retornaram, então Podpalov e alguns de seus camaradas decidiram visitar o acampamento francês. Ficaram impressionados com o que viram. "Era limpo e arrumado em toda parte, havia até mesmo flores crescendo junto às barracas dos oficiais", recordou Podpalov. Os russos encontraram seus amigos, e foram convidados às barracas deles, onde beberam rum. Os soldados franceses os levaram de volta ao rio, os abraçaram muitas vezes e os convidaram a voltar. Uma semana depois, Podpalov retornou sozinho ao acampamento francês, mas não conseguiu encontrar seus amigos. Disseram que haviam partido para Paris.[59]

12
Paris e a Nova Ordem

O Congresso de Paz foi marcado para começar no Ministério das Relações Exteriores francês no Quai d'Orsay na tarde de 25 de fevereiro. Ao meio-dia, uma grande e excitada multidão de espectadores se colocara ao longo do Quai d'Orsay para acompanhar a chegada dos delegados. Desde a Pont de la Concorde até a rue d'Iéna, os espectadores tinham de ser contidos por soldados de infantaria e gendarmes para permitir que as carruagens dos dignitários estrangeiros passassem e parassem diante dos prédios recém-concluídos do Ministério das Relações Exteriores. Os delegados chegaram a partir de 1 hora, cada um saudado com gritos de *"Vive la paix!"* e *"Vive l'Empereur!"* quando saltavam e entravam no prédio. Vestindo casacas, os delegados se reuniram no magnífico Salão dos Embaixadores, onde uma grande mesa redonda coberta com veludo verde e doze poltronas ao redor fora preparada para a conferência. O salão era um mostruário das artes decorativas do Segundo Império. Cortinas de cetim carmim pendiam das paredes. Os únicos quadros eram retratos em tamanho natural de Napoleão III e da imperatriz Eugenia, cujos olhares dominadores eram uma lembrança constante aos delegados da nova posição da França como árbitro de questões internacionais. Em um console junto à lareira havia um busto de mármore de Napoleão I — *persona non grata* em círculos diplomáticos por mais de quarenta anos. O congresso de Paris marcava o que Napoleão III queria acreditar ser o retorno da França napoleônica ao Concerto da Europa.[1]

A escolha de Paris como cenário do congresso era um sinal da nova posição da França como a potência preeminente do continente. A única outra cidade onde ele poderia acontecer seria Viena, onde o tratado de 1815 fora assinado, mas a ideia fora rejeitada pelos britânicos, que desconfiavam dos esforços diplomáticos dos austríacos desde o começo da guerra. Com o poder diplomático passando brevemente para Paris, Viena naquele momento parecia uma cidade do passado. "Quem poderia negar que a França sai maior disso tudo?", escreveu o conde Walewski a Napoleão após saber que ele seria o anfitrião do congresso. "Apenas a França lucrou com esta luta. Hoje ela ocupa o primeiro lugar na Europa."

O congresso aconteceu apenas três meses depois do fim da *Exposition Universelle*, um acontecimento internacional cintilante para rivalizar com a Grande Exposição de Londres de 1851. Cinco milhões de visitantes haviam percorrido os salões de exposição no Champs-Elysées. Os dois acontecimentos colocaram Paris no centro da Europa. Aquela era uma grande vitória para Napoleão III, cuja decisão de entrar na guerra sempre havia sido influenciada por sua necessidade de prestígio internamente e no exterior. Desde o início das conversações de paz no outono anterior ele se destacara como o principal ator, de quem todas as outras potências dependiam para satisfazer seus interesses. "Estou impressionado com a deferência geral ao imperador Napoleão", escreveu a princesa Lieven à baronesa Meyendorff em 9 de novembro. "A guerra o levou bem ao alto, ele e a França: não engrandeceu a Inglaterra."[2]

As conversações de paz haviam se desenrolado por todo o inverno, e quando os delegados chegaram a Paris a maioria das questões controversas já havia sido resolvida. O principal empecilho era a postura dura dos britânicos, que não tinham pressa em encerrar uma guerra na qual não haviam tido uma grande vitória para satisfazer sua honra e justificar suas perdas dos dezoito meses anteriores. Afinal, a tomada de Sebastopol havia sido um sucesso francês. Provocado por uma imprensa e um público beligerantes, Palmerston reiterara as condições mínimas que estabelecera em 9 de outubro, e ameaçara continuar com a guerra, começando com uma campanha de primavera no Báltico caso os russos não fizessem a paz nos seus termos. Ele pressionou Clarendon, seu secretário do Exterior, a não aceitar nada menos que a completa submissão russa a suas condições no congresso de Paris.

A despeito de suas afirmações, as exigências de Palmerston estavam em mutação constante. Em novembro, ele desistira da ideia de garantir a independência da Circássia: não foi possível encontrar nenhum representante daquele território confuso para assinar um tratado por ela. Mas continuou a insistir em que a Rússia deveria ser privada do Cáucaso e da Ásia Central, e estava inabalável em que a firmeza britânica poderia conseguir isso. A Rússia estava negociando em posição de fraqueza, escreveu ele a Clarendon em 25 de fevereiro, e mostrando "impudência" ao argumentar contra a última versão dos termos britânicos: a retirada completa dos navios e arsenais russos do mar Negro e a evacuação de "toda parte do território turco [incluindo Kars] hoje ocupada por tropas russas". Essas condições, sustentava Palmerston, não eram "desonrosas para a Rússia (...) apenas calculadas como votos manifestos e patentes de sinceridade em sua renúncia a intenções agressivas". Alertando Clarendon sobre o conde Orlov, líder da delegação russa a Paris, ele revelou suas posturas russofóbicas:

> Quanto a Orloff, eu o conheço bem — é educado e cortês externamente, mas sua mente interior é profundamente impregnada da insolência, arrogância e do orgulho russos. Ele fará de tudo para atormentar sem parecer fazê-lo. Ele brigará por todo ponto que acreditar ter uma chance de vencer, e ele tem toda a malícia de um selvagem semicivilizado.[3]

Os franceses e italianos estavam ofendidos com o comportamento de Palmerston (Vitor Emanuel, o rei piemontês, o descreveu como um "animal raivoso"). Ansiosos por paz, os franceses não partilhavam a inclinação britânica de punir a Rússia. Eles precisavam de uma reaproximação com os russos para realizar os planos de Napoleão na Itália. Simpático à causa da unificação italiana, o imperador francês calculava que poderia recuperar Saboia e Nice — capturadas pelos franceses em 1792, mas devolvidas a Piemonte pelo Congresso de Viena de 1815 — ajudando os piemonteses a conquistar Lombardia-Veneza dos austríacos e expulsar os Habsburgo do resto da Itália. Precisando do apoio ou da neutralidade armada dos russos para derrotar os austríacos, os franceses não estavam dispostos a acompanhar Palmerston nas iniciativas punitivas contra a Rússia. Sua principal diferença era em relação à fronteira da Bessarábia, um território que a Rússia deveria devolver à Moldávia otomana. Palmerston, apoiado pela Áustria, adotou uma posição rígida, argumentando que a Rússia não deveria ter acesso ao Danúbio, principal preocupação austríaca. Os russos queriam usar Kars como compensação pela Bessarábia, e os franceses os apoiavam. Mas, pressionado por britânicos e austríacos, Napoleão persuadiu Orlov a aceitar um compromisso em Paris. No geral os russos perderam aproximadamente um terço das terras da Bessarábia que haviam tomado dos turcos em 1815, incluindo o delta do Danúbio, mas mantiveram as comunidades búlgaras da Bessarábia e a estrategicamente importante cordilheira no sentido sul-leste a partir de Chotin. Os britânicos cantaram vitória; a Áustria celebrou a libertação do Danúbio, e os russos sentiram a perda (do sul) da Bessarábia como uma humilhação nacional. Era o primeiro território que os russos cediam aos turcos desde o século XVII.[4]

Nas outras grandes questões as potências em grande medida entraram em acordo antes do congresso de Paris se reunir, guiados pelos Quatro Pontos acordados pelos aliados em 1854. Os britânicos haviam tentado incluir um quinto ponto tirando da Rússia todas as suas terras no sul do Cáucaso (Circássia, Geórgia, Erivan e Nakhitchevan), mas os russos insistiram em que tinham esses territórios pelo Tratado de Adrianópolis, e os turcos sustentaram suas alegações. Contudo, os russos foram obrigados a ceder Kars. Também perderam em seus esforços para evitar o pleno efeito do Terceiro Ponto — a desmilitarização do mar Negro — negociando uma exclusão de Nikolaev (a 20 quilômetros do litoral, no rio Bug) e do mar de Azov.

Na questão dos dois principados do Danúbio (principal objeto do Primeiro Ponto), houve uma animada troca de ideias. Os britânicos eram amplamente favoráveis a restaurar o controle otomano. Os franceses deram apoio aos liberais e nacionalistas romenos que queriam unir os principados como um Estado independente. Os austríacos se opunham peremptoriamente ao estabelecimento de uma nação-Estado em sua fronteira sudeste, já que tinham significativas minorias eslavas com suas próprias aspirações nacionais. Os austríacos suspeitavam corretamente que os franceses apoiavam os romenos como uma forma de pressionar os austríacos a abrir mão de seus interesses no norte da Itália. As três potências concordaram em acabar com o protetorado russo sobre os principados do Danúbio e garantir a livre navegação comercial do Danúbio (o Segundo Ponto). Mas não concordaram sobre o que colocar no lugar — a não ser a garantia coletiva das grandes potências sob a soberania nominal do império otomano com planos vagos de eleições em algum momento futuro para determinar os pontos de vista da população em Moldávia e Valáquia.

Quanto à questão de proteger os súditos cristãos do império otomano (o Quarto Ponto), representantes das potências aliadas se reuniram com o grão-vizir Ali Pasha e o reformista do tanzimat Fuad Pasha (delegados do sultão ao congresso de Paris) em Constantinopla no começo de janeiro para convencê-los da necessidade de a Porta mostrar que falava sério sobre conceder plena igualdade religiosa e civil aos não muçulmanos do império (incluindo judeus). Em seu relato a Clarendon sobre a conferência em 9 de janeiro, Stratford Canning se mostrou cético quanto ao compromisso dos ministros turcos com a reforma. Achava que eles se ressentiam da imposição estrangeira de reformas, que consideravam minar a soberania otomana, e concluiu que seria difícil conseguir que qualquer proteção aos cristãos fosse devidamente implantada. Os turcos sempre tinham acreditado que os cristãos eram inferiores, e nenhuma lei aprovada pelo sultão poderia superar esse preconceito no curto período de tempo esperado pelo Ocidente. "Podemos esperar procrastinação com base em respeito a antipatias religiosas, preconceitos populares e hábitos isolacionistas", escreveu o veterano diplomata, que alertou ainda mais que forçar reformas poderia levar a uma revolta muçulmana contra as políticas ocidentalizantes do sultão. Em resposta a um esboço de programa de 21 pontos apresentado pelos representantes dos aliados, o sultão proclamou o Hatt-i Hümayun em 18 de fevereiro. O decreto prometia a seus súditos não muçulmanos plena igualdade religiosa e legal, direitos de propriedade e ingresso por mérito no funcionalismo militar e civil otomano. Os turcos esperavam que a reforma impedisse mais intervenções europeias nos assuntos otomanos. Eles queriam que o Hatt-i Hümayun fosse excluído das conversações de Paris alegando soberania turca. Mas os russos — que haviam sido citados no Quarto Ponto como uma das cinco grandes potências que iriam garantir a segurança dos súditos cristãos do sultão — insistiram que a questão fosse levantada. Eles ficaram satisfeitos com a solução de compromisso — uma declaração internacional incluindo a Porta sobre a importância dos direitos cristãos no império otomano —, e em sua propaganda interna os russos até a usaram como um símbolo de sua "vitória moral" na Guerra da Crimeia. Em certo sentido, eles estavam certos, já que o congresso de Paris restaurou o *status quo* da Igreja da Natividade em Belém e do Santo Sepulcro, como a Rússia exigira em benefício dos gregos contra as reivindicações latinas, um ponto destacado pelo tsar muitas vezes. Em manifesto publicado no dia em que a paz foi assinada, Alexandre invocou a Providência por aprovar "o original e principal objetivo da guerra (...) Russos! Seus esforços e sacrifícios não foram em vão!"⁵

Finalmente, havia a questão não mencionada da Polônia. A ideia de restaurar a independência da Polônia da Rússia havia sido levantada pela primeira vez entre os diplomatas aliados de guerra por Walewski, o filho de Napoleão I com a condessa polonesa Marie Walewska. Após a tomada de Sebastopol, o imperador francês queria fazer algo pela Polônia: um reino polonês independente servia ao ideal napoleônico de uma Europa baseada em nações-Estado para derrubar o acordo de 1815. Inicialmente, Napoleão III apoiou o programa de Czartoryski para a restauração da Polônia do Congresso, o reino autônomo criado pelo tratado de Viena, cujas liberdades haviam sido abaladas pelos russos. Depois, à medida que as conversações antes do congresso evoluíam e ficava aparente que nenhuma das outras potências se colocaria a favor dos poloneses, Napoleão deu seu apoio à lista de condições reduzidas de Czartoryski por direito ao idioma polonês e a defesa da Polônia contra a russificação. Mas Orlov não aceitaria nada disso, insistindo em que os direitos da Rússia sobre a Polônia não eram baseados no tratado de 1815, mas na conquista da Polônia pela Rússia durante a supressão da insurreição polonesa de 1830-31. Interessado em melhorar suas relações com a Rússia, cujo apoio seria necessário contra os austríacos na Itália, Napoleão decidiu desistir dos poloneses. Nada mais foi dito sobre a questão polonesa no congresso de Paris. Mesmo Palmerston, que raramente perdia uma oportunidade de confrontar a Rússia, aconselhou Clarendon a não insistir nos poloneses. "Não seria apropriado exigir que a Rússia restaurasse o reino da Polônia", explicou.

> A vantagem para os poloneses seria muito duvidosa; se eles fossem tornados independentes da Rússia, isso de fato seria uma grande vantagem para os poloneses e para a Europa, mas a diferença para os poloneses ou para a Europa entre a atual condição do reino da Polônia e aquele que foi estabelecido pelo Tratado de Viena dificilmente valeria toda a dificuldade que encontraríamos no esforço de colocar em prática tal mudança. O gov russo diria, como disse em anos anteriores, que a Polônia se rebelou e foi conquistada, e que consequentemente é possuída agora por direito de conquista e não pelo Tratado de Viena, e que, portanto, a Rússia está livre da obrigação daquele Tratado. Ademais, os russos diriam que fazer tal exigência é interferir nos assuntos internos da Rússia.

"Pobre Polônia!", comentou Stratford Canning com lorde Harrowby, um dos defensores de Czartoryski. "Seu renascimento é um eterno holandês voador. Nunca é — sempre a ser."[6]

Com todas as grandes questões resolvidas antecipadamente, o congresso de Paris evoluiu suavemente sem nenhuma grande discussão. Apenas três sessões foram necessárias para redigir o acordo. Houve muito tempo livre para um grande leque de acontecimentos sociais — banquetes, jantares, concertos, bailes e recepções, e uma celebração especial para marcar o nascimento do príncipe imperial, Luis-Napoleão, filho único de Napoleão III e da imperatriz Eugênia — antes que os diplomatas finalmente se reunissem para a assinatura formal do tratado de paz às 13 horas do domingo, 30 de março.

Anúncios da paz foram feitos por toda Paris. Telégrafos fizeram hora extra para espalhar a notícia pelo mundo. Às 14 horas, o fim da guerra foi marcado por um canhoneio ribombante disparado em Les Invalides. Multidões em festa se reuniram nas ruas, restaurantes e cafés faturaram muito, e à noite o céu de Paris se acendeu com fogos de artifício. No dia seguinte houve uma parada no Champ de Mars. Tropas francesas desfilaram diante do imperador e do príncipe Napoleão, altos comandantes franceses e dignitários estrangeiros, assistidos por milhares de parisienses. Disse a história oficial do congresso, publicada no ano seguinte: "Havia uma vibração elétrica de excitação na multidão, e do povo subiu um grito ensurdecedor de orgulho nacional e entusiasmo que encheu o Champ de Mars mais do que mil canhões conseguiriam."[7] Ali estava a glória e a aclamação popular que Napoleão queria quando foi à guerra.

A notícia da paz chegou à Crimeia no dia seguinte — o tempo que levou para o telegrama ser transmitido de Paris a Varna e repassado pelo cabo submarino para Balaclava. Em 2 de abril, os canhões aliados na Crimeia foram disparados pela última vez — em saudação para marcar o fim da guerra.

Os aliados receberam seis meses para evacuar suas forças armadas. Os britânicos usaram o porto de Sebastopol, onde supervisionaram a destruição das magníficas docas com uma série de explosões, enquanto os franceses destruíam o forte Nicolau. Havia quantidades enormes de material de guerra a ser contadas, embarcadas em navios e levadas para casa: armas e canhões capturados, munição, ferro-velho e víveres, incluindo quantidades enormes saqueadas dos russos. Era uma complicada operação logística alocar tudo aos vários departamentos dos ministérios da Guerra, e muitas coisas foram deixadas para trás, vendidas aos russos ou, como as cabanas de madeira e os alojamentos ingleses, doados a eles com a condição de que fossem usados "pelos habitantes da Crimeia que foram deixados sem teto pela guerra" (os russos aceitaram a oferta inglesa, mas ficaram com as cabanas e alojamentos para o exército). "É uma enorme empreitada carregar, em poucos meses, tudo o que trouxemos para cá em um período de dois anos", escreveu o capitão Herbé à família em 28 de abril. "Um grande número de cavalos e mulas terá de ser abandonado ou vendido barato para a população da Crimeia, e não espero ver o meu novamente." Os animais não foram o único meio de transporte a ser vendido a particulares. A ferrovia de Balaclava foi comprada por uma empresa criada por sir Culling Eardly e Moses Montefiore, que queriam usar o equipamento para construir uma nova ferrovia entre Jaffa e Jerusalém, uma comunicação que iria "civilizar e desenvolver os recursos de um distrito agora selvagem e desordeiro", segundo Palmerston, que autorizou a venda. Ela iria servir ao tráfego crescente de peregrinos religiosos à Terra Santa. A ferrovia de Jaffa nunca foi construída, e no final a linha de Balaclava acabou vendida aos turcos como ferro-velho.[8]

Considerando o tempo que demorou para transportar todos esses suprimentos para a Crimeia, a evacuação foi concluída rapidamente. Em 12 de julho, Codrington estava pronto para transferir a posse of Balaclava para os russos antes de partir com os últimos soldados britânicos no HMS *Algiers*. Um obcecado pela etiqueta militar, o comandante em chefe ficou ofendido com a baixa patente e a aparência da delegação russa enviada para encontrá-lo e receber o controle de Balaclava:

> Havia cerca de trinta cossacos do Don montados e cerca de cinquenta soldados de infantaria. Mas que grupo! Não podia conceber que os russos enviariam espécimes tão sujos de suas tropas. Nunca houve tais figuras em casacos cinzentos — também tão mal armados — de aparência tão pouco respeitável — ficamos todos surpresos e divertidos. Espero que eles tenham pretendido nos insultar com aqueles espécimes: caso positivo, revertemos a situação quando eles tiverem ouvido as observações. A Guarda marchou a bordo — os russos postaram suas sentinelas — e a evacuação foi completada.[9]

Ficaram para trás na Crimeia os restos de milhares de soldados. Durante as últimas semanas antes da partida, as tropas aliadas trabalharam duro para construir cemitérios e erguer memoriais aos camaradas deixados para trás. Em uma de suas últimas reportagens da Crimeia, William Russell descreveu os cemitérios militares:

> O Quersoneso está coberto de túmulos isolados, com necrópoles maiores e cemitérios isolados desde Balaclava até o limite das docas de Sebastopol. Ravina e planície — colina e depressão — ao lado da estrada e no vale escondido — por milhas ao redor, do mar até Chernaia, presentes aquelas pedras totalmente brancas, sozinhas ou em grupos, cravadas em pé no solo árido, ou apenas olhando por cima da vegetação profusa que brota abaixo delas. Os franceses não se esforçaram muito com seus túmulos. Um grande cemitério foi formado com grande cuidado e bom gosto perto do velho acampamento de Inkerman, mas em geral nossos aliados não cercaram seus locais de descanso. (...) o cemitério dos oficiais não comissionados e dos homens da Brigada de Guardas é cercado por um muro substancial. O acesso a ele é por um belo portão duplo engenhosamente construído de madeira com tiras de ferro pregadas, e pintado, preso por dobradiças em dois enormes pilares de pedra lavrada, com capitéis ornamentais, cada um encimado por uma bala de canhão. Há seis filas de túmulos, cada fila contendo trinta ou mais corpos. Acima de cada um há uma lápide ou um monte, delimitado por filas de pedras brancas, com as iniciais ou algumas vezes o nome de quem está embaixo marcado no monte por pedrinhas. Voltada para o portão e perto dele se ergue uma grande cruz de pedra. (...) Há poucas lápides monumentais nesse cemitério; uma delas é uma cruz de pedra com a inscrição "Consagrada à memória do tenente A. Hill, 22º Regimento, que morreu em 22 de junho de 1855. Esta pedra foi erguida por seus amigos na Crimeia". Outra é "Em memória do sargento-ajudante Rennie, 93º de Highlanders. Erguida por um amigo" (...) [Outra] é ao "Intendente J. McDonald, 72º Regimento, que morreu no dia 16 de setembro de ferimento recebido nas trincheiras diante de Sebastopol em 8 de dezembro, aos 35 anos de idade".[10]

Depois que os exércitos aliados partiram, os russos, que haviam se retirado para Perekop durante a evacuação, retornaram às cidades e planícies do sul da Crimeia. Os campos de batalha da Guerra da Crimeia voltaram a ser fazendas e pastos. O gado vagava pelos cemitérios dos soldados aliados. Gradualmente, a Crimeia se recuperou dos danos econômicos da guerra. Sebastopol foi reconstruída. Estradas e pontes foram consertadas. Mas de outras formas a península foi modificada para sempre.

O mais dramático foi o quase total desaparecimento da população tártara. Pequenos grupos haviam começado a deixar suas fazendas no começo do conflito, mas esse número aumentou no final da guerra, pelo seu medo de represálias dos russos após a partida das tropas aliadas. Já tinha havido represálias pelas atrocidades em Kerch, com prisões em massa, confisco de propriedades e execuções sumárias de tártaros "suspeitos" pelos militares russos. Os habitantes do vale de Baidar pediram ajuda a Codrington para deixar a Crimeia, temendo o que poderia acontecer caso suas aldeias caíssem nas mãos dos russos, "já que nossa experiência anterior com eles nos dá pouco motivo para esperar bom tratamento". Escrita e traduzida para o inglês por um escriba tártaro local, a súplica continuava:

> Em troca da gentileza demonstrada para conosco pelos ingleses, mais facilmente deixaríamos de lembrar de Deus que esquecer de Sua Majestade Rainha Vitória e do general Codrington, pelos quais rezamos as cinco vezes do dia que a religião maometana nos convoca às preces, e nossas preces para que os proteja e a toda a nação inglesa serão repassadas aos filhos de nossos filhos.
>
> Assinado com os nomes dos sacerdotes, nobres e habitantes das seguintes doze aldeias: Baidar, Sagtik, Kalendi, Skelia, Savatka, Baga, Urkusta, Uzunyu, Buyuk Luskomiya, Kiatu, Kutchuk Luskomiga, Varnutka.[11]

Codrington não fez nada para ajudar os tártaros, embora eles tenham dado aos aliados comida, espiões e serviços de transporte durante toda a Guerra da Crimeia. A ideia de proteger os tártaros de represálias russas nunca passou pela cabeça dos diplomatas aliados, que poderiam ter incluído no tratado de paz uma cláusula mais forte sobre o tratamento dado a eles. O Artigo V do tratado de Paris obrigava todas as nações beligerantes a "perdoar integralmente aqueles de seus súditos que pareceram culpados de participar ativamente nas questões militares do inimigo" — uma cláusula que parecia proteger não apenas os tártaros da Crimeia, mas os búlgaros e gregos do império otomano que se aliaram aos russos nas campanhas do Danúbio. Mas o conde Stroganov, governador-geral da Nova Rússia, encontrou um modo de contornar a cláusula alegando que os tártaros teriam perdido seus direitos pelo tratado caso tivessem deixado seu local de residência sem aprovação prévia das autoridades militares — como dezenas de milhares deles haviam sido obrigados a fazer durante a Guerra da Crimeia. Em outras palavras, qualquer tártaro que tivesse deixado sua casa sem um selo em seu passaporte era considerado traidor pelo governo russo, e sujeito a exílio penal na Sibéria.[12]

Quando os exércitos aliados começaram a evacuar a Crimeia, os primeiros grandes grupos de tártaros também partiram. Em 22 de abril, 4.500 tártaros zarparam de Balaclava para Constantinopla na crença de que o governo turco os convidara a se assentar no império otomano. Alarmados com o êxodo em massa que era uma ameaça à economia agrícola da Crimeia, funcionários russos locais buscaram orientação em São Petersburgo sobre se deveriam impedir a partida dos tártaros. Tendo sido informado de que os tártaros haviam colaborado em massa com o inimigo, o tsar respondeu que nada deveria ser feito para impedir seu êxodo, acrescentando que de fato "seria vantajoso livrar a península dessa população daninha" (um conceito retomado por Stalin durante a Segunda Guerra Mundial). Ao transmitir a declaração de Alexandre a seus funcionários, Stroganov a interpretou como uma ordem direta para expulsar a população muçulmana da Crimeia, alegando que o tsar dissera que era "necessário" (e não apenas "vantajoso") fazer os tártaros partirem. Várias pressões foram aplicadas para estimular a partida: havia boatos de uma deportação em massa para o norte, de ataques cossacos a aldeias tártaras, de campanhas para obrigar os tártaros a aprender russo em escolas da Crimeia ou se converter ao cristianismo. Os impostos sobre as fazendas tártaras foram aumentados, e aldeias tártaras foram privadas de acesso à água, os obrigando a vender suas terras para proprietários de terras russos.

Entre 1856 e 1863, cerca de 150 mil tártaros da Crimeia e talvez 50 mil tártaros nogai (aproximadamente dois terços da população tártara combinada da Crimeia e do sul da Rússia) emigraram para o império otomano. É difícil calcular o número exato, e alguns historiadores apresentaram números muito mais altos. Preocupadas com a crescente carência de mão de obra na região, em 1867 as autoridades russas tentaram descobrir a partir de estatísticas policiais quantos tártaros haviam deixado a península desde o final da guerra.

Foi dito que 104.211 homens e 88.149 mulheres haviam deixado a Crimeia. Havia 784 aldeias desertas e 4.576 mesquitas abandonadas.[13]

Juntamente com a remoção da população tártara, as autoridades russas adotaram uma política de cristianização da Crimeia após 1856. Mais que nunca, como consequência direta da Guerra da Crimeia, elas viam a península como uma fronteira religiosa entre a Rússia e o mundo muçulmano sobre a qual precisavam consolidar seu poder. Antes da guerra, o governador-geral relativamente liberal, príncipe Vorontsov, se opusera à instalação de instituições cristãs na Crimeia alegando que isso "faria germinar entre os nativos [tártaros] pensamentos perigosos infundados sobre intenções de afastá-los do islamismo e convertê-los à ortodoxia". Mas Vorontsov se afastou do posto em 1855, sendo substituído pelo agressivo nacionalista russo Stroganov, que apoiou ativamente a meta de cristianização de Innokenti, o arcebispo da diocese de Kherson-Tauride, que englobava a Crimeia. No final da Guerra da Crimeia, os sermões de Innokenti circularam amplamente entre os soldados russos na forma de folhetos e impressos ilustrados (*lubki*). Innokenti apresentava o conflito como uma "guerra santa" pela Crimeia, centro da identidade ortodoxa do país, onde o cristianismo havia chegado à Rússia. Destacando a antiga herança da Igreja grega na península, ele retratava a Crimeia como um "Atos russo", um lugar sagrado no "Sacro Império russo", ligado pela religião ao centro monástico da Ortodoxia na península do Monte Atos, no nordeste da Grécia. Com o apoio de Stroganov, Innokenti supervisionou a criação de um bispado próprio para a Crimeia, bem como o estabelecimento de novos mosteiros na península após a Guerra da Crimeia.[14]

Para encorajar o assentamento de cristãos na Crimeia, o governo tsarista promulgou uma lei em 1862 concedendo direitos especiais e subsídios a colonos da Rússia e do exterior. Terras abandonadas pelos tártaros foram reservadas para venda a estrangeiros. A chegada de novas populações cristãs nas décadas de 1860 e 1870 transformou o perfil étnico da Crimeia. Aqueles que antes haviam sido assentamentos tártaros passaram a ser habitados por russos, gregos, armênios, búlgaros, até mesmo alemães e estonianos — todos atraídos por promessas de terra barata e fértil ou por direitos especiais de ingresso em guildas e corporações urbanas normalmente não abertas a recém-chegados. Armênios e gregos transformaram Sebastopol e Evpatoria em grandes centros comerciais, enquanto antigas cidades tártaras como Kefe (Teodósia), Gözleve e Bakhtchiserai entraram em decadência. Muitos dos imigrantes rurais eram búlgaros ou outros refugiados cristãos da Bessarábia, território cedido pelos russos aos turcos após a Guerra da Crimeia. Eles foram assentados pelo governo em 330 aldeias antes ocupadas pelos tártaros, que tiveram ajuda financeira para transformar mesquitas em igrejas. Enquanto isso, muitos dos tártaros que haviam fugido da Crimeia foram reassentados nas terras abandonadas pelos cristãos na Bessarábia.[15]

Por todo o litoral do mar Negro, a Guerra da Crimeia resultou em desenraizamento e transmigração de grupos étnicos e religiosos. Eles cruzaram nas duas direções a linha religiosa separando a Rússia do mundo muçulmano. Gregos emigraram às dezenas de milhares de Moldávia e Bessarábia para o sul da Rússia depois da Guerra da Crimeia. Na direção oposta, da Rússia para a Turquia, foram dezenas de milhares de refugiados e soldados poloneses que haviam lutado na Legião Polonesa (os chamados "cossacos otomanos") contra a Rússia na Crimeia e no Cáucaso. Eles foram assentados pela Porta em terras turcas na região de Dobruja, no delta do Danúbio, na Anatólia e em outras regiões, enquanto outros acabaram em Adampol (Polonezkoi), o assentamento polonês criado por Adam Czartoryski, líder da emigração polonesa, na periferia de Constantinopla em 1842.

Do outro lado do mar Negro, dezenas de milhares de cristãos armênios deixaram suas casas na Anatólia e emigraram para a Transcaucásia controlada pela Rússia depois da Guerra da Crimeia. Eles temiam que os turcos os vissem como aliados dos russos e fizessem represálias. A comissão europeia nomeada pelo Tratado de Paris para definir a fronteira russo-otomana encontrou aldeias armênias "habitadas pela metade" e igrejas em estado de "decadência avançada".[16]

Enquanto isso, um número ainda maior de circassianos, abcázios e outras tribos muçulmanas foi expulso de suas terras natais pelos russos, que depois da Guerra da Crimeia reforçaram sua campanha militar contra Shamil, se dedicando a uma política coerente do que hoje seria definido como "limpeza étnica" para cristianizar o Cáucaso. A campanha foi em grande medida determinada pelas exigências estratégicas criadas pelo acordo de Paris no mar Negro, onde a Marinha Real britânica podia operar livremente e os russos não tinham como se defender em suas áreas litorâneas vulneráveis onde a população muçulmana era hostil à Rússia. Inicialmente, os russos se concentraram nas terras férteis da Circácia, no oeste do Cáucaso — territórios perto do litoral do mar Negro. Aldeias muçulmanas foram atacadas por tropas russas, homens e mulheres massacrados, fazendas e casas destruídas para obrigar os aldeões a partir ou morrer de fome. Os circassianos tinham a escolha de se mudar para o norte, na planície de Kuban — suficientemente longe da região litorânea para que não fossem uma ameaça em caso de invasão — ou emigrar para o império otomano. Dezenas de milhares se reassentaram no norte, mas um número igualmente grande de circassianos foi conduzido pelos russos para os portos do mar Negro onde, algumas vezes após semanas esperando nas docas em terríveis condições, eram embarcados em navios turcos e levados para Trebizonda, Samsun e Sinope, na Anatólia. As autoridades otomanas não estavam preparadas para a chegada em massa de refugiados, e milhares deles morreram de doenças meses após sua chegada na Turquia. Em 1864, a população muçulmana de Circássia havia sido totalmente eliminada. O cônsul britânico C. H. Dickson alegou que podia caminhar um dia inteiro em territórios antes circassianos e não encontrar uma única alma viva.[17]

Depois dos circassianos foi a vez dos muçulmanos na Abcázia, na época instalados na região de Sukhumi-Kale, onde a campanha russa de tirá-los de suas terras começou em 1866. As táticas foram essencialmente as mesmas empregadas contra os circassianos, com exceção de que na época os russos tinham uma política de manter os trabalhadores do sexo masculino em boas condições por uma preocupação com a economia, e expulsar suas mulheres, crianças e anciões. O cônsul britânico e acadêmico especializado no mundo árabe William Gifford Palgrave, que percorreu a Abcázia para recolher informações sobre a limpeza étnica, estimou que três quartos da população muçulmana foram obrigados a emigrar. No total, contando circassianos e abcázios, cerca de 1,2 milhão de muçulmanos foi expulso do Cáucaso na década seguinte à Guerra da Crimeia, a maioria deles se instalando no império otomano, e no final do século XIX os muçulmanos dessas regiões eram superados pelos novos assentados cristãos em mais de dez para um.[18]

Como um sinal de sua intenção de conceder tolerância religiosa, o sultão concordou em comparecer a dois bailes estrangeiros na capital turca, um na Embaixada britânica, o outro na francesa, em fevereiro de 1856. Era a primeira vez na história do império otomano que um sultão aceitava convites para uma diversão cristã na casa de um embaixador estrangeiro.

Abdülmecid chegou à Embaixada britânica usando a Ordem da Jarreteira concedida a ele algumas semanas antes para marcar a vitória aliada. Stratford Canning, o embaixador, recebeu o sultão à porta da carruagem. Quando o sultão saltou, um sinal foi transmitido por cabo elétrico para a frota britânica ancorada no Bósforo, que fez uma saudação com prolongadas salvas de canhão. Era um baile à fantasia, e príncipes, piratas, mosqueteiros, falsos circassianos e pastoras compareciam. Lady Hornby escreveu suas impressões no dia seguinte:

> Eu precisaria de um dia para enumerar metade dos trajes. Mas todos que já estiveram nos *bals costumés* da rainha concordaram em que eles não chegam perto deste em magnificência; pois além da reunião dos funcionários franceses, sardos e ingleses, o povo do país apareceu com seus próprios trajes soberbos e variados; e os grupos eram indescritivelmente belos. O patriarca grego, o arcebispo armênio, o sumo sacerdote judeu estavam em seus trajes formais. Persas, albaneses, curdos, sérvios, armênios, gregos, turcos, austríacos, sardos, italianos e espanhóis de verdade usavam seus diferentes trajes, e muitos com suas insígnias de joias. Abdülmecid caminhava silenciosamente pelo salão de baile com lorde e lady Stratford, suas filhas e um magnífico séquito de paxás atrás. Ele parou com evidente encanto e prazer com a cena realmente bela diante dele, se curvando dos dois lados e sorrindo ao avançar (...). Paxás bebem enormes quantidades de champanhe, fingindo não saber exatamente o gênero e maliciosamente chamando de "*eau gazeuse*".

No baile da Embaixada francesa, o sultão apareceu usando a medalha da *Légion d'honneur* dada a ele por Thouvenel, o embaixador francês. Recebido com uma saudação militar, ele conversou com dignitários estrangeiros e caminhou entre os dançarinos, que improvisavam ao som de marchas turcas executadas por uma banda do exército.[19]

Uma das coisas de que o sultão mais gostou nesses acontecimentos foi a aparência das mulheres europeias, cujos trajes ele disse preferir ao das mulheres muçulmanas. "Se socializar com essas damas é como sua aparência exterior, então eu certamente invejo vocês europeus", disse ele a seu médico austríaco. Encorajadas pelo sultão, mulheres do palácio e esposas de altos funcionários começaram a adotar mais elementos de vestiário ocidental — corpetes, capas de seda e véus transparentes. Apareciam com maior frequência na sociedade e socializavam mais frequentemente com homens. A cultura doméstica também foi ocidentalizada, com o surgimento de modos à mesa, talheres e louças europeus, móveis e estilos decorativos nas casas da elite otomana em Constantinopla.[20]

Em quase todas as esferas da vida, a Guerra da Crimeia foi um divisor de águas para a abertura e ocidentalização da sociedade turca. O grande influxo de refugiados do império russo foi apenas uma das muitas formas pelas quais o império otomano se tornou mais exposto à influência externa. A Guerra da Crimeia levou novas ideias e tecnologias para o mundo otomano, acelerou a integração da Turquia à economia global e aumentou grandemente o contato entre turcos e estrangeiros. Mais europeus foram a Constantinopla durante e logo depois da Guerra da Crimeia do que em qualquer momento de sua história anterior; os muitos diplomatas, financistas, consultores militares e soldados, engenheiros, turistas, mercadores, missionários e padres deixaram uma marca profunda na sociedade turca.

A guerra também levou a uma enorme expansão do investimento de capital estrangeiro no império otomano, e com ele o aumento da dependência turca de bancos e governos ocidentais (empréstimos externos para financiar a guerra e as reformas tanzimat dispararam de cerca de 5 milhões de libras em 1855 para chocantes 200 milhões de libras em 1877). Isso estimulou o desenvolvimento de telégrafos e ferrovias e acelerou o surgimento do que poderia ser chamado de opinião pública turca por intermédio de jornais e um novo tipo de texto jornalístico que surgiu diretamente como resultado da enorme demanda de informação durante a Guerra da Crimeia. Com os novos otomanos (*Yeni Osmanlilar*), um grupo descoordenado de jornalistas e pretensos reformistas que por um breve tempo se reuniu em uma espécie de partido político nos anos 1860, a guerra também deflagrou uma reação a algumas dessas mudanças e estimulou o surgimento do primeiro movimento nacionalista otomano (turco). A crença dos novos otomanos na adoção de instituições ocidentais dentro de uma estrutura da tradição muçulmana fez deles em muitos sentidos os "pais espirituais" dos Jovens Turcos, os criadores do moderno Estado turco.[21]

Esses novos otomanos se opunham à crescente intervenção das potências europeias no império otomano. Eram contra reformas que acreditavam ter sido impostas à Turquia pelos governos ocidentais para promover os interesses especiais dos cristãos. Eles desaprovavam particularmente o decreto Hatt-i Hümayun de 1856, que de fato havia sido imposto pelas potências europeias. O decreto foi escrito por Stratford Canning juntamente com Thouvenel e depois apresentado à Porta como condição para a manutenção dos empréstimos externos. Ele reiterava os princípios de tolerância religiosa articulados no Hatt-i Sharif de 1839, mas os definia mais claramente em termos legais ocidentais, sem referência ao Corão. Além de prometer tolerância e direitos civis aos não muçulmanos, ele introduzia no governo otomano alguns novos princípios políticos estipulados pelos britânicos: orçamentos anuais rígidos para o governo; a criação de bancos; a codificação do direito penal e civil; a reforma das prisões turcas e tribunais mistos para supervisionar uma maioria de casos envolvendo muçulmanos e não muçulmanos. Era um amplo programa de ocidentalização para o império otomano. Os novos otomanos haviam apoiado os princípios contidos no Hatt-i Sharif de 1839 como um elemento necessário das reformas tanzimat; diferentemente do decreto de 1856, ele tinha uma certa gênese interna e não ameaçara a posição privilegiada do islamismo no império otomano. Mas eles consideravam o Hatt-i Hümayun como uma organização especial para os não muçulmanos concedida sob pressão das grandes potências, e temiam que isso comprometesse os interesses do islamismo e a soberania turca.

A origem e a terminologia externas do Hatt-i Hümayun produziram ainda maior ressentimento entre clérigos muçulmanos e conservadores. Mesmo o reformista tanzimat Mustafa Reshid — que retornara para um breve período como grão-vizir após Stratford ter insistido em sua nomeação em novembro de 1856 — achou que ele ia longe demais em suas concessões aos cristãos. Furioso com o Hatt-i Hümayun, um grupo de teólogos e estudantes muçulmanos armou uma conspiração contra o sultão e seus ministros, mas eles foram presos em 1859. Sob interrogatório, seus líderes alegaram que o Hatt-i Hümayun era uma contravenção da *sharia* porque dera aos cristãos direitos iguais aos muçulmanos. O xeque Ahmet, um dos principais conspiradores, alegou que os cristãos só haviam conseguido aqueles direitos com a ajuda de potências estrangeiras, e que as concessões significariam o fim da posição privilegiada do Islá no império otomano.[22]

Seus pontos de vista eram partilhados por muitos poderosos e beneficiários da velha hierarquia muçulmana — paxás locais, governadores, donos de terras e notáveis, clérigos e funcionários, coletores de impostos e agiotas — que temiam que as minorias cristãs mais educadas e atuantes logo dominassem a ordem política e social caso recebessem igualdade civil e religiosa. Durante séculos os muçulmanos do império haviam ouvido que os cristãos eram inferiores. Devido à perda de sua posição privilegiada, os muçulmanos se tornaram cada vez mais rebeldes. Houve rebeliões e ataques de muçulmanos a cristãos na Bessarábia, em Nablus e em Gaza em 1856, em Jaffa ao longo de 1857, em Jijaz durante 1858 e no Líbano e na Síria, onde 20 mil cristãos maronitas foram massacrados por drusos e muçulmanos em 1860. Em todos os casos, divisões religiosas e econômicas se reforçaram: o modo de vida dos muçulmanos dedicados à agricultura e ao pequeno comércio era diretamente ameaçado pela importação de produtos europeus por intermediários cristãos. Revoltosos atacaram lojas e casas de cristãos, igrejas estrangeiras e escolas missionárias, até mesmo embaixadas, após estimulados por clérigos muçulmanos que se opunham ao Hatt-i Hümayun.

Em Nablus, para dar apenas um exemplo, os problemas começaram em 4 de abril, pouco após líderes muçulmanos terem atacado o Hatt-i Hümayun nas preces de sexta-feira. Havia 5 mil cristãos em Nablus, uma cidade de 10 mil habitantes, e antes da Guerra da Crimeia haviam vivido em paz com os muçulmanos. Mas a guerra aumentara a tensão entre eles. A derrota da Rússia foi vista como uma "vitória muçulmana" pelos palestinos locais, cujo orgulho religioso foi ofendido pelas novas leis de tolerância religiosa no Hatt-i Hümayun. Os cristãos, por sua vez, consideraram-na um triunfo aliado. Eles hastearam bandeiras francesas e britânicas em suas casas em Nablus e colocaram um novo sino na escola da missão protestante. Essas foram provocações ao sentimento islâmico. Nas preces de sexta-feira, os ulemás condenaram esses sinais de domínio ocidental, argumentando que logo os muçulmanos seriam chamados para as preces pelo sino inglês a não ser que se erguessem e destruíssem as igrejas cristãs, o que, disseram, seria "uma forma adequada de rezar a Deus". Pedindo *jihad*, multidões tomaram as ruas de Nablus, muitos se reunindo junto à missão protestante, de onde arrancaram a bandeira britânica.

Em meio à grande tensão, a violência foi deflagrada por um incidente bizarro envolvendo o reverendo sr. Lyde, missionário protestante e membro do Jesus College de Cambridge, que acidentalmente atirou em um mendigo que tentava roubar seu paletó. "A taça do fanatismo estava cheia, e mais uma gota fez com que transbordasse", escreveu James Finn, cônsul britânico em Jerusalém, relatando o incidente. Lyde se refugiara da turba na casa do governador da cidade, Mahmud Bek, que acalmou a família do homem morto e se propôs a enterrá-lo. Mas os ulemás não ficaram satisfeitos com isso. Após um conselho religioso eles proibiram o enterro e suspenderam as orações públicas em todas as mesquitas "até que o preço do sangue do Islá seja pago". Pedindo "Vingança contra os cristãos!", uma grande multidão se reuniu diante da casa do governador e exigiu a entrega de Lyde, que se ofereceu para o sacrifício, mas Mahmud Bek recusou, momento em que a turba saiu em fúria pela cidade, saqueando e destruindo qualquer propriedade em que conseguisse colocar as mãos. Casas, escolas e igrejas cristãs foram saqueadas e queimadas. Vários funcionários consulares prussianos foram mortos, juntamente com doze gregos, segundo Finn, que também informou que "sabe-se que onze mulheres deram à luz prematuros como efeito do pânico". A ordem foi restaurada com a intervenção das tropas do sultão, e, em 21 de abril, Lyde foi julgado em um tribunal turco em Jerusalém, onde um júri conjunto muçulmano e cristão o absolveu de assassinato, mas ordenou que pagasse uma grande quantia como indenização à família do mendigo.* Lyde retornou à Inglaterra em estado de perturbação mental: ele se via como Cristo. Os líderes dos tumultos muçulmanos nunca foram julgados, e os ataques a cristãos na região continuaram por meses. Em agosto de 1856 a violência se espalhou de Nablus para Gaza. Em fevereiro de 1857, Finn relatou que trezentos cristãos estavam "ainda vivendo em estado de terror em Gaza", pois "ninguém conseguia controlar os fanáticos muçulmanos", e os cristãos não prestavam depoimento por medo de represálias.[23]

Diante da perspectiva desse tipo de violência por toda parte, as autoridades otomanas fizeram corpo mole na implantação das novas leis de tolerância religiosa do Hatt-i Hümayun. Stratford Canning estava cada vez mais frustrado com a Porta. "Os ministros turcos estão muito pouco dispostos a atender as

---

* Os acusadores de Lyde alegaram que ele atirara intencionalmente contra o mendigo, mas as únicas testemunhas do disparo eram três mulheres. O depoimento de mulheres era inadmissível em um tribunal turco.

exigências do governo de Sua Majestade na questão da perseguição religiosa", escreveu ele a Clarendon. "Eles fingem temer descontentamento popular entre os muçulmanos caso cedam." A participação da Turquia na Guerra da Crimeia levara ao renascimento do "triunfalismo muçulmano", relatou Stratford. Como resultado da guerra, os turcos haviam se tornado mais protetores de sua soberania e mais ressentidos com a intervenção ocidental em seus assuntos. Havia à frente do governo turco uma nova geração de reformistas tanzimat mais segura em sua posição pessoal e menos dependente do apoio de potências e embaixadores estrangeiros do que a geração de reformistas de Rashid fora antes da Guerra da Crimeia; eles podiam ser mais cautelosos e práticos em sua implantação das reformas, atendendo às exigências econômicas e políticas das potências ocidentais, mas não tendo pressa de cumprir as promessas religiosas feitas no Hatt-i Hümayun. Durante todo o seu último ano como embaixador, Stratford conclamou os líderes turcos a ser mais sérios na proteção dos cristãos do império otomano: era o preço, disse, que a Turquia tinha de pagar pela ajuda britânica e francesa na Guerra da Crimeia. Ele estava especialmente preocupado com a continuação das execuções de muçulmanos convertidos ao cristianismo, a despeito das promessas do sultão de proteger os cristãos de perseguição religiosa e abolir a "prática bárbara de levar à morte dissidentes". Citando numerosos casos de cristãos convertidos retirados de suas casas e mortos, Stratford escreveu à Porta em 23 de dezembro de 1856:

> As grandes potências europeias nunca poderão consentir em perpetuar pelos triunfos de suas frotas e exércitos a aplicação da Turquia de uma lei [apostasia] que é não apenas um constante insulto a elas, mas uma fonte de cruel perseguição a seus irmãos cristãos. Elas têm o direito de exigir, o governo britânico claramente exige, que os maometanos que se tornam cristãos sejam livres de todo tipo de punição como o cristão que abraça a fé maometana.[24]

Mas quando de seu retorno a Londres no ano seguinte, muito pouco havia sido feito pela Porta para satisfazer as exigências dos governos europeus. Finn relatou em julho de 1857: "Entre os cristãos aumenta um forte sentimento de descontentamento pela lentidão do governo turco em implantar a tolerância religiosa."

Os cristãos se queixam de que são insultados nas ruas, não têm a mesma posição nas instituições públicas que seus colegas súditos muçulmanos, são barrados de quase todos os postos de governo e que não têm a honra do serviço militar, mas têm a velha taxa militar cobrada em dobro.

Nas áreas rurais da Palestina, segundo Finn, o Hatt-i Hümayun continuou a ser ignorado por muitos anos. Os governadores locais eram corruptos, indisciplinados e intimamente ligados aos notáveis muçulmanos, clérigos e funcionários, que mantinham os cristãos em seu lugar, enquanto a Porta era distante e fraca demais para conter seus excessos, quanto mais para obrigá-los a defender as novas leis de igualdade.[25]

Mas seria nos Bálcãs que o fracasso da Porta em implantar reformas teria as consequências mais duradouras para o império otomano. Por toda a região dos Bálcãs, camponeses cristãos iriam se levantar contra seus senhores de terras e funcionários muçulmanos, começando na Bósnia em 1858. A manutenção do sistema de *millet* levaria a movimentos nacionalistas que envolveriam os otomanos e as potências ocidentais em uma longa série de guerras balcânicas, culminando nos conflitos que levariam à Primeira Guerra Mundial.

O Tratado de Paris não produziu nenhuma grande mudança territorial no mapa da Europa. Para muitos à época, o resultado não parecia justificar uma guerra em que tantas pessoas haviam morrido. A Rússia cedera o sul da Bessarábia à Moldávia. Mas fora isso os artigos do tratado eram declarações de princípios: a independência e a integridade do império otomano eram confirmadas e garantidas pelas grandes potências (a primeira vez em que um Estado muçulmano era reconhecido pelo Direito internacional, tendo o Congresso de Viena especificamente excluído a Turquia das potências europeias reguladas por suas leis internacionais); a proteção dos súditos não muçulmanos do sultão era garantida pelas potências signatárias, dessa forma anulando a reivindicação da Rússia de proteger os cristãos do império otomano; o protetorado russo dos principados do Danúbio era negado por um artigo confirmando a autonomia desses dois Estados sob soberania otomana; e, mais humilhante de tudo para os russos, o Artigo IX declarava o mar Negro zona neutra, aberta a trânsito comercial mas fechada a todos os navios de guerra em tempo de paz, assim privando a Rússia de seus portos navais e arsenais naquela crucial fronteira litorânea sul.[26]

Mas se o Tratado de Paris produziu poucas mudanças imediatas no mapa europeu, marcou um divisor de águas crucial para as relações internacionais e a política, efetivamente acabando com o antigo equilíbrio de poder pelo qual Áustria e Rússia haviam controlado o continente entre elas, e forjando novos alinhamentos que abririam caminho para o surgimento de nações-Estado em Itália, Romênia e Alemanha.

Embora tivesse sido a Rússia a punida pelo Tratado de Paris, em longo prazo seria a Áustria que mais perderia com a Guerra da Crimeia, embora mal tivesse participado dela. Sem sua aliança conservadora com a Rússia, que nunca a perdoou pela neutralidade armada a favor dos aliados em 1854, e igualmente não tendo a confiança das potências ocidentais liberais por suas políticas reacionárias e suas iniciativas de paz suaves à Rússia durante a guerra, a Áustria se viu cada vez mais isolada no continente após 1856. Consequentemente, perderia na Itália (na guerra contra franceses e piemonteses em 1859), na Alemanha (na guerra aos prussianos em 1866) e nos Bálcãs (onde se retirou gradualmente dos anos 1870 até 1914).

Nada disso era evidente ainda em abril de 1856, quando a Áustria se juntou a França e Grã-Bretanha em uma Tríplice Aliança para defender o acordo de Paris. As três potências assinaram um acordo pelo qual qualquer violação do Tratado de Paris seria motivo para guerra. Palmerston considerou isso uma "boa segurança adicional e um laço de união" contra a Rússia, que ele esperava ressurgisse no devido tempo como uma grande ameaça ao continente. Ele queria transformar a *entente* em uma liga antirussa de Estados europeus.[27] Napoleão não estava tão certo. Desde a queda de Sebastopol havia uma reaproximação crescente entre franceses e russos. Napoleão precisava da Rússia para seus planos contra os austríacos na Itália. Enquanto isso, para os russos, e particularmente para o novo ministro das Relações Exteriores, Alexandre Gorchakov, que substituíra Nesselrode em 1856, a França representava a mais provável potência a sustentar seus esforços de retirar as humilhantes cláusulas sobre o mar Negro do Tratado de Paris. França e Rússia eram potências revisionistas: enquanto a Rússia queria revisões do tratado de 1856, a França queria eliminar o que restava do acordo de 1815. Um acordo entre eles podia ser feito.

Diferentemente de Nesselrode, um firme defensor da Sacra Aliança e seus princípios legitimistas, Gorchakov tinha uma visão pragmática do papel da

Rússia no continente. Em sua opinião, a Rússia não devia fazer alianças que a comprometessem com princípios gerais, como a defesa de monarquias legítimas, como havia feito antes da Guerra da Crimeia. A guerra mostrara que a Rússia não podia de modo algum confiar na solidariedade de monarquias legítimas europeias. A política de Nesselrode tornara a Rússia vulnerável às fraquezas de outros governos, particularmente a Áustria, uma potência que Gorchakov desprezava desde sua época de embaixador em Viena. Em vez disso, Gorchakov acreditava que a Rússia deveria concentrar sua diplomacia em seus próprios interesses nacionais, e se aliar a outras potências independentemente de sua ideologia, para defender esses interesses. Esse era um novo tipo de diplomacia, a *realpolitik* posteriormente praticada por Bismarck.

Os russos testaram o Tratado de Paris desde o início, se concentrando nas pequenas questões que podiam explorar para criar divisões na aliança da Crimeia. Em maio de 1856, eles reivindicaram a propriedade de um farol na pequena ilha da Serpente, em águas turcas perto da embocadura do delta do Danúbio, e desembarcaram lá sete homens com um oficial para residir no farol. Walewski estava inclinado a deixar que os russos ficassem com a ilha insignificante, mas Palmerston foi peremptório em que tinham de ser retirados, alegando que estavam violando a soberania turca. Quando o capitão de um navio britânico entrou em contato com os turcos na ilha da Serpente, ouviu que não se importavam que os russos ficassem lá: os consideravam convidados e estavam felizes de vender a eles seus suprimentos. Palmerston fincou pé. "Temos de evitar o erro fatal cometido por Aberdeen de permitir que os primeiros movimentos e indícios de agressão russa sejam ignorados e não reprimidos", escreveu ele a Clarendon em 7 de agosto. Foram preparadas ordens de enviar as canhoneiras para retirar os russos fisicamente, mas John Wodehouse, enviado britânico a São Petersburgo, tinha dúvidas sobre se os britânicos tinham o direito de fazer isso, e a rainha partilhava essas dúvidas, então Palmerston recuou, e foi usada pressão diplomática. Gorchakov insistiu em que a ilha era propriedade russa desde 1833, e apelou aos franceses, que dessa forma foram colocados em posição de mediadores internacionais entre Grã-Bretanha e Rússia.[28]

Enquanto isso, os russos lançaram um segundo desafio ao Tratado de Paris em relação à fronteira entre a Bessarábia russa e a Moldávia controlada pelos turcos. Por uma falha no mapeamento e uma confusão de nomes, os aliados haviam traçado a fronteira passando ao sul de uma velha aldeia chamada Bolgrad, três quilômetros ao norte de Nova Bolgrad, uma cidade comercial situada na margem do lago Yalpuk, que corre para o Danúbio. Os russos se valeram da falta de clareza e alegaram que deviam ficar com as duas Bolgrad, e dessa forma a propriedade conjunta do lago Yalpuk. Palmerston insistiu em que a fronteira deveria continuar sendo a velha aldeia — já que a intenção do tratado era privar os russos de acesso ao Danúbio. Ele conclamou os franceses a se manterem firmes e a formar uma frente unida contra os russos, que do contrário iriam explorar suas diferenças. Mas os franceses ficaram contentes em atender a reivindicação dos russos por uma questão de boa-fé, embora tenham proposto que a fronteira acompanhasse uma estreita faixa de terra entre a cidade comercial e o lago Yalpuk, dessa forma dando mais território aos russos, mas os privando de acesso ao lago. Mais uma vez, os franceses atuaram como intermediários entre Rússia e Grã-Bretanha.

Em meados de novembro o duque de Mornay havia persuadido Gorchakov a abrir mão da reivindicação russa à ilha da Serpente em troca de receber Nova Bolgrad, sem acesso ao lago, e compensação territorial por suas perdas de forma a ser decidida pelo imperador francês. O acordo foi relacionado a uma proposta do tsar e de Gorchakov (redigida com a ajuda de Morny em São Petersburgo) para uma convenção franco-russa para a proteção da neutralidade do mar Negro e dos principados do Danúbio, como estabelecido no Tratado de Paris, mas naquele momento necessário, segundo alegação dos russos, "pelo fato de que o tratado fora violado por Inglaterra e Áustria", que haviam "tentado tomar" dos russos possessões legítimas na área do Danúbio. Morny transmitiu a proposta russa a Napoleão e repassou ao imperador francês a proposta feita a ele por Gorchakov: a Rússia apoiaria aquisições francesas no continente europeu se a França assinasse a convenção. Morny escreveu: "Marque bem, a Rússia é a única potência que irá ratificar os ganhos territoriais da França. Já recebi a garantia disso. Tente conseguir o mesmo dos ingleses! E quem sabe, com nosso povo exigente e caprichoso, um dia podemos ter de vir à Rússia para satisfazê-lo." Detalhes da posição russa em relação a aquisições territoriais francesas haviam sido apresentados em uma instrução secreta ao conde Kiselev, ex-governador dos principados do Danúbio que se tornara embaixador na França após a Guerra da Crimeia: o protocolo exigia que um alto estadista representasse a nova política de amizade do tsar para com a França. Caso Napoleão voltasse suas atenções para a península italiana, foi dito a Kiselev, a Rússia "consentiria na união de Nice e Saboia à França, bem como na união da Lombardia com a Sardenha". Se suas ambições fossem dirigidas ao Reno, a Rússia usaria seus "bons préstimos" para ajudar os franceses, ao mesmo tempo continuando a honrar seus compromissos com a Prússia.[29]

Uma conferência dos representantes das potências em Paris produziu uma rápida solução para as duas disputas, em janeiro de 1857: a propriedade turca da ilha da Serpente foi confirmada com uma comissão internacional para controlar o farol; e Nova Bolgrad foi dada à Moldávia, com a Rússia sendo compensada com uma mudança de fronteira em outro ponto da Bessarábia. Aparentemente os russos haviam sido obrigados a recuar nas duas questões, mas haviam conseguido uma vitória política enfraquecendo os laços da aliança da Crimeia. Os franceses haviam deixado claro que a integridade do império otomano tinha significado secundário para eles, e eles estavam prontos para fazer um acordo com os russos para redesenhar o mapa da Europa.

Ao longo dos dezoito meses seguintes, uma série de visitantes russos de alto nível apareceu na França. Em 1857, o grão-duque Constantino, irmão mais moço do tsar e almirante encarregado da muito necessária reforma da marinha russa depois da Guerra da Crimeia, fez uma viagem a Paris, tendo decidido que uma parceria com a França era a melhor forma de conseguir a assistência técnica de que a Rússia precisava para modernizar sua frota ultrapassada (ele deu a empresas francesas todas as encomendas que não podiam ser atendidas por estaleiros russos). No caminho, ele parou na baía de Villafranca, perto de Nice, onde negociou com Cavour um acordo para que a Companhia de Transportes de Odessa alugasse uma estação de abastecimento de carvão do governo de Turim, dessa forma dando à Rússia uma base no Mediterrâneo.* Napoleão ofereceu uma esplêndida recepção ao grão-duque em Paris

---

* Foi nessa época que Nice se tornou o balneário favorito da aristocracia russa, uma "Brighton russa", segundo a imprensa britânica, que se alarmava com o surgimento de navios mercantes russos no Mediterrâneo, um mar dominado pela Marinha Real. Houve urgentes alertas de intriga entre Rússia e as potências católicas. Quando depois circularam boatos de que os russos pretendiam instalar estações de abastecimento de carvão em outros pontos do Mediterrâneo, em 1858, Palmerston (a essa altura fora do governo) pediu uma demonstração de força naval contra os sardos. Mas o governo conservador de lorde Derby estava menos preocupado, considerando o acordo da Rússia com os sardos nada além de um acordo comercial. O contrato de Villafranca durou até 1917.

e o levou para conversas privadas sobre o futuro da Europa. O imperador francês sabia que o grão-duque estava tentando se afirmar como uma força na política externa russa e que tinha pontos de vista pan-eslavos opostos aos de Gorchakov, então apelou às ambições políticas dele. Napoleão se referiu especificamente à possibilidade de um levante italiano contra os austríacos, e finalmente a unificação da Itália sob a liderança de Piemonte, e conversou sobre a probabilidade de levantes cristãos no império otomano, um assunto que muito interessava a Constantino, sugerindo que nos dois casos seria do interesse de ambos encorajar a formação de nações-Estado menores.[30]

Encorajado pelo grão-duque, Napoleão entrou em contato diretamente com o tsar com o objetivo de garantir seu apoio a uma guerra franco-piemontesa contra os austríacos na Itália. Tendo se encontrado com o tsar em Stuttgart em setembro de 1857, Napoleão ficou tão certo do seu apoio que, quando encontrou Cavour no mês de julho seguinte em Plombière para fazer os planos de guerra, garantiu ao primeiro-ministro piemontês que tinha a promessa solene de Alexandre de apoiar seus planos na Itália: após a derrota dos austríacos em Lombardia-Veneza, um Piemonte ampliado formaria um reino do Norte da Itália (como surgira brevemente em 1848-9) e se uniria à Toscana, a um Estado papal reduzido e ao Reino das Duas Sicílias em uma confederação italiana; e por esses esforços em prol da causa italiana Napoleão seria recompensado com a devolução de Nice e Saboia à França. Cavour depositara suas esperanças para a Itália na aliança franco-britânica. Por isso comprometera suas tropas sardas na Guerra da Crimeia. No congresso de Paris ele conquistara as simpatias de britânicos e franceses com sua influência nos bastidores, e embora não tivesse ganhado nada palpável, nenhuma promessa sólida de apoio à ideia de Itália, continuara a acreditar que as potências ocidentais eram sua única esperança. Mal acreditando que um tsar russo fosse dar sua benção a uma revolução nacional, Cavour correu para o balneário próximo de Baden-Baden, onde "os reis e príncipes dilapidados" da Europa se reuniam, para conferenciar com a grã-duquesa Elena Pavlovna (a influente tia liberal de Alexandre), que confirmou que ele podia contar com a Rússia. Cavour escreveu ao general Marmora: "A grã-duquesa me disse que se a França se unir a nós, a opinião pública obrigaria o governo russo a participar."[31]

Mas na verdade o tsar não estava ansioso para se envolver em nenhuma guerra. Em troca do compromisso francês de cancelar seu apoio às clausulas do Tratado de Paris relativas ao mar Negro Alexandre prometera apenas neutralidade armada, mobilizando uma grande força russa na fronteira com a Galícia para impedir os austríacos de enviar tropas à Itália. Os austríacos haviam usado a neutralidade armada a favor dos aliados durante a Guerra da Crimeia, e a decisão de Alexandre de seguir a mesma tática permitia que se vingasse da Áustria por sua traição. Napoleão, por seu lado, não estava disposto a prometer um firme apoio no caso das cláusulas do mar Negro, temendo prejudicar suas relações com a Grã-Bretanha, de modo que não era possível fazer um acordo formal com os russos. Mas havia um acordo de cavalheiros entre os imperadores, assinado em março de 1859, pelo qual os russos adotariam uma postura de "neutralidade benevolente" no caso de uma guerra franco-austríaca, em troca dos "bons préstimos" franceses em uma "futura data".[32]

Foi com base nisso que os franceses e os piemonteses iniciaram sua guerra contra a Áustria em abril de 1859, sabendo que os russos avançariam 300 mil soldados para a fronteira austríaca enquanto eles atacavam a Itália. Apenas alguns anos antes a Rússia teria dado apoio militar à Áustria contra qualquer tentativa francesa de revisar o tratado de Viena. A Guerra da Crimeia mudara tudo.

Sob o comando de Napoleão e Vitor Emanuel, o exército franco-piemontês teve uma série de vitórias rápidas, destruindo as forças austríacas sob o comando do imperador Francisco José na batalha de Solferino, em 24 de junho, a última grande batalha da história na qual todos os exércitos foram comandados pessoalmente por seus monarcas. Naquele momento, Napoleão temia que os Estados alemães pegassem em armas em apoio à Áustria; portanto, sem contar aos piemonteses, ele assinou um armistício com os austríacos em Villafranca, pelo qual a maior parte da Lombardia, incluindo sua capital, Milão, foi transferida para os franceses, que imediatamente a deram ao Piemonte, como acertado por Napoleão e Cavour em Plombières. O acordo de Villafranca restaurou os monarcas dos Estados italianos centrais (Parma, Modena e Toscana) que haviam sido derrubados por revoltas populares que eclodiram no início da guerra — um acerto que enfureceu os piemonteses, embora satisfizesse os russos, que tinham profundas preocupações com o modo pelo qual o movimento italiano estava ganhando um cunho revolucionário. O exército piemontês prosseguiu, anexando os Estados centrais.

Saboia e Nice foram transferidas para a França, a recompensa acertada por ajudar na causa italiana. Sua cessão teve a oposição do general revolucionário Giuseppe Garibaldi, um herói da guerra aos austríacos, que nascera em Nice. Na primavera de 1860, ele liderou seus mil camisas vermelhas em uma expedição para conquistar Sicília e Nápoles e uni-las ao resto da Itália sob a liderança piemontesa.

O desvio revolucionário tomado pelos garibaldinos colocou uma grande tensão nas relações do tsar com Napoleão. Ele percebeu que dar seu apoio às políticas do imperador francês podia ter consequências perigosas. Não havia nada que impedisse a maré de nacionalismo de se espalhar para as terras dos Habsburgo e de lá para Polônia e outros territórios russos. Em outubro de 1860 a Rússia rompeu relações com Piemonte como um protesto contra a anexação de Nápoles. Gorchakov condenou Piemonte por promover a revolução, prometeu se opor às mudanças que ocorriam na Itália a não ser que fossem aprovadas por um novo congresso internacional, e deu um apoio cauteloso aos austríacos na Itália (não havia chance de os russos lutarem de verdade para manter os Habsburgo em Veneza, a única parte da península, juntamente com a cidade papal de Roma, que ainda não havia sido unificada sob o controle do primeiro parlamento italiano, que se reuniu em Turim em 1861). Quando Vitor Emanuel assumiu o título de rei da Itália, em março de 1861, russos e austríacos concordaram juntos em recusar reconhecimento a ele, apesar da pressão de britânicos e franceses. Quando os britânicos pediram a Gorchakov para usar sua influência sobre os prussianos para reconhecer o rei, o ministro russo das Relações Exteriores se recusou. Aparentemente a Sacra Aliança não estava exatamente morta. Justificando sua recusa em cooperar com os planos britânicos para a Itália, Gorchakov sustentou que Áustria e Turquia poderiam ser abaladas por movimentos revolucionários caso as potências não contivessem os levantes nacionalistas provocados pelos piemonteses. Talvez com alguma ironia, considerando o modo como os britânicos haviam justificado suas ações na Guerra da Crimeia, Gorchakov informou a lorde Napier, o embaixador britânico em São Petersburgo: "Temos dois objetivos básicos: a preservação da Turquia e a preservação da Áustria."[33]

O levante polonês de 1863 foi o ponto final na política russa de amizade com a França. Inspirados por Garibaldi, estudantes poloneses começaram a se manifestar em 1861, levando o general Lambert, vice-rei do tsar, a impor lei marcial. Os líderes poloneses se reuniram em segredo, alguns defendendo a ideia de uma revolução popular democrática unindo camponeses e operários; outros, liderados por Czartoryski, mais conservadores, buscando criar um movimento nacional liderado por nobres e intelectuais. O levante começou como um protesto espontâneo contra alistamento no exército russo. Pequenos grupos de insurgentes combateram o poderoso exército russo a partir de fortalezas guerrilheiras, principalmente nas florestas de Lituânia, Polônia, Bielorrússia e Ucrânia ocidental (católica). Alguns deles haviam lutado contra os russos durante a Guerra da Crimeia, incluindo muitos dos "Zuavos da Morte" organizados por François Rochebrune, que servira como oficial dos zuavos franceses na Crimeia e tomara parte na expedição anglo-francesa à China na Segunda Guerra do Ópio de 1857, antes de se instalar em Cracóvia, na Polônia austríaca, onde abriu uma escola de esgrima. Vestindo uniforme preto com uma cruz branca e um fez vermelho, e muitos deles armados com rifles Minié da Guerra da Crimeia, os zuavos poloneses juravam morrer antes de se render aos russos.

Um governo revolucionário clandestino foi instalado em Varsóvia. Ele declarou "todos os filhos da Polônia cidadãos livres e iguais", deu aos camponeses a propriedade da terra e pediu ajuda às nações na Europa. O papa Pio IX ordenou orações especiais pela vitória da Polônia católica contra a Rússia ortodoxa, e teve papel ativo despertando simpatia pelos rebeldes poloneses em Itália e França. Napoleão queria desembarcar tropas no Báltico para apoiar os poloneses, mas foi contido pelos britânicos, que temiam uma renovação da Guerra da Crimeia. No final, a concorrente invasão do México pela França impediu o envio de soldados. A intervenção diplomática das potências ocidentais a favor dos poloneses enfureceu os russos, que se sentiram traídos particularmente pelos franceses. Isso deixou os russos ainda mais determinados a esmagar os insurretos poloneses. O exército russo queimou cidades e aldeias inteiras. Dezenas de milhares de homens e mulheres poloneses foram exilados na Sibéria, e centenas de insurgentes foram enforcados publicamente.

Alarmados com as consequências de suas políticas pró-francesas, os russos se distanciaram da França na esteira do levante polonês e retomaram sua velha aliança com a Prússia, outro governante de território polonês anexado e única potência que os apoiara contra os poloneses (uma convenção militar permitira aos russos transportar soldados em trens prussianos). Para Alexandre, que sempre tivera dúvidas sobre a França liberal, a Prússia parecia um aliado conservador mais confiável, um equilíbrio à crescente influência e ao poder dos franceses no continente. Os russos deram grande apoio a Otto von Bismarck, o primeiro-ministro prussiano, cujo conservadorismo havia sido percebido pelo tsar durante seu período como embaixador em São Petersburgo entre 1859 e 1862. O próprio Bismarck dava grande prioridade às suas boas relações com a Rússia, que consistentemente apoiou a Prússia em suas guerras contra Dinamarca (em 1854), Áustria (em 1866) e França (em 1870). Com a derrota da França e o apoio de uma grata Alemanha, unificada por Bismarck, em 1871 a Rússia finalmente conseguiu a remoção do Artigo IX do Tratado de Paris, permitindo a ela recriar sua frota do mar Negro. Os acontecimentos haviam sido tão rápidos nos quinze anos desde a assinatura do tratado que a paisagem internacional era quase irreconhecível: com Napoleão III no exílio na Inglaterra após sua derrubada pelas forças da Terceira República, Áustria e França diminuídas em poder e prestígio, e o surgimento de Alemanha e Itália como novos Estados, as questões e paixões da Guerra da Crimeia rapidamente se tornaram distantes.

A Rússia não perdera muito em termos de território, mas fora humilhada pelo Tratado de Paris. Afora a perda da frota do mar Negro e da Bessarábia, perdera prestígio nos Bálcãs e fora privada dos ganhos que tivera na Questão Oriental desde o século XVIII. A Rússia só recuperou a posição de domínio que tivera na Europa após 1945.

A desmilitarização do mar Negro foi um grande golpe estratégico na Rússia, que não podia mais proteger sua vulnerável fronteira litorânea sul contra britânicos ou qualquer outra frota caso o sultão os convocasse no caso de uma guerra. A destruição da frota do mar Negro, de Sebastopol e de outros portos navais foi uma humilhação. Nenhum desarmamento compulsório já havia sido imposto a uma grande potência. Nem mesmo a França havia sido desarmada após as guerras napoleônicas. O modo como a Rússia havia sido tratada não tinha precedentes no Concerto da Europa, que supostamente deveria honrar o princípio de que nenhuma grande potência deveria ser humilhada por outras. Mas no caso da Rússia, os aliados não achavam realmente que estavam lidando com uma potência europeia. Eles viam a Rússia como um Estado semiasiático. Durante as negociações no congresso de Paris, Walewski perguntara aos delegados britânicos se não seria humilhante demais para os russos se as potências ocidentais instalassem cônsules em seus portos no mar Negro para policiar a desmobilização. Cowley insistiu que não, destacando que uma condição similar havia sido imposta à China pelo Tratado de Nanquim depois da Primeira Guerra do Ópio.[34]

Na própria Rússia, a derrota na Crimeia desacreditou as forças armadas e destacou a necessidade de modernizar as defesas do país, não apenas no sentido estritamente militar, mas também com construção de ferrovias, industrialização, finanças sólidas e assim por diante. O Ministério da Guerra perdeu a posição privilegiada que tivera no sistema de governo de Nicolau I e foi ofuscado pelos ministérios das Finanças e do Interior, embora inevitavelmente continuasse a ficar com a parte do leão dos gastos do Estado.

A imagem que muitos russos haviam construído de seu país — o maior, mais rico e mais poderoso do mundo — de repente foi feita em pedaços. O atraso da Rússia havia sido evidenciado. Apelos por reforma vinham de todos os setores da sociedade. Tudo era questionado. O desastre da Crimeia expusera as carências de todas as instituições russas — não apenas a corrupção e a incompetência do comando militar, o atraso tecnológico do exército e da marinha ou as estradas inadequadas e a falta de ferrovias que foram responsáveis pelos problemas crônicos de abastecimento, mas a má condição e o analfabetismo dos servos que compunham as forças armadas, a incapacidade da economia de servos de sustentar um Estado em guerra contra potências industriais e os fracassos da própria autocracia. Os críticos se concentravam em Nicolau I, cujas políticas arrogantes e obstinadas haviam levado o país à ruína e sacrificado tantas vidas. "A opinião pública hoje despreza a memória de Nicolau", observou Tiutcheva em seu diário.

> A cada novo revés, há críticas amargas a seu nome. Eles o acusam de seguir uma política puramente pessoal, que em busca de seu próprio orgulho e glória renunciou às tradições históricas da Rússia, falhou com nossos irmãos, os eslavos ortodoxos, e transformou o tsar no Gendarme da Europa quando ele poderia e deveria ter dado nova vida ao Oriente e à Igreja.

Mesmo na elite governante a falência do sistema de Nicolau era reconhecido. "Meu Deus, tantas vítimas", escreveu o censor tsarista Alexander Nikitenko em seu diário. "Tudo em benefício de uma vontade louca, embriagada de poder absoluto e arrogância. (...) Temos guerreado não por dois anos, mas por trinta, sustentando um exército de 1 milhão de homens e constantemente ameaçando a Europa. Qual o sentido de tudo isso? Qual lucro, qual glória a Rússia colheu disso?" Alguns anos antes, refletiu Nikitenko, os nacionalistas pan-eslavistas em Moscou haviam pregado que o Ocidente estava decadente, que uma nova civilização eslava sob a liderança da Rússia tomaria seu lugar. "E agora a Europa nos provou em nossa ignorância e apatia, em nosso arrogante desprezo por sua civilização, o quão decadente a Rússia realmente é! Ah, que infelizes somos!"[35]

Uma das vozes pedindo reformas pertencia a Tolstoi, cujo *Contos de Sebastopol* o catapultou para a fama literária. A experiência de Tolstoi na Guerra da Crimeia moldou suas ideias sobre vida e literatura. Ele testemunhara em primeira mão a incompetência e a corrupção de muitos oficiais, e o tratamento com frequência brutal que dispensavam aos soldados e marinheiros comuns, cuja coragem e resistência o haviam inspirado. Foi em seu diário de campanha que ele pela primeira vez desenvolveu suas ideias de reforma radical e jurou combater a injustiça com sua pena. A caminho de Odessa para Sebastopol em novembro de 1854, ele ouviu do piloto de seu navio sobre o transporte dos soldados: "como um soldado se deita sob a chuva no fundo do barco e dorme; como um oficial espanca um soldado por se coçar; e como um soldado atira em si mesmo durante a travessia por medo de ter ultrapassado sua licença em dois dias e como foi jogado pela amurada sem enterro". O contraste com o modo pelo qual ele achava que o soldado comum era tratado nos exércitos ocidentais deixou claro a necessidade de mudança. "Passei duas horas conversando com franceses e ingleses feridos", observou Tolstoi em seu diário em Eski-Orda, perto de Simferopol, no mesmo mês.

> Todo soldado se orgulha de sua posição e se respeita, pois se considera uma força efetiva na máquina do exército. Boas armas e a habilidade para usá-las, juventude e ideias gerais sobre política e artes dão a eles uma consciência de seu próprio valor. Conosco, estúpidos exercícios de marcha, armas inúteis, opressão, idade, falta de educação e comida e cuidados ruins destroem a última centelha de orgulho dos homens e até mesmo dão a eles uma opinião boa demais sobre o inimigo.[36]

Há dúvidas sobre se muitos soldados nos exércitos francês ou britânico tinham ideias sólidas sobre as artes. Assim como com muito da admiração russa pelo "Ocidente", havia uma boa dose de ingenuidade na avaliação de Tolstoi, mas tais ideais davam energia a seu zelo reformista.

Com a morte de Nicolau I Tolstoi esboçou "Um plano para a reforma do exército", e o apresentou ao conde Osten-Sacken, comandante da guarnição de Sebastopol, na esperança de que o levasse ao novo tsar Alexandre, que se dizia defender políticas mais humanas. Com base nesse boato, Tolstoi abria sua proposta com uma corajosa declaração de princípios que era em parte verdade, mas dificilmente um comentário justo sobre os corajosos defensores de Sebastopol:

> Minha consciência e minha noção de justiça me impedem de ficar calado em face do mal que é perpetrado abertamente diante de mim, causando as mortes de muitos, reduzindo nossa força e abalando a honra de nosso país. (...) Não temos exército, temos uma horda de escravos acovardados pela disciplina, comandados por ladrões e comerciantes de escravos. Essa horda não é um exército porque não tem qualquer lealdade à fé, ao tsar e à pátria — palavras que têm sido muito mal empregadas! — nem valor nem dignidade militar. Tudo o que tem é, por um lado, paciência passiva e descontentamento reprimido e, do outro, crueldade, servidão e corrupção.

Tolstoi condenou fortemente o tratamento duro dispensado aos soldados servos. Em uma primeira versão de suas propostas ele chegou mesmo ao ponto de sustentar que em "todo soldado espancado" havia um "sentimento de vingança" enterrado que era "ainda reprimido demais para surgir como força real", mas esperava para explodir ("e, ó Senhor, que horrores espreitam nossa sociedade caso isso ocorra"). Ele posteriormente cortou essa sentença incendiária, calculando que isso prejudicaria suas ideias de reforma em círculos governistas. Tolstoi pediu o fim dos castigos corporais no exército, atribuindo o desempenho ruim da Rússia na Guerra da Crimeia à agressão aos soldados. Apresentou planos para a reforma da artilharia, que se mostrara tão ineficaz diante dos rifles Minié. Ao apresentar suas ideias sobre como melhorar o comando, fez uma crítica devastadora aos oficiais na Crimeia, os atacando como cruéis e corruptos, preocupados basicamente com as minúcias dos uniformes e exercícios dos soldados e estando no exército apenas porque não serviam para mais nada. Mas, novamente, cortou uma passagem inflamada — na qual alegava que os altos comandantes eram cortesãos, escolhidos porque o tsar gostava deles, e não por sua competência — com base em que isso reduziria suas chances de ter os planos escutados. Já corria o boato de que ele era o autor anônimo de uma canção satírica do exército na qual as derrotas na Crimeia eram atribuídas à incompetência dos oficiais com as maiores dragonas. A balada circulou amplamente no exército e na sociedade, rendendo a Tolstoi, como seu suposto autor, uma reprimenda do grão-duque Mikhail Nicolaevitch, irmão do tsar, que acusou os versos de destruir o moral dos soldados.* Embora a autoria de Tolstoi nunca tenha sido definida, ele teve negada promoção além de segundo-tenente, patente que obtivera antes de sua chegada a Sebastopol.[37]

A experiência de Tolstoi na Guerra da Crimeia o levara a questionar mais do que apenas o sistema militar. O poeta Afanasi Fet, que conheceu Tolstoi no apartamento de Turgenev em São Petersburgo no inverno de 1855, ficou chocado com a "oposição automática" do jovem "a todas as opiniões geralmente aceitas". Viver lado a lado com soldados comuns na Crimeia abrira os olhos de Tolstoi para as virtudes simples dos camponeses; o colocara em uma busca incansável por uma nova verdade, uma forma de viver moralmente como nobre russo e senhor de terras, considerando as injustiças da servidão. Ele já havia abordado essas questões antes. Em *Manhã de um senhor de terras* (1852), escreveu sobre um proprietário de terras (leia-se Tolstoi) que busca uma vida de felicidade e justiça no campo e descobre que só pode encontrada no trabalho constante pelo bem dos outros menos felizes que ele mesmo. Aproximadamente na mesma época propusera reduzir as obrigações de seus servos em sua propriedade de Iasnaia Poliana, mas os servos desconfiaram de suas intenções (não estavam acostumados a tal benevolência) e recusaram

---

* Em 1857, a canção do exército foi publicada pelo socialista exilado Alexander Herzen em seu periódico *Polar Star*. A balada era bem conhecida nos círculos revolucionários estudantis dos anos 1860 e posteriormente foi citada até mesmo por Lenin. Na verdade, Tolstoi não era totalmente responsável pela canção, que exprimia um descontentamento amplamente sentido no exército. Ela surgiu em um grupo de oficiais de artilharia, incluindo Tolstoi, que se reunia ao piano nos aposentos de seu comandante quase diariamente para beber, cantar e compor canções. Como já era conhecido por seus escritos, Tolstoi, que sem dúvida desempenhou papel de destaque na composição dos versos, ficou com a maior culpa por eles.

a oferta. Mas apenas na Crimeia Tolstoi começou a sentir uma ligação mais próxima com os servos uniformizados — aqueles "homens simples e gentis cuja bondade é evidente durante uma guerra real". Ele estava desgostoso com sua vida anterior — o jogo, as prostitutas, o excesso de comida e bebida, a superabundância e a falta de qualquer trabalho real ou objetivo na vida. E depois da guerra se lançou à tarefa de viver com os camponeses em "uma vida verdadeira", com nova determinação.[38]

Quando do retorno de Tolstoi, havia um novo espírito reformista no ar. Entre os nobres mais liberais e iluminados era geralmente aceito que chegara a hora de liberar os servos. Nas palavras de Sergei Volkonski, o famoso decembrista e um parente distante de Tolstoi, libertado de seu exílio na Sibéria em 1856, a abolição da servidão era "o mínimo que o Estado podia fazer para reconhecer o sacrifício que os camponeses haviam feito nas duas últimas guerras: é hora de reconhecer que o camponês russo também é um cidadão". Os soldados camponeses que lutaram na Crimeia haviam sido levados a esperar sua liberdade. Na primavera de 1854, milhares de camponeses foram aos postos de recrutamento após ouvir boatos de que o tsar prometera liberdade a todo servo que se apresentasse como voluntário para o exército ou a marinha, e houve confronto com soldados e policiais quando foram recusados. A expectativa de emancipação aumentou após a Guerra da Crimeia. Nos primeiros seis anos do reinado de Alexandre houve quinhentos levantes camponeses e greves contra os bem-nascidos na terra.[39]

O novo tsar acreditava que a libertação dos servos era uma medida necessária para impedir uma revolução. "É melhor abolir a servidão de cima para baixo do que esperar o momento em que ela começar a se abolir de baixo para cima", disse a um grupo de nobres de Moscou em 1856. A derrota na Guerra da Crimeia persuadira Alexandre de que a Rússia não podia competir com as potências ocidentais até deixar de lado sua velha economia de servos e se modernizar. Os ricos tinham muito pouca ideia de como lucrar com suas propriedades. A maioria deles não sabia praticamente nada de agricultura ou contabilidade. Mas continuavam a gastar da mesma velha forma desmedida como sempre haviam feito, acumulando enormes dívidas. Em 1859, um terço das propriedades e dois terços dos servos de que os nobres rurais eram proprietários haviam sido hipotecados ao Estado e a bancos de nobres. O argumento econômico para a emancipação estava se tornando irrefutável, e muitos proprietários de terra estavam se transferindo voluntariamente ou não para o sistema de mão de obra livre contratando servos de outras pessoas. Como a amortização dos camponeses cancelava as dívidas dos nobres, a lógica econômica estava se tornando irresistível.*

Em 1858, o tsar nomeou uma comissão especial para formular propostas para a emancipação consultando comitês nobres provinciais. Sob pressão de dignitários reacionários para limitar a reforma ou ajustar as regras para transferência de terra a seu favor, a comissão se atolou em disputas políticas por quase dois anos inteiros. No final, os nobres reacionários foram derrotados pelos reformistas moderados, graças em grande medida à intervenção pessoal do tsar. O Édito de Emancipação foi assinado por Alexandre em 19 de fevereiro de 1861 e lido aos camponeses pelos padres de suas paróquias. Ele não era tão abrangente quanto os camponeses haviam esperado. O Édito permitia aos senhores de terras grande liberdade na escolha dos lotes de terra a serem transferidos para os camponeses e no estabelecimento dos valores de amortização que as comunas camponesas teriam de pagar por elas, enquanto os camponeses haviam esperado receber a terra sem pagamento.** Houve rebeliões em muitas regiões, algumas vezes após boatos de que a lei publicada não era aquela que o tsar quisera assinar, mas uma falsificação por nobres e funcionários pretendendo impedir a verdadeira emancipação, o havia muito esperado "Manifesto Dourado" no qual o tsar iria libertar os camponeses e dar a eles toda a terra.

A despeito do desapontamento dos camponeses, a emancipação foi um divisor de águas crucial. Algum tipo de liberdade, por mais limitada que possa ter sido na prática, finalmente havia sido concedida à massa da população, e havia motivos para esperar um renascimento nacional. Autores compararam o Édito à conversão da Rússia ao cristianismo no século X. Falaram da ne-

---

* Pelos termos da emancipação, os camponeses eram obrigados a amortizar a terra transferida para eles. Esses pagamentos, calculados com base no valor do aluguel da terra da nobreza, deveriam ser feitos em um período de 49 anos ao Estado, que remunerou a nobreza em 1861. Assim, na verdade os servos compraram sua liberdade pagando as dívidas de seus senhores. As amortizações se tornaram cada vez mais difíceis de receber, entre outros motivos porque os camponeses desde o início as consideraram injustas. Elas finalmente foram canceladas em 1905.
**No conjunto, talvez metade da terra cultivável da Rússia europeia foi transferida da posse dos nobres para posse comunitária dos camponeses, embora as proporções exatas dependessem em grande medida da vontade do senhor de terras.

cessidade da Jovem Rússia se libertar dos pecados do passado, cujas riquezas haviam sido obtidas com o suor e o sangue do povo, da necessidade de o senhor de terras e o camponês superarem suas antigas divisões e se unirem pela nacionalidade. Pois, como Fiodor Dostoievski escreveu em 1861, "todo russo é um russo antes de tudo".[40]

Juntamente com a emancipação dos servos, a derrota na Guerra da Crimeia acelerou os planos do tsar de uma reforma no exército. Tolstoi não foi o único oficial a fazer propostas de reforma durante a Guerra da Crimeia. No verão de 1855, o conde Fedor Ridiger, comandante dos Guardas e Granadeiros, endossou muitas das críticas de Tolstoi ao corpo de oficiais, em um memorando ao tsar. Atribuindo a culpa pela iminente derrota da Rússia à total incompetência do alto-comando e da administração do exército, Ridiger recomendou que os oficiais fossem treinados em ciência militar, em vez de paradas e revistas, e que aqueles com talento deveriam receber mais oportunidade de assumir responsabilidade no campo de batalha. Pouco depois, ideias similares foram apresentadas por outro alto membro do *establishment* militar, o general de brigada V. A. Glinka, que também criticou o sistema de suprimentos do exército. Foram feitas propostas para a construção de ferrovias, cuja falta, todos concordavam, havia sido uma grande razão para os problemas de abastecimento das forças armadas durante a Guerra da Crimeia.[41]

O tsar criou uma "Comissão para a melhoria da esfera militar", chefiada pelo general Ridiger, mas depois começou a vacilar em relação à implantação das medidas propostas, com as quais ele claramente simpatizava, embora os planos para uma rede de ferrovias ligando Moscou e São Petersburgo aos principais centros agrícolas e às regiões de fronteira tenham sido aprovados pelo tsar já em janeiro de 1857. Alexandre temia uma reação da aristocracia no momento em que precisava de seu apoio para a emancipação dos servos. Ele colocou no comando do ministério da Guerra um homem conhecido por sua lealdade e sua incompetência militar, o general Nikolai Sukhozanet, que supervisionou um período de reformas tímidas, em sua maioria pequenas regras mudando a aparência dos uniformes dos guardas, mas incluindo duas iniciativas que teriam maior significado: uma revisão do Estatuto Penal Militar para reduzir o número máximo de chicotadas permitidas como castigo físico de 6 mil para 1.500 (um número ainda adequado para matar qualquer soldado); e medidas para melhorar a educação e o treinamento dos soldados camponeses, que eram quase todos analfabetos e inadequados para a guerra moderna, como a Guerra da Crimeia mostrara claramente.

Um dos resultados dessas tentativas de melhorar a educação do exército foi a criação de um novo periódico, *Voennyi sbornik* (Antologia militar). Seu objetivo era atrair oficiais e soldados oferecendo a eles artigos inteligentes sobre ciência militar e casos, contos, poemas e artigos sobre a sociedade, escritos com um espírito liberal de reforma. Livre da censura militar, tinha um conceito similar à "Gazeta Militar" que Tolstoi havia sugerido em 1854. Sua seção literária era editada por Nikolai Chernichevski, editor do altamente influente periódico democrático *Contemporâneo*, no qual as obras do próprio Tolstoi haviam sido publicadas. Chernichevski era ele mesmo autor do romance *O que fazer?* (1862), que iria inspirar várias gerações de revolucionários, incluindo Lenin. Nos anos 1860, *Voennyi sbornik* rivalizava em vendas com *Contemporâneo*, com mais de 5 mil assinantes, demonstrando que as ideias reformistas tinham público receptivo no exército russo depois da Guerra da Crimeia.

A ideia de criar *Voennyi sbornik* fora de Dmitri Miliutin, a principal força por trás das reformas militares após a Guerra da Crimeia. Professor da Academia Militar, onde lecionava desde que fora gravemente ferido na campanha contra Shamil no Cáucaso em 1838, Miliutin era um brilhante analista militar que rapidamente incorporou as lições da derrota na Crimeia: a necessidade de reformar e modernizar as forças armadas segundo o modelo das forças ocidentais que haviam derrotado fragorosamente o atrasado exército de servos da Rússia. Ele logo teve uma chance de aplicar essas lições às lutas do tsar no Cáucaso.

Em 1856, o tsar nomeara seu antigo confidente, o príncipe A.I. Bariatinski como vice-rei no Cáucaso, com poderes extraordinários para encerrar a guerra contra Shamil. Bariatinski era um defensor de expandir a influência da Rússia no Cáucaso e na Ásia Central como antídoto para a redução de sua influência na Europa após a Guerra da Crimeia. Alexandre foi convencido de seus argumentos. Mesmo antes que o Tratado de Paris fosse anunciado, o tsar deixara claro sua intenção de reforçar a campanha contra os rebeldes muçulmanos no Cáucaso. Ele poupou unidades no Cáucaso da desmobilização militar geral, mobilizou novos regimentos e ordenou que um carregamento de 10 mil rifles Minié comprados no exterior fosse enviado a Bariatinski, que no final de 1857 tinha controle geral de mais de um sexto do orçamento militar e 300 mil homens. Bariatinski colocou Miliutin como seu chefe do Estado-Maior para implantar as reformas que ele sabia serem necessárias no Cáucaso: se tivessem sucesso ali, reforçariam o argumento pela reforma do exército russo como um todo. Se valendo o raciocínio militar ocidental, bem como das propostas do general Ridiger, Miliutin sugeriu racionalizar a cadeia de comando, dando mais iniciativa e controle de recursos aos comandantes locais, que deveriam usar sua avaliação em resposta às condições locais, uma ideia baseada em uma melhoria geral na formação dos oficiais.[42]

O fim da Guerra da Crimeia deixara o movimento de Shamil totalmente desmoralizado. Sem a intervenção das potências ocidentais e pouca ajuda real dos otomanos, o movimento guerrilheiro das tribos muçulmanas chegara ao fim de sua capacidade de continuar a combater os russos. Os chechenos estavam esgotados pela guerra, que durara quarenta anos, e delegações de toda a Chechênia apelavam a Shamil para fazer a paz com os russos. Shamil queria continuar a lutar. Mas contra o avanço em massa das forças militares empregadas por Bariatinski ele não conseguiu resistir muito mais, e finalmente se rendeu aos russos em 25 de agosto de 1859.*

Em função do triunfo do exército no Cáucaso, em novembro de 1861 Miliutin foi nomeado ministro da Guerra por recomendação de Bariatinski ao tsar. Assim que o Édito de Emancipação foi aprovado, Alexandre sentiu que finalmente chegara a hora de implantar as reformas militares. O pacote legislativo apresentado por Miliutin ao tsar se baseou em seus planos anteriores. A legislação mais importante (aprovada apenas em 1874) foi a introdução do alistamento universal, com o serviço militar sendo declarado compulsório para todos os homens aos vinte anos de idade. Organizado segundo um sistema territorial de distritos militares para a manutenção de um exército regular em tempo de paz, o novo sistema russo era similar aos exércitos modernos

---

* Shamil foi enviado a São Petersburgo para um encontro com o tsar. Lá foi tratado como uma celebridade pelo público russo, que por anos ouvira histórias sobre sua coragem e ousadia. Exilado em Kaluga, Shamil sofreu com o frio. Em 1868, foi transferido para o clima mais quente de Kiev, onde recebeu uma mansão e uma pensão e foi colocado sob vigilância leve pelas autoridades. Em 1869, foi autorizado a ir em peregrinação a Meca com a condição de deixar seus filhos mais velhos na Rússia como reféns. Após concluir sua peregrinação a Meca, ele morreu em Medina em 1871. Dois de seus filhos se tornaram oficiais do exército russo, mas dois outros lutaram pelos turcos contra os russos em 1877-8.

de conscritos de outros Estados europeus, embora na Rússia tsarista, onde o financiamento governamental era inadequado e as hierarquias sociais, religiosas e étnicas continuavam a ser sentidas na aplicação de todas as políticas, o princípio universal nunca foi plenamente atingido. A principal ênfase da legislação de Miliutin era na eficiência militar, mas preocupações humanitárias nunca foram esquecidas em sua reforma. Sua missão fundamental era modificar a cultura do exército para que ele se relacionasse com o soldado camponês como um cidadão, e não mais como um servo. As escolas militares foram modernizadas, com maior ênfase no ensino de ciência e tecnologia militar. O ensino fundamental se tornou compulsório para todos os recrutas, de modo que o exército se tornou um importante meio de educação para os camponeses. O sistema de justiça militar foi reformado e os castigos físicos abolidos, pelo menos em teoria, pois na prática o soldado russo continuou a ser fisicamente punido, e algumas vezes até açoitado por infrações disciplinares relativamente menores. A cultura de servidão do exército continuou a ser sentida pelo soldado comum até 1917.

A Guerra da Crimeia reforçou na Rússia um antigo ressentimento contra a Europa. Havia uma sensação de traição por o Ocidente ter se aliado aos turcos contra a Rússia. Era a primeira vez na história em que uma aliança europeia combatera ao lado de uma potência muçulmana contra outro Estado cristão em uma grande guerra.

Ninguém se ressentia mais da Europa que Dostoievski. Na época da Guerra da Crimeia ele estava servindo como soldado na fortaleza de Semipalatinsk, na Ásia Central, após sua libertação de um campo de prisioneiros siberiano, para o qual havia sido exilado por seu envolvimento com o círculo esquerdista de Petrachevski em 1849. No único verso publicado que ele escreveu (e as qualidades poéticas de "Sobre os acontecimentos europeus de 1854" são tais que é possível entender o motivo), Dostoievski retratou a Guerra da Crimeia como a "crucifixão do Cristo russo". Mas, como alertou os leitores ocidentais de seu poema, a Rússia se ergueria e, quando o fizesse, se voltaria para o Oriente em sua missão providencial de cristianizar o mundo.

> Não é claro a vocês sua predestinação!
> O Oriente — é dela! A ela um milhão de gerações
> Incansavelmente estendem as mãos. (...)
> E a ressurreição do antigo Oriente
> Pela Rússia (assim Deus ordenou) está se aproximando.[43]

Tendo sido derrotada pelo Ocidente, a Rússia se voltou para a Ásia em seus planos imperiais. Para Bariatinski e o Ministério de Guerra, a derrota de Shamil no Cáucaso serviria como ponta de lança para a conquista russa dos canatos independentes da Ásia Central. Gorchakov e o Ministério das Relações Exteriores não estavam tão certos, temendo que uma política expansionista prejudicasse suas tentativas de melhorar as relações com britânicos e franceses. Inicialmente dividido entre essas duas políticas opostas, em 1856-7 o tsar adotou o ponto de vista de que o destino da Rússia estava na Ásia e que apenas a Grã-Bretanha se colocava no caminho dessa realização. Profundamente influenciado pelo clima de suspeita mútua entre Rússia e Grã-Bretanha após a Guerra da Crimeia, esse era um ponto de vista que iria definir as políticas da Rússia no Grande Jogo, sua rivalidade imperial com a Grã-Bretanha pela supremacia na Ásia Central.

O tsar estava preocupado com a presença crescente dos britânicos na Pérsia após a vitória na Guerra Anglo-persa de 1856-7. Pelo Tratado de Paris de março de 1857 os persas se retiraram de Herat, a cidade do noroeste do Afeganistão que haviam ocupado com apoio russo em 1852 e 1856. A correspondência entre Alexandre e Bariatinski deixa claro que ele temia que os britânicos usassem sua influência em Teerã para se instalar no litoral sul do mar Cáspio. Ele concordava com a previsão funesta de Bariatinski de que "o surgimento da bandeira britânica no Cáspio será um golpe fatal não apenas em nossa influência no Oriente, não apenas em nosso comércio exterior, mas também na independência política do império [russo]".

Alexandre encomendou um relatório a Sukhozanet, "Sobre a possibilidade de um confronto armado entre Rússia e Inglaterra na Ásia Central". Embora o estudo rejeitasse a ideia de uma ameaça militar britânica, o tsar persistiu em seu medo de que os britânicos usassem seu exército indiano para conquistar a Ásia Central e expulsar os russos do Cáucaso. Na primavera de 1857, o vapor britânico *Kangaroo* e vários navios menores levando suprimentos militares para as forças de Shamil haviam sido apanhados no litoral da Circássia. A Rússia já não tinha uma frota no mar Negro para bloquear tais atos de intervenção em seus assuntos pelos britânicos. Alexandre exigiu "explicações categóricas" do governo britânico, mas não as recebeu. A "infâmia indizível", como ele chamou o caso *Kangaroo*, reforçou a crença do tsar em que a Rússia não estaria segura contra a ameaça britânica enquanto o Cáucaso não fosse conquistado e a estepe da Ásia Central não estivesse sob seu controle político.

Durante toda a Guerra da Crimeia, os russos haviam considerado várias ideias para um ataque pela Ásia Central até Kandahar e a Índia, principalmente como uma forma de desviar tropas britânicas da Crimeia. Embora todos esses planos tivessem sido rejeitados como impraticáveis, boatos de uma invasão russa haviam circulado amplamente e merecido crédito na Índia, onde panfletos incendiários convocavam muçulmanos e hindus a se valer da exaustão dos britânicos na Crimeia para se rebelar contra seu domínio. A eclosão do Motim Indiano no começo do verão de 1857 encorajou o tsar a reconsiderar seus planos para a Ásia Central. A Marinha Real inglesa podia ameaçar o litoral da Rússia no Báltico, no oceano Pacífico e no mar Negro, que estava indefeso como resultado da desmilitarização imposta aos russos pelo Tratado de Paris. O único lugar onde os russos poderiam tentar montar uma contra-ameaça era na Índia. Os britânicos eram extremamente sensíveis a qualquer ameaça a seu império indiano, principalmente por causa de sua frágil base fiscal lá, que eles não ousavam ampliar por razões políticas. Poucos estrategistas russos acreditavam na possibilidade de uma campanha contra a Índia, mas explorar o nervosismo britânico era uma boa tática.

No outono de 1857, o tsar encomendou um memorando estratégico sobre a Ásia Central a um brilhante jovem adido militar, Nikolai Ignatiev, que chamara sua atenção após ter representado a Rússia na questão de sua fronteira disputada com a Moldávia no congresso de Paris. Avaliando a possibilidade de uma nova guerra contra a Grã-Bretanha, Ignatiev argumentou que o único lugar onde a Rússia tinha uma chance de vitória era na Ásia. A força da Rússia na Ásia Central era a "melhor garantia de paz", portanto a Rússia deveria explorar a crise indiana para fortalecer sua posição à custa da Grã-Bretanha nos "países que separam a Rússia das possessões britânicas". Ignatiev sugeriu enviar expedições para explorar e mapear a estepe "não descoberta" da Ásia Central em prol do comércio russo e da inteligência militar. Estabelecendo laços comerciais e diplomáticos com os canatos de Koland, Bukhara e Khiva, a Rússia poderia transformá-los em Estados amortecedores contra a expansão britânica. Aprovando o plano, o tsar enviou a Khiva e Bukhara uma missão de exploração liderada por Ignatiev, que fechou tratados econômicos com os canatos no verão de 1858. Oficialmente a missão havia sido enviada pelo Ministério das Relações Exteriores, mas não oficialmente ela também trabalhava para o Ministério da Guerra, reunindo informações topográficas, estatísticas e "militares em geral" sobre várias rotas para a Ásia Central. Desde o começo da iniciativa russa havia uma política mais ativa, defendida pelos seguidores de Bariatinski no ministério da Guerra, para estabelecer protetorados e bases militares nos canatos para a conquista do Turquestão e da estepe da Ásia Central até a fronteira do Afeganistão.[44]

O avanço russo para a Ásia Central foi liderado por dois veteranos da Guerra da Crimeia. Um era Mikhail Tcherniaev, que lutara contra os turcos no Danúbio em 1853 e se distinguira por bravura em Inkerman e Sebastopol antes de ser transferido para defender colonos russos dos ataques das tribos da Ásia Central nas estepes do sul de Orenburg. A partir de 1858, Tcherniaev começou a lançar seus próprios ataques profundos ao território do Turquestão, destruindo Quirguízia e outros assentamentos tribais hostis e apoiando rebeliões contra os canatos de Khiva e Kokand por outras tribos da Ásia Central dispostas a declarar fidelidade à Rússia. As iniciativas militares de Tcherniaev, discretamente apoiadas, mas não endossadas oficialmente pelo Ministério da Guerra, levaram furtivamente à anexação pela Rússia do Turquestão. Em 1864, Tcherniaev liderou uma força de mil homens através das estepes do Turquestão para ocupar a fortaleza de Chimkent. Com o apoio de uma segunda coluna russa de Semipalatinsk, eles então tomaram Tashkent, 130 quilômetros ao sul, efetivamente impondo o controle russo sobre essa vital base do comércio do algodão na Ásia Central. Tcherniaev recebeu a Cruz de São Jorge e foi nomeado governador militar do Turquestão em 1865. Após raivosos protestos diplomáticos dos britânicos, que temiam que as tropas russas continuassem seu avanço de Tashkent até a Índia, o governo russo se eximiu de responsabilidade pela invasão realizada por Tcherniaev. O general foi obrigado a passar para a reserva em 1866. Mas extraoficialmente ele foi recebido como herói na Rússia. A imprensa nacionalista o proclamou o "Ermak do século XIX".*

---

* Ermak Timofeevich, o líder cossaco e herói folclórico do século XVI que começou a exploração e a conquista militar da Sibéria.

Enquanto isso, a conquista da estepe da Ásia Central foi levada a cabo pelo general Kaufman, um segundo veterano da Guerra da Crimeia, que liderara os engenheiros Militares no cerco de Kars antes de se tornar chefe de engenheiros de Miliutin no Ministério da Guerra. Kaufman substituiu Tcherniaev como governador militar do Turquestão. Em 1868, ele concluiu a conquista de Samarcanda e Bucara. Cinco anos depois, Khiva também caiu perante os russos, seguida por Kokand em 1876. Deixadas nas mãos de seus respectivos cãs no que dizia respeito a seu governo interno, mas sujeitas ao controle dos russos em suas relações exteriores, Bucara e Khiva se tornaram essencialmente protetorados nas linhas dos estados principescos da Índia britânica.

Tcherniaev e Ignatiev se tornaram figuras de destaque no movimento pan-eslavo dos anos 1860 e 1870. Juntamente com o desvio da Rússia para o Oriente, o pan-eslavismo foi a outra grande reação dos russos à sua derrota na Guerra da Crimeia, já que o ressentimento com a Europa levou a uma explosão de sentimento nacionalista. Com a censura relaxada pelas reformas liberais do novo tsar, um novo grande número de periódicos pan-eslavos criticava duramente a política externa russa antes da Guerra da Crimeia. Eles atacavam particularmente as políticas legitimistas de Nicolau I por terem sacrificado os cristãos dos Bálcãs ao jugo muçulmano no interesse do Concerto da Europa. Pogodin escreveu no primeiro número do periódico pan-eslavo *Parus* em janeiro de 1859: "Pelo bem do equilíbrio da Europa, 10 milhões de eslavos são obrigados a gemer, sofrer e agonizar sob o jugo do mais selvagem despotismo, o mais desabrido fanatismo e a mais desesperada ignorância."[45] Com o abandono desses princípios legitimistas por Gorchakov, os pan-eslavos renovaram seus apelos para que o governo apoiasse a libertação dos eslavos dos Bálcãs do mando turco. Alguns chegaram ao ponto de alegar que a Rússia devia se proteger ela mesma contra um Ocidente hostil unindo todos os eslavos da Europa sob a liderança russa — uma ideia apresentada pela primeira vez por Pogodin durante a Guerra da Crimeia e repetida com insistência ainda maior em seus escritos posteriores.

À medida que as ideias pan-eslavistas ganhavam influência nos círculos intelectuais e governamentais russos, havia uma proliferação de organizações filantrópicas para apoiar a causa pan-eslavista enviando dinheiro aos eslavos dos Bálcãs para escolas e igrejas, ou levando estudantes à Rússia. O Comitê Beneficente Eslavo de Moscou foi fundado em 1858, com filiais sendo abertas em São Petersburgo e Kiev nos anos 1860. Financiado por benfeitores particulares e pelo Ministério da Educação, ele reunia funcionários públicos e militares (muitos deles veteranos da Guerra da Crimeia que haviam lutado nos Bálcãs) e acadêmicos e escritores (incluindo Dostoievski e Tiutchev, ambos integrantes do comitê de São Petersburgo).

Nos primeiros anos do pós-guerra, os pan-eslavistas tomaram o cuidado de não discutir abertamente suas ideias mais radicais de unificação política eslava, nem criticar com demasiada severidade a política externa do governo (tendo o ponto de vista expresso por Pogodin levado o *Parus* a ser banido). Mas no começo da década de 1860, quando Ignatiev surgiu como um defensor do pan-eslavismo e se tornou um personagem importante do governo, eles se tornaram mais explícitos em seus pontos de vista. A crescente influência de Ignatiev nas relações exteriores se baseava em grande medida em sua negociação muito bem-sucedida do Tratado Sino-russo de Pequim, em novembro de 1860, que deu à Rússia a posse das regiões do Amur e do Ussuri, bem como Vladivostok, no Extremo Oriente. Em 1861 Ignatiev se tornou o diretor do Departamento Asiático do ministério das Relações Exteriores, responsável pela política russa para os Bálcãs. Três anos depois, foi nomeado enviado do tsar a Constantinopla — posto que ocupou até a guerra russo-turca de 1877-8. Durante todos esses anos Ignatiev pressionou por uma solução militar para a Questão Oriental nos Bálcãs: levantes eslavos patrocinados pela Rússia contra o governo turco e a intervenção do exército do tsar, levando à libertação dos eslavos e a criação de uma União Eslava sob a liderança russa.

As ambições pan-eslavistas para os Bálcãs se concentraram primeiramente na Sérvia, onde a restauração do europeizado, mas autocrático, príncipe Mihailo ao trono em 1860 foi vista como uma vitória para a influência russa e outra derrota para os austríacos. Gorchakov apoiou o movimento sérvio pela libertação dos turcos, temendo que do contrário, caso conseguissem sua independência sozinhos, os sérvios poderiam ficar sob influência austríaca ou ocidental. Escrevendo ao cônsul russo em Bucareste, o ministro das Relações Exteriores sublinhou que "nossa política no Oriente é voltada principalmente para fortalecer a Sérvia material e moralmente, e dar a ela a oportunidade de se colocar à frente do movimento nos Bálcãs". Ignatiev foi ainda além, defendendo uma solução imediata para a Questão Oriental por meios militares. Aceitando uma proposta de Mihailo, ele conclamou o governo russo a apoiar os sérvios em uma guerra aos turcos e ajudá-los a formar uma confederação com os búlgaros, à qual Bósnia, Herzegovina e Montenegro poderiam se juntar.

Sob pressão pan-eslavista, o Ministério das Relações Exteriores aumentou seu apoio ao movimento sérvio. Após um bombardeio turco a Belgrado em 1862 os russos convocaram uma conferência especial dos signatários do Tratado de Paris em Kanlidze, perto de Constantinopla, e acabaram conseguindo a remoção das últimas guarnições turcas da Sérvia em 1867. Foi sua primeira grande vitória diplomática desde o final da Guerra da Crimeia. Encorajados pelo seu sucesso, os russos deram apoio à tentativa sérvia de criar uma Liga Balcânica. A Sérvia formou uma aliança militar com Montenegro e Grécia, firmou um pacto de amizade com a liderança romena e estabeleceu fortes laços com nacionalistas croatas e búlgaros. Os russos subsidiaram o exército sérvio, embora uma missão de inspeção enviada por Miliutin o tenha encontrado com problemas crônicos. Depois, no outono de 1867, o príncipe Mihailo recuou da guerra aos turcos, levando a Rússia a suspender seu crédito de guerra. O assassinato de Mihailo no mês de junho seguinte confirmou o fim da cooperação russo-sérvia e o colapso da Liga Balcânica.[46]

Os sete anos seguintes foram um período de relativa calma nos Bálcãs. As monarquias imperiais de Rússia, Áustria-Hungria e Alemanha (a Liga dos Três Imperadores de 1873) garantiram a manutenção do *status quo* nos Bálcãs. A política oficial russa durante esses anos era baseada em um firme compromisso com o equilíbrio de poder europeu, e com base nisso Gorchakov obteve uma grande vitória diplomática com a anulação das cláusulas do Tratado de Paris referentes ao mar Negro em uma conferência das potências europeias em Londres em 1871. Mas extraoficialmente a política da Rússia continuava a encorajar o movimento pan-eslavista nos Bálcãs — política coordenada por Ignatiev desde a Embaixada russa em Constantinopla por intermédio de seus consulados nas capitais balcânicas. Em suas memórias, escritas ao final de sua longa vida nos anos 1900, Ignatiev explicou que seu objetivo nos Bálcãs nos anos 1860 e 1870 havia sido destruir o Tratado de Paris, recuperar o sul da Bessarábia e controlar os estreitos turcos, diretamente pela conquista militar ou indiretamente por intermédio de um tratado com uma Turquia dependente, do tipo que a Rússia tivera antes da Guerra da Crimeia. Ele escreveu: "Todas as minhas atividades na Turquia e entre os eslavos foram inspiradas pela (...) ideia de que apenas a Rússia podia comandar a península balcânica e o mar

Negro (...). A expansão de Áustria-Hungria seria detida e os povos balcânicos, especialmente os eslavos, voltariam seus olhos exclusivamente para a Rússia e tornariam seu futuro dependente dela."[47]

No verão de 1875, revoltas de cristãos contra o governo turco em Herzegovina se espalharam para a Bósnia, ao norte, e depois Montenegro e Bulgária. As revoltas haviam sido provocadas por um forte aumento nos impostos cobrados pelo governo turco dos camponeses cristãos após quebras de safra terem lançado a Porta em uma crise financeira. Mas logo ganharam o caráter de guerra religiosa. Os líderes dos levantes buscaram apoio de Sérvia e Rússia. Estimulados por Ignatiev, nacionalistas sérvios em Belgrado conclamaram seu governo a enviar tropas para defender os eslavos dos turcos e uni-los em uma Grande Sérvia.

Na Bulgária, os rebeldes estavam mal armados e organizados, mas seu ódio aos turcos era intenso. Na primavera de 1876, a revolta levou a massacres contra a população muçulmana, que aumentara enormemente desde a Guerra da Crimeia como resultado da imigração de cerca de meio milhão de tártaros da Crimeia e circassianos fugindo dos russos para a Bulgária. A tensão com os cristãos se intensificou quando os recém-chegados retomaram um estilo de vida seminômade, lançando ataques a assentamentos cristãos e roubando animais de um modo que nunca havia sido experimentado pelos camponeses da região. Carecendo de soldados regulares em número suficiente para esmagar os búlgaros, as autoridades otomanas se valeram dos *bashi bazouks*, irregulares recrutados principalmente entre a população muçulmana local, que esmagaram brutalmente seus vizinhos cristãos, massacrando cerca de 12 mil pessoas nesse processo. Na aldeia montanhosa de Batak, onde mil cristãos haviam se refugiado em uma igreja, os *bashi bazouks* incendiaram o prédio, queimando até a morte todos menos uma idosa, que sobreviveu para contar a história.[48]

A notícia das atrocidades búlgaras se espalhou pelo mundo. A imprensa britânica alegou que "dezenas de milhares" de aldeões cristãos indefesos haviam sido massacrados por "muçulmanos fanáticos". A postura britânica para com a Turquia mudou drasticamente. A antiga política de promover as reformas tanzimat na crença de que os turcos eram pupilos animados da gestão liberal inglesa foi seriamente questionada, e para muitos cristãos, totalmente abalada pelos massacres búlgaros. Gladstone, o líder da oposição liberal cujos pontos de vista sobre política externa eram intimamente ligados aos seus princípios morais da igreja anglicana, assumiu a liderança em uma campanha popular pela intervenção britânica para proteger os cristãos dos Bálcãs contra a violência turca. Gladstone apoiara com reservas a Guerra da Crimeia. Ele era hostil à presença de turcos na Europa por princípios religiosos, e havia muito queria usar a influência britânica para garantir maior autonomia para os cristãos no império otomano. Em 1856, ele até mesmo dera a ideia de um novo império grego nos Bálcãs para proteger os cristãos, não apenas contra os muçulmanos da Turquia, mas contra os russos e o papa.[49]

A reação mais forte às atrocidades búlgaras foi na Rússia. A simpatia pelos búlgaros tomou toda a sociedade educada em um surto patriótico, intensificado por um desejo nacional de vingança contra os turcos após a Guerra da Crimeia. Pedidos de intervenção para proteger os búlgaros vieram de todos os setores: de eslavófilos como Dostoievski, que viam em uma guerra pela libertação dos eslavos dos Bálcãs a realização do destino histórico da Rússia de unir os ortodoxos, e de ocidentalistas como Turgenev, que achavam ser o dever do mundo liberal libertar a Bulgária escravizada. Era uma oportunidade de ouro para os pan-eslavistas realizarem seus sonhos.

Oficialmente o governo russo criticou as revoltas cristãs nos Bálcãs. Ele estava na defensiva, tendo sido acusado pelos governos ocidentais de instigar as revoltas. Mas a opinião pública pan-eslavista, e particularmente o periódico *Russkii mir* (Mundo russo), de propriedade de e editado por Tcherniaev, o ex-governador militar do Turquestão, apoiaram a causa dos cristãos dos Bálcãs e conclamaram o governo a apoiá-la. O *Russkii mir* previu: "Diga uma só palavra, Rússia, e não apenas os Bálcãs (...) mas todos os povos eslavos (...) pegarão em armas contra seus opressores. Em aliança com seus 35 milhões de irmãos ortodoxos, a Rússia levará o medo a toda a Europa Ocidental." Tudo dependia das ações da Sérvia, o "Piemonte dos Bálcãs", na frase de Tcherniaev. O tsar e Gorchakov alertaram os líderes sérvios a não intervir nos levantes, embora em privado simpatizassem com os pan-eslavistas. ("Façam o que quiserem, desde que não saibamos de nada oficialmente", disse o barão Jomini, chefe em exercício do Ministério das Relações Exteriores russo, a um membro do comitê de São Petersburgo.) Estimulados por Ignatiev e o cônsul russo em Belgrado, bem como pela chegada de Tcherniaev como voluntário da causa eslava em abril, os líderes sérvios declararam guerra à Turquia em junho de 1876.[50]

Os sérvios contavam com a intervenção armada da Rússia. Tcherniaev ficou encarregado de seu principal exército. Juntamente com sua presença, as promessas de Ignatiev os haviam levado a acreditar que aquela seria uma repetição da guerra dos Bálcãs de 1853-4, quando Nicolau I enviara seu exército para os principados do Danúbio na expectativa — afinal frustrada — de que isso encorajasse uma guerra de libertação pelos eslavos. A opinião pública na Rússia estava cada vez mais beligerante. A imprensa nacionalista conclamava o exército a defender os cristãos contra os turcos. Grupos pan-eslavistas enviaram voluntários para lutar por eles — e cerca de 5 mil foram para a Sérvia.* Foram feitas coletas para enviar dinheiro para os eslavos. O sentimento pró-eslavos tomou toda a sociedade. As pessoas falavam sobre a guerra como uma cruzada — uma repetição da guerra aos turcos de 1854.

No outono de 1876, a febre da guerra contaminara a corte russa e círculos governamentais. O exército de Tcherniaev corria risco de derrota. Respondendo aos seus desesperados pedidos de ajuda, o tsar enviou um ultimato à Porta e mobilizou suas tropas. Isso foi o suficiente para obrigar os turcos a cessar as hostilidades contra os sérvios, que devidamente assinaram a paz. Abandonando os sérvios, os russos transferiram seu apoio para os búlgaros e exigiram autonomia para eles, o que os turcos não iriam aceitar. Com a neutralidade da Áustria assegurada por promessas de ganhos em Bósnia e Herzegovina, em abril de 1877 a Rússia declarou guerra à Turquia novamente.

Desde o começo, a ofensiva russa nos Bálcãs teve o caráter de uma guerra religiosa. Lembrava impressionantemente a fase inicial russo-turca da Guerra da Crimeia. À medida que os russos cruzavam o Danúbio sob o comando do grão-duque Nicolau, recebiam o apoio de irregulares eslavos, búlgaros e sérvios, alguns deles exigindo dinheiro para combater, mas a maioria lutando contra os turcos por sua causa nacional. Era o tipo de guerra cristã que Nicolau quisera quando suas tropas haviam cruzado o Danúbio em 1853-4. Encorajado pelo levante dos eslavos, Alexandre pensou em avançar e tomar Constantinopla, impondo um acordo russo nos Bálcãs. Foi conclamado a fazer isso não apenas pela imprensa pan-eslavista, mas por seu próprio irmão, o grão-duque Nicolau, que escreveu a ele após seus exércitos terem capturado Adrianópolis, a pequena distância de Constantinopla, em janeiro de 1878: "Temos de ir para o centro, para Tsargrad, e lá encerrar a causa sagrada que você assumiu." As

---

* Incluindo o personagem Vronsky no final do romance de Tolstoi *Anna Karenina*.

esperanças pan-eslavistas estavam no auge. "Constantinopla tem de ser nossa", escreveu Dostoievski, que via sua conquista pelos exércitos russos como nada menos que a solução do próprio Deus para a Questão Oriental e a realização do destino da Rússia de libertar o cristianismo ortodoxo.

> Não é apenas o porto magnífico, não apenas o acesso aos mares e oceanos que une a Rússia tão fortemente à solução (...) dessa questão portentosa, não é sequer a unificação e regeneração dos eslavos. Nossa meta é mais profunda, imensuravelmente mais profunda. Nós, Rússia, somos verdadeiramente essenciais e inevitáveis para toda a cristandade oriental e todo o destino da futura ortodoxia na terra, por sua unidade. Isso é o que nosso povo e seus governantes sempre entenderam. Em síntese, essa terrível Questão Oriental é virtualmente nosso inteiro destino pelos anos por vir. Ela contém todas as nossas metas e, principalmente, nossa única forma de chegar à plenitude da história.[51]

Alarmados com o avanço das tropas russas para Adrianópolis, os britânicos ordenaram que sua frota do Mediterrâneo entrasse em Dardanelos, e o Parlamento concordou em levantar 6 milhões de libras com fins militares. Era uma repetição dos movimentos que haviam levado à Guerra da Crimeia. Pressionados pelos britânicos, os russos concordaram com um armistício com os otomanos, mas continuaram a avançar na direção de Constantinopla, parando apenas sob ameaça da Marinha Real em San Stefano, uma aldeia na periferia da capital turca, onde em 3 de março assinaram um tratado com os turcos. Pelo tratado de San Stefano, a Porta concordava em reconhecer a plena independência de Romênia, Sérvia e Montenegro, bem como a autonomia de um grande Estado búlgaro (incluindo Macedônia e parte da Trácia). Em troca de uma estreita faixa de terra ao sul do Danúbio, a Romênia cedeu de volta à Rússia o sul da Bessarábia, o território tomado dos russos pelo Tratado de Paris. Com a restauração de seu status no mar Negro concluída sete anos antes, a Rússia conseguira reverter todas as perdas que sofrera após a Guerra da Crimeia.

O Tratado de San Stefano foi basicamente obra de Ignatiev. Era a concretização da maioria de seus sonhos pan-eslavistas. Mas totalmente inaceitável para as potências ocidentais, que não haviam ido à guerra para impedir os russos de agredir os turcos em 1854 apenas para permitir que eles o fizessem novamente 24 anos depois. Na Grã-Bretanha, o velho sentimento belicoso contra a Rússia se expressava como "jingoísmo", um novo clima agressivo de política externa confiante resumido pelo grande sucesso dos pubs e *music halls*:

> Não queremos lutar, mas por Jingo, se o fizermos
> Temos os navios, temos os homens, temos o dinheiro também
> Nós combatemos o urso antes, e enquanto formos britânicos de verdade
> Os russos não terão Constantinopla.

Temendo intervenção britânica e uma possível repetição da Guerra da Crimeia, o tsar ordenou ao grão-duque recuar seus soldados para o Danúbio. Enquanto faziam isso, se entregaram a ataques vingativos contra os muçulmanos da Bulgária, aos quais se juntaram voluntários cristãos, que às vezes os instigaram: centenas de milhares de muçulmanos fugiram da Bulgária para o império otomano ao final da guerra russo-turca.

Determinadas a impedir a extensão do poder russo para os Bálcãs, as grandes potências se reuniram no Congresso de Berlim para revisar o Tratado de San Stefano. A principal objeção de britânicos e franceses era a criação de uma grande Bulgária, que consideravam um cavalo de troia russo ameaçando o império otomano na Europa. Com acesso direto ao mar Egeu na Macedônia, esse Estado búlgaro ampliado podia ser facilmente usado pelos russos para atacar os estreitos turcos. Os britânicos obrigaram os russos a concordar com a divisão da Bulgária, devolvendo Macedônia e Trácia ao controle otomano direto. Uma semana antes do congresso de Berlim, Benjamin Disraeli, o primeiro-ministro britânico, concluíra uma aliança secreta com os otomanos contra a Rússia, pela qual a Grã-Bretanha era autorizada a ocupar a estratégica ilha de Chipre e levar tropas da Índia. A revelação dessa aliança, juntamente com as ameaças de guerra de Disraeli, forçou os russos a ceder às suas exigências.

O congresso de Berlim acabou com as esperanças pan-eslavistas da Rússia. Ignatiev foi afastado como enviado do tsar a Constantinopla e se aposentou. Retornando a Londres para uma recepção de herói, Disraeli alegou ter levado de Berlim "Paz com honra". Ele disse na Câmara dos Comuns que o Tratado de Berlim e a Convenção de Chipre protegeriam a Grã-Bretanha e sua rota para a Índia contra agressão russa pelos anos vindouros. Mas as tensões nos Bálcãs continuariam. Em muitos sentidos, o congresso lançou as sementes das futuras guerras balcânicas e da Primeira Guerra Mundial ao deixar sem solução tantas disputas fronteiriças. Acima de tudo, o problema fundamental da Questão Oriental, o "homem doente da Europa", a Turquia, permaneceu sem cura. Como reconheceu o secretário do Exterior britânico, o marquês de Salisbury, ao retornar de Berlim: "Iremos estabelecer uma espécie frágil de governo turco ao sul dos Bálcãs mais uma vez. Mas é apenas um descanso. Ele não tem vitalidade."[52]

Em Jerusalém, onde todos esses conflitos internacionais haviam começado, o fim da Guerra da Crimeia foi proclamado em 14 de abril de 1856. Uma saudação dos canhões do Castelo anunciou que o paxá havia sido informado da paz, e suas tropas se reuniram na praça pública diante do Portão de Jaffa para orações de graças lideradas pelo imã. Era a mesma praça para a qual eles haviam sido convocados em setembro de 1853 para lutar por seu sultão contra a Rússia.[53] A história dera uma volta completa em Jerusalém.

Doze dias depois, em 26 de abril, as velhas rivalidades religiosas recomeçaram novamente. Houve brigas entre os gregos e os armênios durante a cerimônia do Fogo Sagrado na Igreja do Santo Sepulcro. Durante vários dias antes da cerimônia sagrada, grupos de peregrinos rivais haviam contrabandeado várias armas para dentro da igreja e as escondido lá. Outros receberam facas e varas de ferro jogadas de uma janela perto do teto do convento de São Nicolau. Não ficou claro como a briga começou, relatou três dias depois o cônsul britânico Finn, que a testemunhara, mas "durante o conflito os projéteis também foram lançados para cima nas galerias, destruindo fileiras de lâmpadas e quebrando imagens da igreja representando os objetos mais sagrados da fé — com vidro e óleo caindo sobre suas cabeças —, e lâmpadas de prata em correntes de prata sendo brandidas, e o material desde então desapareceu". O paxá deixou seu lugar na galeria e ordenou que sua guarda separasse os adversários. Mas foi gravemente ferido por um golpe na cabeça e teve de ser levado embora nos ombros de seus homens — sendo a multidão na igreja densa demais para permitir a passagem de outra forma — enquanto seu secretário também foi espancado. Finalmente um esquadrão de soldados do paxá cercou os desordeiros, os ajudantes da igreja limparam a confusão e a cerimônia do Fogo Sagrado continuou como de hábito, os monges montando guarda diante da tumba de Cristo, a congregação cantando "Senhor misericordioso" até o patriarca surgir levando velas acesas e, enquanto os sinos da igreja badalavam, os peregrinos avançavam na direção dele para acender suas tochas nas chamas milagrosas.[54]

Epílogo:
A Guerra da Crimeia em mito e memória

O fim da Guerra da Crimeia foi marcado por festejos discretos na Grã-Bretanha. Havia um desapontamento geral que a paz tivesse vindo antes que as tropas conseguissem uma grande vitória igual à dos franceses em Sebastopol, e que eles tivessem fracassado em fazer uma guerra mais ampla à Rússia. Misturada a essa noção de fracasso havia uma sensação de ultraje e vergonha nacional com os fracassos do governo e das autoridades militares. "Aquela paz ainda está entalada em minha garganta, e também na de *toda* a nação", observou a rainha Vitória em seu diário em 11 de março. Não houve um grande desfile da vitória em Londres, nenhuma cerimônia oficial para receber de volta as tropas, que chegaram em Woolwich parecendo "muito bronzeadas", segundo a rainha. Vendo bateladas de soldados desembarcarem em 13 de março, ela achou que eles eram "a imagem de combatentes *reais*, belos homens altos e fortes, alguns impressionantemente belos — todos com aquela postura orgulhosa, nobre, militar (...). Todos tinham barbas compridas, e estavam muito carregados com grandes mochilas, seus casacos e cobertores no alto, cantis e embornais, e levando seus mosquetes".[1]

Mas se não houve alegres celebrações, houve memoriais — literalmente centenas de placas e monumentos comemorativos, pagos principalmente por grupos de indivíduos e erguidos em memória de soldados perdidos e tombados em cemitérios de igrejas, alojamentos de regimentos, hospitais e escolas, prefeituras e museus, em praças de cidades e campos de aldeia por toda a terra.

Dos 98 mil soldados e marinheiros britânicos enviados à Crimeia, mais de um em cada cinco não retornou: 20.813 homens morreram na campanha, 80% deles de doenças.[2]

Refletindo essa sensação popular de perda e admiração pelos soldados sofridos, o governo encomendou um Memorial de Guardas para celebrar os heróis da Guerra da Crimeia. O enorme conjunto de John Bell — três guardas (Coldstream, fuzileiro e granadeiro), forjado a partir de canhões russos capturados e montando guarda abaixo da figura clássica da Honra — foi inaugurado em Waterloo Place, no cruzamento de Lower Regent Street e Pall Mall em Londres, 1861. As opiniões se dividiram quanto à qualidade artística do monumento. Os londrinos se referiam à figura da Honra como o "jogador de malha" porque as coroas de folhas de carvalho em seus braços estendidos lembravam os anéis usados no jogo. Muitos achavam que o monumento carecia da graça e da beleza necessários para um local tão significativo (o conde Gleichen disse mais tarde que ele parecia melhor na neblina). Mas seu impacto simbólico foi sem precedentes. Era o primeiro memorial de guerra na Grã-Bretanha a elevar a status de herói os soldados comuns.[3]

A Guerra da Crimeia produziu uma mudança drástica na postura da Grã-Bretanha em relação aos seus combatentes. Criou a base para o moderno mito nacional do soldado defendendo a honra, o direito e a liberdade do país. Antes da guerra a ideia de honra militar era definida pela aristocracia. Garbo e valor eram características de líderes marciais bem-nascidos como o duque de York, filho de George III e comandante do exército britânico contra Napoleão, cuja coluna foi erguida em 1833, cinco anos após a morte do duque, com recursos oriundos do desconto de um dia de pagamento de todo soldado do exército. Pinturas militares apresentavam os feitos heroicos de arrojados oficiais nobres. Mas o soldado comum era ignorado. Colocar o Memorial dos Guardas em frente à coluna do duque de York foi simbólico de uma mudança fundamental nos valores vitorianos. Representou um desafio à liderança da aristocracia, que havia sido tão desacreditada pelos equívocos militares na Crimeia. Se antes o herói militar britânico havia sido um cavalheiro "emplumado e rendado", passara a ser o integrante da tropa o "Soldado Smith" ou o "Tommy" ("Tommy Atkins") do folclore, que lutava corajosamente e vencia as guerras da Grã-Bretanha a despeito dos erros de seus generais. Eis uma narrativa que fez parte da história britânica da Guerra da Crimeia até a Primeira e a Segunda Guerra Mundial (e além até guerras de tempos recentes). Como o soldado Smith do regimento Black Watch escreveu em 1899, após uma derrota do exército britânico na Guerra dos Bôeres:

> Tal foi o dia para nosso regimento,
> Terrível a vingança que teremos.
> Muito pagamos pelo erro
> A falha de um general de prancheta.
> Por que não nos falaram das trincheiras?
> Por que não nos falaram do arame?
> Por que marchamos em coluna?
> Talvez Tommy Atkins questione (...)[4]

Como escreveu o americano Nathaniel Hawthorne em seu *English Notebooks*, o ano de 1854 havia "feito o trabalho de cinquenta anos comuns" para abalar a aristocracia.[5]

A má administração da guerra também despertou uma nova afirmação na classe média, que se uniu em torno dos princípios de competência profissional, esforço, meritocracia e autoconfiança em oposição a privilégios por nascimento. A Guerra da Crimeia dera a ela muitos exemplos de iniciativas profissionais resgatando a campanha militar mal administrada — o trabalho de enfermagem de Florence Nightingale, a experiência culinária de Aléxis Soyer, a ferrovia de Balaclava de Samuel Peto ou os operários de Joseph Paxton, enviados para construir as cabanas de madeira que abrigaram os soldados britânicos em um segundo inverno nas colinas de Sebastopol. Graças à imprensa, à qual ela escreveu com seus conselhos práticos e opiniões, a classe média se envolveu ativamente na administração cotidiana da guerra. Politicamente ela foi a verdadeira vitoriosa, já que ao final a guerra estava sendo conduzida segundo princípios profissionais. Foi um sinal de seu triunfo que décadas depois governos *whig*, conservadores e liberais aprovaram reformas contemplando ideais da classe média: a extensão de privilégios aos profissionais liberais e artesãos, liberdade de imprensa, maior transparência e responsabilidade no governo, meritocracia, tolerância religiosa, educação pública e uma postura mais protetora para com as classes trabalhadoras e os "pobres merecedores" que teve sua origem em, entre outras coisas, uma preocupação com o sofrimento dos soldados durante a Guerra da Crimeia. (Essa preocupação foi o estímulo a uma série de reformas no exército implantadas por lorde Cardwell, ministro da Guerra de Gladstone, entre 1868 e 1871. A compra de patentes foi substituída por um sistema de promoção baseado em mérito; o período de serviço militar para soldados rasos foi drasticamente reduzido; remuneração e condições foram melhoradas; e o açoitamento foi abolido em tempos de paz.)

A nova confiança da classe média era simbolizada por Florence Nightingale. Ela retornou da Crimeia como uma heroína nacional, e sua imagem foi muito vendida ao público em cartões-postais comemorativos, estatuetas e medalhões. A *Punch* a retratou como Britânia carregando uma lanterna em vez de um escudo, um bisturi no lugar de uma lança e sugeriu em verso que ela merecia mais a adoração popular do que qualquer impetuoso oficial nobre:

> A espuma flutuante do louvor popular
> soprado levemente por cada brisa aleatória,
> Repousa em troféus, brilhantes alguns dias, para
> se perder em séculos de ferrugem.
>
> O coração popular, ele será alimentado, mas não tem
> arte para a comida escolher.
> Agarra o que logo vem, pedras como
> pão, para não jejuar, não irá recusar.
>
> Assim a fome de idolatrar heróis toma
> os ídolos mais medíocres, os santuários mais baratos,
> Onde CARDIGAN desfila, emplumado e rendado,
> ou HUDSON envernizado reluz.
>
> Mas quando acima da brisa comum um
> nome verdadeiramente glorioso tremula,
> Não zombe, pois tantas coroas
> diante de santuários de menos valor são penduradas.

> O povo, por mais selvagem ou fraco, tem
> nobres instintos ainda a guiá-lo:
> costuma achar falsos deuses quando verdadeiros busca;
> mas o verdadeiro, quando encontrado, nunca é negado.
>
> E agora, com tudo o que é imerecido ou
> apressado no aplauso popular,
> O profundo e sincero coração da Inglaterra
> Brilhou na santa causa dessa grande mulher.[6]

Em peças populares e baladas domésticas, a dedicação patriótica e o profissionalismo de Nightingale serviram para compensar os danos causados ao orgulho nacional pelo reconhecimento de que estupidez e incompetência haviam causado maior sofrimento aos soldados do que qualquer coisa infligida a eles pelo inimigo. Em uma peça, *The War in Turkey*, montada no Britannia Saloon em Londres, por exemplo, havia uma série de cenas cômicas ridicularizando a incompetência das autoridades britânicas, seguida por uma cena em que "Miss Bird" (Nightingale) aparece e resolve todos os problemas deixados para trás. A cena termina com uma lição de moral: "Naquela jovem vemos verdadeiro heroísmo — o coração que bate em seu colo é capaz de qualquer feito heroico."[7]

A lenda da Dama com a Lanterna se tornou parte do mito nacional da Grã-Bretanha, recontado em inúmeras histórias, livros escolares e biografias de Florence Nightingale. Ela continha os elementos clássicos do ideal vitoriano de classe média: uma narrativa cristã sobre cuidados femininos, boas ações e sacrifício pessoal; uma história moral de engrandecimento pessoal e salvação dos pobres merecedores; uma lição doméstica de limpeza, cuidados com a casa e melhoria do lar; uma história de determinação individual e afirmação da vontade que apelava a aspirações profissionais; e uma narrativa pública de reforma sanitária e hospitalar, ao que Nightingale iria se dedicar pelo resto da vida após seu retorno da Crimeia.

Em 1915, quando a Grã-Bretanha estava novamente em guerra, dessa vez com a Rússia a seu lado, uma estátua da Dama com a Lanterna foi acrescentada ao Memorial da Guerra da Crimeia, que recuou na direção da Regent Street para acomodar a nova figura. A estátua de Nightingale ganhou uma companhia, levada da Secretaria da Guerra: a figura de um pensativo Sidney Herbert, o secretário da Guerra que a enviou à Crimeia.[8] Foi um reconhecimento público tardio a um homem afastado do cargo durante a Guerra da Crimeia em parte por causa de suas relações familiares com a Rússia.

Em uma ensolarada manhã de sexta-feira, 26 de junho de 1857, a rainha e o príncipe Alberto foram a um desfile de veteranos da Crimeia no Hyde Park. Por decreto real no mês de janeiro anterior, a rainha criara uma nova medalha, a Cruz Vitória, para premiar bravura por militares, independentemente de classe ou patente. Outros países europeus havia muito tinham tais prêmios — os franceses, a *Légion d'honneur*, desde 1802; os holandeses, a Ordem Militar de Guilherme, e mesmo os russos tinham uma medalha de mérito antes de 1812. Na Grã-Bretanha, porém, não havia sistema de honras militares para reconhecer a bravura dos soldados com base em mérito, apenas um para premiar oficiais. As reportagens de guerra de Russell em *The Times* e de outros jornalistas haviam chamado a atenção do público britânico para muitos atos de bravura de soldados comuns; eles haviam retratado o sofrimento dos soldados em termos heroicos, criando um sentimento disseminado de que era necessário um novo prêmio para reconhecer seus feitos. Sessenta e dois veteranos da Crimeia foram escolhidos para receber as primeiras Cruzes Vitória — uma pequena medalha de bronze supostamente fundida a partir do canhão russo capturado em Sebastopol.* Na cerimônia no Hyde Park, cada um se curvou diante da rainha, enquanto lorde Panmure, secretário de Estado da Guerra, lia seu nome e fazia a citação por bravura. Entre esses primeiros condecorados com a maior honra militar britânica estavam dezesseis soldados do exército, quatro artilheiros e um engenheiro, dois marinheiros e três contramestres.[9]

A criação da Cruz Vitória não apenas confirmou a mudança na ideia de heroísmo; também marcou uma nova reverência pela guerra e os guerreiros; os soldados que haviam recebido a Cruz Vitória viram seus feitos celebrados em uma multidão de livros pós-guerra que exaltavam a bravura dos homens

---

* Desde então se provou que na verdade a medalha veio de antigos canhões chineses (J. Glanfield, *Bravest of the Brave: The Story of the Victoria Cross* (Londres, 2005)).

de armas. O mais popular, *Our Soldiers and the Victoria Cross*, foi produzido por Samuel Beeton, mais conhecido como autor do livro de sua esposa, *Mrs Beeton's Book of Household Management*, em 1861. Escrito para inspirar e educar rapazes, *Our Soldiers* alegava em seu prefácio:

> Rapazes — que merecem ser chamados de rapazes — são naturalmente corajosos. Que visões aqueles que se erguem diante dos jovens — que corajosas palavras dizer, que corajosas ações — quão corajoso — se necessário — sofrer! (...) Esse é o pensamento que conduz este livro sobre Soldados — seu objetivo é manter viva a bravura da juventude na experiência da maturidade.[10]

Esse culto didático da masculinidade animou os dois maiores romances britânicos ambientados na Guerra da Crimeia: *Two Years Ago*, de Charles Kingsley (1857), e *Ravenshoe* (1861), de Henry Kingsley. Também foi o tema principal de *Westward Ho!* (1855), de Charles Kingsley, uma aventura do novo mundo ambientada na época da Armada Espanhola que foi inspirado pelo militarismo e a xenofobia da Grã-Bretanha durante a Guerra da Crimeia. Seu próprio autor o descreveu em 1854 como "um livro impiedoso e sedento de sangue (exatamente o que a época quer, creio)".[11]

A defesa da guerra também estava no cerne do romance altamente influente de Thomas Hughes *Tom Brown's Schooldays* (1857), cuja cena mais famosa, a luta entre Tom e o agressor Slogger Williams, claramente devia ser lida pelo público como uma lição moral sobre a recente guerra à Rússia:

> Do berço ao túmulo, lutar, corretamente entendido, é o negócio, o realmente mais elevado e honesto negócio de todo filho de homem. Todo aquele que merece seu sal tem seus inimigos, que devem ser batidos, sejam eles maus pensamentos ou hábitos nele mesmo, ou impiedade espiritual em altos postos, ou russos, ou rufiões de fronteira, ou Bill, Tom ou Harry, que não o deixam levar a vida em paz até ele os ter esmagado. Não é bom para quacres, ou qualquer outro conjunto de homens, erguer suas vozes contra a luta. A natureza humana é forte demais para eles, e eles não seguem seus próprios preceitos. As almas de cada um deles estão travando suas próprias lutas, de alguma forma, em algum ponto. O mundo poderia ser um lugar melhor sem luta, pelo que

sei, mas não seria nosso mundo; portanto sou totalmente contra gritar paz quando não há paz, e não deve haver. (...) [Dizer "não" a um desafio à luta é] prova da mais alta coragem, se fruto de verdadeiros motivos cristãos. É certo e justificável, se fruto de uma simples aversão à dor física e ao perigo. Mas não diga "Não" porque teme uma sova, ou diga e pense porque é por temer Deus, pois isso não é cristão nem honesto.[12]

Eis a origem do culto do "cristianismo musculoso" — a ideia de "soldados cristãos" travando guerras justas que passou a definir a missão imperial vitoriana. Essa foi uma época em que os britânicos começaram a cantar na igreja:

> Adiante, soldados cristãos, marchando para a guerra,
> Com a cruz de Jesus à frente.
> Cristo, o Senhor real, lidera contra o inimigo;
> Avançando para a batalha vê Seus estandartes partir! (1864)

A defesa do "cristianismo musculoso" foi feita pela primeira vez em uma resenha do romance de Kingsley *Two Years Ago* em 1857, um ano no qual a ideia do "soldado cristão" foi reforçada pelas ações das tropas britânicas na repressão ao Motim Indiano. Mas a ideia de treinar rapazes para lutar por causas cristãs também se destacou na continuação de Hughes para *Tom Brown Schoooldays*, *Tom Brown in Oxford* (1861), na qual o esporte atlético era louvado como um construtor de caráter masculino, trabalho de equipe, cavalheirismo e firmeza moral — qualidades que haviam tornado os britânicos bons em guerra. "O último dos cristãos musculosos sustenta a velha crença cavalheiresca e cristã de que o corpo de um homem é dado a ele para ser treinado e levado à submissão, e então usado para a proteção dos fracos, a defesa de todas as causas justas e o domínio da terra que Deus deu aos filhos do homem."[13] No cerne desse ideal estava uma nova preocupação com o treinamento físico e o domínio do corpo como forma de fortalecimento moral para os objetivos da guerra santa. Era uma qualidade associada à dureza dos soldados sofridos da Crimeia.

Mas esse sofrimento também desempenhou um papel na transformação da imagem pública dos soldados britânicos. Antes da guerra, as respeitáveis classes média e alta viam a soldadesca do exército britânico como pouco mais que uma ralé dissoluta — ébrios e indisciplinados, grosseiros e profanos — escolhida a partir dos segmentos mais pobres da sociedade. Mas o sofrimento dos soldados na Crimeia havia revelado suas almas cristãs e os transformado em objeto de "boas ações" e devoção evangélica. A pregação religiosa para a soldadesca aumentou drasticamente durante a guerra. O exército dobrou seu número de capelães, e todo homem recebeu uma Bíblia grátis, cortesia de doações da classe média para a Society for Promoting Christian Knowledge e a Naval and Military Bible Society.[14]

Os soldados foram recriados como figuras santificadas, mártires de uma causa santa aos olhos de muitos evangélicos. Entre eles estava Catherine Marsh, cuja hagiografia vigorosa e sentimental, *Memorials of Captain Hedley Vicars, Ninety-Seventh Regiment* (1856), teve mais de 100 mil exemplares vendidos nos primeiros anos de publicação e reapareceu em numerosas edições reduzidas e juvenis até a Primeira Guerra Mundial. Compilada a partir do diário de Vicars e suas cartas à mãe desde a Crimeia, *Memorials* foi dedicado ao "nobre ideal do soldado cristão" e oferecido ao público como "uma nova e ampla refutação àqueles que, diante de exemplos em contrário, ainda sustentam que toda devoção do coração a Deus deve afastar um homem de muitas das obrigações práticas da vida e (...) que para criar um bom cristão você pode prejudicar um bom soldado". Vicars é retratado como um soldado-santo, um herói abnegado que sustenta os fardos de seus companheiros nas colinas de Sebastopol partilhando comida e barraca, cuidando deles e lendo para eles a Bíblia quando doentes. Vicars lidera seus homens na "Guerra Santa" contra os russos, que são descritos como "ímpios", "infiéis" e "selvagens". Ele é mortalmente ferido durante a incursão de 22-3 de março de 1855, e sua morte é comparada ao martírio de Cristo no último capítulo de Marsh ("Vitória"), que tem como epígrafe o poema de Longfellow (uma tradução do poeta espanhol Jorge Manrique):

> Sua alma a Ele que a deu se ergueu,
> Deus a conduziu a seu longo repouso,
> Seu glorioso descanso!
> Embora o sol do guerreiro tenha se posto,
> Sua luz por muito ainda nos irá iluminar,
> Brilhante, radiante, abençoada.

Vicars foi enterrado em Sebastopol, mas na igreja de St. George, em Bromley Road, Beckenham, Kent, há uma placa de mármore branco esculpida na forma de um pergaminho com uma espada embainhada abaixo na qual estão gravadas as palavras:

À GLÓRIA DE DEUS E À AMADA LEMBRANÇA DE HEDLEY VICARS CAPITÃO DO 97º REGIMENTO QUE POR SUA FÉ NA PALAVRA DE DEUS DE QUE "O SANGUE DE JESUS CRISTO SEU FILHO NOS LIMPARÁ DE TODOS OS PECADOS" PASSOU DA MORTE EM PECADO PARA A VIDA EM RETIDÃO. ELE TOMBOU EM BATALHA E DORMIU EM JESUS NA NOITE DE 22 DE MARÇO DE 1855. E FOI ENTERRADO DIANTE DE SEBASTOPOL AOS 28 ANOS DE IDADE.[15]

Além da santificação de soldados e do novo ideal de masculinidade, o esforço comum da guerra pareceu oferecer a possibilidade da união nacional e da reconciliação necessárias para acabar com as divisões de classe e a rivalidade industrial dos anos 1830 e 1840. No *Household Words* de Dickens, juntamente com a serialização do *Norte e sul* (1855) de Elizabeth Gaskell, um romance sobre o fim do conflito de classes, surgiu uma série de poemas de Adelaide Anne Procter, a poeta preferida da rainha Vitória, incluindo "The Lessons of War".

> Os governantes do país,
>   Os mais pobres ao seu portão,
> Com o mesmo encanto ansioso
>   A mesma grande notícia aguardam!
> O esteio e consolo do homem pobre,
>   O prazer e o orgulho do homem rico
> No triste litoral da Crimeia
>   Estão lutando lado a lado.[16]

Uma ideia semelhante pode ser encontrada no melodrama poético de Tennyson *Maud* (1855), em que um estado de "guerra civil" criado pela "ânsia de ganho" em casa dá lugar a um final no qual o narrador vê a guerra no exterior como uma causa mais elevada e mais divina:

EPÍLOGO

Que vá ou fique, então desperto para os objetivos mais elevados
De uma terra que perdeu por um pouco sua ânsia por ouro
E o amor à paz que estava cheio de erros e vergonhas,
Horrível, odioso, monstruoso, indizível;
E saúdo uma vez mais o estandarte de batalha desfraldado!
Embora muitas luzes possam se apagar, e muitos chorar
Por aqueles esmagados no choque de quereres divergentes,
Mas a ira justa de Deus será lançada sobre um mentiroso gigante;
E muita escuridão sobre a luz saltará,
A brilhar na súbita criação de esplêndidos nomes,
E nobres pensamentos mais livres sob o sol
E o coração de um povo bate com um desejo;
Pois a paz, que eu não considerava paz, é finda e acabada,
E agora junto às profundezas de Negro e Báltico,
E bocas de sorriso mortal das fortalezas, reluz
O botão vermelho-sangue com um coração de fogo.

Que queime ou se apague, e a guerra role como um vento,
Provamos que temos corações em uma causa, somos nobres ainda,
E eu mesmo acordei, ao que parece, com uma mente melhor;
É melhor lutar pelo bem que vituperar ao mal;
Senti que com minha terra natal, sou um com os meus,
Abraço o objetivo de Deus, e o destino dado.

Pintores tomaram o mesmo tema. Em *Sua majestade a rainha inspecionando os Coldstream Guards feridos no Salão do Palácio de Buckingham* (1856), de John Gilbert, uma pintura (lamentavelmente perdida) que foi suficientemente popular para ser reproduzida como litografia colorida até 1903, há uma pungência tocante no encontro entre a rainha e os heróis feridos da Crimeia que sugere a perspectiva de uma união pós-guerra entre os mais elevados e os mais inferiores da terra. A grande pintura de Jerry Barrett *Primeira visita da rainha Vitória a seus soldados feridos* (1856) também apelou a essa emoção. Essa pintura sentimental da família real visitando inválidos da Crimeia no hospital militar Chatham foi um sucesso tal quando exposta pela primeira vez na galeria Thomas Agnew, em Picadilly, que milhares de gravuras foram posteriormente vendidas ao público em várias edições custando entre 3 e 10 guinéus.[17]

A própria rainha era uma colecionadora de lembranças fotográficas de veteranos da Crimeia. Ela contratou fotógrafos comerciais como Joseph Cundall e Robert Howlett para fazer uma série de retratos comemorativos de soldados aleijados e feridos em vários hospitais militares, incluindo Chatham, para a coleção real de Windsor. As fotografias chocantes de Cundall e Howlett foram para outras mãos além de sua mecenas. Por intermédio de exposições de fotografias e sua reprodução na imprensa ilustrada, elas revelaram ao público de forma explícita o sofrimento dos soldados e o custo humano da guerra. Essas fotografias pioneiras eram muito diferentes das imagens elegantes de Fenton. Em *Três inválidos da Crimeia* (1855), de Cundall e Howlett, por exemplo, os soldados de infantaria feridos estão sentados em um leito de hospital exibindo a falta de membros. Não há em suas expressões nenhuma emoção, nenhum romantismo ou sentimentalismo na representação, apenas a documentação em preto e branco do impacto causado no corpo por disparos de ferro e queimadura por gelo. Em suas anotações nos arquivos reais, Cundall e Howlett identificaram os homens como sendo William Young, do 23º Regimento, ferido no Redan em 18 de junho de 1855; Henry Burland, do 34º, as duas pernas perdidas para queimadura por gelo nas trincheiras diante de Sebastopol; e John Connery, do 49º, a perna esquerda perdida para o gelo nas trincheiras.[18]

Lembranças da Guerra da Crimeia continuaram a ser um grande tema para os artistas britânicos até os anos 1870. A mais conhecida dessas pinturas da Crimeia foi *Fazendo a chamada após um combate, Crimeia* (1874), de Elizabeth Thompson (lady Butler), que causou sensação ao ser exposta na Royal Academy. As multidões eram tão grandes que foi necessário colocar um policial de guarda como proteção. Já conhecida por suas pinturas anteriores de temas militares, Thompson concebera *A chamada* (como ficou popularmente conhecida) logo após as reformas de Caldwell, quando as questões do exército tinham destaque na opinião pública. A partir de esboços detalhados de veteranos da Crimeia ela criou uma composição impressionante, na qual o que restava dos granadeiros, feridos, com frio e totalmente exaustos, se reúne após uma batalha para ser contado por seu oficial a cavalo. A pintura era completamente diferente dos retratos convencionais de guerra, que se concentravam nos feitos gloriosos de oficiais garbosos: afora o oficial a cavalo, a tela de 2 metros de altura era dominada totalmente pelo sofrimento da soldadesca. Ela eliminava o heroísmo e deixava o espectador encarar a face da guerra. Após ser exibida na Royal Academy, *A chamada* saiu em turnê nacional, atraindo enormes multidões. Em Newcastle, ele foi anunciada por homens-sanduíche com cartazes dizendo apenas "*A chamada* está chegando!". Em Liverpool, 20 mil pessoas viram a pintura em três semanas — um número enorme para a época. As pessoas saíam profundamente comovidas com a pintura, que claramente tocara o coração do país. A rainha adquiriu *A chamada* de seu comprador original, um industrial de Manchester, mas uma companhia impressora manteve o direito de reproduzi-la em uma edição popular de gravuras. Thompson se tornou uma heroína nacional da noite para o dia. Um quarto de milhão de fotografias de bolso da artista foram vendidas ao público, que a colocou no mesmo patamar de Florence Nightingale.[19]

> O que irão dizer na Inglaterra
> Quando for contada a história
> De grandes feitos, na colina do Alma,
> Pelos bravos e ousados?
> Da Rússia, orgulhosa ao meio-dia,
> Humilhada ao pôr do sol?
> Dirão "Foi como a velha Inglaterra!"
> Dirão "Foi com nobreza!"
>
> O que irão dizer na Inglaterra
> Quando, calados em assombro e temor,
> Corações quentes, em todos os nossos lares felizes
> Pensar nos grandiosos mortos,
> E meditar, em angústia muda,
> Sobre pai — irmão — filho?
> Dirão na querida velha Inglaterra
> "O sagrado de Deus será feito".
>
> O que irão dizer na Inglaterra?
> Nossos nomes, noite e dia
> Estão em seus corações e seus lábios,
> Quando eles riem, ou choram, ou oram.

> Eles vigiam na terra, eles apelam ao céu,
> E então, para a luta!
> Quem desanima ou teme, enquanto a Inglaterra saúda,
> E Deus defende o certo?
>
> Reverendo J.S.B. Monsell em
The Girls' Reading Book (1875)[20]

A Guerra da Crimeia deixou uma impressão profunda na identidade nacional inglesa. Para as crianças na escola foi um exemplo da Inglaterra se erguendo contra o Urso Russo para defender a liberdade — uma luta simples entre Certo e Força, como a *Punch* a retratou na época. A ideia de John Bull indo ajudar os fracos contra tiranos e agressores se tornou parte da narrativa essencial da Grã-Bretanha. Muitas das mesmas forças emocionais que levaram a Grã-Bretanha à Guerra da Crimeia estavam em ação quando a Grã-Bretanha foi à guerra contra os alemães em defesa da "pequena Bélgica" em 1914 e da Polônia em 1939.

Hoje os nomes de Alma, Balaclava, Inkerman, Sebastopol, Cardigan e Raglan continuam a viver na memória coletiva — principalmente por intermédio de placas de ruas e pubs. Durante décadas depois da Guerra da Crimeia, foi moda batizar meninas de Florence, Alma e Balaclava, e meninos de Inkerman. Veteranos da guerra levaram esses nomes para todos os cantos do mundo: há uma cidade chamada Balaclava no sul da Austrália, e outra em Queensland; há Inkermans na Virgínia Ocidental, no sul e no oeste da Austrália, Queensland, Victoria e Nova Gales do Sul, na Austrália, bem como em Gloucester County, Canadá; há Sebastopol na Califórnia, Ontário, Nova Gales do Sul e Victoria, e um Monte Sebastopol na Nova Zelândia; há quatro cidades chamadas Alma em Wisconsin, uma no Colorado, duas em Arkansas e dez outras nos Estados Unidos; quatro Alma e um lago com o mesmo nome no Canadá e um rio com esse nome na Nova Zelândia.

Também na França os nomes da Crimeia são encontrados por toda parte, lembranças de uma guerra em que 310 mil franceses se envolveram. Um em cada três não voltou para casa. Paris tem uma ponte Alma, construída em 1856 e reconstruída nos anos 1970, que hoje é famosa principalmente por ter sido cenário do acidente de carro fatal da princesa Diana em 1997. Até então era mais conhecida por sua estátua do zuavo (a única das quatro preservada da antiga ponte), com a qual os parisienses ainda medem o nível da água (o rio é declarado não navegável quando a água passa dos joelhos do zuavo). Paris tem uma place d'Alma e um boulevard de Sebastopol, ambos com estações de metrô com esse nome. Há todo um subúrbio ao sul de Paris, originalmente construído como cidade distinta, com o nome de Malakoff (Malakhov). Inicialmente chamado de "Nova Califórnia", Malakoff foi construído na década seguinte à Guerra da Crimeia em uma terra de pedreira barata no vale do Vanves por Alexandre Chauvelot, o mais bem-sucedido dos construtores de imóveis da França do século XIX. Chauvelot lucrou com a moda passageira francesa de celebrar a vitória da Crimeia construindo jardins públicos no novo subúrbio para aumentar seu apelo para artesãos e trabalhadores do centro superlotado de Paris. A principal atração do jardim era a Torre Malakoff, um castelo construído à imagem do bastião russo, instalado em um parque temático de fossos, colinas, redutos e grutas, juntamente com um coreto e um teatro ao ar livre, onde enormes multidões se reuniam para ver encenações de batalhas da Crimeia ou aproveitar outras diversões nos meses de verão. Foi com a autorização de Napoleão que Nova Califórnia foi rebatizada de Malakoff, em homenagem à primeira grande vitória militar de seu regime, em 1858. Organizado como lotes particulares de construção, o subúrbio cresceu rapidamente na década de 1860. Mas após a derrota da França pela Prússia em 1870, a Torre Malakoff foi destruída por ordem do prefeito de Vanves, que achou ser uma lembrança cruel de um passado mais glorioso.

Foram construídas outras torres Malakoff em cidades e vilas por todo o interior da França. Muitas delas sobrevivem até hoje. Há torres Malakoff em Sivry-Courtry (Seine-et-Marne), Toury-Lurcy (Nièvre), Sermizelles (Yonne), Nantes e Saint-Arnaud-Montrond (Cher), bem como na Bélgica (em Dison e Hasard-Cheratte, perto de Liège), Luxemburgo e Alemanha (Cologne, Bochum e Hanover), Argélia (Oran e Argel) e Recife, no Brasil, uma cidade colonizada pelos franceses depois da Guerra da Crimeia. Na própria França quase todas as cidades têm sua rua Malakoff. Os franceses deram o nome de Malakoff a praças públicas e parques, hotéis, restaurantes, queijos, champanhes, rosas e *chansons*.

Mas apesar dessas alusões, a guerra deixou muito menos traços na consciência nacional francesa do que na dos britânicos. Na França, a lembrança da Guerra da Crimeia logo foi ofuscada pela guerra na Itália contra os austríacos

(1859), a expedição francesa ao México (1862-6) e, acima de tudo, a derrota na Guerra Franco-prussiana. Hoje a Guerra da Crimeia é pouco conhecida na França. É uma "guerra esquecida".

Na Itália e na Turquia, assim como na França, a Guerra da Crimeia foi ofuscada por guerras posteriores e rapidamente retirada dos mitos e narrativas nacionalistas que passaram a dominar o modo como esses países reconstruíram sua história do século XIX.

Na Itália, há poucos marcos lembrando aos italianos a participação de seu país na Guerra da Crimeia. Mesmo no Piemonte, onde seria de esperar que a guerra fosse lembrada, há muito pouco para celebrar os 2.166 soldados que foram mortos na luta ou morreram de doenças, segundo estatísticas oficiais, embora o número real quase certamente tenha sido maior. Em Turim, há um Corso Sebastopoli e uma Via Cernaia, em memória à única grande batalha da qual os italianos participaram. O pintor nacionalista Gerolamo Induno, que foi com as tropas sardas à Crimeia e fez muitos estudos da luta lá, pintou várias cenas de batalha ao retornar em 1855, incluindo *A Batalha de Chernaia*, encomendada por Vitor Emanuel II, e *A Captura da Torre Malakoff*, tendo ambas despertado sentimentos patrióticos por alguns anos no norte da Itália. Mas a guerra de 1859 e tudo o que aconteceu depois — a expedição de Garibaldi rumo sul, a conquista de Nápoles, a anexação de Veneza dos austríacos durante a guerra de 1866 e a unificação final da Itália com a captura de Roma em 1870 — logo ofuscou a Guerra da Crimeia. Esses foram os acontecimentos definidores do Risorgimento, a "ressurreição" popular do país, por intermédio do qual os italianos iriam ver a criação da Itália moderna. Como uma guerra no estrangeiro liderada por Piemonte e Cavour, uma figura problemática para a interpretação populista do Risorgimento, a campanha da Crimeia não tinha muito pelo que ser comemorada pelos nacionalistas italianos. Não houve manifestações populares pela guerra, nenhum movimento de voluntários, nenhuma grande vitória ou derrota gloriosa na Crimeia.

Na Turquia, a Guerra da Crimeia não foi exatamente esquecida, mas apagada da memória histórica nacional, embora tenha sido lá que a guerra começou e as baixas turcas tenham chegado a 120 mil soldados, quase metade das tropas envolvidas, segundo estatísticas oficiais. Em Istambul, há monumentos aos soldados aliados que lutaram na guerra, mas nenhum aos turcos. Até muito recentemente a guerra era quase totalmente ignorada pela historiografia turca. Ela não se encaixava na versão nacionalista da história turca, e ficava entre a anterior "era de ouro" do império otomano e a história posterior de Atatürk e o nascimento do moderno Estado turco. De fato, de alguma forma, a despeito de seu encerramento vitorioso para os turcos, a guerra passou a ser vista como um período vergonhoso na história otomana, um momento decisivo no declínio do império, quando o Estado contraiu uma dívida enorme e se tornou dependente das potências ocidentais, que se revelaram falsos amigos. Os textos de história na maioria das escolas turcas atribuem o declínio das tradições islâmicas à crescente intervenção do Ocidente na Turquia como resultado da Guerra da Crimeia.[21] Da mesma forma, as histórias militares oficiais turcas, como esta, publicada pelo Estado-Maior em 1981, que contém esta conclusão característica, refletindo muitos aspectos do profundo ressentimento de nacionalistas e muçulmanos da Turquia em relação ao Ocidente:

> Durante a Guerra da Crimeia a Turquia quase não teve verdadeiros amigos no mundo exterior. Aqueles que pareciam ser nossos amigos não eram amigos reais (...). Nesta guerra, a Turquia perdeu seu tesouro. Pela primeira vez se tornou devedora da Europa. Ainda pior, ao participar dessa guerra com aliados ocidentais, milhares de soldados e civis estrangeiros puderam ver de perto os lugares mais secretos e as deficiências da Turquia (...) Outro efeito negativo da guerra foi que alguns círculos semi-intelectuais da sociedade turca passaram a admirar modas e valores ocidentais, perdendo sua identidade. A cidade de Istambul, com seus hospitais, escolas e prédios militares, foi colocada à disposição dos comandantes aliados, mas os exércitos ocidentais permitiram que prédios históricos pegassem fogo por seu descuido (...). O povo turco demonstrou sua tradicional hospitalidade e abriu suas villas litorâneas aos comandantes aliados, mas os soldados ocidentais não demonstraram o mesmo respeito ao povo turco ou aos túmulos turcos. Os aliados impediram soldados turcos de desembarcar no litoral do Cáucaso [para apoiar a guerra de Shamil contra os russos] porque isso era contra seus interesses nacionais. Em suma, os soldados turcos deram todas as demonstrações de desprendimento e derramaram seu sangue em todas as frentes da Guerra da Crimeia, mas nossos aliados ocidentais ficaram com todas as glórias para eles mesmos.[22]

O efeito na guerra na Grã-Bretanha só teve paralelo em seu impacto na Rússia, onde os acontecimentos desempenharam um papel significativo na definição da identidade nacional. Mas esse papel foi contraditório, a guerra foi, claro, vivida como uma terrível humilhação, despertando um profundo ressentimento para com o Ocidente por se aliar aos turcos. Mas também alimentou uma noção de orgulho nacional nos defensores de Sebastopol, a sensação de que os sacrifícios que haviam feito e os motivos cristãos pelos quais haviam lutado transformaram sua derrota em uma vitória moral. A ideia foi apresentada pelo tsar em seu Manifesto aos Russos ao saber da queda de Sebastopol:

> A defesa de Sebastopol não tem precedentes nos anais da história militar, e conquistou a admiração não apenas da Rússia, mas de toda a Europa. Os defensores merecem seu lugar entre aqueles heróis que deram glória à nossa pátria-mãe. Durante onze meses, a guarnição de Sebastopol sustentou os ataques de um inimigo mais poderoso contra nossa terra natal, e em todos os atos se distinguiu por sua extraordinária bravura (...). Seus feitos corajosos serão para sempre inspiração para nossos soldados, que partilham sua crença na Providência e na santidade da causa da Rússia. O nome de Sebastopol, que tanto sangue derramou, será eterno, e a memória de seus defensores permanecerá para sempre em nossos corações juntamente com a memória daqueles heróis russos que lutaram nos campos de batalha de Poltava e Borodino.[23]

O status heroico de Sebastopol devia muito à influência dos *Contos de Sebastopol* de Tolstoi, que foram lidos por quase toda a população alfabetizada russa em 1855-6. *Contos de Sebastopol* fixou na imaginação nacional a ideia da cidade como um microcosmo daquele especial espírito "russo" de resistência e coragem que sempre salvou o país quando era invadido por um inimigo externo. Como Tolstoi escreveu no trecho final de "Sebastopol em dezembro", redigido em abril de 1855, no auge do cerco:

> Então agora vocês mesmos viram os defensores de Sebastopol nas linhas de defesa, e recuam sobre seus passos, por alguma razão não prestando mais atenção às balas de canhão e balas que continuam a assoviar por seu caminho até de volta ao teatro demolido [isto é, a cidade de Sebastopol], e caminham em um estado de calma exaltação. A única convicção central e tranquilizadora com a qual saem é que é bastante impossível que Sebastopol seja um

dia tomada pelo inimigo. Não apenas isso: vocês estão convencidos de que a força do povo russo não tem como fraquejar, não importa em que parte do mundo ela seja testada. Essa impossibilidade vocês observaram, não naquela proliferação de traves, parapeitos, trincheiras engenhosamente interligadas, minas e peças de artilharia sobre as quais não entenderam nada, mas nos olhos, nas palavras e no comportamento — aquilo que é chamado de espírito — dos defensores de Sebastopol. O que eles fazem, fazem objetivamente, com tão pouco estresse ou esforço, que vocês se convencem de que eles devem ser capazes de cem vezes mais (...) que podem fazer qualquer coisa. Vocês se dão conta agora de que o sentimento que os move não tem nada em comum com as vãs, pequenas e irracionais emoções que vocês mesmos experimentaram, que é de uma natureza inteiramente diferente e mais poderosa; ele os transformou em homens capazes de viver com a mesma calma sob uma chuva de balas de canhão, diante de cem chances de morte, quando pessoas que, como a maioria de nós, está diante de apenas uma chance assim, e de viver naquelas condições convivendo com falta de sono, sujeira e trabalho duro incessante. Homens não suportariam condições tão terríveis quanto essas pelo bem de uma cruz ou honra, ou por terem sido ameaçados: tem de haver outra motivação, maior. Essa motivação é um sentimento que emerge apenas raramente no russo, mas repousa no fundo de sua alma — um amor à sua terra natal. Apenas agora as histórias dos primeiros dias do cerco de Sebastopol, quando não havia fortificações, não havia soldados, quando não havia a possibilidade física de manter a cidade e ainda assim não houve a menor dúvida de que ela seria mantida contra o inimigo — os dias em que Kornilov, aquele herói merecedor da antiga Grécia, dizia ao passar as tropas em revista: "Iremos morrer, homens, antes de entregar Sebastopol", e quando nossos soldados russos, não versados em frases de efeito, respondiam: "Iremos morrer! Hurra!" — só agora as histórias daqueles dias deixam de ser uma bela lenda histórica e se tornam uma realidade, um fato. Vocês de repente têm uma consciência clara e vívida de que aqueles homens que acabaram de ver são os mesmos heróis que naqueles dias difíceis não permitiram que seu ânimo se abatesse, que o sentiram crescer enquanto alegremente se preparavam para morrer, não pela cidade, mas pela sua terra natal. Por muito tempo a Rússia terá os traços imponentes deste épico de Sebastopol, que teve como herói o povo russo.[24]

O "épico de Sebastopol" transformou a derrota em um triunfo nacional para a Rússia, "Sebastopol caiu, mas o fez com tal glória que os russos deveriam se orgulhar de tal queda, que tem o valor de uma brilhante vitória", escreveu um antigo decembrista.[25] Sobre essa grande derrota os russos construíram um mito patriótico, uma narrativa nacional do heroísmo desprendido, da resistência e do sacrifício do povo. Poetas a compararam ao espírito patriótico de 1812 — como fez Aleksei Apukhtin em sua conhecida balada "Canção de um soldado sobre Sebastopol" (1869), que foi aprendida na escola por muitos russos no final do século XIX:

>A canção que irei cantar para vocês, rapazes, não é alegre;
>Não é uma poderosa canção de vitória
>Como aquela que nossos pais cantaram em Borodino,
>Ou nossos avós cantaram em Otchakov.
>
>Vou cantar para vocês como uma nuvem de pó
>Subiu rodopiando dos campos do sul,
>De como inúmeros inimigos desembarcaram
>E como eles vieram e nos derrotaram.
>
>Mas tal foi nossa derrota que desde então
>Eles não voltaram buscando confusão,
>Tal foi nossa derrota que eles zarparam
>Com rostos amargos e narizes partidos.
>
>Vou cantar como, deixando para trás família e lar
>O rico senhor de terras se juntou à milícia,
>De como o camponês, dando adeus à esposa,
>Saiu de sua cabana para ser voluntário.
>
>Vou cantar como o poderoso exército cresceu
>Com guerreiros chegando, fortes como ferro e aço,
>Que sabiam estar indo para a morte,
>E como morreram devotos!

De como nossas belas mulheres foram como enfermeiras
Cuidar de seu triste quinhão,
E como por cada polegada de nossa terra russa
Nossos inimigos pagaram com seu sangue;

De como em meio a fumaça e fogo, granadas
Ribombando e pesados gemidos ao redor,
Redutos surgiam um após o outro,
Como um espectro soturno os bastiões cresciam —

E onze meses durou a carnificina
E durante todos esses onze meses
As fortalezas milagrosas, protegendo a Rússia,
Enterraram seus corajosos filhos...

Que a canção que vou cantar para vocês não seja alegre:
Não é menos gloriosa que a canção da vitória
Que nossos pais cantaram em Borodino
Ou nossos avós em Otchakov.[26]

Esse foi o contexto no qual Tolstoi escreveu seu próprio "épico nacional", *Guerra e paz*. O conceito de Tolstoi da guerra contra Napoleão como o despertar nacional da Rússia — a redescoberta de "princípios russos" pela nobreza europeizada e o reconhecimento do espírito patriótico dos soldados servos como base de uma nacionalidade democrática — foi reflexo de sua reação aos feitos heroicos do povo russo durante a Guerra da Crimeia. Escrito entre 1862 e 1865, os anos imediatamente seguintes à emancipação dos servos, quando a sociedade liberal russa era inspirada por ideais de reforma nacional e reconciliação entre as classes donas de terra e os camponeses, *Guerra e paz* foi originalmente concebido como um romance decembrista passado logo após a Guerra da Crimeia. Na forma original do romance ("O decembrista") o herói retorna após trinta anos de exílio na Sibéria para a agitação intelectual do final dos anos 1850. Um segundo reinado alexandrino havia começado com a ascensão de Alexandre II ao trono, e mais uma vez, como em 1825, havia grandes esperanças de reformas no ar. Mas quanto mais Tolstoi pesquisava os decembristas, mais se dava conta de que suas raízes intelectuais estavam na guerra de 1812, então foi quando ambientou seu romance.

A lembrança de 1812 foi amargamente contestada depois da Guerra da Crimeia, que dera uma nova perspectiva ao caráter nacional. Democratas como Tolstoi, inspirados pelos sacrifícios recentes dos soldados camponeses, viam 1812 como uma guerra popular, uma vitória conseguida pelo espírito patriótico de toda a nação. Para os conservadores, por outro lado, 1812 representava o triunfo sagrado do princípio autocrático russo, que sozinho salvara a Europa de Napoleão.

A comemoração da Guerra da Crimeia era marcada por um conflito ideológico similar. Conservadores e a Igreja a retratavam como uma guerra santa, a realização da missão divina da Rússia de defender a ortodoxia no mundo em geral. Eles alegavam que isso havia sido conseguido com a declaração internacional de proteção aos cristãos do império otomano e a preservação do *status quo* pelo Tratado de Paris, como os russos haviam exigido, nos Lugares Sagrados de Jerusalém e Belém. Em seus escritos e sermões sobre a guerra eles descreviam os defensores da Crimeia como soldados cristãos abnegados e corajosos que haviam sacrificado suas vidas como mártires pela "terra sagrada russa". Enfatizavam a santidade da Crimeia como o local onde o cristianismo surgia na Rússia. A partir do momento em que a guerra terminou, a monarquia buscou relacionar essa celebração com a lembrança de 1812. A visita do tsar a Moscou após a rendição de Sebastopol foi encenada como uma reedição da aparição dramática de Alexandre I na antiga capital russa em 1812, quando ele havia sido saudado por enormes multidões de moscovitas. Em 1856, o tsar adiou sua coroação até o aniversário da batalha de Borodino, a vitória russa sobre Napoleão em setembro de 1812. Foi uma jogada simbólica para compensar a perda dolorosa da Guerra da Crimeia e unir o povo à monarquia tendo como base uma lembrança mais gloriosa.[27]

Para os círculos intelectuais democráticos que Tolstoi frequentava, porém, o que ligava a Guerra da Crimeia a 1812 não era a santa missão do tsar, mas o sacrifício patriótico do povo russo, que dera sua vida em defesa de sua terra natal. Esse sacrifício, porém, era difícil de quantificar. Ninguém sabia quantos soldados haviam morrido. Os números exatos das baixas russas nunca foram reunidos, e qualquer informação sobre pesadas baixas era distorcida ou escondida pelas autoridades militares tsaristas, mas as estimativas de russos mortos durante a Guerra da Crimeia variam entre 400 mil e 600 mil homens em todos os teatros de guerra. O Departamento Médico do Ministério da

Guerra posteriormente publicou um número de 450.015 mortes no exército para os quatro anos entre 1853 e 1856. Essa é provavelmente a estimativa mais precisa.[28] Sem números precisos, o sacrifício do povo cresceu para assumir um status mítico na imaginação dos democratas.

A própria Sebastopol foi elevada a um local quase sagrado na memória coletiva. A veneração aos heróis caídos do cerco começou assim que a guerra terminou, não por iniciativa do governo ou círculos oficiais, mas por esforços populares, de famílias e grupos de veteranos erguendo monumentos ou criando igrejas, cemitérios e fundos beneficentes com dinheiro doado pelo povo. O centro desse culto democrático foi a celebração dos almirantes Nakhimov, Kornilov e Istomin, os heróis populares de Sebastopol. Eles foram idolatrados como "homens do povo" preocupados com o bem-estar de seus soldados, que haviam morrido como mártires na defesa da cidade. Em 1856, foi criado um fundo nacional para pagar a construção de um monumento aos almirantes em Sebastopol, e houve iniciativas semelhantes em muitas outras cidades. Kornilov foi o personagem central de muitas histórias da guerra. Nakhimov, o herói de Sinope e virtualmente um santo no folclore do cerco, apareceu em histórias e impressos como um soldado corajoso e altruísta, um mártir da causa sagrada do povo, que estava pronto para morrer quando foi atingido enquanto inspecionava o Quarto Bastião. Foi exclusivamente com financiamento privado que o Museu da Frota do Mar Negro foi criado em Sebastopol em 1869. Estavam em exposição para a multidão que foi ao dia da inauguração várias armas, artefatos e objetos pessoais, manuscritos e mapas, desenhos e gravuras coletados entre veteranos. Foi o primeiro museu histórico de natureza pública da Rússia.*

O Estado russo se envolveu na celebração de Sebastopol apenas no final dos anos 1870, época da guerra russo-turca, principalmente como resultado da crescente influência dos pan-eslavistas no governo, mas as iniciativas do governo se concentraram nos preferidos da corte, como o general Gorchakov, e virtualmente negligenciaram o herói do povo Nakhimov. Nessa época, o almirante havia se tornado um ícone de um movimento nacionalista popular que o governo tentava subordinar à sua própria Nacionalidade Oficial cons-

---

* A Biblioteca e Museu Rumiantsev, aberta em Moscou em 1862, não era uma coleção pública nesse sentido. Foi doada ao público por um único nobre.

truindo monumentos à Guerra da Crimeia. Em 1905, um ano de revolução e guerra contra o Japão, um esplêndido panorama de *A defesa de Sebastopol* foi inaugurado para celebrar o quinquagésimo aniversário do cerco em um museu construído para isso no local onde ficara o Quarto Bastião. Funcionários do governo insistiram em substituir o retrato de Nakhimov por um de Gorchakov na maquete em tamanho natural recriando os acontecimentos de 18 de junho, quando os defensores de Sebastopol haviam repelido o assalto de britânicos e franceses.[29] Nakhimov não apareceu no museu, construído exatamente no lugar onde ele havia sido mortalmente ferido.

A celebração soviética da guerra devolveu a ênfase aos heróis populares. Nakhimov passou a representar o sacrifício patriótico e o heroísmo do povo russo na defesa de sua pátria — uma propaganda que ganhou nova força durante a guerra de 1941-5. A partir de 1944, oficiais navais e marinheiros russos passaram a ser condecorados com a Medalha Nakhimov e treinados em academias especiais de cadetes com seu nome. Em livros e filmes ele se tornou um símbolo do Grande Líder levantando o povo contra um agressivo inimigo estrangeiro.

A produção do filme patriótico de Vsevolod Pudovkin *Almirante Nakhimov* (1947) começou em 1943, quando a Grã-Bretanha era aliada da União Soviética. Planejado como um equivalente ao épico do tempo de guerra de Alexander Korda sobre lorde Nelson, *Lady Hamilton* (1941), em sua primeira versão não insistia no papel da Grã-Bretanha como inimiga da Rússia durante a Guerra da Crimeia, se concentrando na vida particular de Nakhimov e em suas relações com a população de Sebastopol. Mas ao ser editado, o filme foi apanhado nas primeiras escaramuças da Guerra Fria — um conflito surgido nos estreitos turcos e no Cáucaso, os pontos de partida da Guerra da Crimeia. A partir do outono de 1945 os soviéticos pressionaram por uma revisão da Convenção de Montreux de 1936 sobre a neutralidade dos estreitos. Stalin exigiu controle conjunto soviético-turco de Dardanelos e a cessão à União Soviética de Kars e Ardahan, territórios conquistados pela Rússia tzarista, porém, cedidos aos turcos em 1922. Atentos à concentração de tropas soviéticas no Cáucaso, os Estados Unidos enviaram navios de guerra ao Mediterrâneo oriental em agosto de 1946. Foi exatamente nesse momento que Stalin exigiu mudanças no filme de Pudovkin: o foco deixou de ser o homem Nakhimov para se tornar Nakhimov o líder militar contra o inimigo estrangeiro; e a

Grã-Bretanha foi retratada como a inimiga da Rússia que usara os turcos para atingir seus objetivos imperialistas no mar Negro, exatamente como Stalin alegava que os Estados Unidos estavam fazendo nas primeiras fases da Guerra Fria.[30]

Uma similar linha patriótica foi adotada pelo grande historiador da era stalinista Evgeni Tarle em sua história em dois volumes *A guerra da Crimeia* (1941-3), sua biografia *Nakhimov* (1948) e seu livro posterior, *A cidade da glória russa: Sebastopol em 1854-55* (1955), publicado para celebrar o centenário. Tarle foi muito crítico à liderança tsarista, mas glorificou a coragem e resistência patrióticas do povo russo, liderado e inspirado pelo exemplo de líderes heroicos como Nakhimov e Kornilov, que haviam dado suas vidas pela defesa da Rússia contra a "agressão imperialista" das potências ocidentais. O fato de que em 1955 os inimigos da Rússia na Guerra da Crimeia — Grã-Bretanha, França e Turquia — eram então todos membros da Otan e adversários do recém-fundado Pacto de Varsóvia acrescentava ainda mais tensão à celebração soviética do centenário da guerra.

O orgulho dos heróis de Sebastopol, a "cidade da glória russa", continua a ser uma importante fonte de identidade nacional, embora hoje esteja situada em uma terra estrangeira — resultado da transferência da Crimeia para a Ucrânia por Nikita Kruchev em 1954 e da declaração de independência ucraniana com a dissolução da União Soviética em 1991. Nas palavras de um poeta nacionalista russo:

> Nas ruínas de nossa superpotência
> Há um grande paradoxo da história:
> Sebastopol — a cidade da glória russa —
> Está (...) fora de território russo.[31]

A perda da Crimeia foi um severo golpe para os russos, já sofrendo com a perda do orgulho nacional após o colapso do império soviético. Nacionalistas fizeram campanha para que a Crimeia retorne à Rússia, entre eles nacionalistas de Sebastopol, que continua a ser uma cidade etnicamente russa.

As memórias da Guerra da Crimeia continuam a despertar sentimentos profundos de orgulho russo e ressentimento com o Ocidente. Em 2006, uma conferência sobre a Guerra da Crimeia foi organizada pelo Centro de

Glória Nacional da Rússia com o apoio do governo do presidente Vladimir Putin e dos ministérios de Educação e Defesa. A conclusão da conferência, comunicada pelos organizadores em um *press release*, foi de que a guerra não devia ser vista como uma derrota para a Rússia, mas como uma vitória moral e religiosa, um ato de sacrifício nacional em uma guerra justa; os russos deveriam honrar o exemplo autoritário de Nicolau I, um tsar injustamente desprezado pela *intelligentsia* liberal, por se erguer contra o Ocidente em defesa dos interesses de seu país.[32] A reputação de Nicolau I, o homem que levou os russos à Guerra da Crimeia contra o mundo, foi restaurada na Rússia de Putin. Hoje, por ordem de Putin, o retrato de Nicolau está pendurado na antecâmara de seu escritório presidencial no Kremlin.

No final da Guerra da Crimeia, um quarto de milhão de russos havia sido enterrado em covas coletivas em vários locais ao redor de Sebastopol. Ao redor dos locais de batalha de Inkerman e Alma, no vale do Chernaia, Balaclava e Sebastopol, há soldados desconhecidos enterrados. Em agosto de 2006, os restos de quatorze soldados de infantaria russos dos regimentos Vladimir e Kazan foram descobertos perto do local onde foram mortos durante a batalha do Alma. Juntamente com seus esqueletos estavam mochilas, cantis, crucifixos e granadas. Os ossos foram enterrados novamente com honras militares em uma cerimônia com a participação de oficiais ucranianos e russos no Museu do Alma, perto de Bakhtchiserai, e há planos da Rússia de construir uma capela no local.

Notas

ABREVIATURAS

AN	Archives nationales, Paris
BLMD	British Library Manuscripts Division, Londres
BLO	Bodleian Library Special Collections, Oxford
BOA	Basbakanlik Osmanlik Archive, Istambul
FO	National Archive, Londres, Secretaria do Exterior
GARF	Arquivo Estatal da Federação Russa, Moscou
IRL	Instituto de Literatura Russa, Academia de Ciências Russa, São Petersburgo
NAM	National Army Museum, Londres
RA	Royal Archives, Windsor
RGADA	Arquivo Estatal Russo de Leis Antigas, Moscou
RGAVMF	Arquivo Estatal Russo da Frota Naval Militar, São Petersburgo
RGB	Biblioteca Estatal Russa, Divisão de Manuscritos, São Petersburgo
RGIA	Arquivo Histórico Estatal Russo, São Petersburgo
RGVIA	Arquivo Histórico Militar Estatal Russo, Moscou
SHD	Service historique de la Défense, Vincennes
WO	National Archive, Londres, Secretaria da Guerra

INTRODUÇÃO

1. L. Liashuk, *Ofitsery chernomorskogo flota pogubshie pri zashchite Sevastopolia* v 1854-1855 gg. (Simferopol, 2005); G. Arnold, *Historical Dictionary of the Crimean War* (Londres, 2002), pp. 38-9.
2. *Losses of Life in Modern Wars: Austria-Hungary; France* (Oxford, 1916), p. 142; *Histoire militaire de la France*, 4 vols. (Paris, 1992), vol. 2, p. 514; D. Murphy, *Ireland and the Crimean War* (Dublin, 2002), p. 104. A melhor pesquisa recente sobre efetivos e baixas aliadas é de T. Margrave, "Numbers & Losses in the Crimea: An Introduction", *War Correspondent*, 21/1 (2003), pp. 30-32; 21/2 (2003), pp. 32-6; 21/3 (2003), pp. 18-22.
3. J. Herbé, *Français et russes en Crimée: Lettres d'un officier français à sa famille pendant la campagne d'Orient* (Paris, 1892), p. 337; A. Khrushchev, *Istoriia oborony Sevastopolia* (São Petersburgo, 1889), pp. 157-8.

1. GUERRAS RELIGIOSAS

1. FO 78/446, Finn a Aberdeen, 27 de maio de 1846; 78/705 Finn a Palmerston, 5 de abril de 1847; H. Martineau, *Eastern Life: Present and Past*, 3 vols. (Londres, 1848), vol. 3, pp. 162-5.
2. Ibid., pp. 120-21.
3. FO 78/368, Young a Palmerston, 14 de março de 1839.
4. Citado em D. Hopwood, *The Russian Presence in Palestine and Syria, 1843-1914: Church and Politics in the Near East* (Oxford, 1969), p. 9.
5. A. Kinglake, *The Invasion of the Crimea: Its Origin and an Account of Its Progress down to the Death of Lard Raglan*, 8 vols. (Londres, 1863), vol. 1, pp. 42-3; N. Shepherd, *The Zealous Intruders: The Western Rediscovery of Palestine* (Londres, 1987), p. 23; Martineau, *Eastern Life*, vol. 3, p. 124; R. Curzon, *Visits to Monasteries in the Levant* (Londres, 1849), p. 209.
6. FO 78/413, Young a Palmerston, 29 de janeiro e 28 de abril de 1840; 78/368, Young a Palmerston, 14 de março e 21 de outubro de 1839.
7. R. Marlin, *L'Opinion franc-comtoise devant la guerre de Crimée*, Annales Littéraires de l'Université de Besançon, vol. 17 (Paris, 1957), p. 23.
8. E. Finn (ed.), *Stirring Times, or, Records from Jerusalem Consular Chronicles of 1853 to 1856*, 2 vols. (Londres, 1878), vol. 1, pp. 57-8, 76.
9. FO 78/705, Finn a Palmerston, 2 de dezembro de 1847.
10. Sobre as várias interpretações do tratado, ver R. H. Davison, *Essays in Ottoman and Turkish History, 1774-1923: The Impact of the West* (Austin, Texas, 1990), pp. 29-37.
11. *Mémoires du duc De Persigny* (Paris, 1896), p. 225; L. Thouvenal, *Nicolas 1er et Napoléon III: Les préliminaires de la guerre de Crimée 1852-1854* (Paris, 1891), pp. 7-8, 14-16, 59.
12. A. Gouttman, *La Guerre de Crimée 1853-1856* (*Paris, 1995*), p. 69; D. Goldfrank, *The Origins of the Crimean War* (Londres, 1995), pp. 76, 82-3; *Correspondence Respecting the Rights and Privileges of the Latin and Greek Churches in Turkey*, 2 vols. (Londres, 1854-6), vol. 1, pp. 17-18.
13. A. Ubicini, *Letters on Turkey*, trad. para o inglês de lady Easthope, 2 vols. (Londres, 1856), vol. 1, pp. 18-22.
14. S. Montefiore, *Prince of Princes: The Life of Potemkin* (Londres, 2000), pp. 244-5.
15. W. Reddaway, *Documents of Catherine the Great* (Cambridge, 1931), p. 147; *Correspondence artistique de Grimm avec Cathérine II*, Archives de l'art français, nouvelle période, 17 (Paris, 1932), pp. 61-2; *The Life of Catherine II, Empress of Russia*, 3 vols. (Londres, 1798), vol, 3, p. 211; *The Memoirs of Catherine the Great* (Nova York, 1955), p. 378.

16. Davison, *Essays in Ottoman and Turkish History*, p. 37; H. Ragsdale, "Russian Projects of Conquest in the Eighteenth Century", em id. (org.), *Imperial Russian Foreign Policy* (Cambridge, 1993), pp. 83-5; V. Aksan, *Ottoman Wars 1700-1870: An Empire Besieged* (Londres, 2007), pp. 160-1.
17. Montefiore, *Prince of Princes*, pp. 274-5.
18. Ibid., pp. 246-8.
19. G. Jewsbury, *The Russian Annexatian of Bessarabia: 1774-1828. A Study of Imperial Expansion* (Nova York, 1976), pp. 66-72, 88.
20. M. Gammer, *Muslim Resistance to the Tsar: Shamil and the Conquest of Chechnya and Dagestan* (Londres, 1994), p. 44; J. McCarthy, *Death and Exile: The Ethnic Cleansing of Ottoman Muslims 1821-1922* (Princeton, 1995), pp. 30-32.
21. M. Kozelsky, "Introduction", original não publicado.
22. K. O'Neill, "Between Subversion and Submission: The Integration of the Crimean Khanate into the Russian Empire, 1783-1853", teses de doutorado, Harvard, 2006, pp. 39, 52-60, 181; A. Fisher, *The Russian Annexation of the Crimea, 1772-1783* (Cambridge, 1970), pp. 144-6; M. Kozelsky, "Forced Migration or Voluntary Exodus? Evolution of State Policy toward Crimean Tatars during the Crimean War", estudo não publicado; B. Williams, "Hijra and Forced Migration from Nineteenth-Century Russia to the Ottoman Empire", *Cahiers du monde russe*, 41/1 (2000), pp. 79-108; M. Pinson, "Russian Policy and the Emigration of the Crimean Tatars to the Ottoman Empire, 1854-1862", *Güney-Dogu Avrupa Arastirmalari Dergisi*, 1 (1972), pp. 38-41.
23. A. Schönle, "Garden of the Empire: Catherine's Appropriation of the Crimea", *Slavic Review*, 60/1 (primavera de 2001), pp. 1-23; K. O'Neill, "Constructing Russian Identity in the Imperial Borderland: Architecture, Islam, and the Transformation of the Crimean Landscape", Ab Imperio, 2 (2006), pp. 163-91.
24. M. Kozelsky, *Christianizing Crimea: Shaping Sacred Space in the Russian Empire and Beyond* (De Kalb, Ill., 2010), cap. 3; id., "Ruins into Relics: The Monument to Saint Vladimir on the Excavations of Chersonesos, 1827-57", *Russian Review*, 63/4 (out. 2004), pp. 655-72.

2. QUESTÕES ORIENTAIS

1. R. Nelson, *Hagia Sophia, 1850-1950: Holy Wisdom Modern Monument* (Chicago, 2004), pp. 29-30.
2. Ibid., p. 30.
3. N. Teriatnikov, *Mosaics of Hagia Sophia, Istanbul: The Fossati Restoration and the Work of the Byzantine Institute* (Washington, 1998), p. 3; *The Russian Primary Chronicle: Laurentian Text*, trad. para o inglês S. Cross e O. Sherbowitz-Wetzor (Cambridge, Mass., 1953), p. 111.

4. T. Stavrou, "Russian Policy in Constantinople and Mount Athos in the Nineteenth Century", em L. Clucas (org.), *The Byzantine Legacy in Eastern Europe* (Nova York, 1988), p. 225.
5. Nelson, *Hagia Sophia*, p. 33.
6. A. Ubicini, *Letters on Turkey*, trad. para o inglês lady Easthope, 2 vols. (Londres, 1856), vol. 1, pp. 18-22.
7. D. Hopwood, *The Russian Presence in Palestine and Syria, 1843-1914: Church and Politics in the Near East* (Oxford, 1969), p. 29.
8. S. Pavlowitch, *Anglo-Russian Rivalry in Serbia, 1837-39* (Paris, 1961), p. 72; B. Lewis, *The Emergence of Modern Turkey* (Oxford, 2002), p. 31.
9. F. Bailey, *British Policy and the Turkish Reform Movement, 1826-1853* (Londres, 1942), pp. 19-22; D. Ralston, *Importing the European Army: The Introduction of European Military Techniques and Institutions into the Extra-European World, 1600-1914* (Chicago, 1990), pp. 62-3.
10. W. Miller, *The Ottoman Empire, 1801-1913* (Cambridge, 1913), p. 18.
11. V. Aksan, *Ottoman Wars 1700-1870: An Empire Besieged* (Londres, 2007), p. 49.
12. D. Goldfrank, *The Origins of the Crimean War* (Londres, 1995), pp. 4 1-2.
13. A. Bitis, *Russia and the Eastern Question: Army, Government and Society, 1815-1833* (Oxford, 2006), pp. 33-4, 101-4; Aksan, *Ottoman Wars*, pp. 290-96; T. Prousis, *Russian Society and the Greek Revolution* (De Kalb, Ill., 1994), pp. 31, 50-51.
14. A. Zaionchkovskii, *Vostochnaia voina* 1853-1856, 3 vols. (São Petersburgo, 2002), vol. 1, pp. 8, 19; L. Vyskochkov, *Imperator Nikolai I: Chelovek i gosudar'* (São Petersburgo, 2001), p. 141; M. Gershenzon, *Epokha Nikolaia I* (Moscou, 1911), pp. 21-2.
15. A. Tiutcheva, *Pri dvore dvukh imperatov: Vospominaniia, dnevnik, 1853-1882* (Moscou, 1928-9), pp. 96-7.
16. R. Wortman, *Scenarios of Power: Myth and Ceremony in Russian Monarchy*, vol. 1: *From Peter the Great to the Death of Nicholas I* (Princeton, 1995), p. 382; D. Goldfrank, "The Holy Sepulcher and the Origin of the Crimean War", em E. Lohr e M. Poe (orgs.), *The Military and Society in Russia: 1450-1917* (Leiden, 2002), pp. 502-3.
17. Bitis, *Russia and the Eastern Question*, pp. 167-76.
18. Ibid., p. 187.
19. Aksan, *Ottoman Wars*, pp. 346-52.
20. P. Schroeder, *The Transformation of European Politics, 1763-1848* (Oxford, 1994), pp. 658-60.
21. A. Seaton, *The Crimean War: A Russian Chronicle* (Londres, 1977), p. 36.
22. Bitis, *Russia and the Eastern Question*, pp. 361-2, 366.
23. FO 97/404, Ponsonby a Palmerston, 7 de julho de 1834; R. Florescu, *The Struggle against Russia in the Romanian Principalities 1821-1854* (Monachii, 1962), pp. 135-60.

24. F. Lawson, *The Social Origins of the Egyptian Expansionism during the Muhammad Ali Period* (Nova York, 1992), cap. 5; Aksan, *Ottoman Wars*, pp. 363-7; A. Marmont, *The Present State of the Turkish Empire*, trad. para o inglês E Smith (Londres, 1839), p. 289.
25. Bitis, *Russia and the Eastern Question*, pp. 468-9.
26. Zaionchkovskii, *Vostochnaia voina*, vol. 1, p. 235.
27. FO 181/114, Palmerston a Ponsonby, 6 de dez. 1833; P. Mosely, *Russian Diplomacy and the Opening of the Eastern Question in 1838 and 1839* (Cambridge, Mass., 1934), p. 12; Bailey, British Policy, p. 53.
28. L. Levi, *History of British Commerce*, 1763-1870 (Londres, 1870), p. 562; Bailey, British Policy, p. 74; J. Gallagher e R. Robinson, "The Imperialism of Free Trade", *Economic History Review*, 2ª ser., 6/1 (1953); FO 78/240, Ponsonby a Palmerston, 25 de nov. 1834; D. Urquhart, *England and Russia* (Londres, 1835), p. 110.
29. B. Kingsley Martin, *The Triumph of Lord Palmerston: A Study of Public Opinion in England before the Crimean War* (Londres, 1963), p. 85.
30. J. Gleason, *The Genesis of Russophobia in Great Britain* (Cambridge, Mass., 1950), p. 103.
31. Ibid., pp. 211-12, 220.
32. *India, Great Britain, and Russia* (Londres, 1838), pp. 1-2.
33. R. Shukla, Britain, *India and the Turkish Empire*, 1853-1882 (Nova Délhi, 1973), p. 27.
34. M. Gammer, *Muslim Resistance to the Tsar: Shamil and the Conquest of Chechnya and Dagestan* (Londres, 1994), p. 121.
35. J. Pardoe, *The City of the Sultan; and Domestic Manners of the Turks in 1836*, 2 vols. (Londres, 1854), vol. 1, p. 32.
36. C. White, *Three Years in Constantinople; or, Domestic Manners of the Turks in 1844*, 3 vols. (Londres, 1846), p. 363. Ver também E. Spencer, *Travels in Circassia, Krim-Tartary*, &c., *including a Steam Voyage down the Danube from Vienna to Constantinople, and round the Black Sea in 1836*, 2 vols. (Londres, 1837).
37. Urquhart, *England and Russia*, p. 86.
38. S. Lane-Poole, *The Life of the Right Honourable Stratford Canning*, 2 vols. (Londres, 1888), vol. 2, p. 17.
39. Ibid., p. 104. Sobre a maçonaria da Turquia do século XIX, ver as muitas obras de Paul Dumont, entre elas "La Turquie dans les archives du Grand Orient de France: Les loges maçonniques d'obédience française à Istanbul du milieu du XIXe siècle à la veille de la Première Guerre Mondiale", em J.-L. Bacqué-Grammont e P. Dumont (orgs.), *Économie et société dans l'empire ottoman (fin du XVIIIe siècle-début du XXe siècle)* (Paris, 1983), pp. 171-202.
40. A. Cunningham, *Eastern Questions in the Nineteenth Century: Collected Essays*, 2 vols. (Londres, 1993), vol. 2, pp. 118-19.

41. B. Abu Manneh, "The Islamic Roots of the Gülhane Rescript", em id., *Studies on Islam and the Ottoman Empire in the Nineteenth Century* (Istambul, 2001), pp. 83-4, 89.
42. FO 97/413, Stratford a Palmerston, 7 de fev. 1850; Lane-Poole, *The Life of the Right Honourable Stratford Canning*, vol. 2, p. 215.

3. A AMEAÇA RUSSA

1. S. Tatishchev, "Imperator Nikolai I v Londone v 1844 godu", *Istoricheskii vestnik*, 23/3, n° 3 (fev. 1886), pp. 602-4.
2. E. Stockmar, *Denkwürdigkeiten aus den Papieren des Freiherrn Christian Friedrich V. Stockmar* (Brunswick, 1872), p. 98; T. Martin, *The Life of His Royal Highness the Prince Consort*, 5 vols. (Londres, 1877), vol. 1, p. 215.
3. G. Bolsover, "Nicholas I and the Partition of Turkey", *Slavonic Review*, 27 (1948), p. 135.
4. Tatishchev, "Imperator Nikolai", pp. 355-8.
5. Martin, *The Life of His Royal Highness*, vol. 1, p. 224.
6. Tatishchev, "Imperator Nikolai", p. 604; Stockmar, *Denkwürdigkeiten*, p. 98.
7. Tatishchev, "Imperator Nikolai", p. 604.
8. *The Letters of Queen Victoria: A Selection from Her Majesty's Correspondence between the Years 1837 and 1861*, 3 vols. (Londres, 1907-8), vol. 2, pp. 16-17; Martin, *The Life of His Royal Highness*, vol. 1, p. 219; Tatishchev, "Imperator Nikolai", p. 609.
9. Martin, *The Life of His Royal Highness*, vol. I, p. 223; Stockmar, *Denkwürdigkeiten*, pp. 397, 400.
10. Tatishchev, "Imperator Nikolai", p. 615; Stockmar, *Denkwürdigkeiten*, p. 399.
11. Ibid., pp. 396-9.
12. H. Ragsdale, "Russian Projects of Conquest in the Eighteenth Century", in id (org.), *Imperial Russian Foreign Policy* (Cambridge, 1993), pp. 75-7; O. Subtelnyi, "Peter I's Testament: A Reassessment", *Slavic Review*, 33 (1974), pp. 663-78.
13. Ragsdale, "Russian Projects", pp. 79-80.
14. Ibid., p. 81.
15. J. Gleason, *The Genesis of Russophobia in Great Britain* (Cambridge, Mass., 1950), pp. 39, 43.
16. R. Wilson, *A Sketch of the Military and Political Power of Russia in the Year* 1817 (Londres, 1817); Gleason, *Genesis of Russophobia*, p. 56.
17. [Lieut. Col.] Sir George de Lacy Evans, *On the Designs of Russia* (Londres, 1828), pp. 191, 199-219.
18. *The Portfolio; or a Collection of State Papers etc. etc., Illustrative of the History of Our Times*, I (1836), p. 103.
19. Ibid., pp. 187-95. Ver também M. Kukiel, *Czartoryski and European Unity 1770-1861* (Princeton, 1955), p. 236.

20. Hansard, HC Deb. 23 de fev. 1848, vol. 96, pp. 1132-1242; HC Deb. 1º de mar. 1848, vol. 47, pp. 66-123 (citação de Palmerston na p. 122).
21. The Times, 20 de julho de 1831; *Northern Liberator*, 3 out. 1840.
22. Gleason, *Genesis of Russophobia*, p. 126.
23. Kukiel, *Czartaryski*, p. 205.
24. R. McNally, "The Origins of Russophobia in France: 1812-1830", *American Slavic and East European Review*, 1712 (abr. 1958), pp. 179-83.
25. A. Mickiewicz, *Livre des pèlerins polonais, traduit du polonais d'A. M. par le Comte C. de Mantalembert; suivi d'un hymne à la Pologne par F. de La Menais* (Paris, 1833).
26. *Cinq millions de Polonais foreés par la czarine Catherine, les czars Paul, Alexandre et récemment Nicolas d'abjurer leur foi religieuse. Eclaircissements sur la question des Grees-Unis sous le rapport statistique, historique et religieux* (Paris e Estrasburgo, 1845); *Journal des débats*, 23 out. 1842.
27. *The Nuns of Minsk: Narrative of Makrena Mieczyslawska, Abbess of the Basilian Convent of Minsk; The History of a Seven Years' Persecution Suffered for the Faith, by Her and Her Nuns* (Londres, 1846), pp. 1-16; Hansard, HL Deb. 9 mar. 1846, vol. 84, p. 768; M. Cadot, *La Russie dans la vie intellectuelle française, 1839-1856* (Paris, 1967), p. 464.
28. [Count] V. Krasinski, *Is the Power of Russia to be Reduced or Increased by the Present War? The Polish Question and Panslavism* (Londres, 1855), p. 4.
29. Marquis de Custine, *Russia*, 3 vols. (Londres, 1844), vol. 3, pp. 21, 353; G. Kennan, *The Marquis de Custine and His Russia in 1839* (Londres, 1971).
30. Cadot, *La Russie dans la vie intellectuelle française*, p. 471.
31. S. Pavlowitch, *Anglo-Russian Rivalry in Serbia, 1837-39* (Paris, 1961).
32. N. Tsimbaev, *Slavianofil'stvo: Iz istorii russkoi obshchestvennopaliticheskoi mysli XIX veka* (Moscou, 1986), p. 36.
33. A. Bitis, *Russia and the Eastern Question: Army, Government and Society, 1825-1833* (Oxford, 2006), pp. 93-7.
34. N. Riasanovsky, *Nicholas I and Official Nationality in Russia 1825-1855* (Berkeley, 1959), p. 152.
35. Ibid., p. 166.
36. P. Mérimée, *Correspondence générale*, 18 vols. (Paris, 1941-65), vol. 5, p. 420; Cadot, *La Russie dans la vie intellectuelle française*, p. 516; L. Namier, 1848: *The Revolution of the Intellectuals* (Oxford, 1946), pp. 40-42.
37. Cadot, *La Russie dans la vie intellectuelle française*, p. 468.
38. R. Florescu, *The Struggle against Russia in the Romanian Principalities 1821-1854* (Monachii, 1962), caps. 7 e 8.
39. FO 195/321, Colquhoun a Palmerston, 16 ago. 1848.
40. FO 195/332, Colquhoun a Stratford Canning, 2 jul. 1849.

41. Florescu, *Struggle against Russia*, pp. 217-18.
42. D. Goldfrank, *The Origins of the Crimean War* (Londres, 1995), pp. 68-71.

4. O FIM DA PAZ NA EUROPA

1. Sobre a defesa naval britânica contra a França, ver A. Lambert, *The Crimean War: British Grand Strategy, 1853-56* (Manchester, 1990), pp. 25-7.
2. RA VIC/MAIN/QVJ/1855, 16 abr.
3. *Mémoires du duc De Persigny* (Paris, 1896), p. 212.
4. A. J. P. Taylor, *The Struggle for Mastery in Europe 1848-1918* (Oxford, 1955), p. 49.
5. *Mémoires du duc De Persigny*, p. 225; E. Bapst, *Les Origines de la Guerre en Crimée: La France et la Russie de 1848 à 1851* (Paris, 1912), pp. 325-7.
6. FO 78/895, Rose a Malmesbury, 28 dez. 1852.
7. K. Vitzthum von Ecksädt, *St Petersburg and London in the Years 1852-64*, 2 vols. (Londres, 1887), vol. 1, p. 38; D. Goldfrank, *The Origins of the Crimean War* (Londres, 1995), pp. 109-10.
8. FO 65/424, Seymour a Russell, 11 e 22 jan., 22 fev. 1853.
9. FO 65/424, Seymour a Russell, 11 jan., 21 fev. 1853; A. Cunningham, *Eastern Questions in the Nineteenth Century: Collected Essays*, 2 vols. (Londres, 1993), vol. 2, p. 136.
10. FO 65/424, Seymour a Russell, 22 fev. 1853; FO 65/425, Seymour a Clarendon, 29 mar. 1853.
11. Cunningham, *Eastern Questions*, vol. 2, pp. 139-40.
12. FO 65/424, Seymour a Russell, 10 fev. 1853.
13. RGAVMF, f. 19, op. 7, d. 135, l. 37; FO 65/424, Seymour a Russell, 7 jan. 1853; *Correspondence Respecting the Rights and Privileges of the Latin and Greek Churches in Turkey*, 2 vols. (Londres, 1854-6), vol. 1, pp. 121-4.
14. RGAVMF, f. 19, op. 7, d. 135, l. 43; J. Curtiss, *Russia's Crimean War* (Durham, NC, 1979), p. 94.
15. FO 65/420, Clarendon a Seymour, 23 mar., 5 abr. 1853; Goldfrank, *Origins of the Crimean War*, pp. 136-8.
16. *Mémoires du duc De Persigny*, pp. 226-31; Bapst, *Origines de la Guerre en Crimée*, p. 354.
17. *Mémoires du comte Horace de Viel-Castel sur le règne de Napoléon III, 1851-1864*, 2 vols. (Paris, 1979), vol. 1, p. 180; J. Ridley, *Napoléon III and Eugenie* (Londres, 1979), p. 365; S. Lane-Poole, *The Life of the Right Honourable Stratford Canning*, 2 vols. (Londres, 1888), vol. 2, p. 237.
18. *Correspondence Respecting the Rights and Privileges of the Latin and Greek Churches*, vol. 1, pp. 256-8; Cunningham, *Eastern Questions*, pp. 159-62; Goldfrank, *Origins of the Crimean War*, pp. 147-8, 156-7; A. Saab, *The Origins of the Crimean Alliance*

(Charlottesville, Va., 1977), pp. 135-7; Lane-Poole, *The Life of the Right Honourable Stratford Canning*, vol. 2, p. 248.

19. BOA, AMD, 44/81, Musurus a Reshid Pasha, 13 de maio de 1853; RGAVMF, f. 19, op. 7, d. 135, l. 52; C. Badem, "The Ottomans and the Crimean War (1853-1856)", tese de doutorado (Sabanci University, 2007), pp. 74-6.
20. A. Zaionchkovskii, *Vostochnaia voina 1853-1856*, 3 vols. (São Petersburgo, 2002), vol. 1, pp. 739-40.
21. *Russkii arkhiv*, 1891, nº 8, p. 169; Voina s Turtsiei 1828-1829 i 1853-1854", *Russkaia starina*, 16 (1876), pp. 681-7; P. Schroeder, *Austria, Great Britain and the Crimean War: The Destruction of the European Concert* (Ithaca, NY, 1972), p. 76.
22. RGVIA, f. 846, op. 16, d. 5407, ll. 7-ll; d. 5451, ll. 13-14; Zaionchkovskii, *Vostochnaia voina*, vol. 1, p. 74.
23. *Za mnogo let: Zapiski (vospominaniia) neizvestnogo 1844-1874 gg.* (São Petersburgo, 1897), p. 74; RGB OR, f. 743, T. Klemm, "Vospominaniia starogo-soldata, rasskazannye synu, kadetu VII klacca Pskovskogo kadetskogo korpusa", l. 6.
24. F. Kagan, *The Military Reforms of Nicholas I: The Origins of the Modern Russian Army* (Londres, 1999), p. 221; E. Brooks, "Reform in the Russian Army, 1856-1861", *Slavic Review*, 43/1 (primavera de 1984), p. 64; E. Wirtschafter, *From Serf to Russian Soldier* (Princeton, 1990), p. 24.
25. Brooks, "Reform", pp. 70-71; K. Marx, *The Eastern Question: A Reprint of Letters Written 1853-1856 Dealing with the Events of the Crimean War* (Londres, 1969), pp. 397-8; J. Curtiss, *The Russian Army under Nicholas I, 1825-1855* (Durham, NC, 1965), p. 115; P. Alabin, *Chetyre voiny: Pokhodnye zapiski v voinu 1853, 1854, 1855 i 1856 godov*, 2 vols. (Viatka, 1861), vol. 1, p. 43.
26. Curtiss, *Russian Army*, pp. 248-9.
27. *Za mnogo let*, pp. 34-5,45-7; RGB OR, f. 743, T. Klemm, "Vospominaniia starogo-soldata", ll. 4, 7-8; Wirtschafter, *From Serf to Russian Soldier*, p. 87.
28. BOA, I, HR, 328/21222; S. Kiziltoprak, "Egyptian Troops in the Crimean War (1853-1856)", em *Vastochnaya (Krymskaya) Voina 1853-1856 godov: Novye materialy i novoe osmyslenie*, 2 vols. (Simferopol, 2005), vol. 1, p. 49; Lane-Poole, *The Life of the Right Honourable Stratford Canning*, vol. 2, p. 296.
29. A. Slade, *Turkey and the Crimean War: A Narrative of Historical Events* (Londres, 1867), p. 186; E. Perret, *Les Français en Orient: Récits de Crimée 1854-1856* (Paris, 1889), pp. 86-7.
30. T. Buzzard, *With the Turkish Army in the Crimea and Asia Minor* (Londres, 1915), p. 121; J. Reid, *Crisis of the Ottoman Empire: Prelude to Collapse 1839-1878* (Stuttgart, 2000), p. 257.
31. RGVIA, f. 450, op. 1, d. 33, ll. 4-12; *A Visit to Sebastopol a Week after Its Fall: By an Officer of the Anglo-Turkish Contingent* (Londres, 1856), p. 53; *Vospominaniia ofitsera o voennyh deistviyah na Dunae v 1853-54 gg.: Iz dnevnika P.B.* (São Petersburgo, 1887), p. 566.

32. M. Chamberlain, *Lord Aberdeen: A Political Biography* (Londres, 1983), p. 476; FO 65/421, Palmerston a Seymour, 16 jul. 1853; *Correspondence Respecting the Rights and Privileges of the Latin and Greek Churches*, vol. 1, p. 400.
33. R. Florescu, *The Struggle against Russia in the Romanian Principalities 1821-1854* (Monachii, 1962), pp. 241-6.
34. FO 65/422, Palmerston a Seymour, 2 ago. 1853.
35. *Correspondence Respecting the Rights and Privileges of the Latin and Greek Churches*, vol. 1, pp. 400-404.
36. Goldfrank, *Origins of the Crimean War*, pp. 190-213.
37. *The Greville Memoirs 1814-1860*, org. L. Strachey e R. Fulford, 8 vols. (Londres, 1938), vol. 1, p. 85.
38. H. Maxwell, *The Life and Letters of George William Frederick, Fourth Earl of Clarendon*, 2 vols. (Londres, 1913), vol. 2, p. 25.
39. Slade, *Turkey and the Crimean War*, pp. 101-2, 107; Saab, *Origins of the Crimean Alliance*, p. 64; Cunningham, Eastern Questions, pp. 198-9.
40. Saab, *Origins of the Crimean Alliance*, p. 81; Badem, "The Ottomans and the Crimean War", pp. 80, 90.
41. *The Times*, 27 set. 1853; *Correspondence Respecting the Rights and Privileges of the Latin and Greek Churches*, vol. 1, pp. 562-3.
42. A. Türkgeldi, Mesâil-i Mühimme-i Siyâsiyye, 3 vols. (Ankara, 1957-60), vol. 1, pp. 319-21; Badem, "The Ottomans and the Crimean War", p. 93.

5. GUERRA DE MENTIRA

1. BOA, HR, SYS, 907/5.
2. BOA, HR, SYS, 90312-26.
3. RGVIA, f. 846, op. 16, d. 5429,11. 11-17; 'Vospaminaniia A. A. Genritsi', *Russkaia starina*, 20 (1877), p. 313.
4. "Vostochnaia voina: Pis'ma kn. I F. Paskevicha k kn. M. D. Garchakovu", *Russkaia starina*, 15 (1876), pp. 163-91, 659-74 (citação, p. 182); E. Tarle, *Krymskaia voina*, 2 vols. (Moscou, 1944) vol. 1, pp. 216-18.
5. "Voina s Turtsiei 1828-1829 i 1853-1854", *Russkaia starina*, 16 (1876), pp. 700-701; S. Nikitin, "Russkaia palitika na Balkanakh i nachalo vostochnai voiny", *Voprasy istorii*, 4 (1946), pp. 3-29.
6. A. Zaionchkovskii, *Vostochnaia voina 1853-1856*, 3 vols. (São Petersburgo, 2002) vol. 2, pp. 523-4; "Voina s Turtsiei 1828-1829 i 1853-1854", p. 708.
7. Zaionchkovskii, *Vostochnaia voina*, vol. 1, pp. 21-2, 564.
8. "Voina s Turtsiei 1854 g.", *Russkaia starina*, 18 (1877), p. 141; *Correspondence Respecting the Rights and Privileges of the Latin and Greek Churches in Turkey*, 2 vols. (Londres, 1854-6), vol. 1, pp. 415-18; RGVIA, f. 846, op. 16, d. 5417, l. 7.

9. RGIA, f. 711, op. 1, d. 35, ll. 1-3; A. Tiutcheva, *Pri dvare dvukh imperatou: Vospominaniia, dnevnik*, 1853-1882 (Moscou, 1928-9), pp. 129-30, 146-8, 162-3.
10. Zaionchkovskii, *Vostochnaia voina*, vol. 1, pp. 702-8.
11. Ibid., pp. 559-61.
12. L. Vyskochkov, *Imperator Nikolai I: chelovek i gosudar'* (São Petersburgo, 2001) pp. 296-7.
13. Zaionchkovskii, *Vostochnaia voina*, vol. 1, p. 535.
14. "Vostochnaia voina: Pis'rna kn. I. F. Paskevicha k kn. M. D. Gorchakovu", p. 190.
15. M. Pinson, "Ottoman Bulgaria in the First Tanzimat Period — the Revolts in Nish (1841) and Vidin (1850)", *Middle Eastern Studies*, 11/2 (maio de 1975), pp. 103-46; H. Inalcik, *Tanzimat ve Bulgar Meselesi* (Ancara, 1943), pp. 69-71; "Vospominaniia o voine na Dunae v 1853 i 1854 gg.", *Voennyi sbornik*, 14/8 (1880), p. 420; *Rossiia i Balkany: Iz istorii obshchestvennopoliticheskikh i kul'turnykh suiazei (xviii veka-1878 g.)* (Moscou, 1995), pp.180-82.
16. FO 195/439, Grant a Clarendon, 11 jan. 1854; FO 78/1014, Grant a Clarendon, 9 jan. 1854; *Vospominaniia ofitsera o voennyh deistviyah na Dunae v 1853-54 gg.: Iz dnevnika P.B.* (São Petersburgo, 1887), pp. 531, 535, 543; "Vospominaniia A. A. Genritsi", p. 313; A. Ulupian, "Russkaia periodicheskaia pechat' vremen krymskoi voiny 1853-56 gg. o Bolgarii i bolgarakh", em *Rossiia i Balkany*, pp. 182-3; A. Rachinskii, *Pokhodnye pis'rna opolchentsa iz iuzbnoi Bessarabii 1855-1856* (Moscou, 1858), pp. 8-11.
17. *Vospominaniia ofitsera o voennyh deistviyah na Dunae*, pp. 585-9; A. Baumgarten, *Dnevniki 1849, 1853, 1854 i 1855* (n.p., 1911), pp. 82-7.
18. FO 78/1008, Fonblanque (cônsul em Belgrado) a Stratford Canning, 31 dez. 1853, 11, 17, 24 e 26 jan. 1854.
19. L. Guerrin, *Histoire de la derniére guerre de Russie (1853-1856)*, 2 vols. (Paris, 1858), vol. 1, p. 63; J. Koliopoulos, "Brigandage and Insurgency in the Greek Domains of the Ottoman Empire, 1853-1908", em D. Gondicas e C. Issawi (orgs.), *Ottoman Greeks in the Age of Nationalism: Politics, Economy, and Society in the Nineteenth Century* (Princeton, 1999), pp. 147-8.
20. *Shamil' — stavlennik sultanskoi Turtsii i angliiskikh kolonizatorov: Sbornik dokumental'nykh materialov* (Tbilisi, 1953), p. 367; "Voina s Turtsiei 1828-1829 i 1853-1854", p. 696.
21. E. Adamov e L. Kutakov, "Iz istorii proiskov inostrannoy agentury vo vremya Kavkazskikh voyn", *Voprosy istorii*, 11 (nov. 1950), pp. 101-25.
22. M. Gammer, "Shamil and the Ottomans: A Preliminary Overview", em *V. Milletlerarasi Türkiye Sosyal ve Iktisat Tarihi Kongresi: Tebligler. Istanbul 21-25 Agustos 1989* (Ancara, 1990), pp. 387-94; M. Budak, "1853-1856 Kirim Harbi Baslarinda Dogu Anadolu-Kafkas Cephesi ve Seyh Samil", *Kafkas Arastirmalari*, 1(1988), pp. 132-3; Tarle, *Krymskaia voina*, vol. 1, p. 294.

23. B. Lewis, "Slade on the Turkish Navy", *Journal of Turkish Studies/Türklük Bilgisi Araştirmalari*, 11 (1987), pp. 6-7; C. Badem, "The Ottomans and the Crimean War (1853-1856)", Ph.D. diss. (Universidade Sabanci, 2007), pp. 107-9.
24. FO 195/309, Slade a Stratford Canning, 7 dez. 1853.
25. A. Slade, *Turkey and the Crimean War: A Narrative of Historical Events* (Londres, 1867), p. 152.
26. BOA, HR, SYS, 1346/38; S. Lane-Poole, *The Life of the Right Honourable Stratford Canning*, 2 vols. (Londres, 1888), vol. 2, pp. 333-5; *Correspondence Respecting the Rights and Privileges of the Latin and Greek Churches*, vol. I, 814.
27. *Morning Post*, 16 dez. 1853; *The Times*, 13 e 18 dez. 1853; *Sheffield and Rotherham Independent*, 17 dez. 1853; *Chronicle*, 23 dez. 1853.
28. *The Letters of Queen Victoria: A Selection from Her Majesty's Correspondence between the Years 1837 and 1861*, 3 vols. (Londres, 1907-8), vol. 2, p. 126.
29. RA VIC/MAIN/QVJ/1853, 13 nov. e 15 dez.
30. FO 65/423, Palmerston a Seymour, 27 dez. 1853; RA VIC/MAIN/QVJ/1853, 15 dez.; P. Schroeder, *Austria, Great Britain and the Crimean War: The Destruction of the European Concert* (Ithaca, NY, 1972), p. 122.
31. Ibid., pp. 123-6.
32. A. Saab, *The Origins of the Crimean Alliance* (Charlottesville, Va., 1977), pp. 126-7; A. Lambert, *The Crimean War: British Grand Strategy, 1853-56* (Manchester, 1990), p. 64.
33. Citado em S. Brady, *Masculinity and Male Homosexuality in Britain, 1861-1913* (Londres, 2005), p. 81; G. Henderson, *Crimean War Diplomacy and Other Historical Essays* (Glasgow, 1947), p. 136.
34. M. Taylor, *The Decline of British Radicalism, 1847-1860* (Oxford, 1995), pp. 230-31; R. Seton Watson, *Britain in Europe 1789-1914: A Survey of Foreign Policy* (Cambridge, 1937), pp. 321-2; RA VIC/MAIN/QVJ/1853, várias entradas, nov. e dez.
35. RA VIC/MAIN/QVJ/1853, 8 dez.; RA VIC/MAIN/QVJ/1854, 15 fev.
36. Saab, *Origins of the Crimean Alliance*, p. 148; id., *Reluctant Icon: Gladstone, Bulgaria, and the Working Classes, 1856-1878* (Cambridge, Mass., 1991), p. 31.
37. O. Anderson, "The Reactions of Church and Dissent towards the Crimean War", *Journal of Ecclesiastical History*, 16 (1965), pp. 211-12; B. Kingsley Martin, *The Triumph of Lord Palmerston: A Study of Public Opinion in England before the Crimean War* (Londres, 1963), pp. 114-15, 164.
38. R. Marlin, *L'Opinion franc-comtoise devant la guerre de Crimée*, Annales Littéraires de l'Université de Besançon, vol. 17 (Paris, 1957), pp. 19-20; Taylor, *Decline of British Radicalism*, p. 226.
39. Marlin, *L'Opinion franc-comtoise*, pp. 22-3.

40. L. Case, *French Opinion on War and Diplomacy during the Second Empire* (Filadélfia, 1954), pp. 16-24.
41. Tarle, *Krymskaia voina*, vol. 1, pp. 405-28.
42. Ver, por exemplo, V. Vinogradov, "The Personal Responsibility of Emperor Nicholas I for the Coming of the Crimean War: An Episode in the Diplomatic Struggle in the Eastern Question", em H. Ragsdale (org.), *Imperial Russian Foreign Policy* (Cambridge, 1993), pp. 159-70.
43. GARF, f. 678, op. 1, d. 451, l. 306.
44. T. Schiemann, *Geschichte Russlands unter Kaiser Nikolaus I*, 4 vols. (Berlim, 1904-19), vol. 4, p. 430.
45. E. Boniface, Count de Castellane, *Campagnes de Crimée, d'Ltalie, d'Afrique, de Chine et de Syrie, 1849-1862* (Paris, 1898), pp. 75-6; J. Ridley, *Napoleon III and Eugenie* (Londres, 1979), p. 365.
46. Lambert, *The Crimean War*, pp. 64 ss.
47. Schroeder, *Austria, Great Britain and the Crimean War*, p. 150; Lady F. Balfour, *The Life of George, Fourth Earl of Aberdeen*, 2 vols. (Londres, 1922), vol. 2, p. 206.
48. RA VIC/MAIN/QVJ/1854, 6 mar.; W. Baumgart, *The Peace of Paris 1856: Studies in War, Diplomacy and Peacemaking* (Oxford, 1981), p. 13; Henderson, *Crimean War Diplomacy*, p. 72; BLO Clarendon Papers, Stratford Canning a Clarendon, 7 abr. 1854, C. 22; Lane-Poole, *The Life of the Right Honourable Stratford Canning*, vol. 2, pp. 354-8; PRO 30/22/11, Russell a Clarendon, 26 mar. 1854.
49. RA VIC/MAIN/QVJ/1854, 26 mar.
50. K. Vitzthum von Eckstädt, *St Petersburg and London in the Years 1852-64*, 2 vols. (Londres, 1887), vol. 1, pp. 83-4; A. Kinglake, *The Invasion of the Crimea: Its Origin and an Account of Its Progress down to the Death of Lord Raglan*, 8 vols. (Londres, 1863), vol. 1, pp. 476-7.
51. Ver R. Ellison, *The Victorian Pulpit: Spoken and Written Sermons in Nineteenth-Century Britain* (Cranbury, NJ, 1998), pp. 43-9.
52. H. Beamish, *War with Russia: God the Arbiter of Battle. A Sermon Preached on Sunday April 2, 1854* (Londres, 1854), p. 6; T. Harford Battersby, *Two First-Day Sermons Preached in the Church of St. John, Keswick* (Londres, 1855), p. 5; J. James, *The War with Russia Imperative and Righteous: A Sermon Preached in Brunswick Chapel, Leeds, on the Day of National Humiliation* (Londres, 1854), pp. 14-15.
53. G. Croly, *England, Turkey, and Russia: A Sermon Preached on the Embarkation of the Guards for the East in the Church of St Stephen, Walbrook, February 26, 1854* (Londres, 1854), pp. 8, 12-13, 26-7, 30-31. Para sermões semelhantes, ver H. Bunsen, *"The War is a Righteous War": A Sermon Preached in Lilleshall Church on the Day of Humiliation and Prayer* (Londres, 1854); R. Burton, *The War of God's Sending: A Sermon Preached in Willesden Church on the Occasion of the Fast, April*

26, 1854 (Londres, 1854); R. Cadlish, *The Sword of the Lord: A Sermon Preached in the Free St George's Church, Edinburgh on Wednesday, April 26, 1854* (Londres, 1854); H. Howarth, *Will God Be for Us? A Sermon Preached in the Parish Church of St George's, Hanover Square, on Wednesday, April 26, 1854* (Londres, 1854); *A Sermon Preached by the Rev. H. W. Kemp, Incumbent of St John's Church, Hull, on Wednesday, April 26th: Being the Day Appointed by Her Gracious Majesty the Queen for the Humiliation of the Nation on the Commencement of the War with Russia* (Londres, 1854); J. Cumming, *The War and Its Issues: Two Sermons* (Londres, 1854); J. Hall, *War with Russia Both Just and Expedient: A Discourse Delivered in Union Chapel, Brixton Hill, April 26, 1854* (Londres, 1854); John, Bishop of Lincoln, *War: Its Evils and Duties: A Sermon Preached in the Cathedral Church of Lincoln on April 26th, 1854* (Londres, 1854).
54. FO 195/445, Finn a Clarendon, 28 abr. 1854; E. Finn (org.), *Stirring Times, or, Records from Jerusalem Consular Chronicles of 1853 to 1856*, 2 vols. (Londres, 1878), vol. 2, pp. 130-31.

6. O PRIMEIRO SANGUE PARA OS TURCOS

1. *Tolstoy's Letters*, ed. e trad. para o inglês, R. F. Christian, 2 vols. (Londres, 1978), vol. 1, p. 38.
2. A. Maude, *The Life of Tolstoy: First Fifty Years* (Londres, 1908), pp. 96-7.
3. "Voina s Turtsiei 1854 g.", *Russkaia starina*, 18 (1877), p. 327.
4. RGADA, f. 1292, op. 1, d. 6, l. 68; E. Tarle, *Krymskaia voina*, 2 vols. (Moscou, 1944), vol. 1, p. 273; "Vospominaniia kniazia Emiliia Vitgenshteina", *Russkaia starina*, 104 (1900), p. 190.
5. A. Khomiakov, *Polnae sabranie sochinenii*, 8 vols. (Moscou, 1900), vol. 8, p. 350.
6. FO 78/1014, Cunningham a Stratford Canning, 4, 20, 23 e 30 mar. 1854.
7. E. Jouve, *Guerre d'Orient: Voyage à la suite des armées alliées en Turquie, en Valachie et en Crimée* (Paris, 1855), p. 115; FO 78/1008, Fonblanque a Stratford Canning, 27 mar. 1854; FO 78/1014, Cunningham a Stratford Canning, 23 mar. 1854.
8. RGVIA, f. 9198, op. 61264, cb. 6, d. 14, ll. 101, 104, 106.
9. FO 78/1009, Fonblanque a Palmerston, 27 de maio de 1854; Palmerston a Fonblanque, 10 jul. 1854.
10. RGVIA, f. 846, op. 16, d. 5417, ll. 41-4; E. Kovalevskii, *Voina s Turtsiei i razryu s zapadnymi derzhavami v 1853-1854* (São Petersburgo, 1871), pp. 203-15; S. Plaksin, *Shchegolovskii al'bom: Sbornik istoricheskikh faktov, vospominanii, zapisok, illiustratsii i.t.d. za vremia bombardirovki Odessy v 1854* (Odessa, 1905), pp. 43-7.
11. RGVIA, f. 481, op. I, d. 89, ll. 1-5; M. Bogdanovich, Vostochnaia voina 1853-1856, 4 vols. (São Petersburgo, 1876), vol. 2, pp. 89-93; L. Guerrin, *Histoire de la dernière guerre de Russie (1853-1856)*, 2 vols. (Paris, 1858), vol. I, pp. 111-15; J. Reid, *Crisis*

of the Ottoman Empire: Prelude to Collapse 1839-1878 (Stuttgart, 2000), pp. 255-7; NAM 1968-03-45 ("Journal of Captain J. A. Butler at the Siege of Silistria").
12. NAM 1968-03-45 ("Journal of Captain J. A. Butler at the Siege of Silistria"); RGVIA, f. 846, op. 16, d. 5520, cap. 2, l. 62.
13. *Tolstoy's Letters*, vol. 1, pp. 39-40.
14. Tarle, *Krymskaia voina*, vol. 1, pp. 445-7.
15. B. Gooch, *The New Bonapartist Generals in the Crimean War* (The Hague, 1959), pp. 82, 109; NAM 1973-11-17° (Kingscote letter, 15 May, p. 2).
16. J. Herbé, *Français et russes en Crimée: Lettres d'un officier français à sa famille pendant la campagne d'Orient* (Paris, 1892), p. 30.
17. L. Noir, *Souvenirs d'un simple zouaue: Campagnes de Crimée et d'Italie* (Paris, 1869), p. 222.
18. P. de Molènes, *Les Commentaires d'un soldat* (Paris, 1860), pp. 58-9.
19. *The Times*, 26 abr. 1854.
20. C. Bayley, *Mercenaries for the Crimean: The German, Swiss, and Italian Legions in British Service 1854-6* (Montreal, 1977), p. 20. Sobre os irlandeses no exército britânico, ver D. Murphy, *Ireland and the Crimean War* (Dublin, 2002), pp. 17-25.
21. NAM 1968-07-289 (Raglan a Herbert, 15 de maio de 1854).
22. NAM 1994-01-215 (carta de Bell, junho de 1854).
23. A. Slade, *Turkey and the Crimean War: A Narrative of Historical Events* (Londres, 1867), p. 355.
24. NAM 1973-11-170 (carta de Kingscote, 29 abr. 1854, p. 3); Noir, *Souvenirs d'un simple zouaue*, p. 212.
25. Howard Harris, Earl of Malmesbury, *Memoirs of an Ex-Minister*, 2 vols. (Londres, 1884), vol. 1, p. 412; *The Diary and Correspondence of Henry Wellesley, First Lord Cowley, 1790-1846* (Londres, 1930), p. 54.
26. *Tolstoy's Letters*, vol. 1, pp. 40-41.
27. A. Tiutcheva, *Pri dvore dvukh imperatov: Vospominaniia, dnevnik, 1853-1882* (Moscou, 1928-9), p. 195; *Akten zur Geschichte des Krimkriegs: Österreichische Akten zur Geschichte des Krimkriegs*, ser. 1, vol. 2 (Munique, 1980), p. 248.
28. Bogdanovich, *Vostochnaia voina*, vol. 2, pp. 107-8.
29. Jouve, *Guerre d'Orient*, p. 121; A. Kinglake, *The Invasion of the Crimea: Its Origin and an Account of Its Progress down to the Death of Lord Raglan*, 8 vols. (Londres, 1863), vol. 2, p. 56; Guerrin, *Histoire de la derniere guerre*, vol. 1, pp. 123-5.
30. Jouve, *Guerre d'Orient*, pp. 108, 116.
31. *Tolstoy's Letters*, vol. 1, p. 41.
32. Jouve, *Guerre d'Orient*, p. 123; Guerrin, *Histoire de la derniere guerre*, p. 127; FO 195/439, Colquhoun a Clarendon, 13 ago. 1854.
33. Tarle, *Krymskaia voina*, vol. 1, pp. 454-5; M. Levin, "Kryrnskaia voina i russkoe obshchestvo", em id., *Ocherki po istorii russkoi obshchestvennoi mysli, vtoraia polovina XIX veka* (Leningrado, 1974), pp. 293-304.

34. P. Schroeder, *Austria, Great Britain and the Crimean War: The Destruction of the European Concert* (Ithaca, NY, 1972), pp. 207-9; R. Florescu, *The Struggle against Russia in the Romanian Principalities 1821-1854* (Monachii, 1962), pp. 284-6.
35. La Vicomte de Noë, *Les Bachi-Bazouks et les Chasseurs d'Afrique* (Paris, 1861), pp. 9-11; Noir, *Souvenirs d'un simple zouave*, p. 215.
36. Noë, *Les Bachi-Bazouks*, pp. 34, 38-42, 56-68; J. Reid, "Social and Psychological Factors in the Collapse of the Ottoman Empire, 1780-1918", *Journal of Modern Hellenism*, 10 (1993), pp. 143-52.
37. C. Mismer, *Souvenirs d'un dragon de l'armée de Crimée* (Paris, 1887), p. 34; Molènes, *Les Commentaires d'un soldat*, p. 30; FO 78/1009, Fonblanque a Palmerston, 10 jun. 1854; C. Hibbert, *The Destruction of Lord Raglan: A Tragedy of the Crimean War, 1854-1855* (Londres, 1961), p. 164; J. Spilsbury, *The Thin Red Line: An Eyewitness History of the Crimean War* (Londres, 2005), p. 26; H. Rappaport, *No Place for Ladies: The Untold Story of Women in the Crimean War* (Londres, 2007), pp. 61-2.
38. M. Thoumas, *Mes souvenirs de Crimée 1854-1856* (Paris, 1892), pp. 107-9; Herbé, *Français et russes en Crimée*, p. 55.
39. K. Marx, *The Eastern Question: A Reprint of Letters Written 1853-1856 Dealing with the Events of the Crimean War* (Londres, 1969), p. 451.
40. A. Lambert, *The Crimean War: British Grand Strategy, 1853-56* (Manchester, 1990), p. 106.
41. L. Noir, *Souvenirs d'un simple zouave*, pp. 218-19.
42. Lambert, *The Crimean War*, p. 84.
43. WO 28/199, Newcastle a Raglan, 29 jun. 1854.
44. W. Mosse, *The Rise and Fall of the Crimean System, 1855-1871: The Story of the Peace Settlement* (Londres, 1963), p. 1; W. Baumgart, *The Peace of Paris 1856: Studies in War, Diplomacy and Peacemaking* (Oxford, 1981), p. 13.
45. Schroeder, *Austria, Great Britain and the Crimean War*, pp. 193-4.
46. Ibid., p. 204; Lambert, *The Crimean War*, pp. 86-7.
47. S. Harris, *British Military Intelligence in the Crimean War* (Londres, 2001), p. 37; H. Small, *The Crimean War: Queen Victoria's War with the Russian Tsars* (Stroud, 2007), pp. 36-7; V. Rakov, *Moi cospominaniia o Evpatorii v epohu krymskoi voiny 1853-1856 gg.* (Evpatoriia, 1904), p. 10; FO 881/550, Raglan a Newcastle, 19 jul. 1854.
48. E. Boniface, Count de Castellane, *Campagnes de Crimée, d'Italie, d'Afrique, de Chine et de Syrie, 1849-1862* (Paris, 1898), pp. 90-91; L. de Saint-Arnaud, *Lettres du Maréchal Saint-Arnaud*, 2 vols. (Paris, 1858), vol. 2, p. 462.
49. Herbé, *Français et russes en Crimée*, p. 59; R. Portal, *Letters from the Crimea, 1854-55* (Winchester, 1900), pp. 17, 25; FO 78/1040, Rose a Clarendon, 6 set. 1854.
50. Kinglake, *Invasion of the Crimea*, vol. 2, pp. 148-9.

7. ALMA

1. J. Cabrol, *Le Maréchal de Saint-Arnaud en Crimée* (Paris, 1895), p. 312; L. Noir, *Souvenirs d'un simple zouave: Campagnes de Crimée et d'Italie* (Paris, 1869), p. 219; M. O. Cullet, *Un régiment de ligne pendant la guerre d'orient: Notes et souvenirs d'un officier d'infanterie 1854-1855-1856* (Lyon, 1894), p. 68; NAM 2000-02-94 (carta de Rose, 28 ago. 1854).
2. P. de Molènes, *Les Commentaires d'un soldat* (Paris, 1860), p. 5; E. Vanson, *Crimée, Italie, Mexique: Lettres de campagnes 1854-1867* (Paris, 1905), p. 23; NAM 1978-04-39-2 (carta de Hull, 12 jul. 1854); NAM 2000-02-94 (carta de Rose, 28 ago. 1854).
3. A. de Damas, *Souvenirs religieux et militaires de la Crimée* (Paris, 1857), pp. 147-8.
4. RGVIA, f. 846, op. 16, d. 5492, ll. 50-51; V. Rakov, *Moi uospominaniia o Evpatorii v epohu krymskoi voiny 1853-1856 gg.* (Evpatoriia, 1904), pp. 13-14, 21-2; A. Markevich, *Tavricheskaia guberniia vo vremia krymskoi voiny: Po arkhivnym materialam* (Simferopol, 1905), pp. 18-23; A. Kinglake, *The Invasion of the Crimea: Its Origin and an Account of Its Progress down to the Death of Lord Raglan*, 8 vols. (Londres, 1863), vol. 2, p. 166.
5. RGVIA, f. 846, op. 16, d. 5450, ll. 29-32; N. Mikhno, "Iz zapisok chinovnika o krymskoi voine", em N. Dubrovin (org.), *Materialy dlia istorii krymskoi voiny I oborony sevastopolia; Sbornik izdavaemyi komitetom po ustroistvu sevastopol'skogo muzeia*, vyp. 3 (São Petersburgo, 1872), p. 7
6. W. Baumgart, *The Crimean War, 1853-1856* (Oxford, 1999), p. 116.
7. R. Hodasevich, *A Voice from within the Walls of Sebastopol: A Narrative of the Campaign in the Crimea and the Events of the Siege* (Londres, 1856), p. 35.
8. Cullet, *Un régiment*, p. 68; Molènes, *Les Commentaires d'un soldat*, p. 45.
9. L. de Saint-Arnaud, *Lettres du Maréchal Saint-Arnaud*, 2 vols. (Paris, 1858), vol. 2, p. 490.
10. V. Bonham-Carter (ed.), *Surgeon in the Crimea: The Experiences of George Lawson Recorded in Letters to His Family* (Londres, 1968), p. 70.
11. NAM 2003-03-634 ("The Diary of Bandmaster Oliver", 15, 16, 17 set. 1854); J. Hume, *Reminiscences of the Crimean Campaign with the 55th Regiment* (Londres, 1894), p. 47.
12. H. Small, *The Crimean War: Queen Victoria's War with the Russian Tsars* (Stroud, 2007), p. 44.
13. N. Dubrovin, *Istoriia krymskoi voiny i oborony Sevastopolia*, 3 vols. (São Petersburgo, 1900), vol. 1, pp. 215-17; Hodasevich, *A Voice*, pp. 47, 68; Damas, *Souvenirs*, p. 11; M. Bot'anov, *Vospominaniia sevastopoltsa i kavkatsa, 45 let spustia* (Vitebsk, 1899), p. 6; Noir, *Souvenirs d'un simple zouaue*, p. 235.
14. E. Perret, *Les Français en Orient: Récits de Crimée 1854-1856* (Paris, 1889), p. 103.

15. Dubrovin, *Istoriia krymskoi voiny*, vol. 1, p. 222; id., 349-dnevnaia zashchita Sevastopolia (São Petersburgo, 2005), p. 52; A. Seaton, *The Crimean War: A Russian Chronicle* (Londres, 1977), pp. 75-6.
16. Hodasevich, *A Voice*, pp. 55-6.
17. Perret, *Les Français en Orient*, p. 106; Hodasevich, *A Voice*, p. 32; M. Vrochenskii, *Sevastopol'skii razgrom: Vospominaniia uchastnika slavnoi oborony Sevastopolia* (Kiev, 1893), p. 21.
18. R. Egerton, *Death or Glory: The Legacy of the Crimean War* (Londres, 2000), p. 82.
19. Small, *The Crimean War*, p. 47; N. Dixon, *On the Psychology of Military Incompetence* (Londres, 1994), p. 39.
20. M. Masquelez, *Journal d'un officier de zouaves* (Paris, 1858), pp. 107-8; Noir, *Souvenirs d'un simple zouave*, pp. 226-8; Molènes, *Les Commentaires d'un soldat*, pp. 232-3; A. Gouttman, *La Guerre de Crimée 1853-1856* (Paris, 1995), pp. 294-8; R GVIA, f. 846, op. 16, d. 5575, l. 4.
21. Small, *The Crimean War*, p. 50; Noir, *Souvenirs d'un simple zouave*, pp. 230-31; E. Tarle, *Krymskaia voina*, 2 vols. (Moscou, 1944), vol. 2, p. 20; Hodasevich, *A Voice*, pp. 69-70.
22. Ibid., p. 70; J. Spilsbury, *The Thin Red Line: An Eyewitness History of the Crimean War* (Londres, 2005), p. 61; A. Massie, *The National Army Museum Book of the Crimean War: The Untold Stories* (Londres, 2004), p. 36.
23. Spilsbury, *Thin Red Line*, pp. 64-5; Kinglake, *Invasion of the Crimea*, vol. 2, pp. 332 ss.; NAM 1976-06-10 ("Crimean Journal, 1854", pp. 54-5).
24. Small, *The Crimean War*, pp. 51-4; Spilsbury, *Thin Red Line*, pp. 65-9; E. Totleben, *Opisanie oborony g. Sevastopolia*, 3 vols. (São Petersburgo, 1863-78), vol. 1, p. 194.
25. A. Khrushchev, *Istoriia oborony Sevastopolia* (São Petersburgo, 1889), p. 13; Hodasevich, *A Voice*, pp. 73-6; Tarle, *Krymskaia voina*, vol. 2, p. 20.
26. A. du Picq, *Battle Studies* (Charleston, SC, 2006), pp. 112, 223.
27. Dubrovin, *Istoriia krymskoi voiny*, vol. 1, pp. 267-8; Baron de Bazancourt, *The Crimean Expedition, to the Capture of Sebastopol*, 2 vols. (Londres, 1856), vol. 1, pp. 260-62.
28. NAM 1974-02-22-86-4 (21 set. 1872); Bonham-Carter, *Surgeon in the Crimea*, p. 73.
29. S. Calthorpe, *Letters from Headquarters; or the Realities of the War in the Crimea by an Officer of the Staff* (Londres, 1858), pp. 76-7.
30. Seaton, *The Crimean War*, pp. 96-7; Kh. Giubbenet, *Slovo ob uchastii narodov v popechenii o ranenyh voinakh i neskol'ko uospominanii iz krymskoi kampanii* (Kiev, 1868), p. 15.
31. *The Times*, 1º dez. 1854.

32. Noir, *Souvenirs d'un simple zouave*, p. 234; Egerton, *Death or Glory*, pp. 219-20; H. Drummond, *Letters from the Crimea* (Londres, 1855), pp. 49-50.
33. RGVIA, f. 846, op. 16, d. 5450, ll. 41-2; H. Elphinstone, *Journal of the Operations Conducted by the Corps of Royal Engineers* (Londres, 1859), pp. 21-2; J. Curtiss, *Russia's Crimean War* (Durham, NC, 1979), pp. 302-5; Totleben, *Opisanie*, vol. 1, pp. 66 ss.
34. Dubrovin, *Istoriia krymskoi voiny*, vol. 1, pp. 268-9.
35. *Den' i noch' v Sevastopole: Stseny iz boevoi zbizni (iz zapisok artillerista)* (São Petersburgo, 1903), pp. 4-5; Gouttman, *La Guerre de Crimée*, p. 305.
36. Egerton, *Death or Glory*, p. 92.
37. NAM 1999-06-41 (diário de Nolan, p. 35).
38. Noir, *Souvenirs d'un simple zouaue*, p. 239; Perret, *Les Français en Orient*, pp. 119-20.
39. RGVIA, f. 846, op. 16, d. 5492, ll. 62-3; Dubrovin, *Istoriia krymskoi voiny*, vol. 1, pp. 293-302; Tarle, *Krymskaia voina*, vol. 2, p. 23; Hodasevich, *A Voice*, pp. 119-21.
40. RGVIA, f. 846, op. 16, d. 5492, ll. 57-8; Markevich, *Tavricheskaia guberniia*, pp. 9-10; "1854 g.", *Russkaia starina*, 19 (1877), p. 338; Rakov, *Moi vospominaniia*, pp. 16-39; Molènes, *Les Commentaires d'un soldat*, pp. 46, 71-2.
41. T. Royle, *Crimea: The Great Crimean War 1854-1856* (Londres, 1999), p. 244.
42. J. Herbé, *Français et russes en Crimée: Lettres d'un officier français à sa famille pendant la campagne d'Orient* (Paris, 1892), p. 104.

8. SEBASTOPOL NO OUTONO

1. L. Tolstoy, *The Sebastopol Sketches*, trad. para o inglês D. McDuff (Londres, 1986), pp. 39, 42-3. Reprodução autorizada.
2. M. Vrochenskii, *Sevastopol'skii razgrorn: Vospominaniia uchastnika slavnoi oborony Sevastopolia* (Kiev, 1893), p. 9; N. Berg, *Desiat' dnei v Sevastopole* (Moscou, 1855), p. 15.
3. Tolstoy, *Sebastopol Sketches*, p. 43; E. Ershov, *Sevastopol'skie uospominaniia artilleriiskogo ofitsera v semi tetradakh* (São Petersburgo, 1858), p. 29.
4. M. Bot'anov, *Vospominaniia sevastopoltsa i kavkatsa 45 let spustia* (Vitebsk, 1899), p. 6.
5. E. Totleben, *Opisanie oborony g. Sevastopolia*, 3 vols. (São Petersburgo, 1863-78), vol. I, p. 218; *Vospominaniia ob odnom iz doblestnykh zashchit nikov Sevastopolia* (São Petersburgo, 1857), p. 7; *Sevastopol' v nyneshnem sostoianii: Pis'ma iz kryma i Sevastopolia* (Moscou, 1855), p. 19; WO 28/188, Burgoyne a Airey, 4 out. 1854; FO 78/1040, Rose a Clarendon, 8 out. 1854.
6. *Tolstoy's Letters*, org. e trad. para o inglês R. F. Christian, 2 vols. (Londres, 1978), vol. 1, p. 44. A cena foi reproduzida em *Contos de Sebastopol* (p. 57).

7. S. Gershel'man, *Nravstvennyi element pod Sevastopolem* (São Petersburgo, 1897), p. 84; R. Egerton, *Death or Glory: The Legacy of the Crimean War* (Londres, 2000), p. 91.
8. E. Tarle, *Krymskaia voina*, 2 vols. (Moscou, 1944), vol. 2, p. 38; Gershel'man, *Nravstvennyi element*, pp. 70-71; Totleben, *Opisanie*, vol. I, pp. 198 ss.; J. Herbé, *Français et russes en Crimée: Lettres d'un officier français à sa famille pendant la campagne d'Orient* (Paris, 1892), p. 133.
9. RGVIA, f. 846, op. 16, d. 5613, l. 12; N. Dubrovin, *Istoriia krymskoi voiny i oborony Sevastopolia*, 3 vols. (São Petersburgo, 1900), vol. 2, p. 31.
10. NAM 1968-07-292 (Cathcart a Raglan, 27 set. 1854); NAM 1983-11-13-310 (12 out. 1854).
11. E. Perret, *Les Français en Orient: Récits de Crimée 1854-1856* (Paris, 1889), pp. 142-4; Baron de Bazancourt, *The Crimean Expedition, to the Capture of Sebastopol*, 2 vols. (Londres, 1856), vol. 1, pp. 34 3-8.
12. NAM 1982-12-29-13 (carta, 12 out. 1854).
13. H. Clifford, *Letters and Sketches from the Crimea* (Londres, 1956), p. 69; E. Wood, *The Crimea in 1854 and 1894* (Londres, 1895), pp. 88-9.
14. S. Calthorpe, *Letters from Headquarters; or the Realities of the War in the Crimea by an Officer of the Staff* (Londres, 1858), p. 111.
15. *Sevastopol' v nyneshnem sostoianii*, p. 16.
16. V. Bariatinskii, *Vospominaniia 1852-55 gg.* (Moscou, 1904), pp. 39-42; A. Seaton, *The Crimean War: A Russian Chronicle* (Londres, 1977), pp. 126-9.
17. NAM 1969-01-46 (diário particular, 17 out. 1854); *Den'i noch'v Sevastopole: Stseny iz boevoi zbizni (iz zapisok artillerista)* (São Petersburgo, 1903), pp. 7, 11.
18. A. Khrushchev, *Istoriia oborony Sevastopolia* (São Petersburgo, 1889), p. 30; WO 28/188, Lushington a Airey, 18 out. 1854.
19. *Mrs Duberly's War: Journal and Letters from the Crimea*, org. C. Kelly (Oxford, 2007), p. 87.
20. *Sevastopol' v nyneshnem sostoianii*, p. 16.
21. WO 28/188, Burgoyne a Raglan, 6 out. 1854; J. Spilsbury, *The Thin Red Line: An Eyewitness History of the Crimean War* (Londres, 2005), p. 138.
22. Calthorpe, *Letters*, p. 125; NAM 1968-07-270 ("Letters from the Crimea Written during the Years 1854, 55 and 56 by a Staff Officer Who Was There"), p. 125; H. Rappaport, *No Place for Ladies: The Untold Story of Women in the Crimean War* (Londres, 2007), pp. 82-3.
23. D. Austin, "Blunt Speaking: The Crimean War Reminiscences of John Elijah Blunt, Civilian Interpreter", *Crimean War Research Society: Special Publication*, 33 (n.d.), pp. 24, 32, 55.

24. *Mrs Duberly's War*, p. 93; NAM 1968-07-270 ("Letters from the Crimea Written during the Years 1854, 55 and 56 by a Staff Officer Who Was There"), pp. 119-20; W. Munro, *Records of Service and Campaigning in Many Lands*, 2 vols. (Londres, 1887), vol. 2, p. 88.
25. H. Franks, *Leaves from a Soldier's Notebook* (Londres, 1904), p. 80; NAM 1958-04-32 (carta de Forrest, 27 out. 1854).
26. Spilsbury, *Thin Red Line*, pp. 155-6; H. Small, *The Crimean War: Queen Victoria's War with the Russian Tsars* (Stroud, 2007), pp. 71-2.
27. Small, *The Crimean War*, pp. 73-82.
28. R. Portal, Letters From the Crimea, 1854-55 (Winchester, 1900), p. 112. Para uma versão dos acontecimentos em que Nolan teria tentado mudar a direção da carga, ver D. Austin, "Nolan Did Try to Redirect the Light Brigade", *War Correspondent*, 23/4 (2006), pp. 20-21.
29. Spilsbury, *Thin Red Line*, pp. 161-2.
30. S. Kozhukov, "Iz krymskikh vospominanii o poslednei voine", *Russkii Arkbiv*, 2 (1869), pp. 023-025.
31. G. Paget, *The Light Cavalry Brigade in the Crimea* (Londres, 1881), p. 73.
32. Mrs Duberly's War, p. 95.
33. Small, *The Crimean War*, pp. 64, 86-8; RGVIA, f. 846, op. 16, d. 5585, l. 31; Dubrovin, *Istoriia krymskoi voiny*, vol. 2, pp. 144-7.
34. N. Woods, *The Past Campaign: A Sketch of the War in the East*, 2 vols. (Londres, 1855), vol. 2, pp. 12-14; Austin, "Blunt Speaking", pp. 54-6.
35. N. Dubrovin, *349-dnevnaia zashchita Sevastopolia* (São Petersburgo, 2005), p. 91; A. Tiutcheva, *Pri dvore dvukh imperatov: Vospominaniia, dnevnik, 1853-1882* (Moscou, 1928-9), p. 161.
36. A. Kinglake, *The Invasion of the Crimea: Its Origin and an Account of Its Progress down to the Death of Lord Raglan*, 8 vols. (Londres, 1863), vol. 5, pp. 1-24.
37. NAM 1963-11-151 (carta, 27 out. 1854); NAM 1986-03-103 (carta, 31 out. 1854).
38. Tarle, *Krymskaia voina*, vol. 2, p. 140.
39. B. Gooch, *The New Bonapartist Generals in the Crimean War* (Haia, 1959), p. 145.
40. NAM 1994-02-172 (carta, 22 fev. 1855).
41. Khrushchev, *Istoriia oborony sevastopolia*, pp. 38-42; Seaton, *The Crimean War*, pp. 161-4.
42. A. Andriianov, *Inkermanskii boi i oborona Sevastopolia (nabroski uchastnika)* (São Petersburgo 1903), p. 16.
43. Dubrovin, *Istoriia krymskoi voiny*, vol. 2, pp. 194-5; Spilsbury, *Thin Red Line*, pp. 196-8.
44. NAM 1968-07-264-1 ("The 95th Regiment at Inkerman").
45. Ibid.
46. Andriianov, *Inkermanskii boi*, p. 20.

47. P. Alabin, *Chetyre voiny: Pokhodnye zapiski v voinu 1853, 1854, 1855 i 1856 godov*, 2 vols. (Viatka, 1861), vol. 2, pp. 74-5; Dubrovin, *Istoriia krymskoi voiny*, vol. 2, pp. 203-5.
48. Spilsbury, *Thin Red Line*, pp. 211-12.
49. G. Higginson, *Seventy-One Years of a Guardsman's Life* (Londres, 1916), pp. 197-8; Kinglake, *Invasion of the Crimea*, vol. 5, pp. 221-57.
50. R. Hodasevich, *A Voice from within the Walls of Sebastopol: A Narrative of the Campaign in the Crimea and the Events of the Siege* (Londres, 1856), pp. 190-8; Seaton, *The Crimean War*, p. 169.
51. L. Noir, *Souvenirs d'un simple zouave: Campagnes de Crimée et d'Italie* (Paris, 1869), p. 278.
52. J. Cler, *Reminiscences of an Officer of Zouaves* (Nova York, 1860), p. 211; *Historique de le Régiment de Zouaves 1830-1887* (Orão, 1887), pp. 66-7.
53. Spilsbury, *Thin Red Line*, p. 214.
54. Higginson, *Seventy-One Years*, p. 200; Spilsbury, *Thin Red Line*, p. 232.
55. Seaton, *The Crimean War*, pp. 175-6.
56. M. O. Cullet, *Un régiment de ligne pendant la guerre d'orient: Notes et souvenirs d'un officier d'infanterie 1854-1855-1856* (Lyon, 1894), p. 112.
57. Noir, *Souvenirs d'un simple zouave*, pp. 281-3.
58. Woods, *The Past Campaign*, vol. 2, pp. 143-4; Noir, *Souvenirs d'un simple zouave*, p. 278; Cler, *Reminiscences*, p. 216; A. de Damas, *Souvenirs religieux et militaires de la Crimée* (Paris, 1857), p. 70.
59. RA VIC/MAINIF/r/38.
60. Cler, *Reminiscences*, pp. 219-20.
61. RA VIC/MAINIF/r/36 (Coronel E. Birch Reynardson ao Coronel Phipps, Sebastopol, 7 nov.); H. Drummond, *Letters from the Crimea* (Londres, 1855), p. 75; *A Knouting for the Czar! Being Some Words on the Battles of Inkerman, Balaklava and Alma by a Soldier* (Londres, 1855), pp. 5-9.
62. RGVIA, f. 846, op. 16, d. 5634, l. 11-18; Bazancourt, *The Crimean Expedition*, pp. 116-17; Noir, *Souvenirs d'un simple zouave*, pp. 278-9; Kinglake, *Invasion of the Crimea*, vol. 5, pp. 324, 460-63.
63. FO 78/1040, Rose a Clarendon, 7 nov. 1854.
64. Small, *The Crimean War*, p. 209.
65. NAM 1984-09-31-63 (carta, 7 nov. 1854); *Vospominaniia ob odnom iz doblestnykh zashchitnikov sevastopolia*, pp. 11, 15; RGVIA, f. 846, op. 16, d. 5629, l. 7; d. 5687, l. 1; Dubrovin, *Istoriia krymskoi voiny*, vol. 2, p. 384.
66. RGVIA, f. 846, op. 16, d. 5450, ll. 34-42; d. 5452, ch. 2, ll. 16-18; Dubrovin, *Istoriia krymskoi voiny*, vol. 2, pp. 272-3; Tiutcheva, *Pri dvore dvukh imperatov*, p. 165.
67. *Tolstoy's Diaries*, vol. 1: 1847-1894, org. e trad. R. F. Christian (Londres, 1985), p. 95.
68. H. Troyat, *Tolstoy* (Londres, 1970), pp. 161-2.

69. *Tolstoy's Letters*, vol. 1, p. 45; A. Opul'skii, L. N. *Tolstoi v krymu: Literaturno-kraevedcheskii ocherk* (Simferopol, 1960), pp. 27-30.
70. Troyat, *Tolstoy*, p. 162.
71. *Tolstoy's Letters*, vol. 1, pp. 44-5.

9. OS GENERAIS JANEIRO E FEVEREIRO

1. NAM 1988-06-29-1 (carta, 17 nov. 1854).
2. *Mrs Duberly's War: Journal and Letters from the Crimea*, ed. C. Kelly (Oxford, 2007), pp. 102-3; NAM 1968-07-288 (Cambridge a Raglan, 15 nov. 1854).
3. Ia. Rebrov, *Pis'ma sevastopol'tsa* (Novocherkassk, 1876), p. 26.
4. *Lettres d'un soldat à sa mère de 1849 à 1870: Afrique, Crimée, Italie, Mexique* (Montbéliard, 1910), p. 66; L. Noir, *Souvenirs d'un simple zouaue: Campagnes de Crimée et d'Italie* (Paris, 1869), p. 288; V. Bonham-Carter (org.), *Surgeon in the Crimea: The Experiences of George Lawson Recorded in Letters to His Family* (Londres, 1968), p. 104.
5. WO 28/162, "Letters and Papers Relating to the Administration of the Cavalry Division".
6. NAM 1982-12-29-23 (carta, 22 nov. 1854); D. Boulger (org.), *General Gordon's Letters from the Crimea, the Danube and Armenia* (Londres, 1884), p. 14; K. Vitzthum von Eckstädt, *St Petersburg and London in the Years 1852-64*, 2 vols. (Londres, 1887), vol. 1, p. 143.
7. J. Herbé, *Français et russes en Crimée: Lettres d'un officier français à sa famille pendant la campagne d'Orient* (Paris, 1892), p. 144.
8. J. Baudens, *La Guerre de Crimée: Les campements, les abris, les ambu lances, les hôpitaux etc.* (Paris, 1858), pp. 63-6; Noir, *Souvenirs d'un simple zouave*, p. 248.
9. Herbé, *Français et russes en Crimée*, p. 151; *Mrs Duberly's War*, pp. 110-11.
10. NAM 1968-07-270 ("Letters from the Crimea Written during the Years 1854, 55 and 56 by a 5taff Officer Who Was There"), pp. 188-9.
11. L. G. Douglas and G. Ramsay (orgs.), *The Panmure Papers, Being a Selection from the Correspondence of Fox Maule, 2nd Baron Panmure, afterwards 11th Earl of Dalhousie*, 2 vols. (Londres, 1908), vol. 1, pp. 151-2; B. Gooch, *The New Bonapartist Generals in the Crimean War* (Haia, 1959), pp. 159-60.
12. C. Mismer, *Souvenirs d'un dragon de l'armée de Crimée* (Paris, 1887), pp. 59-60, 96-7.
13. Noir, *Souvenirs d'un simple zouave*, p. 291; Herbé, *Français et russes en Crimée*, pp. 225-6.
14. *Mrs Duberly's War*, p. 118.
15. Noir, *Souvenirs d'un simple zouave*, p. 288; H. Rappaport, *No Place for Ladies: The Untold Story of Women in the Crimean War* (Londres, 2007), p. 38; Bonham-Carter, *Surgeon in the Crimea*, p. 65.

16. NAM 1996-05-4-19 (carta de Pine, 8 jan. 1855); Mismer, *Souvenirs d'un dragon*, pp. 124-5; NAM 1996-05-4 (carta, 8 jan. 1855).
17. NAM 1984-09-31-79 (4 fev. 1855); NAM 1976-08-32 (carta de Hagger, 1º dez. 1854); G. Bell, *Rough Notes by an Old Soldier: During Fifty Years' Service, from Ensign G.B. to Major-General, C.B.*, 2 vols. (Londres, 1867), vol. 2, pp. 232-3.
18. K. Chesney, *Crimean War Reader* (Londres, 1960), p. 154; Herbé, *Français et russes en Crimée*, p. 343.
19. Baudens, *La Guerre de Crimée*, pp. 101-3; J. Shepherd, *The Crimean Doctors: A History of the British Medical Services in the Crimean War*, 2 vols. (Liverpool, 1991), vol. 1, pp. 135-6, 237; *Health of the Army in Turkey and Crimea: Paper; being a medical and surgical history of the British army which served in Turkey and the Crimea during the Russian war*, Parliamentary Papers 1857-8, vol. 38, part 2, p. 465.
20. N. Pirogov, *Sevastopol'skie pis'ma i vospominaniia* (Moscou, 1950), pp. 28-37, 66, 147-8, 220-23; *Za mnogo let: Zapiski (vospominaniii) neizvestnogo 1844-1874 gg.* (São Petersburgo, 1897), pp. 82-3; Kh. Giubbenet, *Ocherk meditsinskoi i gospital'noi chasti russkih voisk v Krymu v 1854-1856 gg.* (São Petersburgo, 1870), p. 2.
21. N. Berg, *Desiat' dnei v Sevastopole* (Moscou, 1855), pp. 17-19; R. Hodasevich, *A Voice from within the Walls of Sebastopol: A Narrative of the Campaign in the Crimea and the Events of the Siege* (Londres, 1856), p. 129; E. Kovalevskii, *Voina s Turtsiei i razryu s zapadnymi derzhavami v 1853-1854* (São Petersburgo, 1871), p. 82; Pirogov, *Sevastopol'skie pis'ma*, pp. 151-2.
22. Ibid., pp. 155-6, 185.
23. L. Tolstoy, *The Sebastopol Sketches*, trad. para o inglês D. McDuff (Londres, 1986), pp. 44, 47-8.
24. Giubbenet, *Ocherk*, pp. 5, 7.
25. H. Connor, "Use of Chloroform by British Army Surgeons during the Crimean War", *Medical History*, 4212 (1998), pp. 163, 184-8; Shepherd, *The Crimean Doctors*, vol. 1, pp. 132-3.
26. Pirogov, *Sevastopol'skie pis'ma*, p. 27; *Istoricheskii obzor deistvii krestovozdvizhenskoi obshchiny sester' popecheniia o ranenykh i vol'nykh k voennykh gospitaliakh v Krymu i v Khersonskoi gubernii c 1 dek. 1854 po 1 dek. 1855* (São Petersburgo, 1856), pp. 2-4; *Sobranie pisem sester Krestouozd-vizhenskoi obshchiny popecheniia o ranenykh* (São Petersburgo, 1855), p. 22.
27. *Gosudarstvennoe podvizhnoie opolchenie Vladimirskoi gubernii 1855- 56: Po materialam i lichnym uospominaniiam* (Vladimir, 1900), p. 82; Rappaport, *No Place for Ladies*, pp. 115-17.
28. NAM I951-12-21 (diário de Bellew, 23 jan. 1855); Rappaport, *No Place for Ladies*, pp. 101, 125.
29. G. St Aubyn, *Queen Victoria: A Portrait* (Londres, 1991), p. 295.

30. A. Lambert and S. Badsey (orgs.), *The War Correspondents: The Crimean War* (Strand, 1994), p. 13; S. Markovits, *The Crimean War in the British Imagination* (Cambridge, 2009), p. 16.
31. E. Gosse, *Father and Son* (Oxford, 2004), p. 20.
32. M. Lalumia, *Realism and Politics in Victorian Art of the Crimean War* (Epping, 1984), p. 120.
33. H. Clifford, *Letters and Sketches from the Crimea* (Londres, 1956), p. 146.
34. NAM 1968-07-284 (Raglan a Newcastle, 4 jan. 1855).
35. Gooch, *The New Bonapartist Generals*, p. 192.
36. L. Case, *French Opinion on War and Diplomacy during the Second Empire* (Filadélfia, 1954), pp. 2-6, 32; H. Loizillon, *La Campagne de Crimée: Lettres écrites de Crimée par le capitaine d'état-major Henri Loizillon à sa famille* (Paris, 1895), p. 82; RA VIC/MAIN/QVJ/1856, 19 abr.
37. *Za mnogo let*, pp. 75-8.
38. *The Englishwoman in Russia: Impressions of the Society and Manners of the Russians at Home* (Londres, 1855), pp. 292-3, 296-8.
39. Ibid., pp. 294-5; *Za mnogo let*, p. 73.
40. E. Tarle, *Krymskaia voina*, 2 vols. (Moscou, 1944), vol. 1, pp. 454-9; *The Englishwoman in Russia*, p. 305.
41. A. Zaionchkovskii, *Vostochnaia voina 1853-1856*, 3 vols. (São Petersburgo, 2002), vol. 2, p. 76; GARF, f. 109, op. 1, d. 353 (chast' 2), l. 7.
42. I. Ignatovich, *Pomeshehiehie krest'iane nakanune osvobozhdeniia* (Leningrado, 1925), pp. 331-7; *The Englishwoman in Russia*, pp. 302-3, 313.
43. J. Curtiss, *Russia's Crimean War* (Durham, NC, 1979), pp. 532-46; D. Moon, "Russian Peasant Volunteers at the Beginning of the Crimean War", *Slavic Review*, 51/4 (inverno de 1992), pp. 691-704. Sobre um fenômeno semelhante nas regiões de Kiev, Podol' e Volínia nos primeiros meses de 1855, ver RGVIA, f. 846, op. 16, d. 5496, ll. 18-52.
44. RGVIA, f. 846, op. 16, d. 5452, ch. 2, l. 166; Rebrov, *Pis'ma sevastopol'tsa*, p. 3.
45. Pirogov, *Sevastopol'skie pis'ma*, p. 148; A. Markevich, *Tavrieheskaia guberniia vo vremia krymskoi voiny: Po arkhivnym materialam* (Simferopol, 1905), pp. 107-51; A Opul'skii, *L. N. Tolstoi v krymu: Literaturnokraevedeheskii oeherk* (Simferopol, 1960), p. 12; Hodasevich, *A Voice*, pp. 24-5; RGVIA, f. 9198, op. 61264, sv. 15, d. 2.
46. "Vostochnaia voina: Pis'ma kn. L F. Paskevicha k kn. M. D. Gorchakovu", *Russkaia starina*, 15 (1876), pp. 668-70; Tarle, *Krymskaia voina*, vol. 2, pp. 224-8.
47. RGVIA, f. 846, op. 16, d. 5450, ll. 50-54; RGVIA, f. 846, op. 16, d. 5452, ch. 2, ll. 166, 199-201; "Doktor Mandt o polednikh nedeliiakh imperatora Nikolaia Pavlovicha (iz neizdannykh zapisok odnogo priblizhennogo k imperatoru litsa)", *Russkii arkhiv*, 2 (1905), p. 480.

48. *Poslednie minuty i konehina v bozhe poehivshego imperatora, nezabuennogo i veehnoi slavy dostoinogo Nikolaia I* (Moscou, 1855), pp. 5-6; "Noch' c 17-go na 18 fevralia 1855 goda: Rasskaz doktora Mandta", *Russkii arkhiv*, I (1884), p. 194; "Nekotorye podrobnosti o konchine imperatora Nikolaia Pavlovicha", *Russkii arkhiv*, 3/9 (1906), pp. 143-5; Tarle, *Krymskaia voina*, vol. 2, p. 233.

49. Ver, por exemplo, V. Vinogradov, "The Personal Responsibility of Emperor Nicholas I for the Coming of the Crimean War: An Episode in the Diplomatic Struggle in the Eastern Question", em H. Ragsdale (org.), *Imperial Russian Foreign Policy* (Cambridge, 1993), p. 170.

50. A. Tiutcheva, *Pri dvore dvukh imperatov: Vospominaniia, dnevnik*, 1853-1882 (Moscou, 1928-9), p. 178.

51. Ibid., pp. 20-21.

10. BUCHA DE CANHÃO

1. RA VIC/MAIN/QVJ/1856, 2 mar.
2. L. Noir, *Souvenirs d'un simple zouave: Campagnes de Crimée et d'Italie* (Paris, 1869), p. 312.
3. F. Charles-Roux, *Alexandre II, Gartchakoff et Napoléon III* (Paris, 1913), p. 14.
4. *The Later Correspondence of Lord John Russell, 1840-1878*, org. G. Gooch, 2 vols. (Londres, 1925), vol. 2, pp. 160-61; Lady F. Balfour, *The Life of George, Fourth Earl of Aberdeen*, 2 vols. (Londres, 1922), vol. 2, p. 206.
5. H. Verney, *Our Quarrel with Russia* (Londres, 1855), pp. 22-4.
6. G. B. Henderson, "The Two Interpretations of the Four Points, December 1854", em id., *Crimean War Diplomacy and Other Historical Essays* (Glasgow, 1947), pp. 119-22; *The Letters of Queen Victoria: A Selection from Her Majesty's Correspondence between the Years 1837 and 1861*, 3 vols. (Londres, 1907-8), vol. 3, pp. 65-6.
7. P. Schroeder, *Austria, Great Britain and the Crimean War: The Destruction of the European Concert* (Ithaca, NY, 1972), pp. 256-77.
8. P. Jaeger, *Le mura di Sebastopoli: Gli italiani in Crimea 1855-56* (Milão, 1991), p. 245; C. Thoumas, *Mes souuenirs de Crimée 1854-1856* (Paris, 1892), p. 191.
9. RGVIA, f. 846, op. 16, d. 5855, ll. 36-7.
10. H. Bell, *Lord Palmerston*, 2 vols. (Londres, 1936), vol. 2, p. 125; Hansard, HC Deb. 21 de maio de 1912, vol. 38, p. 1734; C. Bayley, *Mercenaries for the Crimean: The German, Swiss, and Italian Legions in British Service 1854-6* (Montreal, 1977).
11. F. Kagan, *The Military Reforms of Nicholas I: The Origins of the Modern Russian Army* (Londres, 1999), p. 243.
12. RGVIA, f. 846, op. 16, d. 5496, ll. 1-4, 14, 18-19, 22-8.
13. C. Badem, "The Ottomans and the Crimean War (1853-1856)", tese de doutorado (Universidade Sabanci, 2007), pp. 182-4.

14. FO 881/1443, Clarendon a Cowley, 9 abr. 1855.
15. FO 881/1443, Clarendon a Cowley, 13 abr. 1855; Stratford a Clarendon, 11 jun. 1855; Longworth a Clarendon, 10 jun., 2 e 26 jul. 1855; FO 881/547, memorando de Brant sobre a Geórgia, 1º fev. 1855; L. Oliphant, *The Transcaucasian Provinces the Proper Field of Operation for a Christian Army* (Londres, 1855).
16. RA VIC/MAIN/F/2/96.
17. T. Royle, *Crimea: The Great Crimean War 1854-1856* (Londres, 1999), pp. 377-8; B. Greenhill e A. Giffard, *The British Assault on Finland* (Londres, 1988), p. 321.
18. WO 28/r88, Burgoyne a Raglan, dez. 1854.
19. A. de Damas, *Souvenirs religieux et militaires de la Crimée* (Paris, 1857), pp. 149-50; NAM 6807-295-1 (Sir Edward Lyons a Codrington, mar. 1855).
20. H. Small, *The Crimean War: Queen Victoria's War with the Russian Tsars* (Stroud, 2007), pp. 125-33.
21. V. Rakov, *Moi vospominaniia o Evpatorii v epohu krymskoi voiny 1853-1856 gg.* (Evpatoriia, 1904), pp. 52-6; E. Tarle, *Krymskaia voina*, 2 vols. (Moscou, 1944), vol. 2, p. 217; *The Times*, 14 de junho de 1856, p. 5.
22. WO 6/74, Panmure ao Raglan, 26 mar. 1855; Royle, *Crimea*, p. 370.
23. FO 78/1129/62, Rose a Clarendon, 2 jun. 1855.
24. A. Kinglake, *The Invasion of the Crimea: Its Origin and an Account of Its Progress down to the Death of Lord Raglan*, 8 vols. (Londres, 1863), vol. 8, pp. 48-55; E. Perret, *Les Français en Orient: Récits de Crimée 1854-1856* (Paris, 1889), pp. 287-9; *The Times*, 28 de maio de 1855.
25. RGVIA, f. 846, op. 16, d. 5563, l. 322; N. Dubrovin, *Istoriia krymskoi voiny i oborony Sevastopolia*, 3 vols. (São Petersburgo, 1900), vol. 3, p. 179.
26. J. Herbé, *Français et russes en Crimée: Lettres d'un officier français à sa famille pendant la campagne d'Orient* (Paris, 1892), p. 337; Noir, *Souvenirs d'un simple zouave*, p. 314.
27. *A Visit to Sebastopol a Week after Its Fall: By an Officer of the Anglo-Turkish Contingent* (Londres, 1856), p. 34.
28. M. Vrochenskii, *Sevastopol'skii razgrom: Vospominaniia uchastnika slavnoi oborony Sevastopolia* (Kiev, 1893), pp. 77-84; H. Loizillon, *La Campagne de Crimée: Lettres écrites de Crimée par le capitaine d'état-major Henri Loizillon à sa famille* (Paris, 1895), pp. 106-7.
29. Herbé, *Français et russes en Crimée*, p. 199; RGVIA, f. 846, op. 16, d. 5452, ch. 2, l. 166; W. Porter, *Life in the Trenches before Sevastopol* (Londres, 1856), p. 111.
30. E. Boniface, Count de Castellane, *Campagnes de Crimée, d'Italie, d'Afrique, de Chine et de Syrie, 1849-1862* (Paris, 1898), pp. 168-73.
31. Noir, *Souvenirs d'un simple zouave*, p. 313; E. Ershov, *Sevastopol'skie vospominaniia artilleriiskogo ofitsera v semi tetradakh* (São Petersburgo, 1858), pp. 167-73; NAM 1965-QI-183-IQ (carta de Steevens, 26 mar. 1855).

32. H. Clifford, *Letters and Sketches from the Crimea* (Londres, 1956), p. 194; Porter, *Life in the Trenches*, pp. 64-5.
33. C. Mismer, *Souvenirs d'un dragon de l'armée de Crimée* (Paris, 1887), p. 140; Porter, *Life in the Trenches*, pp. 68-9.
34. F. Luguez, *Crimée-Italie 1854-1859: Extraits de la correspondence d'un officier avec sa famille* (Nancy, 1895), pp. 61-2.
35. J. Cler, *Reminiscences of an Officer of Zouaves* (Nova York, 1860), pp. 233-4; S. Calthorpe, *Letters from Headquarters; or the Realities of the War in the Crimea by an Officer of the Staff* (Londres, 1858), pp. 215-16.
36. Ershov, *Sevastopol'skie vospominaniia*, pp. 224-30.
37. Damas, *Souvenirs*, p. 265.
38. Porter, *Life in the Trenches*, p. 127.
39. WO 28/126, Register of Courts Martial; Clifford, *Letters and Sketches*, p. 269. Para alguns dos relatos mais fartos sobre a bebedeira no exército russo, ver RGVIA, f. 484, op. 1, dd. 398-403.
40. Herbé, *Français et russes en Crimée*, p. 225; *The Times*, 17 mar. 1855.
41. M. Seacole, *Wonderful Adventures of Mrs Seacole in Many Lands* (Londres, 2005), p. 117.
42. A. Soyer, *Soyer's Culinary Campaign* (Londres, 1857), p. 405.
43. B. Cooke, *The Grand Crimean Central Railway* (Knutsford, 1990).
44. Herbé, *Français et russes en Crimée*, p. 223.
45. RGVIA, f. 481, op. I, d. 18, ll. 1-8.
46. V. Kolchak, *Voina i plen 1853-1855 gg.: Iz vospominanii o davno perezbitom* (São Petersburgo, 1904), pp. 41-2; Vrochenskii, *Sevastopol'skii razgrom*, p. 113; *Sobranie pisem sester Krestovozdvizhenskoi obshchiny popecbeniia o ranenykh* (São Petersburgo, 1855), pp. 37-40; Ershov, *Sevastopol'skie vospominaniia*, p. 91.
47. Porter, *Life in the Trenches*, p. 144; Ershov, *Sevastopol'skie uospominaniia*, pp. 97-107; *Sobranie pisem sester Krestovozdvizhenskoi obshchiny*, pp. 49-55; N. Pirogov, *Sevastopol'skie pis'ma i vospominaniia* (Moscou, 1950), p. 62.
48. *Vospominaniia ob odnom iz doblestnykh zashchitnikov Sevastopolia* (São Petersburgo, 1857), pp. 14-18; Ershov, *Sevastopol'skie uospominaniia*, p. 34.
49. H. Troyat, *Tolstoy* (Londres, 1970), pp. 170-71; *Tolstoy's Diaries*, vol. 1: 1847-1894, org. e trad. para o inglês R. F. Christian (Londres, 1985), p. 103; A. Maude, *The Life of Tolstoy: First Fifty Years* (Londres, 1908), pp. 111-12.
50. *Tolstoy's Diaries*, vol. 1, p. 104; V. Nazar'ev, "Zhizn' i liudi bylogo vremeni", *Istoricheskii vestnik*, 11 (1890), p. 443; M. Vygon, *Krymskie stranitsy zhizni i tvorchestva L. N. Tolstogo* (Simferopol, 1978), p. 37.
51. Vrochenskii, *Sevastopol'skii razgrom*, p. 117; N. Dubrovin, *349-dnevnaia zashchita Sevastopolia* (São Petersburgo, 2005), pp. 161-7; NAM 1968-07-484 (carta de Gage, 13 abr. 1855).

52. J. Jocelyn, *The History of the Royal Artillery (Crimean Period)* (Londres, 1911), p. 359; NAM 1965-01-183-10 (carta, 23 de abril de 1855).
53. Mismer, *Souvenirs d'un dragon*, pp. 179-80; *Mrs Duberly's War: Journal and Letters from the Crimea*, ed. C. Kelly (Oxford, 2007), pp. 186-7.
54. M. O. Cullet, *Un régiment de ligne pendant la guerre d'orient: Notes et souvenirs d'un officier d'infanterie 1854-1855-1856* (Lyon, 1894), pp. 165-6; Herbé, *Français et russes en Crimée*, pp. 260-65.
55. NAM 1974-05-16 (carta de St. George, 9 jun. 1855).
56. A. du Casse, *Précis historique des opérations militaires en orient de mars 1854 à septembre 1855* (Paris, 1856), p. 290; Herbé, *Français et russes en Crimée*, pp. 267-72.
57. Cullet, *Un régiment*, p. 182; J. Spilsbury, *The Thin Red Line: An Eye-witness History of the Crimean War* (Londres, 2005), pp. 278-9.
58. Cullet, *Un régiment*, pp. 278, 296-9.
59. Herbé, *Français et russes en Crimée*, p. 285; NAM 1962-10-94-2 (carta de Alexandre, 22 jun. 1855).
60. V. Liaskoronskii, *Vospominaniia Prokofiia Antonovicha Podpalova* (Kiev, 1904), p. 17.
61. Small, *The Crimean War*, p. 159.
62. Herbé, *Français et russes en Crimée*, pp. 280-81; Liaskoronskii, *Vospominaniia*, p. 17.
63. Boniface, *Campagnes de Crimée*, p. 235.
64. Kinglake, *Invasion of the Crimea*, vol. 8, pp. 161-2.
65. A. Massie, *The National Army Museum Book of the Crimean War: The Untold Stories* (Londres, 2004), pp. 199-200.
66. T. Gowing, *A Soldier's Experience: A Voice from the Ranks* (Londres, 1885), p. 115; Spilsbury, *Thin Red Line*, pp. 282-6; *A Visit to Sebastopol*, pp. 31-2.
67. NAM 1966-01-2 (carta de Scott, 22 jun. 1855); NAM 1962-10-94-2 (carta de Alexandre, 24 jun. 1855).
68. Luguez, *Crimée-Italie*, pp. 47-9.
69. NAM 1968-07-287-2 (Raglan a Panmure, 19 jun. 1855); NAM 1963-05-162 (Dr. Smith a Kinglake, 2 jul. 1877).

11. A QUEDA DE SEBASTOPOL

1. E. Boniface, Count de Castellane, *Campagnes de Crimée, d'Italie, d'Afrique, de Chine et de Syrie, 1849-1862* (Paris, 1898), p. 247.
2. A. Maude, *The Life of Tolstoy: First Fifty Years* (Londres, 1908), p. 119.
3. NAM 1984-09-31-129 (carta, 9 jul. 1855); NAM 1989-03-47-6 (carta de Ridley, 11 ago. 1855).
4. A. de Damas, *Souvenirs religieux et militaires de la Crimée* (Paris, 1857), pp. 84-6.

5. L. Noir, *Souvenirs d'un simple zouave: Campagnes de Crimée et d'Italie* (Paris, 1869), p. 282; J. Cler, *Reminiscences of an Officer of Zouaves* (Nova York, 1860), pp. 231-2; C. Mismer, *Souvenirs d'un dragon de l'armée de Crimée* (Paris, 1887), p. 117.
6. H. Loizillon, *La Campagne de Crimée: Lettres écrites de Crimée par le capitaine d'état-major Henri Loizillon à sa famille* (Paris, 1895), pp. x-xi, 116-17.
7. J. Baudens, *La Guerre de Crimée: Les campements, les abris, les ambulances, les hôpitaux etc.* (Paris, 1858), pp. 113-15; G. Guthrie, *Commentaries on the Surgery of the War in Portugal [...] with Additions Relating to Those in the Crimea* (Filadélfia, 1862), p. 646.
8. Kh. Giubbenet, *Ocherk meditsinskoi i gospital'noi chasti russkih voisk v Krymu v 1854-1856 gg.* (São Petersburgo, 1870), pp. 143-4.
9. Ibid., pp. 10, 13, 88-90; RA VIC/MAIN/QVJ/1856, 12 mar.
10. M. Vrochenskii, *Sevastopol'skii razgrom: Vospominaniia uchastnika slaunoi oborony Sevastopolia* (Kiev, 1893), pp. 164-9; W. Baumgart, *The Crimean War, 1853-1856* (Londres, 1999), p. 159.
11. E. Tarle, *Krymskaia voina*, 2 vols. (Moscou, 1944), vol. 2, p. 328.
12. RGVIA, f. 846, op. 16, d. 5732, l. 28; E. Ershov, *Sevastopol'skie uospominaniia artilleriiskogo ofitsera v semi tetradakh* (São Petersburgo, 1858), pp. 244-5; L. Tolstoy, *The Sebastopol Sketches*, trad. para o inglês D. McDuff (Londres, 1986), p. 139.
13. RGVIA, f. 9196, op. 4, sv. 2, d. l, ch. 2, ll. 1-124; f. 9198, op. 61264, sv. 15, d. 212, ll. 104, 112; f. 484, op. 1, d. 264, ll. 1-14; d. 291, ll. I-10; Boniface, *Campagnes de Crimée*, p. 267; Loizillon, *La Campagne de Crimée*, pp. 105, 139; H. Clifford, *Letters and Sketches from the Crimea* (Londres, 1956), p. 249.
14. A. Seaton, *The Crimean War: A Russian Chronicle* (Londres, 1977), p. 195.
15. Ibid., p. 196.
16. A. Khrushchev, *Istoriia oborony Sevastopolia* (São Petersburgo, 1889), pp. 120-22; Tarle, *Krymskaia voina*, vol. 2, pp. 344-7; Seaton, *The Crimean War*, p. 197.
17. M. O. Cullet, *Un régiment de ligne pendant la guerre d'orient: Notes et souvenirs d'un officier d'infanterie 1854-1855-1856* (Lyon, 1894), pp. 199-203; Seaton, *The Crimean War*, p. 202; D. Stolypin, *Iz lichnyh vospominanii o krymskoi voine i o zemledel'cheskih poryadkakh* (Moscou, 1874), pp. 12-16; L Krasovskii, *Iz uospominanii o voine 1853-56* (Moscou, 1874); P. Jaeger, *Le mura di Sebastopoli: Cli italiani in Crimea 1855-56* (Milão, 1991), pp. 306-9.
18. Cullet, *Un régiment*, pp. 207-8.
19. Seaton, *The Crimean War*, p. 205; J. Herbé, *Français et russes en Crimée: Lettres d'un officier français à sa famille pendant la campagne d'Orient* (Paris, 1892), p. 318.

20. Jaeger, *Le mura di Sebastopoli*, p. 315; Loizillon, *La Campagne de Crimée*, pp. 168-70; M. Seacole, *Wonderful Adventures of Mrs Seacole in Many Lands* (Londres, 2005), p. 142; T. Buzzard, *With the Turkish Army in the Crimea and Asia Minor* (Londres, 1915), p. 145.
21. Seaton, *The Crimean War*, pp. 206-7.
22. Herbé, *Français et russes en Crimée*, p. 321; N. Berg, *Zapiski ob osade Sevastopolia*, 2 vols. (Moscou, 1858), vol. 2, p. 1.
23. Vrochenskii, *Sevastopol'skii razgrom*, p. 201.
24. H. Small, *The Crimean War: Queen Victoria's War with the Russian Tsars* (Stroud, 2007), pp. 169-70; Ershov, *Sevastopol'skie vospominaniia*, pp. 157, 242-3; Cullet, *Un régiment*, p. 220.
25. *Za mnogo let: Zapiski (vospominaniia) neizvestnogo 1844-1874 gg.* (São Petersburgo, 1897), pp. 90-91; Giubbenet, *Ocherk*, p. 148.
26. RGVIA, f. 846, op. 16, d. 5758, l. 57; Vrochenskii, *Sevastopol'skii razgrom*, pp. 213-20; Tarle, *Krymskaia voina*, vol. 2, pp. 360-61. Sobre informações obtidas pelos russos de prisioneiros aliados, ver RGVIA, f. 846, op. 16, d. 5687, l. 7.
27. A. Niel, *Siège de Sébastopol: Journal des opérations du génie* (Paris, 1858), pp. 492-502; E. Perret, *Les Français en orient: Récits de Crimée 1854-1856* (Paris, 1889), pp. 377-9; Herbé, *Français et russes en Crimée*, pp. 328-9; V. Liaskoronskii, *Vospominaniia Prokofiia Antonovicha Podpalova* (Kiev, 1904), pp. 19-20; *Tolstoy's Letters*, org. e trad. para o inglês R. F. Christian, 2 vols. (Londres, 1978), vol. 1, p. 52.
28. RGVIA, f. 846, op. 16, d. 5758, ll. 58-60; A. Viazmitinov, "Sevastopol' ot 21 marta po 28 avgusta 1855 goda", *Russkaia starina*, 34 (1882), pp. 55-6; Ershov, *Sevastopol'skie vospominaniia*, pp. 277-9.
29. J. Spilsbury, *The Thin Red Line: An Eyewitness History of the Crimean War* (Londres, 2005), p. 303.
30. Spilsbury, *Thin Red Line*, p. 304; C. Campbell, *Letters from Camp to His Relatives during the Siege of Sebastopol* (Londres, 1894), pp. 316-17; Clifford, *Letters and Sketches*, pp. 257-8.
31. RGVIA, f. 846, op. 16, d. 5758, l. 65.
32. M. Bogdanovich, *Vostochnaia voina 1853-1856*, 4 vols. (São Petersburgo, 1876), vol. 4, p. 127.
33. RGVIA, f. 846, op. 16, d. 5758, l. 68; T. Tolycheva, *Rasskazy starushki ob osade Sevastopolia* (Moscou, 1881), pp. 87-90.
34. *Tolstoy's Letters*, vol. 1, p. 52.
35. *Sobranie pisem sester Krestovozdvizhenskoi obshchiny popecheniia o ranenykh* (São Petersburgo, 1855), pp. 74, 81-2.
36. Giubbenet, *Ocherk*, pp. 19, 152-3; *The Times*, 27 Sept. 1855.

37. Boniface, *Campagnes de Crimée*, pp. 295-6; Buzzard, *With the Turkish Army*, p. 193.
38. E. Vanson, *Crimée, Italie, Mexique: Lettres de campagnes 1854-1867* (Paris, 1905), pp. 154, 161; NAM 20°5-07-719 (Golaphy letter, 22 Sept. 1855).
39. WO 28/126; NAM 6807-379/4 (Panrnure to Codrington, 9 Nov. 1855).
40. S. Tatishchev, *Imperator Aleksandr II: Ega zhizn' i tsarstvavanie*, 2 vols. (São Petersburgo, 1903), vol. 1, pp. 161-3.
41. RGVIA, f. 481, op. 1, d. 36, ll. 1-27; A. Tiutcheva, *Pri dvare dvukh imperatav: Vospominaniia, dnevnik, 1853-1882* (Moscou, 1928-9), p. 65; W. Mosse, "How Russia Made Peace September 1855 to April 1856", *Cambridge Historical Journal*, 11/3 (1955), p. 301; W. Baumgart, *The Peace of Paris 1856: Studies in War, Diplomacy and Peacemaking* (Oxford, 1981), p. 7.
42. Tarle, *Krymskaia voina*, vol. 2, pp. 520-24; H. Sandwith, *A Narrative of the Siege of Kars* (Londres, 1856), pp. 104 ss.; *Papers Relative to Military Affairs in Asiatic Turkey and the Defence and Capitulation of Kars: Presented to Both Houses of Parliament by Cammond of Her Majesty* (Londres, 1856), p. 251; C. Badem, "The Ottomans and the Crimean War (1853-1856)", tese de doutorado (Universidade Sabanci, 2007), pp. 197-223.
43. Mosse, "How Russia Made Peace", pp. 302-3.
44. Baumgart, *The Peace of Paris 1856*, pp. 5-7.
45. BLMD, Add. MS 48579, Palmerston a Clarendon, 25 set. 1855.
46. Argyll, Duke of, *Autobiography and Memoirs*, 2 vols. (Londres, 1906), vol. 1, p. 492; *The Greville Memoirs 1814-1860*, org. L. Strachey e R. Fulford, 8 vols. (Londres, 1938), vol. 7, p. 173.
47. BLMD, Add. MS 48579, Palmerston a Clarendon, 9 out. 1855.
48. C. Thoumas, *Mes souvenirs de Crimée 1854-1856* (Paris, 1892), pp. 256-60; *Lettres d'un soldat à sa mêre de 1849 à 1870: Afrique, Crimée, Italie, Mexique* (Montbéliard, 1910), pp. 106-8; Loizillon, *La Campagne de Crimée*, pp. xvii-xviii.
49. A. Gouttman, *La Guerre de Crimée 1853-1856* (Paris, 1995), p. 460; L. Case, *French Opinion on War and Diplomacy during the Second Empire* (Filadélfia, 1954), pp. 39-40; R. Marlin, *L'Opinion franc-comtoise devant la guerre de Crimée*, Annales Littéraires de l'Université de Besançon, vol. 17 (Paris, 1957), p. 48.
50. W. Echard, *Napoleon III and the Concert of Europe* (Baton Range, La., 1983), pp. 50-51.
51. Gouttman, *La Guerre de Crimée*, p. 451; A. J. P. Taylor, *The Struggle for Mastery in Europe 1848-1918* (Oxford, 1955), p. 78.
52. Mosse, "How Russia Made Peace", p. 303.
53. BLMD, Add. MS 48579, Palmerston a Clarendon, 1° dez. 1855; Baumgart, *The Peace of Paris*, p. 33.

54. Mosse, "How Russia Made Peace", p. 304.
55. Ibid., pp. 305-6.
56. Ibid., pp. 306-13.
57. Boniface, *Campagnes de Crimée*, p. 336.
58. D. Noël, *La Vie de bivouac: Lettres intimes* (Paris, 1860), p. 254.
59. Liaskoronskii, *Vospominaniia*, pp. 23-4.

12. PARIS E A NOVA ORDEM

1. E. Gourdon, *Histoire du Congrès de Paris* (Paris, 1857), pp. 479-82.
2. W. Baurngart, *The Peace of Paris 1856: Studies in War, Diplomacy and Peacemaking* (Oxford, 1981), p. 104.
3. P. Schroeder, *Austria, Great Britain and the Crimean War: The Destruction of the European Concert* (Ithaca, NY, 1972), p. 347; BLMD, Add. MS 48579, Palmerston a Clarendon, 25 fev. 1856.
4. Schroeder, *Austria, Great Britain and the Crimean War*, p. 348; W. Echard, *Napoleon III and the Concert of Europe* (Baton Rouge, La., 1983), p. 59.
5. FO 78/1170, Stratford Canning a Clarendon, 9 jan. 1856; Baumgart, *The Peace of Paris 1856*, pp. 128-30.
6. Ibid., pp. 140-41; BLMD, Add. MS 48579, Palmerston a Clarendon, 4 mar. 1856; M. Kukiel, *Czartoryski and European Unity 1770-1861* (Princeton, 1955), p. 302.
7. Gourdon, *Histoire*, pp. 523-5.
8. RGVIA, f. 846, op. 16, d. 5917, ll. 1-2; J. Herbé, *Français et russes en Crimée: Lettres d'un officier français à sa famille pendant la campagne d'Orient* (Paris, 1892), p. 402; BLMD, Add. MS 48580, Palmerston a Clarendon, 24 mar. 1856.
9. NAM I968-07-380-65 (carta de Codrington, 15 jul. 1856).
10. *The Times*, 26 de julho de 1856.
11. RGVIA, f. 846, op. 16, d. 5838, ll. 10-12; NAM 6807-375-16 (Voto de agradecimento a Codrington, sem data).
12. M. Kozelsky, "Casualties of Conflict: Crimean Tatars during the Crimean War", Slavic Review, 67/4 (2008), pp. 866-91.
13. M. Kozelsky, *Christianizing Crimea: Shaping Sacred Space in the Russian Empire and Beyond* (De Kalb, Ill., 2010), p. 153. Para mais estatísticas da imigração, ver A. Fisher, "Emigration of Muslims from the Russian Empire in the Years after the Crimean War", *Jahrbücher für Geschichte Osteuropas*, 35/3 (1987), pp. 356-71. A estimativa recente mais alta é de "pelo menos 300 mil" em J. McCarthy, *Death and Exile: The Ethnic Cleansing of Ottoman Muslims 1821-1922* (Princeton, 1995), p. 17.

14. Kozelsky, *Christianizing Crimea*, p. 151.
15. Ibid., p. 155; A. Fisher, *Between Russians, Ottomans and Turks: Crimea and Crimean Tatars* (Istambul, 1998), p. 127.
16. BLMD, Add. MS 48580, Palmerston a Clarendon, 24 mar. 1856.
17. FO I95/562, "Report on the Political and Military State of the Turkish Frontier in Asia", 16 nov. 1857; FO 97/424, Dickson a Russell, 17 mar. 1864; *Papers Respecting Settlement of Circassian Emigrants in Turkey, 1863-64* (Londres, 1864).
18. McCarthy, *Death and Exile*, pp. 35-6.
19. FO 78/1172, Stratford a Clarendon, 31 jan. 1856; *Journal de Constantinople*, 4 feb. 1856; Lady E. Hornby, *Constantinople during the Crimean War* (Londres, 1863), pp. 205-8; C. Badem, "The Ottomans and the Crimean War (1853-1856)", tese de doutorado (Universidade Sabanci, 2007), p. 290; D. Blaisdell, *European Financial Control in the Ottoman Empire* (Nova York, 1929), p. 74.
20. Badem, "The Ottomans", pp. 291-2.
21. Ibid., pp. 281-3; R. Davison, "Turkish Attitudes Concerning Christian-Muslim Equality in the 19th Century", *American Historical Review*, 59 (1953-4), pp. 862-3.
22. Ibid., p. 861.
23. FO 195/524, *Finn to Clarendon*, 10, 11, 14 e 29 abr., 2 maio, 6 jun. 1856; 13 fev. 1857; E. Finn (org.), *Stirring Times, or, Records from Jerusalem Consular Chronicles of 1853 to 1856*, 2 vols. (Londres 1878), vol. 2, pp. 424-40.
24. *Correspondence Respecting the Rights and Privileges of the Latin and Greek Churches in Turkey*, 2 vols. (Londres, 1854-6), vol. 2, p. 119; FO 78/1171, Canning a Porter, 23 dez. 1856.
25. FO 195/524, Finn a Stratford, 22 jul. 1857; Finn, *Stirring Times*, vol. 2, pp. 448-9.
26. Ver H. Waad, "The Treaty of Paris and Turkey's Status in International Law", *American Journal of International Law*, 3712 (abr. 1943), pp. 262-74.
27. W. Mosse, *The Rise and Fall of the Crimean System, 1855-1871: The Story of the Peace Settlement* (Londres, 1963), p. 40.
28. BLMD, Add. MS 48580, Palmerston a Clarendon, 7 ago. 1856; Mosse, *The Rise and Fall*, pp. 55 ss.
29. Ibid., p. 93.
30. G. Thurston, "The Italian War of 1859 and the Reorientation of Russian Foreign Policy", *Historical Journal*, 20/1 (mar. 1977), pp. 125-6.
31. C. Cavour, *Il carteggio Cavour-Nigra dal 1858 ai 1861: A cura della R. Commissione Editrice*, 4 vols. (Bolonha, 1926), vol. 1, p. 116.
32. Mosse, *The Rise and Fall*, p. 121.
33. K. Cook, "Russia, Austria and the Question of Italy, 1859-1862", *International History Review*, 2/4 (out. 1980), pp. 542-65; FO 65/574, Napier a Russell, 13 mar. 1861.

34. A. J. P. Taylor, *The Struggle for Mastery in Europe 1848-1918* (Oxford, 1955), p. 85.
35. A. Tiutcheva, *Pri dvore dvukh imperatov: Vospominaniia, dnevnik*, 1853-1882 (Moscou, 1928-9), p. 67; A. Kelly, *Toward Another Shore: Russian Thinkers between Necessity and Chance* (New Haven, 1998), p. 41.
36. *Tolstoy's Diaries*, vol. 1: 1847-1894, org. e trad. para o inglês R. F. Christian (Londres, 1985), pp. 96-7.
37. M. Vygon, *Krymskie stranitsy zhizni i tvorehestva L. N. Tolstogo* (Simferopol, 1978), pp. 29-30, 45-6; H. Troyat, *Tolstoy* (Londres, 1970), p. 168.
38. Kelly, *Toward Another Shore*, p. 41; Vygon, *Krymskie stranitsy*, p. 37.
39. IRL, f. 57, op. 1, n. 7, l. 16; RGIA, f. 914, op. 1, d. 68, ll. 1-2.
40. F. Dostoevskii, *Polnoe sobranie soehinenii*, 30 vols. (Leningrado, 1972-88), vol. 18, p. 57.
41. N. Danilov, *Istorieheskii oeherk razvitiia voennogo upravleniia v Rossii* (São Petersburgo, 1902), *prilozhenie* 5; *Za mnogo let: Zapiski (vospominaniia) neizvestnogo 1844-1874 gg.* (São Petersburgo, 1897), pp. 136-7.
42. E. Brooks, "Reform in the Russian Army, 1856-1861", *Slavic Review*, 4311 (Spring 1984), pp. 66-78.
43. Citado em J. Frank, *Dostoevsky: The Years of Ordeal, 1850-1859* (Londres, 1983), p. 182.
44. E. Steinberg, "Angliiskaia versiia o 'russkoi ugroze' v XIX-XX vv", em *Problemy metodologii i istoehnikovedeniia istorii vneshnei politiki Rossii, sbornik statei* (Moscou, 1986), pp. 67-9; R. Shukla, *Britain, India and the Turkish Empire, 1853-1882* (Nova Délhi, 1973), pp. 19-20; *The Politics of Autocracy: Letters of Alexander II to Prince A. I. Bariatinskii*, org. A. Rieber (Haia, 1966), pp. 74-81.
45. M. Petrovich, *The Emergence of Russian Panslavism, 1856-1870* (Nova York, 1956), pp. 117-18.
46. D. MacKenzie, "Russia's Balkan Policies under Alexander II, 1855-1881", in H. Ragsdale (org.), *Imperial Russian Foreign Policy* (Cambridge, 1993), pp. 223-6.
47. Ibid., pp. 227-8.
48. Lord P. Kinross, *Ottoman Centuries: The Rise and Fall of the Turkish Empire* (Londres, 1977), p. 509.
49. A. Saab, *Reluctant Icon: Gladstone, Bulgaria, and the Working Classes, 1856-1878* (Cambridge, Mass., 1991), pp. 65-7.
50. Ibid., p. 231.
51. F. Dostoevsky, *A Writer's Diary*, trad. para o inglês K. Lantz, 2 vols. (Londres, 1995), vol. 2, pp. 899-900.
52. Taylor, *The Struggle for Mastery in Europe*, p. 253; *The Times*, 17 de julho de 1878.
53. Finn, *Stirring Times*, vol. 2, p. 452.
54. FO 195/524, Finn a Canning, 29 abr. 1856.

EPÍLOGO

1. RA VIC/MAIN/QVJ/1856, 11 e 13 mar.
2. T. Margrave, "Numbers & Losses in the Crimea: An Introduction. Part Three: Other Nations", *War Correspondent*, 21/3 (2003), pp. 18-22.
3. R. Burns, *John Bell: The Sculptor's Life and Works* (Kirstead, 1999), pp. 54-5.
4. T. Pakenham, *The Boer War* (Londres 1979), p. 201.
5. N. Hawthorne, *The English Notebooks, 1853-1856* (Columbus, Oh., 1997), p. 149.
6. "Florence Nightingale", *Punch*, 29 (1855), p. 225.
7. S. Markovits, *The Crimean War in the British Imagination* (Cambridge, 2009), p. 68; J. Bratton, "Theatre of War: The Crimea on the London Stage 1854-55", em D. Brady, L. James e B. Sharatt (orgs.), *Performance and Politics in Popular Drama: Aspects of Popular Entertainment in Theatre, Film and Television 1800-1976* (Cambridge, 1980), p. 134.
8. M. Bostridge, *Florence Nightingale: The Woman and Her Legend* (Londres, 2008), pp. 523-4, 528; M. Poovey, "A Housewifely Woman: The Social Construction of Florence Nightingale", em id., *Uneven Developments: The Ideological Work of Gender in Victorian Fiction* (Londres, 1989), pp. 164-98.
9. W. Knollys, *The Victoria Cross in the Crimea* (Londres, 1877), p. 3.
10. S. Beeton, *Our Soldiers and the Victoria Cross: A General Account of the Regiments and Men of the British Army: And Stories of the Brave Deeds which Won the Prize "For Valour"* (Londres, s.d.), p. vi.
11. Markovits, *The Crimean War*, p. 70.
12. T. Hughes, *Tom Brown's Schooldays* (Londres, s.d.), pp. 278-80.
13. T. Hughes, *Tom Brown at Oxford* (Londres, 1868), p. 169.
14. O. Anderson, "The Growth of Christian Militarism in Mid-Victorian Britain", *English Historical Review*, 86/338 (1971), pp. 46-72; K. Hendrickson, *Making Saints: Religion and the Public Image of the British Army, 1809-1885* (Cranbury, NJ, 1998), pp. 9-15; M. Snape, *The Redcoat and Religion: The Forgotten History of the British Soldier from the Age of Marlborough to the Eve of the First World War* (Londres, 2005), pp. 90-91, 98.
15. *Memorials of Captain Hedley Vicars, Ninety-Seventh Regiment* (Londres, 1856), pp. x, 216-17.
16. Citado em Markovits, *The Crimean War*, p. 92.
17. M. Lalumia, *Realism and Politics in Victorian Art of the Crimean War* (Epping, 1984), pp. 80-86.
18. Ibid., pp. 125-6.
19. Ibid., pp. 136-44; P. Usherwood and J. Spencer-Smith, *Lady Butler, Battle Artist, 1846-1933* (Londres, 1987), pp. 29-31.
20. Mrs H. Sandford, *The Girls' Reading Book* (Londres, 1875), p. 183.

21. Ver, por exemplo, R. Basturk, *Bilim ve Ahlak* (Istambul, 2009).
22. Genelkurmay Askeri Tarih ve Stratejik Etüt Baskanhği, *Selçuklular Döneminde Anadoluya Yaptlan Akinlar — 1799-1802 Osmanli-Franstz Harbinde Akka Kalesi Sauunmast — 1853-1856 Osmanli-Rus Kirtm Harbi Kafkas Cephesi* (Ancara, 1981), citado em C. Badem, "The Ottomans and the Crimean War (1853-1856)", tese de doutorado (Universidade Sabanci, 2007), pp. 20-21 (tradução alterada para aumentar a clareza).
23. A. Khrushchev, *Istoriia oborony Sevastopolia* (São Petersburgo, 1889), pp. 159-6.
24. L. Tolstoy, *The Sebastopol Sketches*, trad. para o inglês D. McDuff (Londres, 1986), pp. 56-7.
25. N. Dubrovin, *349-dnevnaia zashchita Sevastopolia* (São Petersburgo, 2005), p. 15.
26. A. Apukhtin, *Sochineniia*, 2 vols. (São Petersburgo, 1895), vol. 2, p. iv. Tradução de Luis Sundkvist e do autor.
27. M. Kozelsky, *Christianizing Crimea: Shaping Sacred Space in the Russian Empire and Beyond* (De Kalb, Ill., 2010), pp. 130-39; R. Wortman, *Scenarios of Power: Myth and Ceremony in Russian Monarchy*, vol. 2: *From Alexander II to the Abdication of Nicholas II* (Princeton, 2000), p. 25; O. Maiorova, "Searching for a New Language of Self: The Symbolism of Russian National Belonging during and after the Crimean War", *Ab Imperio*, 4 (2006), p. 199.
28. RGVIA, f. 481, op. 1, d. 27, l. 116; M. Bogdanovich (org.), *Istoricheskii ocherk deiatel'nosti voennago upravlennia v Rossii v pervoe dvatsatipiatiletie blagopoluchnago tsarstvoivaniia Gosudaria Imperatora Aleksandra Nikolaevicha (1855-1880 gg.)*, 6 vols. (São Petersburgo, 1879-81), vol. 1, p. 172.
29. S. Plokhy, "The City of Glory: Sevastopol in Russian Historical Mythology", *Journal of Contemporary History*, 35/3 (julho de 2000), p. 377.
30. S. Davies, "Soviet Cinema and the Early Cold War: Pudovkin's *Admiral Nakhimov* in Context", *Cold War History*, 411 (out. 2003), pp. 49-70.
31. Citado em Plokhy, "The City of Glory", p. 382.
32. Os trabalhos da conferência estão na internet: http://www.cnsr.ru/projects.php?id=10.

Bibliografia selecionada

Aksan, V., *Ottoman Wars 1700-1870: An Empire Besieged* (Londres, 2007).
Akten zur Geschichte des Krimkriegs: Französische Akten zur Geschichte des Krimkriegs, 3 vols. (Munique, 1999-2003).
Akten zur Geschichte des Krimkriegs: Osterreichische Akten zur Geschichte des Krimkriegs, 3 vols. (Munique, 1979-80).
Akten zur Geschichte des Krimkriegs: Preussische Akten zur Geschichte des Krimkriegs, 2 vols. (Munique, 1990-91).
Alabin, P., *Chetyre voiny: Pakhodnye zapiski v voinu 1853, 1854, 1855 i 1856 godov*, 2 vols. (Viatka, 1861).
Alberti, M., *Per la staria dell'alleanza e della campagna di Crimea, 1853-1856: Lettere e documenti* (Turim, 1910).
Anderson, M., *The Eastern Question* (Londres, 1966).
Anderson, O., *A Liberal State at War: English Politics and Economics during the Crimean War* (Londres, 1967).
_____. "The Growth of Christian Militarism in Mid-Victorian Britain", *English Historical Review*, 86/338 (1971), pp. 46-72.
Andriianov, A., *Inkermanskii boi i oborona Sevastopolia (nabraski uchastnika)* (São Petersburgo, 1903).
[Anon.] *The Englishwoman in Russia: Impressions of the Society and Manners of the Russians at home* (Londres, 1855).
Ascherson, N., *Black Sea* (Londres, 1995).
Baddeley, J., *The Russian Conquest of the Caucasus* (Londres, 1908).
Badem, C., "The Ottomans and the Crimean War (1853-1856)", tese de doutorado (Universidade Sabanci, 2007).
Bailey, E., *British Policy and the Turkish Reform Movement, 1826-1853* (Londres, 1942).
Bapst, E., *Les Origines de la Guerre en Crimée: La France et la Russie de 1848 a 1851* (Paris, 1912).
Baudens, J., *La Guerre de Crimée: Les campements, les abris, les ambulances, les hôpitaux etc.* (Paris, 1858).
Baumgart, W., *The Peace of Paris 1856: Studies in War, Diplomacy and Peace-making* (Oxford, 1981).
Bayley, C., *Mercenaries for the Crimean: The German, Swiss, and Italian Legions in British Service 1854-6* (Montreal, 1977).

Bazancourt, Baron de, *The Crimean Expedition, to the Capture of Sebastopol*, 2 vols. (Londres, 1856).
Berg, M., *Desiat' dnei v Sevastopole* (Moscou, 1855).
Bestuzhev, I., *Krymskaia voina 1853-1856* (Moscou, 1956).
Bitis, A., *Russia and the Eastern Question: Army, Government and Society, 1815-1833* (Oxford, 2006).
Bogdanovich, M., *Vostochnaia voina 1853-1856*, 4 vols. (São Petersburgo, 1876).
Bolsover, C., "Nicholas I and the Partition of Turkey", *Slavonic Review*, 27 (1948), pp. 115-45.
Bonham-Carter, V. (org.), *Surgeon in the Crimea: The Experiences of George Lawson Recorded in Letters to His Family* (Londres, 1968).
Boniface, E., Count de Castellane, *Campagnes de Crimée, d'Italie, d'Afrique, de Chine et de Syrie, 1849-1862* (Paris, 1898).
Bostridge, M., *Florence Nightingale: The Woman and Her Legend* (Londres, 2008).
Bresler, F., *Napoleon III: A Life* (Londres, 1999).
Brown, D., *Palmerston and the Politics of Foreign Policy, 1846-55* (Manchester 2002).
Buzzard, T., *With the Turkish Army in the Crimea and Asia Minor* (Londres, 1915).
Cadot, M., *La Russie dans la vie intellectuelle française, 1839-1856* (Paris, 1967).
Calthorpe, S., *Letters from Headquarters; or the Realities of the War in the Crimea by an Officer of the Staff* (Londres, 1858).
Case, L., *French Opinion on War and Diplomacy during the Second Empire* (Filadélfia, 1954).
Cavour, C., *Il carteggio Cavour-Nigra dai 1858 ai 1861: A cura della R. Commissione Editrice*, 4 vols. (Bolonha, 1926).
Charles-Roux, F., *Alexandre II, Cortchakoff et Napoléon III* (Paris, 1913).
Cler, J., *Reminiscences of an Officer of Zouaves* (Nova York, 1860).
Clifford, H., *Letters and Sketches from the Crimea* (Londres, 1956).
Cooke, B., *The Grand Crimean Central Railway* (Knutsford, 1990).
Correspondence Respecting the Rights and Privileges of the Latin and Greek Churches in Turkey, 2 vols. (Londres, 1854-6).
Crimée 1854-6, Catálogo da exposição, Musée de l'Armée (Paris, 1994).
Cullet, M. O., *Un régiment de ligne pendant la guerre d'orient: Notes et souvenirs d'un officier d'infanterie 1854-1855-1856* (Lyon, 1894).
Cunningham, A., *Eastern Questions in the Nineteenth Century: Collected Essays*, 2 vols. (Londres, 1993).
Curtiss, J., *The Russian Army under Nicholas I, 1825-1855* (Durham, NC, 1965).
———. *Russia's Crimean War* (Durham, NC, 1979).
Damas, A. de, *Souvenirs religieux et militaires de la Crimée* (Paris, 1857).
Dante, E., *I cattolici e la guerra di Crimea* (Roma, 2005).
David, S., *The Homicidal Earl: The Life of Lord Cardigan* (Londres, 1997).
———. *The Indian Mutiny* (Londres, 2002).

Davison, R. H., "Turkish Attitudes Concerning Christian-Muslim Equality in the 19th Century", *American Historical Review*, 59 (1953-4), pp. 844-64.

——— · *Reform in the Ottoman Empire, 1856-1876* (Princeton, 1963).

——— · *Essays in Ottoman and Turkish History, 1774-1923: The impact of the West* (Austin, Tex., 1990).

Doré, G., *Histoire pittoresque, dramatique et caricaturale de la Sainte Russie* (Paris, 1854).

Dubrovin, N., *Istoriia krymskoi voiny i obarany Sevastopolia*, 3 vols. (São Petersburgo, 1900).

Egerton, R., *Death or Glory: The Legacy of the Crimean War* (Londres, 2000).

Ershov, E., *Sevastopol'skie uospominaniia artilleriiskogo ofitsera v semi tetradakh* (São Petersburgo, 1858).

——— · The Russian Annexatian of the Crimea, 1772-1783 (Cambridge, 1970).

——— · The Crimean Tatars (Stanford, Calif., 1978).

Fisher, A., "Emigration of Muslims from the Russian Empire in the Years after the Crimean War", *Jahrbücher für Geschichte Osteuropas*, 35/3 (1987), pp. 356-71.

Florescu, R., *The Struggle against Russia in the Ramanian Principalities 1821-1854* (Monachii, 1962).

Gammer, M., *Muslim Resistance to the Tsar: Shamil and the Conquest of Chechnya and Dagestan* (Londres, 1994).

Gershel'man, S., *Nravstvennyi element pod Sevastopolem* (São Petersburgo, 1897).

Giubbenet, Kh., *Ocherk meditsinskai i gospital'noi chasti russkih vaisk v Krymu v 1854-1856 gg.* (São Petersburgo, 1870).

Gleason, J., *The Genesis of Russophobia in Great Britain* (Cambridge, Mass., 1950).

Goldfrank, D., *The Origins of the Crimean War* (Londres, 1995).

——— · "The Holy Sepulcher and the Origin of the Crimean War", em E. Lohr e M. Poe (orgs.), *The Military and Society in Russia: 1450-1917* (Leiden, 2002), pp. 491-506.

Gondicas, D., e Issawi, C. (org.), *Ottoman Greeks in the Age of Nationalism: Politics, Economy, and Society in the Nineteenth Century* (Princeton, 1999).

Gooch, B., The New Bonapartist Generals in the Crimean War (Haia, 1959).

Gouttman, A., *La Guerre de Crimée 1853-1856* (Paris, 1995).

Guerrin, L., *Histoire de la dernière guerre de Russie* (1853-1856), 2 vols. (Paris, 1858).

Harris, S., *British Military Intelligence in the Crimean War* (Londres, 2001).

Henderson, G., *Crimean War Diplomacy and Other Historical Essays* (Glasgow, 1947).

Herbé, J., *Français et russes en Crimée: Lettres d'un officier français à sa famille pendant la campagne d'Orient* (Paris, 1892).

Hibbert, C., *The Destruction of Lord Raglan: A Tragedy of the Crimean War, 1854-1855* (Londres, 1961).

Hodasevich, R., *A Voice from within the Walls of Sebastopol: A Narrative of the Campaign in the Crimea and the Events of the Siege* (Londres, 1856).

Hopwood, D., *The Russian Presence in Palestine and Syria, 1843-1914: Church and Politics in the Near East* (Oxford, 1969).

Ingle, H., *Nesselrode and the Russian Rapprochement with Britain, 1836-1844* (Berkeley, 1976).
Jaeger, P., *Le mura di Sebastopoli: Gli italiani in Crimea 1855-56* (Milão, 1991).
Jewsbury, G., *The Russian Annexation of Bessarabia: 1774-1828. A Study of Imperial Expansion* (Nova York, 1976).
Jouve, E., *Guerre d'Orient: Voyage à la suite des armées alliées en Turquie, en Valachie et en Crimée* (Paris, 1855).
Kagan, F., *The Military Reforms of Nicholas I: The Origins of the Modern Russian Army* (Londres, 1999).
Keller, D., *The Ultimate Spectacle: A Visual History of the Crimean War* (Londres, 2001).
Khrushchev, A., *Istoriia oborony Sevastopolia* (São Petersburgo, 1889).
King, C., *The Black Sea: A History* (Oxford, 2004).
_____ . *The Ghost of Freedom: A History of the Caucasus* (Oxford, 2008).
Kinglake, A., *The Invasion of the Crimea: Its Origin and an Account of Its Progress down to the Death of Lord Raglan*, 8 vols. (Londres, I863).
Kovalevskii, E., *Voina s Turtsiei i razryu s zapadnymi derzhavami v 1853-1854* (São Petersburgo, 1871).
Kozelsky, M., *Christianizing Crimea: Shaping Sacred Space in the Russian Empire and Beyond* (De Kalb, Ill., 2010).
Krupskaia, A., *Vospominaniia krymskoi voiny sestry krestovozdvizhenskoi obshchiny* (São Petersburgo, 1861).
Kukiel, M., *Czartoryski and European Unity 1770-1861* (Princeton, 1955).
Lalumia, M., *Realism and Polities in Victorian Art of the Crimean War* (Epping, 1984).
Lambert, A., *Battleships in Transition: The Creation of the Steam Battlefleet, 1815-1860* (Annapolis, Md., 1984).
_____ . *The Crimean War: British Grand Strategy, 1853-56* (Manchester, 1990).
_____ . e Badsey, S. (orgs.), *The War Correspondents: The Crimean War* (Stroud, 1994).
Lane-Poole, S., *The Life of the Right Honourable Stratford Canning*, 2 vols. (Londres, 1888).
The Letters of Queen Victoria: A Selection from Her Majesty's Correspondence between the Years 1837 and 1861, 3 vols. (Londres, 1907-8).
Lettres du maréehal Bosquet à sa mère 1829-58, 4 vols. (Pau, 1877-9).
Lettres du maréehal Bosquet à ses amis, 1837-1860, 2 vols. (Pau, 1879).
Lettres d'un soldat à sa mère de 1849 à 1870: Afrique, Crimée, Italie, Mexique (Montbéliard, 1910).
Levin, M., "Krymskaia voina i russkoe obshchestvo", em id., *Ocherki po istorii russkoi obshehestvennoi mysli, vtoraia polovina XIX veka* (Leningrado, 1974), pp. 293-304.
Loizillon, H., *La Campagne de Crimée: Lettres éerites de Crimée par le capitaine d'état-major Henri Loizillon à sa famille* (Paris, 1895).
Luguez, F., *Crimée-Italie 1854-1859: Extraits de la correspondenee d'un officier avec sa famille* (Nancy, 1895).

MacKenzie, D., "Russia's Balkan Policies under Alexander II, 1855-1881", em H. Ragsdale (org.), *Imperial Russian Foreign Policy* (Cambridge, 1993), pp. 219-46.

Markevich, A., *Tavrieheskaia guberniia vo vremia krymskoi voiny: Po arkhivnym materialam* (Simferopol, 1905).

Markovits, S., *The Crimean War in the British Imagination* (Cambridge, 2009).

Marlin, R., *L'Opinion franc-comtoise devant la guerre de Crimée*, Annales Littéraires de l'Université de Besançon, vol. 17 (Paris, 1957).

Martin, K., *The Triumph of Lord Palmerston: A Study of Public Opinion in England before the Crimean War* (Londres, 1963).

Marx, K., *The Eastern Question: A Reprint of Letters Written 1853-1856 Dealing with the Events of the Crimean War* (Londres, 1969).

Masquelez, M., *Journal d'un officier de zouaves* (Paris, 1858).

Massie, A., *A Most Desperate Undertaking: The British Army in the Crimea, 1854-56* (Londres, 2003).

———. *The National Army Museum Book of the Crimean War: The Untold Stories* (Londres, 2004).

McCarthy, J., *Death and Exile: The Ethnie Cleansing of Ottoman Muslims 1821-1922* (Princeton, 1995).

McNally, R., "The Origins of Russophobia in France: 1812-1830", *American Slavic and East European Review*, 17/2 (abr. 1958), pp. 179-83.

Mémoires du comte Horace de Viel-Castel sur le règne de Napoléon III, 1851-1864, 2 vols. (Paris, 1979).

Mémoires du duc De Persigny (Paris, 1896).

Mismer, C., *Souvenirs d'un dragon de l'armée de Crimée* (Paris, 1887).

Molènes, P. de, *Les Commentaires d'un soldat* (Paris, 1860).

Moon, D., "Russian Peasant Volunteers at the Beginning of the Crimean War", *Slavic Review*, 51/4 (inverno de 1992), pp. 691-704.

Mosse, W., *The Rise and Fall of the Crimean System, 1855-1871: The Story of the Peaee Settlement* (Londres, 1963).

Mrs Duberly's War: Journal and Letters from the Crimea, org. C. Kelly (Oxford, 2007).

Niel, A., *Siège de Sébastopol: Journal des opérations du génie* (Paris, 1858).

Nilojkovic-Djuric, J., *Panslavism and National Identity in Russia and in the Balkans, 1830-1880* (Boulder, Colo., 1994).

Noël, D., *La Vie de bivouac: Lettres intimes* (Paris, 1860).

Noir, L., *Souvenirs d'un simple zouave: Campagnes de Crimée et d'Italie* (Paris, 1869).

Osmanli Belgelerinde Kirim Savasi (1853-1856) (Ancara, 2006).

Pavlowitch, S., *Anglo-Russian Rivalry in Serbia, 1837-39* (Paris, 1961).

Perret, E., *Les Français en orient: Récits de Crimée 1854-1856* (Paris, 1889).

Petrovich, M., *The Emergence of Russian Panslavism, 1856-1870* (Nova York, 1956).

Picq, A. du, *Battle Studies* (Charleston, SC, 2006).

Pirogov, N., *Sevastopol'skie pis'ma i vospominaniia* (Moscou, 1950).
Plokhy, S., "The City of Glory: Sevastopol in Russian Historical Mythology", *Journal of Contemporary History*, 35/3 (julho de 2000), pp. 369-83.
Ponting, C., *The Crimean War: The Truth behind the Myth* (Londres, 2004).
Prousis, T., *Russian Society and the Greek Revolution* (De Kalb, Ill., 1994).
Rachinskii, A., *Pokhodnye pis'ma opolchentsa iz iuzhnoi Bessarabii 1855-1856* (Moscou, 1858).
Ragsdale, H. (org.), *Imperial Russian Foreign Policy* (Cambridge, 1993).
Rakov, V., *Moi vospominaniia o Evpatorii v epohu krymskoi voiny 1853-1856 gg.* (Evpatoriia, 1904).
Rappaport, H., *No Place for Ladies: The Untold Story of Women in the Crimean War* (Londres, 2007).
Rebrov, Ia., *Pis'ma sevastopol'tsa* (Novocherkassk, 1876).
Reid, D., *Soldier-Surgeon: The Crimean War Letters of Dr Douglas A. Reid, 1855-1856* (Knoxville, Tenn., 1968).
Reid, J., *Crisis of the Ottoman Empire: Prelude to Collapse 1839-1878* (Stuttgart, 2000).
Riasanovsky, N., *Nicholas I and Official Nationality in Russia 1825-1855* (Berkeley, 1959).
Rich, N., *Why the Crimean War?* (Nova York, 1985).
Royle, T., *Crimea: The Great Crimean War 1854-1856* (Londres, 1999).
Russell, W., *The British Expedition to the Crimea* (Londres, 1858).
Saab, A., The Origins of the Crimean Alliance (Charlottesville, Va., 1977).
_____. *Reluctant Icon: Gladstone, Bulgaria, and the Working Classes, 1856- 1878* (Cambridge, Mass., 1991).
Sandwith, H., *A Narrative of the Siege of Kars* (Londres, 1856).
Schiemann, T., *Geschichte Russlands unter Kaiser Nikolaus I*, 4 vols. (Berlim, 1904-19).
Schroeder, P., *Austria, Great Britain and the Crimean War: The Destruction of the European Concert* (Ithaca, NY, 1972).
Seacole, M., *Wonderful Adventures of Mrs Seacole in Many Lands* (Londres, 2005).
Seaton, A., *The Crimean War: A Russian Chronicle* (Londres, 1977).
Shepherd, J., *The Crimean Doctors: A History of the British Medical Services in the Crimean War*, 2 vols. (Liverpool, 1991).
Slade, A., *Turkey and the Crimean War: A Narrative of Historical Events* (Londres, 1867).
Small, H., *Florence Nightingale, Avenging Angel* (Londres, 1998).
_____. *The Crimean War: Queen Victoria's War with the Russian Tsars* (Stroud, 2007).
Southgate, D., *The Most English Minister: The Policies and Politics of Palmerston* (Nova York, 1966).
Soyer, A., *Soyer's Culinary Campaign* (Londres, 1857).
Spilsbury, J., *The Thin Red Line: An Eyewitness History of the Crimean War* (Londres, 2005).
Stockmar, E., *Denkwürdigkeiten aus den Papieren des Freiherrn Christian Friedrich V. Stockmar* (Brunswick, 1872).

BIBLIOGRAFIA SELECIONADA

Stolypin, D., *Iz lichnyh vospominanii o krymskai voine i o zemledel' cheskih poryadkakh* (Moscou, 1874).
Strachan, H., *From Waterloo to Balaclava: Tactics, Technology and the British Army* (Londres, 1985).
Sweetman, J., *War and Administration: The Significance of the Crimean War for the British Army* (Londres, 1984).
Tarle, E., *Krymskaia voina*, 2 vols. (Moscou, 1944).
Taylor, A. J. P., *The Struggle for Mastery in Europe 1848-1918* (Oxford, 1955).
Thoumas, M., *Mes souvenirs de Crimée 1854-1856* (Paris, 1892).
Thouvenal, L., *Nicolas Ier et Napoléon III: Les préliminaires de la guerre de Crimée 1852-1854* (Paris, 1891).
Thurston, G., "The Italian War of 1859 and the Reorientation of Russian Foreign Policy", *Historical Journal*, 20/1 (março de 1977), pp. 121-44.
Tiutcheva, A., *Pri dvore dvukh imperatov: Vospominaniia, dnevnik, 1853-1882* (Moscou, 1928-9).
Tolstoy, L., *The Sebastopol Sketches*, trad. para o inglês D. McDuff (Londres, 1986).
Tolstoy's Diaries, org. e trad para o inglês R. F. Christian, 2 vols. (Londres, 1985).
Tolstoy's Letters, org. e trad para o inglês. R. F. Christian, 2 vols. (Londres, 1978).
Totleben, E., *Opisanie oborony g. Sevastopolia*, 3 vols. (São Petersburgo, 1863-78).
Ubicini, A., *Letters on Turkey*, trad para o inglês Lady Easthope, 2 vols. (Londres, 1856).
Urquhart, D., *England and Russia* (Londres, 18735).
Vanson, E., *Crimée, Italie, Mexique: Lettres de campagnes 1854-1867* (Paris, 1905).
A Visit to Sebastopol a Week after Its Fall: By an Officer of the Anglo-Turkish Contingent (Londres, 1856).
Vrochenskii, M., *Sevastopol' skii razgrom: Vospominaniia uchastnika slavnoi oborony Sevastopolia* (Kiev, 1893).
Vyskochkov, L., *Imperator Nikolai I: Chelovek i gosudar'* (São Petersburgo, 2001).
Warner, P., *The Crimean War: A Reappraisal* (Ware, 2001).
Wirtschafter, E., *From Serf to Russian Soldier* (Princeton, 1990).
Zaionchkovskii, A., *Vostochnaia voina 1853-1856*, 3 vols. (São Petersburgo, 2002).
Za mnogo let: Zapiski (vospominaniia) neizvestnogo 1844-1874 gg. (São Petersburgo, 1897).

Índice

A gazeta militar, revista de Tolstoi, 297, 298, 467
A Grande Exposição (Londres 1851), 126, 327
a Porta *ver* império otomano
Aaland, ilhas: ataque britânico a Bomarsund, 216n; planos de Palmerston para, 182, 347
abastecimento de comida: britânico e francês comparados, 307-312; *cantinières,* 308-309, 308, 311; Soyer e rancho do exército britânico, 373-374
Abcázia, russos expulsam muçulmanos, 443-444
Abdi Pasha, general, comandante do exército da Anatólia, 165-166
Abdülmecid I, sultão: indo aos bailes britânico e francês (1856) 444-445; pedidos de ajuda à Grã-Bretanha (1839), 87; ultimato islâmico, 152; Omer Pasha e, 145; reinauguração da mesquita de Hagia Sophia (1849), 49-51; tolerância religiosa, 444-447; reformas liberais ocidentalizantes, 50, 79, 80-84, 445-447
Aberdeen, George Hamilton-Gordon: 4º conde, 89, 91-93 130-131, 134n; concorda em enviar frota combinada ao mar Negro, 171; resposta serena a Sinope, 169; aconselha contra a guerra à Rússia, 146, 147, 183-184; campanhas limitadas pretendidas por, 181, 217; e os "jornais", 171, 173; se opõe aos planos de Palmerston, 182, 183, 217, 347; problemas com a defesa de muçulmanos, 173; renuncia (1855), 331
Adampol (Polonezkoi), assentamento polonês na Turquia, 443
Adams, brigadeiro, em Inkerman, 283-284
Adrianópolis (Edirne), 63; Tratado de (1829), 64, 66, 75, 99, 165,434; capturada pela Rússia (1878), 479
Afeganistão: ocupado pela Grã-Bretanha (1838-42), 74; ocupação persa de Herat (1837-57), 72-73, 74, 471
Agamemnon, HMS, 222
Airey, gen. de brigada sir Richard (intendente-geral), 331
Aksakov, Konstantin, choque com retirada russa, 210
Alasca (América russa), comprado pelos EUA, 334n
Alberto, príncipe-consorte da rainha Vitória, 85, 88, 89, 90; acusado de traição, 172; conselho de guerra com líderes aliados (1855), 360; amplia planos de Palmerston, 182-184 I; opinião do general Saint-Arnaud, 200; apoio ao Plano de Quatro Pontos austríaco, 351
alemães, novos assentados na Crimeia, 442

Alemanha: plano de Czartoryski para, 105; 1848 revoluções, 115; fonte de soldados mercenários, 354; Liga dos Três Imperadores (1873), 476; unificada por Bismarck, 460; plano de Verney, 347-348

Alexander I, tsar, 56, 57, 71; protetor da Polônia (1815), 162, 105; ultimato em prol dos gregos, 58

Alexander II, tsar, 346; simpático a negociações, 347; tentativa de separar Grã-Bretanha e França, 347; derrota no rio Chernaia, 504; ambições na Ásia Central, 471, 472; continua as políticas do pai, 347; coroação postergada até o aniversário de Borodino, 504; exige grande ofensiva de Gorchakov (julho/agosto de 1855), 400-401; determinado a manter luta após Sebastopol, 417-420, 426-427; e o êxodo dos tártaros, 441; temendo guerra com a Áustria, 427-428; e o ultimato de paz franco-austríaco, 426-428; discussões diretamente com Napoleão III, 456; unificação italiana e, 456-428; temendo disseminação do nacionalismo italiano, 458-459; mantendo a pressão a Kars, 416-417; se aproxima da Prússia, 460-461; emancipação dos servos, 465-466; reformas no exército, 466-468; temeroso da presença britânica no Mar Cáspio, 471; Manifesto de Sebastopol, 499, 500; alerta Sérvia para não interferir nas revoltas dos Bálcãs, 478; busca solução russa para Bálcãs e Tsargrad, 479-480; ver também Alexander Nikolaevich, tsarevich; Rússia

Alexander Nikolaevich, tsarevich (depois Alexander II), 114, 157, 289-290; afastamento de Khrulev e Menchikov, 342; ver também Alexander II, tsar

Alexander, cel. James (14º Reg.), 386, 390

Alexandre, forte (Sebastopol), 245

Algiers, HMS, 438-439

Ali Pasha (grão-vizir), e o Congresso de Paz de Paris (1856), 434

Alma, batalha de (1854), 14, 231-244; invasão do Grande Reduto, 235-36; como noticiado na imprensa russa, 333; túmulos de guerra, 507-508

Amigos da Polônia, Associações na Grã-Bretanha, 103-104

Andrianov, capitão (10ª Divisão), 280, 282

anestesia: opiniões dos britânicos divididas, 320; Pirogov e cirurgia em feridos, 317, 319-320

anglicanos: líderes da igreja e declaração de guerra, 185-186; dilema de defender turcos muçulmanos, 173; em Jerusalém, 29, 31; trabalho missionário no império otomano, 173-174, 448-449; ver também protestantes

anglofobia, na Rússia, 335-336

anglo-francesa, aliança: Czartoryski e, 106; Napoleão II e, 136, 171, 180-181; ultimato ao tsar Nicolau (1854), 180; falta de acordo sobre objetivos, 180, 200; preconceito colonial afeta uso de soldados turcos, 206, 357; e intervenção austríaca na Valáquia, 211; "vitória roubada", 214-215; estratégia aliada de sítio repensada (1855), 359-361; soldados

ÍNDICE 557

usados no noroeste da Crimeia, 359; conselho de guerra com líderes aliados, 360; evacuação e limpeza de instalações em Sebastopol, 437-438; expedição à China (1857), 459; incerteza após queda de Sebastopol (1855), 427-429; exércitos aliados de posse de Sebastopol (1855), 415-416, 427-428; ver também exército britânico, exército francês, Grã-Bretanha
anglo-russo, acordo (1827), 62
Annesley, tenente (depois coronel) Hugh, 5º conde (Guardas Fuzileiros Escoceses), ferido em Alma, 237, 241-242, 242
Anstey, Thomas, aliado de Urquhart no parlamento, 100
Apuhktin, Aleksei: "A canção de um soldado sobre Sebastopol" 501-502
Ardahan, cessão exigida por Stalin, 506
Argélia: conquista pela França, 67, 159; experiência de combate dos soldados franceses, 200-202; spahis de Yusuf, 212
Argyll, George John Campbell, 8º duque, 420
armênios: emigram para a Transcaucásia, 443; novos assentados na Crimeia, 442
arqueologia, descobertas na Crimeia, 47
Arthur the Great (transporte de tropas), transporte de britânicos doentes e feridos, 316
artilharia: bombardeio aliado de Sebastopol, 376-379, 405-406; ineficaz contra rifles Minié, 463; em Inkerman, 289; contrabombardeio russo, 378-379
Ásia Central, conquistas russas, 470-474

Assembleia dos Nobres (Sebastopol): usada como hospital, 254, 318-319, 322, 377, 397; ver também tratamento médico
Associação para a proteção de Turquia e outros países (...), 173
Astracã (canato mongol), 34
atrocidades: alegadas após Balaclava, 274-275; alegadas após Inkerman, 292-293; soldados aliados em Kerch, 364-365; bashi bazouks, 212, 477-478; na Bulgária, 477-478; em Constantinopla (1821), 58; Giurgevo, 208; justificativa religiosa para, 293-294; bandos tártaros, 251, 364-365
Attwood, Thomas, 105
Áustria-Hungria: neutralidade garantida por futuros ganhos territoriais, 479; Liga dos Três Imperadores (1873), 476; ver também império austríaco exército austríaco na Valáquia (1854), 211 império austríaco: neutralidade armada a favor dos aliados, 206-207; neutralidade benevolente em relação à Rússia, 295; exige intenções pacíficas de Napoleão III, 126; exige retirada russa dos principados, 193, 206-207; conversações diretas com russos, 420-421; temor de levantes eslavos, 206-207, 349; Quatro Pontos para a Paz com a Rússia (1854), 217-218, 346, 420; ultimato de paz franco-austríaco, 424, 426-427; esperança de aliança com a Rússia, 39-40, 42; esperança de negociar a paz, 349-350; independência italiana e, 157-158; aliança militar com França e Grã-Bretanha, 340; mobiliza tropas (1853 e 1854),

148, 193, 207; motivos para invadir principados, 212; negociações com Grã-Bretanha e França, 181, 182, 347, 420; Congresso de Paz de Paris (1856), 431-432, 434, 452; iniciativa de paz, a Nota de Viena (1853), 148-149; pronta para marchar para a Sérvia, 178, 193; revoluções de 1848, 115, 119-121; política externa russa e, 139; planos russos de partição (1852), 128; e planos russos para a Grécia (1820s), 60; recua de guerra com otomanos, 63-64; apoio de Gortchakov para revolução da Itália, 457-458; ameaça entrar para a aliança anti-Rússia, 15, 193; Tríplice Aliança (1856), 452; e planos de partição do tsar Nicolau, 86-87, 92-93, 130, 139; Conferência de Viena (1855), 349-352; guerra contra franceses e piemonteses (1859), 451, 456-457; guerra contra a Prússia (1866), 451, 460; temerosa da Rússia nas terras eslavas, 112, 139, 156, 178, 193, 207-208; ver também Áustria-Hungria

baixas: em Alma, 228n, 241-244; britânicas totais, 483; batalha do rio Chernaia (aliados), 402; batalha do rio Chernaia (russas), 402-403; ferimentos de fogo de artilharia e rifle, 395-397, 406; em Inkerman, 290-292; em Kars, 418; Malakhov e o Redan, 390-391; o Mamelon, 382-383; custo geral em vidas, 14-15, 241, 382, 390; russas gerais, 504-505; Sebastopol (russas), 396-397, 413; traição por e tratamento ruim de, 238, 243-244; turcas em geral, 498

Bakhtchiserai, 22, 244, 263, 442; Museu do Alma, 508; hospital de reserva, 397
Bakunin, Mikhail, 322
Bakunina, Ekaterina (enfermeira), 322
Balaclava, base de suprimentos britânica, 247, 252n, 310
Balaclava, batalha de (1854), 14, 264-277
Balaclava, capacetes, 325
Balaclava, ferrovia, 375-376, 437, 485
Bálcãs, Guerra dos (1853-4), 478
Bálcãs: conflito continuado entre cristãos e muçulmanos, 83-84, 451, 476-479; plano de Czartoryski, 105; esperança em levantes eslavos/cristãos, 156, 190-191, 193, 456, 475, 476, 478-479; nacionalismo, 53, 112-113; pan-eslavismo, 112-115, 139-140, 158-163, 474-479; recuo da Áustria, 451; Rússia e, 53, 56, 112-115, 474-481; planos russos de partição (1852), 128; sementes de futuras guerras, 481; status quo garantido pela Liga dos Três Imperadores (1873) 476; teatro de guerra xix; ver também Turquia europeia
Balta Liman, Lei de (1849), 118-119
Báltico, campanha (1854), 15, 40, 182, 216n, 335-336
Báltico, campanha (1855), 358
Báltico, províncias da Rússia no, planos de Palmerston para, 183, 347, 420
Bariatinski, príncipe Alexander I (vice-rei do Cáucaso), 468-469, 470-471; temor de presença britânica no Mar Cáspio, 472
Bariatinski, príncipe Vladimir I (ajudante de ordens do alm. Kornilov), 261-262
Barrett, Jerry, Primeira visita da rainha Vitória a seus soldados feridos, 493

bashi bazouks, 144, 165; atrocidades, 212, 477-478; cólera e recuo para Varna, 212-213; a serviço dos franceses, 211-213; em Giurgevo, 205
Bastião Flagstaff (Sebastopol), 383
Bastião Malakhov (Sebastopol), 365, 366, 380; assalto ao (6 de junho de 1855), 381, 382; batalha (18 de junho de 1855), 383, 391; tomado pelos franceses (set. 1855), 404, 410; lembrado na França, 496, 497
Bateria Quarentena (Sebastopol), 245
Bazaneourt, César de, 293-294
Beaumont, Thomas Wentworth, 101
Beeton, Samuel, Our Soldiers and the Victoria Cross, 488
Bélgica, Rússia e, 89, 92
Belgrado, bombardeio turco de, 476
Bell, cel. George (1º Reg. (Real)): queixa sobre uniformes, 204; carta a *The Times*, 313-314
Bell, George e James Bell (empresa de transportes), 99
Bell, John (escultor), Memorial do Guardas (Londres), 484
Bellew, Walter (cirurgião-assistente), 324
Bem, general Jozef, 119
Berlim, Congresso de (1878), 480-481
Bessarábia 43, 56; fronteira discutida no Congresso de Paz de Paris (1856), 433-434; disputa fronteiriça com a Moldávia, 451, 453-454; e termos de paz franco-austríacos (1855), 426-427; mobilização de tropas russas (1852), 128, 133, 140; planos de Palmerston para, 182, 420; problema de refugiados (1820-21), 58; conflitos e ataques a cristãos, 448
Bezborodko, conde Alexander, 38
Bibeseu, príncipe Gheorghe da Romênia, 116

Biblioteca e Museu Rumiantsev, 505n
Bielorrússia, católicos rutenos uniatas, 107
Bineau, Jean (ministro das Finanças francês), argumenta contra a guerra, 178
Bismarck, Otto von, 459-460
Blackwood's Magazine, comércio britânico e, 69
Blakesley, rev. Joseph, cartas a *The Times*, 327n
Bloomfield, sold (Reg. Derbys): lembranças do Alma, 234, 238; lembranças de Inkerman, 280-281
Bludova, Antonina, condessa, 114, 157
Blunt, John (intérprete de turco), 266, 275
Bond, Sgt (11º de Hussardos), 271
Bondurand, barão, administrador militar do marechal Castellane, 414
Borgo, Pozzo di, 59
Borodino, batalha de (1812), 160n, 504
Bósnia: movimento pan-eslavo e, 478; prometida à Áustria-Hungria, 479; revoltas de cristãos, 477
Bosquet, general Pierre François: em Balaclava, 265; em Inkerman, 278, 279, 286-287; ordena ataque ao Mamelon, 380-381; afastado do comando após Malakhov, 386; segunda batalha do Malakhov, 408
Botanov, Mikhail, em Sebastopol, 255
Bourqueney, Adolphe de (embaixador francês em Viena), 424
Bright, John, 172, 175
British and Foreign Review (periódico), 101
"*British* Hotel" (Kadikoi), 373
Brown, general sir George (Divisão Ligeira), 234; assalto ao Redan, 388; incursões em Kerch, 362, 363-364

Bruat, almirante Armand Joseph, ataque abortado a Kerch, 362.
Brunov, barão (embaixador russo em Londres), 85, 89, 131, 134
Bucareste: caos e deserções na retirada (1854), 209-210; governo provisório declarado (1848), 116; quartel-general militar russo (1853), 140, 189-190; Tratado de (1812), 43, 57
Bukara, canato, 472, 474
Bukhmeier, general, ponte de pontões para evacuar Sebastopol, 404
Bulganak, rio, 227
Bulgária: atrocidades dos bashi bazouk, 477-478; circassianos, 477; laços mais fortes com sérvios e outros eslavos dos Bálcãs, 476; resoluções do Congresso de Berlim, 480; tártaros da Crimeia, 477; falta de voluntários para exército russo, 160; massacre de cristãos em Rumélia, 83-84; massacres de muçulmanos, 477; igreja nacional (ortodoxa), 53; possível apoio aos russos, 156, 162; revoltas de cristãos, 477-478; planos russos de partição (1852), 128, 130; apoio russo contra a Turquia, 479-480; mortos na guerra, 14
búlgaros, novos assentados na Crimeia, 442
Bulwer, Henry, 101
Buol, Karl von, conde (Ministro do Exterior austríaco), 126; oferece termos de paz aos russos, 167; suave demais com a Rússia (Clarendon), 170; encontro de Morny e Gorchakov (1855), 424
Burgoyne, general sir John RE, 203, 246; conselho de guerra com líderes aliados (1855), 360; julgamentos errados no cerco de Sebastopol, 247, 257-258; em Inkerman, 278; plano para cortar rota de abastecimento para Sebastopol, 359
Butler, cap. James (Rifles do Ceilão), em Silistra, 196-197, 197n
Butler, Elizabeth (nascida Thompson), Fazendo a chamada após um confronto, Crimeia, 494
Buzzard, Thomas (médico do exército turco), 403, 414

Cabrol, Jean (médico do exército francês), 223
Calthorpe, Somerset, ajudante de ordens de Raglan, 242-243, 261; história da confraternização, 370; testemunha derrota turca, 264-265
Cambridge, príncipe George, duque de, gal. de brigada, 184, 203; em Alma, 234; em Inkerman, 284, 289; se recuperando de Inkerman, 302; renúncia, 295
Cameron, cap. William (Guardas Granadeiros), cartas para casa, 259
Campbell, gal. de brig. sir Colin (93ª Brig. Highland), 236, 264, 266, 410
Campbell, George John, duque de Argyll, 421
Campbell, lady Charlotte, sobre um jovem tsar Nicolau, 86
Campineanu, Ion, 116
Canadá, reivindicações territoriais pelos Estados Unidos, 334n
Canato da Crimeia: otomanos perdem o controle do, 36, 40; tribos tártaras, 35-36
Canning, George, 78
Canning, Stratford, 1º visconde Stratford de Redcliffe, 78-79, 80, 81-84,

128; concorda em apoiar o sultão, 152; nomeação para São Petersburgo recusada pelo tsar, 106-107; frota britânica em Dardanelos, 122-123; pede desmonte do império russo, 183; pede ação militar decisiva, 148; independência dos circassianos e, 356; comentário sobre a Polônia em Paris (1856), 436; sobre os tumultos em Constantinopla (1853), 167-168; conversa com Napoleão III, 135-136; Czartoryski e, 105, 106; decreto hatt-i hümayun, 435, 447, 449-450; pede hostilidade dos turcos, 84; pouca influência sobre as mudanças turcas na Nota de Viena, 149-150; retorna a Constantinopla (1853), 134, 135-137; com o sultão em baile à fantasia, 445; apoia Palmerston, (1853) 146; simpático a ampliar a guerra, 347; pede reforma liberal em Moldávia e Valáquia, 123; conclama turcos a proteger cristãos, 450; conclama turcos a resistir a exigências russas, 118, 123, 136-137; conclama turcos a endurecer sua posição, 170; Urquhart e, 97, 101; e a Nota de Viena, 149-150; alerta para revolta contra políticas ocidentalizantes, 434

Canrobert, general François (1ª Divisão, depois comandante em chefe), 224, 252; segue as instruções de Napoleão III, 332; em Inkerman, 278; liderança questionada, 332; planos de assalto a Sebastopol engavetados até a primavera, 294-295; protesta contra Menchikov por atrocidades em Inkerman, 293; diverge de Raglan sobre o plano de campanha (1855), 361, 380-381; o ataque a Kerch e a renúncia, 362

capelães do exército: André Damas (exército francês), 292, 384-385, 394; exército britânico, 490

Caradoc, HMS, 224

Carcóvia, ferido em Sebastopol, 397

Cardigan, gal. de brig. Thomas Brudenell, 7º conde (comandante da Brigada Ligeira), 227, 269-271

Cardwell, Edward, lorde, reformas no exército, 485, 494

Carlos X, rei da França, 63

Carmichael, George (Reg. Derbys), 281-282

Carta Magna, influência sobre parlamento otomano, 80

cartistas, solidariedade à Polônia, 103-104

Castellane, Pierre de, Comte (ajudante de ordens de Bosquet), 393

Castlereagh, Robert Stewart, visconde, 59

Catarina, a Grande, imperatriz da Rússia, 36-42, 46-47

Cathcart, general sir George (4ª Divisão), 257, 288

católicos rutenos (uniatas), 107

Cáucaso, 15, 63, 355-357; cristianização do, 43, 44, 443-444; conquista pela Rússia, 34 43-44, 469; discutido no Congresso de Paz de Paris (1856), 432, 434; Mehmet Ali do Egito inspira rebeldes, 87; muçulmanos expulsos, 443-444; planos de Palmerston para, 420; proposta de ataque por exército da Índia, 74; apoio britânico a tribos muçulmanas, 16, 74, 98, 99-100, 106, 164 356; teste para reformas no exér-

cito russo, 468-469; exército turco ataca (1853), 163-166; fortes turcos capturados (1829), 63; ver também Chechênia; Circássia; Geórgia
Cavour, Camillo (primeiro-ministro de Piemonte): acordo com a Companhia de Transporte de Odessa, 455; unificação italiana e, 456-457; Congresso de Paz de Paris (1856) e, 456; apoio para guerra mais ampla à Rússia, 352; guerra contra a Áustria, 456
Cetty, Antoine (intendente do exército francês), 181
Champoiseau, Charles, agente francês no Cáucaso, 356
Charlemagne (vapor de guerra francês), 128
Chavchavadze, príncipe, esposa e irmã dela levada pelas forças de Shamil, 355-356
Chechênia, 43-44, 74-75, 163-164, 469; ver também Cáucaso,
Chekhova, Eugenia (mãe de Anton Chekhov), 364n
Chenery, Thomas (correspondente do *Times*), 314, 326
Chernaia, rio, batalha (agosto de 1855), 401-405
Chesney, general Francis, 71
Chimkent, 473
China: expedição anglo-francesa (1857), 459; Tratado sino-russo de Pequim (1860), 475; ver também Guerras do Ópio
Chipre, a ser dada à Grã-Bretanha, 128
Chodasiewicz, ten. (depois cap.) Robert Adolph (Regimento Tarutinsky), em Inkerman, 284-286
Chopin, Frederic, 106

Christian Science Monitor (jornal), 95
Christie, capitão Peter RN (principal agente de transporte), 316
Churchill, Winston S. (depois sir Winston), correspondente de guerra, 326
Circássia, 34, 355; contrabando britânico de armas, 99-100, 106,165; discutida no Congresso de Paz de Paris (1856), 432, 434; missão francesa a Sukhumi, 356; planos de Palmerston para, 182, 218, 347; rebeldes pedem ajuda militar britânica, 217; russos expulsam muçulmanos, 443-444; Urquhart e, 98-100; ver também Cáucaso
Clarendon, lorde George 134n, 150, 183, 184; conselho de guerra com líderes aliados (1855), 360; a favor de guerra contra a Rússia, 170-171, 347; e o ultimato de paz franco-austríaco, 425; instruções da rainha, 350; Napoleão III e, 346, 350, 357-358, 423; Palmerston e, 419-420, 421, 424, 432-433; Congresso de Paz de Paris (1856), 432-433, 434
Cler, cel. Jean (2º Reg. Zuavos): exemplos de estresse de combate, 394; em Inkerman, 287, 291, 292
Clifford, Henry (oficial do comando da Div. Ligeira), 260; cultura de beber nos acampamentos aliados, 371-372; carta para casa, 368, 399-400; opinião de William Russell, 329; segundo ataque ao Redan, 410
Cobden, Richard, 172, 175
Cocks, cel. Charles (Guardas Coldstream), cartas para casa, 301
Codrington, almirante Edward, 62
Codrington, gal. de brig sir William John (Divisão Ligeira, depois

C-em-C), 235, 291, 347, 388-389; suspende ação no Redan, 410; partida e devolução aos russos, 142-143; tártaros pedem ajuda para deixar a Crimeia, 440

cólera: após vitória em Alma, 247; após desembarque em Evpatoria, 227; cuidados com o cólera, 213; vítimas de cólera no navio *Kangaroo,* 316; no delta do Danúbio, 212-213; dentro de Sebastopol, 399; em Varna, 213, 220; inverno (1854-55), 307, 312-313; ver também, tratamento médico

Colquhoun, Robert (cônsul britânico em Bucareste), 117, 118

Comitê Beneficente Eslavo de Moscou, 474, 475

Companhia de Transportes de Odessa, na baía de Villafranca, 464

Comunidade da Santa Cruz (ordem ortodoxa de enfermagem), 321-322

Concerto da Europa, 34-35, 59, 62, 64, 113, 211; Rússia humilhada, 460; tsar Nicolau e, 474

Conferência de Ialta (1945), 164n

Conferência de Viena (1853), termos de paz apresentados à Rússia, 167

Conferência de Viena (1855), 349, 352

Congresso de Berlim (1878), 480-481

Congresso de Paris (1856), 431-436; Artigo V e tártaros da Crimeia, 440; comissão europeia para definir fronteira russo-otomana, 443

Congresso de Paz de Paris (1856), 431, 436, 440, 451, 452

Congresso de Viena (1815), 100, 102, 432, 433, 434, 451

Connolly, ten. Arthur, a ameaça russa à Índia, 72

Constantine Pavlovich, grão-duque (por pouco tempo tsar Constantino I), 38, 60, 102, 427; visita à França (1857), 454-455

Constantinopla, Universidade, construída pelos irmãos Fossati, 50

Constantinopla: quase alcançada pelo exército russo (1878), 478 -479; atrocidades contra gregos (1821), 58; tentativas de ocidentalização de vestuário e cultura doméstica 445-446; capital de um império ortodoxo?, 158, 163; bailes à fantasia com a presença do sultão, 444-445; queda perante os turcos (1453), 34; demonstrações pró-guerra, 151-152; conflitos religiosos sobre termos de paz de Viena, 168-169; sonho russo de "Tsargrad", 50, 191, 479; russos constroem igreja ortodoxa, 37; como cidade livre, 129

Contemporary (periódico russo), 468

Convenção de Chipre (1878), 480-481

Convenção de Kütahya (1833), 67

Convenção de Londres: (1832), 65; (1840 & 1841), 88, 123, 133-134, 217; ver também Londres, Tratado de, (1827),

Convenção de Montreux (1936), revisão exigida pelos soviéticos, 506

Convenção dos Estreitos (1841) ver Convenção de Londres

Coronini[-Cronberg], general Johann (exército austríaco), 211

Cowley, Henry R. C. Wellesley, lorde Cowley (embaixador britânico em Paris), 171-172, 206, 252, 352, 460

Creta, a ser dada à França, 128

Crimeia: planos de invasão aliada (1854), 216-222; campanha mal planejada,

218-219; se torna parte da Ucrânia (1954), 507; cristianização da, 46-47, 441-442; pânico civil após Alma, 249; visões divergentes acerca de invasão, 216-217; conquista e anexação pela Rússia, 34, 40-42, 45-47; emigração forçada dos tártaros, 46; planos de Palmerston para, 182, 218, 347, 420; políticas russas pós-guerra, 439-443; significado religioso, 45, 47; repovoamento com cristãos, 441-442; planejamento urbano, 47; túmulos de guerra, 438-439, 439, 507-508; ver também Sebastopol; tártaros
cristianismo ortodoxo (oriental): Bessarábia, 43; cerimônia do Fogo Sagrado (Jerusalém), 30, 481, 482; cristãos assentados em territórios conquistados, 43, 44, 46; gruta da Igreja da Natividade, 31, 32; com medo de bandos de tártaros, 250; clero grego temeroso das ambições religiosas russas, 52; patriarca grego em Jerusalém, 29; oposição às reformas tanzimat, 82, 83; perseguição aos católicos, 84, 107; rivalidade com católicos na Terra Santa, 18, 27, 30, 127, 176, 481, 482; e identidade nacional russa, 17, 18, 29, 30, 31
Croácia, laços com a Sérvia, 476
Cruz Vitória, criação da, 487, 488, 488n
Cruzadas, 31
Cuba, planos americanos de invasão, 334n
Cullet, [Marie] Octave (oficial dos zuavos), 382, 402
Cundall, Joseph, fotografias de soldados feridos, 493

Curzon, Nathaniel, 3º barão, 30
Custine, marquês de, La Russie en 1839, diário de viagem antirrusso, 109-111
Czartoryski, príncipe Adam: começo de carreira, 105; plano de novo mapa europeu, 105; levantes poloneses, 102-103, 105, 458; na Grã-Bretanha, 103-104, 105-106; os franceses e, 106-109; e os "Cossacos do Sultão", 353, 443

daguestanenses, 43, 163
Damas, André (capelão do exército francês): soldados desmoralizados, 394; em Inkerman, 291; batalha do Malakhov, 384-385
Dannenberg, general P. A., em Inkerman, 279-280, 283, 287-289
Danúbio frente do, ofensiva e cerco em Silistra (1854), 190, 195-198
Danúbio, delta do, 35, 63, 128, 191-192, 211-213; surto de cólera, 212-213; planos de Palmerston para, 218, 421; refugiados poloneses, 443; Ilha da Serpente, 452, 453
Danúbio, rio: interesse austríaco, 434; comércio britânico, 70; exército russo se retira para (1878), 480; linha defensiva turca (1853), 163
de Lacy Evans, coronel (depois general) George, 72, 96-97, 105; em Alma, 233, 236, 238; em Inkerman, 276, 278, 281; renúncia, 295
de Morny ver Morny
De Ros, general William Lennox, lorde De Ros, diário de viagem pela Crimeia, 219
decembristas, 502, 503
Delacroix, Eugène, *O massacre de Quios*, 58

ÍNDICE 565

Delane, John (editor do *Times*), 314, 329; resiste a tentativas de censura, 330
Derzhavin, Gavril, 38-39
Dessaint, ten.-cel. (exército francês), 388
Dickens, Charles: Household Words, 109n, 491-492; "A verdadeira história das freiras de "Minsk" 109n
Dinamarca, guerra à Prússia (1864), 459-460
diplomacia da canhoneira: britânica, 67, 68, 75, 76, 121, 122, 123; francesa, 127, 128
Disraeli, Benjamin: Congresso de Berlim, 480-481; aliança secreta com otomanos 480
Dniepropetrovsk ver Ekaterinoslav
Dobrudja, força expedicionária francesa, 212-214
Dolgorukov, príncipe Vasili Andreievich (ministro da Guerra), 128, 296, 400
Don Pacifico, caso (1850), 121n, 159n
Doré, Gustav, *Histoire pittoresque ... de la Sainte Russie,*175
Dostoievski, Fiodor, 466, 475; Rússia se voltar para o Oriente, 470; Guerra russo-turca (1877-8), 479; apoio aos búlgaros, 478
Doyle, sold John (8º de Hussardos Irlandeses Reais do Rei), 269
Drouyn de Lhuys, Edouard (ministro francês das Relações Exteriores), 135, 217, 349, 352
Drummond, maj Hugh (Gran. Fuz. Escoceses), cartas para casa, 292
du Picq, Ardant (capitão do exército francês), teórico militar, 202, 240-241
Duberly, Fanny: na periferia de Sebastopol, 263-264; espectadora da batalha de Balaclava, 266, 273-274; descrição da cidade de Balaclava, 310; com o general Bosquet, 380-381; no furacão, 302; leitura, 327; sobre a organização superior francesa, 307
Duberly, Henry (8º de Hussardos), 263
Duhamel, general Alexander, 117
Dunbar (transporte de tropas), 316
Dundas, contra-almirante sir Richard, nova campanha no Báltico (1855), 357-359
Dundas, vice-almirante sir James, 134-135

Eardly, sir Culling, ferrovia de Balaclava, 437
Edinburgh Review (publicação trimestral): comércio britânico e, 69; sobre a "ameaça" russa, 95, 96
Edirne ver Adrianópolis (Edirne)
Egerton, cel. Thomas (77º a Pé), 379-380
Egito: desafio ao sultão otomano, 66-67; perdido para Napoleão, 54; a ser dado à Grã-Bretanha, 128
Ekaterinoslav, 39-40
Elena Pavlovna, grã-duquesa: encoraja Cavour, 456; organiza enfermeiras para a Crimeia, 321n, 322
Ellenborough, lorde, presidente do Escritório de Controle para a Índia (1828-30), 72
embriaguez: entre soldados em Sebastopol, 371-372, 415; entre soldados em Varna, 204-205
enfermeiras e enfermagem, 320, 325; Alexandra Stakhova vê Sebastopol em chamas, 412, 413; na Grã-Bretanha após a Crimeia, 485, 486, 487; Dasha Sevastopolskaia, 243n, 321, 322; russas de classe alta, 320, 321; enfermeiras em hospitais militares franceses, 315, 316; em Scutari, 323,

325; ver também Nightingale, Florence; mulheres
Erivan (Ierevan): proposta de ataque pelo exército da Índia, 74; repovoada com armênios, 44, 64; discutida no Congresso de Paz de Paris (1856), 434
Ermak Timofeevitch, conquista da Sibéria, 375n
Ermolov, general Alexander, 43
Ernest Leopold, príncipe de Leiningen, carta à rainha Vitória, 358
Ershov, Evgeni (artilharia russa), em Sebastopol, 255, 376-377, 398-399, 406
escorbuto: exército britânico, 312, 313; tropas francesas, 421; em Kars, 418
escravos, comércio de após reformas tanzimat, 81
eslavófilo, movimento, 191, 210, 211; apoio aos rebeldes búlgaros, 478; apoio à guerra, 336
eslavos: identidades nacionais, 53; assentados em regiões conquistadas, 44; ver também pan-eslavismo
espectadores: em Alma, 229, 231, 241; em Balaclava, 275, 276; ver também turismo de guerra
estado de choque, 394, 395
Estados Unidos da América: relações com a Grã-Bretanha, 334n; relações com a Rússia, 333n, 334n; envia navios de guerra ao Mediterrâneo oriental (1946), 506
Estatutos Orgânicos (Reglements organique), Sérvia e Romênia, 112, 116, 119
Estcourt, gal. de div. James Bucknall (chefe de pessoal), 331
Esterhazy, conde (enviado austríaco à Rússia), 207

estonianos, novos habitantes da Crimeia, 442
estresse de combate, 394-395
Evpatoria: composição populacional 224; fuga de russos e gregos, 225-226; ocupação aliada de, 224-225 226-227, 341-342; aliados descobrem crise humanitária tártara (1855), 359; batalha de (1855), 341-342; chave para uma campanha aliada, 361
exército britânico da Índia, medo do tsar Alexandre, 471-472
exército britânico, cronologia na Crimeia: despreparo para a guerra, 202-203; em Varna, 198-201, 204-206; cólera, 213, 227, 307, 312-313; falta de informação sobre números russos, 219; zarpar para a Crimeia, 221-222 223-227; oficiais evitam inverno na Crimeia, 295, 305, 312; oficiais mais abrigados que os homens (inverno de 1854-55), 305-306; oficiais e homens questionam a guerra, 393-394; queixas de más condições, 313-314; escorbuto, 312-313; marcha para Alma, 227-228; escaramuças da Brigada Ligeira perto de Alma, 228n; em Alma, 231-232, 233-239, 241-242; cerco de Sebastopol, 258-261, 263-264; em Balaclava, 264-276; Carga da Brigada Pesada, 267-268; Carga da Brigada Ligeira, 268-275; em Inkerman, 276-277, 280-282, 283-284, 286, 287-289, 292, 293; falta de roupas e abrigos para o inverno, 219, 303, 304-305; custo da vitória em Inkerman, 294-296; supostas atrocidades em Kerch, 363-

364; queda de moral, fatores para, 295-294, 313-314, 394-395; taxas de deserção no inverno (1854-55), 296; deserções antes do ataque ao Redan, 385; cabanas de Paxton, 485; ataques noturnos russos e, 367; confraternização com soldados russos, 367-368, 369-370; bombardeio de Sebastopol, 375-379; assalto aos fossos de disparo da Ravina Vorontsov, 379-380; captura dos fossos da Pedreira, 383, 384; primeiro ataque ao Redan, 384, 388-390, 391; segundo ataque ao Redan, 406, 408-410; saque em Sebastopol, 414-415; devolução de Balaclava (julho de 1856), 437-438; retorno à Grã-Bretanha, 483; túmulos de guerra, 438-439, 440; memoriais de guerra, 483-484; ver também Grã-Bretanha

exército britânico, unidades e regimentos: 1ª Divisão, 233, 268; 2ª Divisão, 233, 238-239, 277, 281; 3ª Divisão, 389-390; 4ª Divisão, 258, 268, 288; Brigada Pesada, 267-268; 4º de Dragões, 267-268; 4º de Dragões Leves (da Rainha), 270-271, 274; 5º de Dragões, 267-268; 6º de Dragões Inniskilling, 267-268; 8º de Hussardos,, 264, 269-270, 274; 11º de Hussardos, 270-271; 13º de Dragões Leves, 228n, 270, 271; 15º de Hussardos do Rei, 247-248; 17º de Lanceiros, 270-271; Scots Greys, 267-268; Brigada de Guardas, 236-239; Guardas Granadeiros, 236, 237-239, 284, 288; Guardas Coldstream, 236, 237-239, 288, 301; Guardas Fuzileiros Escoceses, 236-237; 93ª Brigada Highland, 236, 264-265, 266-267; Divisão Ligeira, 233, 234-236, 238-239, 260; 1º Regimento Real, 313; 9º a Pé, 389-390; 14º a Pé, 385, 390; 23º de Fuzileiros (Galeses Reais), 409; 30º a Pé, 238; 77º a Pé, 380-381; Regimento Derbyshire, 234

exército britânico: força anglo-austríaca na Palestina (1840), 88; reformas de Cardwell, 485, 494; abastecimento (1855), 373-374; capelães, 490; burocracia do comissariado, 223, 227, 310-311, 311n; veteranos da Crimeia recebem Cruz Vitória, 487-488 488n; dependente do recrutamento de mercenários, 353-354; bebedeira, 204-205, 371, 416; diversão, 371, 428; Memorial dos Guardas (Londres), 483-484,487; corpo de oficiais, 203; opinião sobre os franceses, 200; opinião sobre os soldados turcos, 205; cartas para casa de outras patentes, 223-224, 227, 278-279, 312-313; recrutas, 203; esposas de soldados na frota invasora, 221-222, 222n; "Tommy Atkins", 484-485; uniformes, 200, 203-204

exército francês, regimentos: 1ª Divisão (do general Canrobert), 212, 226, 233, 268; 2ª Divisão (do general Bosquet) 212, 226, 232-233, 264, 284; 3ª Divisão (do príncipe Napoleão), 212, 226, 233; Chasseurs d'Afrique, 268, 284-285; Spahis d'Orient, 211-213; 20º Regimento, 227-228; 22º Regimento, 231; 95º Regimento, 387-388; 97º Regimento, 387-388; ataques surpresa às defesas russas, 367; regimentos de zuavos, 200-202, 200n 232, 233,

248-249, 286-289, 291, 303-304, 367, 381-383, 390, 394-395, 407-408
exército francês: em Varna, 199-201, 204-206; motim no acampamento em Varna, 220; opinião dos britânicos, 200-201, 428; opinião sobre soldados turcos, 205-206; supostas atrocidade em Kerch, 363-364; cólera, escorbuto e tifo, 213, 421; bebida, 371; diversão, 370-371, 428; força expedicionária a Dubruja, 211-213; comida e equipamento para viagem marítima, 223; generais despreparados para avançar rumo a Sebastopol, 246; auxiliares médicos *(soldats panseurs)*, 316; instalações médicas e tratamento, 202, 315-316, 421; oficiais e soldados questionam a guerra, 394-396, 422; oficiais (inverno de 1854-55), 305; cartas de outras patentes para casa, 223; principal parceiro na Crimeia, 295; treinamento e experiência, 201-202; uniformes, 204; de Varna a Evpatoria, 220-221, 223-226; marcha para Alma, 227-228; em Alma, 231-233, 240-241; saques, 248-249, 414-415; cerco de Sebastopol, 247, 259-261, 263-264, 393-396; em Balaclava, 268; em Inkerman, 278, 285-287 288-289, 290, 291-292; violação da igreja de S. Vladimir, 293-294; Brigada de Lourmel em Sebastopol, 290; custo da vitória em Inkerman, 294-296; deserções, 296, 385, 394; mais preparados para o inverno que os britânicos (1854-55), 303-304, 305-307; confraternização com soldados russos, 367-368, 428-429; boatos de greves e revolução, 332, 423; ataques ao Mamelon e ao bastião Malakhov, 380-391; exemplos de moral baixo e estresse de combate, 394-396, 423; batalha do rio Chernaia, 400-404; vitória em Malakhov, 404-410

exército húngaro, oficiais poloneses, 119, 120

exército indiano ver exército britânico da Índia

exército otomano: composição, 144, 146, 196; supostas atrocidades em Kerch 363, 364; bebida, 371; oficiais europeus, 144, 145, 195, 196, 208; maltratado pelos britânicos, 275; linguagem como grande problema, 144; perseguição a russos em retirada, 207, 209; natureza religiosa das retaliações, 208; Silistra e frente do Danúbio, 191, 193, 195, 198; táticas de terror, 162; em Varna, 205, 206; em Alma, 231, 232; em Balaclava, 263, 264, 265, 273, 274; em Kars, 417, 418

exército polonês: dispersa para Prússia e Europa Ocidental (1831), 103; se junta ao levante (1830), 102

exército rumeliano (otomano): início das hostilidades contra a Rússia, 155, 156; Stara Zagora (1853), 162; reforça fortes turcos na fronteira do Danúbio, 143, 144; táticas de terror, 162

exército russo, cronologia na Crimeia: transferido do Cáucaso para a frente do Danúbio 164; ofensiva e cerco a Silistra 161, 162, 190, 191, 193, 198, 206, 207; retirada de Silistra e Danúbio 208, 211; em Alma 228,

241, 242, 244; saque após Alma 245, 246; retaguarda escapa dos Hussardos de Nolan 247, 248; defesa de Sebastopol 245, 255, 263, 365; em Balaclava, 264, 276, 266n; reforços da Bessarábia, 277, 279; em Inkerman, 276, 294; atrocidades após Crimeia, 292, 294; não aproveita vantagem doméstica no inverno de 1854-55, 339; problemas de abastecimento por causa do cerco 319; ataques noturnos a trincheiras aliadas, 366, 367; confraternização com soldados aliados, 367, 368, 369, 370, 428, 429; bombardeio aliado de Sebastopol, 377, 380; defesa do Mamelon e dos fossos da Pedreira, 380, 383; defesa do Malakhov e do Redan, 383, 391, 405, 411; boatos de motim, 399, 400; conselho de guerra discute possíveis ataques (agosto de 1855), 401; ataque a franceses e sardos no rio Chernaia, 400, 405; devolução de Balaclava (julho de 1856), 437, 438 exército russo, unidades e regimentos: 4º Corpo, 277, 279; 5ª Divisão, 401, 402; 10ª Divisão 255; 11ª Divisão, 277, 279, 280, 282, 283, 285; 12ª Divisão de Infantaria, 263; 15ª Divisão de Infantaria de Reserva, 407; Regimento Boradinski, 283; Cavalaria Cossaca, 228, 233, 234 ,239, 245, 246, 248, 249, 264, 272, 273 ; Regimento Ekaterinburg, 281, 285; Regimento Kamtchatka, 365; Regimento Kazan, 408; Hussardos de Kiev, 233; Regimento Kolivanski, 281; Regimento Minsk, 233; Regimento Moscou, 233; Regimento Okhotski, 283, 287, 288; Lanceiros Poloneses, 273; Regimento Selenginski, 283, 287, 288; Regimento Tarutinski, 230, 283, 286, 287, 317; Regimento Tomski, 281; Regimento Ukrainski, 272; Regimento Vladimirski, 235, 236; Regimento Iakutski, 283, 287, 288; voluntários americanos, 334n; "Legião grego-eslava", 162, 163
exército russo: obrigado a se retirar de Varsóvia (1830), 102; derrota poloneses (1831), 103; reformas do exército, 462, 464, 466, 470; mortos e feridos, 241, 242, 244, 402, 403, 413; derrota húngaros (1849), 120; defesas muito esticadas, 354, 355; deserções em Bucareste, 209; deserções no rio Chernaia, 403n; deserções em Sebastopol, 340, 399, 400, 404; dieta no delta do Danúbio, 192; bebida, 371; diversão, 370; tratamento duro aos soldados servos (Tolstoi), 463, 464; escaramuças não decisivas com otomanos (1853), 156; perdas por doenças em campanhas, 63, 120, 143, 192; ajuda médica dos EUA, 334n; tratamento médico antes de Pirogov, 317, 318; sistema de justiça militar, 467, 470; mobilizado para atacar turcos (1852), 128; preparação para a guerra (1853), 140, 143, 226; punições, 467, 470; reforços da frente do Danúbio, 263; ataques de vingança a muçulmanos búlgaros, 480; guerra russo-turca (1877-8), 478, 479; canção satírica, 463, 464, 464n; comentários de soldado sobre a morte do tsar, 346; cartas de soldados para casa, 192, 193; atraso tecnológico, 461;

uniformes, 204; alistamento universal, 469; vitória no Cáucaso, 468, 469; retirada de San Stefano para o Danúbio, 480
exército sardo: batalha do rio Chernaia, 400, 404; assalto ao Malakhov, 407; ver também Piemonte-Sardenha
exércitos, comparação de custos dos beligerantes, 145-146
Eyre, gal. de div. sir William (3ª Divisão), 389-390

Failly, gal. Pierre Louis de, 383-384
Fanariotas, 52, 56
Fatima Khanum (líder curda), 212
Fedorov, coronel, primeiros ataques a Inkerman, 276-277
Fenton, Roger (fotógrafo de guerra), 327-329, 329, 493; homens do 68º Regimento em trajes de inverno (1855), 329, 329; vale da sombra da morte 328, 328
Fergusson, Robert Cutlar, 105
ferrovias: de Balaclava, 374, 375, 437, 485; do Vale do Eufrates, 71; na Rússia, 469
Fet, Afanasy, 464
Finlândia, planos de Palmerston para, 182, 347, 419, 420
Finn, James (cônsul britânico em Jerusalém), 449, 450-451, 481-482
Fliedner, pastor Theodor, princípios de enfermagem, 322-323
Foreign Quarterly Review (periódico), 101
Forrest, maj William (4º de Dragões), 267
Forte Estrela (Sebastopol), 245, 246, 247, 412
Forte Nicolau (Sebastopol), destruído pelos franceses, 437

Fossati, Gaspare e Giuseppe (arquitetos): tentativa de despertar interesse do tsar Nicolau em mosaicos, 50-51; mosaicos bizantinos, 50-51, 51; reforma de Hagia Sophia, 49-50
fossos da Pedreira (Sebastopol), 365, 380, 382, 383
fotografia: da zona de guerra, 327, 329, 328, 329; feridos em hospitais militares, 493; ver também litografias
Fould, Achille, 177
França: consultores junto aos otomanos, 55; concorda com invasão da Crimeia, 217; propaganda antirrussa, 175-177; sentimentos antibelicistas na população, 176-177; recua e assina a Convenção de Londres (1841), 88; disputa fronteiriça Bessarábia/Moldávia, 453; o "partido clerical" (ultramontanista), 33, 127, 175-176; preocupação com a guerra (1855), 349-350; conquista da Argélia, 67, 158; contato com São Petersburgo (nov. de 1855), 419; preparativos para contrarrevolução, 331-333; esmaga República Romana (1849), 159n; Czartoryski e emigrados poloneses, 106-109; decisão de enviar frota à Turquia (1853), 134-135; declaração de guerra à Rússia (1854), 17, 181, 184-185; conversações diretas com russos, 420-421, 423-425; disputa com Rússia sobre a Terra Santa, 30-31, 33, 109, 127-128, 131, 132; queda de Sebastopol, 414-415; Lei Falloux (1850), 32; frota deslocada para baía de Besika (Dardanelos), 67-68; frota em prontidão de guerra (1853), 148; os Quatro Pontos e, 350, 422-423; ultimato

de paz franco-austríaco à Rússia, 424, 426; ajuda a modernizar frota russa, 454; humilhação pela Rússia (1812) lembrada, 126-127; influência do "Testamento de Pedro, o Grande", 94-95; investimento no Egito, 86; consulado em Jerusalém, 29, 31; Monarquia de Julho (Luis Filipe), 106; "Malakoff" lembrado, 497-498; consciência nacional e a Crimeia, 496-498; negociações com Áustria, 181; rede de informantes, 332; sem ajuda aos otomanos contra Egito (1833), 67; Congresso de Paz de Paris (1856), 431-436; iniciativa de paz (1853), 148-149; possível ameaça à paz (1851), 125; potência europeia superiora, 431-432; propõe guerra continental para libertar a Polônia, 215; protestos contra o Tratado de Unkiar-Skelessi, 68; reaproximação da Rússia, 451-452; reações à guerra (inverno de 1854-55), 331-333; resposta a Sinope (1853), 171; devolve o papa a Roma, 32, 159n; revolução (1848), 115-116, 201-202; queixas russas, 159; busca de paz com a Rússia, 416, 418-419, 421-425; Segundo Império (1852), 125; Segunda República estabelecida, 115; tratado secreto com a Áustria, 352; busca aliança com Grã-Bretanha, 126, 135-136, 171; busca aliança com Grã-Bretanha e Rússia, 62; vista como inimiga pelo tsar Nicolau, 160; incidente da Ilha da Serpente, 452; sofrimento resultante da guerra, 421-423; apoio à insurreição de Mehmet Ali contra o sultão (1839), 86; apoio à Polônia, 106-111, 115-116, 435; ambições territoriais (Nice e Saboia), 453-454, 454n, 457; Terceira República, 460; treina exército e marinha de Mehmet Ali, 66-67, 87; Tríplice Aliança (1856), 451; planos de contenção do tsar Nicolau, 91-92; ultimato ao tsar Nicolau, 180; incapaz de ajudar os otomanos (1783), 41; infeliz com planos de Palmerston, 421; guerra à Áustria (1859), 451, 456-457; memoriais de guerra, 13, 14; guerra à Prússia (1870), 460, 497; ver também aliança anglo-francesa

Francisco José I, imperador da Áustria e rei da Hungria, 119, 139, 207, 456

Franks, sargento Henry (5º de Dragões), 267

Fratja (sociedade secreta romena), 116

Frederico Guilherme IV, rei da Prússia, 179, 425, 426-427

Frederico Guilherme IV, rei da Prússia, 51-52

freiras católicas: em hospitais militares franceses, 315-316; as "Freiras de Minsk", 108-109, 109n

Froment, François-Marie de, *Observations sur la Russie,* 107

Fuad Efendi (comissário otomano em Bucareste), 117, 133

Fuad Pasha (reformista tanzimat), e o Congresso de Paz de Paris (1856), 434

Fundo Patriótico Real para auxílio a esposas de soldados, 325

Fundo *Times* para Ajuda aos Doentes e Feridos na Crimeia, 314, 324, 325

Fuzileiros Reais, em Balaclava, 264

Gage, cap. (depois ten-cel) Edward RA (comando de Raglan): em Alma, 236n; em Sebastopol, 378-379

Galípoli, primeiro desembarque da força aliada, 198-200, 202

Ganja, canato (Elizavetopol), 44

Garibaldi, Giuseppe: conquista de Nápoles, 497; levante polonês (1861) e, 458-459; camisas vermelhas, 457

Gaskell, Elizabeth, *North and South*, 496

Gaza, conflitos e ataques a cristãos, 448

Gazi Muhammed (filho do imã Shamil), 354

Geórgia, 64; contrabando de armas britânico, 165; campanha contra os muçulmanos, 43, 44; discutida no Congresso de Paz de Paris (1856), 434; ataques do imã Shamil, 354, 355-356; planos de Palmerston para, 182, 218, 347; proposta de ataque pelo exército da Índia, 74; ver também Cáucaso

Ghazi Muhammad, imã, 43-44

Ghica, Alexander, príncipe da Valáquia, 66

Giffard, capitão Henry Wells RN, 194

Gilbert, John *Sua Majestade a Rainha inspecionando os Guardas Coldstream feridos...*, 493

Gilbert, Michel (oficial francês), 395

Ginka, gen V. A., reformas do sistema de abastecimento, 467

Giray, dinastia (canato da Crimeia), 36-37, 250n

Giubbenet, Khristian (professor de cirurgia), 396-397, 413

Giurgevo, atrocidade turca, 208

Gladstone, William Ewart, 130, 147; em campanha por intervenção nos Bálcãs, 478; problemas com a defesa de muçulmanos 173; renúncia (1855), 350-351

Gleichen, almirante Victor, conde Gleichen, 484

Golev, general (infantaria russa), no Redan, 385

Gorchakov, general Mikhail: frente do Danúbio, 190-191, 191, 198, 207; levanta cerco a Silistra, 206-207; reação ao problema dos refugiados, 208-209; retirada de Bucareste, 210; canção dos soldados, 230; cerco de Sebastopol, 257, 341; em Inkerman, 286-287; temeroso de invasão austríaca, 354-355; memorando secreto sobre Resistência Nacional, 354-355; grande ofensiva ordenada pelo tsar, 400; ataca franceses e sardos no rio Chernaia, 400-404; evacuação de Sebastopol, 398, 401, 404, 411-414; ordena destruição de Sebastopol, 411; celebração oficial de, 505

Gorchakov, príncipe Alexander, 350, 423-424, 474; torna-se ministro das Relações Exteriores, 452; anulação das cláusulas sobre o mar Negro do Tratado de Paris, 476; oposto a revolução a partir do Piemonte, 457; *realpolitik,* 452; incidente da Ilha da Serpente e outras reivindicações, 452-454; apoio aos sérvios, 475; incerto sobre expansão para a Ásia Central, 471; avisa a Sérvia para não interferir nas revoltas nos Bálcãs, 478

Gordon, ten (depois gal.) Charles, 305

Gosse, sir Edmund, recorda impacto das notícias da guerra, 327

Gowing, sarg Timothy (7º de Fuzileiros Reais), 389

Gözleve, 442

Grã-Bretanha: postura em relação aos soldados (outras patentes) antes e depois da guerra, 484-485, 490-483; apoia Grécia independente, 65; medalha de bravura criada para outras patentes (1857), 487-488; decisões de gabinete sobre objetivos da guerra, 134 e 134n, 181-182, 419-420; ataque ao Cáucaso avaliado, 216, 355, 357; divisões de classe, possível fim das, 491, 492 ; visões divergentes sobre invasão da Crimeia, 216, 217; Congresso de Berlim, 480, 481; consulados em Belgrado, Braila e Iaşi, 112; criação de Estados amortecedores, 74, 76, 183, 420; Convenção de Chipre, 480, 481; dia de jejum e orações (1854), 185, 186; decide atacar Crimeia e Sebastopol, 217, 218; caso Don Pacifico (1850), 121n, 159n; efeito das atrocidades búlgaras, 477, 478; identidade nacional inglesa após a guerra, 494, 496; extensão de direitos, 485; medo de renascimento napoleônico na França, 86-87, 125, 126; medo da "ameaça russa", 64, 69, 71, 74, 95, 101, 112, 146, 147, 215; Lei de Alistamento de Estrangeiros (1855), 354; especialistas da secretaria do Exterior alertam contra utilização de forças muçulmanas contra cristãos, 357; imprensa livre e opinião pública, 325, 331; governo derrubado pela imprensa e a crítica popular (1855), 331; ideais da classe média e profissionalismo, 485, 487 I; negociações com a Áustria, 181; nada pronta para a paz após Sebastopol e Kars, 416, 417, 419, 421, 423; Congresso de Paz de Paris (1856), 432, 433, 434; iniciativa de paz (1853), 148, 149; na Pérsia, 471; protesto contra invasão russa do Turquestão, 473; apoio popular aos húngaros 120, 121; reação à queda de Sebastopol 415, 416; reação ao ultimato de paz franco-austríaco, 424; reação às notícias sobre Sinope, 169, 171; reações à morte do tsar, 345; motivos para a guerra, 17, 34, 215, 217; relações com o império otomano, 42, 43, 67, 69, 71, 75, 84, 120, 121, 128, 129, 131, 137, 172, 174; relações com os Estados Unidos, 334n; repudia Tratado de San Stefano, 480; reação à guerra russo-turca (1878), 479; exilados romenos, 146, 147; revolução romena e (1848), 117; política externa russa e, 62, 160, 161, 193; e planos russos para a Grécia (década de 1820), 59, 60; rivalidade com a Rússia na Ásia, 471, 472; tráfico de armas secreto para o Cáucaso, 99, 100, 107, 165, 356; busca reconhecimento para Vitor Emanuel, 458, 459; simpatia pela causa polonesa, 101, 107; Tríplice Aliança (1856), 451; visita do tsar Nicolau I a Londres (1844), 85, 86, 87, 94; ultimato ao tsar Nicolau (1854), 180; infeliz com a paz na Crimeia, 483; memoriais de guerra, 483, 484; o "partido da guerra", 96, 100, 103, 104, 181, 183, 417, 418, 419, 421, 423; ver também aliança anglo-francesa; exército britânico; Guerra da Crimeia; Palmerston; Marinha Real; russofobia

Grach, coronel, fortes da Silistra, 195-196
Graham, sir James (Primeiro Lorde do Almirantado): estratégia naval, 134n, 181-182,216; renúncia, 350-351
Grantham, Thomas Robinson, 2º barão Grantham (secretário do Exterior britânico), 42
Grécia: autonomia reconhecida pelos otomanos, 64; Catarina, a Grande e, 37, 38; aliança militar com a Sérvia, 476; planos russos de partição (1852), 129; mortos na guerra, 14; potências ocidentais desinteressadas em ajudar, 59
Gregório XVI, papa, 108
gregos: nacionalismo, 53, 163; novos assentados na Crimeia, 442, 443; em Odessa, 40, 56; em Tessália e Épiro, 163, 173
Griffith, ten (23º de Fuzileiros (Galeses Reais)), atacando o Redan, 409, 410
Grimm, barão Friedrich, Catarina, a Grande e, 37
guerra anglo-persa (1856-7), 417
Guerra Fria (1945-91), 94n, 95, 506-507
guerra naval, uso de projéteis explosivos, 166
guerra turco-russa ver Guerra da Crimeia
Guerras do Ópio: 1ª (1839-42), 159n, 460; 2ª (1857), 459; ver também China
guerras religiosas: Nicolau I e, 157; Rússia e vizinhos muçulmanos, 42, 46; ver também guerras russo-turcas
guerras russo-turcas, 35, 36; (1787-92), 42, 46; (1806-12), 43, 56, 57; (1828-9), 44, 62, 64; (1877-8), 478, 479; ver também guerras religiosas
Guizot, François, 68, 106

Gurowski, Adam, conde, Russland und die Zivilisation, 111, 112

Hagia Sophia, mesquita (Constantinopla), 49, 51, 50; mosaicos bizantinos descobertos 50, 61, 51; significado para a Rússia, 50, 51
Hall, dr. John (principal oficial médico), alertas contra uso de clorofórmio, 320
Harrawby, Dudley Ryder, 1º conde, 436
Hatt-i Hümayun, decreto (1856) 434; redigido por Stratford Canning e Thouvenal 447; oposição violenta a, 446, 451
Hatt-i Sharif (1839), 447
Hauterive, Alexandre d', 94, 95
Hawthorne, Nathaniel, English Notebooks, 485
Henri Quatre (navio de guerra francês), perdido no furacão (1854), 302
Herald (jornal), 73
Herat (Afeganistão), 72, 73, 74, 471
Herbé, cap. Jean-Jules: cavalos e mulás abandonados, 437; assalto ao Bastião Malakhov, 386, 387; carta desde o hospital, 315, 316; cartas para casa, 200, 214, 221, 252, 305, 306, 307, 309, 310, 372, 375, 382, 383, 385, 403; ferido no rio Chernaia, 403
Herbert, Elizabeth, baronesa (esposa de Sidney Herbert), 315, 323
Herbert, general George, conde de Pembroke, 164n
Herbert, Sidney (secretário de Estado da Guerra), 164n, 203, 314, 315, 323, 351; estátua de bronze acrescentada ao Memorial dos Guardas, 487
Herbert, sold Harry (5º de Dragões), 267
Herzegovina 156; movimento pan-es-

lavista e, 476; prometida a Áustria-Hungria, 478; revoltas de cristãos, 477
Herzen, Alexander, publica canção de "Tolstoi", 464n
Heytesbury, William a Court, 1º barão Heytesbury, 65
Higginson, cap. (depois gal.) George (Guardas Granadeiros), em Inkerman, 284, 287
Horda Dourada, 36
Hornby, lady Emily, 445
Howlett, Robert, fotografias de soldados feridos, 493
Hübner, Joseph Alexander, barão, 177
Hudson, sir James, 101
Hughes, Thomas: Tom Brown at Oxford, 490; Tom Brown's Schooldays, 489
húngaros em Kars, 417, 418
Hungria, revolução de 1848-49, 119, 123
Hyde, sold. Edward, em Inkerman, 283
Hyder Pasha Hospital, 324

Iași: reuniões da Fratja (1848), 116; Tratado de (1792), 42
Ibrahim Pasha (filho de Mehmet Ali), na Síria, 66, 67
Ienikale *ver* Kerch, ataque aliado (1855)
Ignatiev, Nikolai: solução para a Questão Oriental, 475, 476; encoraja sérvios a esperar ajuda russa, 479; pan-eslavismo de, 475, 476, 479; Tratado de San Stefano, 479, 480 memorando estratégico sobre Ásia Central e Índia, 472; enviado do tsar a Constantinopla, 475, 477
Igreja católica: polêmica contra os ortodoxos orientais na França, 175-176; Igreja da Gruta da Natividade, 32-33, 128; interesse histórico da França na Palestina, 31-32; pretexto para guerra, 17; rivalidade com Igrejas Ortodoxas na Terra Santa, 18, 28-30, 127, 176, 481-482; perseguição pelos ortodoxos russos, 84, 107-109; católicos rutenos (uniatas), 107; solidariedade à Polônia, 107
Igreja da Natividade (Belém): católicos ganham direito a chave, 128; Congresso de Paz de Paris (1856) e, 435; conflitos entre católicos e ortodoxos, 31-32
Igreja do Santo Sepulcro (Jerusalém): conflito sobre conserto do telhado, 33-34; Páscoa de 1854, 188; rivalidade entre ortodoxos e católicos, 27-29, 132, 176, 481-482; Congresso de Paz de Paris (1856) e, 435; peregrinos, 30; presentes de governos católicos, 29
Ilha da Serpente, ocupada pela Rússia, 452, 453
Illustrated London News (periódico), 173, 327
império otomano: fronteira com Rússia ortodoxa, 35, 36; interesses comerciais britânicos (década de 1830), 69, 72; política externa britânica e, 75, 76; resoluções do Congresso de Berlim, 480; burocracia corrupta, 54; Crimeia apagada da memória nacional, 497, 499; baixas a Guerra da Crimeia, 498; composição cultural e religiosa, 51, 53; hábitos e permissões na Terra Santa, 31, 32; declaração de guerra à Rússia (1853), 152, 153, 155; declara *jihad* após Navarino, 62; efeitos causados pela Guerra da Crimeia, 16, 17; exposição à cultura ocidental, 445, 446;

investimento externo, 446; França e, 454; evita decisão sobre conserto do telhado do Santo Sepulcro, 32; Grande Conselho concorda em aceitar termos de paz de Viena (1853), 167; Grande Conselho recusa exigências de Menchikov, 136, 138; e independência grega, 57, 60; decreto Hatt-i Hümayun, 434, 446, 451; direitos religiosos na Terra Santa e, 34, 36, 37, 58, 127, 128, 131, 132, 434; hostilidade a interferência da Grã-Bretanha, 84; falta de infraestrutura de comunicações, 82; reforma política liberal no, º 75, 84; perda da Crimeia, 41; atraso militar, 54; instituições muçulmanas impedindo o progresso, 53; organiza apoio na Grã-Bretanha (1853), 155; súditos ortodoxos, 34, 35, 51, 53, 81, 84, 113; planos de Palmerston, 182, 347; Congresso de Paz de Paris (1856) 434, 435, 451; parlamento estabelecido (1876), 80; negociações de paz (1853), 148; plano russo para novas incursões, 419; concebido como um Estado vassalo, 130; à beira do colapso, (1829) 63, 64; asilo político oferecido aos poloneses húngaros, 120, 121; reação ao levante grego em Moldávia e Valáquia, 57, 58; ressentimento contra cristãos, 446, 451, 498, 499; resposta ao ultimato do tsar Alexandre I, 58, 59; revolução romena de 1848 e, 117; Rússia invade e toma Kars, 417, 418; anexação russa da Crimeia reconhecida (1792), 42; plano russo de partição, 86, 93, 128, 131; Tratado de San Stefano 479, 480; otomanismo secular, 80; busca ajuda de Grã-Bretanha e França contra os russos, 133; o "homem doente da Europa", 129; assina lei de Balta Liman (1849), 118, 119; súditos eslavos e o tsar Nicolau, 113, 114; reformas tanzimat ver reformas tanzimat; tratamento/perseguição aos cristãos, 51, 52, 54, 448, 450; não afetado por Sinope, 167; guerra à Rússia (1787-92; 1806-12; 1828-29), 42, 43, 44, 46, 62, 64; guerra à Rússia (1853-6), 152, 153, 155, 163, 166; guerra à Rússia (1877-8), 478, 479; guerra à Sérvia (1876), 478; fraqueza do, 53, 55, 65, 67, 73; reformas liberais ocidentalizantes, 50, 55, 77, 84, 445, 447; ver também Questão Oriental; sistema de millet; exército otomano; marinha otomana

imprensa: e opinião pública britânica, 325, 331; campanha contra príncipe Alberto, 172, 188; censura na França, 331, 332; sem censura na Grã-Bretanha, 327, 485; censura na Rússia, 333, 474; efeito da abolição do selo na Grã-Bretanha, 326; reportagens falsas, 327n; influência sobre a política britânica, 168, 169, 170, 171, 172, 217, 330, 331; influência sobre a política externa francesa, 174, 175, 422; e a classe média na Grã-Bretanha, 485; e opinião pública na Turquia, 446; reportagens sobre sofrimento dos soldados 314, 325; correspondentes de guerra, 326, 331; ver também jornalismo; correspondentes de guerra por nome (Chenery, Russell, Woods)

independência grega: papel na Rússia na, 56, 64, 113; ver também Nacionalismo
Índia, ameaça russa sentida, 71, 74, 95, 472, 481
India, Grã-Bretanha e Rússia (folheto), 73
Induno, Gerolamo, pinturas da Guerra da Crimeia, 497
Inguches, 43
iniciativas de paz: oportunidade rejeitada por França e Grã-Bretanha (1854), 214, 215; Nota de Viena (1853), 148, 150, 167, 168
Inkerman, batalha de (1854), 279, 299; discussões sobre quem culpar pela derrota, 289, 290; Bateria Sandbag, 283, 286, 287, 288; uma "batalha de soldados", 280; ver também Monte Inkerman (Pequeno Inkerman)
Inkerman, Colinas, 247
Inkerman, hospital de reserva, 397
Innokentii, arcebispo ortodoxo: invasão aliada como guerra santa, 250, 442; cristianizando a Crimeia, 442
inverno (1854-5); perspectiva, 295, 296; na realidade, 301, 314; o furacão, 301, 303
Irlanda, vidas perdidas, 14
Irmandade dos santos Cirilo e Metódio, 113
Islã: execuções de muçulmanos convertidos ao cristianismo, 450; fundamentalistas islâmicos no movimento de Shamil, 357; aspirações islamistas de Mehmet Ali, 67; oposição às reformas tanzimat, 83, 84, 151, 152; idéias românticas ocidentais sobre o, 77, 78; ver também muçulmanos

Istomin, almirante Vladimir, celebração, 505
Itália xxi; plano de Czartoryski para, 105; pouco a comemorar na Crimeia, 497; planos de Napoleão III, 349, 433; planos de Palmerston para, 182; Risorgimento, 497; unificação, 352, 433, 456, 461, 497; união de Lombardia e Sardenha, 454
italianos, em Kars, 417, 418

Janízaros, 54, 55, 58
Japy, Frederic (3º Reg de zuavos), carta para casa, 303, 422
Jemaleddin (filho do imã Shamil), trocado por princesas georgianas, 355, 356
Jerusalém: conflito na Páscoa de 1846, 27, 28; lutas entre gregos e armênios, 481, 482; impressora franciscana (austríaca), 29; rivalidades religiosas, 18, 27, 30, 127, 132, 176, 481, 482,; Missão Eclesiástica Russa, 51
Jerve, bateria, luta pelo controle, 407, 408
jihad: invocada contra os russos (1853), 145, 151, 152; declarada pelos otomanos após Navarino (1827), 62; incentivo do general Yusuf, 212
jingoísmo, na Grã-Bretanha, 480
Jomini, Antoine-Henri, barão, 478
José II, imperador da Áustria, 38, 39
Journal des débats, 34, 107, 108
Jovens Turcos Turks, 446
Jukovski, Vasili, tutor de Alexandre II, 356

Kacha, rio, estações de curativos russas, 242, 243, 243n, 322
Kadikoi (base britânica), 251, 252;

comerciantes e vendedores de alimentos, 372, 374, 428
Kalafat, Omer Pasha cruza do Danúbio, 156
Kalamita, baía de, 224, 226
Kamchatka Lunette (Sebastopol) ver Mamelon
Kamiesh, base de suprimentos francesa, 247, 252, 309, 210, 428
Kangaroo (transporte de tropas): leva suprimentos para Shamil, 471; usado para vítimas de cólera, 316
Kapodistrias, Ioannis, 56, 57, 58, 61, 62, 63, 65
Kars: cessão exigida por Stalin, 506; força de ajuda sob Omer Pasha, 417, 418; força de ajuda sob Selim Pasha, 418; trunfo russo em Paris (1856), 433, 434; cerco russo, 416, 417
Kaufman, Konstantin P., governador-geral do Turquestão, 473, 474
Kazã (canato mongol), 34
Kaznacheev, Nikolai Ivanovich, governador de Evpatoria, 225, 250
Kerch: ataque aliado abortado (abril de 1855), 362; ataque aliado (maio de 1855), 363, 364
Khanum, Fatima Khanum, 212
Kherson (nova cidade), 39, 40
Khiva, canato, 472, 473, 474
Khlopotina, Elizaveta (enfermeira), 322
Khomiakov, Alexei (poeta eslavófilo), 191
Khrulev, gal. de brig. Stepan: ataque a Evpatoria fracassa (1855), 341, 342; sugestão de ataque suicida, 401
Kiev, defesa de, 245n
Kinglake, Alexander, 30; sobre declarar guerra, 185; embarque para a Crimeia, 222

Kingscote, cap (depois maj e cel sir) Nigel (Fuzileiros Granadeiros Escoceses e assistente): cartas de Varna, 200, 205; ultrajado com cartas de outros oficiais, 329, 330
Kingsley, Charles: *Two Years Ago*, 488, 489, 490; *Westward Ho!*, 488, 489
Kingsley, Henry, *Ravenshoe*, 488
Kiriakov, gal. de brig. V. I. (17ª Divisão): em Alma, 233, 239; em Inkerman, 286
Kiselev, gal. Pavel (ministro dos Domínios do Estado), 427, 428, 454
Klemm, Teofil (soldado russo), 140
Kokand, canato, 472, 473, 474
Kondratov, Ivan (soldado de infantaria russo), comendo comida francesa e britânica, 302, 303
Korda, sir Alexander, *Lady Hamilton* (filme), 506
Kornilov, almirante Vladimir, 132, 133, 165; defesa de Sebastopol, 256, 257, 261, 262, 500; morte de, 262; celebração, 262, 504, 506
Koshka, Piotr (marinheiro) ataca trincheiras aliadas, 266
Kossuth, Lajos, 119, 120, 121
Kostaki Musurus (embaixador turco em Londres), 137
Kozhukov, Stepan (soldado de artilharia russo), em Balaclava, 272
Krasinski, Valerian, conde, 109
Krasovsky, ten (assistente de Gorchakov), mensagem sobre "hora de começar", 401
Kronstadt (base naval russa), 215, 357, 359, 419
Kruchev, Nikita, transfere a Crimeia para a Ucrânia, 507
Krüdener, baronesa Barbara Juliane von, 59

Kuban, eslavos assentados, 44
Kuchuk Kainarji, Tratado de (1774), 32, 37, 40, 41, 58, 132
Kulali, hospital militar (britânico), 312, 313

l'Impartial (jornal), 175
La Marmora, general Alfonso (Piemonte-Sardenha), 352, 353, 456
La Valette, Charles, marquês de, comportamento provocante contra otomanos, 32, 34, 127, 128
Lacour, Edmond de (embaixador francês à Porta), 152
Lamartine, Alphonse de, 116
Lambert, gal. Karl, levante polonês (1863), 458, 459
Lamennais, Félicité de, 107
Latas, Mihailo ver Omer Pasha
Lawson, George (cirurgião do exército): em Alma, 242; cartas para casa, 227, 304, 311
Layard, sir Henry, 183
Le Correspondant (jornal), 108
"Legião Grega-Eslava": no exército russo, 162, 163
Lei da reforma (Grã-Bretanha 1832), 104
Leis do Milho, revogação das (1846), 70, 100
Lemprière, cap. Audley (77º a Pé), 379, 380
Lenin, Vladimir Iliich, 464n, 468
Leopoldo I, rei da Bélgica, 89, 90, 91, 92, 183
Líbano, tumultos e ataques a cristãos, 448
Lieven, princesa Dorothea von, 432,
Liga Balcânica, 476
Liga dos Três Imperadores (1873), 476
Lipkin, cap. Nikolai (marinha russa), cartas desde Sebastopol, 255, 256, 377
Liprandi, gal. de brig. Pavel (12ª Div de Inf): em Balaclava, 264, 273; em Inkerman, 279, 286, 287; batalha do rio Chernaia, 400, 403
litografias: imagens da guerra, 327; *Sua Majestade a Rainha inspecionando Guardas Coldstream feridos...* (Gilbert), 493; ver também fotografia
Loizillon, Henri (engenheiro do exército): dentro do Mamelon, 365, 366; preocupado com a continuação da guerra, 422; escreve sobre amigos mortos, 395; escreve sobre boatos, 332
Lombardia, transferida para a França e Piemonte, 456, 457
Lombardia-Veneza, disputa ítalo-austríaca, 433
Londres, Tratado de (1827), 62, 64; ver também Convenção de Londres
Longfellow, Henry Wadsworth, tradução de verso de Jorge Manrique, 491
Longworth, John: agente do governo britânico no Cáucaso, 356; rejeita apoio ao movimento de Shamil, 351; alerta a Grã-Bretanha para se opor aos otomanos no Cáucaso, 356, 357
Lucan, gal. de brig. George Bingham, 3º conde, 228; fracasso em aproveitar oportunidades, 249; em Balaclava, 264; Carga da Brigada Ligeira, 268, 271; cartas a Raglan, 271; barracas inabitáveis, 304; afastado, 331
Lugares Sagrados: começo da guerra e, 188; Congresso de Paz de Paris (1856) e, 434; direitos religiosos para católicos, 33, 128, 129, 132; direitos

religiosos para cristãos ortodoxos, 36, 37, 58, 131, 132
Luis Napoleão, presidente da França (depois Napoleão III): afirma interesses franceses na Europa, 34, 35; *coup d'état* (1851), 125, 202; corteja o público católico, 33, 34; ver também Napoleão III, imperador da França
Luis-Napoleão, príncipe imperial francês, nascimento de, 436
Lyde, rev. Samuel, objeto de revolta muçulmana, 448, 449, 449n
Lyons, contra-almirante sir Edward, frota de invasão de Sebastopol, 222

Macintosh, gal. de div. Alexander, *Journal of the Crimeia*, 219
Mackenzie, colina, hospital de reserva, 397
Mackenzie, fazenda, 247
MacMahon, gal. Patrice de, tomada do Bastião Malakhov, 407, 408
Mahmud Bek (governador de Nablus), 449
Mahmud II, sultão: apelo por ajuda contra Mehmet Ali do Egito, 63, 64; continua as reformas [ocidentalizantes] de Selim, 55, 76, 77, 79; declara *jihad* após Navarino, 62
Mahmud Pasha, grande almirante da marinha turca, 153
Malmesbury, James Howard Harris, 3º conde, reclama de La Valette, 128
Mamelon (Sebastopol), 365, 366, 367, 379, 380, 383
Manchester Times (jornal), 104
Mandt, dr. Martin Wilhelm von, médico do tsar Nicolau I, 342
Manrique, Jorge, 491
Mar Branco, teatro de guerra, 15

Mar Negro, região do: zona de amortecimento, 35-36; relações entre cristãos e muçulmanos, 16, 43; crucial para a segurança e o comércio da Rússia, 38; desmilitarização do, 434, 452, 460; Convenção de Londres (1841) e, 88, 133-134, 217; transmigração religiosa e étnica, 443
Mar Negro: declarado neutro pelo Congresso de Paz de Paris (1856), 451; sem apoio firme da França a cláusulas penais, 456; cláusulas referentes ao Congresso de Paris anuladas (1871), 476; força russa transferida, 460
Maria Alexandrovna, grã-duquesa, 157
Maria Fedorovna, imperatriz [Dowager], Ypsilantis e, 56
marinha francesa: avançada para o Egeu (1853), 135; comparada com marinhas russa e turca, 128; frota deslocada para baía de Besika (1849), 120; ataque a Kerch (1855), 361, 363; em prontidão de guerra (1853), 149
marinha otomana, em Sinope (1853), 165, 167
Marinha Real: capacidade de ameaçar a Rússia, 276, 284; ataque a Odessa (1854), 193, 195; campanha no Báltico (1854), 15, 216n, 335, 336; campanha no Báltico (1855), 357, 359; em Beykoz, 165; bombardeio de Bomarsund, 216n; bombardeio de Sebastopol, 261, 262; defesa de comboio de invasão, 221; frota deslocada para baía de Besika (1833; 1849 e 1853), 67, 68, 120, 121, 122, 147; força armistício russo-turco (1878), 462; ajuda a reprimir manifestações

em Constantinopla, 168,; ataque a Kerch (1855), 362, 363; Brigada Naval em artilharia de costa, 260, 261; em prontidão de guerra (1853), 148; zarpa para Alexandria (1840), 87; ver também Grã-Bretanha
Mariupol *ver* Kerch, ataque aliado (1855)
Maronitas, cristãos massacrados por drusos e muçulmanos (1860), 448
Marsh, Catherine, Memorials of Captain Hedley Vicars, Ninety-Seventh Regiment, 490, 491
Martineau, Harriet, 28, 30
Marx, Karl: o "anticlímax" anglo-francês, 214, 215; sobre o comércio anglo-turco, 70; ataca a Rússia, 121; comenta sobre o exército russo, 141
Mayran, general, lidera assalto ao Malakhov, 386, 387, 390
Mazzini, Giuseppe, 147, 191
McClellan, George B., general dos EUA, 334n
medalhas: Medalha Nakhimov, 505; Cruz Vitória, 488, 489
Mehmet Ali Pasha, grão-vizir, 81, 82, 133, 136, 137; torna-se líder do "partido da guerra", 151; comandante em chefe do exército turco, 153
Mehmet Ali, governante do Egito: desafia otomanos e a Rússia, 66, 67; Convenção de Kütahya (1833), 67; aspirações islamistas, 67, 87; esmaga levante grego, 60; reconhecido como governante hereditário do Egito, 87; segunda insurreição contra o sultão (1839-40), 86, 87
Mehmet Hüsrev, grão-vizir (1839-41), 80
Mehmet Pasha (governador de Jerusalém), 27, 28, 31

Melbourne, William Lamb, 2º visconde, 88, 90
Memoriais de guerra: na Grã-Bretanha, 13, 15, 483, 484, 491; na França, 13, 14; em Sebastopol, 13, 14, 438, 439
Menchikov, príncipe Alexander Sergeievich, comandante em chefe na Crimeia, 165, 226; missão em Constantinopla (1853), 131, 134, 136, 138; recomenda cautela ao tsar 176; em Alma, 228, 229, 232, 241; defesas inadequadas em Sebastopol, 244, 245; deixa Sebastopol por Bakhtchiserai, 245, 246; no rio Belbek, 257; reforços da frente do Danúbio, 263; se opõe a nova ofensiva após Balaclava, 277; recebe reforços da Bessarábia, 277, 279; em Inkerman, 277, 278, 289, 290; explica atrocidades em Inkerman, 293; recusa trégua para retirar mortos e feridos, 292; recomenda abandonar Sebastopol, 296; afastado após batalha de Evpatoria (1855), 342
Mérimée, Prosper, 115
mesquitas, transformadas em igrejas pelos russos, 158
Metternich, Klemens Wenzel, príncipe von, 59
México, invasão francesa, 459, 497
Meyendorff, barão (embaixador russo em Viena), 157n
Mickiewicz, Adam 106; *Livre des pêlerins polonais,* 107
Mieczyslawska, madre Makrena (abadessa), 108
Mihailo Obrenović, príncipe da Sérvia, 475, 476
Mikhail Nikolaevitch, grão-duque, 277, 289; censura Tolstoi, 463, 464, 464n

Mikhailova, Daria (Dasha Sevastopolskaia), 243n, 321, 322
Mikhno, Nikolai, 225
Miliutin, Dmitri: reformas do exército, 468, 470; missão na Sérvia, 476
millet, sistema de, 51, 52, 80, 81, 82; movimentos nacionalistas nos Bálcãs e, 451; reformas Hatt-i Hümayun, 434
Milosevitch, Nikolai, comentário após Chernaia, 404
Minié, rifles: em Alma, 233, 237, 238, 239, 240; artilharia ineficaz contra, 463; em Balaclava, 266; com tribos circassianas, 356; em Inkerman, 276, 283, 287; perda de 10 milhões de projéteis no furacão, 302; "zuavos" poloneses, 459
Minsk, perseguição a freiras católicas, 108, 109
Mismer, Charles (dragão francês): sobre as rações francesas, 309; vivendo sob fogo, 369
missões: anglicana no império otomano, 173, 174, 448, 449; Missão Eclesiástica Russa em Jerusalém, 50
Modena, monarca reinvestido, 457
Moldávia xx, 15, 36, 37, 52, 53, 56; autonomia concedida (1829), 64; exportações de cereais para Grã-Bretanha, 70; discutida no Congresso de Paz de Paris (1856), 434, 472; levante grego (1821), 56, 57; hospodar ordenado a rejeitar mando turco, 147, 148; preliminares da Guerra da Crimeia (1853), 140; ocupação russa da (1829-34), 66; reação russa à revolução de 1848, 116, 117; ver também Romênia
Molènes, Paul de (oficial spahi): em Evpatoria, 226, 227; observações em Varna, 202, 204, 205

Monsell, rev J.S.B., "O que eles dirão na Inglaterra...", 494, 495
Montalembert, Charles, 107
Montanha dos Cossacos ver Monte Inkerman,
Monte Atos, 442
Monte Inkerman (Pequeno Inkerman): ataque russo, 276, 277; ver também Inkerman, batalha de
Montefiore, Moses, ferrovia de Balaclava, 437
Montenegrinos, 53, 156
Montenegro: movimento pan-eslavista e, 476; revoltas de cristãos, 477
moral: acampamentos aliados após fracasso em Malakhov e Redan, 393, 396; elemento crucial em batalha, 239, 240; declínio no exército britânico, 295, 296, 313, 314; russo em Inkerman, 289, 290; em Sebastopol após Balaclava, 275; em Sebastopol a partir de junho de 1855, 393, 397, 400
Morley, cel. Thomas (17º de Lanceiros), 271
Morning Advertiser (jornal), 147, 172, 174
Morning Chronicle (jornal), 96, 168
Morning Courier (jornal), 97
Morning Herald (jornal), 174
Morny, Charles-Auguste, Duc de: contato com os russos, 424, 425; diplomacia em relação ao mar Negro e os principados do Danúbio, 454, 455
Moskvitianin (periódico de Moscou), 144, 336
Mosley, Godfrey (pagador do 10º Reg a Pé), 277
Mosteiro de Nova Jerusalém, tsar Nicolau I e, 61

Mosteiro Solovetski, bombardeado pela Marinha Real, 15
motim indiano (1857,472, 490
muçulmanos sunitas no Cáucaso, 43
muçulmanos: êxodo de território russo depois da guerra, 439, 441; expulsos de território conquistado, 43, 44, 443, 444; renascimento com Mehmet Ali, 67; oposição ao Hatt-i Hümayun, 447, 448; oposição às reformas tanzimat, 82, 83, 151, 152; reação à ocupação dos principados do Danúbio, 150, 152; ressentimento contra cristãos, 446, 451, 498, 499; boatos sobre aliados europeus e sobre a Rússia, 150, 151; ataques de vingança na guerra russo-turca, 480; ver também Islã
Muhammed Emin (emissário de Shamil), 357
mulheres: tentativas de ocidentalizar vestimentas femininas turcas pelo sultão 445, 446; esposas do exército britânico 265, 311; *cantinières* 28; Dasha Sevastopolskaia (a heroína de Sebastopol), 242n, 321, 322; deixando Sebastopol, 411, 412, 412, 413; em Sebastopol, 255, 256, 299, 376, 377; espectadoras em Alma, 229, 231; espectadoras em Balaclava, 273, 274; ver também enfermeiras e enfermagem
Mundy, ten.-cel. George V. (33º a Pé), carta para casa, 295, 296, 313, 393, 394
Munro, Sgt (93ª Brig Highland), 266
Muraviev, general, cerco de Kars, 417, 418
muridismo, no Cáucaso, 43, 44
Musa Pasha, comandante de Silistra, 197

Mussad Giray, 250n
Mustafa Pasha, virtual governador-geral da Circássia, 357, 358
Mustafa Reshid Pasha, 78, 79, 80; concorda com opção da guerra, 153; luta para impedir a escalada da guerra (1853) n, 167; oposição ao Hatt-i Hümayun, 447; rivalidade com Mehmet Ali Pasha, 81, 82, 136; protela com Menchikov, 137; ameaçado por estudantes religiosos, 167, 168

Nablus, conflitos e ataques a cristãos, 448, 449
nacionalismo: nos Bálcãs, 53, 451, 474, 479; grego, 53, 164; italiano, 456, 457; russo, 474; turco, 446, 448; ver também independência grega
Nakhimov, Medalha, 505
Nakhimov, vice-almirante Pavel: em Sinope (1853), 166, 167; defesa de Sebastopol 255, 256, 261, 262; morte de, 398, 504; celebração, 504, 506, 504
Nakhitchevan, canato, 64, 74, 434
Nankim, Tratado de (1842), 461
Napier, almirante sir Charles RN: campanha no Báltico (1854), 335, 336; ataque a Bomarsund, 216n
Napier, Francis, lorde (embaixador britânico em São Petersburgo), 458
Napoleão I, imperador da França: conquista do Egito (1798), 54, 87; expedição à Índia considerada, 71; influência do "Testamento de Pedro, o Grande", 94, 95; esperanças polonesas frustradas, 102, 105
Napoleão III, imperador da França, 17, 126; objetivos para a Crimeia, 349; "Plano do imperador" para Alushta,

360; dúbio quanto a uma guerra pan-europeia, 348, 349, 352, 360, 422, 423; desperta medo em capitais da Europa, 125, 126; censura e controle da imprensa, 331, 333; controle de Canrobert, 332; conselho de guerra com líderes aliados (1855), 360; principados do Danúbio para Áustria, 349; diplomacia russa de de Morny, 453, 454; decide visitar a Crimeia e assumir o comando, 332, 333, 350, 379; discussões diretas com o tsar Alexandre II, 456; entusiasmo com a guerra não partilhado pelo público, 176, 177, 332 349, 350, 422; no exílio, 460; ultimato de paz franco-austríaco e, 426; grão-duque Constantino e, 455, 456; importância da aliança com a Grã-Bretanha, 135, 136, 419, 422, 423; independência/unificação italiana, 349, 433, 456, 458; ataque a Kerch e, 362 carta à rainha Vitória, 422, 423; busca forma de levar os soldados para casa, 421, 422; sem firmeza das cláusulas sobre o mar Negro, 456; apoio vacilante aos poloneses, 349, 423, 435, 436; opinião sobre os turcos; Palmerston e, 436, 350, 422, 423; Congresso de Paz de Paris (1856), 432, 434, 435, 436; celebrações da paz, 436; intenções pacíficas, 126, 127; opinião pública e, 331, 332, 421, 422; objetivo de tomar Sebastopol, 218, 348; reaproximação com a Rússia, 451, 452; rumores de complô contra, 135; busca de paz com a Rússia, 416, 418, 419 421, 425; armistício secreto com a Áustria, 456, 457; busca solução diplomática com a Rússia (1854), 177, 178; navios enviados ao Egeu, 135, 136; sugere ampla guerra revolucionária na Europa, 423, 424; apoia segundo ataque ao Malakhov, 405; termos para a paz com a Rússia, 423; aterrorizado com a violência revolucionária (1855), 332, 333, 348, 422; ameaça agir só em relação a Sinope, 171; decisões da Conferência de Viena (1855), 352; ver também Louis Napoleão, presidente da França (depois Napoleão III)

Napoleão, príncipe Napoleão, general (3ª Divisão), acusado de "covardia", 332

Napoleon (vapor de guerra francês), 128

Naqshbandiya (sufi) seita, 43, 44, 80, 81

Nasmyth, ten Charles (Artilharia de Bombaim), em Silistra, 196

Navarino, batalha de (1827),62

navios a vapor permitindo transmissão rápida de notícias, 326

navios de suprimento destruídos pelo furacão (1854), 302

Nelidov, Barbette, ideias pan-eslavistas na corte, 157

Nepokoitchitski, general, 132

Nesselrode, Karl (ministro russo das Relações Exteriores), 56, 62, 63, 64, 89, 115, 128, 132; Alexandre II simpático a negociações, 346; culpado pela decisão de retirada (1854), 210; diplomacia europeia, 420, 421, 427; e termos de paz franco-austríacos, 427; substituído por Gorchakov, 452; cético quanto à estratégia do tsar Nicolau, 157, 158, 157n

New York Times (jornal), artigo de Marx, 214, 215

New York Tribune (jornal), artigo de Marx, 70
Newcastle Guardian (jornal), 174
Newcastle, Henry Pelham Pelham-Clinton, 5º duque (secretário de Estado da Guerra), 215, 216, 219; Raglan pede sanções contra *The Times* e Russell, 330, 331; conclama Raglan a dispensar generais, 331
Nice: Napoleão III e 433; união com a França, 454n, 456, 458
Nicolau I, tsar: temor de invasão austríaca, 340; Áustria rejeita aproximação (1854), 178, 179; eslavos do império austríaco estimulados, 113; Quatro Pontos austríacos aceitos, 350; estratégia para os Bálcãs, 190, 191; acredita que Áustria se juntará à guerra contra os otomanos, 64, 65, 139; culpado pela guerra, 461; elogia os defensores de Sebastopol, 258; comparado a Átila, 175; profunda depressão após Crimeia, 296; interesses militares precoces, 60; derrota em Evpatoria e (1855), 341, 342; excessiva fé em ligação com Francisco José, 139, 207; medo de ser assassinado por poloneses, 85; medo do colapso do império russo, 340, 341; sentimento de traição pelos austríacos, 204, 340; ultimato final aos turcos (1853), 138, 139; ressentimento com potências europeias, 159; doença mental hereditária, 60, 89; direitos religiosos à Terra Santa e, 128, 131; reação intransigente a negociações com o Ocidente, 178, 180; sabe do sucesso em Balaclava 276; princípios legitimistas, 113, 120, 191; carta ao gal. Gorchakov, 207; em Londres (1844) 85, 86, 87, 93; perda de confiança após Crimeia e Evpatoria, 339, 343; se encontra com o papa Gregório XVI (1845), 108; equívocos sobre governo britânico e monarquia, 86, 88, 89, 93, 94, 129, 130, 131; mobiliza exército sem consultar ministros (1852), 128; se opõe a navios de guerra britânicos em Dardanelos, 122, 123; se opõe a revolução de julho francesa (1830), 107; ordena último ataque a Silistra, 198; ordena ofensiva contra Evpatoria (1855), 341; conta com levantes ortodoxos, 190, 191; negligenciou risco estratégico em Sebastopol, 245n; pan-eslavismo e, 112, 115, 139, 140, 157, 162, 190, 191, 336; planos de Paskevitch, 139, 140, 156, 157, 157, 161, 162, 190, 191, 195, 198; perseguição aos católicos, 107, 109; planos para conter a França com a Grã-Bretanha 91, 92, 129; planos de partição do império otomano, 86, 93, 128, 131; alienação polonesa, 102; preparado para agitar Itália e Espanha, 191; relações com Napoleão III, 126, 127, 128; reputação restaurada na Rússia de Putin 507; destino religioso da Rússia e a cruzada pela ortodoxia, 17, 18, 50, 51, 60, 61, 113, 157, 161, 162, 179, 180 340; confiança nos "generais janeiro e fevereiro", 277, 339; quer grande ofensiva contra otomanos (1853), 156, 157; alerta desertores da Valáquia, 209, 210; morte de, 341, 343, 462
Niel, gal. Adolphe (engenheiro militar francês), 379

Nightingale, Florence: começo de vida, 322; convidada a dar ajuda de enfermagem a soldados, 314, 315; escolhe suas enfermeiras, 323; Alexis Soyer e, 373, 374; em Scutari, 323, 325; rejeita ajuda de Seacole, 373; estátua de bronze adicionada ao Memorial dos Guardas, 487; a lenda da "Dama com a lanterna", 487; celebridade após a guerra, 485, 486, 487; "A verdadeira história das freiras de Minsk", 109n

Nikitenko, Alexander, desespero com o estado da Rússia, 461, 462

Nikolaev, 39, 40

Nikolai Nikolaevitch, grão-duque, 277; retirada do exército para o Danúbio, 480; comentário sobre Menchikov, 289, 290; guerra russo-turca (1877-8) 478, 479

Nikon, patriarca ortodoxo, 61

Nogai nômades (Crimeia), 41

Noir, Louis, oficial zuavo: exemplos de estresse de combate, 394; impressões dos soldados britânicos, 200, 206, 311; com os bashi bazouks de Yusuf, 212; em Alma 232; em Inkerman, 286, 287, 291; cavando trincheiras em Sebastopol, 365; inverno (1854-55) 304, 306

Nolan, cap. Louis (15º de Hussardos), 247, 248, 269, 271

Northern Liberator (jornal reformista), 103, 104

Noruega, planos de Palmerston e, 420

Novorossiia (Nova Rússia): novas cidades, 39, 40; crescimento militar russo, 163, 164; tártaros e o conde Stroganov, 441, 442

Novos Otomanos (Yeni Osmanlilar), 446, 447

O Grande Jogo, 471, 472

O'Reilly, ten. RN, visão da baía de Sinope, 167

Obrenović, dinastia (Sérvia), 53

Obrenović, príncipe Alexander, 162

Obrenović, príncipe Mihailo, 475, 476

Obrenović, príncipe Milos, 112

Odessa Bulletin (jornal russo), reportagens sobre a batalha do Alma, 333

Odessa, 39, 40, 164n

Oliphant, Laurence, *The Russian Shores of the Black Sea* (...), 219

Omer Pasha, general otomano, 143, 145, 361; avaliação de necessidades militares, 153; em Bucareste (1854), 211; na Bulgária, 162, 163; começo de hostilidades com Rússia, 155, 156; defesa da Sérvia (1853), 163, 164; em Evpatoria, 341; em Giurgevo, 208; pede força para ajudar Kars, 417; apoia campanha na Circássia, 216

Orlov, conde, chefe da Terceira Seção, 128; tentativa de conter boatos, 334; missão fracassada Áustria, 178; Congresso de Paz de Paris (1856), 433, 434, 436

Osten-Sacken, general Dmitri: conselho contra novas ofensivas (agosto de 1855), 400; governador de Odessa, 193, 194; em Sebastopol, 393; plano de Tolstoi para a reforma do exército, 462, 446

Otan, e tensão com o Pacto de Varsóvia, 506

Otchakov, 40, 42

Otto, príncipe da Baviera e rei da Grécia, 65, 163

Oudinot, general Charles Nicolas, 159n

pacifistas, atacados pelos russofóbicos, 172
Palestina, tumultos e ataques a cristãos, 448, 449
Palgrave, William Gifford (cônsul britânico em Abcázia), 444
Palmerston, Henry Temple, 3º visconde, 29, 31, 67, 68, 69, 79, 84, 90, 134n, 172; política externa de Aberdeen e, 170, 347, 452; campanha agressiva desejada, 181, 182, 215; liga de Estados antirrussos, 451; torna-se primeiro-ministro (1855), 331; reações beligerantes a ocupações russas, 146, 147, 148, 170; disputa fronteiriça Bessarábia/Moldávia, 453; conselho de guerra com líderes aliados (1855), 360; defende falta de apoio aos poloneses, 100, 101, 105; os Quatro Pontos e, 218, 347, 351, 352, 420, 424; e o ultimato de paz franco-austríaco, 424; odiado na Rússia e em grande parte da Europa, 335; influência de Czartoryski, 106; mantém a França no caminho da guerra, 177, 178; Napoleão III e, 346, 350, 422, 423; nenhum apoio aos húngaros, 118; plano para desmembrar império russo, 182, 183, 217, 218, 346, 347, 360, 416, 419, 421, 432, 433; política externa populista, 172, 173, 331, 419; a imprensa e, 171, 331, 419, 432; condições punitivas no Congresso de Paz de Paris (1856), 432, 433; recruta mercenários, 353, 354; rejeita plano francês para a Polônia, 349; rejeita iniciativas de paz, 350; retorna ao gabinete (1853), 171; envia frota à baía de Besika e a Dardanelos, 122, 123; incidente da ilha da Serpente (1856), 452; Tríplice Aliança e, 451; Urquhart e, 97, 98, 99, 100; Conferência de Viena (1855) e, 351, 352; "guerra de nacionalidades", 420, 422; alerta sérvios a não apoiar a Rússia, 193
pan-eslavismo, 112, 113, 139, 140, 158, 159, 191, 210, 211; Alexandre II, e 346; e os Bálcãs, 112, 113, 139, 140, 158, 159, 474, 479; Congresso de Berlim (1878) e, 480, 481; grão-duque Constantino e, 456; Comitê de Kiev, 474, 475; Comitê Beneficente Eslavo de Moscou, 474, 475; ruína da Rússia, 461, 462; Comitê de São Petersburgo, 474, 475, 478; apoio à guerra, 336; tsar Nicolau e, 112, 113, 139, 140, 158, 162, 190, 191, 336; ataque às políticas legitimistas do tsar Nicolau, 461, 474; ver também eslavos
Panmure, Fox Maule-Ramsay, lorde Panmure (secretário de Estado da Guerra): permite novo ataque ao Redan, 405; conselho de guerra com líderes aliados (185-5), 360, 361; memorando de campanha de campo rejeitado por Raglan, 361; intermediário entre Raglan e os franceses, 380; entrega da Cruz Vitória, 488; alerta Codrington sobre os efeitos da bebida nos soldados, 415
Pardoe, Julia, *The City of the Sultan; and Domestic Manners of the Turks* (1836), 76, 77
Paris, Henry ("Anglicus"), 100
Paris: Exposition Universelle (1855), 432; novos prédios e ruas pavimentadas, 332; declaração oficial de paz (1856), 436

Parma, monarca reinstalado, 457
Parus (periódico pan-eslavista), 474, 475
Paskevitch, general Ivan, 103, 120; estratégia búlgara, 156, 157, 158, 162, 191, 198; renuncia magoado, 198; cético quanto à estratégia do tsar, 139, 140, 156, 157, 161, 162; busca conselhos após Crimeia, 296; alerta para ameaça austríaca, 340
patriarca ortodoxo de Constantinopla, 52
Paulo I, tsar, 71
Pavlov, cel. de brig. P. Ya. (11ª Divisão), na Crimeia, 277, 279, 280, 282, 283, 285, 287, 288
Paxton, Joseph, cabanas para os soldados, 485
Pedro I, o Grande, tsar: exige direitos gregos ao Santo Sepulcro, 36; "Testamento de...", 94, 96
Peel, sir Robert (1788-1850), 87, 88, 91, 93
Peel, sir Robert (1822-95), patrono do Fundo do *Times* para a Crimeia,... 314
peelitas, partido da paz britânico, 350
Pélissier, general Aimable (comandante em chefe francês), 362, 363, 363; se compromete com ataque combinado ao Mamelon e aos fossos da Pedreira, 380; primeiro assalto ao Malakhov e, 383, 386, 390, 391; segundo assalto ao Malakhov e, 405, 406
Pénaud, almirante, campanha do Báltico (1855), 358
Pennefather, general sir John Lysaght (2ª Divisão), 281
Pérsia: Guerra anglo-persa (1856-7), 471; diplomacia britânica, 74; perda dos canatos de Erivan e Nakhichevan (1828), 62; ocupação de Herat (1837-57), 72, 73, 74, 471; conselheiros russos, 72, 73
Persigny, Jean Gilbert Fialin, duque de, 126, 127, 135, 136
Pestel, Vladimir (governador de Simferopol), 249
Peto, Samuel, ferrovia de Balaclava, 374, 375, 374n, 485
Petrachevski, círculo, 470
Pflug, Ferdinand (médico do exército do tsar), 229
Philiki Etaireia (Sociedade de Amigos), 56
Piemonte-Sardenha: anexação de Nápoles, 457; Estados italianos centrais anexados, 457; lidera movimento pela unificação italiana, 456; oferece tropas para a Crimeia, 352, 353, 456; guerra à Áustria (1859), 451, 456, 457; ver também exército sardo
Pine, sol John (Brig Rifles), morte por escorbuto e outras doenças, 312, 313
Pinturas
pinturas de temas da Guerra da Crimeia, 493, 494, 497, 504, 505
Pio IX, Papa, 29, 159n, 459
Pirogov, Nikolai (cirurgião militar), 317, 320, 317, 377; trabalho com enfermeiras, 320, 322
Pluton (corveta a vapor francesa), perdida em furacão (1854), 302
Podpalov, Prokofi (ajudante do gal. Golev), 385, 387, 407, 428, 429
Pogodin, Mikhail, pan-eslavismo de, 114, 115, 157, 160, 210, 211, 336, 474, 475
Polar Star, revista, 464n
poloneses exilados, 88, 91, 103, 105, 107; em Kars, 417, 418

Polônia do Congresso: Czartoryski e, 435; perseguição aos católicos, 107; sob a proteção do tsar Alexandre I, 102; ver também Polônia

Polônia, 102; plano de Napoleão III, 349; Legião Polonesa com os aliados (Cossacos do Sultão), 353n, 443; planos de Palmerston para, 182, 347, 420, 421; Conferência de Paz de Paris (1856) e, 435, 436; oficiais poloneses no exército húngaro, 119, 120; governo polonês provisório, 102, 103; "Zuavos da Morte" revolucionários, 459; busca ajuda de Napoleão Bonaparte, 102; luta para se libertar da Rússia, 101, 109, 435; apoio na Grã-Bretanha, 103, 104, 105, 106; apoio na França, 106, 111, 115, 116, 349, 423, 435, 436; levante de Varsóvia esmagado pela Rússia (1831), 100, 101, 102, 103, 435, 436; ver também Polônia do Congresso

Polotsk, sínodo de (1839), 108

Poltava, batalha de (1709), 160n

Polusky, general russo, trégua após luta no Mamelon, 382, 383

Ponsonby, John, 1º visconde, 66, 68, 69, 98, 146; reformas Hatt-i Sharif e, 80; incidente com a Vixen e, 99

Popandul, cap. (artilharia russa), 261

Portal, Robert (oficial de cavalaria britânico), cartas para casa, 221

Porter, maj (depois general de divisão) Whitworth RE, 377; encontro nas corridas, 371; ataques noturnos russos, 366, 367; rejeição ao trabalho com pá, 368

Potemkin, príncipe Grigorii, 38, 39, 40, 41

Pradt, Dominique-Georges-Frédéric de, *Paralléle de la puissance anglaise et russe relativement à l'Europe,* 107

Priestley, sgt (13º Dragões Lig), primeira baixa na campanha da Crimeia, 228n

Primeira Guerra Mundial, 481

Prince, SS (navio de suprimentos), afundado no furacão, 302, 303

principados do Danúbio, 36, 37, 42, 43, 62; exportação de cereais para a Grã-Bretanha, 70; Constituição introduzida pela Rússia (1829-34), 66; discutida no Congresso de Paz de Paris (1856), 432, 434, 451, 472; levantes gregos, 56; hospodares recebem ordem de rejeitar jugo turco, 147-148; plano de Napoleão III, 349; ocupação pela Rússia (1853), 68, 108, 122, 132, 140; planos de Palmerston para, 182, 421; planos russos de partição (1852), 128, 130; ver também Turquia europeia; Moldávia; Romênia; Valáquia

Pristovoitov, coronel, breve comando da Divisão de Soimonov, 282

protestantes: caráter britânico e, 172; líderes da igreja e declaração de guerra, 185, 186; evangélicos com visões românticas do Islã, 173, 174; status de millet concedido pelo sultão, 174; trabalho missionário no império otomano, 173, 174, 448, 449; reação aos rituais ortodoxos em Jerusalém, 30, 31; ver também anglicanos

Prússia: aliado mais confiável da Rússia, 459, 460; e planos de Palmerston, 182, 347, 420; iniciativa de paz (1853), 148, 149; guerra contra o

império austríaco (1866), 452, 460; guerra contra a Dinamarca (1864), 459, 460 guerra contra a França (1870), 460
Puchkin, Alexander, 243n
Pudovkin, Vsevolod, *Almirante Nakhimov* (filme), 506
Putiatin, almirante Ievfimi Vasilievitch, 123
Putin, Vladimir, 507

Quarterly Review (periódico), 96
Quatro Pontos para a Paz: acordados pelas potências ocidentais, 217-218, 420; definidos no ultimato de paz franco-austríaco, 424; alternativas de Napoleão, 422-423; Congresso de Paz de Paris (1856) e, 434; quinto ponto secreto, 218, 424
Quersoneso (antiga cidade grega), 45, 47, 252; igreja de S. Vladimir violada pelos franceses, 293, 294
Questão Oriental xx, xxi; política britânica, 65, 76, 131; solução de Dostoievski, 479; Ignatiev e, 475; política russa de "vizinho fraco", 65-67, 72; ganhos da Rússia perdidos, 460; solução do tsar Nicolau, 86-93, 128-131; não resolvida, 481
Quios, massacre de gregos, 58

Radcliffe, cap. William (20º Reg a Pé), cartas para casa, 260, 305, 305
Raglan, FitzRoy Somerset, Lorde Raglan, com. em chefe na Crimeia, 199, 199n; planeja defesa de Londres (1852), 125, 126; insistência em uniforme nada prático, 203, 204; instruído a invadir a Crimeia (1854), 216; se recusa a cumprir ordem de tomar Sebastopol e Perekop, 219; conferência antes do desembarque com Saint-Arnaud, 224; em Alma, 232, 231, 232, 236n; incapaz de avançar até Sebastopol, 246; quer assalto imediato a Sebastopol, 257; aconselha não falar com William Russell, 329; em Balaclava, 264, 268, 269; conselho de guerra com Canrobert e Omer Pasha, 361; inicia erro da Brigada Ligeira, 268, 269; alerta para fraqueza das defesas britânicas, 278; carta a Panmure sobre um ataque ao Mamelon, 380; protesta com Menchikov sobre atrocidades na Crimeia, 293; rejeita cercar Sebastopol, 359; rejeita campanha de campo de Napoleão III, 361; sequência de Redan e morte, 390, 391
Rawlinson, sir Henry, em Bagdá, 74
Read, general, batalha do rio Chernaia (1855), 400, 403
Redan (Sebastopol), 261, 365; primeiro ataque britânico, 384, 388, 389, 390; segundo ataque britânico, 405, 408, 409
Reeve, Henry, 171
refugiados: búlgaros ortodoxos, 208, 209, 442; cristãos ortodoxos da Bessarábia, 443; poloneses, 443; russos e gregos na Crimeia, 225, 226, 442, 443; tártaros, 359, 439, 443
religião: protestantismo britânico, 172, 173, 174; visão clerical da guerra na Grã-Bretanha, 186, 188; importância na Rússia, 34, 35, 50, 51; cristianismo musculoso, 490, 499; soldados muçulmanos em Silistra, 196; papel em alimentar guerras, 18; política russa de "vizinho fraco" e, 65

Resolute (navio de suprimentos), afundado em furacão, 302
Retribution, HMS (fragata a vapor), 167, 302
Richelieu, Armand du Plessis, Duc de, Odessa, 40, 194
Ridiger, gal. Fedor, conde, sobre a necessidade de reformas militares, 466, 467, 468
Rifaat Pasha (ministro otomano das Relações Exteriores), 133
Rijov, general (cavalaria russa), 266
Robertson, James (fotógrafo de guerra), 327, 329
Rochebrune, François, "Zuavos da Morte", 458, 459
Rodes, a ser dada à Grã-Bretanha, 128
Roebuck, John, deputado, pede comitê para investigar o exército, 331
Romaine, William (subprocurador geral), 330
Romênia, 16; primórdios da Guerra da Crimeia, 15; discutida no Congresso de Paz de Paris (1856), 434; Estatuto Orgânico (*Règlement organique*), 116, 119; reação russa à revolução de 1848, 116, 119; ver também principados do Danúbio; Moldávia; Valáquia
romenos exilados, na Grã-Bretanha, 146, 147
Rose, coronel sir Hugh, 128; pedidos de apoio naval, 133, 134; endossa Pélissier, 362, 363
Rosetti, Constantine (romeno exilado), 147
Roubaud, Franz, A defesa de Sebastopol (panorama), 505
Rowe, John, estoquista (intendência do exército), leva feridos, 241, 242

Rowlands, cap Hugh (Reg Derbys), 281
Rumélia (Bulgária), massacre de cristãos, 82, 83
Rus' de Kiev, 45, 47, 50, 293
Russell, lorde John, 100, 130, 131, 134n, 146, 147, 170, 173, 174; plano alternativo para a Turquia, 351; representa Grã-Bretanha na Conferência de Viena (1855), 351
Russell, William (correspondente de guerra do *Times*), 202, 243, 266, 327n, 372; reportagem sobre ataque a Kerch, 364; reportagens despertam atenção para a bravura na campanha, 488; irrita *establishment* militar, 329, 330; visita cemitérios militares, 438, 439, 439; feridos encontrados em Sebastopol, 413
Rússia: quer ser uma potência do sul, 40, 42; anglofobia, 335, 336; forças armadas desacreditadas por derrota na Crimeia, 460, 461; Quatro Pontos austríacos aceitos, 350; fracasso da autocracia, 461; perda da Bessarábia como tragédia nacional, 434; frota do Mar Negro recriada, 460; disputa de fronteiras na Bessarábia, 453; à beira da guerra com a Grã-Bretanha por causa da Vixen, (1836) 99, 100; planos britânicos para desmontar o império russo, 96, 100; apelo à guerra contra os turcos (década de 1820), 59; campanhas pela transferência da Crimeia pela Ucrânia, 507; lembranças conflitantes de 1812, 416, 503, 504; resoluções do Congresso de Berlim, 480, 481; conquista de canatos na Ásia Central 470, 474; corrupção e incompetência, 461; tradições cossacas, 338; principados do

Danúbio e, 15, 36, 66, 68, 110, 122, 421; declara guerra à Turquia (1828), 62, 64; defesas muito espalhadas, 354, 355; exige dos otomanos extradição de refugiados poloneses, 120, 121; exige novo tratado de proteção à igreja ortodoxa, 132, 133; dependência de economia de servos, 141, 461; relações diplomáticas rompidas com Grã-Bretanha e França (1854), 178; disputa com França sobre a Terra Santa, 30, 31, 109, 127, 128, 131; abandona França como aliada, 459; missão eclesiástica em Jerusalém, 29, 30; emancipação da economia de servos, 465, 466, 464n, 466n; objetivos expansionistas ver "Testamento de Pedro, o Grande"; sentimento de traição pelos cristãos ocidentais xxi; forçada a desistir de Kars, 434; Ministério das Relações Exteriores, 30, 472, 473, 475, 476, 478; passagem livre por Dardanelos para transporte, 36, 37; e ambições territoriais francesas (Nice e Saboia), 453, 454, 455n; ganha com Tratado de Adrianópolis (1829), 64, 164, 434; ganha território do Extremo Oriente (1860), 475; desiste de privilégios com otomanos (1841), 88; pressão grega por ajuda na corte do tsar, 56, 57; e disputa pelo telhado do Santo Sepulcro, 32; humilhação e orgulho por Sebastopol, 460, 499, 508; rivalidade imperial com Grã-Bretanha, 471, 472; importância das exportações de cereais, 70; influência sobre outras comunidades ortodoxas, 30, 112, 115; insiste na cláusula do Hatt-i Hümayun na Conferência de Paris, 435, 436; invasão e cerco a Kars, 417, 418; crítica à guerra em círculos liberais, 336, 337; Ministério da Educação, 474, 475; Ministério das Finanças, 461; Ministério do Interior, 461; Ministério da Guerra, 461, 467, 469, 470, 471, 473; Sebastopol como mito nacional, 501, 502; necessidade de infraestrutura moderna, 461; necessidade de modernizar defesas, 460, 461; uma cruzada ortodoxa, 34, 35; Conferência de Paz de Paris (1856), 432, 436, 451, 452, 460; acenos de paz a austríacos e franceses (1855), 419; ameaça percebida à Índia 71, 74, 95; planos para guerra de guerrilhas, 354, 355; e Polônia, 100, 109, 105, 435, 436, 457, 460; possibilidade de distúrbios revolucionários, 426, 427; preparativos para a guerra (1853), 140, 143; pressiona otomanos sobre exigências francesas, 32; ferrovias, 467; reaproximação com a França, 451, 452; reação às atrocidades búlgaras, 478, 480; reações à guerra 333, 339; espírito reformista, 464, 468; relações com os Estados Unidos, 333, 335, 333n, 334n; destino religioso da, 50, 51; ressentimento contra a Europa, 159, 470; reação à derrota na Crimeia, 296, 297; reação às propostas de paz franco-austríacas (1855), 426, 427; reação à perda de Sebastopol, 415, 416; reação às revoluções de 1848 na Europa, 115, 123; boatos sobre a morte do tsar Nicolau, 342, 343; boatos sobre libertação de servos que se alistassem, 337, 339, 465;

boatos de acontecimentos e ações internacionais, 333, 334; Tratado de San Stefano, 479, 480; vista como inimiga da liberdade pela França, 126, 127; emancipação dos servos, 464, 466, 466n, 466n, 469, 503; analfabetismo dos servos, 461, 467, 470; levantes de servos, 337, 465; ocupação da Ilha da Serpente, 452, 453; festejos oficiais por Sebastopol, 505, 507; luta para controlar zonas de amortecimento, 36, 37; apoio à França na guerra contra a Áustria (1859), 453, 456; apoio aos otomanos contra o Egito (1833), 67, 68; apoio à Prússia, 459, 460; apoio à Sérvia, 478; testa o Tratado de Paz de Paris (1856), 452, 454; considerada semiasiática incivilizada, 460; Liga dos Três Imperadores (1873), 476; censura rígida à imprensa, 333; concorrência comercial com a Grã-Bretanha, 70, 71; tratado com Grã-Bretanha e França (1827), 62; Tratado de Unkiar-Skelessi e, 67; guerras com vizinhos muçulmanos, 42, 46; política de "vizinhos fracos", 65, 67, 72; ver também Alexandre II, tsar; Nicolau I, tsar; pan-eslavismo; União Soviética

Russian Invalid (revista do exército), 298

marinha russa: mobilizada para tomar Constantinopla, 132; tomada do Vixen, 99; em Sinope (1853), 166, 167; navios explodidos para bloquear porto, 246; serviço nos bastiões, 366, 377; defesa de Sebastopol, 255, 256; ponte de pontões construída, 404; marinheiros se recusam a deixar Sebastopol, 411; resto da frota do mar Negro afundada, 413; ajuda francesa para modernizar frota, 454; frota do mar Negro recriada (1872), 460

Russkii mir (periódico pan-eslavista), 478

russofobia: na Grã-Bretanha, 64, 65, 68, 71, 73, 78, 93, 101, 103, 104, 105, 106, 136, 146, 147, 168, 170, 172, 173, 348, 419, 433; na Europa, 16, 67, 111, 112, 348; na França, 106, 111, 172, 176

russos, novos assentados na Crimeia, 442

Rustem Pasha (encarregado dos soldados turcos em Balaclava), 275

S. Nicolau, fortaleza (Geórgia), tomada por bashi bazouks, 165

Saboia: Napoleão III e, 433; união com a França, 454, 455, 457

Sacra Aliança (Rússia, Áustria e Prússia), 58, 59, 61, 88, 113, 119, 457, 458

Sagin Giray, cã da Crimeia, 40, 41

Saint-Arnaud, Jacques Leroy de, comandante em chefe francês do Exército do Oriente, 200, 214; reservas quanto ao plano para Sebastopol, 219, 220; conferência com Raglan antes do desembarque, 224; com câncer de estômago, 223, 224; comentário sobre britânicos em Evpatoria, 227; compara Sebastopol a Moscou em 1812, 246; saques e, 248; morre de ataque cardíaco, 252

Saint-Cyr, École spéciale militaire, 202

Salzenberg, Wilhelm, desenhos de mosaicos de Hagia Sophia, 51, 51

Samarcanda, 474

Samuel Colt (fabricante de armas americano), 334n

San Stefano, tratado (1878), 479, 480
saneamento, cólera e, 213
São Petersburgo, pedido bloqueio a, 419
São Vicente de Paulo, freiras da ordem em hospitais militares franceses, 315, 316
Scott, cap (9º a Pé), 389, 390
Scutari, hospital militar, 243; condições médicas ruins, 314, 315, 323, 324; Florence Nightingale assume o comando, 323, 325; aumento da taxa de mortalidade, 323, 324; inspecionado por comissão governamental de saneamento; ver também tratamento médico
Seacole, Mary, 373, 403, 428
Sebastopol: estratégia naval britânica, 182; principal alvo dos aliados, 216; cerco de (1854-1855), 14, 15, 218, 247, 252, 257, 339, 340, 364, 400, 403, 405; fortificações inadequadas (1854), 244, 245, 244n 257; navios explodidos para bloquear porto, 246; depósito de bebidas descoberto, 257; suprimento de água cortado, 256; civis, 255, 256, 261, 263; defesa de, 245, 257, 263, 376, 391; celebra vitória em Balaclava, 275, 276; condições na cidade, 277, 398; bombardeio naval, 262, 263; soldados da Brigada de Lourmel entram em, 290; planos aliados para ataque adiados até a primavera de 1855, 294, 295; estratégia aliada de cerco repensada (1855), 359, 361; bombardeio aliado (Páscoa de 1855), 375, 379; bloqueio aliado reforçado (1855), 397, 399; bombardeio aliado (agosto-setembro de 1855), 405, 406; armistícios para recolher mortos e feridos, 367, 368, 382, 383, 390; cercamento rejeitado por Raglan, 359; Quinto Bastião, 379; bastiões fortificados, 365, 368, 382, 383; Quarto Bastião, 377, 378; confraternização durante cessar-fogo, 367, 368, 382, 383, 428, 429; informações de desertores aliados, 375, 385; evacuação cogitada, 255, 398, 400; evacuação, 404, 411, 414; explodida e destruída (set. 1855), 411, 414; ponte de pontões de Bukhmeier, 404, 411, 412; exércitos aliados tomam posse, 414, 415, 427, 428; declaração de paz, 436, 437; porto e instalações de fortes destruídos pelos aliados, 437, 460; evacuação e retirada de material bélico, 437; humilhação e orgulho nacionais, 499, 508; santuário nacional, 504, 508; celebrações oficiais, 505, 506; A defesa de Sebastopol (panorama) (Roubaud), 505; ver também Crimeia; Malakhov; Mamelon; fossos da Pedreira; Redan; guerra de trincheiras
Seebach, barão von (ministro da Saxônia em Paris), 346; intermediário junto à Rússia, 419, 425
Selim III, sultão, reformas militares, 54, 55
Semashko, Joseph, bispo, e as freiras de Minsk, 108
Serjputovski, general, cerco de Silistra, 198
Sérvia: austríacos prontos para invadir (1854), 178, 193; Grã-Bretanha e, 112; laços fortes com Bulgária e eslavos dos Bálcãs, 476, 477; igreja nacional (ortodoxa), 53; defesa por Omer Pasha 162, 163; Estatuto Or-

gânico, 112; pacto com liderança romena, 476; possível apoio aos russos (1853), 156, 161, 162; Rússia e, 53, 56, 112, 193, 475, 476, 478, 480; planos russos de partição (1852), 128, 130; o "Partido Russo", 112, 113, 162, 163; guarnições turcas retiradas, 476; mortos na guerra, 14; guerra contra Turquia (1876), 481; avisada para não interferir nas revoltas nos Bálcãs, 478; alerta da Grã-Bretanha, 193

Seymour, sir George Hamilton (embaixador britânico em São Petersburgo), 170; sobre Menchikov, 131; e o tsar Nicolau, 129, 130, 131

Shaftesbury, Anthony Ashley Cooper, 7º conde, 173, 174

Shamil, imã: revolta na Chechênia, 74, 75; infiltrado por fundamentalistas islâmicos, 357; ajuda militar turca, 163, 165; ataque ocidental planejado e, 355, 356; campanha russa contra, 443; derrota final pelo exército russo, 468, 469, 469n

Shchegolov, alferes Alexander, captura do HMS Tiger, 194

Sheffield and Rotherham Independent (jornal), 168

Shilder, gal. Karl A., em Silistra (1854), 196

Shilder, Nikolai, biografia do tsar Nicolau, 342

Shuja Shah Durrani, 74

Sibéria: conquista pela Rússia, 34; teatro de guerra no litoral do Pacífico, 15

Silistra: reforços aliados, 206; reduto Arab Tabia, 195, 196, 206, 207; avanço russo (1853), 161, 162, 190; cerco de (1854), 195, 198, 206, 207

Simferopol, 47, 225, 226, 249; plano de campanha de Napoleão III, 360, 361; feridos de Sebastopol, 397

Simpson, gal. sir James: sobre organização francesa do abastecimento, 308; assume como comandante em chefe na Crimeia, 405

Sinope, batalha de (1853): destruição da frota turca, 109n, 165, 168; reação na França, 171, 175; opinião sobre na Grã-Bretanha, 168, 169, 170, 170

Síria, tumultos e ataques a cristãos, 448

Sistema do Congresso na Europa ver Concerto da Europa,

Slade, Adolphus, RN (conselheiro naval da Porta), 144, 165, 166, 167; comentário sobre soldados franceses, 205

Snow, John, prevenção do cólera, 213

Sociedade Bíblica Naval e Militar, 490

Society for Promoting Christian Knowledge (SPCK), 490

Soimonov, gal. de brig. F. I. (10ª Divisão), em Inkerman, 277, 279, 283, 280n

soldados tunisianos, 144

Solferino, batalha de (1859), 457

Soyer, Alexis, 373, 374, 485

Spectateur de Dijon (jornal), 176

St. George, ten.-cel. RA, atacando o Malakhov, 381, 382

Stakhova, Alexandra (enfermeira), 321, 412, 413

Stalin, Josef: exige mudanças no filme de Pudovkin, 506; exige controle conjunto soviético-turco de Dardanelos, 506

Stanley, Edward, lorde Stanley (14º conde de Derby), 101

Star of the South (navio), alojamento para oficiais britânicos e esposas, 302
Steevens, cap. Nathaniel (88º a Pé) confraternização durante cessar-fogo, 368; morte do cel. Egerton, 380
Sterling, ten.-cel. Anthony (93ª Brig Highland), 266, 307
Stockmar, Christian Friedrich, barão, 90
Stroganov, conde, governador-geral de Nova Rússia, 440, 441, 442
Sturdza, Alexandru, 56, 58
Sturdza, Michael, príncipe da Moldávia, 66
Suécia: guerra no mar Báltico e, 215n; tratado militar com potências ocidentais, 425; planos de Palmerston e, 182, 347, 420
Suíça, fonte de soldados mercenários, 354
Sukhozanet, gen. Nikolai, 467; relatórios sobre ameaça britânica na Ásia Central, 471
Sukhumi, 417
Suleiman Pasha (comissário otomano em Bucareste), 117
Sulivan, capitão Bartholomew, relatos sobre fortalezas bálticas, 357, 358, 359
suprimentos médicos, deixados em Varna pelos britânicos, 241
Sveaborg (fortaleza do Báltico), 215, 357, 419
Sylvester, Henry (cirurgião assistente), 316

Taganrog, destruição de parte do ataque aliado a Kerch, 364n
Talleyrand-Périgord, Charles Maurice de, 94
Tanzimat, reformas, 80, 84, 123, 130, 145, 173; custo das, 446; Hatt-i Sharif e, 447; oposição às, 83, 84, 151, 152; apoio questionado na Grã-Bretanha, 477, 478
Tarle, Evgeni (historiador da época de Stalin), 506
Tártaros, 34, 35, 36; se submetem a Catarina, a Grande, 41; na Bulgária, 477; êxodo da Crimeia, 439, 442, 477; desinformam aliados sobre defesas de Sebastopol, 246n; plano de envolvimento em guerra aberta, 360; refugiados em Evpatoria, 359; retaliações pelos russos, 439, 440; reassentados na Bessarábia, 443; ataques de vingança em Kerch, 363, 364, 440; se levantam contra os russos com a chegada dos aliados, 225, 249, 250; política russa para os, 46, 47, 440, 441
Tashkent, 473
Tatistchev, Vasili, 38
Taylor, sir Herbert, Urquhart e, 97
Tcherniaev, gal. Mikhail G.: conquista do Turquestão, 473; pan-eslavismo, 474; com exército sérvio, 478-479
Tchernychevski, Nikolai (editor: *Voennyi sbornik*), 468; *What Is to Be Done*, 468
Tchikhatchev, Piotr, relatório sobre o exército turco, 145
telégrafo: acelera recebimento de notícias da linha de frente 326n; cabo submarino (Balaclava a Varna), 326
Tennyson, Alfred, lorde: *Maud*, 491, 493; "A carga da Brigada Ligeira", 274
Teodósia (Kefe), 47, 442
Terceira Seção (polícia secreta russa), 128; tentativa de conter boatos, 334;

relatórios sobre classes mais educadas, 337
Terra Santa: uma extensão da Santa Rússia, 29, 30; disputa francesa com a Rússia, 31, 32, 109, 127, 128, 131; peregrinos, 27, 30, 36; rivalidade entre cristãos católicos e ortodoxos, 27, 30, 176, 481, 482; tsar Nicolau I e, 61
Testamento de Pedro, o Grande", 93, 95
The Portfolio (periódico de Urquhart), 98
The Standard (jornal), 73
The Times (jornal), 97, 99, 103; artigos de "Anglicus", 100; atacado por Raglan, 330; comentário sobre a morte do tsar, 345; chama atenção para as más condições médicas na Crimeia, 314; influência na política, 171, 172, 330, 331; petição islâmica em Constantinopla, 152; cartas de oficiais e soldados, 329, 330; reação a Sinope, 168; cartas dos leitores, 327n; reação dos leitores ao aumento de mortes em Scutari, 325; reportagem sobre carga da Brigada Ligeira, 274
Thiers, Adolphe, 106
Thompson, Elizabeth ver Butler, Elizabeth (*née* Thompson)
Thoumas, cap. Charles (exército francês), cartas para casa, 422
Thouvenal, Édouard-Antoine de (embaixador francês junto à Porta), 127, 349, 445; decreto Hatt-i Hümayun, 447
Thunderer (fragata a vapor russa), 132, 138
tifo: no exército francês, 421; dentro de, Sebastopol 398
Tiger, HMS, encalhado e capturado em Odessa, 194

Timm, Vasili, *A morte do almirante Nakhimov*, 504
Titov, Vladimir (embaixador russo em Constantinopla), 117, 122, 123,
Tiutchev, Anna: ideias pan-eslavistas na corte, 158, 475; sobre o tsar Nicolau, 342, 343, 461
Tiutchev, Fedor, pan-eslavismo de, 115, 475
tolerância religiosa na Turquia, 444, 447, 450, 451
Tolicheva, Tatiana, fuga de Sebastopol, 411, 412
Tolstoi, Leon, 16, 189, 190, 190; em Silistra, 197, 198, 206, 207; ligação com servos, 464; plano para a reforma do exército, 462, 463, 466; ideias reformistas, 462, 465, 464n; reação à derrota na Crimeia, 296, 298; em Sebastopol, 298, 299, 377, 378; sugere duelo para decidir resultado da guerra, 393; transferido para Esky-Ord, 340; observa destruição de Sebastopol, 412; *A Gazeta Militar*, 298, 299, 467; *Anna Karenina*, 479n; Manhã de um dono de terras, 464; "Sebastopol em agosto. (conto), 399; "Sebastopol em dezembro" (conto), 499, 502; *Contos de Sebastopol*, 253, 354, 255, 256, 299, 462, 499; *Guerra e paz*, 378, 503; Juventude, memórias, 378
Tomkinson, cap. (Brig Ligeira), inverno (1854-55), 304
Topal Umer Pasha (governador aliado de Evpatoria), 251
Torrens, gal. sir Arthur Wellesley (4ª Divisão), 288
Toscana, monarca reinstalado, 457

Totleben, Eduard (engenheiro militar), 238; comentário sobre o exército francês, 381n; defesa de Sebastopol, 245, 255, 256, 365; se afasta ferido, 398 diários de viagem, impressões da Rússia e do Oriente, 95, 96

Tratado de Paris (1857), 471

tratamento médico: ajuda americana aos russos, 334n; hospitais britânicos, 312, 313, 324; condições dos soldados britânicos, 312, 315, 316; em campanha, 242, 316; hospitais franceses, 202, 315, 316; padrão francês cai, 421; enfermeiras e enfermagem, 320, 325; hospitais russos, 143, 243, 244, 243n, 254, 317, 320, 322, 377, 396, 397, 412; estado de choque / estresse de combate, 395, 396; em Sinope, 166; triagem, 318, 319, 397; ver também anestesia; cólera, hospital militar de Scutari

Trebizonda, importação de bens manufaturados britânicos, 70

trincheiras, guerra de, 15, 47; exércitos aliados após fracasso em Malakhov e Redan, 393, 396; bombardeio diário nas trincheiras aliadas, 369; confraternização com russos, 367, 368, 369, 370; ataques noturnos às trincheiras aliadas, 366, 368; jogos de disparos, 369; abertura de trincheiras, 365; fadiga/loucura das trincheiras, 394, 395; ver também Sebastopol

Tríplice Aliança (1856), 451

tropas egípcias, 144, 146

Túmulos de guerra, Sebastopol, 438, 439, 439, 507, 508

turcos, uma minoria no império otomano, 51

Turgenev, Ivan: apoio aos búlgaros, 478; Tolstoi e, 464

Turismo de guerra, 428, 229, 231, 273, 274, 428; ver também Duberly, Fanny; espectadores

Turquestão, 473, 474

Turquia europeia, a se tornar um protetorado russo, 132-133

Turquia ver império otomano Ucrânia: de posse da Crimeia (1954), 507, 508; Rússia ganha a posse da, 36; católicos rutenos (uniatas), 107

ultimato franco-britânico à Rússia (1854), 180

Ultramontano, partido (clerical) (França), 33, 127, 175, 176

União Soviética: Guerra Fria e Afeganistão, 95; celebração dos heróis de Sebastopol, 505, 507; tensões com Otan, 506; dissolução (1991), 507; ver também Rússia

uniformes, exércitos em luta, 200, 203, 204

Union Franc-comtoise (jornal), 175, 175, 176

Unkiar-Skelessi, Tratado de (1833), cláusula secreta, 67

Urquhart, David: agitação antirrussa, 97, 101, 147, 168, 169; em Constantinopla, 97, 98, 99; discursos pelo livre-comércio, 101; membro do parlamento, 100, 101; Palmerston e, 97, 98, 99, 100; simpatias polonesas, 98, 99, 106; simpatia por Turquia e Islã, 77, 78, 97, 147, 173, 356; missão comercial à Turquia, 69, 70;

Urusov, príncipe S. S. (assistente do gal. Osten-Saeken), 393

Uspensky, Porfiri, arquimandrita, 50

Uvajnov-Aleksandrov, coronel, breve comando da Divisão de Soimonov, 282
Uvarov, Sergei, 114

Vaillant, marechal (ministro francês da Guerra), 219, 352; conselho de guerra com líderes aliados (1855), 360
Valáquia, 15, 36, 37, 52, 53, 56, 57; autonomia concedida (1829), 64; exportações de cereais para a Grã-Bretanha, 71; discutida na Conferência de Paz de Paris (1856), 434; hospodar ordenado a rejeitar mando turco, 147, 148; preliminares da Guerra da Crimeia (1853), 140; ocupação repressiva pelos russos, 162; ocupação russa da (1829-34), 66; reação russa à revolução de 1848, 116, 117; ver também Romênia
Valáquios, voluntários desertam do exército russo, 209, 210
Vale do Eufrates, ferrovia do, 71
Vanson, ten, "lembranças" de Sebastopol, 414
Vantini, Giuseppe *ver* Yusuf, general
Varna: tropas britânica e francesa, 198, 201, 204, 206; surto de cólera, 213; embriaguez entre os soldados, 204, 205; incêndio causado por incendiários, 213, 214; exército turco, 205, 206
Verney, sir Harry, *Our Quarrel with Russia*, 347, 348
Viazemski, príncipe Piotr, crítica à guerra, 337
Viazmitinov, Anatoli, na bateria Jerve, 408
Vicars, cap Hedley (97º Regimento), 490, 491

Viel-Castel, Horace de, sobre a França como grande potência, 135
Villafranca, acordo secreto (França/Áustria), 456, 457
Ville de France (navio francês), 223, 224
Vitor Emanuel: rei de Piemonte-Sardenha, 433; guerra contra a Áustria (1859), 456, 457; rei da Itália, 457; pinturas da Guerra da Crimeia, 497
Vitória, rainha da Grã-Bretanha: tsar Nicolau e, 86, 88, 89, 90; descrição de Napoleão III, 126; avaliação politica de, 130; postura em relação à invasão russa da Turquia, 169; comentário sobre Clarendon, 170; ameaça de abdicar, 172; simpatias religiosas pelos gregos, 173; vê necessidade de guerra, 183, 185; declaração de guerra à Rússia (1854), 184, 185; tricotando para os soldados, 325; chama Palmerston para formar um governo (1855), 331; comenta a morte do tsar Nicolau, 345; não confia na movimentação diplomática russa, 350; não estando pronta para encerrar a guerra, 416; e o ultimato de paz franco-austríaco, 424, 426; Napoleão III escreve sobre planos de guerra alternativos, 422, 423; incidente da Ilha da Serpente (1856), 452; infeliz com a paz na Crimeia, 483; primeira condecoração com a Cruz Vitória, 487, 488, 488n; colecionadora de fotografias, 493; compra *A chamada*, 494
Vitzthum von Eckstädt, Karl Friedrich, conde (ministro da Saxônia em Londres), 305
Vixen (escuna britânica), contrabandeando armas para Circássia, 99, 100, 106

Vladimir, santo, grande príncipe de Kiev, 45, 47, 50, 252; violação da igreja de, 293, 294
Vladimirescu, Tudor, 57
Vladivostok, 475
Voennyi sbornik (periódico militar), 467, 468
Volkonski, Sergei, 465
Voltaire, Catarina, a Grande e, 37
Vorntsov, conde Semion, 164n
Vorontsov, príncipe Mikhail, 163, 164, 164n; e proposta de paz franco-austríaca, 427; como governador-geral na Crimeia, 442; palácio atingido por obuses da marinha, 194

Walewski, Alexandre Joseph, conde (ministro francês das Relações Exteriores); conselho de guerra com líderes aliados (1855), 360; e ameaça de Napoleão de guerra revolucionária, 423; Congresso de Paz de Paris (1856), 432, 435, 460; independência polonesa, 421, 423; possíveis conversações de paz com a Rússia, 419; incidente da Ilha da Serpente (1856), 452
Wellington, Arthur Wellesley, duque de, 62, 64, 65, 72, 98
White Works, redutos (Sebastopol), 366
White, Charles, panfletos turcófilos, 77
Wightman, soldado de cavalaria (17º de Lanceiros), 271
Williams, general William, no comando em Kars, 417, 418

Wilson, cap. (Guardas Coldstream), na Crimeia, 288
Wilson, sir Robert, *Sketch of the Military and Political Power of Russia in the Year* 1817, 95, 96
Wodehouse, John (embaixador britânico em São Petersburgo) 452
Wood, Midshipman Evelyn, cartas para casa, 260, 261
Woods, Nicolau (correspondente de guerra), reportagem sobre mortos na Crimeia, 291
Wrangel, gal. de brig. barão (comandante de cavalaria), em Evpatoria, 341

Xá Shuja, retorno do (1839), 74
xeque ül-Islam, reconsagração da mesquita de Hagia Sophia, 49

Ye ilköy *ver* San Stefano
York, príncipe Frederick, duque de, coluna em memória, 484
Young, William (cônsul britânico), 29, 31
Ypsilantis, Alexander, 56, 57
Yusuf, general, dos Spahis d'Orient, 211, 213

Zamoiski, Wladislav: agente de Czartoryski em Londres, 106; os "Cossacos do Sultão", 353

Este livro foi composto na tipografia Adobe
Garamond Pro, em corpo 11,5/15, e impresso em
papel off-white no Sistema Digital Instant Duplex da
Divisão Gráfica da Distribuidora Record.